以公理爭強權

顧維鈞傳

金光耀 著

中和出版
OPEN PAGE
中

留着辮子的顧維鈞扶着自行車，一個
晚清少年對新事物新風尚的追求

1920 年，顧維鈞作為中國出席國際聯盟第一次大會的代表率團出席會議

巴黎和會前後的顧維鈞

巴黎和會期間，決定設立「國際聯盟委員會」，中國入選，由顧維鈞代表出席

北京政府時期穿外交禮服的顧維鈞

1932 年，顧維鈞與國聯調查團抵達大連。與他同走在前排的是英國人李頓爵士

1930 年代初，顧維鈞與黃蕙蘭在歐洲

任駐法公使期間的顧維鈞

敦巴頓橡樹園會議中、美、英三國的首席代表

出席舊金山聯合國制憲大會的中國代表團全體成員

1940 年代後期顧維鈞與蔣介石

顧維鈞在國際法院工作

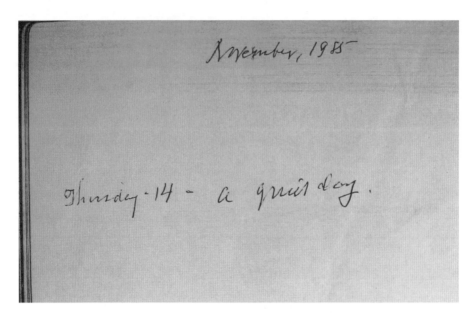

顧維鈞最後一天的日記

嚴幼韻向顧維鈞做最後的告別

目　錄

第一章

從黃浦江畔到哈德遜河邊

一　租界裡長大的富家孩子

顧維鈞，字少川，1888 年 1 月 29 日出生於上海。赴美留學及步入外交界後以英文名 V. K. Wellington Koo 而聞名於國際社會。

雖然出生在上海市區，顧維鈞對自己的祖籍嘉定縣（屬江蘇省，今為上海嘉定區）懷着濃濃的鄉情，一生以嘉定人自居。

顧家祖上從崑山遷來嘉定，至顧維鈞祖輩已成嘉定城中大戶人家。顧維鈞父親顧溶，字晴川，1856 年出生，自幼「資稟明達，性行篤淳」。[①] 但顧溶剛懂事，家中就經歷了劇變。1860 年，太平軍進佔嘉定城，此後三年，多次進出。兵荒馬亂中，顧溶的父親被太平軍抓獲，並被索要贖金，顧家傾其家產將人贖了回來。但因監禁中身心受到嚴重傷害，顧溶的父親回家不久就去世了。顧溶的母親鄒氏與嘉定城中許多人一樣，為避戰亂，拖着年幼的兒子並懷抱着更小的女兒，逃往上海的租界。[②]

正如顧溶的墓誌銘所言，「嫠母煢雛，資產如洗」，鄒氏拖兒帶女到上海後，只有依靠嘉定傳統的刺繡手藝養家糊口，拚命地做針線活，在暗淡的油燈下幹到深夜。大戶人家的傳統，使鄒氏在為生計奔忙時也不忘督促兒子學習，只是家境艱難，顧溶學習的重點不是傳統的詩書，而是「攻著作於計

---

① 《清榮祿大夫從一品封二品銜直隸候補道嘉定顧公墓誌銘》（以下稱《墓誌銘》）拓片，嘉定博物館藏。此墓誌銘為晚清官僚、同光派詩人樊增祥撰寫。

② 顧維鈞在其回憶錄中說父親 4 歲離開嘉定，墓誌銘記顧溶「八歲而孤」。按墓誌銘寫虛歲，顧溶 8 歲即 1863 年。筆者傾向墓誌銘的說法。

然」，期望着學點本事可以早點謀生，「託生涯於貨殖」。[1]

顧溶 14 歲時進入一家雜貨店當學徒。結婚成家後，他在岳父的報關行裡工作，有了固定的收入，家境開始好轉。但當顧溶 23 歲的妻子蔣福安剛懷上第四個孩子的時候，報關行因經濟衰退倒閉，顧溶一時失去了工作。蔣福安為此十分擔憂，她已經有了兩男一女，生活的重壓使她不願再添孩子增加家庭的負擔。她指望用某種民間偏方進行流產，但這一偏方並不見效。不久，顧溶有了更好的工作。因此，顧溶夫婦視腹中的第四個孩子給顧家帶來了好運。顧溶有了新工作後，搬進了小南門梭子弄的一幢大房子，第四個孩子顧維鈞就出生在新房子中。

顧溶的新工作並不是顧維鈞後來在回憶錄中說的在輪船招商局任事，這還要到幾年之後。這份新的工作是在朱葆三的慎裕洋行管賬，做總賬房。出生於浙江定海的朱葆三年幼喪父，14 歲時來到上海的五金店做學徒，靠着勤奮和聰明，逐漸被提拔為總賬房和經理。後來自立門戶，開辦了慎裕五金店，店址最初在老城廂的新開河，後來搬到了緊挨着外灘的福州路 13 號，名稱也改為慎裕洋行。隨着生意規模的擴大，朱葆三要聘一個人做總賬房，就找到了與自己年輕時經歷相似的顧溶。顧溶沒有辜負朱葆三的厚望，管賬後得到了「賬法精通，品行純正」的好評。[2]

遇見朱葆三是顧溶人生的轉折點。地處公共租界中心區域的慎裕洋行是人來人往的重要社交場所。顧維鈞晚年仍然記得父親在福州路的辦公點是

---

[1] 《墓誌銘》。

[2] 寧波幫博物館編《朱葆三史料集》，寧波出版社，2016，第 41 頁。朱葆三長女的外孫女徐女士告訴何勇（原聯合國秘書處中文組組長），從小就從外婆（即朱葆三長女）那裡知道，顧溶是朱家的總管家。何勇的微信來信，2020 年 9 月 5 日。

包括政府官員在內的各種重要人物見面的地方。[①] 慎裕洋行緊挨着外灘 9 號輪船招商局的北門。1892 年，顧溶得到盛宣懷的賞識，進輪船招商局，「年三十七，見器於武進盛公宣懷，不次擢之」。[②] 顧溶的新職位是招商局新船「快利」輪的坐艙。「快利」輪是招商局專跑漢口—宜昌航線的，當時剛投入運營，排水量 870 噸，是航行於漢口—宜昌航線的四艘輪船中噸位最大的〔另三艘是招商局的「固陵」輪（304 噸）、太古洋行的「沙市」輪（811 噸）、怡和洋行的「昌和」輪（677 噸）〕。坐艙負責輪船的客貨業務，相當於乘務經理。顧溶與另一位坐艙林朝鈞隨「快利」輪首航抵達宜昌時，當地官商「以炮竹相迎」，「共放鞭炮二十餘萬響」，盛況空前。「快利」輪經營漢宜航線獲利很大，到 1900 年，除去各項開銷，「結餘二十四萬二千餘金」。[③] 但顧溶在「快利」輪幹得並不十分愉快。在 1895 年給鄭觀應的一封信中，他抱怨說，「所有在船賣票、收交客位水腳銀兩及進退司事一切等，均伊（張午峰）一人經理，溶稍稍詢問，即含糊答覆」。另有他人給盛宣懷的信稱，「張顧二人素不相能……同舟齟齬」。[④]

1901 年，袁樹勳出任上海道台。朱葆三為維護與官府的關係，將顧溶推薦給袁樹勳，讓顧幫袁主理財政，「辟掌支應」。顧溶很快就得到袁樹勳的賞識，因理財成績顯著，不久就「晉三品銜」。上海道台要經手許多錢款，這些錢平時存放在哪個銀號或錢莊，袁樹勳並無定見，全聽朱葆三的，因此那些

---

① 顧維鈞：Topics for Memoirs，1958 年 6 月 26 日，手稿，徐景燦提供。

② 《墓誌銘》。

③ 《林朝鈞、顧溶致盛宣懷函》（1892 年 6 月），盛宣懷檔案，上海圖書館藏，檔號：105707。該檔案以下不再一一標明藏所。陳旭麓、顧廷龍、汪熙主編《輪船招商局 —— 盛宣懷檔案資料選輯之八》，上海人民出版社，2002，第 295 頁。

④ 《輪船招商局 —— 盛宣懷檔案資料選輯之八》，第 603 頁。

銀號錢莊的經理都要到慎裕洋行來找朱葆三，以至於當時有「道台一顆印，不及朱葆三一封信」的說法。顧溶在這之中自然起了重要作用。1908 年袁樹勳升任山東巡撫，顧溶仍為袁做事，「辦外海拯濟」。[1] 顧溶手頭闊綽後，在家鄉嘉定置田 2300 畝，捐出來辦「承裕義莊」，為族中子弟辦學，並贍養族中貧困者。袁樹勳在 1911 年專為顧溶寫了《嘉定顧氏承裕義莊碑記》，可見兩人關係之密切。[2] 在為袁樹勳做事時，顧溶與盛宣懷的往來也沒有中斷。1909 年，顧溶受盛宣懷委派任漢冶萍公司的查賬董事。1911 年 5 月，顧溶再次受到盛宣懷重用，出任交通銀行上海分行總辦，並加二品銜，任直隸候補道。[3]

　　從顧維鈞出生到長成少年的過程中，顧溶從一個「賬法精通」的賬房先生，逐漸成為一個與盛宣懷、袁樹勳這樣的晚清重臣有密切關係的官商。其中，朱葆三的作用是關鍵的。因此，不管顧溶到哪裡去任職，他與朱葆三的關係都沒有中斷過。1905 年顧維鈞到哥倫比亞大學留學時，填寫的顧溶的聯繫地址還是慎裕洋行所在的福州路 13 號（租界的中心區域）。[4] 作為一個官商，顧溶不僅為顧維鈞提供了優越的生活條件，他在政商兩界周旋的豐富經歷也對少年顧維鈞產生了潛移默化的影響。

　　顧維鈞漫長一生的最初 16 年，就是在上海租界內這樣一個富裕的官商家庭中成長起來的。

---

[1] 《墓誌銘》。高超群：《做生意與做人 —— 清末民初商界巨子朱葆三的一生》，《銀行家》2003 年第 5 期。

[2] 《嘉定顧氏承裕義莊碑記》，民國《嘉定縣續志》卷 12《碑碣》。

[3] 《漢冶萍公司致顧晴川、施亦爵函》（1909 年 6 月 22 日）、《顧溶致盛宣懷函》（1911 年 5 月），盛宣懷檔案，檔號：012521、022465。

[4] 顧維鈞成績單（Koo's Academic Transcript），楊雪蘭提供。

　　與當時的富家子弟一樣，顧維鈞剛過了四歲就與他的二哥一起進私塾讀書。[①] 私塾在公共租界內蘇州河北的唐家弄，離蘇州河南的顧家約三里路。[②] 顧維鈞的啟蒙老師姓朱，是一個參加了十多次科舉考試卻都落榜的老童生。私塾的學費每年六塊銀元。二十多名學生中年齡大的有十五六歲，顧維鈞是年齡最小的。他從認字開始，後來讀經書、背詩歌。不管學甚麼，朱先生都要求大聲朗讀。顧維鈞在私塾讀了六年，根植下對中國文化的親近和熱愛，也打下了傳統學問的初步根底。以後他步入外交界，不僅以精通英語、擅長英語寫作和演講聞名，處理中文文書也得心應手，這是得益於私塾的訓練，也是他與有些留學生的不同之處。直到晚年，他還能隨口誦讀幾十首唐詩。[③]

　　在私塾讀了六年後，顧溶認為顧維鈞應該有更好的老師，集中精力讀經書和八股文章，走傳統的科舉道路，重振顧家門風。此時的顧溶已在上海政商兩界結交了不少朋友，其中有一位官員正好為自己的子女請了一位有名的學者做家庭教師，顧溶就將顧維鈞送到這位朋友的家中。這所家館的老師嚴屬而無情，整個氛圍與原先的私塾截然不同。顧維鈞一踏進去就不喜歡，雖然顧溶讓轎夫押着他去了幾天，但最後不得不順從顧維鈞的意願，允許他回到原來的私塾去。

　　1898 年，顧維鈞聽從姐夫蔣昌桂的建議，進入設在公共租界崑山路的中西書院 (Anglo-Chinese College) 預科學習。這是在沿海地區剛興起的新式學校中的一所，由基督教公理會開辦。與傳統的私塾不同，課程中有英文、

---

① 顧維鈞在回憶錄中說他 3 歲去上學，見《顧維鈞回憶錄》第 1 分冊，中國社會科學院近代史研究所譯，中華書局，1983，第 5 頁。但他在手書的 Topics for Memoirs 中寫的是 1892 年 2 月去上學。

② 顧維鈞與徐景燦的聊天錄音，1980–1985 年，紐約。

③ 顧維鈞與徐景燦的聊天錄音，1980–1985 年，紐約。

算術、地理等，教師中有剛從美國回來的留學生。顧維鈞在中西書院住讀，每週一上午父親顧溶陪他一起從家中出發，到福州路13號後，父親去慎裕洋行上班，餘下的一半路程他由僕人送去，每週六坐黃包車回家。[①] 剛過十歲的顧維鈞在這所學校開始學英文，接觸西方文化，並顯示出在學習上的天賦。在同學中，他年齡最小，但各科成績都名列前茅，尤其在班級的英語拼字比賽中，總能拔得頭籌。入學一年後，在全校350名學生的各科考試中，顧維鈞的總成績是第八。而他卻不滿意這個成績，因為數學考卷中少寫了兩個數字，否則可以排名第一的。[②]

1901年1月，顧維鈞又一次聽從姐夫蔣昌桂的勸說，去考聖約翰書院。在等待考試成績時，他又去報考了南洋公學。發榜時，他被兩所學校都錄取了，而他最終選了聖約翰書院，3月入學。[③]

聖約翰書院是一所由美國基督教聖公會於1879年創辦的教會學校，教師主要由美國人擔任。1891年正式成立大學部，為中國最早提供現代大學課程的學校。因此，有學者稱，「中國之有大學，自教會大學始。中國之有教會大學，則自聖約翰大學始」。[④]

顧維鈞進聖約翰書院時剛過13歲，讀的是預科。雖然已辦了20多年，但書院招收的學生並不多。在顧維鈞入學的前一年，書院讀正科（即大學）的學生一共43人，讀預科的學生一共125人。因為學費昂貴，學生都來自富裕人家。預科學生中家庭出身為商人的有80人，學者的有25人，牧師的

---

① 顧維鈞：Topics for Memoirs。
② 《顧維鈞回憶錄》第1分冊，第16頁。
③ 聖約翰書院錄取名單見《申報》1901年1月26日，第4版。
④ 熊月之、周武主編《聖約翰大學史》，上海人民出版社，2007，前言第7頁。

有 20 人。[①] 規模不大的聖約翰書院是一所人才薈萃的學校，民國年間許多外交官如施肇基、嚴鶴齡、宋子文等都在這所學校學習過。而顧維鈞的老師中有剛從美國弗吉尼亞大學畢業回國任教的顏惠慶，顧維鈞上過他的英文翻譯課。[②] 顏惠慶後來與顧維鈞一樣，也擔任過民國政府的外交總長。在這所由美國教會創辦的學校裡，顧維鈞對美國有了最初的了解。

顧維鈞在中西書院和聖約翰書院讀書的少年時代，正是中國面臨嚴重的民族危機和近代民族主義意識形成之時。甲午戰爭的失敗、義和團事件後《辛丑條約》的簽訂，是晚清歷史上十分沉重的篇章。在租界中長大的顧維鈞，對外國人在中國享有的特權有切身的體驗和感受。在中西書院讀書時，有一個週六，他像往常一樣坐黃包車從學校回家。過外白渡橋上橋時，車夫拉得很慢，跟在後面的一輛馬車上的英國人急着要去跑馬場賭馬，嫌黃包車擋了他的道，就用馬鞭抽打黃包車夫。顧維鈞氣憤地回頭用英語斥責這個英國人：「你是紳士嗎」（Are you gentleman）？顧維鈞知道對英國人來說，這是很嚴厲的斥責。每次來往學校要經過外白渡橋南邊的外灘公園，他看見公園有不准華人進入的規定，認為英國人在中國的土地上氣焰太囂張。[③]

到聖約翰書院讀書後，顧維鈞騎自行車到地處梵王渡的學校去。一次，騎自行車的顧維鈞為避開馬路上的車輛，在靜安寺路上跟着一個英國男孩騎上了人行道。英國警察放過了前面的男孩，卻將他扣下了。同樣騎車，卻面臨不同的處理，僅僅因為前者與警察一樣是英國人。這件事對少年顧維鈞有很大的刺激。晚年手書回憶錄提綱時，他將這件事和外白渡橋的事列為讀書期間不能忘記的兩件事，並在與記者談到外白渡橋那一幕時說，這讓我覺得

---

① 熊月之、周武主編《聖約翰大學史》，第 275 頁。

② 《顏惠慶自傳》，台北：傳記文學出版社，1982，顧維鈞序，第 3 頁。

③ 台灣廣播公司記者阮次山採訪顧維鈞特別報道（錄音），1977 年 2 月 19 日。

一定要收回租界，廢除不平等條約。[1] 民族主義意識就這樣在他的心中生根發芽。

20 世紀初，即使在上海的租界內，自行車也是一件奢侈品。顧維鈞有一張手扶自行車在照相館拍的照片。照片中的顧維鈞留着當時中國人都有的辮子，穿着長衫，左手夾着一頂中式禮帽，腳穿一雙布鞋。留辮子的少年手扶新潮的自行車，十分形象地反映了生在傳統社會的顧維鈞對新事物、新風尚的追求。另有一張照片，顧維鈞頭戴西式寬邊禮帽，身穿一套深色西服，上衣敞開着，白襯衫上映着花格領結，腳穿一雙白皮鞋，一副洋場少年的派頭。這幾張照片，都有「寶記 Pow Kee」的館銘。「寶記」是晚清民初公共租界內最有名的照相館，老闆叫歐陽石芝，是廣東新會人康有為的學生和同鄉。當時去「寶記」拍照是上海灘富商和文人的時尚。這顯示出租界生活對顧維鈞的另一層重要影響，即西方文化對一個十多歲少年的示範效應，以及由此導致的他對西方文化的嚮往和接受。在租界和教會學校的氛圍中，這種對西方文化的嚮往與民族主義意識同時進入顧維鈞的心中，交匯融合，形成一種能夠包容外部世界的民族主義意識。這在顧維鈞年少的心靈中留下了深刻的印記，成為不會褪去的底色。

顧維鈞入聖約翰時，學校為順應社會潮流，聘請了一些具有新思想的中國教師。顧維鈞的中文教師就是一位剛從日本留學歸國的新派人物，贊同康有為、梁啟超的維新派主張。十來歲的顧維鈞對社會變革和政治運動缺少深刻的理解，但像同時代大多數受到新思想影響的讀書人一樣，他已經開始嚮往變革。他在晚年回憶時說，「主要是由於新教師的思想的緣故，我和我的

---

[1]　台灣廣播公司記者阮次山採訪顧維鈞特別報道（錄音），1977 年 2 月 19 日；顧維鈞：Topics for Memoirs。

同學越來越感到需要變革。但這裡所說的變革，並不是政府機構的變革，也不是重大政治制度的變革，因為我年歲太小，對這些還不能理解。我們只是感到有些事不對頭，需要新方法和新思想」，「模模糊糊地希望維新運動能夠成功」。[1]

　　20 世紀初，正是近代中國留學運動蓬勃興起的時期。由於得風氣之先，聖約翰書院中有越來越多的學生到國外去求學。這對嚮往西方文化的顧維鈞有着很大的影響。他的同班同學施炳元和施贊元也準備出國留學，並勸他同行。施家兄弟有一個叔叔叫施肇基，1887 年入聖約翰書院學習三年，後來赴美學習，獲得康奈爾大學的學位，此時已在晚清政府中任職，被期望出國留學的學生視為成功的榜樣。去國外接受正規西方教育的渴望，使顧維鈞決定與施家兄弟同行。

　　顧維鈞的母親極力反對，她不明白兒子為甚麼要遠渡重洋去異國他鄉學習。顧溶畢竟是一個見過世面的商人，並不反對兒子出洋，並允諾承擔兒子赴美留學的費用。雖然與顧溶相識多年的兩江總督端方提出要為顧維鈞提供官費，但被顧溶婉言謝絕了，他認為官費應給家庭經濟條件差的學生，而他自己能承擔這筆費用。[2] 決定出國後，顧維鈞找裁縫做了幾套西服，這使他很興奮，因為這是屬於他自己的西服，以後照相不用再穿照相館提供的西服了。他還去理髮店剪掉了辮子，理髮師在動手前反覆問他是否真的要剪掉，最後收了他雙倍的價錢。臨行前，顧維鈞全家又去了「寶記」照相館，顧維鈞和兩位兄長一起與父親母親各合影一張。顧維鈞留着平頭，一身西裝，繫着領帶，而他的父親和兩位兄長的後腦都拖着辮子，穿着傳統的長衫。這正

---

① 《顧維鈞回憶錄》第 1 分冊，第 22、19 頁。

② 《顧維鈞回憶錄》第 1 分冊，第 23 頁。

是 20 世紀初急劇變化的中國社會在一個傳統家庭中的投影。年輕人嚮往變革，要去國外見世面，而年長的邁不開步子，還停留在傳統社會中。顧維鈞的母親在「寶記」合影時神色安詳，但到他離家的那一天，她哭喊着拉着他不讓走。①

1904 年 9 月 8 日，顧維鈞還未從聖約翰書院畢業，就與幾個同學一起乘坐「蒙古」號（Mongolia）輪船離開上海赴美國留學。② 雖是自費留學，但他與湖北省的官費生同行，由聖約翰的前輩學長、擔任湖北留美學生監督的施肇基帶隊。

這裡有必要將顧維鈞與施肇基兩人的家庭和教育背景放在一起做一番考察。顧維鈞在上海租界內長大，而施肇基的家鄉在離上海不遠的吳江縣。上海在 19 世紀中葉開埠後取代廣州，迅速成為中外交往的中心城市，在這一華洋雜處的環境中成長起來的人，耳濡目染，不僅對對外交往不覺陌生，而且還有了解外部世界的願望。從家庭出身看，顧維鈞的父親是個官商，施肇基則出身於一個絲商家庭。兩人的家庭不僅生活富裕，而且父輩都因經商與外國人有直接或間接的聯繫，對外面的世界有不同程度的了解。從所受教育看，他們在少年時就得風氣之先進入聖約翰書院接受西式教育，然後又都到美國留學。顧維鈞與施肇基的這些相同之處，也是 20 世紀上半葉大多數中國外交官的共同點。多年以後，顧維鈞與施肇基自然就成為中國外交界的同事。

---

① 顧維鈞與徐景燦的聊天錄音，1980–1985 年，紐約。

② Li Chen, "The Making of China's Foremost Diplomat and International Judge," *Jus Gentium*, Vol. 4, No. 2, 2019, pp. 527–564.

二　校園中的明星學生

　　施肇基留學時在康奈爾大學學習，於是就將他帶的這批學生都安排在位於紐約州伊薩卡的康奈爾大學附近。顧維鈞與另一位中國學生孫嘉祿進了坐落在蒙圖爾瀑布村的庫克學院學習語言和預科。

　　1904 年 10 月，施肇基將顧維鈞和孫嘉祿帶到庫克學院，交給校長諾頓（A. H. Norton）。多年後，諾頓十分驕傲地談起這一天，因為施肇基和顧維鈞這兩位後來成為中國駐美國大使的中國人同時來到了他的學校。[1] 諾頓見到顧維鈞問的第一句話是，「你為甚麼來美國學習？」顧維鈞的回答直截了當：「我來這裡要通過學習成為一名政治家。」[2]

　　庫克學院是一所男女合校的農村寄宿學校，面向附近村莊的居民。一年的學費包括食宿是 900 美元，這在美國是很便宜了，但折算成中國通行的白銀約 1200 兩，足夠一個中等家庭十年的開銷。

　　諾頓非常熱情地接受了中國學生，但一些從未見過中國人的師生卻另有看法。有一名女教師見到中國學生入校，曾考慮辭職不幹，但在幾個月後，顧維鈞和孫嘉祿的刻苦學習和出色成績使她改變了想法，反而希望美國學生都能像中國學生一樣努力學習。有一些美國學生聯合起來，給校長諾頓發了一封最後通牒式的信，說如果學校不讓中國學生走，他們就離開學校。諾頓的回答是：「我很抱歉你們想離開，因為我希望你們願意留下；但我想，你們不得不收拾行李走人，因為那些中國孩子將留下。」最後那些美國學生不得

---

[1] Charles Hurd to Wellington Koo, June 22, 1977（徐景燦提供）。Hurd 是美國西北大學化學系榮休教授，諾頓校長是其繼父，1902 年與 Hurd 的母親結婚。

[2] *Cook Academy Bulletin*, October, 1946，轉引自 Li Chen, "The Making of China's Foremost Diplomat and International Judge," *Jus Gentium*, Vol. 4, No. 2, 2019。

不改變主意，沒有離校。其中一個叫帕克·布朗的學生多年後寫信給諾頓為此事道歉，並為有顧維鈞這樣出色的同學而感到高興。^① 由於整個學校，實際上也是整個村莊，只有顧維鈞他們兩個中國人，這為他們提供了學語言的良好環境，加上學習刻苦，他們的英語水平提高很快。顧維鈞和孫嘉祿都以一年的時間完成了原定兩年的預科學習任務。

　　預科畢業前夕，顧維鈞面臨着學甚麼專業和去哪所大學的選擇。與他同在庫克學院的孫嘉祿準備去康奈爾大學學工程，並極力勸說顧維鈞與他同去。孫嘉祿的理由是中國需要大批工程師建造鐵路和橋樑，而做工程師也是一個生活有保障的職業。但顧維鈞的志向是學政治學和外交學。顧維鈞之所以具有這一志向，是因為想為國家做些有益的事，而在上海這座近代中外交往最密切的城市所親身感受到的外國人根據不平等條約在中國所享受的種種特權，使他想在外交方面做些事情。父親在這方面對他也有影響，顧溶希望他能夠進入政界。決定學外交和政治後，顧維鈞選擇了哥倫比亞大學。還在聖約翰書院學習時，顧維鈞就仰慕哥倫比亞大學的名聲，知道這是一所著名的大學，它的國際政治學科十分有名；他還知道學政治學的嚴錦榮是第一個獲得哥倫比亞大學博士學位的中國人。在庫克學院學習期間，他翻閱過哥倫比亞大學的介紹，發現上面所列教授的名字有不少經常出現在報紙上，因此認定這就是他應該去的學校。^②

　　顧維鈞參加了哥倫比亞大學的入學考試，通過後被哥大錄取為新生。在口述回憶錄時，顧維鈞說，入學考試除了化學其他各科都及格，但他顯然記

---

① Charles Hurd to Wellington Koo, June 22, 1977.

② 《顧維鈞回憶錄》第 1 分冊，第 27–28 頁。《顧維鈞回憶錄》將第一位獲得哥大博士學位的中國人音譯為葉慶雲，應為嚴錦榮，見 Li Chen, "Shattering the Glass Ceiling: The World's First Chinese Ph. D. Graduate," *The Law Teacher*, published online: 1 November, 2018 。

錯了。根據成績單的記錄，入學考試並沒有考化學，沒有及格的是英語閱讀和歷史科目中的古代史兩門，通過的科目有英語、英國史、美國史、德語和包括代數、幾何、三角函數在內的數學。[1]

　　1905 年 9 月，顧維鈞開始了在哥倫比亞大學這所常青藤名校的學習生活。20 世紀初，美國國內種族歧視還很盛行，排華風潮在各地尤其是西部屢見不鮮。相比之下，坐落在紐約哈德遜河邊的哥倫比亞大學卻以友善的態度歡迎來自世界各國的學生，而不管其膚色和種族。紐約是一座國際化的移民城市，就城市氣質而言，中國的城市中上海與其最為接近，在租界中長大的顧維鈞對哥大和紐約的環境不會陌生。也正因為此，20 世紀上半葉有許多中國留學生來到這所著名的大學學習。入學半年多後，《紐約時報》報道了哥大學生群體的多樣性，顧維鈞與其他 3 位分別來自南非、伊朗和印度的學生被作為國際學生的代表報道。這篇文章稱他「只有 17 歲，但他的想法在許多方面比一些年長的美國同學還要開放和民主」。[2] 因為這種國際化的氛圍，顧維鈞一進哥大就有「回家」之感，從未感到有何不適。

　　哥倫比亞大學的本科教育水平很高，顧維鈞入學時雖然還沒有後來享有盛譽的核心課程，但他接受的就是典型的通識教育。第一學年的課程都是必修的，包括英語、歷史、物理、德語、哲學、化學、體育、數學、法語和生理學，這充分反映了哥大本科教育的特點。[3] 第一學年的英語課有兩門，其中一門是朗誦課，顧維鈞修讀了兩個學期，這門課為他參加演講和辯

---

[1] 《顧維鈞回憶錄》第 1 分冊，第 29 頁；顧維鈞成績單。

[2] *The New York Times*, 15 April, 1906，轉引自 Li Chen, "The Making of China's Foremost Diplomat and International Judge," *Jus Gentium*, Vol. 4, No. 2, 2019。

[3] 顧維鈞成績單。

論打下了很好的基礎。[1]

　　雖然在聖約翰書院時接受的已經是美國式的英語教學，但進入哥大這樣的頂尖大學學習，顧維鈞開始還是不能完全適應。第一學期五門課程，一個 B，三個 C，一個 D。但他的學習能力很強，第二學期八門課，已經是一個 A，四個 B，三個 C 了。哥倫比亞大學有一規定，攻讀文學學士學位的學生必須修拉丁文甲班的課程，這一課程是以在中學學過四年拉丁文為基礎的。而顧維鈞從未學過拉丁文。為了能修這門課以獲得文學學士學位，他利用一年級升二年級時的暑假開始學拉丁文，結果用六週的時間學完了中學四年的課程，取得了修課的資格。一年後，他在拉丁文甲班的考試中得了 A。[2]

　　第二學年開始，顧維鈞的課程除英語外，集中於歷史、政治和經濟，因為他希望以國際法和外交為主修目標。他選修了後來大名鼎鼎的歷史學家比爾德（Charles Beard）教授的三門課：1832 年改革法案前的英國史、美國政黨和比較政治學。比爾德此時獲得博士學位不久，在哥倫比亞大學剛開始他的教學和研究生涯，日後他擔任過美國歷史學會主席。顧維鈞參加了比爾德組織的模擬美國政黨全國大會，學生按州分成不同的代表團，每個代表團提名自己的總統和副總統候選人。顧維鈞被指定在模擬共和黨大會上發言，提名當時的眾議院議長坎農為總統候選人。這一經歷使他能夠更好地理解比爾德教授在課堂上講授的美國政黨制度。教顧維鈞歐洲大陸史的老師是肖特威爾（James Shotwell），他在巴黎和會時是美國代表團的顧問。[3]

---

[1] Li Chen, "The Making of China's Foremost Diplomat and International Judge," *Jus Gentium*, Vol. 4, No. 2, 2019.

[2] 顧維鈞成績單；《顧維鈞回憶錄》第 1 分冊，第 38–39 頁。

[3] Li Chen, "The Making of China's Foremost Diplomat and International Judge," *Jus Gentium*, Vol. 4, No. 2, 2019；《顧維鈞回憶錄》第 1 分冊，第 44 頁。

　　在三年級的時候顧維鈞修滿了大學本科四年所需的學分，1908 年 9 月新學年開始時，他註冊為政治系的研究生，主修國際法。根據學校要求，需要有兩個副科，顧維鈞最初選了羅馬法與比較法學、古代史，後來將後者改成了憲法。哥倫比亞大學在國際法和國際政治方面擁有一支一流的教師隊伍，為繼續深造的顧維鈞提供了一個優良的學習環境。攻讀碩士學位時，講授憲法和行政法的教授是後來擔任過袁世凱顧問的古德諾（Frank Goodnow），顧維鈞對他的評價是「一位第一流的教師」，經常向他請教。[1] 講授法學、歷史學、社會學、經濟學等課程的都是當時具有國際聲望的著名教授。這個一流的師資陣容使顧維鈞獲得了以後作為一個優秀外交官所必須具備的基本理論和學術素養，也使他的思維方式和思想觀念深受他的美國老師的影響。在哥大讀書期間，對顧維鈞影響最大的當然是他的博士學位論文指導教授穆爾（John Moore）。顧維鈞 80 多歲的時候，有人問他，對他一生影響最大的人是誰？他回答說是穆爾教授。[2] 穆爾是國際法權威，編有多卷本的國際法巨著《國際仲裁》，當時有不談穆爾就不用談國際法的說法，而且他還有豐富的外交經驗，擔任過美國國務院的助理國務卿，其間處理過與中國相關的事務，如美國傳教士對中國的權利主張和中國對美國排華法案的不滿。[3] 不過因為生病請假，1908 年和 1909 年的兩個學年穆爾沒到學校來。顧維鈞的碩士學習是在頂替穆爾講授國際法的斯科特（George Scott）的指導下完成的。[4]

---

[1]　《顧維鈞回憶錄》第 1 分冊，第 34–35 頁。

[2]　Koo to Yorken, July 21, 1971.

[3]　Stephen G. Craft, "John Bassett Moore, Robert Lansing, and the Shandong Question," *Pacific Historical Review*, Vol. 66, No. 2 (May 1997), pp. 231–249.

[4]　Li Chen, "The Making of China's Foremost Diplomat and International Judge," *Jus Gentium*, Vol. 4, No. 2, 2019.

顧維鈞的碩士論文題目是《「卡爾德拉」號案件的歷史與法律》(*History and Law of the Case of Caldera*)。[①]「卡爾德拉」號是一艘掛智利國旗的三桅帆船，1854 年 10 月在九龍附近的一個海灣遭到海盜搶劫，中國地方當局獲悉後抓捕了海盜，並繳獲了部分貨物。船上的一些貨物屬於美國人，並在美國投了保。1858 年底，美國投保人通過美國公使提出了損失貨物的索賠要求，儘管美國政府指定的負責調查美國商民損失的兩名委員有着截然不同的意見，美國駐華公使還是支持了索賠要求，支付了 5 萬多美元。這筆錢來自1858 年中美上海談判時商定的清政府給美國的賠款。顧維鈞研究的就是半個世紀前發生在中美兩國間的這件外交和法律案件。這篇約 5000 個單詞的碩士論文就像一篇法庭上的辯護詞。在仔細梳理事件過程的基礎上，顧維鈞引證國際法和中美間的條約，邏輯嚴密地論證道，「卡爾德拉」號案件完全是一起海盜事件，因此中國政府無須承擔任何法律責任；美國沒有條約權力就發生在一艘智利船上的案件向中國提出任何要求；中國政府獲悉情況後立即逮捕並懲處了海盜，並繳獲了部分貨物，所以沒有任何責任。論文的結論是：中國政府不應支付損失貨物的賠款。[②] 這篇論文的選題表明顧維鈞對近代中外關係的重視，他學國際法的目的十分明確。整篇論文顯示了顧維鈞對國際法和其他法律文件的掌握和運用，也顯示出他在校園辯論和演講比賽中鍛煉出來的論辯能力。他後來在國際外交舞台上嚴謹、雄辯、注重法理的演講風格和處事能力在這篇碩士論文中已初露端倪。論文寫作期間穆爾還在病假中，但論文中引用了穆爾的《國際仲裁》，可見穆爾對顧維鈞的影響。

[①] 《顧維鈞回憶錄》的譯者因沒見到論文原文，將 Caldera 按詞的本來意思譯成了「破火山口」。該碩士論文見 *Jus Gentium*, Vol. 4, No. 2, 2019, pp. 655–666。

[②] Koo, "History and Law of the Case of Caldera", 參見 Li Chen, "The Making of China's Foremost Diplomat and International Judge," *Jus Gentium*, Vol. 4, No. 2, 2019。

　　1909 年 6 月，顧維鈞獲得了文學碩士學位，當他與 1905 級的同學一起高興地參加本科畢業典禮時，他比同學們多了一個碩士學位。顧維鈞此時已是哥大校園中的明星學生。他的名聲不僅在於作為一個外國學生，用同樣的時間多獲得了一個碩士學位，更在於他在專業學習之外，踴躍參加課外活動，顯示出過人的精力和才幹，在校園中引起廣泛的關注。

　　1905 年 11 月，入學不久的顧維鈞就申請參加了新生辯論協會。1906 年 1 月，該協會組織辯論賽，辯題是排華法案是否利於美國。顧維鈞與其他兩個美國同學組成隊伍作為正方，最終贏得了比賽。這是顧維鈞在哥倫比亞大學贏得的第一次辯論賽，是他成為辯論明星的開始。當時，同為常青藤名校的哥倫比亞、康奈爾和賓夕法尼亞大學每年要舉行一次三校辯論賽。1908 年，顧維鈞通過校內競爭獲得了代表哥倫比亞大學參加三校辯論賽的資格，成為第一個參加這項傳統賽事的中國學生。因此，哥大代表隊一到比賽地康奈爾大學所在的伊薩卡，就引起當地報紙的關注，輿論對這位中國學生評頭論足道：「穿着得體，一身棕色的西裝配着棕色的格子真絲領帶，插着琥珀色的領帶夾。他的英語幾乎沒有外國口音。他的整個打扮與在美國通常看到的中國人甚至是中國的上層人物形成了明顯的對比。」[1] 這場辯論賽的辯題是國會是否應該要求所有從事跨州業務的公司持有聯邦許可證，哥倫比亞大學作為反方，顧維鈞擔任二辯。哥大最終戰勝了康奈爾。但伊薩卡當地的報紙對顧維鈞的兩位隊友的表現評價不高，一辯表現「緊張」，三辯「沒有做出所需要的有力的總結」，對顧維鈞卻不吝讚美之詞：「顧是哥大隊表現最好的人。顧對英語的掌握出奇的好，講得流利輕鬆。他表現優雅，雖並非總是充

---

[1] *Ithaca Daily News*, 28 February, 1908，轉引自 Li Chen, "The Making of China's Foremost Diplomat and International Judge," *Jus Gentium*, Vol. 4, No. 2, 2019。

滿說服力。他的反駁十分得體。」①

　　辯論隊獲勝不僅在哥大校園內贏得一片讚揚和歡呼，也吸引了紐約當地報紙的報道。銷量最大的《太陽報》採訪了凱旋的顧維鈞，刊出了半版的專訪。顧維鈞回答了為何如此執着於辯論賽以及辯論與自己今後職業生涯的關係：「一個人需要通過學習和寫作積累自己的詞彙量。 如果一個人考慮以後投身公職，沒有甚麼比參加大學辯論賽所獲得的素質對他的幫助更大了。」細心的記者注意到顧維鈞在談自己的獲勝之道時，並沒有去貶低對手，因此這樣來描寫他：「他像一個老派的外交官。雖然他正準備在現在的學校繼續攻讀法學的研究生學位，但他承認 —— 他很少的幾個承認中的一個，因為他並不總是直接回答 —— 最終會進入外交界服務。」②

　　顧維鈞還對當報紙編輯表現出極大的興趣，也投入了大量的精力。哥倫比亞大學有一份學生自己編輯的校報《哥大旁觀者》（Columbia Spectator）。這是美國校園中歷史最悠久的校報之一，負責向全校師生報道學校的各種新聞，並登載師生所寫的評論文章，是哥大師生了解本校各種活動的主要渠道。二年級時，顧維鈞申請進《哥大旁觀者》做編輯，被編輯部選中錄用，從副編輯開始，一步步做起，到 1908 年 4 月被選為《哥大旁觀者》的總編輯，成為美國大學校報中首位擔任總編輯的中國人。一個月前剛因辯論賽專訪過顧維鈞的紐約《太陽報》馬上報道了這一新聞，稱這個具有卓越才能的辯論者是哥大校園中最有人氣的學生之一。③

---

① *Ithaca Daily News*, 29 February, 1908，轉引自 Li Chen, "The Making of China's Foremost Diplomat and International Judge," *Jus Gentium*, Vol. 4, No. 2, 2019。

② *The Sun*, 15 March, 1908，轉引自 Li Chen, "The Making of China's Foremost Diplomat and International Judge," *Jus Gentium*, Vol. 4, No. 2, 2019。

③ *The Sun*, 22 April, 1908，轉引自 Li Chen, "The Making of China's Foremost Diplomat and International Judge," *Jus Gentium*, Vol. 4, No. 2, 2019。

擔任總編輯後，顧維鈞與編輯部的同學一起改進校報，特別是增加了對教師的報道。這一改進引起了大學校長巴特勒（Nicholas Butler）的關注，他專門給顧維鈞寫了封信，稱讚他和他的同學們的工作，並說整個校園都在讚賞校報新編輯部成立後出現的變化。顧維鈞後來回憶總編輯的工作時說，「這段經歷是很有益的。它確實大大有助於我提高寫作能力和密切與同學的關係」。[①] 後來做外交官時，顧維鈞善於與媒體交往和周旋，與他在校園中辦報的經歷有關。

除辯論和編報外，顧維鈞還積極參加校園中其他很多活動。他通過競選成為由 7 名學生組成的學生代表委員會的一員，這個委員會是代表全體學生與學校行政當局打交道的。在這樣的競選中，他學會了與不同文化、宗教背景的人打交道，以爭取盡可能多的選票。只要有人來向他拉票，他都同意，但要求對方也投票給他。顧維鈞還參加了戲劇社、語言社、法語協會、基督教協會、棋社、田徑協會、曲棍球協會、賽艇協會等許多社團的活動，並在二年級生節慶表演中登台演出。作為哥大的一名優秀學生，顧維鈞獲得機會參加了時任普林斯頓大學校長的威爾遜（Woodrow Wilson）的家宴，兩人就政治哲學進行了深入的交談，互相留下了深刻的印象。這為日後顧維鈞出任中國駐美公使時與擔任總統的威爾遜建立密切的關係奠定了基礎。

顧維鈞以一個外國留學生參與這麼多的校園活動，並擔任了一些重要的工作，確實顯示了他的才幹和在校園中的影響。而這些課外活動也鍛煉了他的組織才幹和公關能力，這是一個外交官所必須具備的基本素質。哥倫比亞大學是常青藤名校，學生大多來自美國精英階層家庭。與這些學生一起學習和參加校園活動，是顧維鈞了解美國社會的主要渠道，他對美國的認識主要

---

① *Columbia Spectator*, 10 October, 1908；《顧維鈞回憶錄》第 1 分冊，第 42–43 頁。

是通過精英階層獲得的。成為外交官後，他與美國政府、媒體等各界人士交往自如，與這段學習經歷密切相關。

　　哥倫比亞大學寬鬆的氛圍和顧維鈞自己的努力使他完全融入了美國的校園生活，因此哥大校長巴特勒稱讚顧維鈞是外國學生中善於適應新環境的典型。比爾德教授告訴紐約《太陽報》，顧維鈞是「這所大學最優秀的學生之一」。多年後，當顧維鈞的兒子進哥倫比亞大學學習時，校方還稱他是哥大歷史上最有才華的學生之一。[①] 確實，在這所常青藤名校中，顧維鈞毫不遜色於美國本土最優秀的學生。

三　留學生活動的先驅

　　20 世紀初顧維鈞留學美國期間，正是中國留美學生人數快速增長的時期。顧維鈞到美國的前一年，中國留美學生才 50 人，到 1911 年已增長了十多倍，達到 650 人了。[②] 而這一時期也正是近代中國變革進程中的一個重要時期。日益覺醒的民族意識和強烈的愛國情感，使留美學生產生了結社的願望。在美國最早的中國留學生組織是舊金山、伯克利等地的留學生於 1902年在舊金山成立的「留美中國學生會」，此後美國東海岸的中國學生也成立了留學生組織。[③]

---

① 《顧維鈞回憶錄》第 1 分冊，第 37 頁；*The Sun*, 22 April, 1908；黃蕙蘭：《沒有不散的筵席 ——顧維鈞夫人回憶錄》，中國文史出版社，2018，第 110 頁。

② 王奇生：《中國留學生的歷史軌跡（1872–1949）》，湖北教育出版社，1992，第 45 頁。

③ Stacey Bieler, *"Patriots" or "Traitors"? A History of American-Educated Chinese Students*, M. E. Sharpe, Inc., 2004, p. 171；葉維麗：《為中國尋找現代之路：中國留學生在美國（1900–1927）》，周子平譯，北京大學出版社，2017，第 24、26 頁。

　　顧維鈞積極參與了中國留美學生的社團活動。1905 年他剛進入哥倫比亞大學就擔任了紐約中國學生聯誼會的主席。那年冬天，清政府派出考察西方立憲政治的五大臣考察團來到紐約，顧維鈞代表紐約的中國學生歡迎考察團，陪同他們參觀哥倫比亞大學，考察團的隨員中有帶顧維鈞到美國來的施肇基。[①]

　　美國東部的中國留學生組織是在 1905 年 8 月成立的，顧維鈞成為東部學生會成立後創辦的會刊《中國留美學生通訊》（*Chinese Students' Bulletin*）的主編。1906 年 8 月，東部學生會在麻省的阿默斯特舉行第二屆年會，顧維鈞擔任年會的議程委員會主席，參與了年會的組織工作。從這次年會一直到留學結束回國，除了 1908 年的年會，顧維鈞參與了東部學生會每屆年會的組織工作，擔任了東部學生會的一些職務，幫助處理了許多事務。1906–1907 年，除繼續負責《中國留美學生通訊》的編輯工作外，他還擔任東部學生會的英文秘書。1907 年 8 月，在麻省的安多弗舉行的第三屆年會上，顧維鈞以英文秘書的身份做工作報告。這次年會後，《中國留美學生通訊》改名為《中國留美學生月刊》（*Chinese Students' Monthly*），顧維鈞擔任主編。《中國留美學生通訊》篇幅有限，改成《中國留美學生月刊》後內容大為擴展，成為美國的中國留學生中影響很大的刊物。後來，他還主持過東部學生會章程的修改。1910 年 8 月的第六屆年會上，顧維鈞當選為東部學生會主席，並最終於 1911 年促成了美國東部、中西部、西部的中國學生會合併成統一的中國留美學生會。[②] 1910–1911 年，在擔任東部學生會主席，並作為《中國留美學生月刊》顧問期間，顧維鈞處理了 900 多封信，可見他對學生會工作之投入。

---

① 《顧維鈞回憶錄》第 1 分冊，第 31 頁。

② 李永勝：〈顧維鈞與中國留美學生會〉，《史學集刊》2020 年第 3 期。

在結束任期的述職報告中，顧維鈞特別強調，在參與學生會活動的過程中，學生會成員學得了美國文明的基本精神，即服務與真誠的合作，而學生會乃至中國的未來都將建立在此基礎之上。[①] 這是顧維鈞對學生會工作的總結，也是他自己多年參與學生會工作的體會。這一工作使顧維鈞在留學生中建立了廣泛的人脈關係，譬如後來也做外交官的王正廷這一時期也是學生會的積極分子，他和顧維鈞在學生會的工作有交集。

　　顧維鈞沒有參加東部學生會 1908 年暑期的年會，因為這一年的暑假他回國了。這是他留學美國 4 年後第一次回國探親，父母急切地希望他回家，主要是關於他的婚姻問題。還在顧維鈞 12 歲的時候，他的父母就按習俗為他安排了親事，辦了隆重的訂婚儀式。但顧維鈞沒有也不可能見到他的那位未婚妻，年少的他對父母的安排還不太理解，以一種局外人的心態看待這件事。大學三年級的時候，顧溶來信，希望兒子回家成親，說他們兄弟姐妹五個，就只剩他一個還沒成家了，作為父親，這成了自己的心病。接受了新思想的顧維鈞當然不願接受這樁老式婚姻，但在父親和大哥的反覆催促和勸說下，決定回家一次。

　　回到上海家中後，顧溶堅持要他立即結婚，在兒子回絕後開始了絕食。大哥顧維新也來勸說。在這樣的壓力下，顧維鈞只得屈從，對大哥說，既然父親把這事看得這樣嚴重，他當然不想使父親不愉快，甚至生病，表示願意履行結婚儀式，以使父親高興並顧全其面子。[②] 新娘是上海灘上的名醫張聾聾的侄孫女，與顧家可謂門當戶對。傳統的婚禮儀式辦得很熱鬧，但新婚第一夜顧維鈞卻睡到了母親的臥室裡。回美國時，顧溶一定要兒子將新娘一同

---

① Koo, "Report of the President of the Eastern Alliance," *Chinese Students' Monthly*, Vol. 7, No. 1 (November 1911), p. 93.

② 《顧維鈞回憶錄》第 1 分冊，第 54 頁。

帶去，否則不許他走。顧維鈞不得不再次屈從於父親的意願。

到了美國後，顧維鈞就有了主動權。抵達紐約的第一天，他就將新娘送到了一百多公里外的費城，讓她住在一個美國家庭中學英語。每逢假日，他會到費城去看望她，像朋友一樣見面。按顧維鈞自己的話說，兩人真正做到了以朋友相處。在她來到美國一年，對美國的生活有了一定的了解後，顧維鈞正式提出了離婚的問題。她很平靜地接受了這一結局。此後，她繼續留在美國學習了一段時間，直到辛亥革命爆發後才回國。臨行前，顧維鈞還去為她送行。顧維鈞的第一次婚姻就以這樣一種尚屬友好的方式結束了。[①]

顧維鈞面臨的婚姻問題在 20 世紀初的留學生中並不罕見。同在哥倫比亞大學獲得博士學位，後來又都在美國做過外交官的胡適和蔣廷黻，也都是幼年由家庭安排訂了婚的。胡適與顧維鈞一樣是 12 歲訂婚，蔣廷黻更是在 5 歲就訂婚了。胡適在留學時與美國女子韋蓮司（Edith Williams）墜入情網，但最終服從母親的意願與傳統鄉村女子結婚。蔣廷黻到美國後給父母寫信要求解除婚約，最後以不同意就不回國迫使父母讓步，並通過自由戀愛與留美女生結婚。[②] 這三位哥大博士，胡適沒能擺脫舊傳統，蔣廷黻毅然決然地追求新生活，顧維鈞則通過迂迴的方式掙脫了傳統的束縛。

1908 年回國省親返回美國不久，顧維鈞就經歷了留學生涯中對他日後人生道路有着重要影響的一件事。年底，清政府派遣的奉天巡撫唐紹儀以專

---

① 《顧維鈞回憶錄》第 1 分冊，第 60–61 頁。另據《申報》記載，1913 年顧維鈞與唐寶玥結婚後，顧張氏攜陳姓律師於 8 月在上海地方廳起訴顧維鈞重婚，被法庭以不在管轄範圍為由發回；10 月顧張氏前往南市第一初級廳再次起訴，仍未准行。《申報》有文章說此事最後「懾於國務總理之勢而止」。見《申報》1913 年 8 月 21 日第 7 版、10 月 25 日第 10 版；劍秋：《民國二年風流史》，《申報》1914 年 1 月 16 日，第 13 版。

② 葉維麗：《為中國尋找現代之路：中國留學生在美國（1900–1927）》，第 174–176、195 頁。

使大臣名義到達華盛頓。唐紹儀此行是為答謝美國政府將庚子賠款核減額退還中國，他還希望趁此機會來接洽東三省借款，探尋與美國在東三省合作的可能性。唐紹儀訪美使得中美合作和結盟一時成為媒體關注的焦點。在被美國媒體問到對此的看法時，顧維鈞說，暑假回國時，他遇到的政商兩界人士就鼓勵他在美國盡力呼籲兩國的合作。他認為這樣的合作能使中國進步得更快，美國的對華貿易也能從中獲益。「中國人單純、率真，做生意和在政治上交往都很誠實。他們不會用外交來欺騙，不像某些鄰近的島國，嘴上說要做這件事，實際上卻想着並正在做另一件事。」[1]這是顧維鈞在美國媒體上對中國外交事務最早的表態，其中表現出的對中美友好的期望和對日本的厭惡是他以後幾十年外交活動的基調。

　　唐紹儀本人是中國最早的官費留美學生，即 120 名留美幼童之一，曾就讀於哥倫比亞大學，因此對留美學生十分關注。訪美期間，他提出邀請 104名中國留學生作為他的客人來華盛頓度聖誕節假期。作為留學生活動的積極分子，顧維鈞在被邀之列。被邀留學生的名單是中國駐美使館秘書顏惠慶確定的。[2]唐紹儀邀請留學生來使館，是為了認識並了解他們，並告訴他們中國的未來需要他們。到華盛頓的第二天，在使館的歡迎宴會上，唐紹儀鼓勵留學生們努力學習，回國後將大有作為。顧維鈞被一百多名留學生推選為代表向唐紹儀致辭答謝。顧維鈞簡短的發言得到唐紹儀的賞識，他當面稱讚他的發言，並向他表示祝賀。這次與唐紹儀的見面成為後來顧維鈞進入民國外交界的重要鋪墊。在華盛頓期間，顧維鈞與中國留學生在唐紹儀的帶領下去

---

①　*New York Herald*, 8 October, 1908，轉引自 Li Chen, "The Making of China's Foremost Diplomat and International Judge," *Jus Gentium*, Vol. 4, No. 2, 2019。

②　《顏惠慶日記》第 1 卷，上海市檔案館譯，中國檔案出版社，1996，第 55 頁；《顧維鈞回憶錄》第 1 分冊，第 64 頁。

白宮見了西奧多・羅斯福（Theodore Roosevelt）總統。[1]

從華盛頓剛回到紐約，就傳來袁世凱被清政府罷免的消息。因為剛與唐紹儀見過面，知道唐與袁之間的關係，暑假回國對國內情況也有所了解，顧維鈞認為袁世凱以及他周圍的一批人是代表中國未來方向的「進步政治家」，所以在美國記者問到他對袁被罷免的看法時，他毫不猶豫地表達了對袁世凱的同情，認為袁世凱和圍繞在他身邊許多能幹的人推行的新政成效明顯，要退回到過去是荒謬的，事實上也是不可能的。[2]

顧維鈞晚年在回憶留學生活時談到，中國留學生不屬於任何黨派，很少表達政治見解，但他們關心祖國的前途。[3]對袁世凱被罷免的表態就是出自這樣的關心。在哥大求學期間，顧維鈞與到紐約的孫中山有過一次見面，也表明了他對政治人物的關注與黨派無關。他後來回憶了與孫中山的這次見面：

> 那時我正在哥大讀政治學，在阿姆斯特丹大道的一幢學生宿舍裡。除了臥房外，我還有一間小小的書房，內有書櫥數件，滿藏中西文書籍。我記得孫先生一進來以後，對書非常注意，對我的中國書、外國書，四面八方看得很有興趣。到了晚上七點多鐘，是吃晚飯的時候了，我就請孫先生和我這位江同學到一百廿五街去吃中國飯。飯後他想回我那裡去談談，就一同再到我的宿舍去，一談就談到十二點半的樣子，他的興致一直很好。──他一共耽擱了三天。第二天又到我那裡來，另

[1] C. T. Wang（王正廷），"One Week with Our Special Ambassador in Washington," *Chinese Students' Monthly*, Vol. 4, No. 4, 1909, pp. 245–250.

[2] "People Will Revolt," *Los Angeles Times*, 6 January, 1909，轉引自 Li Chen, "The Making of China's Foremost Diplomat and International Judge," *Jus Gentium*, Vol. 4, No. 2, 2019。

[3]《顧維鈞回憶錄》第 1 分冊，第 66 頁。

一位在哥大研究礦學的鄭先生，也加入了我們的談話。和前天一樣吃過晚飯後再作長談，非常盡興。第三天他就走了。我覺得他的確是青年的領袖，他雖然歲數比我們大 —— 那時他已有四十多歲了！可是他的見地，他的熱忱，都是和我們青年一樣的。[1]

顧維鈞關於中國國內政治消息的來源主要是美國的報紙。他曾受《紐約先驅報》（*New York Herald*）之邀，幫助該報翻譯有關中國的電訊中所涉及的複雜事態和人名、官銜等，編輯也常常會問他對消息可靠性的看法。這不僅使他得以更詳盡地了解國內發生的一切，也使他與美國報社的編輯有了直接接觸，了解美國報紙的運作。後來顧維鈞在北京政府外交部任職時十分重視外國報紙的作用，並善於與外國記者交往，這與此一經歷是分不開的。

因為有自己辦報和幫美國報紙翻譯的經歷，顧維鈞還主動給美國報紙寫稿，向美國讀者闡述他對中國國內政治的看法，尤其在辛亥革命後，直面美國媒體關於中國局勢的錯誤報道和評論。1912 年 1 月 2 日，顧維鈞給紐約《太陽報》投過一封信，針對美國報紙上出現的中國應該先行君主立憲制然後再發展到共和制的主張提出尖銳的批評。他認為，中國不必像那些報紙所主張的那樣由君主制經君主立憲再走向共和制，這與美國自己的政治制度也不相符。美國媒體不能因為中國人民總體上不如今天的美國人民開明，而對中國人民建立共和政府的熱情冷漠對待，視而不見。他充滿感情地指出，中國人民正在做美國人民在 1776 年、1781 年、1789 年所做的一切，努力為共和政體的未來發展奠定基礎。[2]

---

[1] 《顧維鈞對民國史幾個問題的自述》，《傳記文學》（台北）第 174 期，1976 年 11 月，第 99 頁。

[2] "Confusing Counsel From America to the Revolutionists," *Chinese Students' Monthly*, Vol. 7, No. 4, 1912, pp. 352–353.

　　1912 年元旦中華民國成立，中國留美學生會為推動贊同民國的輿論成立了「愛國會」，推顧維鈞為會長。該會的宗旨是「非政治，非干涉，非革命，非黨派，非宗派」。[1] 雖然學生會對該會寄予厚望，但成立後並無大的活動，顧維鈞也在三個月後回國了。不過，該會宗旨多少反映了顧維鈞對國內政治的態度。

　　2 月底 3 月初，北京城中發生兵變，並蔓延至天津、保定等地。美國一些媒體由此預測中國局勢將惡化。顧維鈞延續了過去對袁世凱的信任和對剛成立的民國的期望，在 3 月初給《紐約時報》寫信，指出騷亂僅發生在直隸一省內的少數幾個城市，且是清朝軍隊的殘餘所為。「因此，從這些不法行為推斷民國政府不穩定或不能維持國內秩序是錯誤的」，並相信隨着袁世凱宣誓就職，秩序就將恢復。他呼籲美國盡快承認「太平洋彼岸最年輕的姐妹國」。[2] 在這些給美國報紙的信件中，顧維鈞表達了一個留學生對新生的民國和共和政體的期望和支持。

　　留學期間，顧維鈞對校園活動和留學生活動投入了很大的精力，同時一直關注着國內政治的發展。在美國的校園中他深受西方思想的影響，而身處海外也使他對自己的祖國有了更深一層的認識。1911 年，在回答基督教青年會的馬特（John Mott）關於中國留學生來到美國後對自己祖國的態度有何變化的問題時，顧維鈞寫道：

---

[1]　P. W. Kuo, "President's Letter," *Chinese Students' Monthly*, Vol. 7, No. 4, 1912, p. 363; "The Ai-Kwoh-Hwei," *Chinese Students' Monthly*, Vol. 7, No. 3, 1912, p. 222.

[2]　V. K. Wellington, "Present Disorders 1,000 Miles from Its Seat Are Not Fatal," *New York Times*, 7 March, 1912，轉引自 Li Chen, "The Making of China's Foremost Diplomat and International Judge," *Jus Gentium*, Vol. 4, No. 2, 2019。

　　我注意到，每一個中國學生在旅居國外一年後，對中國的態度或多或少地發生了變化，但總是向好的方面變化。通過比較和對照，他開始拋棄原先的傲慢與偏見，而更真實地觀察中國。在痛苦絕望之際，他常常會放縱自己的情感，在較為持重的同胞面前毫無約束地對處於困境中的祖國貿然做出評判，還可能激烈地指責中國的每一件事情。但是，他心中對中國的愛一點也不亞於他的同胞，而經深思熟慮後他總能對中國有一個更為清醒的認識，並因而激發他以更堅定的決心更積極地投身於服務祖國的事業中。

　　在西方所受的教育使他有可能比他那些沒有機會出國學習的同胞對一個問題有更深刻的認識。因此出於自信，面對民眾喝彩贊同的狂潮他會發出不同的聲音。在這種情況下，他完全可能被蠱惑民心的政客斥責為「帶有偏見的」或「賣國的」。但是，毫無疑問，他對祖國的愛與他的同胞一樣真誠，只是更為審慎而不那麼狂躁。[①]

　　顧維鈞描述的是他觀察到的中國留美學生的一般心態，也是他的夫子自道。在美國所受的教育，雖使他深受西方思想觀念的影響，但他始終沒忘記自己是一個中國人，沒忘記年輕人留學報效國家的責任。同時，他又認識到，留學期間在思想觀念上發生的變化，由於與中國的傳統觀念存在很大的反差，會與國內同胞的普遍認識發生衝突。作為一個學業尚未結束的年輕留學生，顧維鈞對學成後回國服務充滿期待，同時對服務過程中可能面臨的困境也有清醒的預判。以後在外交界服務時，他也確實遇到被人指為「賣國賊」的情況。

---

① Koo to John Mott, Janurary 28, 1911. 該信原件由徐景燦提供。馬特是 1946 年諾貝爾和平獎獲得者。

四　哥倫比亞大學博士

　　1909 年同時獲得學士和碩士學位後，顧維鈞開始攻讀博士學位。他的指導教授就是 1910 年結束休假回到學校的穆爾。穆爾開設了國際法、外交史和美國外交史三門課，顧維鈞全都選修了，儘管他已修過斯科特開設的同樣名稱的三門課。顧維鈞十分尊敬穆爾，經常就學習上的問題去向他請教。穆爾明白顧維鈞的志向，完全按照外交官的標準來要求、培養他。他花費很多時間與顧維鈞討論將來要從事的職業，應該做些甚麼，不應該做些甚麼，特別要求他在法律上下功夫，認為這對日後處理外交事務會十分有用。因此，顧維鈞在哥大的法學院學了除司法程序以外的所有法學課程。

　　在準備博士學位論文時，顧維鈞確定的題目是《外國對中國政府的權利要求》，這個題目出自斯科特的建議。[1] 論文擬由九章和一個導論組成。導論部分準備提供中外關係的一般背景、外國人在華地位、約束中國的條約的性質，以及居住在中國的外國人所享受的治外法權。正文部分的重點是評析外國向中國提出權利要求的全部案例，以及解決這些權利要求的一般原則。[2] 論文的提綱得到穆爾教授的認可，認為這是一個有重大現實意義的題目。於是，顧維鈞開始搜集資料，進入寫作階段。

　　論文開始寫作後，顧維鈞利用留學生的活動將自己的思考與他人分享。1909 年 12 月 2 日，他在哥大中國學生俱樂部做了一次演講，題目是「在華外國領事裁判權：問題及解決的建議」。在這場兩小時的演講中，他詳述了

---

① 《顧維鈞回憶錄》第 5 分冊，中華書局，1987，第 270 頁。

② 《顧維鈞回憶錄》第 1 分冊，第 71、73–74 頁。

在華治外法權體系的實際運作情況及其對中國主權的損害，並提出了終止列強享有的治外法權特權的一些步驟。[1] 這是顧維鈞博士學位論文中要重點論述的內容。

　　1911 年，顧維鈞在用中文刊行的《留美學生年報》時事感言欄目發表《中國外交私議》。他在開篇指出：鴉片戰爭以來，「昔之堂堂華夏，今降而為第三等國」，喪失之權益有戰敗後而不得已者，也有非不得已者，即無形之放棄，「其為吾袞袞諸公而甘心放棄者，亦何可勝道哉。此事之最可痛而害尤深者也」，將關注的重點放在中國外交應對的失誤上。因此，「中國不欲定外交方針則已，中國而欲定外交之方針，必先自保存未喪失之權利始」。在列舉了中國喪失的租界裡的領土權、賦稅權以及外國人遊歷內地等權益後，他感歎道：「嗚呼，強鄰眈眈，風雨捲歐美而來；禹域茫茫，大利隨江河日去。」隨後指出：「中國外交之所以敗壞決裂而無可收拾者有三故焉。一曰無法理之思想，朝野上下不知法理為何物……二曰無統系之辦法，部臣與疆吏異意，督撫與僚屬殊方……三曰無膽識之外交家……始則延宕以避之，繼則婉詞以緩之。」在顧維鈞看來，中國外交亡羊補牢之計在得外交之人才：

　　　　所謂外交人才者，其必有法學上高等之學識，料事決謀之果敢，所謂足智足勇是也。難者曰：智者尚矣，而勇者何為哉？我國當國事衰弱之秋，無海陸軍以為後盾，而欲以姜桂之性言外交，毋乃啟強鄰之怒而速自亡之機手？余答曰：否。當今日之世雖曰有強權無公理，然國際交

---

① *Chinese Students' Monthly*, Vol. 5, No. 3, 1910, p. 161.

涉之時誠能以公理爭強權，則強權者亦不能以一手掩天下之目，而抹殺
公理也。[1]

這是目前看到的顧維鈞在留學期間用中文發表的唯一一篇文章。文章討論的
重點是近代以來中國喪失的條約權益，也正是他在撰寫中的博士學位論文的
內容。文章結論部分提出的解決中國已喪失的權益需要具備法學知識的外交
人才，是顧維鈞博士學位論文研究的動力，也是他對自己的期許。「以公理
爭強權」預示了國際法的學習對他此後處理外交事務的影響。在闡述強權不
能抹殺公理後，顧維鈞還寫道：「不觀乎嘉慶晚年，法國當大創之餘，其使臣
達里蘭卒能操縱英俄普奧四雄於維也納會議乎？」達里蘭（今通譯塔列朗，
Charles de Talleyrand-Périgord），是 19 世紀初的法國外交家，擔任過多屆政
府的外交大臣。1814 年拿破崙法國戰敗後，他代表法國參加英、俄、普、奧
四國操控的維也納會議，在各國間縱橫捭闔，實現了維護法國利益的目標。
顧維鈞顯然將塔列朗看作一個成功的外交家，後來他進入外交界，可以看到
塔列朗對他的潛在影響。

　　1912 年 2 月中旬，正在準備博士學位論文的顧維鈞接到中國駐美使館要
他去華盛頓的通知。到了使館後，公使張蔭棠告訴他剛擔任臨時大總統的袁
世凱請他回國擔任總統府英文秘書。事後顧維鈞知道這出自不久之後擔任內
閣總理的唐紹儀的推薦，但他當時對此毫無心理準備，遂以尚未完成學業為
由予以婉拒。穆爾獲悉後卻持完全不同的看法，他告訴顧維鈞，攻讀國際法
和外交學的博士學位就是為了擔任政府公職，而袁世凱的邀請是千載難逢的

---

[1] 《留美學生年報》，1911 年（版權頁上署辛亥年六月出版，但封二署庚戌年留美學生會出版）。
　　內頁留美學生會職員肖像中有會長顧維鈞。

機會，因此極力主張顧維鈞接受邀請回國服務。當時顧維鈞的博士學位論文只完成了導論和另外三章，他為難於論文尚未完成。穆爾在閱讀了已經完成的部分後表示，導論這一章已足夠作為一篇完整的博士學位論文了，並着手安排有古德諾、比爾德等教授參加的答辯。在穆爾的鼓勵和支持下，顧維鈞最終接受了袁世凱的邀請，並以原論文的導論作為博士學位論文提交，於3月29日順利通過了答辯。[1]

完成答辯後，穆爾讓顧維鈞找答辯老師中最年輕的比爾德幫助解決論文的出版問題。比爾德表示，出版方面的一切事務可由他來負責，校對則由比爾德太太承擔，顧維鈞只要抓緊完成一篇序言就可以了。顧維鈞的博士學位論文最後以《外人在華之地位》(*The Status of Aliens in China*)作為哥倫比亞大學歷史、經濟和公法叢書的第126種於1912年出版。作者名下註明其是中華民國總統的英文秘書，顧維鈞的序言則是在回國途中於4月16日完成的。[2]《外人在華之地位》是顧維鈞在哥倫比亞大學七年學習的結晶，體現出顧維鈞在美國學界影響下對中國對外關係的看法，這些看法成為其後來外交活動的思想根源。

在寫於大西洋途中的序言中，顧維鈞闡述了《外人在華之地位》的宗旨：「外人因通商、傳教、遊歷和其他事務大量來華後，他們在華期間之地位問

---

[1] 《顧維鈞回憶錄》第1分冊，第77–78頁。通過答辯的時間據 *Columbia Spectator*, 2 April, 1912。據後來幫助顧維鈞撰寫回憶錄並且也在哥倫比亞大學獲得博士學位的唐德剛教授的看法，其實這篇引言作為博士學位論文是「不夠」的，顧維鈞獲得的是他人無法獲得的殊榮。而且由於回國時間緊迫，論文的最後定稿還是穆爾幫助完成的。見唐德剛《廣陵散從此絕矣——敬悼顧維鈞先生》[《傳記文學》(台北)第283期，1985年12月]及其與筆者的談話(1995年7月1日，上海復旦大學)。

[2] Vi Kyuin Wellington Koo, *The Status of Aliens in China*, Columbia University, New York, 1912. 1925年，該書中文版《外人在華之地位》由北京政府外交部圖書處出版。

題，在今日不僅廣受關注，且日益成為重要的現實問題。要及時解決因中外人民交往而產生的五花八門有時甚至複雜的問題，需要準確地了解外人根據法律及條約所享有的權利、特權和豁免權，以及這些權利、特權和豁免權運用的限度和制約。這樣的了解因外人在華享有治外法權而更顯迫切。」他指出，目前尚無一本全面討論外人在華地位的專著，因此該書「有志於此」，顯示其在學術上開拓的雄心。[1] 全書共 19 章，分為上下兩編。上編為前條約時期（The Pre-conventional Period），共 7 章，涉及公元 120 年至 1842 年外人進入中國的歷史、外人在華所獲權利、中國歷代政府對外人的法律管轄、中國對外貿易的規章和組織等內容，敘述較為概要，約佔全書七分之一的篇幅。下編為條約時期（The Conventional Period），共 12 章，是全書的重點。顧維鈞在這部分剖析了近代以來治外法權、通商口岸、租界、外人在華旅行和在內地經商權、外人在華傳教權的起源和演變，尤其對近代以來對中國危害甚大的治外法權，從它在中國的產生、它對外人的保護、應用的範圍及限度等方面進行了詳盡的討論，約佔全書三分之二的篇幅。[2] 這顯示出顧維鈞關注的重點是中國在被迫打開國門後所喪失的主權。

在逐項考察外人在華所享權利和特權後，顧維鈞指出，儘管列強聲稱中國人是排外的，但外人在華享有在其他國家無法得到的各種特權。他認為，這些特權雖有條約依據，但最初卻是憑藉「劍的幫助」獲得的，並且正是由於中國政府和人民的友善寬厚，外國人才得以和平地享受這些特權。[3] 在這裡，顧維鈞顯然想說明，中外關係中存在矛盾和衝突的根源並不是像一些外國人所說的在於中國人的「排外」，而那些依靠「劍的幫助」獲得的特權，其

---

① Koo, *The Status of Aliens in China*, pp. 7–8.

② Koo, *The Status of Aliens in China*, pp. 62–227.

③ Koo, *The Status of Aliens in China*, pp. 350–351.

條約依據是存在問題的。

　　在分析中外關係的現狀時，顧維鈞認為，傳教和通商是產生中外矛盾的兩個主要根源，這是因為在華的外國人主要就是由傳教士和商人構成。傳教引發的教案近代以來層出不窮，皆以中國讓步賠款而結案。他指出教案並非信仰不同引起的宗教之爭，而是中國百姓對基督教的無知導致他們誤信關於外國傳教士做荒誕之事的傳言，或是傳教士的宗教狂熱和魯莽。他認為，隨着中外之間互相了解的加深和對教案的妥善處理，雖間或還會有教案，但傳教將不再會成為中外交往中的主要問題。[①]

　　至於中外間在商業交往中產生的問題，顧維鈞認為這是與治外法權聯繫在一起的，因此解決的方法是以單一的中國法律和法院體系取代治外法權，同時允許外國人在中國境內自由遊歷和居住，實際上就是主張在維護主權基礎上的「門戶開放」。他指出，要做到這一點需要中外雙方共同的努力，如果中國或任何一個國家只想得到而不願付出，那麼中國無法恢復領土主權，而外國也無法獲得在華商業自由。「國與國之間的關係和人與人之間的關係一樣，相互忍耐和互惠讓步是最好的政策；歷史證明，重要的國際問題不遵循這些普通的原則就無法得到和平的解決。換言之，只有理智的合作才能使各方實現自己合法的目標，無論是司法的還是商業的。」他以樂觀的語氣寫道，由於中國和列強都開始認識到，公正和平穩的國際關係必須建立在國家間誠摯友善的基礎上，這樣一種合作正在來臨。[②]

　　不僅對中外間的商業交往，而且對中外關係的總體發展，顧維鈞也寄希望於這樣的合作。他認為，「如果中國人民為復興祖國所做出的充滿理智

---

① Koo, *The Status of Aliens in China*, pp. 352–353.

② Koo, *The Status of Aliens in China*, p. 355.

和愛國熱情的努力，能得到列強的同情和道義上的支持，那麼一個強大的進步的中國肯定會百倍迅速地崛起，而進步和強大的中國意味着遠東的永久和平」。[1]

通觀顧維鈞的《外人在華之地位》，可以得出如下看法。

第一，顧維鈞選擇這樣一個課題撰寫他的博士論文，與他選擇國際法和外交作為他的主修課程一樣，有着很強烈的現實關懷。如他在前言中所說，外人在華地位這一問題具有重要的現實意義，「要及時解決因中外人民交往而產生的五花八門有時甚至複雜的問題，需要準確地了解外人根據法律及條約所享有的權利、特權和豁免權，以及這些權利、特權和豁免權運用的限度和制約。這樣的了解因外人在華享有治外法權而更顯迫切」。[2]少年時代在租界長大的經歷是這一選題的最初動因，顧維鈞是出於改變不平等的中外條約關係的願望來研究這一課題的。

第二，儘管《外人在華之地位》僅僅是顧維鈞最初的博士學位論文撰寫計劃中的導論部分，論文的答辯在時間上又很倉促，但它在學術上仍有其自身的價值。這是討論外國人在華條約權利的第一本專著，在相同課題的研究中，具有開拓性的意義。因此出版後即引起國際學界的關注，英文本出版三年後，就有日譯本問世。[3]美國約翰斯·霍普金斯大學教授韋羅壁（Westel Willoughby）頗有影響的同類著作《外人在華權益》要到 1920 年才出版。[4]

第三，《外人在華之地位》已顯示出顧維鈞日後處理中外關係的基本立

---

[1] Koo, *The Status of Aliens in China*, p. 356.

[2] Koo, *The Status of Aliens in China*, pp. 7–8.

[3] 顧維鈞（著）、南滿洲鉄道株式会社総務部交渉局第一課（訳）『支那ニ於ケル外国人ノ地位』南満洲鉄道総務部交渉局、1915。

[4] Westel Willoughby, *Foreign Rights and Interests in China*, Johns Hopkins Press, 1920.

場。這一立場包括兩個方面：一是主張中外間基於相互忍耐和互惠的合作，二是重視中外關係的法理基礎，強調中外間存在的問題要通過法律途徑加以解決。前一點使他在對外交涉中以靈活有時甚至是妥協的方式求得問題的解決，後一點則使他注重將國際法的原則運用到中國的外交事務中，給中國的外交帶來以往未有的新因素。顧維鈞在租界中長大，形成了包容外部世界的民族主義意識。他在博士學位論文中表現出來的對待中外關係的基本立場，是他從小形成的民族主義意識的進一步發展。這一立場對顧維鈞長達半個世紀的外交活動產生了持續影響。

1912 年 4 月 5 日晚上，顧維鈞離美返國前，哥倫比亞大學 1909 級同學、《哥大旁觀者》報和顧維鈞參加過的各社團的同學以及老師，在哥大俱樂部為顧維鈞被任命為中華民國總統的英文秘書和即將離開哥大舉行晚會。會場中特地掛起了剛成立的中華民國的國旗。在多位參加者發言回顧他的留學生涯並表達美好祝願後，顧維鈞致答詞，表達了結束留學生活之際對哥倫比亞大學和美國的感激之情：

> 我非常激動，不知該如何開始。作為一個缺少實際經驗的年輕人，我認為今天晚會給予我的榮譽讓我受之有愧。我的感激之情無以言表，我所說的都發自肺腑。雖然我很高興應召為中華民國服務，但我很遺憾我不得不馬上離開這個國家，離開我的同學和朋友。我會將你們的美好祝願和對這個國家以及這所偉大學校的美好印象帶回中國。我想，今天的晚會是我得到各位熱情款待和幫助的最好證明。而我所做的一切都是因為有你們的幫助和熱心。
>
> 前些天我去拜訪幾位教授時，他們要我以最簡短的語言談談我對這所大學的印象。哥倫比亞大學給我最深的印象是公正和友誼。每一個教授和同學總是樂於十分體貼地幫助我。我要強調我們這所偉大學校的國

際性。我在離開中國之時就想進哥倫比亞大學。從輪船揚帆起航的那天我就下決心要成為哥大之子。在哥大的七年我從未為這一決定有過絲毫的後悔。我將帶着最美好的記憶回國。你們和所有的人以最溫文爾雅和彬彬有禮的方式接待我，現在該輪到中國表達回報之心了。你們中的任何人到中國來都會受到最高貴的接待。[1]

晚會上代表教師發言的是哥倫比亞大學首位漢學教授夏德（Friedrich Hirth），他祝顧維鈞回國後前程遠大，並幽默地說希望以後致辭時可以稱呼他為「顧博士閣下」。夏德沒有料到的是，僅僅三年多後，他就可以這樣稱呼顧維鈞了。

第二天，4 月 6 日，顧維鈞在紐約港乘坐「格蘭特總統」號（President Grant）離開了美國。此時，在美國留學的中國學生有六七百人，顧維鈞是這第一代留美學生中的佼佼者。

哥倫比亞大學七年的留學生活對顧維鈞日後從事外交活動並成為聞名於世的外交家產生了重要的影響。哥倫比亞大學的一流師資使顧維鈞獲得了作為一個優秀外交官所必須具備的國際法基本理論和學術素養，校園活動和中國留學生的社團活動鍛煉了他處理和應對各種實際問題的能力，留學期間結識的老師、同學則使他獲得了此後進行外交活動尤其是對美外交時寶貴的人脈關係。也許更重要的是，作為一個來自中國的留學生，在哥大這所常青藤名校脫穎而出，給了他超強的自信。進入外交界後頭幾年，雖然年輕資淺，他卻敢於表達自己的意見，並勇於付諸實施。

顧維鈞做好了投身外交報效國家的準備，中國的外交界會怎樣接納一位常青藤名校的博士呢？

---

[1] *Columbia Spectator*, April 9, 1912.

第二章

外交界的年輕人

一　初入民國官場

　　中國的外交體制在晚清發生了根本性的變化。自第二次鴉片戰爭後設立總理各國事務衙門，對外事務開始由「夷務」向近代意義上的外交轉化。但此時辦外交的人仍由出身士大夫的傳統官員擔任，如李鴻章、曾紀澤、郭嵩燾等。19 世紀 80 年代初留美幼童返國後，不少人進入各地官署或駐外機構，協助辦理外交或「洋務」。這是留美學生進入中國外交界的開始。20 世紀初，這批最初進入外交界的留美學生中已有人擔任外交要職，如駐美公使梁誠、外務部侍郎唐紹儀、外務部尚書梁敦彥等。儘管留美幼童回國後進入外交界的人數按比例不能算少，但因為留美幼童總人數有限，故就整個晚清外交界尤其是高層而言，留美學生仍只是少數。[①]

　　1901 年《辛丑條約》簽訂後，總理各國事務衙門改為外務部，列六部之前。此舉雖迫於列強壓力，但清政府內對外交體制改革已有呼聲。[②] 按列強要求，外務部侍郎中必須有一人通西文西語。這為有西方教育背景的人升遷高級官員開闢了一個專門的通道。從實施情況看，這一規定實際上主要為留學生提供了機會，如唐紹儀和梁敦彥先後擔任外務部侍郎和尚書。從總理各國事務衙門改為外務部，也使原先主管外交的官員如章京、大臣只是兼差而不是正式職官的狀況得到改變，從 1907 年起駐外使領館也設置正式職官，這

[①] 據統計，留美幼童服務外交界共有 21 人，佔留美幼童總人數六分之一稍強。見石霓《觀念與悲劇：晚清留美幼童命運剖析》，上海人民出版社，2000，第 254–257 頁。

[②] 參見李文傑《中國近代外交官群體的形成（1861–1911）》，三聯書店，2017，第 7 章第 1 節。

就為職業外交官的出現提供了制度上的可能。① 與之相關聯，清政府於 1905 年廢除科舉制度，並對「遊學畢業生」進行考試，授予他們相應的功名，這又為留學生擔任官職提供了新的途徑。例如 1906 年對留學生的考試，賜進士出身的 10 人幾乎都是留美學生，第一名陳錦濤、第二名顏惠慶、第五名施肇基日後都進入外交界，並在北洋時期擔任過外交總長。② 清末外交制度上的這些變化為留學生日後在民國外交界的發展做了重要鋪墊。

在請顧維鈞擔任英文秘書的同時，袁世凱任命陸徵祥為新政府的外交總長。陸徵祥是在廣方言館和京師同文館學習法文後，被派往駐俄使館開始外交生涯的，屬於晚清洋務運動中成長起來的外交官。雖然還沒能夠接受完整系統的西方教育，但他有外語能力，又有出使與外國人直接交往的經歷，這是優於李鴻章那一輩的地方。陸徵祥任外交總長後按西方國家外交部的模式改組前清外務部。其中最重要的一點是從事外交的人員均須受過專門訓練，外交職位由職業外交官擔任。陸徵祥認為，「凡是辦政治，尤其是辦外交，決不可用外行」。③ 1912 年 6 月，外交部頒佈部令，重組本部，部內人員除已經總統任命及收文和電報兩處的事務人員外，「一律解散，另候新令，再行到署」。此舉使外務部留下的無法勝任外交工作的人員離開外交界，而為具有專業背景的人留出了位置，「舊制既廢，新制更始，自此次解散後，新制舊制若兩界」。④ 顧維鈞歸國之後將要進入的外交界已是舊貌換新顏了。

---

① 參見王立誠《中國近代外交制度史》，甘肅人民出版社，1991，第 10、11 章。

② 《顏惠慶自傳》，吳建雍等譯，商務印書館，2003，第 52 頁。

③ 羅光：《陸徵祥傳》，台北：商務印書館，1967，第 64 頁。

④ 外交部主事吳成章等編《外交部沿革紀略》，中國第二歷史檔案館編《中華民國史檔案資料彙編》第 3 輯《外交》，江蘇古籍出版社，1991，第 4–5 頁。

1912 年 4 月下旬，顧維鈞乘坐火車，穿越歐亞大陸回到中國。此時，民國成立剛剛四個月，而袁世凱正式登上總統的位置還不到兩個月。

到北京的次日下午，唐紹儀親臨顧維鈞下榻的六國飯店來見他，隨即帶他去中南海總統府見袁世凱。第一次見到袁世凱，顧維鈞的印象是「堅強、有魄力」，「是個野心勃勃、堅決果斷、天生的領袖人物」。[1] 在擔任袁世凱的英文秘書的同時，顧維鈞還被唐紹儀聘為國務院的秘書。身為國務總理的唐紹儀一共聘了 8 個秘書，除顧維鈞外年齡都在四十開外，且在官場中歷經磨煉。24 歲的顧維鈞是其中最年輕、資歷最淺的，但發佈任命時卻位列第四，可見唐紹儀對他的偏愛。[2]

唐紹儀與袁世凱私人關係密切而特殊，唐紹儀在晚清官場的步步上升離不開袁世凱的提攜與支持。但唐紹儀畢竟是留過洋的，出任國務總理後想依據《臨時約法》來行使內閣權力，與獨斷專行的袁世凱產生了分歧，最終在任命直隸總督問題上鬧翻，於 6 月中旬辭職。由於親見唐、袁兩人稱兄道弟，一下子又分道揚鑣，顧維鈞十分震驚，第一次親身感受到政治的撲朔迷離和官場的錯綜複雜。按當時秘書隨總理共進退的慣例，他辭去了國務院秘書的職務，同時也辭去了在總統府的職務，跟隨唐紹儀到了當時北方政壇失意人士的避風港天津。

唐紹儀見顧維鈞連總統英文秘書一職也一併辭去十分驚訝。他認為辭去國務院秘書是應該的，而總統英文秘書則不該辭去，顧維鈞才剛剛開始自己的事業，在總統府任職是很好的機會。此時，袁世凱派總統府秘書長梁士詒到天津來見唐紹儀，並請顧維鈞回總統府繼續任職。唐紹儀也勸他回北京，

---

[1] 《顧維鈞回憶錄》第 1 分冊，第 85 頁。
[2] 《申報》1912 年 5 月 10 日，第 1 版。

並認為他合適的職位是在外交部，回北京後可以在總統府和外交部同時任職。唐紹儀的這番勸說決定了顧維鈞此後的人生道路。

幾年前在華盛頓第一次見到顧維鈞時，唐紹儀就十分欣賞他的才幹，因此將他推薦給了袁世凱。此次顧維鈞來天津住在利順德飯店，在半個月的時間內，唐紹儀幾乎每天請他到自己家裡來吃飯。這位剛下台的總理大人有一待字閨中的千金叫唐寶玥，英文名 May，通常被稱為唐梅。吃飯之外，唐紹儀總是讓顧維鈞陪女兒出門，或閒逛，或買東西。唐寶玥比顧維鈞小兩歲，會說英語，這在女孩中十分罕見，馬上就贏得顧維鈞的好感。唐寶玥對這位談吐不凡、稍後有京城三大美男子之稱的哥大博士也是一見傾心。離開天津時，顧維鈞要先回上海探望父母，唐紹儀一聽就說唐寶玥也要到上海去看望她的姑媽，請顧維鈞順道陪同。這樣，兩個年輕人一路上又多了傾心交談的機會。從上海回來後，顧維鈞就與唐寶玥訂婚了。此時，袁世凱來請唐紹儀做媒人，要將自己的第五個女兒許配給顧維鈞，唐紹儀告訴他顧維鈞已經定親了。[①] 一年後的 1913 年 6 月 2 日，兩個年輕人要按計劃結婚時，唐紹儀卻要求他們將婚期推遲一天，因為再次結婚的他也已定下要在這天辦婚禮。唐紹儀的字與顧維鈞的字一樣，也是少川。最後，老小兩個少川相隔一天在上海的虹口公園舉辦了婚禮。兩張結婚照刊登在《婦女時報》同一期上。[②]

1912 年 8 月，顧維鈞探親後回到北京，繼續擔任總統英文秘書，並於 8 月 16 日被任命為外交部秘書，[③] 開始了近半個世紀的外交生涯。此時外交部在總、次長下僅設 4 個司及由 4 名參事組成的參事室和 4 名秘書組成的秘書處。

---

① 這是根據顧維鈞對徐景燦所說，顧維鈞口述錄音由徐景燦提供。
② 《婦女時報》1913 年第 10 期。
③ 《申報》1912 年 8 月 18 日，第 2 版。

在總統府，顧維鈞負責袁世凱會見外交使節和外國顯要人物時的翻譯，起草在外文報紙刊登的政府聲明或公告，以及處理總統的英文往來函件。袁世凱與英美重要人物的會見都有顧維鈞在場。1913 年 11 月，新到任的美國駐華公使芮恩施（Paul Reinsch）向袁世凱遞交國書，由顧維鈞翻譯芮的頌詞和袁的答詞。顧維鈞在哥倫比亞大學時的老師古德諾來華擔任袁世凱的法律顧問，古、袁兩人的會面交談，均由顧維鈞擔任翻譯。袁世凱與英國駐華公使朱爾典（John Jordan）的會談，也是他擔任翻譯的。對外事務之外，總統府內有些國內事務也會交給顧維鈞來辦。1913 年 3 月 4 日，全國禁煙研究會第一次會議在北京舉行，顧維鈞就作為總統代表到場致辭。[①]

由於得到袁世凱的賞識，顧維鈞在總統府並非僅僅承擔英文秘書的工作。1913 年，中英就西藏問題開始談判，英國公使朱爾典以他與袁世凱的私人關係要好，常常直接到總統府與袁世凱面談，此時顧維鈞就充任兩人間的翻譯。但有時袁世凱不便或不願見朱爾典時，就派顧維鈞去英國駐華使館與朱爾典會談。這樣，顧維鈞就直接參與到中英有關西藏的交涉之中。

中英西藏交涉在兩個地方同時進行。一在印度的西姆拉，由中、英兩國政府代表和西藏地方代表舉行談判。一在北京，除袁世凱與朱爾典面談外，顧維鈞與朱爾典先後進行了十餘次會晤。在西姆拉會議舉行前，顧朱會晤的焦點是西藏代表的身份問題。英國企圖藉此讓西藏擺脫與中國固有的統屬關係，成為一個獨立國家。顧維鈞對此據理駁斥，認為這不符中央政府與西藏的歷史關係，也有違中英間的現有條約。西姆拉會議開始後，西藏與內地的劃界成為焦點。英國千方百計要將青海、四川西部和雲南西北部劃入西藏範圍，朱爾典在會談中辯稱此舉是想讓青海成為緩衝地帶。顧維鈞當面反駁：

---

① 《申報》1913 年 3 月 10 日，第 3 版。

「設置中立之境或是有益雙方之事，然何必以中國完全管轄之領土為之哉，如貴公使所言，中國吃虧亦不太甚乎？」當朱爾典提出清政府對靠近川藏邊界的西藏地區沒有實施過管轄權時，顧維鈞一一列舉清政府對西藏行使主權的歷史事實，並反問：「若欲追溯古史為根據，則唐時吐蕃當併印度，元朝版圖亦列入印度，焉能為證據？」[1]1914 年 4 月 27 日，出席西姆拉會議的中國代表陳貽範迫於英國壓力畫簽約稿，但同時聲明如果政府不同意則此舉取消。顧維鈞知悉此事後，於 5 月 1 日向朱爾典抗議，代表政府不予承認。但朱爾典表示「一經雙方畫行即為定局」。顧維鈞辯駁道，按照國際慣例，談判時的全權代表，「凡遇重大之舉，如畫行簽押之類，仍須請示本國政府，奉到訓條後方可舉行」。況且中國政府不承認此次所簽訂的約款，是因為「畫行之前曾向英員聲明，畫行與簽約當分為兩事，如未奉政府允准簽押，則畫行當即取消，是陳使之畫行非單獨畫行，係附有條件者」，因此中國政府不承認該畫行草約的合法性，表明了中國政府的嚴正立場。[2]此後，中英交涉陷入僵局。

　　中英西藏交涉是顧維鈞參與的第一次重要外交交涉。他的對手朱爾典，在華 30 多年，能說一口流利的漢語，有着與中國官員打交道的豐富經驗。顧朱會晤時，朱爾典之外，英方還有他的中文秘書和曾騎馬遊遍西藏的武官，中方則顧維鈞單槍匹馬一人。但每次會晤前，顧維鈞都做了大量準備，弄清所談問題的歷史與現狀，並請教蒙藏事務局的專家。[3]因此，在與朱爾典的

---

① 許詳：《民初中英涉藏事務交涉之補證 —— 基於「顧維鈞檔案」的研究》，《民國檔案》2020 年第 2 期。

② 許詳：《民初中英涉藏事務交涉之補證 —— 基於「顧維鈞檔案」的研究》，《民國檔案》2020 年第 2 期。

③ 《顧維鈞回憶錄》第 1 分冊，第 114–115 頁。

交鋒中，他總能做到胸有成竹、針鋒相對，既能堅定地守住國家主權的底線，又能熟練地運用自己的國際法知識有理有據地駁斥英國的無理要求。朱爾典此前與許多晚清官員打過交道，總能憑藉英國的強勢佔據上風，這次卻在比他小 30 多歲的年輕外交官前碰了釘子，只能自嘲地對顧維鈞說，自己沒有得過博士學位，因此辯論中說話沒有那麼流利。顧維鈞則反唇相譏道，公使先生在華從事外交多年，經驗豐富，在與中國官員交往中總能如願以償。[1] 顧維鈞在中英西藏交涉中的表現，當得起他留學期間在《中國外交私議》中對外交人才所提的「足智足勇」這四個字。

與朱爾典的會談，顧維鈞既是總統袁世凱的代表，也是外交部的代表。1913 年 4 月，顧維鈞由秘書升任署理參事，9 月正式任參事。[2] 當時外交部設總長、次長各一人，次長下設參事四人，排名在司長之前。在外交部，顧維鈞的主要工作是負責與英語國家的駐華使館即英國和美國等使館的聯繫。由於中外間存在的不平等關係，列強外交使節與中國政府商討問題，不是按通行的外交慣例拜訪外交部，而是常常要中國外交部派人去他們的使館，就如中英西藏交涉時顧維鈞去英國使館那樣。因此，作為外交部的秘書或參事，顧維鈞實際上承擔着中外間直接交涉的任務。

顧維鈞在外交部的另一工作是負責與外國記者及在華出版的外文報紙打交道。在外交部未設新聞司和新聞發言人的情況下，他承擔的實際就是這一性質的工作。留學期間辦報的經驗使他能自如地做好這件事。1914 年 7 月底第一次世界大戰爆發後，美國《星期六晚郵報》(The Saturday Evening Post) 總編輯到北京約見袁世凱並採訪。會面中這位總編提了關於戰爭及對

---

[1] 《顧維鈞回憶錄》第 1 分冊，第 115 頁。

[2] 郭卿友主編《中華民國時期軍政職官志》（上），甘肅人民出版社，1990，第 55 頁。

中日關係影響的許多問題，袁世凱事先沒有準備，無法當場回答。顧維鈞建議總統在會面後給記者一份書面聲明。起草聲明的任務當然就落到了顧維鈞身上。由於美國人第二天上午就要離開北京，顧維鈞只得通宵工作，起草聲明的英文稿，並請外交部的助手譯成中文。第二天早晨，顧維鈞將中文稿遞給袁世凱，袁看後認為很好，無須改動。於是，他趕到火車站將英文稿交給了美國人。[①] 有關北京政府的新聞稿，不僅僅是英語國家，其他語種的國家也在顧維鈞的職責範圍之內，如 1913 年中俄關於外蒙古交涉的新聞也是顧維鈞負責。[②]

顧維鈞還經手北京政府資助外國新聞機構的工作。袁世凱的政治顧問莫理循（George Morrison）好幾次就受北京政府資助的外國新聞機構發出錯誤報道之事致函顧維鈞，要他管管這類事，停止這一浪費金錢並有損國家聲譽的做法，相信他「定會慎密處理」這類事的。[③] 這一工作使顧維鈞與一些在華外國記者建立了聯繫，這一關係網後來在中日「二十一條」交涉期間發揮了作用。

在外交部工作期間，顧維鈞建議成立檔案科和翻譯科，前者旨在糾正以往檔案保存中的問題，後者是為了向外交總長、總統府和國務院及時報告外國報紙上的動態。顧維鈞做的這些事情使民國初年的外交部在專業化的程度上邁進了一大步。

---

① 《顧維鈞回憶錄》第 1 分冊，第 111–112 頁。

② 《莫理循致顧維鈞函》（1913 年 11 月 24 日），駱惠敏編《清末民初政情內幕 ——〈泰晤士報〉駐北京記者袁世凱政治顧問喬·厄·莫理循書信集》下冊，劉桂梁等譯，知識出版社，1986，第 268 頁。

③ 《莫理循致顧維鈞函》（1913 年 12 月 16 日、1914 年 1 月 27 日），駱惠敏編《清末民初政情內幕 ——〈泰晤士報〉駐北京記者袁世凱政治顧問喬·厄·莫理循書信集》下冊，第 288–291、303–304 頁。

顧維鈞在與外國使館和媒體交往中的表現贏得了外交總長和次長的信任。作為參事，每遇外交大事，他總會被邀參加高層討論，而他也總能發表自己的看法。遇到外交部內部意見不一時，外交總長出於對他的信任，通常會站在他的一邊，採納他的建議。

但顧維鈞的勤奮和才幹也遭到一些同事的妒忌和不滿。那些進入官場已經有幾十年的同事，看見比自己小一輩的顧維鈞因為有國外留學的經歷，剛入職就到處拋頭露面，受到上司的青睞，心裡自然不平衡。外交部參事室中，有一位同事是顧維鈞的親戚，在官場已混了 20 多年，作為過來之人，勸告他說：「在北京官場，多做事，多犯錯誤；少做事，少犯錯誤；不做事，不犯錯誤。這就是在官場上一帆風順的奧妙。」顧維鈞感謝這位親戚的好意，但他在美國所受的教育讓他認識到，擔任公職就是要做一個有用的人，自己學習國際法和外交就是要為中國的外交服務，現在有了機會，當然要全力以赴。[1]

在繁忙的政府公務之餘，顧維鈞對組織回國留學生的活動充滿興趣和熱情，就如留學期間在緊張學習之外對留學生會投入了許多精力一樣。當時北京已經有了留美學生、留英學生和留法德比學生的留學生小團體，這些團體是社交性質的，每年聚餐幾次，回憶一下留學時光。顧維鈞不滿足於這種社交性的留學生團體，希望留學生們可以定期集會，請美國或中國各界的著名人士來演講，也可以就大家關心的問題舉辦討論會。這個主意得到清華校長周詒春的響應。周是耶魯畢業的，也參加過美東留學生會，因為清華校園在郊區，具體的籌辦工作就交由顧維鈞負責。在組織和推進歐美同學會活動時，顧維鈞與美國公使芮恩施多次聯繫，並請他幫助籌款建同學會的圖書館。在顧維鈞的推動下，幾個分散的留學生會最終合併成立了「歐美同學

---

[1] 《顧維鈞回憶錄》第 1 分冊，第 108-109 頁。

會」。[①] 1913 年 10 月 18 日，歐美同學會在位於西交民巷的同學會本部舉行盛會，到會者百餘人。作為發起人的顧維鈞以同學會主任幹事的身份主持集會並致歡迎詞，請專程到會祝賀的外交總長孫寶琦、教育總長汪大燮致辭。[②] 對留學生團體的熱心，顯示出顧維鈞強烈的留學生群體意識，希望通過留學生的集體力量推進中國社會的進步。

二　「二十一條」交涉中的美國牌

1914 年 7 月 28 日，第一次世界大戰爆發。英、法、俄、德等列強都捲入了歐洲大陸的戰爭，對中國一直有野心的日本企圖趁西方列強無暇東顧之際，擴大在華權益。這是顧維鈞進入外交界後第一次面臨影響國運的外交危局。

大戰的消息傳到中國，北京政府決定採取保持中立的方針，以免戰禍波及中國。8 月 6 日，北京政府宣告中立，公佈了「局外中立條規」。當天，顧維鈞赴美國駐華使館會晤代辦馬慕瑞（John MacMurray），表示北京政府希望由中美日三國共同倡導在遠東限制戰區，請求美國幫助中國實現中立。顧維鈞解釋說，將中立範圍不限於中國，是希望日本能夠同意並參加。[③] 但北京政府尚未等到美國的明確答覆，日本就已對中國聯絡美國的做法提出責問。8 月 8 日，日本首相大隈重信在與中國駐日公使陸宗輿的交談中指責中國有聯美之意。8 月 10 日，日本駐華代辦小幡酉吉直接到外交部，稱中立是「關

---

① 《顧維鈞回憶錄》第 1 分冊，第 135–138 頁。

② 《申報》1913 年 10 月 20 日，第 6 版。

③ 李毓澍主編《中日關係史料 —— 歐戰與山東問題》，台北：中研院近代史研究所，1974，第 9–10 頁。

係東方重大事件，中國何徑先向美邦提議」。[1] 日本的公然反對使北京知難而退，「原擬聯合日美，日不贊同，出頭無益」。[2]

與美聯絡受挫後，北京政府又轉向了英國。英國與日本簽有同盟條約。8 月 11 日，顧維鈞前往英國使館會晤朱爾典，在向英國通報中國向美、日倡言中立事由後，主要探詢英日在華對德國作戰的可能性，並請朱爾典有這方面的確切消息後能夠以非正式的方式通知中國。[3]

8 月 15 日，日本在與盟友英國未完全取得一致看法的情況下，向德國遞交了最後通牒，要求德國將膠州灣租借地無條件交與日本，以便日本將來交還中國。8 月 23 日，日本迫不及待地向德國宣戰，日軍隨即在山東登陸，向青島推進。面對列強在中國領土上開始交戰，袁世凱急忙在總統府召開會議，除內閣總長外，兩名國務院參事伍朝樞、金邦平以及外交部參事顧維鈞都應召參會。伍朝樞留英，金邦平留日，也都是學法律的。袁世凱請這三位在不同國家學習法律的留學生參會，是想聽聽他們從國際法視角提供的意見。顧維鈞被請出第一個發言。他說，中國已宣佈中立，交戰雙方都應尊重中國的中立，日本軍隊在山東登陸是公然違反國際法的行為，因此保衛國土以維護中立完全正當。伍朝樞贊同顧維鈞的意見。但陸軍總長段祺瑞表示，中國軍隊如對日作戰只能堅持 48 小時。於是，袁世凱無奈地說，中國沒有能力盡到中立國的義務，只能援引日俄戰爭時的做法，劃出一交戰區讓日本經此區域進軍青島。起草中國政府有關交戰區的聲明及執行細則的任務被交給了參會的三位參事。[4]

---

① 李毓澍主編《中日關係史料 —— 歐戰與山東問題》，第 19、22 頁。

② 李毓澍主編《中日關係史料 —— 歐戰與山東問題》，第 29 頁。

③ 李毓澍主編《中日關係史料 —— 歐戰與山東問題》，第 26–28 頁。

④ 《顧維鈞回憶錄》第 1 分冊，第 119–121 頁。

但日本並不滿足中國劃定的交戰區域，進而向北京政府提出，要劃山東省境內黃河以南一大片地區為中立外區域，名義上是便利日軍行軍作戰，實際上妄圖長期佔領。北京政府不願應允，欲將日軍的行動限制在沿海岸地區。8 月 27 日，顧維鈞前往美國使館會晤馬慕瑞，向美方提出，根據美日 1907 年羅脫－高平協定，日本在華行動須事先徵詢美國，因此日軍在山東登陸，應獲得美國的同意，表達了希望美國出面干預日本的意願。但馬慕瑞回答說，羅脫－高平協定的適用範圍只是中國的內亂，而非針對外國，並且通常被看作協定的這個文件只是雙方的聯合聲明，不具備法律意義，由此拒絕了中國的請求。[①]

11 月上旬，日本軍隊佔領了青島，接管了德國在中國山東的權益。對德戰事結束後，英軍開始從山東撤走，但日軍絲毫不見撤軍的跡象。1915 年 1 月 7 日，北京政府正式照會日本和英國駐華公使，宣佈取消原先劃定的戰區，恢復中立狀態。但日本於 1 月 12 日覆照，反咬一口，指責中國政府「獨斷處置，實屬輕視國際禮儀，不顧邦交，措置誠有未當」，蠻橫地聲稱不承認取消戰區，日軍行動不因此受約束。[②]

日本拒絕撤軍使山東問題成為北京政府面臨的頭等大事。顧維鈞與國務院參事伍朝樞等為此擬了一份題為《山東問題之分析》的稿子。這份稿子詳細列舉了因日軍進兵山東而產生的各種問題。這些問題包括如何檢討已經採取的政策，如中國對於此次戰事有無劃出戰區之必要；也包括日軍對中國主權的侵犯及賠償，如日本擅自行使管轄權、傷害人民生命之撫恤；還包括今後交涉中中國會面臨的和須應對的問題，如日本欲永久佔領青島為己有應如

---

① Charge d' affaires to the Secretary of State, September 10, 1914, *Papers Relating to the Foreign Relations of the United States*（以下簡稱 *FRUS*），1914, Supplement, p. 187.

② 李毓澍主編《中日關係史料——歐戰與山東問題》，第 657 頁。

何對付、處置青島時如何對付英國等。[1] 從所列舉的問題看，顧維鈞和他的同事已經充分認識到日本強佔青島的嚴重後果，但苦無良策，沒能提出切實可行的因應之道。就在擬定這份稿子幾天後，日本向中國提出了「二十一條」。

1915 年 1 月 18 日，日本駐華公使日置益以違反外交禮儀的方式直接向袁世凱當面遞交了勒索中國權益的「二十一條」。「二十一條」有五方面的內容：第一號有關山東的權益，第二號有關東北的權益，第三號有關長江流域的權益，第四號有關福建的權益，第五號涉及聘請日人擔任北京政府政治、財政、軍事顧問和中日合辦警察等問題。日本「二十一條」的提出使北京政府面臨嚴峻的挑戰，外交上如何應對成為棘手的難題。

袁世凱連夜召開會議，與國務卿徐世昌、陸軍總長段祺瑞等商討對策，決定派人去日本探詢日本內閣真實意圖及其對華要求的最低限度，並決定交涉步驟應逐項商議以延緩時日，並認為不應讓「二十一條」之事對外泄露。[2] 袁世凱此時定下不泄露的原則，除了日本要求對「二十一條」內容絕對保密外，也有自己的考慮。除了擔心國內的反對派藉此事引發政潮，更擔憂的是其他列強獲悉後聯手行動，使中國在外交上更為被動。1 月 24 日，一份遞交總統的條陳分析道，「二十一條」提出後英法俄必定會跟在日本後面一起參與瓜分，袁世凱閱後批示「援引均沾，須留意」，並將該件批轉給外交部，[3] 表明他不讓泄露「二十一條」之事確有防止列強聯手引起瓜分的考慮。

---

① 伍朝樞、顧維鈞等所擬《山東問題之分析》稿，中國第二歷史檔案館編《中華民國史檔案資料彙編》第 3 輯《外交》，第 161 頁。

② 李毓澍：《中日二十一條交涉》（上），台北：中研院近代史研究所，1982，第 273 頁；尚小明：《「二十一條」交涉的另一條管道──總統府相關活動透視》，《安徽史學》2017 年第 2 期。

③ 《中日交涉宜延緩不可開議》（1915 年 1 月 24 日），北京政府外交部檔案（中研院近代史研究所檔案館電子檔案），檔號：03-33-084-02-001。

面對突如其來的外交危機，作為負責與英語國家聯繫的外交部參事顧維鈞，首先想到的是中國「急需從國際上獲得外交方面的支持」，「而根據世界的形勢，唯一能給中國以外交和道義上的支持的是美國」，因此「有必要讓華盛頓了解『二十一條』的內容，也應該告知倫敦」，「中國保護自己的唯一途徑是盡力爭取盎格魯–撒克遜國家的支持」。顧維鈞知道日本已威脅中國對此事必須保密，政府也允諾了，但他向總統和外長說明，這種允諾是在威脅下做出的，中國沒有義務遵守。[①] 但如前所述，袁世凱因為擔心列強「援引均沾」，並不打算對外披露「二十一條」的消息。

儘管如此，有關「二十一條」的消息在北京的外交官中還是很快就傳開了。美國駐華公使芮恩施是北京最早獲悉這一消息的少數幾個外交官中的一個。1 月 22 日，他獲悉日本駐華公使向北京政府提出要求一事，並知道這些要求完全損害「門戶開放」政策和中國的主權。兩天後，他知道了日本的要求一共有「二十一條」，它使中國面臨着最嚴重的危機。隨後幾天，他在給國務院的電報中又陸續提到，日本的要求具體涉及南滿的行政權、中日合辦漢冶萍和礦產權等。2 月 1 日，芮恩施在給國務卿布萊恩（William Bryan）的電報中引述了他認為「二十一條」中最重要的一些條款，包括中日合辦警察，聘日人為政治、財政和軍事顧問及購買日本軍械等第五號的內容。[②]

可以看出來，芮恩施的消息是相當靈通而且很準確的。他的消息來源正是北京政府負責與美國駐華使館聯絡的顧維鈞，用芮恩施自己的話說，顧維

---

① 《顧維鈞回憶錄》第 1 分冊，第 123 頁。

② Reinsch to the Secretary of State, Janurary 23, 24, 26, 27, *FRUS*, 1915, pp. 79–80; Reinsch to Bryan, Feburary 1, 1915, in Arthur Link ed., *Papers of Woodrow Wilson*, Vol. 32, Princeton University Press, p. 170.

鈞充當了北京政府與美國使館之間的「聯絡官」。[①] 芮恩施是 1913 年來中國擔任公使的，他向袁世凱遞交國書時與後者的第一次見面就是顧維鈞擔任翻譯的。來中國前，芮恩施在威斯康星大學擔任了十多年的政治學教授，與古德諾等聯合發起創辦了美國政治學會，並擔任第一任副會長。而顧維鈞的導師穆爾擔任過這個學會的會長，因此他與顧維鈞的關係就超出了外交場合的公務往來。作為駐華公使，芮恩施積極參與並推進已回到國內的留美學生的團體活動，建議留美學生仿照美國政治學會創建中國社會政治學會。[②] 顧維鈞正是北京留美學生團體的熱心組織者，因此芮、顧兩人的交往在公私兩個方面均十分密切。在想到要讓華盛頓了解「二十一條」之事時，顧維鈞向芮恩施通報就是很自然的一件事了。

顧維鈞還與芮恩施達成默契，將有關「二十一條」的消息透露給在北京的美國記者，希望通過美國輿論對日本施加壓力。1 月 25 日，《芝加哥新聞》報道：「日本的要求使局勢緊張，若中國接受則成日本附庸。」1 月 27 日，《紐約時報》在第三版以「日本向中國提出多項要求」為題發表來自北京的消息，稱「這些要求如果得到滿足，所有相關區域就會成為日本的勢力範圍，而其他列強的條約權利就會受到損害」。[③] 在這前後，京津滬各地的中外文報紙相繼刊登有關「二十一條」的消息。

有關「二十一條」的消息通過中外報刊傳播，有違袁世凱的本意，一旦消息泄露北京政府就十分為難了，尤其是它根本無法管束外國報紙。2 月 2

---

① 保羅・S. 芮恩施：《一個美國外交官使華記 —— 1913–1919 年美國駐華公使回憶錄》，李抱宏、盛震溯譯，游燮庭校，商務印書館，1982，第 115 頁。

② 馬建標：《「進步主義」在中國：芮恩施與歐美同學會的共享經歷》，《復旦學報》2017 年第 2 期。

③ Noel Pugache, *Open Door Diplomat in Action*, New York, 1979, p. 149; *New York Times*, 27 Janurary, 1915, p. 3.

日，北京政府政事堂在北京各報刊上刊登通告，嚴禁外交人員向新聞媒體泄露消息，違者依法懲治，希望從源頭上加以控制。[1] 但這份通告剛發出，袁世凱的想法就發生了變化。2月3日，袁世凱的日籍法律顧問有賀長雄給日本元老松方正義寫了一封1500字的密函，其中提到駐華公使日置益告訴他，日本政府決定在3月下旬之前逼迫中國「將廿一款囫圇承諾」，所以必須阻止中國「將要求各款故意漏泄，藉此激勵輿論，或煽動商民排斥日貨，或依賴其他強國以牽制日本」。這封密函經總統府秘書翻譯後呈交給了袁世凱。[2] 與此同時，日本在中日交涉開始後屢屢指責中國泄露消息，進行恫嚇。2月5日，中日就「二十一條」進行第二次會談。一開頭，日置益就提出2日第一次會談的消息已泄露，上海某外國報紙4日的北京通訊還報道了上月18日見總統事。「此次交涉事件，彼此均應保守秘密，業經面告大總統及孫總長。且按國際交涉之例，亦必係議定之件始克發表，今則業已泄漏，殊不可解。」[3] 日本的態度使袁世凱對泄露消息有了不同於先前的理解，於是改變了最初不向列強透露「二十一條」的做法。

2月6日，袁世凱派政治顧問莫理循訪問英國駐華公使朱爾典，告訴他日本向中國提出的要求有「二十一條」，其中包括要求長江流域的特許權。而英國一直視長江流域為它的勢力範圍。9日，顧維鈞再訪朱爾典，詢問「英國政府是否掌握日本所提要求的全部內容」，強調中國「有理由相信，日本並未向列強傳達『二十一條』全文」，並特別向朱爾典指出，日本所提要求中

---

① 李毓澍：《中日二十一條交涉》（上），第276頁。

② 尚小明：《「二十一條」交涉的另一條管道──總統府相關活動透視》，《安徽史學》2017年第2期。

③ 李毓澍、林明德主編《中日關係史料──二十一條交涉》（上），台北：中研院近代史研究所，1985，第21頁。

包含長江流域鐵路問題、中日合辦警察及戰爭物資共享等三項。[①] 在這之前一天，外交總長陸徵祥業將「二十一條」中的第五號內容告訴了俄國駐華公使。[②] 這樣，北京政府從最初不願泄露消息，唯恐列強聯手瓜分中國，變為主動聯絡，透露消息，以爭取列強支持來制約日本。顧維鈞與美國使館的聯絡溝通邁出了最初的重要一步。

這之後，顧維鈞與芮恩施的來往就更為頻繁了。按顧維鈞的說法，「我每次在外交部開完會後，如不是在當天下午，至晚在第二天便去見美國公使芮恩施和英國公使朱爾典」。而芮恩施在回憶錄中寫道，中日「二十一條」交涉期間，「顧維鈞博士始終充當中國外交總長和我之間的聯絡官，儘管我也同時會見中國外交部的其他許多官員。在討論談判的各個階段進行的情況時，顧博士曾多次和我在一起進行長時間的有意思的討論，研究外交策略和進行分析。在這方面，我很欽佩他的敏銳的洞察力」。[③] 在這過程中，他們兩人間的了解和默契又進了一步。

有關中日交涉「二十一條」的消息逐漸公開後，各國通過各種渠道想進一步了解詳情。面對來自列強詢問的壓力，日本政府欲蓋彌彰，於 2 月 8 日由駐美大使向美國國務院遞交了大加刪減的十一條。[④] 在這前後，日本也向其他列強通報了十一條。芮恩施獲悉這一消息後，請美國駐日大使告知日本送交的十一條的內容。14 日，美國駐日使館將十一條內容電告芮恩施。[⑤] 顧

① 侯中軍：《英國與中日「二十一條」交涉》，《歷史研究》2016 年第 6 期。
② 章伯鋒、李宗一主編《北洋軍閥 (1912–1928)》第 2 卷，武漢出版社，1990，第 858 頁。
③ 《顧維鈞回憶錄》第 1 分冊，第 123 頁；保羅‧S. 芮恩施：《一個美國外交官使華記 —— 1913–1919 年美國駐華公使回憶錄》，第 116 頁。
④ Japanese Embassy to the Department of State, 9 Feburary, *FRUS*, 1915, p. 21.
⑤ Reinsch to the Secretary of State, 15 Feburary, *FRUS*, 1915, p. 90.

維鈞是北京政府中最早知道日本又拋出十一條的人之一。他從美國駐華使館處獲悉該內容後連夜翻譯並報告：「今晚間接覓得日本政府通告英俄美法四國政府之條文十一款，謹即譯請鈞覽。」袁世凱獲悉這一消息後，於 2 月 16 日讓他的另一名英文秘書蔡廷幹請莫理循找一份日本給英國的十一條副本，顯然是要與顧維鈞呈報的十一條互為對照，以進一步判斷日本的意圖。[1]

十一條與「二十一條」出入甚大，如果各國聽信日本的十一條，就不會太關注中日間的交涉，中國也就很難去爭取列強來制約日本，而這正是日本政府希望看到的。芮恩施注意到，顧維鈞等中國官員對可能出現的局面憂心忡忡，「深恐公眾輿論默然同意這個受到較少譴責的文本，從而鼓勵日本更強烈地迫使中國接受全部要求」。從一開始顧維鈞就主張通過讓美國等國家了解情況而獲取支持，此時他認為中國到了公開「二十一條」全文的時候了。2 月 17 日，北京政府決定將「二十一條」全文告知美、英等國。三天後，芮恩施從北京政府外交部得到了「二十一條」全文的英譯本。[2] 從 1 月 18 日日本向北京政府遞交「二十一條」起，經過整整一個月的時間，顧維鈞「有必要讓華盛頓了解『二十一條』的內容」的主張終於為北京政府所採納並付諸實施。

中國將「二十一條」全文內容告知美、英等列強後，日本的外交氣勢一時受挫。英國駐華記者觀察到，「自探知日本未將『二十一條』而僅以十一條通告列強以來，北京吃緊情形稍鬆」。面對輿論壓力，日本駐美大使則趕緊

---

① 中國第二歷史檔案館藏檔，檔號：1039-373；駱惠敏編《清末民初政情內幕 ——〈泰晤士報〉駐北京記者袁世凱政治顧問喬·厄·莫理循書信集》下冊，第 402 頁。

② 保羅·S. 芮恩施：《一個美國外交官使華記 —— 1913–1919 年美國駐華公使回憶錄》，第 108 頁；*FRUS*, 1915, p. 99。

向美國國務院解釋，報紙上所載「條款過於誇大」。[1] 受挫的日本對中國的做法十分惱火。2 月 22 日中日舉行「二十一條」交涉的第三次會談，會談一開始，日置益就宣讀日本外務大臣的電報，指責「中國當局故意泄漏」。[2] 在中日談判開始前，日本就力圖將北京政府中與英語國家有聯繫並且與新聞界來往密切的人排除在談判人員之列，要求出席人員只能有 3 人，即外交總長、次長之外，只能帶一個秘書，而不是中方最初提出的 5 人。如果是 5 人的話，按顧維鈞自己的判斷，他是「必定在數的」。[3]

儘管日本強烈反對中國向美、英等國通報「二十一條」交涉，但顧維鈞與美國使館仍然保持密切的聯繫。正如芮恩施所說，「他仍繼續同我來往，因為這是正當的」。不過，為了掩人耳目，顧維鈞有時也不得不從後門溜進美國使館。從芮恩施給國務院的報告中可以看到，每次中日會談後一兩天，他都有一份關於會談的詳細報告，並反覆提醒國務院，日本在談判中一直在強逼中國接受第五號的內容。[4] 正是通過這一渠道，北京政府得以向美國政府傳達相關的信息和中國的願望。

芮恩施接二連三有關「二十一條」的報告沒能引起華盛頓足夠的重視。美國政府先是天真地認為，所謂的第五號內容可能遭到中國的強烈反對而被日本刪除，所以有了十一條；當日本無法掩蓋「二十一條」，向美國表示第五號內容僅是讓中國友好考慮之「希望」，並非日本堅持之「要求」時，國務

---

① 《駐英施公使電》(1915 年 2 月 19 日)，北京政府外交部檔案，檔號：03-33-085-02-017；《駐美夏公使電》(1915 年 2 月 17 日)，北京政府外交部檔案，檔號：03-33-085-02-006。

② 李毓澍、林明德主編《中日關係史料 —— 二十一條交涉》(上)，第 55 頁。

③ 《顧維鈞回憶錄》第 1 分冊，第 122 頁。

④ 保羅・S. 芮恩施：《一個美國外交官使華記 —— 1913–1919 年美國駐華公使回憶錄》，第 115 頁；Reinsch to the Secretary of State, 23, 26 Feburary, 6 March, *FRUS*, 1915, pp. 97–99。

卿布萊恩又信以為真，還認為這是美國質詢的結果。直到 3 月中旬，美國才向日本送交了表達對「二十一條」看法的照會。這是中日「二十一條」交涉後美國政府的第一次正式表態。按照會起草者之一、國務院顧問藍辛（Robert Lansing）的話說，這份經美國總統威爾遜修改的照會「語調是和緩的」，「避免了威脅的念頭」。它聲稱：「美國不妒忌日本在東方的突出地位和中日互利的密切合作，也無意阻礙日本或影響中國反對日本。相反，美國的政策是維護中國的獨立、完整和商業自由，並保障美國在華合法權益。」[1]

美國的照會使日本政府對美國可能干預中日交涉的擔憂減輕了，卻使北京政府大為失望。3 月 23 日，袁世凱親自出馬找芮恩施長談，希望美國對日本施加壓力。同時，北京政府爭取在北京的美國僑民向華盛頓呼籲。4 月 8 日，在北京的美國傳教士向美國政府發了一份長長的請願電報，呼籲作為西方最大的共和國美國站在東方最大的共和國中國一邊「伸張正義」。從北京向華盛頓發這份長電的費用高達 7000 美元，是北京政府支付的。[2] 顧維鈞在外交部負責英語國家事務，又經手對外國新聞機構的資助，顯然參與了此事。

北京政府的外交努力通過芮恩施和美國傳教士對華盛頓產生了影響。4 月 14 日，威爾遜在給布萊恩的信中寫道，美國應在環境許可的情況下盡可能顯示自己是中國主權的支持者。第二天，布萊恩致電芮恩施，授權他以非正式、非官方的方式表明美國從未放棄在華任何條約權益。[3] 芮恩施代表美國政府的表態使北京政府受到鼓舞，認為「英美對於此事，輿論漸激」。在此

---

[1] Robert Lansing, *War Memoirs of Robert Lansing*, New York, 1935, p. 283.

[2] 羅伊·沃森·柯里：《伍德羅·威爾遜與遠東政策（1913–1921）》，張瑋瑛、曾學白譯，社會科學文獻出版社，1994，第 110 頁。

[3] *Wilson Papers*, Vol. 33, pp. 520–521.

後的中日會談中，中國代表的態度明顯趨於強硬。①

4月底5月初，中日關於「二十一條」的談判陷入僵局。5月7日，日本向中國提出最後通牒。次日，北京政府開會討論應對之策。二十多年後，顧維鈞在給葉恭綽的信中談到在會上他提出，「日方最後通牒實則外強中乾，希望速了」，因此「力主對於第五款盡可聲明拒絕商議，不必承認日方之保留」。②會議最後決定除第五號內容外接受最後通牒，回答日本的覆文由顧維鈞起草。覆文十分簡短，對第五號明白表示不能接受。覆文的措辭得到外交總長陸徵祥和總統袁世凱的認可。正式送出前，外交部將覆文先給日本公使看，日本公使提出對於第五號應加上「容日後協商」的詞句，北京政府最終竟予接受。北京政府送交覆文後，顧維鈞建議就中日交涉的全過程及被迫接受最後通牒的情況發表一份聲明，因為和平時期一個國家接受有損國家主權的最後通牒是很不尋常的，必須給歷史學家留下真實的記錄，並自告奮勇承擔這一任務。當時因發燒住院的顧維鈞請澳大利亞記者端納（William Donald）來幫忙，由他口述，端納記錄，連夜完成了聲明的英文稿，然後交外交部譯出於5月13日發表。③

這份聲明以《北京政府外交部關於中日交涉始末宣言書》發表，概述了從日本提出「二十一條」到北京政府接受最後通牒期間中日交涉的全過程，分別列舉了「二十一條」中中國已經接受的條款和予以拒絕的條款。整個聲明的語調是相當溫和的。聲明在表示北京政府不得不接受日本最後通牒所開

---

① 王綱領：《歐戰時期的美國對華政策》，台北：台灣學生書局，1988，第54頁；王芸生編著《六十年來中國與日本》第6卷，三聯書店，1980，第215頁。

② 《顧維鈞致葉譽虎（恭綽）函》（1938年12月6日），*Wellington Koo Papers*, Columbia University, box 31。

③ 《顧維鈞回憶錄》第1分冊，第125–127頁。

條件後又稱：「如列強對於保持中國獨立及領土完全暨保存現狀，與列強在中國工商業機會相等主義所訂之各條約，因此次中國承認日本要求而受事實上修改之影響者，中國政府聲明非中國所致也。」①這表明在中日「二十一條」交涉已結束的情況下，顧維鈞對美國依據「門戶開放」政策干預中日交涉結果仍抱有一絲希望。

5 月 11 日，美國政府向中日兩國政府發出照會，稱中日兩國達成的任何協定，若有損美國在華條約權利、中國行政或領土完整以及與中國有關的門戶開放政策，美國概不予承認。照會的口吻與顧維鈞起草聲明中表達的期望似乎相符，但美國的目的並不是進行干預。藍辛在起草這份照會時告訴布萊恩：「它（指照會）不能阻止日本達到強迫中國接受要求的目的，但它表明了對可能影響美國和中國利益的各種權利的完全保留。」②

中日「二十一條」交涉是顧維鈞進入外交部後經歷的第一次影響全局的對外交涉。作為外交部的一個參事，顧維鈞還不能對這一時期北京政府的外交政策產生決定性的影響，但他並不是完全被動地執行政策，而是充分利用與芮恩施的關係密切中美之間的交往，尤其在向美國透露「二十一條」這件事上推進了北京政府政策的轉變。王芸生在九一八事變後編寫《六十年來中國與日本》時，認為「二十一條」交涉中中國的外交「錯誤甚少」，在評論了袁世凱、陸徵祥等最高層人物的表現後，他也稱讚了官位不高的顧維鈞的外交活動，指出所有這些「皆前此歷次對外交涉所少見者」，給出了很高的評價。③

第一次世界大戰引起的遠東國際格局的變化，以及此次涉及日、德、

---

① 《東方雜誌》第 12 卷第 6 號，1915 年，第 1–6 頁。

② *Wilson Papers*, Vol. 34, p. 140.

③ 王芸生纂輯《六十年來中國與日本》第 6 卷，大公報社，1933，第 398 頁。1980 年該書重版時，此段評論被刪除。

美、英諸列強的外交交涉，帶給進入外交界時間還不長的顧維鈞一個十分重要的機會，使他能夠觀察和了解中國對外關係的全局。還在美國留學時，他就認識到日本外交的欺騙性，指出言行不一致是日本外交的特徵。[①] 日本趁歐戰出兵山東，隨即提出「二十一條」，將它對華侵略的野心暴露無遺。這使顧維鈞看清日本是對中國最大的威脅。而在英國等傳統列強忙於歐戰時，美國在遠東和中國外交中的地位上升了。正是基於對中國外交全局這樣的判斷，中日交涉一開始，顧維鈞就認識到能給中國以外交和道義支持的只有美國，因此讓美國了解情況，推進其為中國發聲。對顧維鈞以後的外交來說，參與中日「二十一條」交涉，最大的影響就是對中國外交的首要威脅和主要盟友有了清醒而堅定的認識，形成了聯美制日的主張。這一主張，隨着顧維鈞越來越深地參與到中國外交事務中，也影響到整個中國的對外政策。而對最高決策層來說，其通過中日交涉認識到中國外交需要顧維鈞這樣的年輕人。

三　華盛頓最年輕的公使

中日交涉剛剛結束，袁世凱就決定重用顧維鈞，將其放洋出任駐外公使。1915 年 7 月 11 日，袁世凱發佈總統令，任命顧維鈞為中國駐墨西哥公使。[②] 以 27 歲的年齡和從未在駐外使館工作過的資歷而言，這一任命是頗不尋常的。這也成為中國外交史上前無古人，也可能是後無來者的一項紀錄。

根據顧維鈞的回憶，這一任命起因於駐美公使夏偕復在對美外交中的重大失誤。1915 年初，夏偕復在既未徵得袁世凱同意，也未事先請示外交部的

---

① *New York Herald*, 8 October, 1908，轉引自 Li Chen, "The Making of China's Foremost Diplomat and International Judge," *Jus Gentium*, Vol. 4, No. 2, 2019。

② 《申報》1915 年 7 月 14 日，第 2 版。

情況下，擅自向美國國務卿提議，應當邀請袁世凱總統出面調停結束世界大戰，並說這是袁本人的意願。北京政府在芮恩施前來詢問此事時，方才知曉，袁世凱大怒之下命令外交總長孫寶琦立即將夏偕復撤職調回。但夏偕復是孫寶琦的內弟，駐美公使一職又是他力薦的，因此，孫寶琦懇請袁世凱由他來承擔責任。此後不久，陸徵祥接替孫寶琦出任外交總長，他與袁世凱商議後，決定派顧維鈞去華盛頓出任中國駐美使館參贊，主持館務，為日後出任公使打下基礎。陸徵祥告訴了顧維鈞這一安排，但顧維鈞認為不妥，以資歷尚淺為由請另委派一位新公使。最後，陸徵祥又擬定了一個新方案，任命顧維鈞為駐墨西哥公使，以增加資歷，為避免剛到任就離開對墨西哥失禮，發佈任命後讓他先去倫敦見駐英公使施肇基，然後改派駐美公使。[1] 不過，根據外交部次長曹汝霖的回憶，顧維鈞任駐美公使，是他向袁世凱推薦的。[2]

　　顧、曹兩人的回憶不盡相同，其實說的是各自經歷的一個方面。調換夏偕復是北京政府急於派顧維鈞赴美的主要因素，但夏與美國聯絡調停大戰之事，外交部並非毫不知情，[3] 而袁世凱要在對美外交上重用顧維鈞不只是因為此事。曹汝霖的推薦應該也屬實，顧維鈞在外交部的工作，他作為次長都看在眼裡，況且他們兩人還是嘉定老鄉，在總統面前美言幾句是很自然的事。但曹汝霖不會是唯一向袁世凱推薦顧維鈞的人，外交總長陸徵祥肯定也是推薦之人，安排顧維鈞去做使館參贊的決定就是他與袁世凱商量後做出的。實際上，對常在自己身邊工作的顧維鈞，袁世凱已有直觀的了解和基本的評

① 《顧維鈞回憶錄》第 1 分冊，第 138–140 頁。

② 曹汝霖：《一生之回憶》，台北：傳記文學出版社，1970，第 114 頁。

③ 1914 年底，外交部指示夏偕復便中向美提及調停事，《發駐美夏公使電》（1914 年 12 月 14 日），北京政府外交部檔案，檔號：03-37-001-01-009。參見羅毅、金光耀《北京政府籌備參加歐戰和會考析》，《歷史研究》2015 年第 6 期。

判，尤其是中日「二十一條」交涉期間顧維鈞積極聯絡美國的主張和活動對他產生了重要影響。顧維鈞放洋出使，袁世凱下達的諭令中有一條是「聯英、美、俄以防日」，並具體表明中國「練陸軍助英、美，英、美出海軍助我，利益互換」，顧維鈞稱讚此「遠交近攻之要圖」，「精論至當，謀慮深遠，欽佩莫名」。[①] 正如前面所指出的，爭取美國制約日本正是顧維鈞在「二十一條」交涉中的主張和做法。袁世凱的這一諭令透露出他派顧維鈞出使有加強與美聯合的意圖，這正是重用他的主因。

8月上旬，顧維鈞離京南下，從上海乘船前往北美。同行的有 40 名清華庚款留美學生。《申報》稱顧維鈞順道與清華副校長趙國才一同護送學生赴美，這顯然是政府故意施放的煙幕，因為該報的另一則報道稱顧此行「似有代夏使駐美之希望」，北京政府之真實意圖已成為公開的秘密。[②]

8月底，顧維鈞抵達美國舊金山。此時顧維鈞有可能出任駐美國公使的消息也傳到了大洋彼岸，正在美國國內的芮恩施奉國務院指令延緩返華，專程趕到舊金山與他見面。9月3日和4日，顧芮兩人晤談了三次，其中顧維鈞探詢的一個重點是美國對華政策的底牌。因為與芮恩施很熟，顧維鈞直接問道：「美政府對華政策如何，兩國親交有何方法？」芮恩施的回答也很直接，說美國政府曾認真研究，「以親華助華為政策」，他到北京後會與英國駐華公使接洽，以便「一致進行」，並表示美國的政策目標是「挫謀中國者之野心」。芮恩施未挑明對中國有野心者是誰，對他和顧維鈞來說這是不言而喻的。顧維鈞在彙報與芮恩施會晤的電報中說，會晤的話題是遵外交總長的電

---

① 《收駐美顧、駐英施公使電》(1915 年 12 月 12 日)，北京政府外交部檔案，檔號：03-13-032-03-001。參見承紅磊《帝制運動期間顧維鈞在美外交活動》，《復旦學報》2017 年第 2 期。

② 《申報》1915 年 8 月 4 日第 10 版、8 月 8 日第 2 版。

令進行的。[①] 這也表明顧維鈞此行確實有推進聯美外交的任務。

顧維鈞抵達美國之時，正是國內袁世凱醞釀帝制的敏感時期，不免會引起輿論的關注和聯想。按顧維鈞自己的說法，他竭力避免與帝制復辟有任何糾葛，要求等待改任駐美公使期間，政府不安排他任何涉及帝制的任務。[②] 顧維鈞的這個回憶故意「遺忘」了他此行的另外一個重要任務 —— 這並不是他在口述回憶中的唯一一次遺忘。

在與芮恩施的會談中，顧維鈞就確認了關於帝制的傳聞，雖然他告訴芮恩施袁世凱本人對此是遲疑的，但芮恩施通過這次會談得出的結論是，顧此行的主要目的是在歐美為袁稱帝製造輿論和打好基礎。[③] 芮恩施的這一判斷是準確的。

在舊金山逗留數日後，顧維鈞赴美國中部的芝加哥。在這兩個大城市，他與「美國官、紳、商、學、報各界重要人物處處來往」，其中大多數人會詢問帝制一事，有同情者，有反對者。顧維鈞都詳加說明，稱民國成立後中國人民「愛國心發達甚速」，一般民眾「知非有強固永久政體，不足圖富強、謀立國」，他為國體變更辯護，說是「以救國為前提」，並且是「民心之趨向」。顧維鈞在給外交部的電文中表示，「現奉鈞電，自當竭力進行」，表明他向美國各界解釋帝制確是奉命而行。[④]

不過顧維鈞的使命並不僅僅是說明和解釋，他還發揮善於與媒體打交道

---

① 《收駐墨顧公使電》〔1915 年 9 月 7 日（4 日發）〕，北京政府外交部檔案，檔號：03-13-043-03-001。

② 《顧維鈞回憶錄》第 1 分冊，第 141 頁。

③ 保羅・S. 芮恩施：《一個美國外交官使華記 —— 1913–1919 年美國駐華公使回憶錄》，第 134–135 頁。

④ 《收出使墨國顧公使電》（1915 年 9 月 21 日），北京政府外交部檔案，檔號：03-13-032-01-001，轉引自承紅磊《帝制運動期間顧維鈞在美外交活動》，《復旦學報》2017 年第 2 期。

的特長，推動美國媒體為中國國體變更做宣傳。9 月下旬，顧維鈞聯繫了一家美國報紙，交給該報請人寫好的稿子，刊登於報紙的頭版。該文稱，袁世凱反對改變國體，但政界、商界請願恢復帝制，軍隊全體贊成帝制，因此袁本人抵擋不住贊成之聲。在顧維鈞運動下，該報還刊發了古德諾贊成君主制的文章。[①]

12 月中旬袁世凱宣佈接受帝位後，顧維鈞聯繫在新聞界有影響的記者端納、密勒（Thomas Millard）等在美國主要媒體上發聲。12 月 13 日，密勒在美國《華盛頓時報》（*The Washington Times*）、《首都日報》（*Daily Capital Journal*）、《週日電訊報》（*The Sunday Telegram*）等報發文，強調袁世凱接受帝制本身並不會帶來動盪，因「大多數中國人傾向帝制，且贊同袁繼續做中國領袖」，只有在出現外來干涉的情況下，才會產生動盪。而日本是傾向於製造混亂的。[②] 在引導帝制輿論方面，顧維鈞積極主動，花了很大力氣。從密勒的言論來看，在鼓吹帝制時也有對日本侵華野心的揭露和警示，這又是與顧維鈞聯美的初衷一致的。

前面提到過，顧維鈞留學時曾於 1912 年 1 月 2 日給紐約《太陽報》投過一封信，針對美國報紙上出現的中國應先行君主立憲制然後再行共和制的主張提出尖銳的批評，明確指出中國不必經君主立憲再走向共和制。[③] 僅僅三年多的時間，他對共和的看法為甚麼會發生如此之大的變化呢？

---

① 承紅磊：《帝制運動期間顧維鈞在美外交活動》，《復旦學報》2017 年第 2 期。

② 承紅磊：《帝制運動期間顧維鈞在美外交活動》，《復旦學報》2017 年第 2 期。密勒又譯米勒，1911 年在上海創辦《大陸報》（*China Press*），任主筆。1916 年創辦《密勒氏評論》（*Millard's Review*）。

③ "Confusing Counsel From America to the Revolutionists," *Chinese Students' Monthly*, Vol. 7, No. 4, 1912, pp. 352–353.

　　從顧維鈞向美國各界所做的說明和推動媒體發表的文章來看，對帝制復辟除了解釋是「民心之趨向」，政界、商界和軍隊都贊成，還特別強調中國需要強有力的政治體，以保證國家的穩定和富強。辛亥革命在推翻了延續兩千餘年的帝制的同時，也瓦解了從晚清起不斷走向衰落的中央集權。民國成立後，軍閥政治的萌芽就已出現，北京政府缺乏必要的統治權威。在此背景下，這種認為中國需要強有力的中央政府的主張，並非顧一個人的想法，當時留學美國的中國學生此種認識相當普遍，對「中央集權的民族主義」的信奉使他們能夠容忍袁世凱的獨裁。[1] 而因為有在袁世凱身邊工作的經歷，顧維鈞在帝制期間的活動還包含着他個人對袁世凱的好感。他根據自己的觀察，認為袁世凱處理外交事務「頗有經驗」，雖是總統，「實際上同時又是外交總長」，在對外關係上親力親為，煞費苦心，「對政府所做的一切親自承擔了責任」，是一個「天生的領袖人物」。[2] 因此，顧維鈞對帝制的態度包含着對袁世凱的肯定和信任，以及對袁領導下中國強盛的期望。1916 年 1 月 29 日，帝制已經推行，顧維鈞在美國政治和社會科學學會的講演中，表示只有一個統一且強有力的政府才能夠成功應對中國的複雜形勢，最近實行的帝制就是這樣一個舉措。面對美國的知識精英，他充分發揮他的演講才能：「給我們十年，我們會給你一個強大的中國。」[3] 這顯示出他對袁世凱領導中國的信心，強國的願望使他願意接受袁世凱這樣一個強人。但復辟帝制最終使袁世凱身敗名裂，所以顧維鈞晚年口述回憶時就「遺忘」了這段重要的史實，從中不難看出他後來對自己捲入帝制運動的否定態度。

---

① 葉維麗：《為中國尋找現代之路：中國留學生在美國（1900–1927）》，第 46 頁。

② 《顧維鈞回憶錄》第 1 分冊，第 390–392、85 頁。

③ 承紅磊：《帝制運動期間顧維鈞在美外交活動》，《復旦學報》2017 年第 2 期。

　　1915 年 10 月 25 日，北京政府發佈總統令，任命顧維鈞為中國駐美公使。顧維鈞擔任過總編輯的哥倫比亞大學《哥大旁觀者》次日就在頭版顯著位置報道了這一消息，分享了這位校友重返美國的喜悅和榮耀。

　　任命頒佈時，顧維鈞還在英國，11 月下旬回到美國。按照外交禮儀，他必須遞交國書後才能正式履行公使的職責。但美國方面卻等不及了，國務院希望顧維鈞能以中國公使的身份出席威爾遜總統與高爾特夫人（Edith Galt）的婚禮，提出只要將國書內容通過電報發到華盛頓，並附一份給國務院的副本，他們就可以安排遞交國書了。12 月 16 日，遞交國書儀式舉行。顧維鈞致頌詞時稱：「中美睦誼素敦，利益相共，極願將兩國已有之親善利益更謀發展，惟冀美政府推誠相助。」威爾遜在答詞中說：「中美兩國日益親密，遇事必極力相助。」並特地稱讚顧維鈞「貴公使熟悉本國情形，學問優長，辦理外交，自必浹洽」。[1] 兩天後，顧維鈞參加了威爾遜總統第二段婚姻的婚禮。早在留學期間，顧維鈞就參加過當時任普林斯頓大學校長的威爾遜的家宴，兩人就政治哲學、美國行政管理以及中國政治發展的趨向進行過深入交談，彼此都留下了很深的印象。[2] 在中國外交官中，不管是晚清出使的還是當時駐外的，還沒有人與駐在國元首有過密切的私人交往，這成為顧維鈞開展對美外交的獨特優勢。

　　到任之初，除了推動帝制輿論、加強中美邦交外，爭取美國借款也是顧維鈞着力甚多的一件事，當然這與前兩件事也密不可分。顧維鈞爭取的第一筆美國借款是與利益堅順公司（Lee Higginson & Co.）商談的。這筆借款在他上任前就由北京政府財政部委託駐美使館經辦，以作充實實業、市政、教育

---

① 《收駐美顧公使電》（1915 年 12 月 18 日），北京政府外交部檔案，檔號：03-44-019-01-001。
② 《顧維鈞回憶錄》第 1 分冊，第 144 頁。

及其他事業之用。顧的前任夏偕復在與利益堅順公司代表商談時，該公司代表提出須有代表中國在美國辦理財政之權。1915 年 10 月 29 日，北京政府財政部同意委託該公司為經理人在美發行中國債票，但中國政府仍有權自行委託其他公司經理其他債票。①

顧維鈞上任後接過此事。至 1916 年 3 月下旬，該借款大體談妥之際，國內政局因袁世凱帝制復辟而撲朔迷離動盪不定，美國輿論對此多有報道。利益堅順公司遂「疑慮叢生，推諉延宕」，「要求待詢各重要美人之意見後再商」。顧維鈞向該公司代表盡力解釋仍無成效，於是充分利用他在美國的人際網絡，聯絡「與中國感情素好之人」，然後讓利益堅順公司去詢問這些美國人，打消他們的顧慮。同時他還聯繫媒體，「將中國大局無礙情形，密託美人著論登報」。經顧維鈞「反覆曉譬，幾致舌敝唇焦」，利益堅順公司最終同意與中國政府簽訂借款合同。② 4 月 7 日，顧維鈞代表北京政府與利益堅順公司簽署了《六釐金幣庫券合同》。合同規定，利益堅順公司承擔出售總額為 500 萬美元的中國金幣庫券，期限 3 年，年息 6 釐；該公司先墊付 100 萬美元給中國政府。③

借款達成的消息傳回時，正是國內反袁運動高漲之際，反袁力量將此看作對帝制的支持，極力反對。唐紹儀以國會議員代表的身份致電美國國務卿，抗議借款給「背誓叛國」的袁世凱，並不承認借款有效。同時因輿論認為顧維鈞是借款中「最出力之一人」，唐紹儀還在《申報》上刊登致顧維鈞的公開電：

---

① 財政科學研究所、中國第二歷史檔案館編《民國外債檔案史料》第 5 卷，檔案出版社，1991，第 348–350 頁。

② 《民國外債檔案史料》第 5 卷，第 357–358 頁。

③ 王鐵崖編《中外舊約章彙編》第 2 冊，三聯書店，1959，第 1173 頁。

華盛頓中國公使顧維鈞先生鑒：報傳袁借美款二千五百萬，已由
公簽字。若然，是無異甘心助逆，與全國國民為敵。茲由旅滬國會議員
二百十六人公推儀向駐京美使及華盛頓美政府聲明，袁世凱背誓叛國，
已失其政府資格，此項借款國民絕對不負償還之責外，請立將該約向前
途聲明作廢。稍留餘地，以與國民相見。速覆。唐紹儀。[①]

　　唐紹儀是顧維鈞的岳父，電文刊登在影響甚廣的《申報》上，又有「稍留
餘地，以與國民相見」這樣尖刻的言語，顧維鈞收到電文後「甚為不快」。但
唐紹儀不僅是他的岳父，也是他進入官場的引路人，此時又是南方政治力量
的代表人物，顧維鈞不得不忍下心中的不快，給唐紹儀寫了一封長信詳加解
釋。[②] 這是顧維鈞第一次經歷外交與國內政治交織在一起的困境。

　　由於反袁力量的反對，利益堅順公司付出首筆錢款後裹步不前。日本則
出於反對美國資本進入中國，大肆渲染借款會引起中國的抵制美貨運動，離
間中美之間的關係。隨即，袁世凱去世後政局進一步動盪，利益堅順公司的
借款在實交 119.1 萬美元後就擱置了。[③]

　　袁世凱去世後黎元洪繼任總統，段祺瑞組閣。混亂的政局和空虛的國庫
使北京政府陷入嚴重的財政危機。日本為進一步控制中國，又扣留存在橫濱
正金銀行中的中國鹽稅餘款。芮恩施對日本趁火打劫的做法十分惱火。從 5
月底到 6 月中旬，他接連給國務卿藍辛發出 4 份密電，呼籲華盛頓貸款給中
國，以抵消日本在中國的影響。他認為，作為目前唯一能給中國實際財政支

① 《申報》1916 年 4 月 13 日第 3 版、4 月 16 日第 6 版、4 月 18 日第 2 版。
② 《顧維鈞回憶錄》第 1 分冊，第 146 頁。顧維鈞在回憶中將唐紹儀的電文與 1916 年 11 月的芝加哥借款聯繫在一起，但從其回憶的電文內容看，應是這筆借款，芝加哥借款已在袁世凱死後了。
③ 《民國外債檔案史料》第 5 卷，第 347 頁。

持的大國，局勢的發展已要求美國承擔起自己的責任。如果要阻止日本完全
控制中國的財政，美國的銀行界必須馬上採取行動。他建議，美國應該給中
國一筆 1500 萬美元的銀行貸款。[1] 藍辛接到芮恩施的電報後，向威爾遜做了
彙報。同時，他還會見了美國銀行團的代表，建議他們立即向中國政府提供
400 萬或 500 萬美元的貸款，以幫助中國政府應付行政上的急需。但是，美
國銀行團成員認為，向中國政府提供行政貸款會受到善後借款協議的約束，
而提供非行政貸款則應由美國政府正式提出，並提供必要的擔保。[2] 由於為
美國銀行團在海外投資提供明確的擔保不符合威爾遜政府的政策，藍辛沒有
進一步要求美國銀行團採取行動。但國庫空虛的北京政府已無法等待下去
了，財政總長陳錦濤於 9 月下旬授權顧維鈞直接向美國銀行界商談借款，設
法至少借到 500 萬美元。[3]

　　這是顧維鈞上任不久接手的又一個借款任務。幾經詢問後，顧維鈞鎖
定了芝加哥大陸商業信託儲蓄銀行。雙方談判的難點在貸款的擔保問題上。
自晚清中國政府大量舉借外債後，每筆借款都以中國的關稅、鹽稅、煙酒稅
或釐金等作為抵押，並由外籍顧問監督、管理相應的稅收。這些規定自然損
害了中國的主權。有志於改變中外關係中不平等現象的顧維鈞希望能改變舉
借外債中的這種狀況。他上任不久，在與擔任過美國駐奉天總領事的司戴德
（Willard Straight）的會談中，就表示美國銀行界貸款給中國不應在擔保方面提
出苛刻要求，否則中國寧願不向外國借款。[4] 此次貸款談判，芝加哥銀行仍按
往常的慣例提出要由煙酒稅來擔保，並由銀行派代表對煙酒稅進行監督。顧

---

[1]　Reinsch to Lansing, May 27; 14, 15 June, 1916, *Wilson Papers*, Vol. 37, pp. 234–236.

[2]　*FRUS*, 1916, pp. 134–138.

[3]　《顧維鈞回憶錄》第 1 分冊，第 144–145 頁。

[4]　Memorandum: Mr. Straight Called on 16 December, 1915，中國第二歷史檔案館藏，檔號：1039-395。

維鈞向銀行指出，不應提出對稅收進行監督這樣的政治性要求，希望純從做生意出發，為向中國貸款開一個好的先例。在顧維鈞的努力下，芝加哥銀行最終放棄了派代表對中國的煙酒稅進行監督的要求。11 月 16 日，顧維鈞代表中國政府與芝加哥銀行簽訂借款合同。合同規定，中國政府向芝加哥銀行舉借 500 萬美元，以煙酒稅為擔保，發行國庫券，期限 3 年，年息 6 釐。芝加哥銀行還獲得 2500 萬美元補充貸款的優先借貸權。[1] 除了沒有對中國的煙酒稅派人進行監督，這一借款合同與這一時期簽訂的其他借款合同並沒有很大的不同。在改變傳統的舉借外債方式上，顧維鈞只向前邁出了很小的一步。

這筆借款一簽署就遭到了英、法、俄等國銀行家的反對，理由是有違1913 年善後借款的有關規定。日本更是故意散佈謠言，說芝加哥銀行因為有德國背景才同意了這樣一筆旨在反對協約國的借款。美國政府是支持這筆借款的。因此在列強表示反對後，威爾遜總統要求藍辛指示芮恩施以明確的語言堅定地表明美國政府的態度。12 月上旬，芮恩施根據華盛頓的指示，分別會見北京政府財政總長和列強駐華外交代表，表示芝加哥銀行借款並未損害他國在華權益，也未與現有的各種協定發生抵觸，因此任何排除美國銀行家與中國正當合作的企圖，都將遭到美國政府的堅決反對。[2] 美國政府的強硬態度保證了芝加哥借款合同的順利履行。借款中的風波實際上體現了美日兩國在對華資本輸出方面的激烈競爭，這使顧維鈞進一步觀察到美日在遠東的矛盾和衝突。

出使華盛頓第一年，因為與帝制運動有牽連，爭取借款又與國內政爭有關聯，顧維鈞身心疲憊，萌生過退意。1916 年 9 月下旬，有媒體稱被任命為

---

[1] 《顧維鈞回憶錄》第 1 分冊，第 145–146 頁；《民國外債檔案史料》第 5 卷，第 654–659 頁。

[2] Reinsch to the Secretary of State, 2, 18 December, *FRUS*, 1916, pp. 145, 148; Lansing to Wilson, 4 December 1916, *Wilson Papers*, Vol. 40, p. 140.

外交總長的唐紹儀有意另派人出任駐美公使，另有媒體稱這與顧維鈞和帝制運動的牽連有關。隨即，顧維鈞稱病請辭，但未獲批准。辭職的消息還流傳了一些時日，直到 1917 年初，美國國務院遠東司發表消息，確認顧維鈞仍將擔任中國公使，傳言才終止。[①]

四　「遠交美以制近逼之日本」

第一次世界大戰改變了遠東的國際關係格局，並由此深刻地影響了中國的外交。中國最初從弱國立場出發制定中立政策，以圖置身事外。但中立政策的失敗和日本趁機擴大侵華，使不少有識之士認識到中國必須採取新的外交策略。顧維鈞聯美制日的主張順應了中國外交面臨的這一變化。與一些僅僅提出政策建議的人不同，顧維鈞駐節華盛頓，在開展對美外交中可以身體力行地將自己的想法付諸實施，從而影響中國的外交政策。

直到 1917 年初，美國還未捲入世界大戰。但德國此時開始實行無限制潛艇戰，於是 2 月 3 日，美國政府宣佈對德絕交，並於同日指示美國駐各中立國使節照會駐在國，照會表示「相信如果各中立國採取與本政府相似的行動，將有助於世界和平」。這一照會更多是一種外交姿態，並非真要各國仿效美國。但一心要推動中美合作的芮恩施卻對這一指令有自己的理解，認為就是要讓中立國跟隨美國採取行動，以阻止德國的無限制潛艇戰。因此，「我的明確的任務就是說服中國按照我國政府的建議贊同美國的行動」。2 月 4 日，接到國務院指示當天，他就拜訪北京政府總統黎元洪和總理段祺瑞，勸

---

① 《申報》1916 年 9 月 26 日第 2 版、9 月 30 日第 2 版、11 月 2 日第 2 版；*Columbia Spectator*, 29 September, 1916; 6 January, 1917。

說中國追隨美國。此後幾天，他除繼續與黎元洪和段祺瑞見面外，還拜訪了外交總長伍廷芳和財政總長陳錦濤等人。①

美國宣佈對德絕交當天，顧維鈞將此消息通報外交部，並提供了未來局勢可能發展的信息：「政界議論，如德國無意外舉動，美國當不致宣戰。」幾天後，又將探詢所得歐洲中立國的態度報告外交部：「歐洲中立國雖抗議德國封鎖，但均不贊成對德絕交。」② 此時，顧維鈞只是通報情況，對中國該如何應對並無建議。

北京政府最高層對芮恩施的遊說表現出不同的反應。黎元洪雖贊成外交總長伍廷芳追隨美國的建議，但在與芮恩施會談中卻表現出懷疑和不贊成的態度，認為中國保持完全的中立較為穩妥，因為他擔憂一旦追隨美國，中國就會參戰，這會增強掌握軍權的段祺瑞的勢力。③ 段祺瑞在這之前對中國參戰就有考慮，芮恩施勸說後他精明地看出這對中國，包括對他自己派系的發展是一個機會，因此向芮恩施提出若中國參戰美國需承諾的條件，包括中國的軍事力量不受外國控制、中國在戰後和平會議上享受充分權利、美國給中國 1000 萬美元的財政援助。④ 此時北京與華盛頓的電報線路恰巧發生故障，芮恩施無法將段祺瑞的要求通報國務院，更無法獲得明確的指示。急於推進中美合作的芮恩施自己做出決斷，向北京政府表示如果中國追隨美國，美國

① 保羅．S. 芮恩施：《一個美國外交官使華記——1913–1919 年美國駐華公使回憶錄》，第 187 頁；*Wilson Papers*, Vol. 41, p. 175。

② 《收顧公使電》(1917 年 2 月 3 日、9 日)，北京政府外交部檔案，檔號：03-12-006-01-005、03-12-006-01-010。

③ 張國淦：《對德奧參戰》，章伯鋒、李宗一主編《北洋軍閥 (1912–1928)》第 3 卷，第 79–80 頁；保羅．S. 芮恩施：《一個美國外交官使華記——1913–1919 年美國駐華公使回憶錄》，第 187–191 頁。

④ 張國淦：《對德奧參戰》，章伯鋒、李宗一主編《北洋軍閥（1912–1928)》第 3 卷，第 75–76 頁。

將給予援助。儘管芮恩施同時表示這並非明確的承諾，尚需美國政府正式認可，但段祺瑞內閣得到這一答覆後於 2 月 9 日決定向德國提出抗議照會，並口頭照會芮恩施，一旦美國對德宣戰，中國至少對德絕交。[1]

但是華盛頓並不贊成芮恩施鼓勵中國追隨美國的做法。威爾遜獲悉後，在給國務卿藍辛的一封信中寫道：「我們可能正在引導它（中國）冒毀滅的危險。」在國務院給芮恩施的指令中，威爾遜加上了這樣的詞句：美國政府「不希望使中國陷入危險」。[2]美國政府擔心的是這會給日本進一步控制中國提供機會。芮恩施還要執着地向華盛頓表達自己的看法，認為這是一勞永逸地解決中國問題的機會，但他沒能說服威爾遜和藍辛改變主意。在 3 月 12 日給芮恩施的電報中，藍辛明確地表示，芮恩施誤解了 2 月 3 日的指令，國務院堅持不向中國做任何承諾的立場。[3]

芮恩施允諾的美國財政支持無法兌現，而原先反對中國參戰的日本政府卻在此時改變了態度，贊成中國向德國抗議的舉動，並進而鼓勵對德絕交，同時又意味深長地表示對中國未事先與日本接洽感到遺憾，顯露出在中國參戰問題上要與美國一爭高低。2 月中旬，日本政府委派寺內正毅首相的私人代表西原龜三來華，商談對華借款事宜。

美國政府和日本政府的不同態度對北京政府最高層產生了重大影響。對於對德絕交和參戰問題，段祺瑞主要是從國內角度而不是親美或親日的角度來考慮的，他認為，「吾國最難是財政，參戰後，各國對我財政能有所援助，則政府辦事方能順利」，且參戰還可以一掃北洋軍隊中已有之暮氣。[4]所以，

---

[1]　*Wilson Papers*, Vol. 41, pp. 175–178; *FRUS*, 1917, Supplement, p. 407.

[2]　*Wilson Papers*, Vol. 41, pp. 175, 187.

[3]　*Wilson Papers*, Vol. 41, p. 229; *FRUS*, 1917, Supplement, p. 419.

[4]　張國淦：《對德奧參戰》，章伯鋒、李宗一主編《北洋軍閥（1912–1928）》第 3 卷，第 76 頁。

在芮恩施允諾美國將給中國財政援助後，段祺瑞內閣立即通過向德國提出抗議的決定。但在美國財政援助沒能兌現的情況下，段祺瑞又在對德問題上轉向了主動來商談對華借款的日本，籌劃按日本要求立即對德絕交。黎元洪最初在對德問題上意存猶豫，主要就是擔心段祺瑞趁機擴張勢力，因此雖在芮恩施勸說下一度傾向贊成對德絕交，但當段祺瑞在這一問題上成為主導力量時，他又極力主張在對德外交上持審慎態度。3月初，黎段矛盾激化，總統府與國務院之間圍繞對德問題展開了激烈的爭鬥。府院之爭的第一回合以黎元洪讓步、北京政府於 3 月 14 日宣佈對德絕交而告一段落。

顧維鈞對國內府院之爭的複雜背景並不了解。3 月 17 日，他將中國對德絕交一事通知美國國務院。此後，他更密切關注美國對德立場。4 月 2 日，威爾遜向國會演講對德宣戰事，6 日國會通過對德宣戰，他都及時向國內報告。[1] 當然，他更關注美國對中國的態度。4 月 5 日，即美國對德正式宣戰前一天，顧維鈞拜訪國務卿藍辛，除探詢美國對德政策外，並詢問如果中國對德作戰，美國是否有意接濟。藍辛回答道「如中國事實上確向德作戰，美國允接濟」，並表示，「為中國計，為全局計，中國宜先從容佈置，待時而動」，流露出希望中國及早準備的意願。[2]

藍辛的態度和美國正式對德宣戰，使顧維鈞兩個月來觀察所產生的思考最終形成了完整的想法。4 月 9 日，他給總理段祺瑞和外交總、次長發了一份長電，開頭就表明自己「有不能已於言者」，欲將自己對中國參戰及外交全局的想法向高層一吐為快。在他看來，中國對德先抗議，後絕交，參戰已勢在必行。但究竟是追隨美國參戰還是加入協約國參戰，「利害出入

---

① 《收顧公使電》(1917 年 4 月 2 日)、《呈大總統電》(1917 年 4 月 6 日)，北京政府外交部檔案，檔號：03-12-006-01-043、03-12-006-01-048。

② 《美國對中國參戰的態度》，《近代史資料》總 38 號，中華書局，1979，第 183 頁。

淆屬毫釐千里」。顧維鈞的態度十分明確。他指出加入協約國參戰有四害。第一，已表示與美一致，若轉而加入協約國，美方不免疑我誠意，在我自失信用。第二，日本國策在趁歐戰之機控制中國，將以協約國名義，藉口助我作戰，在我內部擅自行動，甚至逼迫中國允從一切。第三，英法將以強力使用我原料和人力，屆時從則失主權，不從則背盟約。第四，英法默認日本為東亞霸主，將更便利日本控制中國。而隨美參戰則有四利。第一，與美各自處第三交戰團地位，不受人迫，仍保行動之自由。第二，加入協約國義務必重，權利未必多，而美之於我，不獨無所求，且有能力與意願助我。第三，日本對我始終有野心，終必思動，英法礙於同盟不便干涉，更無餘力助我，而美國誼當還助，並有餘力顧我防患未然。第四，戰後國際外交上獲益不淺。①

　　不難看出，「四害四利」立論的出發點就是「聯美制日」，這是顧維鈞在「二十一條」交涉中就形成的看法，經過兩年的實踐和思考，表述更為完整和系統。這一看法不僅基於對第一次世界大戰後遠東國際格局變化的分析，也基於對與中國有關聯的列強的總體判斷。在顧維鈞看來，列強中絕大多數與中國都有利害衝突，「如英之於西藏，俄之於蒙古，日之於山東，葡之於澳門，均屬未了問題」。所以與這些國家，即便中國想與他們接近，「亦難持久」。而美國與其他列強完全不同，「美對我無陰謀，待我以至誠，我正可賴美為助」，顯示了對美國的充分信任。這種信任在顧維鈞以後的外交生涯中一直延續着。正是出於對美國的信任，他強調「誠」對於弱國在與強國交往中的重要性：「交必出於誠，方可不分強弱而均得其益，若以利交，終歸於強者。」這份洋洋千餘字的長電表達的是顧維鈞對中國外交的基本看法——

---

① 《美國對中國參戰的態度》，《近代史資料》總 38 號，第 184–185 頁。

「遠交美尚足以制近逼之日本」。[①]

出使之後，顧維鈞給國內的電報，大多是報告各種信息，間或會附上自己的分析和判斷，有時也會就一些具體問題提出建議。但像這份長電，系統地對中國外交的全局提出自己的看法，並做出深入的分析，還是第一次，在當時的駐外使節中也不多見。出使海外才一年多，他就希望自己的思考能對整個中國外交有所推進。因此，這份電報不像通常那樣只發外交部，而是一併發給了國務總理。

長電發出後，顧維鈞意猶未盡，一週後又向段祺瑞和外交總、次長發出一電。在 4 月 9 日的電報中顧維鈞雖主張追隨美國參戰，但在具體時機上尚提出「不宜過急」。4 月 16 日的電報中，他力主馬上採取行動，因為一週來「情勢又經一變」，中國既然對德絕交，「已處於不得不戰之地」。立即參戰的理由有二。一是美宣戰後中南美多國跟進，而停戰呼籲又接踵而起，此時參戰，「國家榮譽，所關非淺」。如果「遲疑瞻顧，或轉瞬而和議宣傳，入戰不便，中立難堪，時機一失，莫可挽回」。二是美國國會馬上要通過參戰撥款，若在通過前參戰可獲接濟，否則將被排除在外。美日兩國仍然是顧維鈞考慮的重點：「美日兩國素不相能，日本忌吾甚切，美則利吾強盛。」因此他建議北京政府「當機立決，自行宣戰」。[②]

發出上述兩電後，顧維鈞又多次拜訪國務院，與藍辛等人交談，討論一旦中國參戰美國對華提供財政援助的問題。4 月 26 日，他又託英國友人安排，與到訪美國的英國外交大臣格雷會晤，詢問英國對中國參戰的看法。格雷表示，不管追隨美國，還是加入協約國，要點在參戰。[③] 對追隨美國參戰，

---

① 《美國對中國參戰的態度》，《近代史資料》總 38 號，第 185 頁。

② 《電外交部》(1917 年 4 月 16 日)，北京政府外交部檔案，檔號：03-12-006-01-051。

③ 《致國務總理外交總次長電》(1917 年 4 月 26 日)，北京政府外交部檔案，檔號：03-12-006-01-033。

顧維鈞抱着極大的熱情。

　　但此時中國國內的政局卻發生急劇的動盪。段祺瑞內閣在對德絕交後，為獲取日本的支持進一步謀求對德宣戰，黎元洪被迫同意將參戰案提交國會。但參戰案在國會遭拒。段祺瑞控制下的督軍團要求黎元洪解散國會，黎元洪卻乾脆於 5 月 23 日罷免了段祺瑞。段祺瑞遂赴天津策動督軍團解散國會，驅逐黎元洪。府院之爭趨於激烈。

　　芮恩施對中國混亂的局勢十分關注，他向藍辛建議美國與其他列強共同發表一個聲明，重申保證中國的領土完整和不謀求領土與特許權。藍辛接受了這一建議。6 月 4 日，美國政府照會中國，表示「中國參加對德作戰，或繼續其與德政府現行關係是次要之事，當務之急是恢復和繼續其政治統一」，「對中國的政府形式或執政者，美國的興趣僅在於其友誼能有助於中國。但美國對中國維持一個統一的負責的中央政府深感興趣，並衷心希望中國為自己和世界的利益立即消除派系政爭」。藍辛要求芮恩施以非正式方式將照會內容告知反對黎元洪的督軍團首領。[①] 對在府院之爭中處於下風的黎元洪來說，美國的照會是一個支持。

　　美國發出照會的次日，在府院之爭中站在黎元洪一邊的外交總長伍廷芳通過芮恩施致電顧維鈞，向他通報督軍團反對黎元洪的情況，指示他請求藍辛和威爾遜發表聲明支持黎元洪。顧維鈞獲悉府院之爭激化的消息後，「深為驚駭」，於 6 月 10 日致電外交部請轉呈總統黎元洪：

　　　　竊念國基未固，幾經動搖，已甚危險。況歐戰尚烈，和議無期，東亞均勢既破，外交益難對付。此間各界談論均謂為中國大局計，為世界

---

① *FRUS*, 1917, pp. 46–49.

計，極願中國自保和平，方免意外之患等語，足見其深悉我國之現情，並竭誠忠告之雅意。鈞默察外交大勢，亦見險象環生，今見報載某督軍擬遣兵進逼北京，更為焦灼。蓋恐兵事一起，干涉立至，以我國內多故，反中強鄰覬覦之計。用敢以鈞個人名義電請徐東海力主和平，勸各方面捐除意見，均以國家為前提，萬勿輕動干戈，致召外來之大患。鈞職居外交，本不敢於內政妄有所陳。特身處海外，國際情勢見聞較切，反觀國內益用寒心，禍福所關，難安緘默。區區苦衷，諒邀垂鑒。[①]

　　兩個月前的長電專論外交，這份電報卻是因國內政爭影響外交格局而發。在顧維鈞漫長的外交生涯中，這樣對國內政爭直接發表意見的做法並不多見。他呼籲各方捐除意見，為國家計萬勿輕動干戈，主要是擔憂「兵事一起，干涉立至」，關注的還是外交，尤其是對「強鄰覬覦」的擔憂。顧維鈞為險象環生的國內政局焦灼難安，但在外交部收到他電報的那天，即 6 月 14 日，張勳率領辮子兵進京了，亂成一團的北京城中已無人關心他的意見了。

　　「強鄰覬覦」馬上從擔憂變成現實。美國與日本在遠東的競爭與矛盾因其他列強忙於歐戰而日益激化。日本政府希望在世界大戰結束前能與美國在遠東尤其是中國問題上達成某種妥協，鞏固其在中國的優勢地位。美國對德宣戰後，關注的重點轉向歐洲，也希望在遠東緩和與日本的矛盾。正是在這樣的背景下，日本政府於 6 月 14 日通知美國政府，前外相石井菊次郎被任命為特使，將赴美討論雙方共同關心的問題。

　　顧維鈞對日本這個強鄰的外交一直高度關注，石井訪美的消息馬上引起他的警覺。6 月 16 日，他與美國國務院官員會面時對石井訪美表示關切，

---

① 《收駐美顧公使電》[1917 年 6 月 14 日（10 日發）]，中國第二歷史檔案館藏，檔號：1039-287。

詢問美國是否會承認日本在華擁有特殊利益，一眼看清了石井此行與中國的關聯。[1] 他也將這一消息馬上報告國內。6 月 26 日，他進一步分析了石井訪美的目的並提出中國的應對之策。顧維鈞對石井訪美的基本判斷是：「名為磋商，實將密提中國問題，而使美國俯就範圍，用意至險。」這一判斷基於他對日本對華政策的認識。他指出，日本對中國的大政方針是乘機漸進操縱中國，對其他列強則先謀束縛其在華發展自由，鼓吹日本在華特別優越之地位。他對日本對華施行的各種詭計看得十分清楚，「今日下哀的美敦書，明日發要求條件，後日議中日交親」，但換湯不換藥，目的就是要控制中國。他預判石井訪美會涉及三個問題：一，日本在華優勢地位；二，對華經濟同盟；三，日本在山東地位。他提出應將日本對華野心向美通報，希望美國政府不與他國討論與中國有關的問題，留待大戰結束後再共同協商妥善解決。因為相信美國對華「向無野心」，所以他認為這次交涉「不至有意損及我國」。[2] 從後來美日談判和簽訂的協定來看，顧維鈞對日本的分析和判斷是深刻和準確的，而對美國的對華態度則太過樂觀了。

　　8 月下旬，石井菊次郎抵達華盛頓。日本政府給石井的公開指示是與美國討論太平洋防衛等與世界大戰有關的問題，但秘密指示包括要求美國承認日本在華有至高無上的利益。美國政府對石井訪美十分重視，對日本擬提出在華之特殊要求也有警覺。負責遠東事務的助理國務卿朗（Breckinridge Long）在一份備忘錄中認為，美國不應承認日本「在中國的優先地位」及在南滿、東蒙和山東的特殊地位。國務院遠東司司長衛理（Edward Williams）指出，如果承認了日本的優先地位，美國就無法反對俄國、英國、法國提出相

---

[1]　Polk to Williams, 20 June, 1917, *State Department Files*, Microcopy No. 337. 711. 9312 / 22.

[2]　《收駐美顧公使電》[1917 年 6 月 27 日（26 日發）]，北京政府外交部檔案，檔號：03-33-076-01-001。

同的主張，「我們也就實際上贊同被剝奪在華投資的所有機會」。他們兩人主張，美國最好的對策是在大戰結束前「迴避和拖延」討論中國問題。[1] 拖延到戰後的建議與顧維鈞的主張不謀而合。但國務卿藍辛卻準備在中國問題上與日本達成妥協。

從 9 月 6 日至 11 月 2 日，藍辛與石井舉行了 12 次會談。會談的內容涉及美日雙方在大戰中的協作、日本繼承德國在太平洋上的島嶼以及中國問題。雙方的分歧主要集中在中國問題上。在第一次會談中，藍辛就提出美日雙方應該聯合或同時重申「門戶開放」政策。石井表示，日本政府當然贊同並會像以往一樣遵循這一政策，但重申「門戶開放」政策必須以承認日本在中國有至高無上的地位為前提。藍辛表示美國不能接受「至高無上」的提法，但願意對日本在中國「基於地理位置的特殊利益」予以考慮，「理解日本的人口壓力和工業擴張的需要」。為了說服日本放棄「至高無上」而接受「特殊」的提法，藍辛解釋說，這樣的措辭「為雙方做出合適的解釋留下了足夠的餘地」。這一解釋最終得到日本的認可。藍辛又提議美日宣佈不利用目前形勢謀求在華特權，日本最初予以反對，在美國的堅持下，同意作為美日協定的秘密條文。[2] 11 月 2 日，藍辛與石井以交換照會的形式達成了協定，其主要內容是：美國承認日本在中國尤其在與其屬地鄰近的地區有特殊利益；這樣的特殊利益並不意味着歧視他國的貿易和無視中國的商業權利；美日兩國否認他們有任何企圖損害中國獨立和領土完整的意圖。

藍辛與石井會談期間，對會談內容高度保密，連美國駐華公使芮恩施也無法獲悉詳情。顧維鈞在華盛頓想方設法去了解會談的內容。他頻繁訪問國

① Medeleine Chi, *China Diplomacy, 1914–1918*, Harvard University Press, 1970, pp. 108–109.

② *FRUS, Lansing Papers, 1914–1920*, Washington, 1939, Vol. 2, pp. 433–437, 445–449.

務院，並多次與藍辛直接會晤。有時也通過關係，設法獲取內幕消息。他最為關心的就是日本在華特殊地位問題，但美日均不願在談判期間對外泄露，「關防益密」。10 月 6 日，顧維鈞拜訪藍辛，詢問談判進展，藍辛告訴他美國將承認日本在華有「特殊利益」。10 月 13 日，他再與藍辛見面，要他解釋「特殊利益」的確切含義，藍辛說這與優越利益或特別勢力不一樣，只是因中日地理鄰近而產生，與政治經濟也無關。顧維鈞明白，藍辛是在安慰他，日本原先的要求已被美國拒絕，現在只是承認一個地理事實，但這樣的解釋仍使他憂心忡忡。[1]

　　藍辛與石井互換照會時商定，雙方於美國時間 11 月 6 日在美國和日本同時公佈這一協定。但國務院有官員在 3 日就向顧維鈞透露了協定內容。5 日，顧維鈞拜訪藍辛，正式獲得協定的文本，當即再請藍辛對日本在華有「特殊利益」進行解釋，藍辛稱只指商務，不涉及政治。顧維鈞表示中國沒有參與這一協定，因此並無遵守義務。[2]

　　北京政府獲悉《藍辛石井協定》後，向美國政府提出照會，稱中國政府不受他國條約之束縛。 11 月 12 日，顧維鈞向藍辛遞交了這份照會，表示中國輿論對美國「頗示失望」。藍辛再次解釋日本在華「特殊利益」基於其地理鄰近，這只是敘述了一個不言自明的事實。顧維鈞緊緊追問，如果是事實為何要寫進協定。藍辛不得不辯稱，這是為了換取日本對「門戶開放」政策的承認，而這一交換是有利於中國的。他接着說，中國也可以對自己的近鄰國

---

① 《收駐美顧公使電》［1917 年 10 月 9 日（6 日發）］，北京政府外交部檔案，檔號：03-33-076-01-011；《收駐美顧公使電》［1917 年 10 月 16 日（13 日發）］，北京政府外交部檔案，檔號：03-33-076-01-012；《顧維鈞回憶錄》第 1 分冊，第 158−159 頁。

② 《收駐美顧公使電》［1917 年 11 月 7 日（5 日發）］，北京政府外交部檔案，檔號：03-33-076-01-025。

家應用同樣的原則。[①] 一位美國學者在評論藍辛最後一句話時說，不幸的是，中國不僅沒有能力到其他國家宣稱「特殊利益」，甚至沒有力量防衛自己的獨立和主權。[②] 作為中國駐美的外交代表，不難想像顧維鈞聽到藍辛辯解時的無奈。但基於對遠東國際形勢的理解和對美國的信任，他對中國與美國的關係仍抱很大期望。

1917 年秋，在《藍辛石井協定》簽訂前後，顧維鈞在紐約做過一次演講。他在演講中說：

> 中國和美國為我們樹立了國家間關係的具體榜樣：兩國間的交往建立在公正的基礎之上，關係和睦，充分理解。一個多世紀的貿易往來，87 年的傳教工作，70 多年的外交關係以及近半個世紀的教育合作，充滿着長久的友好和睦的感情。因此，無論中國人與美國人在何處見面，他們都能毫無保留、互相信任地進行暢談。他們間既無猜疑也無摩擦。兩國間的友好關係與日俱增。這兩個國家做到的其他國家也可以做到。[③]

這種旨在推進中美關係的演講，是顧維鈞駐美期間經常做的活動。例如在華盛頓美國商會一次題為「互相依賴及公共利益」的演講中，他也強調兩國利益的一致：「中美兩國之利益實在一並行線上進行，有特別之共同關係」，「除中美兩國而外，他國亦無能協力同心謀太平洋商務與遠東經濟之發展」。並特別指出，在中國美國人要比其他國家的人受到更友好的對

---

① 《收駐美顧公使電》[1917 年 11 月 15 日（12 日發）]，北京政府外交部檔案，檔號：03-33-076-02-017；Robert Lansing, *War Memoirs of Robert Lansing*, New York, 1935, p. 304。

② Medeleine Chi, *China Diplomacy, 1914–1918*, p. 114.

③ Reginald Wheeler, *China and the World War*, New York, 1919, pp. 153–155.

待。[1] 在哥倫比亞大學讀書時練就的演講術，成為顧維鈞履行公使職責的重要手段。

五　未雨綢繆備和會

早在日本以對德作戰為由進佔山東後，北京政府就認識到山東問題須待戰後和會方能最終解決。中國對德宣戰加入世界大戰後，參加戰後和會成為中國外交的重點，北京政府開始了具體的謀劃和準備。立志改變中國對外關係狀況的顧維鈞，更是敏銳地認識到，戰後和會是中國外交「一次非同尋常的機會」。[2]

顧維鈞駐節華盛頓，工作的重點是中美關係，但他的視野很開闊，注意觀察國際形勢及其對中國的影響。美國參戰前，他多次向外交部報告美國與德國和其他歐洲國家外交往來的情況。1918 年 1 月 8 日，威爾遜總統在國會發表演說，宣佈「十四點計劃」，主要涉及和平、貿易、殖民地三項議題，提出了為解決這些問題而設想的戰後國際政治經濟新秩序藍圖，即國際聯盟、貿易自由和民族自決。顧維鈞對此十分敏感，當天以密件形式致電外交部，並就其內容分析道：「與我國相關最切者即第五款，謂解決各屬地問題，須以開誠公道為重，使屬地人民之利益與要索政府之權利相提並重；及第十四條，謂組織萬國公團，各國彼此擔保政治獨立與領土完全，不分大小，一體待遇。」第五條顯然與外國在華各租借地有關，這其中當然包括了前屬德國、現為日本所佔的膠州灣租借地。第十四條即關於建立國際聯盟的構想，顧維

---

① 《駐美公使顧維鈞在華盛頓美國商會演說》，《申報》1916 年 3 月 23 日，第 11 版。

② 《顧維鈞回憶錄》第 1 分冊，第 164 頁。關於北京政府對和會的籌備工作，參見羅毅、金光耀《北京政府籌備參加歐戰和會考析》，《歷史研究》2015 年第 6 期。

鈞對此十分看重，認為是「對人類至關重要的問題」，後來與參與擬訂「十四點計劃」的威爾遜總統顧問豪斯（Edward House）有過多次討論。[1] 在當時的中國外交官中，顧維鈞對國際組織最為重視。

4月下旬，北京政府外交部成立議和籌備處，專門討論戰後和會問題。參與討論議事的有外交總長陸徵祥、次長陳籙等十餘人。5月4日，北京政府外交部致電駐外各公使，徵求他們對於和會籌備工作的意見。電文稱：「現距和局雖遠，亦應及早籌備。如各國對華政治傾向及政治中心人物對華態度及議論，並我國應與何國提攜、從何入手等事，均與我國參預和會有密切關係，希派員專司調查，隨時電部，並望發表卓見，以備參考。」[2]

顧維鈞對戰後和會早有關注，接外交部電報後即回覆了一封長電。他報告說，因為到任以來，對此問題「倍加注意」，所以「先從搜集材料入手」，為詳盡之研究做準備，「各種材料經年累月之搜羅，累積盈筐」。根據這些材料，顧維鈞將與和會相關的問題分為六類：(1) 各國對待中國之政策問題；(2) 中國由歐戰直接發生之問題；(3) 中國所希望解決之問題；(4) 各項國際公法之問題；(5) 維持世界和平之問題；(6) 歐洲各國之特別問題。在他看來，前三類問題與中國有直接關係。「第一類各國對華政策關係我國命脈，洵屬首要之圖。」第二類問題如日本佔領德國膠州灣租借地，「日、德調查必詳，研究必細，事論駁詰，必以我國為鵠的，亦屬重要」，必須要有充分準備。第三類是中國希望解決的問題，「能辦到一分，即是挽回權利一分，若有預備，屆時可相機提議」。這裡，顧維鈞提出了要解決中外間因不平等條約而存在的問題。他舉日本攻佔山東為例，指出「各租借地之存在與否實與將來世界和平

① 《收駐美顧公使電》[1918年1月11日（8日發）]，北京政府外交部檔案，檔號：03-37-002-01-007；《顧維鈞回憶錄》第1分冊，第163頁。

② 《發駐英等各使電》（1918年5月4日），北京政府外交部檔案，檔號：03-37-002-01-044。

有關」，希望將修訂中外間條約列入戰後和會的議題。後三類問題與中國關係不大或完全沒關係，但即使如此，顧維鈞也建議應有準備。如對第六類問題，他明白各國不會與中國商量，但中國若有準備，「倘偶議及，應付裕如，足動人觀感」，也會增加中國外交的得分。① 在 5 月 21 日給外交部的另一份電報中，他又指出，「歐戰發生，均勢破壞，其方有餘力且素主門戶開放等主義，足為我助者，厥惟美國」，② 重申了他之前的看法，表達了在和會上要與美國合作的立場。

與其他各駐外公使回覆外交部的電報相比，顧維鈞的電報是十分詳盡並具體的。除駐法公使胡惟德在這之前也提出修約的主張外，其他駐外公使主要是回答外交部「與何國提攜」的詢問，而對參加和會應「從何入手」的詢問，回答問題的視野就不如顧維鈞那樣開闊了。③ 從顧維鈞的電報中，可以看到他是從中國外交的全局出發來思考問題並提出對策的，因此將與大戰並沒有直接關聯的修約問題也提了出來。

顧維鈞的電報對外交部議和籌備處討論的議題產生了影響。議和籌備處在討論戰後和會時，除與戰爭直接相關的山東問題，還涉及了關稅自主、廢除領事裁判權和《辛丑條約》等並非直接與戰爭相關的問題。④ 顧維鈞與美國合作的主張自「二十一條」交涉後得到越來越多的認同，這次也得到外交部的肯定。外交總長陸徵祥在給顧維鈞的一封電報中稱讚他「對於和議，熱心籌劃，素所欽佩」，並告訴他「中國政府方針，抱定美總統歷次演說要旨，

① 《致外交部報告研究議和情形函》（該件無日期，當在 1917 年 5 月上半月），北京政府外交部檔案，檔號：03-12-008-02-011。
② 《函外交部》（1918 年 5 月 21 日），北京政府外交部檔案，檔號：03-12-008-02-012。
③ 羅毅、金光耀：《北京政府籌備參加歐戰和會考析》，《歷史研究》2015 年第 6 期。
④ 《議和籌備處會議錄》，中國第二歷史檔案館藏，檔號：1039-373。

作為加入大會時惟一之根據」，要顧維鈞據此與美政府積極接洽。[①] 這一和會方針顯然吸納了顧維鈞的建議。

對和會籌備提出建議之外，顧維鈞還利用留學期間形成的人際網絡，聯絡美國政界、學界的重要人物，為中美關係和戰後和會積聚人脈。自近代被迫打開國門後，中國因為缺少外交人才，常聘用外國人尤其是美國人為中國外交出謀劃策，甚至折衝樽俎。1868 年，清政府第一個派往國外的使團就由剛卸任美國駐華公使的蒲安臣（Anson Burlingame）率領。1895 年甲午戰爭戰敗後，清政府聘請擔任過美國國務卿的福士達（John Forster）為李鴻章赴日談判的顧問。此後，福士達長期擔任中國駐美使館顧問。顧維鈞到華盛頓時，他還是使館的顧問。顧維鈞能與藍辛建立個人關係，在藍辛、石井談判期間多次與他會面，就少不了福士達的幫助，因為這位前任國務卿是現任國務卿的丈人。1917 年下半年，福士達去世了。對於這個空出來的重要位置，顧維鈞馬上想到了他的老師穆爾教授。

1918 年 1 月 15 日，顧維鈞致電外交部，提出戰後和會事務繁多，必須「以歐美著名國際法家之意見為後盾」，而哥倫比亞大學教授穆爾就是當今「國際法學泰斗」，他對中國情形熟悉，對華「感情亦佳」，如若聘請他，「不特我國籌備和會可請襄助，裨益匪淺，本館平時交涉亦得借資諮詢」。1 月 23 日，外交部覆電同意了顧維鈞的意見。1 月 26 日，顧維鈞給穆爾寫信，要與他當面討論要事。事情進展得很順利。3 月 30 日，穆爾簽了一份擔任中國駐美使館法律顧問（為期三年）的合同。法律顧問的職責是負責使館的「所有法律事務」，包括談判條約等。這一職位的薪金是一個季度 1000 美元，一年 4000 美元。合同是秘密的，穆爾沒對任何人提起此事，所以在美國沒

---

① 《發駐美顧公使電》(1918 年 10 月 16 日)，北京政府外交部檔案，檔號：03-13-067-01-001。

有人知道他的這一身份。[1]

1918 年 10 月，大戰臨近結束，顧維鈞在華盛頓的活動更為繁忙。但恰在此時，他經歷了喪妻之痛。唐寶玥因「西班牙流感」於 10 月 10 日去世，[2] 留下了兩歲的兒子和一歲的女兒。顧維鈞在使館為妻子舉行殯禮後，一度考慮辭職，但在國家用人之際，最終還是下決心報效國家。

剛辦完妻子的喪事，顧維鈞就接到外交總長陸徵祥的電報，告訴他國務會議已決定派他先赴歐洲參加和會，「協商各政府接洽，並佈置一切報界輿論」，同時指示他邀請穆爾同去。[3] 於是，顧維鈞馬上去見穆爾，請他擔任中國出席和會的「技術代表」。穆爾對這一邀請十分興奮。作為一個享有盛譽的國際法專家，他很想參加和會，但已經獲悉威爾遜總統不會請他參加美國代表團，因為他不需要與舊式外交有關聯的老派人士。中國的邀請來得正是時候。但作為中國代表團的成員與使館的顧問不同，這一公開的身份必須讓美國政府知道並徵得其同意。

穆爾去見藍辛，將中國的邀請告訴了他。藍辛馬上提到他的丈人福士達作為中國代表團顧問參加 1907 年海牙保和會一事。對穆爾任職中國代表團，他並不反對。但幾天後，藍辛卻告訴他，威爾遜對此堅決反對，理由是一個美國人在和會上成為非美國政府的代表是不合適的，因為這會引起他代表的國家與美國之間的衝突。隨後，助理國務卿朗告知顧維鈞，美國政府反對

---

① 《電外交部》（1918 年 1 月 25 日），北京政府外交部檔案，檔號：03-12-008-02-001；Wellington Koo to J. B. Moore, 26 Janurary, 1918, box 38, *Moore Papers*, Library of Congress; Koo to Moore, 30 March, 1918, box 94, *Moore Papers*，轉引自 Stephen G. Craft, "John Bassett Moore, Robert Lansing, and the Shandong Question," *Pacific Historical Review*, Vol. 66, No. 2 (May 1997), p. 233。

② 《申報》1918 年 12 月 21 日，第 10 版。

③ 《發駐美顧公使電》（1918 年 10 月 16 日），北京政府外交部檔案，檔號：03-13-067-01-001。

中國在和會上聘用美國人，如果中國屆時需要聽取意見，「美國代表團樂意提供」。[1]

　　一心想去參加和會的穆爾對政府的阻攔很不高興，他給藍辛寫信抱怨，並提到聘用外國人是近幾十年中國外交的慣常做法，還舉了蒲安臣的例子。私底下在給女兒的信中，穆爾懷疑這一禁令牽涉個人因素。對此，顧維鈞與他的老師持相同看法。他告訴穆爾，福士達病重時將自己的外孫杜勒斯（John Dulles）推薦給他，希望由杜勒斯來接替他使館顧問的職位。但顧維鈞認為杜勒斯缺少經驗，回絕了這一推薦。後來，福士達太太又來對顧維鈞說，如果杜勒斯不合適，使館顧問的職位可以空一段時間，待她的女婿藍辛卸任國務卿後來接任。師生交談後終於明白，福士達家族將中國使館顧問的職位看作自家禁臠。[2] 穆爾很遺憾無法與自己的得意門生一起去巴黎，但他向顧維鈞表示，和會「籌備事宜願繼續襄助」，對酬勞也沒提具體要求。因此，顧維鈞「仍隨時密與討論，以收諮詢之效」。[3] 駐美使館隨員金問泗，工作同時在哥大跟穆爾讀國際法碩士，就根據顧維鈞的安排去詢問關稅自主和領事裁判權收回問題，包括研究方法和相關材料，穆爾「周詳指導，受裨良多」。[4] 後

---

[1] Lansing to J. B. Moore, October 30, 1918, *Moore Papers*; Memorandum of Long-Koo Conversation, November 26, 1918, *Breckinridge Long Papers*, Library of Congress，轉引自 Stephen G. Craft, "John Bassett Moore, Robert Lansing, and the Shandong Question," *Pacific Historical Review*, Vol. 66, No. 2 (May 1997), pp. 233–234。

[2] Stephen G. Craft, "John Bassett Moore, Robert Lansing, and the Shandong Question," *Pacific Historical Review*, Vol. 66, No. 2 (May 1997), p. 235.

[3] 《收駐美顧公使電》[1918 年 11 月 8 日（5 日發）]，北京政府外交部檔案，檔號：03-13-067-01-001。

[4] 《金問泗、郭雲觀致顧維鈞》（1918 年 11 月 9 日），北京政府外交部檔案，檔號：03-12-008-02-024。

來在巴黎和會上穆爾對顧維鈞幫助甚大。

　　穆爾是顧維鈞出使海外主持館務後，自己做主提出聘請的第一個外國顧問。雖然這是晚清以來中國外交的慣常做法，但顧維鈞與他人的不同之處在於，他可以與外國顧問沒有語言障礙、推心置腹地進行交流，尤其他與穆爾有師生關係，更便於充分發揮外國顧問的作用，並通過他們去建立、擴展人際交往圈。正式顧問之外，他也經常臨時性地聘請外國人，或者通過邀請外國人到中國旅行的方法請他們為中國辦事發聲。1915 年底，他就建議北京政府邀請美國經濟學教授精琦（Jeremiah Jenks）訪華，以便後者能在美國報紙上多發表有利於北京政府的言論。這一建議得到北京政府的同意，給精琦支付了 14000 銀元作為川旅雜費。[①] 他還向北京政府建議資助美國人密勒 5000 美元，使他能撰寫關於中國問題的著作，影響美國輿論。[②] 在與駐在國各界人士打交道、聯絡他們推進中國外交方面，顧維鈞辦得積極而穩妥，是同時代外交官中的佼佼者。正因為如此，北京政府會派他先赴歐洲，佈置與和會有關的「報界輿論」。

① 承紅磊：《帝制運動期間顧維鈞在美外交活動》，《復旦學報》2017 年第 2 期。

② 《函外交部》(1918 年 5 月 21 日)，北京政府外交部檔案，檔號：03-12-008-02-012。

第三章

國際舞台上的中國聲音

一　巴黎雄辯威名揚

1918 年 11 月 11 日，持續了四年之久的第一次世界大戰終於結束，中國期待已久的和會召開在即。

11 月 14 日，顧維鈞致電外交部：「風聞和會地點大約在巴黎，計年內、年初可開會。」[1] 中國出席和會代表的選派問題就此被提上日程。停戰當天，與顧維鈞關係密切的美國記者密勒稱，「顧在華盛頓有名望，很受重視」，一旦被任命為和會代表，「必定能以這種身份發揮重要作用」。[2] 持相同看法的也有中國的外交官。駐法公使胡惟德不止一次向外交部建議，顧維鈞應該在中國代表團的名單中，但他同時將駐日公使章宗祥也列入這個名單。[3] 胡惟德希望中國的和會外交能在美、日之間保持一定的平衡。但是，外交部對在和會上依靠哪個國家已有主意。

11 月 27 日，外交總長陸徵祥致電顧維鈞，告訴他「政府業經決定，派祥與施、胡二使為大使，另派執事與魏駐使為大使兼專門委員，參列議席」。[4] 即由外交總長陸徵祥、駐英公使施肇基、駐法公使胡惟德、駐美公使顧維鈞、

---

[1] 《駐美顧公使電》(1918 年 11 月 14 日)，天津市歷史博物館編《秘笈錄存》，中國社會科學出版社，1984，第 59 頁。

[2] 《密勒來函》(1918 年 11 月 11 日)，駱惠敏編《清末民初政情內幕 ——〈泰晤士報〉駐北京記者袁世凱政治顧問喬·厄·莫理循書信集》下冊，第 769 頁。

[3] 《收駐法胡公使電》(1918 年 10 月 15 日)，北京政府外交部檔案，檔號：03-37-002-02-031。

[4] 《陸總長來電》(1918 年 11 月 28 日)，北京政府外交部檔案，檔號：03-12-008-02-081。

駐比公使魏宸組五人出任和會代表。除陸徵祥外，其餘四人均係駐歐美國家的外交使節。而胡惟德建議的駐日公使章宗祥被排除在外。在要面對與日本有關問題的和會上，不派駐日公使，表明了北京政府的態度。

在這之前，11 月 21 日，陸徵祥給顧維鈞發了一份近兩千字的長電，要求他通過藍辛向威爾遜表達中國參加和會時對美國的期望，並具體指示了與美國談話的內容。陸徵祥對中國「不顧內亂」追隨美國對德參戰的過程做了詳盡的敘述，以此表達對美國尤其是威爾遜總統的看重，「現中國全國人民之眼光，無一不注意於美大總統，以為可以為中國一援手者，惟在美總統一人」。表明了希望美國在和會上支持中國的願望。陸徵祥在電報結尾提到，「此電只發尊處，不發他館」。[1] 表達了對顧維鈞的倚重，也表明了對美外交的重要性。

外交部的參會方針與顧維鈞一直呼籲的聯美主張是一致的。陸徵祥直接參與了「二十一條」交涉，對顧的這一主張有親身的體認，此時在電文中表達中國「不得不依賴美國之贊助」，要求顧維鈞加強對美外交。正是通過這樣的互動，聯美的主張在中國外交界逐漸被接受認同，並付諸實施。

根據陸徵祥的指示，顧維鈞於 11 月 25 日與國務卿藍辛見面，向他遞交了一份非正式備忘錄，闡述中國準備向和會提出的基本要求。這份備忘錄是根據陸徵祥 11 月 2 日電報指示由顧維鈞擬定英文稿的。[2] 顧維鈞在備忘錄中明確指出中國向和會提出的要求基於三個原則，即領土完整、維護主權和經濟財政獨立，「遵循這三個原則不僅對於維護中國的獨立，而且對於實現威爾遜總統於 1918 年 1 月 8 在國會演說中提出的偉大計劃，都是必不可少的」。顧維鈞着意將中國的要求與威爾遜的「十四點計劃」聯繫在一起，就是

---

① 《發駐美顧公使電》(1918 年 11 月 21 日)，北京政府外交部檔案，檔號：03-13-067-01-001。

② 《發駐美顧公使電》(1918 年 11 月 2 日)，北京政府外交部檔案，檔號：03-13-067-01-001。

要贏得美國的同情，爭取美國的支持。備忘錄詳盡闡述了基於這三個原則中國將提出的具體要求：根據領土完整原則，中國將要求取消在華租界和租借地；根據維護主權原則，中國將要求取消《辛丑條約》規定的外國軍隊在京津地區的駐兵權以及領事裁判權；根據經濟和財政獨立原則，中國將要求獲得關稅自主權以及取消列強在華勢力範圍。[①] 這是和會召開前，中國向外國政府第一次完整系統闡明對和會的期望和要求。

　　次日，顧維鈞又去白宮拜見威爾遜，進行了 15 分鐘的會談，向他直接表達中國的期望，並了解他對中國的立場。在簡單重申遞交藍辛的備忘錄內容後，顧維鈞表示，「中國人民期待着總統和他所代表的偉大國家幫助他們實現這些公正的要求和願望」。威爾遜稱自己對中國始終抱有同情心，「樂意盡己所能在和會上支持中國」，並「與中國代表團合作」。但是他又坦承，中國與其他列強間的秘密條約十分棘手，這會使「十四點計劃」在遠東的推行殊為不易。顧維鈞看出威爾遜對國際聯盟更為關注，因此保證中國一定全力支持。[②] 威爾遜的談話雖然簡短，卻概括了他對中國問題的基本立場，即同情並願意支持中國，但也明白中外間秘密條約將給這種支持帶來的麻煩。而在他的議程上，中國問題排在國際聯盟之後。

　　此後，顧維鈞還與助理國務卿朗談了兩次，並在 29 日與藍辛又會談了一次，目的都是在進一步闡釋中國對和會的要求。藍辛表示，之前匆匆瀏覽備忘錄後並沒記住主要內容，但顧的解釋使他抓住了要點。[③] 11 月最後幾天

---

① Informal Memorandum by Koo, 25 November, 1918, *Wellington Koo Papers*, box 1.

② Memorandum of a Conversation at an Audience with President of U. S. Wilson at the While House, 26 November, 1918，中國第二歷史檔案館藏，檔號：1039-375。

③ Memorandum of an Interview with Mr. Lang, 26, 27 November, 1918; Memorandum of an Interview with Robert Lansing, 29 November, 1918，中國第二歷史檔案館藏，檔號：1039-375。

顧維鈞與美國最高決策層的接觸是中國為參加巴黎和會的重要準備，它向美國表明了中國的要求和期望，也得到了美國支持中國的承諾。

12 月 1 日，顧維鈞乘船離美赴歐，11 日抵達巴黎，與同日到達巴黎的駐英公使施肇基以及駐法公使胡惟德會合。此時，中國政府的首席代表、外交總長陸徵祥尚在旅途之中，在巴黎的中國代表雖群龍無首，但馬上就開始了工作。與剛抵達巴黎的美國代表團溝通是顧維鈞關注的重點。他與施肇基和胡惟德一起走訪國務卿藍辛，並單獨與威爾遜的顧問豪斯會面，進一步溝通中美間對和會的看法。顧維鈞還去見了美國代表團顧問肖特威爾教授，在哥大時他上過後者的歐洲大陸史課程。[1]

由於在華盛頓使館時對和會問題已開展研究，顧維鈞為代表團擬了一份工作計劃，開列了 7 個問題，讓大家分頭去準備。他自己承擔了其中的 4 個問題，即「二十一條」和山東問題、歸還租借地、取消外國在華領事裁判權和恢復中國關稅自主。[2] 但此時他發現，自己對和會的準備和設想與政府的指令並不一致。

11 月 28 日，北京政府外交部致電中國駐法使館，給中國代表團發出訓令。這份訓令開列中國參會的普通原則是：保持與世界各國平等之地位，與美國「應始終一致，力與提攜」，歐洲問題聽從協約國多數意見。中國希望向和會提出的問題則是之前已向美國政府提出的三項原則：領土之完全、主權之恢復、經濟之自由。此外還有對德奧如何恢復國交、撤銷彼此條約等具體

---

[1] Conversation between Mr. Lansing, Hoo We-teh, Alfred Sze and Koo, December 18, 1918; Conversation with House, 18 December, 1918, *Wellington Koo Papers*, box 1; J. T. Shotwell, *At the Paris Peace Conference*, New York, 1937, p. 92.

[2] 《顧維鈞回憶錄》第 1 分冊，第 170–171 頁。

問題。[①] 訓令中沒有提及大戰與中國最為密切的山東問題。正如唐啟華指出的，這反映了北京政府在美日之間力圖保持平衡、腳踩兩隻船的態度。北京政府希望能依賴日本善意，解決山東問題，收回膠州灣；依賴美國善意，提出希望條件。[②]

顧維鈞是到巴黎後知道政府這一立場的。12 月 20 日，他與施肇基、胡惟德一起致電外交部發表意見。他們認為，中國希望提出的問題並非由此次戰爭直接產生，但事關「我國前途」，應當「悉心研究，協力進行」。表示出一定程度的謹慎。對山東各問題，他們認為，此皆因戰爭直接產生，「損我主權領土尤多」，因此建議應在會上「相機提出」。[③] 表明了對政府訓令忽略山東問題的不同看法。

但北京政府並未就山東問題做出直接答覆。12 月 27 日，顧維鈞在巴黎與美國代表團某成員會晤時，被問到中國對山東問題所持立場，他只能以外交口吻回答說：「此次和會，我國首重保障領土完全之原則，所詢各端正在籌商之中，陸總長抵法後，可望商定。」次日，顧維鈞致電外交部，詢問政府對山東等問題「抱何方針」，希望政府在山東問題上有明確指示。1919 年 1 月 5 日，外交部回電稱，「山東係中國腹地，尤不願他國有特殊勢力」，對於山東等問題「自以保障領土完全為原則，已與陸專使詳洽，陸到時，請與商定」。[④] 仍是吞吞吐吐，欲言又止。

---

① 《發法京中國使館電》(1918 年 11 月 28 日)，北京政府外交部檔案，檔號：03-13-067-01-001。

② 唐啟華：《巴黎和會與中國外交》，社會科學文獻出版社，2014，第 145 頁。

③ 《收法館電》[1918 年 12 月 29 日 (20 日發)]，北京政府外交部檔案，檔號：03-13-067-01-001。

④ 《收駐美顧公使由法京來電》[1918 年 12 月 30 日 (28 日發)]；《發駐美顧公使電》(1919 年 1 月 5 日)，中研院近代史研究所編《中日關係史料 —— 巴黎和會與山東問題》，台北：中研院近代史研究所，2000，第 24–25 頁。

陸徵祥是於 1 月 11 日清晨抵達巴黎的。此前陸徵祥指示顧維鈞加強與美聯合，但他在赴歐途中先經日本，也打算與日本政府接洽溝通，雖因擔心美國反對而減少與日本官員的接觸，但在山東問題上仍對日承諾按中日成議辦理，即不提交和會。[1] 1 月 15 日，顧維鈞陪同陸徵祥去見美國國務卿藍辛，談話的內容主要是關於中國參會代表的人數問題。[2] 顧維鈞見到陸徵祥後，自然會向他提出山東問題並表達自己的看法，外交部的電報也是請顧與陸商定辦法。雖然缺少兩人交談的記錄，但是陸徵祥抵達巴黎一星期後，對山東問題的態度就發生了變化。1 月 18 日，在給外交部的電報中，他明確表示「山東問題即須提出」，請國內電告有關山東鐵路借款合同，否則，「勉強提出，措詞稍有不符，不但遭彼反詰，且可發生極危險之影響」，表明將向和會提出山東問題。[3] 這一變化顯然是受了顧維鈞的影響。

1 月 18 日，巴黎和會正式開幕。由於只獲得兩個席位，中國代表團由陸徵祥和王正廷出席。在開幕式上，威爾遜與中國代表握手時問道：「顧維鈞博士應該在這裡，他人呢？」王正廷尷尬地解釋說，中國只獲得兩個席位，代表們只能輪流出席。[4]

1 月 22 日，中國代表團舉行第二次工作會議，討論與會基本方針，陸徵祥未出席。會議決定向和會提交議案先從與歐戰有直接關聯的德奧方面入手，但可在議案中略提中國對其他事項之希望，以觀反應。會議還議定對德奧議案六條大綱，包括廢除中國與德奧間一切條約及以往德奧所佔之一切權益，並公推顧維鈞起草這一議案。與會者認為，「二十一條」為日本「脅迫我

---

① 唐啟華：《巴黎和會與中國外交》，第 127 頁。

② 《發外交部電》(1919 年 1 月 15 日)，北京政府外交部檔案，檔號：03-13-010-05-001。

③ 《發外交部電》(1919 年 1 月 18 日)，北京政府外交部檔案，檔號：03-13-010-05-001。

④ Patrick Gallagher, *America's Aims and Asia's Aspirations*, New York, 1920, p. 197.

國承認」，此次應提交和會，力爭廢除；而山東問題應由「中國提出議案，直接向德國要求退還中國」。①

1 月 23 日，代表團舉行第三次會議。陸徵祥首先通報剛收到的中日間關於山東濟順、高徐鐵路的換文。顧維鈞第一次確切知道中日間有這樣的秘密換文。陸徵祥發言後，他馬上表明自己的態度：「關於山東問題，所有領土權、路礦權，似應歸一案錄議。」因為自「二十一條」以後中日間各種條約換文，「均由歐戰發生，僅屬戰期內之暫行辦法」；「現在和會已開，一切由歐戰發生之問題，正須求永久之解決，我國山東問題，亦可公諸大會議決」。這一意見成為代表團的主導看法，決定將因戰爭而發生的中德、中日問題，「先在大會提出綱要」。② 這次會議做出的決議，超出了北京政府給代表團的訓令。

然而，中國代表團還未完成向大會提出山東問題的準備，日本就搶先提出這一問題。巴黎和會開幕後，由美、英、法、意、日五國各派兩名代表組成「十人會」，為和會最高機構，一切重要問題皆由十人會決定。1 月 27 日上午，日本代表牧野伸顯在十人會上臨時動議，要求無條件繼承德國在山東的權益，企圖撇開中國造成既成事實。但美國出席十人會的威爾遜和藍辛提出，有關中國事宜應先聽取中國方面的說明，於是十人會決定請中國代表於當日下午 3 點到會。③ 威爾遜此時沒有失諾，他的提議挫敗了日本的陰謀，幫助了中國。

---

① 《我國講和專使團會議記錄七十五次》，第 2 次會議錄，張一志編《山東問題彙刊》(1)，台北：文海出版社，1986，第 142 頁。

② 《我國講和專使團會議記錄七十五次》，第 3 次會議錄，張一志編《山東問題彙刊》(1)，第 143–144 頁。

③ *FRUS, Paris Peace Conference*, Vol. 3, pp. 739–940.

　　當天中午，在十人會正式通知到達之前，美國代表團顧問衛理將情況先期通報中國代表團，請預做準備。這一消息對代表團猶如「一個晴天霹靂」。陸徵祥根據衛理建議稱病不赴會，代表團其他成員面對突如其來的嚴峻局面沉默不語。顧維鈞遂提議根據代表的排序，應由王正廷和施肇基赴會。施肇基說他對山東問題沒有準備，而顧維鈞對此素有研究，應由顧出席。王正廷則表示，如果非要他出席，應由顧維鈞代表中國發言。最後決定由王、顧兩人出席十人會，顧維鈞代表中國發言。[①]

　　此時離下午 3 點開會時間已經不多了，顧維鈞想到的是要先爭取美國的支持。會前半小時，他與王正廷趕往美國代表團駐地拜訪藍辛。顧維鈞告訴藍辛，由於事出突然，他無法查閱文件準備發言，因此希望會議能給一段時間讓他做準備。藍辛認為這一請求是合情合理的，會議可以給中國代表團 24 小時進行準備，並保證美國將盡全力支持中國。顧維鈞在談話中擔憂地提起中日間關於山東鐵路的換文，顯然已認識到該換文對中國的嚴重不利。[②]

　　下午 3 點，王正廷、顧維鈞偕代表團秘書魏文彬走進十人會會場。會議主席、法國總理克里孟梭（Georges Clemenceau）宣佈開會後，日本代表牧野首先發言，稱「日本政府認為有正當理由要求德國無條件讓與」其在膠州灣和山東的權益，根據日本對大戰的貢獻，這些要求是「合理和公正的」。由於與藍辛已有商定，顧維鈞只簡短說明，山東問題關係中國利益甚大，希望待中國表達意見後再行審查定議。會議決定給中國代表一天時間準備，於次日發言。[③]

[①]　《顧維鈞回憶錄》第 1 分冊，第 183–184 頁。

[②]　Memorandum of an Interview with Lansing, 27 Janurary, 1919, 14:30, *Wellington Koo Papers*, box 1.

[③]　Secretary's Note of a Conversation held in Pichon's Room, 27 Janurary, 1919, *Wellington Koo Papers*, box 1.《六十年來中國與日本》提到牧野在這次會上公然表示日本與英法俄意之間有秘密諒解，見該書第 7 卷第 263 頁。但上述會議記錄並無此表述。

　　下午會議結束後，顧維鈞立即與陸徵祥一同去拜訪威爾遜。在陸徵祥與威爾遜做了禮節性寒暄後，餘下的時間就是顧維鈞與威爾遜圍繞山東問題的交談。顧維鈞先重申了幾小時前向藍辛表明的中國要求直接歸還山東的立場，然後解釋了德國掠奪膠州灣租借地時的情況、膠濟鐵路的重要性、山東省的戰略地位以及該地一旦成為外國勢力範圍的危險性，並且強調「二十一條」提出後中日間簽訂的條約必須交由和會審議，因為戰爭改變了日本奪取膠州灣時的情況。做完闡述後，顧維鈞問威爾遜中國以這樣的方式向和會提出山東問題是否合適，政治學學者出身的威爾遜認為這些闡述在法理上是十分完美的。他建議顧維鈞發言時要像牧野那樣直截了當，並對牧野以赤裸裸的語言要求山東權益感到又驚又惱。顧維鈞希望威爾遜總統在和會討論山東問題時站在中國一邊講話，威爾遜表示一定盡力幫助中國。[1] 因為之前對山東問題已有關注和研究，顧維鈞向威爾遜的闡述表明，僅僅幾個小時他就對次日發言有了基本的構想。

　　會談結束後，顧維鈞和陸徵祥又與衛理共進晚餐。席間，陸徵祥不得不將中日膠濟鐵路換文相告，衛理當即表示這使美國幫助中國變得十分困難，「譬如腳下踏板已經抽去，何以措辭」。晚餐後，代表團在顧維鈞寓所討論應對之策，商定一面向大會提出，一面請政府將相關鐵路合同提交國會，再令國會否決，「以民意為政府後盾」。[2]

　　代表團其他成員離開後，顧維鈞連夜準備發言稿。來自駐美使館的代表團秘書金問泗記下了當晚的情況：顧維鈞「就平時搜集的資料，作十分透徹

---

① Memorandum of Interview with President W. Wilson, 27 Janurary, 1919, 5:45 p.m., *Wellington Koo Papers*, box 1.

② 《發外交部電》(1919 年 1 月 27 日)，北京政府外交部檔案，檔號：03-13-010-05-001。

的勾稽，深宵寫稿，成竹在胸」。[1] 他的老師穆爾也提供了及時的幫助。因為穆爾使館顧問的身份是秘密的，此事當時沒人提及。1 月中旬，穆爾完成了一篇題為「中國租借地」的備忘錄，專論山東問題，長達 29 頁，於 1 月 14 日寄給顧維鈞。[2] 27 日晚上，這篇文章應該就在顧維鈞的案頭。

　　1 月 28 日上午 11 點，顧維鈞和王正廷偕代表團秘書趙泉再次走進位於法國外交部內的十人會會場。會議在討論託管制後進入山東問題，顧維鈞代表中國發言。這是顧維鈞第一次在國際外交講壇上發表演說，面對的是列強巨頭，問題又如此重要，所以儘管在哥大讀書期間參加了無數次演講和辯論比賽，他仍不免有些緊張，「初似發言稍顫，既乃侃侃而談」。雖然前一天做了準備，但他完全脫稿發言。[3]

　　顧維鈞開頭就表明他是「代表人類四分之一人口，即四億中國人說話」，這使他深感責任重大。隨即，他從文化、經濟、戰略等方面闡述山東是中國不可分割的一部分，「山東省是中華文明的搖籃，孔子和孟子的誕生地，對中國人而言，這是一塊聖地」。根據威爾遜的建議，他直截了當地提出，大會所倡導的民族自決和領土主權完整的原則，使「中國有權要求山東主權的歸還」。作為一個有經驗的演講者，他不失風度地提到日本將德國勢力清除出山東的「貢獻」，並表示感謝，但馬上就接着說，如果以出賣同胞的天生權利來表示感激，「將是對中國和世界的失職行為」。牧野在回應顧維鈞的發言時，故意提到中日間已有協議，並友好地交換了意見。威爾遜抓住機會問牧野能否將中日間協議提交和會，牧野尷尬地表示須請示政府。他隨後辯稱，

---

① 金問泗：《從巴黎和會到國聯》，台北：傳記文學出版社，1967，第 17 頁。

② Stephen G. Craf, "John Bassett Moore, Robert Lansing, and the Shandong Question," *Pacific Historical Review*, Vol. 66, No. 2, 1997, p. 237.

③ 金問泗：《從巴黎和會到國聯》，第 17 頁；《顧維鈞回憶錄》第 1 分冊，第 185 頁。

膠州灣的轉讓必須在日本與德國達成協議之後，屆時可由日中兩國直接討論。顧維鈞立即表示不同意牧野的說法，並清晰地闡述了中國的立場：中國相信日本對中國和世界做出的不會佔據山東的保證，但在直接歸還與間接歸還問題上，中國寧願一步到位直接歸還。至於中日間的協議，這是在「二十一條」談判後期日本最後通牒情況下中國政府被迫同意的，充其量只是因戰爭產生的臨時性協議。並且，這些協議因為中國對德宣戰，根據國際法情勢變遷的原則已無法執行。再者，中國對德宣戰已廢除中德間相關條約，因此德國在山東的所有權益已歸中國。而且，即使這些條約未予廢除，德國也無權轉讓給他國。[1]

顧維鈞與牧野的交鋒時間不長，僅半個多小時。他的發言用語平實，有理有據，無懈可擊。發言一結束，威爾遜總統就離座走過來向他表示祝賀。隨後，英國首相勞合‧喬治（Lloyd George）和外交大臣貝爾福（Arthur Balfour）、美國國務卿藍辛也來向他祝賀。藍辛在自己的會議筆記中寫道：「他（顧）的論點完全壓倒了日本人。」法國總理克里孟梭則評論道，顧之對付日本，有如貓之弄鼠，盡其擒縱之技能。[2] 當天中午會議剛結束，稱病未出席的陸徵祥就致電外交部報告十人會情況，稱日本代表在會上「答覆支吾」，英美法各全權代表均露不滿意之顏色。而對顧維鈞的發言，各強國代表「屢有美意之表示，現於顏色」，發言結束後各國代表以中國理由充足，「均與顧王兩使握手」。[3]

---

[1] 顧維鈞演說的英文記錄稿和中文翻譯見金光耀、馬建標選編《顧維鈞外交演講集》，上海辭書出版社，2006，第 11–20 頁。

[2] 《顧維鈞回憶錄》第 1 分冊，第 186 頁；Robert Lansing, *The Peace Negotiations, A Personal Narrative*, New York, 1921, p. 253；金問泗：《從巴黎和會到國聯》，第 18 頁。

[3] 《發外交部電》（1919 年 1 月 28 日），北京政府外交部檔案，檔號：03-13-010-05-001。

　　顧維鈞的發言是中國政府的代表第一次震動國際外交舞台的成功演講。發言當天，顧維鈞離 31 歲生日還差一天，在老謀深算的歐美巨頭佔據舞台中心的國際外交界，這位年輕的外交官嶄露頭角，一舉成名。顧維鈞發言的準備時間，從衛理通報算起，不滿 24 小時。但他為這一時刻的準備，從他進哥倫比亞大學學習國際法和外交學時就已開始了。他的碩士學位論文《「卡爾德拉」號案件的歷史與法律》說理透徹，層層辨析，邏輯嚴密。28 日十人會上的發言風格與之一脈相承，不用激烈的語詞，不直接怒斥對方，充分發揮法律和邏輯本身的力量。這是他在哥大學習國際法和演講實踐的結果。「二十一條」交涉的經歷和駐美期間對遠東外交的關注，使得顧維鈞對山東問題早有準備，不致倉促上陣。當然，穆爾的幫助也十分關鍵。在那份「中國租借地」的備忘錄中，穆爾指出，中國應該明確要求主權國家的權利得到承認，並指出戰爭發生使租借地的情況已發生了變化，還指出中國給德國的租借地並沒有放棄其主權等。[1] 穆爾備忘錄中的這些觀點，在顧維鈞的發言中都有體現。

　　顧維鈞的這個發言成為中國近代外交史上的一個里程碑，因為它出現在中國近代外交的關鍵時刻。20 世紀初，民族主義在中國漸成潮流，改變不平等的中外關係的呼聲日益高漲。巴黎和會是近代中國首次以戰勝國身份參加的國際會議，和會籌備過程中，包括顧維鈞在內的一些外交官提出修約建議，預示着修約將成為中國外交的主要訴求。顧維鈞的發言正是順應了這一時代潮流，他在國際外交舞台上率先發出中國的聲音，佔天時之先。顧維鈞發言的場合也佔盡地利之便。這是在巴黎塞納河邊凱道賽 (Quai d' Orsay) 的法國外交部大樓，是歐洲外交的中心。十人會上，英、美、法等列強首腦都

---

① Memorandum on Leased Territories in China，轉引自 Stephen G. Craft, "John Bassett Moore, Robert Lansing, and the Shandong Question," *Pacific Historical Review*, Vol. 66, No. 2, 1997, pp. 237–238。

在現場，顧維鈞的發言引起他們的關注，也吸引了國際媒體。

天時、地利、人和，三者的結合造就了顧維鈞這次具有里程碑意義的演講。

顧維鈞的發言改變了代表團內最初獲悉日本提出山東問題時的沉悶氣氛。代表團顧問、駐丹麥公使顏惠慶在日記中寫道：「顧向委員會前作了很好的發言。」在北京，總統徐世昌收到報告後，稱讚「顧使在會中陳述各節，洵為探驪得珠，條約等件交會決定，尤屬扼要」，「深堪嘉尚」。山東省籍國會議員張玉唐等致電代表團顧、王專使，稱「公等雄辯，聲震環宇」，「不獨山東之幸，實全國所渴望，乞堅持不讓」。①

但日本對顧維鈞的發言十分惱火。2月2日，日本駐華公使小幡酉吉面見代理外交總長陳籙，對中國1月28日的表態提出抗議。小幡的矛頭直指顧維鈞，稱「顧氏此舉，是漠視日本之體面，且違反外交之慣例」，又說「顧氏欲假外國之勢力以抑壓日本，殊予日本以不快之感」，②企圖通過北京政府施壓中國代表團。美國方面對日本向北京政府施壓一事十分關注。威爾遜獲悉後告訴藍辛，「我認識到此事的嚴重性」，讓他給芮恩施去份電報，要芮鼓勵中國政府站穩腳跟。威爾遜還叮囑藍辛，「可向顧建議按他認為正確的道路走下去」。藍辛隨後在與顧維鈞的會面中給其鼓勁：「日本公使在京饒舌，望貴政府不為所動，貴代表在會所持態度甚為正當，如能堅持到底，當可得良好結果。」顧維鈞答道：「府院來電均屬堅持，內外一致，決不為所動。」③

---

① 《顏惠慶日記》第1卷，第815頁；《收外交部電》[1919年1月31日（30日發）、2月1日（1月31日發）]、《收山東國會議員電》（1919年2月9日），北京政府外交部檔案，檔號：03-13-006-01-001、03-13-006-02-001。

② 王芸生編著《六十年來中國與日本》第7卷，第267–270頁。

③ *Wilson Papers*, Vol. 54, p. 548；《發外交部電》（1919年2月13日），*Wellington Koo Papers*, box 2。

　　1月28日十人會後，顧維鈞趕緊準備擬提交和會的山東問題說帖。2月11日晚，代表團在顧維鈞寓所開會，他將說帖稿交付討論審議。王正廷提出，說帖中關於「二十一條」問題「措詞尚覺太輕」。顧維鈞解釋說，說帖專論山東問題，對「二十一條」「先僅伏根」，留待以後詳釋。這一解釋獲代表團同意。兩天後，代表團決定說帖在送交和會及英國和日本前先送美國一份。顧維鈞特別提出，給日本的那份不要附上中日間全部密約，「恐生枝節」。[①]

　　2月15日下午，中國擬向和會遞交說帖前，日本代表團秘書吉田茂來到中國代表團駐地，顧維鈞出面接待。吉田指責顧維鈞1月28日的發言，稱如與牧野「預為接洽，豈不甚佳」？顧維鈞反問道，牧野先在十人會背着中國提出山東問題，中國「即使欲接洽，何從接洽起」？吉田頓時語塞。[②]

　　顧維鈞起草的說帖全稱為《中國要求膠澳租借地膠濟鐵路暨德國所有他項關於山東省權益之直接歸還說帖》，分四部分。前兩部分分別概述德國和日本侵佔山東的過程，後兩部分「中國何以要求歸還」「何以應直接歸還」是整個說帖的重點所在，詳論中國要求收回主權的理由。在這份洋洋萬言的文件中，顧維鈞仍以擅長的國際法作為立論的依據。他認為山東各項權益歸還中國，「實不過依據公認之領土完整原則為公道之一舉」，深信「和平會議對於要求膠澳租借地、膠濟鐵路暨關於山東省之他項德國權利之直接歸還，必能認為合於法律公道之舉」。[③]

---

① 《我國講和專使團會議記錄七十五次》，第14次會議錄，張一志編《山東問題彙刊》(1)，第157頁。

② 《我國講和專使團會議記錄七十五次》，第18次會議錄，張一志編《山東問題彙刊》(1)，第160頁。

③ 金問泗編《顧維鈞外交文牘選存》，上海，1931，第15–30頁。

這份說帖得到美國代表團的肯定，稱其「理由充分，措詞得體，語氣和平，閱之頗為滿意」。[1] 說帖的目的就是要爭取列強尤其是美國的同情和支持，美國的回應使中國代表受到鼓舞。在和會上中日的第一輪交鋒中，中國代表團暫居上風。

二　周旋於代表團內外

2月14日，美國總統威爾遜離開巴黎返回美國，與國會溝通他最為在意的國際聯盟問題。山東問題被和會暫時擱置。這一擱置使中國代表團無法趁熱打鐵，失去了解決山東問題的時機，也使代表團內部從成立之初就因代表排序存在的矛盾趨於激化。

巴黎和會根據對戰爭的貢獻大小，將參會國分為幾等，英、美、法、意、日為第一等大國，可派5名全權代表，中國列為三等，只可派兩名全權代表。但北京政府對和會期望甚高，先委派了5名代表，並都在和會開幕前到了巴黎。這成了外交總長、首席代表陸徵祥一抵達巴黎就面臨的棘手問題。當知道雖只有兩名代表，但每次會議代表可以輪換，並不限於固定兩人後，陸徵祥決定代表團全權代表仍為5人，排列順序是：陸徵祥、王正廷、顧維鈞、施肇基、魏宸組。顧維鈞知道在官場中名次排列的前後意義重大，主動提出他本人排第五為宜。陸徵祥為代表的排序煞費苦心，既然顧本人提出，他便將顧與施的位置做了調換。因為王正廷代表南方政府，陸本人對他的排名有過承諾，不能挪後，而魏宸組負責起草中文文電和代表團內務，無須靠前。

---

① 《收法京陸總長（徵祥）電》(1919年2月19日)，《中日關係史料 —— 巴黎和會與山東問題》，第48頁。

1月17日，陸徵祥致電北京，按陸、王、施、顧、魏的排列，請正式任命中國出席和會的全權代表。[①]

如果北京政府接受陸徵祥的提議，代表的排序不至於引發代表團內部的矛盾。總統徐世昌收到陸徵祥來電後，交外交委員會討論並提出意見。外交委員會委員長汪大燮晚清就入總理各國事務衙門做章京，後來擔任過駐英公使和外交總長，對外交圈很了解。最初他以為中國可以有三人出席和會，但排名靠前的三人，陸能力不夠，王缺外交經驗，施是怕多事的官僚，對這份名單甚為躊躇。負責外交委員會秘書事務的葉景莘建議將顧維鈞提至第二位，因為他發來的電報最多，「二十一條」交涉後的英文聲明頗為得體，且熟悉中日問題。汪採納這一建議後報徐世昌，獲得同意。代理部務的外交次長陳籙看到新的排序叫苦不迭：「這是要搗亂了。」對北京政府來說，這樣的排序有很現實的考慮，陸徵祥身體虛弱，一旦無法支撐，「可請顧出席相助會議」，而王正廷畢竟是南方的代表。[②]

1月21日，徐世昌的委任電到達巴黎，代表排序為陸、顧、王、施、魏。[③] 這一排序使顧維鈞陷入尷尬的境地。施肇基是顧維鈞赴美留學的帶路人，魏宸組在顧剛回國時已是國務院的秘書長，代表南方政府的王正廷民國剛成立就擔任署理工商總長，後又任參議院副議長。與他們相比，顧維鈞資歷最淺，年紀最輕。出於減少內部摩擦的願望，顧維鈞要求陸徵祥維持之前致電北京的排序，還主動去施肇基下榻的旅館做解釋。但陸徵祥不願變更北

① 《顧維鈞回憶錄》第1分冊，第173–174頁；《發外交部電》（1919年1月17日），北京政府外交部檔案，檔號：03-13-010-05-001。

② 葉景莘：《巴黎和會期間我國拒簽和約運動的見聞》，《文史資料選輯》第2輯，中華書局，1960，第146頁；《收外交部電》（1919年1月23日），北京政府外交部檔案，檔號：03-13-006-01-001。

③ 《收國務院來電》（1919年1月21日），北京政府外交部檔案，檔號：03-13-006-01-001。

京的訓令，施肇基一聽代表排序就「面色鐵青，憪然不語」，對顧的繼續解釋一言不發。顧維鈞明白，這一排序「必將使代表團成員之間難以相處」。[①]

代表排序問題使王正廷和施肇基對陸徵祥心生怨恨，並將顧維鈞歸在陸徵祥一邊。因為有成見，代表團內在不少問題上產生分歧，意氣之爭層出不窮。前面提到 2 月 11 日代表團第 14 次會議上，王正廷提出顧維鈞起草的山東問題說帖「措詞尚覺太輕」，但自己卻不願在和會上就此代表中國發言。代表團第 4 次會議上，魏宸組根據陸徵祥的意見提議此後會議在顧維鈞寓所而不是代表團所在的旅館舉行，王正廷立即反對，顯然因為提議出自陸徵祥，且是在顧維鈞寓所。和會期間，顧維鈞代表中國參加國際聯盟委員會，負責起草中國關於國聯的備忘錄。王正廷和施肇基對顧起草的文件吹毛求疵，嚴詞批評。在顧維鈞看來，「他們的批評顯然並不準確，因為批評得不對題，看來主要是有意使陸總長和我難堪」。[②]

代表團顧問、駐丹麥公使顏惠慶在他的自傳中對代表團內矛盾評論道：「代表團內重要代表的意見分歧，自始即難望和衷共濟，而首席代表復缺乏整飭紀律能力，難使各代表謹遵命令。當時所面臨的任務何等艱巨，人人公忠禮國，困心衡慮，通力合作，尚恐於事難濟。何況黨見深固，盡情傾軋，口舌爭辯，虛耗光陰，無補實際。大敵當前，竟有人不惜運用陰謀，爭取席次。此種行為，豈特令人齒冷，實為國事痛心。」[③]顏惠慶的自傳是 1946 年完成的，當事人都還在世，除了稱陸徵祥軟弱，沒有指名道姓其他人。但顏惠慶在日記中留下了清晰的記錄。

---

① 《顧維鈞回憶錄》第 1 分冊，第 175–176 頁。
② 《顧維鈞回憶錄》第 1 分冊，第 181 頁；《我國講和專使團會議記錄七十五次》，第 4 次會議錄，張一志編《山東問題彙刊》(1)，第 145 頁。
③ 《顏惠慶自傳》，第 100 頁。

　　1月29日，顏惠慶剛到巴黎，就聽到施肇基揚言如受排擠將辭職不幹。此後，顏惠慶幾次記下施肇基在代表團內爭吵、發脾氣，稱施「易激動又野心勃勃」，並與王正廷「通力合作」。2月21日，他聽到王正廷散佈顧維鈞將與曹汝霖女兒結婚的傳言。① 曹汝霖當時被視為親日派代表，這一傳言旨在敗壞顧維鈞的名聲。從顏惠慶的日記看，他與王、施、顧都有應酬往來，並無明顯的個人偏好。但他對王施通力合作使陸徵祥一籌莫展、代表團運作受阻是不滿的，特別對施是語含譏評的。

　　顧維鈞在代表團內爭中的表現，顏惠慶日記也有記錄。2月15日，顧維鈞與顏惠慶共進午餐時，講述了自己被任命為全權代表的經過以及施肇基對此的暴躁反應，顯然是要澄清代表排序與他無關。② 2月20日，代表團第21次會議上，王正廷責問陸徵祥和會記錄中中國全權代表名次為何前後有別，施肇基接着詢問代表名單送和會共有幾次，陸徵祥「眼淚汪汪」地回答，代表名單送和會時曾「擅將施顧次序更調，未先與諸同事商量，實深抱歉」，說話口氣根本不像外交總長和首席代表。顏惠慶在日記中還記，王正廷說名單排序的變化肯定是「顧在幕後操縱，想名列第二」。而顧維鈞在會上對變更排序的總統令表示反對，隨後以健康理由離會了。③ 此後兩天顧維鈞未參加代表團活動。23日，外交部電令到達，同意按陸徵祥最初開列的次序，並另外專電顧維鈞，慰勉他「不沾沾小節」，他才「心平氣和了」，但對王正廷的指責仍然心緒難平，希望要說明一下「從不爭地位」，被顏惠慶勸阻了。④

---

① 《顏惠慶日記》第 1 卷，第 815、823、825、827 頁。

② 《顏惠慶日記》第 1 卷，第 824 頁。

③ 《我國講和專使團會議記錄》，第 21 次會議錄，張一志編《山東問題彙刊》(1)，第 166 頁；《顏惠慶日記》第 1 卷，第 826–827 頁。

④ 《收外部電》(1919 年 2 月 23 日)，北京政府外交部檔案，檔號：03-13-006-02-001；《秘笈錄存》，第 80 頁；《顏惠慶日記》第 1 卷，第 827–828 頁。

　　這場因代表排序引發的內爭，顧維鈞是被動的捲入者。無論是陸徵祥最初將他排第三，還是後來北京政府將他升至第二，都不是他的本意，更非他「幕後操縱」。如果首席代表陸徵祥果斷處事，坦率溝通，矛盾不至於如此尖銳。顏惠慶就近觀察的結論是：「陸的軟弱是一切糾紛的根源。」[①] 對於排名往後靠而且不明就裡，王正廷與施肇基當然是不滿的，除了陸徵祥，怨氣就灑向了顧維鈞。顧維鈞在和會上的發言贏得廣泛讚響，也是一個誘發因素。內爭激烈的 2 月上半月，代表團收到的國內來電，無論是總統的，還是國會參眾兩院的，還是以山東代表自居的國會議員的，開頭都稱「顧王兩使」。[②]王正廷讀到自然更為不快。

　　就顧維鈞而言，主動向陸徵祥提出排名靠後，應該是出自內心的，畢竟他年資最淺。在向施肇基解釋時，他說，除了公務的考慮，還有個人的理由：「我比你年輕十歲，我比你多十年的機會。」[③] 這是他的自信和坦誠。還有一個重要的因素，因為爭取並依靠美國的支持是代表團的共識，作為駐美公使，顧維鈞不用擔心自己在代表團中的實際地位和發揮的作用。不過，儘管他對排名不在乎，但捲入內爭的旋渦後，顏惠慶注意到，他也「易於激動，難以控制自己」。[④] 尤其對王正廷散佈他與曹汝霖女兒訂婚的傳聞怒不可遏，兩人就此結下怨恨。對外交事務中發生的內爭，顧維鈞還缺少應對的經驗。此次內爭在他內心留下了長久的影響。二十多年後，他與朋友談起時仍無法冷靜地敘述：「施王均視余運動，故對余種種為難，不堪言之。」[⑤]

---

① 《顏惠慶日記》第 1 卷，第 827 頁。

② 《收國務院來電》(1919 年 2 月 1 日)、《收參眾兩院電》(1919 年 2 月 13 日)、《收山東國會議員電》(1919 年 2 月 9 日)，北京政府外交部檔案，檔號：03-13-006-02-001。

③ 《顧維鈞回憶錄》第 1 分冊，第 176 頁。

④ 《顏惠慶日記》第 1 卷，第 829 頁。

⑤ 《顧維鈞日記》，1946 年 5 月 13 日，*Wellington Koo Papers*, box 216。

全權代表的排序，外交部 2 月 21 日電同意了陸徵祥最初開列的次序，即陸、王、施、顧、魏。但陸徵祥在收到 1 月 21 日總統令後，向和會做過一次改動，將施顧次序互換，顧排到了施前面。於是，陸徵祥將此情況報告，請北京再做確認。3 月 4 日，國務院回覆，全權代表的排序確定為陸、王、顧、施、魏。①

代表團內部的矛盾使生性懦弱的陸徵祥知難而退。和會開幕第二天，他就致電北京，以身體虛弱請派「素負〔孚〕元老重望、精力強健之大員」來法國，自己願做個幫手。②此後，又幾次流露退意。3 月 8 日，他乾脆不辭而別，離開巴黎赴瑞士休養。3 月下旬，北京政府以總統諭令的形式加派陸徵祥「為全權委員長，所有和會事宜，即由該委員長主持一切」，並給予「便宜行事」之權，其他人員「概不得以個人名義對外擅行發表」，提升了陸在代表團內的權力。③於是，陸徵祥返回巴黎，代表團內因排名順序產生的矛盾才稍稍平息，但裂痕已難修復。

代表團雖然內爭不斷，好在起草向和會提交文件的工作並沒有完全停頓下來。顧維鈞將主要精力放在文件準備上。2 月 28 日，顧維鈞將初擬的對德奧要求草案交代表團會議討論。3 月 3 日，他完成了租借地問題備忘錄草案。3 月 6 日，他完成的對德奧要求修正案在代表團通過。此後中國代表團又向和會提出中國希望條件。希望條件共七項，其中撤退外國軍警、歸還租借地、歸還租界三項為顧維鈞所撰寫。④

---

① 《收國務院電》[1919 年 3 月 7 日（4 日發）]，北京政府外交部檔案，檔號：03-13-006-03-001。

② 《發外交部電》(1919 年 1 月 19 日、20 日)，北京政府外交部檔案，檔號：03-13-010-05-001。

③ 《秘笈錄存》，第 115 頁。

④ 《我國講和專使團會議記錄七十五次》，第 30、34、37 次會議錄，張一志編《山東問題彙刊》(1)，第 172、174-177 頁；金問泗編《顧維鈞外交文牘選存》，第 31-48 頁。

在巴黎和會上，中國代表團先後提交了四個重要文件，即山東問題說帖、對德奧要求條件、廢除中日民四條約說帖和中國希望條件。中國希望條件是中國政府第一次正式向列強要求廢除不平等條約，在近代以來的中外交涉中意義重大。這四個文件中，第三個文件由王正廷主持起草，顧維鈞主持起草了前兩個文件和最後一個文件近一半的內容。他在代表團中的作用由此可見一斑，北京政府對他的看重並非沒有道理。代表團中雖有不少留學歐美的外交官，但以國際法為專業獲得博士學位的就顧維鈞一人。在起草文件時，他也確實發揮了他的專業特長。3 月初，顏惠慶在讀完租借地備忘錄的草案後，就稱讚「這是一份完全根據法律而具有權威性的備忘錄」。①

顧維鈞在代表團中還有一個不可替代的作用，就是開展對美外交。3 月 14 日，美國總統威爾遜返回巴黎。顧維鈞與威爾遜和美國代表團其他成員頻繁接觸，力爭使山東問題獲得有利於中國的解決。

3 月 24 日，顧維鈞介紹梁啟超和張君勱與威爾遜會面，利用這次機會主動提出山東問題，詢問是否存在和約簽訂前盡早解決山東問題的可能性。威爾遜回答說，山東問題的解決要寫進和約，隨後問道，日本要求德國在山東的權益先歸日本再由其歸還中國，是否意味着它將佔有膠濟鐵路而歸還膠州地域。顧維鈞答道，日本不僅要佔有鐵路，而且還會就歸還膠州灣租借地向中國勒索其他權益，如在膠州設日本專有租界。如果日本在山東得到鐵路和專有租界，那麼山東的歸還對中國而言只是徒有虛名。因為膠濟鐵路貫穿山東全省，連接北京，一旦被佔，就如扼住中國的喉嚨，將危及中國的獨立，因此山東問題的解決事關遠東和平。顧維鈞的闡述得到威爾遜的贊同。他乘

---

① 《顏惠慶日記》第 1 卷，第 831–832 頁。

勢提出，是否由和會再召集一次會議聽取中日雙方的闡述。但威爾遜忙說無此必要，他已理解中國的立場和原則，山東問題解決辦法可「於和約內規定，未必再邀中國出席」。[①]

4月上旬，顧維鈞又先後拜會了美國代表團顧問豪斯與國務卿藍辛。顧維鈞告訴對方，「中國的唯一希望是美國。如果威爾遜總統有意堅持公正地解決這一問題，中國就能得到滿意的結局」。他強調山東問題必須盡早解決，以便寫進和約。由於3月下旬十人會已改為由美、英、法、意四國首腦組成的四人會，顧維鈞希望四人會能對此問題做出決定。他還指出，一旦山東問題得不到圓滿解決，中國國內將會出現親日傾向，這將對包括美國在內的西方國家產生不利影響。希望以日本影響的上升來刺激美國採取行動。與藍辛會談後，顧維鈞根據會談內容準備了一份備忘錄，請藍辛轉交給威爾遜。威爾遜於4月12日得到備忘錄後認真閱讀，並在「否定中國的要求會危及它的政治獨立、領土完整和經濟富強」「中國政府真誠地希望美國政府進行斡旋」等句子下做了記號。[②]

顧維鈞的奔走努力，對美國代表團進一步認識到山東問題的重要性和中國要求的合理性，起了重要作用。4月16日，在由美、英、法、意四國外長和日本代表參加的五人會上，藍辛提出德國在華權益應歸還中國，「惟先由本會暫收」，認為由日本收回交中國與由和會收回交中國並無差別。日本代表牧野當即「起而抗議，以青島問題中日已有成約，應交由日本轉交」。由於英、法、意三國外長對此保持沉默，藍辛「深恐激生意外」，將提議擱置。次

---

① Memorandum of an Audience with President Wilson, 24 March, 1919, *Wellington Koo Papers*, box 1.

② An Interview with Colonel House, 2 April, 1919; An Interview with Mr. Lansing at Hotel Crillon, 4 April, 1919, *Wellington Koo Papers*, box 1; A Memorandum by Wellington Koo, 8 April, 1919, *Wilson Papers*, Vol. 57, pp. 298–301.

日，和約起草會上，美國代表再次提出這一問題，不同之處是將德國權益交
和會改為交美、英、法、意、日五國，牧野雖仍反對，但交五人會後「將該
條通過」。[1]

　　中國代表團雖不能參加五人會，但可以通過美國代表團了解事情進展。
4 月 17 日上午，顧維鈞引導王正廷、施肇基、魏宸組及代表團顧問、駐意大
利公使王廣圻與威爾遜見面，並再提山東問題。威爾遜表示，對藍辛的提議
「確以為然」。當天，顧維鈞將山東問題說帖再遞交威爾遜一份。[2]

　　直到此時，可以說，顧維鈞的對美外交進展順利，威爾遜、藍辛在山東
問題上都支持中國的立場。但 4 月 22 日，風雲突變。意大利代表團因為對
阜姆的領土要求遭各大國拒絕而宣佈退出和會。這使和會的最高機構四人會
成了三人會，五大國只剩四大國。由此產生的問題是，如果日本再因山東問
題步意大利後塵，整個和會將不可避免地走向失敗。威爾遜認識到面臨的嚴
峻形勢。使和會進行下去以實現成立國際聯盟的計劃，是威爾遜在和會上的
首要目標。這樣，在山東問題上面對日本的蠻橫立場時，他就沒有選擇的餘
地了，對中國的態度也就因此發生了變化。

　　4 月 22 日上午，缺少了意大利首相的三人會聽取日本對山東問題的陳
述。此時，日本代表團已經得到東京的指示，如果對山東問題的要求不能得
到滿足，就不在和約上簽字。因此，牧野在三人會上態度強硬，堅持日本必
須擁有德國在山東的權利。英國和法國在 1917 年與日本簽訂過密約，承認
其在華利益，此時都站在日本一邊。威爾遜一方面表示必須考慮中國的困

---

[1]　An Interview with E. T. Williams, 21 April, 1919, *Wellington Koo Papers*, box 1；《發外交部電》
　　　[1919 年 4 月 19 日（電報尾署 18 日）]，北京政府外交部檔案，檔號：03-13-068-02-001。

[2]　《發外交部電》(1919 年 4 月 17 日)，北京政府外交部檔案，檔號：03-13-068-02-001; V. K. Koo
　　　to W. Wilson, 17 April, 1919, *Wilson Papers*, Vol. 57, p. 431。

境，一方面又說要維護日本的尊嚴，處於左右掣肘的境地。最終，他提議讓中國到三人會再陳述一次。[①]

4 月 22 日下午，中國代表團又一次出現在和會最高會議。會議在威爾遜住處召開，出席者是美英法三巨頭和中國的陸徵祥與顧維鈞。主持會議的威爾遜一開始就列舉了中日 1915 年條約和 1918 年關於山東問題的換文，特別提到了中國駐日公使對中日條約「欣然同意」的表示，實際上是在向中國代表團表明，由於中國自己與日本簽訂的這些條約，美國已無法給予先前承諾的支持和幫助了。威爾遜發言後，陸徵祥請顧維鈞代表中國答覆。顧維鈞明白威爾遜的潛台詞，立即據理答道，中日間的條約「都是『二十一條』的結果，是日本最後通牒的結果」，中國人認為它們與中國和其他國家間的條約不是一回事。

在這次為時 75 分鐘的會議中，顧維鈞面臨的最具挑戰性的問題來自勞合‧喬治。這位英國首相在顧維鈞發言前對日本在 1915 年向中國提出最後通牒一事毫無所知，此時發問道，讓日本根據中德條約繼承德國在山東權益，或根據中日條約承認日本在山東地位，兩者之間中國願意選擇哪項？顧維鈞稍做考慮後明確回答，兩者都是中國不能接受的，同時又指出日本的條約比德國的條約對中國危害更大。儘管顧維鈞對中國的立場做了出色的闡述和辯護，但這一次卻沒能得到威爾遜的讚揚。威爾遜此時已背離了自己「十四點計劃」中提出的廢除一切密約的主張，反而認為「遵循一個壞的條約要比撕破它好些」，並勸說中國先讓步，待國聯成立後情況自會好轉。對此，顧維鈞馬上回應稱：「與其療治於發病之後，何如防範於未病之先。」但英法首腦堅持他們必須履行對日條約義務，威爾遜趁勢

[①] 羅伊‧沃森‧柯里：《伍德羅‧威爾遜與遠東政策 (1913–1921)》，第 257–258 頁。

說，即使中日間條約的合法性存在問題，但英法與日本間的條約是沒有疑問的。[1]

這次會議使中國在山東問題上一下子陷入失敗的險境。面對美國尤其是威爾遜態度發生變化的現實，顧維鈞與代表團一起考慮調整直接歸還山東的要求。4 月 23 日，顧維鈞為代表團起草了一份給美國的備忘錄。這份備忘錄開頭就明確表示，中國不能接受勞合‧喬治二者擇其一的辦法，並責問：「將中國的權益和未來因此而犧牲於日本的擴張政策是公正的嗎？」備忘錄指出，如果山東問題得到公正解決，遠東至少會有持續半個世紀的和平，而如果以英法與日本間的條約為基礎解決，那就是在播下死亡的種子。顧維鈞建議，山東問題的解決可由德國將其權益交給五大國，以便最終歸還中國。實際上就是按美國在五人會上的提議辦理。第二天，顧維鈞將備忘錄交給了威爾遜。[2] 與中國代表團最初直接交還的方針相比，間接交還是一個退讓，但顯示了顧維鈞依靠美國解決山東問題的苦心。

4 月 30 日，在和會決定山東問題前夕，顧維鈞仍沒有放棄最後的努力。他致函威爾遜，提請他關注兩點：第一，如果根據中國代表團 24 日提出的妥協方案解決山東問題，英法並沒有違背它們對日本做出的承諾；第二，如果按日本的願望解決，就是肯定日本以最後通牒方式強迫中國簽訂 1915 年條約的合法性。[3] 他對威爾遜仍抱着希望。

但是，威爾遜已經要放棄自己原先的理想和做出的承諾了。他感到了山東問題的棘手，與此相比，意大利問題只能算是「茶壺裡的波瀾」。他明白，

---

[1] Meeting of the Council of Four (Three), 22 April, 1919, *Wellington Koo Papers*, box 1；《發外交部電》(1919 年 4 月 23 日)，北京政府外交部檔案，檔號：03-13-068-02-001。

[2] Koo to Wilson, 24 April, 1919, Enclosing a Brief Memorandum, *Wellington Koo Papers*, box 1.

[3] Koo to Wilson, 30 April, 1919, *Wilson Papers*, Vol. 58, p. 270.

「如果我遵循公正和正義的原則，日本、英國和意大利就不會簽和約，我就將承擔阻擾世界和平的責任」，而「如果我們要求日本退讓而它拒絕，那意味着我們只能訴諸武力」，但這又是美國不願也無法做到的。因此，「我唯一的希望是能找到一個保住日本人面子而讓國聯來決定以後事情的辦法」。[1] 於是，為了國聯和所謂的「世界和平」，威爾遜不得不對日本做出讓步。在他的國際政治的天平上，中國的分量太輕了。

4 月 30 日，三人會接受了日本的要求，決定將德國在山東的權益交給日本，形成了和約中第 156、157、158 條款。威爾遜明白這一決定對中國意味着甚麼。4 月 29 日，他幾乎一夜未眠，但又自我安慰地說，這是「從骯髒的過去所能得到的最好的結果」。[2] 中國山東的權益就這樣被威爾遜的「理想」犧牲了。

三　拒簽和約

三人會決定通過當天，威爾遜讓美國代表團新聞秘書貝克（R. S. Baker）將消息通知中國代表團，並解釋美國的為難之處。貝克知道這是一項棘手的任務，只能硬着頭皮在當晚前往中國代表團駐地呂特蒂旅館（Hotel Lutetia）。出面接待的是顧維鈞與王正廷。貝克說明情況後，顧維鈞表示對威爾遜「前後在會竭力維持之意，至深感謝」，並直言相告：「惟結果如此，非常觖望，亦無可隱諱。」在場的美國記者加拉法爾（Patrick Gallagher）注意到，顧、王兩人獲悉對中國不幸的消息時，「臉色蒼白，焦慮萬分」，但仍極

---

[1]　From the Diary of Dr. Grayson, *Wilson Papers*, Vol. 58, pp. 110–113.

[2]　The Diary of R. S. Baker, 30 April, 1919, *Wilson Papers*, Vol. 58, p. 270.

力控制自己的情緒，盡可能顯得鎮定自若，「人們不得不讚賞他們保持尊嚴的姿態」。貝克離開後，顧維鈞對加拉法爾說，中國代表團在獲得和會正式通知後將立即提出正式抗議。[①] 此時代表團尚未商議，顧維鈞的這番話表明他對和會有關山東問題決議一開始就持反對立場。

5 月 1 日，中國代表團舉行山東問題決議通過後的第一次會議，討論應對之策。會議認為有三種選擇：(1) 照意大利辦法全體離會回國；(2) 不在和約上簽字；(3) 簽字但不承認山東問題條款。但第一種辦法，因中國與意大利地位不同，影響有異，無法採取。第二種辦法，則對德和約除山東問題外，還有撤廢領事裁判權等問題，且不簽和約對德仍處於戰爭狀態，日後中德直接訂約是否有利也屬疑問。而第三種辦法，列強又可能不會答應。代表中還有意見認為，英美法三國居中周旋，不無善意，「我仍不認，於國際感情能否無礙，似均不可不加審慎」，傾向於接受和會決定。代表團內對幾種辦法權衡再三，無法達成一致意見，決定「擬電中央，請示辦法」。[②]

儘管代表團尚未形成統一意見，顧維鈞已開始起草代表團的正式聲明。5 月 3 日，中國代表團將顧維鈞起草的聲明送交新聞界。聲明表示，「中國人民對會議的決定感到極大的失望和幻滅」，「如果像暗示的那樣，三人會是為了挽救國聯而全部認可日本的要求，中國當然不應抱怨，而應該相信為了成立國聯這樣崇高的事業做出犧牲是一種責任。然而，中國代表團還是希望三人會能夠明白，讓強國日本放棄它因擴張慾望而產生的要求比讓弱

---

① 《陸徵祥致外交次長》(1919 年 5 月 1 日)，北京政府外交部檔案，檔號：03-13-068-04-001；
Patrick Gallagher, *America's Aims and Asia's Aspirations*, pp. 335–336。

② 《我國講和專使團會議記錄七十五次》，第 74 次會議錄，張一志編《山東問題彙刊》(1)，第199 頁。

國中國交出理應屬於它的東西更為合適，因為這更符合即將成立的國聯的精神」。[①] 聲明中說中國可以為了國聯做出犧牲，只是外交辭令，接下來一句日本放棄它的要求方符合國聯精神才是實質。這一聲明延續了顧維鈞在和會上發言的風格，不用激烈的語詞怒斥對手，而是用法律和正義來闡明自己的立場。

5 月 6 日，和會全體大會公佈對德和約。陸徵祥當即在大會上發表聲明，稱中國對和約山東問題條款「不能不表示其深切失望之情」，因為這些條款「未顧及法律公道及中國之安寧」，若和會不能予以修正，「本代表團對於上述條款實有不能不保留之義務，並請將聲明各節列入記錄」。[②] 這樣，中國代表團向和會正式表明了對山東條款的保留態度。

兩天後，5 月 8 日，國務院的電報到達巴黎，認為日本對中國「着着進逼，殊堪痛憤」，指示陸徵祥「在我國只有堅持，斷難承認，如果總約案內加入此條，我國當然不能簽字」。北京政府這一指示受到了國內政治的影響。電報的後半段提到 5 月 4 日北京學生「聚眾千餘，以還我青島為詞，高揭旗幟」。[③] 因此，不簽字主要是針對國內輿論的。但對德和約除了有關山東條款，還涉及中德關係和國際聯盟，因此，陸徵祥接電後馬上詢問，要求給予明確的指示，即不簽字，「是否全約不簽，抑僅不簽膠州問題一條」？[④]

① Thomas Millard, *The Shandong Case at the Conference*, Shanghai, 1921, pp. 31–33; Wunsz King, *China at the Paris Peace Conference in 1919*, St. John's University Press, 1961, pp. 25–26. 陸徵祥致外交部電稱聲明是 2 日送新聞界，但該電無聲明內容，《發外交部轉國務院電》(1919 年 5 月 2 日)，北京政府外交部檔案，檔號：03-13-068-04-001。

② 《發外交部電》(1919 年 5 月 6 日)，北京政府外交部檔案，檔號：03-13-068-04-001。

③ 《收國務院來電》(1919 年 5 月 8 日)，北京政府外交部檔案，檔號：03-13-068-03-001。

④ 《發國務院電》(1919 年 5 月 8 日)，北京政府外交部檔案，檔號：03-13-068-04-001。

　　國內此時因山東問題交涉失敗而爆發了五四運動，群情激昂，輿論洶湧，要求收回山東主權。北京政府面對國內政治的壓力，最初主張不簽字，隨後權衡再三，於5月中旬指示在對山東條款保留的前提下簽字。但列強中英、法均反對保留簽字，代表團中對此也有不同看法，北京政府面臨着保留不成是否簽字的抉擇。5月21日，國務院和外交部發電指示陸徵祥，第一步為保留簽字，如保留不成，「應即全約簽字以保國本」。[1]

　　對德和約宣佈後，顧維鈞明白山東問題已成定局，保留簽字是中國的最後辦法，如保留不成就應拒簽。由於不願接受山東問題的條款，顧維鈞決定離開巴黎，並訂好了船票，準備5月底動身。但收到北京政府要他留在巴黎的電文後，他退掉了預訂的船票，為保留簽字做最後的努力。[2]

　　5月20日，顧維鈞陪同陸徵祥訪晤藍辛。5月22日，顧維鈞又面見豪斯。對於中國保留簽字，藍辛和豪斯都予以支持。藍辛表示，如保留不成而不簽字，「則咎不在中國」。豪斯還建議顧維鈞專門去拜訪威爾遜，並相信威爾遜對此不會反對。[3]

　　但豪斯的判斷錯了。5月27日，顧維鈞與陸徵祥拜訪威爾遜。這是和會通過山東問題條款後，威爾遜第一次與中國代表團成員見面。在威爾遜對

[1] 《收國務院電》[1919年5月20日（15日發）]、《收國務院外交部電》[1919年5月29日（21日發）]，北京政府外交部檔案，檔號：03-13-068-03-001。北京政府對簽約的決策，參見鄧野《巴黎和會與北京政府的內外博弈》，社會科學文獻出版社，2014，第7章；唐啟華《巴黎和會與中國外交》，第298–301頁。

[2] Patrick Gallagher, *America's Aims and Asia's Aspirations*, p. 354. 顧維鈞要離開巴黎一事已報告過北京，外交部27日電有「若顧使已行」句，顯然已知他的計劃，並似已勸阻，《發法京陸總長（徵祥）電》（1919年5月27日），《中日關係史料——巴黎和會與山東問題》，第189頁。

[3] 《發外交部電》（1919年5月20日），北京政府外交部檔案，檔號：03-13-068-04-001；Memorandum of Conversation with Colonel House, 22 May, 1919, *Wellington Koo Papers*, box 1。

和約做了一番解釋後，顧維鈞直接提出了保留簽字的問題：「現在中國人民，無論在國內或在國外，全體主張不簽和約，政府顧念民情一致之主張，又不願破壞協約各國對敵之聯合，萬不得已定簽字而保留之計。」威爾遜此時最關心的還是國際聯盟，擔心中國此舉會影響和會的最後結局，因此表示：「此於法律問題有關，我不敢驟答，務請與著名公法家慎加考量。」[①] 威爾遜的態度增加了保留簽字的難度。

5 月 28 日，中國代表團舉行全體會議，討論和會如不接受保留簽字的應對之策。此時國務院和外交部 21 日發出的保留不成就簽字的電報還未到達。王正廷首先在會上發言，明確表示：「不能保留，則萬不能簽字。」但發言者中也不乏主張保留不成就簽字者，駐意公使王廣圻、駐法公使胡惟德都在此列。他們認為，「簽字一層，苟利於國家，毅然為之，不必為個人毀譽計」。顧維鈞立場鮮明地表明自己的觀點：「日本志在侵略，不可不留意，山東形勢關夫全國，較東三省利害尤巨。不簽字則全國注意日本，民氣一振，簽字則國內將自相紛擾。」施肇基也主張不簽。會上兩種對立的意見難分上下，陸徵祥沒有表態，只是表示「取決審慎研究，再行決定」。[②]

以委員長身份主持代表團並有「便宜行事」之權的陸徵祥自己不拿主意，將難題上交北京，認為代表團中兩種意見「互有利害，究竟孰為較善」，難以定奪，請「詳審裁定，立速電示」。在會議結束當天發出的這份電報中，陸徵祥也告訴北京，主張拒簽者中，王正廷和施肇基原先都主張簽字，但現在態度改變了，而顧維鈞「原在不簽字一方為多」，即前後皆不主簽字。[③] 根據鄧

---

① 《發外交部電》(1919 年 5 月 27 日)，北京政府外交部檔案，檔號：03-13-068-04-001。

② 《我國講和專使團會議記錄七十五次》，張一志編《山東問題彙刊》(1)，第 203 頁。

③ 《收法京陸 (總長) 徵祥電》[1919 年 6 月 2 日 (5 月 28 日發)]，《中日關係史料 —— 巴黎和會與山東問題》，第 203-204 頁。

野的研究，陸徵祥本人實際上是主張簽字的，只是簽字的責任不能由他來承擔，必須另派他人。[①]

　　因此，5 月 29 日收到國務院和外交部 21 日電報明令「全約簽字」後，陸徵祥只能再提辭職之請。6 月 9 日，他密電北京政府總理錢能訓，以所患之病「伏根頗深，非力加調養不可」為由，請「開去外交總長」一職，並推薦駐法公使胡惟德「接掌外交，用明令發表，請其留歐簽字」。[②] 陸徵祥的辭職電到達北京的時候，總理錢能訓已經辭職，連總統徐世昌也提出了辭職，政局動盪，政府無暇顧及陸徵祥辭職一事。而陸徵祥不待北京回電，已於 14 日住進醫院，稱「舊病駁發，異常困憊」，醫生意見「現在不能用心，須將公事一切放下」，並提議「派顧使在會簽約」，將代表團事務交顧維鈞負責。[③]

　　5 月 28 日會議是中國代表團最後一次會議。由於內部意見難以統一，陸徵祥隨即躺倒不幹，代表團作為一個整體逐漸停止運作。6 月初，施肇基離開巴黎返回倫敦。王正廷雖在巴黎，但畢竟代表南方政府，且與顧維鈞多有齟齬，不參與顧出面之事。魏宸組自始就只負責團內事務。這樣，進入 6 月後，5 個全權中就只有顧維鈞代表中國出面交涉了。

　　6 月 5 日，顧維鈞拜會美國代表團斯科特（James Scott），與他討論中國保留簽字的法律問題。斯科特談了三點看法：(1) 中國像任何一個獨立國家一樣有權決定以何種方式簽署或拒絕簽署對德和約；(2) 是否行使這種權利應由中國自己決定；(3) 保留簽字對日本在三人會上所做聲明無任何影響，

---

① 鄧野：《巴黎和會與北京政府的內外博弈》，第 206–208 頁。

② 《收法京陸（總長）徵祥電》[1919 年 6 月 14 日（9 日發）]，《中日關係史料 —— 巴黎和會與山東問題》，第 214 頁。

③ 《發外交部電》（1919 年 6 月 17 日），北京政府外交部檔案，檔號：03-13-068-06-001。

這是互不相干的兩件事。顧維鈞詢問是否可以將這些看法告訴威爾遜總統，斯科特表示他不反對。在這之前，顧維鈞與藍辛見面時，也希望對方同意他將其支持中國保留簽字的態度告訴威爾遜。[1] 這表明，顧維鈞想利用美國代表團其他成員的意見來影響威爾遜，爭取他對中國保留簽字的支持。

但北京政府此時改變了原來先保留，保留不成則簽字的立場。6 月上旬，北京政府獲悉日本在三人會上對於交還膠澳主權及繼承德國在山東經濟權益的限度有過保證，日本外相也有交還的聲明。因此 6 月中旬後，北京政府幾次電令代表團，「為收還青島計，為參戰權利計，為國際地位計，均有全約簽字之必要」，隨後進一步認為保留一層即使能夠辦到，也無須提出，「不必多此一舉」。[2]

顧維鈞沒有遵從政府「不必多此一舉」的指令，直到 6 月下旬對德和約簽字臨近前，仍在為保留簽字做最後的努力，力爭為山東問題獲得一個有法律保障的公開的國際承諾。

6 月 24 日中午，顧維鈞去見和會秘書長杜塔斯塔（Paul Dutasta），明確表示中國代表團「願於德約簽字時，將關於山東條款聲明保留」。但杜塔斯塔答稱，「照訂約通例」，只有簽字或不簽字兩種辦法。顧維鈞立即指出保留簽字「不無成例」，並舉了 1815 年維也納公約時瑞典保留簽字的先例，表明他對保留簽字從法理上已反覆思考。杜塔斯塔只能表示需請示和會主席。當晚 6 點半，顧維鈞再見杜塔斯塔。杜氏稱，已請示大會主席即法國總理克里孟梭，保留簽字「勢不能行」。顧維鈞表示，保留簽字已是中國「委屈籌商」

[1] Memorandum of Conversation with James Scott, 5 June, 1919; Memorandum of Conversation with Mr. Lansing, 29 May, 1919, *Wellington Koo Papers*, box 1.

[2] 《收國務院外交部電》[1919 年 6 月 13 日（11 日發）、6 月 24 日（19 日發）]，北京政府外交部檔案，檔號：03-13-068-05-001；唐啟華：《巴黎和會與中國外交》，第 317–318 頁。

之不得已辦法。但杜氏堅持不能保留是「原則之辦法」，顧維鈞又轉而提出，中國可不在和約內註明保留，「而另籌一種正式之手續，於開會前數分鐘前，備函通知會長聲明保留，一面即分函各國」。這是希望通過保留形式上的讓步，即從約內保留轉向約外保留，實現保留簽字的目標，其關鍵是要通過「正式之手續」。杜氏明白顧的提議是另一種「不滿意之表示」，答應再報告大會主席。25 日傍晚 6 時，杜塔斯塔約請顧維鈞見面，轉達克里孟梭不能保留的意見，「此項約內只有簽字與否兩層辦法」。顧維鈞希望這一表示並不包括約外保留，但杜氏表示「係指各項保留」。[1] 這使顧維鈞十分失望。

顧維鈞的希望始終寄託在美國身上。與杜塔斯塔會面一結束，他就於晚上 8 點去拜訪威爾遜總統，告訴他「國內人民對於山東問題主張絕對不能簽字，異常憤激」。威爾遜不贊同保留簽字，但提出「於不得已之中，似可另籌一轉圜之法，中國可備一正式通告或宣言，即聲明中國在和約中關係山東問題，將來於相當之時間、適宜之機會，有請求繼續討論之權」。威爾遜的辦法與顧維鈞前一天向杜塔斯塔的提議相似，但刻意迴避了保留兩字。威爾遜稱自己非國際法專家，請顧維鈞明天上午與藍辛面商，還說已請法國外長與顧接洽，聽取中國的意見。[2] 從安排顧維鈞與藍辛和法國外長見面來看，威爾遜確想為中國找到「轉圜之法」。

26 日上午 10 時，顧維鈞根據威爾遜安排與美國國務卿藍辛會面，討論昨晚威爾遜所提辦法。藍辛認為，中國要求保留，「無非欲日後有權要求復議」，威爾遜的提議「於聲明書中既將此層說明，則中國將來重提之權利已有保證」，認可了聲明的保留效用，並稱若保留不成拒簽，和會最高機構「或

---

[1] Interview with Dutasta, 24 June, 1919, *Wellington Koo Papers*, box 1；《發外交部電》(1919 年 6 月 25 日)，北京政府外交部檔案，檔號：03-13-068-06-001。

[2] 《發外交部電》(1919 年 6 月 25 日)，北京政府外交部檔案，檔號：03-13-068-06-001。

不堅拒」。藍辛還向顧維鈞表示，在顧與法國外長溝通後，中國提出的聲明書，他可參與斟酌最後的文本。[①] 藍辛的表態使顧維鈞看到了保留簽字的希望。

與藍辛會面後，顧維鈞接着於 11 點半與法國外長畢勳（Stephen Pichon）會面。畢勳一開頭就表示，他是受和會最高機構的委託與顧見面的，表明了會談的正式性。顧維鈞發言首先指出「此次和會解決山東問題，我儕認為不公道」，因此「中國委員並非不願簽字，惟對於山東幾款必須保留」。畢勳稱「約內保留一層殊多未便」，此種做法「並無先例」。顧維鈞再舉維也納公約之例，畢勳仍堅持「萬難辦到」。顧維鈞退而求其次，提出「如保留字樣實不能於約內聲明，則附於約後亦可勉允」。附於約後，即作為和約的附錄，仍是和約的一部分。畢勳仍不同意。顧維鈞再退一步，提出「如果約內保留萬做不到，則約外保留非辦不可」。畢勳將這一提議做了筆錄，表示要向和會最高機構報告。[②]

27 日下午 5 點半，顧維鈞再與法國外長畢勳會面。畢勳代表和會正式答覆顧維鈞，「會長言未簽以前，不能允許有提出保留之事」，但可在簽字後「酌備一函交會」。顧維鈞爭取保留簽字的要點是從法律上保留中國重新提出山東問題的權利，因此問畢勳簽字後保留「有無效力」。畢勳答同樣有效。顧追問：「效力既同，和會何不於簽字前接受我函？」畢勳堅稱「未簽以前不准有保留」。顧維鈞是學國際法的，當然明白同樣是保留，但簽字前後法律含義大為不同。簽字前提出，保留與簽字是連在一起的，具有法律效力；而簽字

---

① 《發外交部電》（1919 年 6 月 27 日），北京政府外交部檔案，檔號：03-13-068-06-001。因該電 27 日發，電文中寫今晨見藍辛，故唐啟華書將此次會面誤為 27 日（見該書第 322 頁）。但電文中有「昨晚見威總統」句，應是該電擬於 26 日晚，發於 27 日。

② 《發外交部電》（1919 年 6 月 26 日），北京政府外交部檔案，檔號：03-13-068-06-001。

後提出，那就是馬後炮，是不相干的兩件事了。和會實際上拒絕了中國約外保留的提議。至此，顧維鈞起身答覆：「若不能保留而簽字，我全國民心必益忽激。中國為顧重和會全局，已一再讓步至於極點，會中尚不能承認，深為可惜。準此情形，恐中國委員團未能簽約。萬一中國委員不簽約，中國政府不能負責，其責任當在和會。」[1] 在外交場合，顧維鈞十分注重禮儀，即使在1月28日與牧野當面辯駁，也注意不出「惡言」，但此次與畢勳會面，最後時刻起身作答，可見他心緒難平，無法接受和會對保留簽字的拒絕。他的回答表明，已經下決心不簽約。

與畢勳會面後，顧維鈞馬上給威爾遜寫了一封信，通報交涉情況，並寫道：「接受中國保留重提山東問題權利的聲明，對和會最高委員會並不是不可克服的困難（畢勳對此並無解釋），而對中國代表團卻意義重大，因此我懇請您運用您友好的影響力，以使中國代表能夠簽約而不致犧牲他們的民族榮譽感和自尊心。中國不願拒簽和約並退出和會，除非每一個體面的妥協方案都遭拒絕。」在信中，顧維鈞附上了他起草的中國聲明保留的文稿：「在今天簽署對德和約之時，鑒於不公正的156、157、158款將德國在中國山東省的權利轉讓日本，而不是歸還給對此領土享有正當主權並在大戰中作為協約國夥伴的中國，中華民國全權代表以中國政府的名義宣佈，他們的簽約不能被理解為中國不能在合適的時候要求重新考慮山東問題。對中國的不公正最終應根據遠東永久和平的利益加以糾正。」[2] 雖對威爾遜支持中國以聲明形式保留簽字仍抱希望，但屢屢遭拒後已做好不簽的準備。

---

[1] 《發外交部電》(1919 年 6 月 27 日)，北京政府外交部檔案，檔號：03-13-068-06-001。電文中記，說最後一段時「顧使起云」。

[2] V. K. Koo to W. Wilson, 27 June, 1919, Enclosure of Koo to Wilson, *Wilson Papers*, Vol. 61, p. 289. 聲明稿中文本見王芸生編著《六十年來中國與日本》第 7 卷，第 352 頁。

　　寫完給威爾遜的信和聲明稿後，顧維鈞趕往陸徵祥養病的聖克盧德醫院，向他通報最後交涉的情況，並將聲明稿交他過目。陸徵祥雖贊同簽字，但對主張保留的聲明也「毫不遲疑地簽署了」。當晚聖克盧德醫院外面聚集了許多留學生和華僑，反對簽約，並揚言要殺死簽約的代表。有一位女留學生在大衣口袋裡用「手槍」對準了代表團的秘書長。這位女留學生叫鄭毓秀，後來成為中國駐美大使魏道明的夫人。多年以後，顧維鈞與她見面，知道當時她的口袋裡並不是手槍，而是一根樹枝。[①]

　　6月28日下午3時是對德和約的簽字時刻。清晨，顧維鈞約見和會秘書長杜塔斯塔，杜氏拒絕了中國發表聲明的要求。中午，駐法公使胡惟德送往和會的聲明稿也被拒絕。此時，顧維鈞明白，「中國無路可走，只有斷然拒簽」。[②]

　　28日下午，中國代表團致電外交部報告最終未赴和會簽約情況：「此事我國節節退讓，最初主張注入約內，不允；改附約後，又不允；改在約外，又不允；改為僅用聲明，不用保留字樣，又不允；不得已，改為臨時分函聲明不能因簽字而有妨礙將來之提請重議云云，豈知直至今午仍完全被拒。」這一節節退讓的經歷讓代表團忍無可忍。「大會專橫至此，竟不稍顧我國家纖微體面，何勝憤慨！弱國交涉，始爭終讓，幾成慣例，此次若再隱忍簽字，我國前途將更無外交之可言。」「詳審商榷，不得已決定不往簽字。」同時，在巴黎的四位全權代表共同請辭，「明令開去祥外交總長、委員長及廷、鈞、組等差缺」。代表團還向報界散發聲明，「中國代表團既多方調和而不可得覆，鑒於一切可保國家體面之遷就辦法，無不見拒，則惟有遵循其對於國家

---

① 《顧維鈞回憶錄》第1分冊，第207–208頁。

② 《顧維鈞回憶錄》第1分冊，第208頁。

及對於國民之義務」，不往簽約。^①

　　代表團電報發出後，下午 5 時，北京政府國務院「萬急」電報才姍姍來遲，通知代表團因國內群情憤激，「政府仍決定保留」，改變了之前不保留簽約的指令。此時代表團已採取拒簽的行動，這一命令失去了實際意義。顧維鈞後來在回憶錄中說，「北京政府很可能是在得知最後會議已經召開之後才發出電諭的」。^②

　　從 1 月 28 日到 6 月 28 日，列強巨頭的紛紛讚揚，變成了和會上的處處碰壁，顧維鈞沮喪到了極點，那一天留在他心中的記憶是：「我覺得一切都是那樣暗淡 —— 那天色、那樹影、那沉寂的街道。我想，這一天必將被視為一個悲慘的日子，留在中國歷史上。」^③

　　中國合理的要求被拒的這天是一個悲慘的日子，但中國代表團拒簽和約的決定維護了國家的尊嚴，打破了近代以來與列強交涉中「始爭終讓」的慣例。正如鄧野所指出的，拒簽的行動開創了一個敢於抗爭的先例，對此後的中國外交產生了明顯的積極影響。^④ 拒簽順應了國內民意，得到了輿論的稱讚。7 月 5 日，全國學生聯合會致電中國代表團：「國人得我國未簽德約消

① 《發外交部電》（1919 年 6 月 28 日、29 日），北京政府外交部檔案，檔號：03-13-068-06-001。顧維鈞在回憶錄中稱，作為排名前兩位的代表，陸徵祥與王正廷的印章已送交和會（見《顧維鈞回憶錄》第 1 分冊，第 211 頁），但 1946 年 5 月他與人交談時稱，兩人印章已蓋在和約正本上，只是他不願將此告訴國人，見《顧維鈞日記》，1946 年 5 月 13 日，*Wellington Koo Papers*, box 216。

② 《收國務院電》[1919 年 6 月 28 日（27 日發）]，北京政府外交部檔案，檔號：03-13-068-05-001；《顧維鈞回憶錄》第 1 分冊，第 210 頁。關於北京政府的拒簽決策，參見鄧野《巴黎和會與北京政府的內外博弈》，第 214–216 頁。

③ 《顧維鈞回憶錄》第 1 分冊，第 209 頁。

④ 鄧野：《巴黎和會與北京政府的內外博弈》，第 226 頁。

息，感佩諸公不辱使命，尚祈堅持到底，勿為外力脅迫。」7月8日，全國和平聯合會致電代表團以為聲援：「諸公力拒簽約，舉國佩慰，請勿辭職，願為後盾。」[①]主張抵抗日本、拒簽和約的直系將領吳佩孚獲悉拒簽消息後，在給總統徐世昌的電報中稱讚道：「亦見我國外交尚有人也！」[②]

對德和約簽約的最後關頭，顧維鈞是中國代表團最為忙碌的人，擔負起整個代表團的重任。從24日中午到28日凌晨，他一個人先後7次與和會秘書長、美國總統、美國國務卿、法國外交部長會面，還給威爾遜寫信，力爭保留簽字。在交涉中，他有專業能力，如以維也納公約瑞典一事反駁保留簽字無成例；能夠靈活應對，通過妥協尋找解決方法，即從約內到約後，到約外，再到聲明；但妥協並不放棄底線，也就是一定要有「正式之手續」。在一再被拒後，他則起身作答，正氣凜然，身體力行地「以公理爭強權」。三十剛過，顧維鈞嫻熟高超的外交技能不遜於他面對的任何一位歐美對手，包括威爾遜這樣的資深政治家。Wellington Koo 因此在國際外交界贏得了尊重和聲譽。

在美國留學期間撰寫的《中國外交私議》一文中，顧維鈞對塔列朗作為一個戰敗國的外交家，能縱橫捭闔於大國操縱的維也納會議大加讚賞。巴黎和會是維也納會議一百年後的國際會議，顧維鈞在會上與日本唇槍舌劍、與列強爭辯呼籲時，心中不能說沒有塔列朗的影子。塔列朗雖是戰敗國的外交家，最終取得了成功，而顧維鈞代表的中國還算是戰勝國，卻鎩羽而歸。不能不說，個人的外交才幹無法超越國運。

顧維鈞在巴黎和會上的外交帶有他一直主張的聯美制日的鮮明特徵。從和會籌備時期起，他就積極與美國高層聯絡，爭取其在和會上支持中國，成

---

① 《申報》1919 年 7 月 5 日第 10 版、7 月 8 日第 10 版。

② 《吳佩孚致徐世昌電》(1919 年 7 月 9 日)，中國第二歷史檔案館藏，檔號：1016-64。

為中國代表團與美溝通的主要渠道。這些活動對美國在和會前期支持中國起了重要作用。而威爾遜在和會後期所採取的立場，與顧維鈞對美國所抱的期望產生很大的落差。但另一方面，美國代表團中藍辛等人對中國代表團的同情和不同程度的支持，包括中國拒簽後提議將對華外交關係升至大使級，又使他看到美國在中國的外交中所能發揮的作用，如他自己所說，「從那一片黑暗中覓得了一絲光明」。[1] 這也是威爾遜食言後，顧維鈞並未放棄聯美制日主張的原因所在。

中國代表團拒簽對德和約後，和會事宜並未完全結束。7月上旬，代表團籌商善後辦法，確定應將目標集中在兩件事上，即接洽美國以期補簽對德和約，以及簽署對奧和約。[2]

6月28日中國拒簽當日上午，藍辛根據威爾遜指令提出八點調停方案交給日本，其要旨是要日本做出承諾，明確其歸還山東權益和撤出軍隊的期限。提出調停方案後藍辛於7月11日離法。與美國代表團接洽溝通之事仍由顧維鈞承擔，他與美國代表懷特（White）和波爾克（Frank Polk）有過多次會面交談，希望美國的調停方案被日本接受後，中國可以補簽對德和約。但日本於8月2日由外相內田發表聲明，重彈老調，實際上拒絕了美國的提議。8月14日，顧維鈞致電外交部，認為「就目下情形，在我似仍以暫不補簽為宜」。[3] 補簽交涉無果而終。

---

[1] 《收國務院來電》(1919年7月29日)，北京政府外交部檔案，檔號：03-13-067-03-001；《顧維鈞回憶錄》第1分冊，第206頁。

[2] 《發外交部電》(1919年7月3日)，北京政府外交部檔案，檔號：03-13-069-02-001。

[3] 《收法京陸總長（徵祥）電》[1919年7月31日(26日發)]，《中日關係史料——巴黎和會與山東問題》，第286-287頁；《收法京顧公使（維鈞）電》[1919年8月17日(14日發)]，《中日關係史料——巴黎和會與山東問題》，第320頁；A Memorandum of a Conversation with Frank Polk, 2 August, 1919, *Wellington Koo Papers*, box 1。

　　簽署對奧和約是中國代表團和會善後的另一重要工作。反對拒簽對德和約的各種意見中，有一條理由就是中國由此不能加入國際聯盟了。但顧維鈞與藍辛等人討論後發現，通過簽署對奧和約中國也可以成為國聯成員國。9月10日，陸徵祥與王正廷代表中國簽署對奧和約，中國成為國聯成員國。

　　8月23日，北京政府電令中國代表團，「奧約簽字後，委員團應即解散，陸總長即行回國，王專使、魏專使偕同回國」，「顧專使暫留巴黎」。[①] 陸徵祥等離開後，顧維鈞留在巴黎繼續處理和會善後問題。

　　和會後期，事務不如前期那樣繁重緊張。稍得閒暇的顧維鈞在公務之餘，在個人生活方面辦成了一件大事。他在一個社交場合看見了一位華人小姐的照片，隨即提出要與她見面。這位小姐是爪哇華僑首富「糖王」黃仲涵的女兒黃蕙蘭，她馬上被從意大利叫到了巴黎。擅長外交辭令的顧維鈞求婚的方式卻很直接：我有兩個孩子，需要一位母親，成為我的妻子能夠受邀進白金漢宮、愛麗舍宮和白宮參加國事活動。沒有多久，黃蕙蘭就成了顧維鈞夫人。[②]

四　華府會議再發聲

　　1920年6月，顧維鈞結束和會事務，於月底返回美國。回到華盛頓不久，北京政府於8月上旬任命顧維鈞為中國駐國際聯盟代表，隨後於下旬改派他為駐英公使，與施肇基互換任所。[③] 改派駐英是為了讓顧維鈞便於出席

---

① 《國務院致陸專使電》(1919年8月23日)，《秘笈錄存》，第253頁。

② 黃蕙蘭：《沒有不散的筵席 —— 顧維鈞夫人回憶錄》，第95–99頁。

③ 《申報》1920年8月11日第3版、8月28日第6版。顧維鈞回憶說是10月返回華盛頓，應為誤記，見《顧維鈞回憶錄》第1分冊，第215頁。

設在日內瓦的國際聯盟。還在巴黎和會進行、國際聯盟尚未成立之時，陸徵祥就向北京政府建議派顧維鈞為中國出席國聯的代表，認為他「才大心細，幹練勤能」，「我國適宜之員無出其右」。和會期間，顧維鈞代表中國參加「國際聯盟委員會」，為盟約的制訂貢獻了中國的意見。[①]

顧維鈞於 11 月初抵達巴黎。10 日，他與黃蕙蘭在布魯塞爾中國駐比利時公使館舉行了婚禮。婚禮十分隆重，中國駐法國和西班牙的外交官也趕來參加，新娘十分高興。但婚禮結束回到旅館後，黃蕙蘭發現顧維鈞已在工作，正同時口述指示和備忘錄，四個秘書圍着他在做記錄。當晚，他們乘夜車去日內瓦，要趕上參加國聯第一屆大會。[②]

在國聯第一屆大會期間，顧維鈞力主「分洲主義」，積極與參會小國聯絡溝通，最終使中國當選國聯行政院非常任理事國。行政院常任理事國是英、法、日這樣的大國，而非常任理事國只有 4 席，因此這一當選是中國外交的一大成功。與巴黎和會上山東問題受挫相比，更顯示出非同一般的意義。1921 年 8 月，顧維鈞還被選為行政院第 14 次會議主席，並因此擔任國聯第二屆大會臨時主席，在開幕式上致歡迎詞。[③]

1921 年 3 月，哈定（Warren Harding）出任美國第 29 任總統。此時，美國在太平洋上面臨着並不太平的局勢，日本在大戰期間的擴張已威脅到美國在遠東的利益，美日關係潛伏着嚴重的危機。為了制約日本勢力的擴張，確保美國在遠東的地位，也為了順應國內要求裁軍的和平運動，美國政府決定召開一次有關裁軍的國際會議。英國對召開這樣一次會議也有自己的期望。

---

① 《發外交部電》（1919 年 6 月 19 日），北京政府外交部檔案，檔號：03-13-068-06-001；唐啟華：《北京政府與國際聯盟（1919–1928）》，台北：東大圖書公司，1998，第 25–38 頁。

② 黃蕙蘭：《沒有不散的筵席 —— 顧維鈞夫人回憶錄》，第 104–105 頁。

③ 唐啟華：《北京政府與國際聯盟（1919–1928）》，第 24、128–129 頁。

美、英之間經過磋商，最終決定由美國倡議在華盛頓召開一次國際會議，討論裁軍和遠東問題。

顧維鈞在 6 月下旬通過外交渠道獲悉英國有意召集一次有關遠東問題的國際會議，此時美英間還未就會議之事最後商定，但他敏銳地覺察到此事對中國的意義，立即向外交部報告，並建議「在我無論究能加入與否，似以及早準備為得」。[①]

7 月 4 日，顧維鈞拜訪英國外交大臣寇松（George Curzon）。寇松是位資深政治家，在外交界以難打交道而聞名，但與顧維鈞卻很談得來，每次會面通常要超過預定的時間。在這次會談中，寇松告訴了顧維鈞英美正在籌劃有關遠東問題的國際會議，並會邀請中國參加。顧維鈞馬上表示，中國政府肯定樂意接受邀請，並會提出修改關稅和收回租界、租借地等要求。他還主動提出山東問題，詢問該問題是否會包含在會議的議題中。寇松答道，山東問題主要是中日間的問題，但列強對此有興趣，可以在會上進行討論。會談中，顧維鈞還提出，希望英國擺脫英日同盟的束縛，成為遠東公正的仲裁者。會談後，顧維鈞馬上向外交部報告，認為「此次會議於我國前途關係重大」，建議政府及早籌備並給予指示。[②]

8 月 11 日，美國總統哈定正式向英、法、日、中等八國發出參加華盛頓會議的邀請。8 月 16 日，北京政府外交部覆照接受邀請。8 月 18 日，總統徐世昌令外交總長顏惠慶專任會議籌備事宜，組建中國代表團。鑒於巴黎和會時代表團排名造成內部矛盾，顏惠慶此次處理十分謹慎。他先通過私人渠

---

① 《發外交部電》（1921 年 6 月 30 日），北京政府外交部檔案，檔號：03-39-001-01-001。

② Curzon to Alston, 8 July, 1921, *Documents on British Foreign Policy, 1919–1939*（以下簡稱 *DBFP*），First Series, Vol. 14, London, 1966, pp. 329–331；《駐英顧公使電》（1921 年 7 月 4 日、5 日），《秘笈錄存》，第 310–312 頁。

道得到顧維鈞願在排名上居於駐美公使施肇基之後的承諾，隨後 10 月 6 日總統令正式任命施肇基、顧維鈞、大理院長王寵惠、伍朝樞為中國出席華盛頓會議的代表，由施肇基任首席代表。① 任命代表南方政府的伍朝樞與巴黎和會時任命王正廷一樣，是為了對外顯示舉國一致，但伍朝樞並未赴美參會。

　　早在 7 月中旬，顧維鈞就向北京政府提交了他對中國參會的看法。他認為，此次會議「主要目的在遠東問題，而尤以我國為遠東問題之中心點。是此項會議與我國前途關係較之巴黎和會尤屬重要」。這一判斷基於他在巴黎和會的悲痛經歷。中國問題因在和會上排在次要地位，最終因列強間的利益交換而被犧牲掉了。強調華盛頓會議的重要性就是提醒政府要避免巴黎和會的結局。顧維鈞建議中國在會議上的提案應「求實際而不貪多」，具體可分為甲乙兩部。甲部為原則，計有四種：(1) 要求各國擔保尊重我國主權及領土完全，以杜外患；(2) 要求廢除條約上各種不公平之束縛限制，求自由發展；(3) 申明贊成各國在華工商業均等主義，並於全國一律遵守；(4) 宣告我國建設計劃大綱，以慰各國期望。乙部為具體問題，亦有四種：(1) 商訂實行擔保尊重我國主權及領土完全辦法，英、美對此點頗為注意，由我提案，「可望以我國看法為協商主觀」；(2) 要求解決山東問題及「二十一條」問題；(3) 重提在巴黎和會上所提之希望條件七條；(4) 國內建設辦法。第四項事關內政，本無對外宣告之必要，但我國政局與會議關係綦切，我如不提，彼必質問，或致代為建議。他希望，各項原則與具體問題，「亟應通盤從長決議」。②

　　顧維鈞雖提出向會議的提案應求實際而不貪多，但事實上，上述原則和具體要求已涵蓋了在當時情形下中國應向會議提出的所有主要問題。四項原則中的前兩項是對巴黎和會前向美國遞交的備忘錄中領土完整、維護主權和

① 《顧維鈞回憶錄》第 1 分冊，第 217–218 頁；《秘笈錄存》，第 387 頁。
② 《駐英顧公使電》(1921 年 7 月 16 日)，《秘笈錄存》，第 333–334 頁。

經濟財政獨立三原則的重申。具體問題的第三項延續了中國向巴黎和會提出的希望條件，具體問題的第二項是巴黎和會未解決的、國內最為關注的山東問題。從列出的這些問題看，顧維鈞是將華盛頓會議看作巴黎和會的繼續，1919 年 6 月 28 日那一天在他心中揮之不去，他希望這次能完成和會未完成之任務。原則第三項是贊同美國倡導的「門戶開放」政策。在這之前，中國政府還未對美國的這一政策正式表明過態度。顧的這一建議，目的在於以美國倡導的原則來制約當時侵華勢頭最盛的日本。此前他向北京政府分析過美、英等國「於我收回領土主權原則，固係完全贊成，而於維持機會均等主義」，「亦視為根本」，所以中國在謀求從日本手中收回權益時，「不得不稍寓顧念歐美各國之希望，俾喚同情，免有梗阻」。[1] 其實質還是聯美制日。

10 月 24 日離英赴會前，顧維鈞再次拜訪寇松，探詢英國對華會的態度。寇松談了三點。(1) 中日可在華盛頓於會外交涉山東問題，英美願予以幫助。美國是中國的朋友，而英國可以影響日本。(2) 中國應放棄以夷制夷政策，中國的出路在於列強的合作而不是競爭。(3) 中國應默認日本在中國東北的發展，以換取中國長城以南地區的安定。顧維鈞並不完全贊同寇松的看法，但他請求英國政府能在華盛頓支持中國代表團，尤其在山東問題上能站在中國一邊。寇松對此不願給予明確的保證，只表示英國將以友好的精神對待中國問題，但希望中國不要在會上以中美為一團體，以英日為另一團體。[2] 寇松的談話表明，英國在遠東問題上仍然傾向日本，尤其表現在要中國在東北地區對日本做出讓步。但與巴黎和會時完全站在日本一邊相比，英國的態度

---

[1] 《收駐美顧公使電》（1920 年 10 月 19 日），中研院近代史所編《中日關係史料 —— 山東問題》上冊，台北：中研院近代史研究所，1987，第 272 頁。

[2] 《收顧公使電》[1921 年 10 月 26 日（24 日發）]，北京政府外交部檔案，檔號：03-39-016-03-015；Curzon to Alston, 24 October, 1921, *DBFP*, First Series, Vol. 14, pp. 451–452。

又有微妙的變化，即不願中國將英日視為一體，並表示願在山東問題上對日施加影響。與 7 月 4 日同寇松的會面一樣，顧維鈞都特別提到山東問題，表明他對此特別關注。

10 月 26 日，顧維鈞與正在歐洲的王寵惠一起離英赴美。與此同時，由 130 人組成的中國代表團於 10 月底抵達華盛頓。

在中國代表團啟程前夕，北京政府外交部於 10 月 17 日給施肇基、顧維鈞、王寵惠三位代表發出密電，闡明對會議之期望：「此次太平洋會議關係我國前途之巨為前所未有⋯⋯在政府最切之希望，欲於此次會議之後，中國在二十年中不使國際地位發生危險，故所積極注意者，厥有三事：一、⋯⋯中日為唇齒之國，親善自屬首圖。中英關係密切，亦應互相提攜。惟英日同盟若仍得以繼續，則中英、中日之解決不易達到。自應竭力設法先將該同盟解散為第一步辦法。二、美日兩國以利害衝突之故，此猜彼忌，設使一旦失和，我國介在兩大，自必首當其衝⋯⋯欲避去危險，應如何設法防範，或由與會國訂立公斷專約，或將中國沿海沿邊一帶如山東、福建、滿蒙等處宣告永久局部中立，總以無礙我主權獨立，保全我疆土治安為標準，請酌量研究辦理。三、現在中央財政困難已達極點，羅掘乏術，借貸無門，若不增加歲入，內外公債無法整理，政府勢將瓦解。各國如果誠意援助，莫若許我關稅自由。承認原則後，萬一一時未能實行，至少須先將稅率即予增加一倍，值百抽十。」外交部強調此三點「為我國對於太平洋會議重要目的」。[①]

10 月 31 日，外交部向代表團發出訓條。訓條包括主要提案六項：(1) 英日續盟問題，應設法他國提出；(2) 取消勢力範圍，否認特殊利益；

---

① 《發英京顧、王，美京施代表電》(1921 年 10 月 17 日)，中國第二歷史檔案館藏，檔號：1309-307。

（3）取消藍辛－石井協定及其他類似之條約、協定；（4）與會國共訂公斷條約；（5）關稅自由及關稅目前應商問題；（6）定期召集會議討論遠東國際重要問題。次要提案六項：（1）膠澳善後問題；（2）「二十一條」問題；（3）修正不平等條約使中國在國際間立於平等地位；（4）成約地位問題；（5）外僑納稅問題；（6）裁釐加稅問題。外交部特別指出：「我國提案之中，最注意者厥有四端：一、取消英日續盟；二、取消特殊地位；三、訂立公斷條約；四、關稅自由。」[①]

這兩份電報集中體現了北京政府對華盛頓會議的看法與期望。與巴黎和會時相比，北京政府對華盛頓會議對中國的重要意義有較清醒的認識，這明顯是受顧維鈞之前電文的影響。北京政府外交部所擬向會議提出的要求，準備得也較為詳盡，但將中日親善作為「首圖」之事，對美日矛盾不是主動加以利用，而是主張消極防範，甚至考慮再取局外中立之法，這與顧維鈞希望以美國的「門戶開放」原則來制約日本在華擴張的外交主張截然不同。在具體策略上，外交部將取消英日續盟列為中國在會上首要之事，而將山東問題列為次要問題，也考慮欠妥。事實上，會議期間山東問題成為中國代表團的首要任務，而當時國內輿論也強烈主張解決山東問題。這表明外交部並沒有完全採納顧維鈞在這之前提出的建議。

1921 年 11 月 12 日，華盛頓會議正式開幕。出席會議的有美、英、法、日、意、中、荷、比、葡共九國。美國國務卿休斯（Charles Hughes）以東道國身份任會議主席。會議按議題分為限制軍備和太平洋遠東兩個委員會，前一個委員會只有美、英、法、日、意五國參加，後一委員會由與會九國組成。

---

① 《發美京施、顧、王代表電》(1921 年 10 月 31 日)，中國第二歷史檔案館藏，檔號：1309-307。

在中國代表團內，三位全權代表的具體分工是：施肇基負責外國駐華軍隊撤軍和撤銷及移交外國郵局問題；顧維鈞負責山東問題、關稅問題及租借地、勢力範圍、廢除或修改不平等條約等問題，並監督代表團的對外宣傳工作；王寵惠負責收回租界和廢除領事裁判權問題。[①] 從分工來看，施肇基雖是首席代表，但顧維鈞承擔着最多的工作，包括最為國內關注的山東問題。

11 月 16 日，太平洋遠東委員會舉行第一次會議，中國三位全權代表全部出席。在休斯致辭後，中國首席代表施肇基向會議提出了「用以解決中國問題」的「概況原則」，即十項原則。

十項原則的主要內容是：(1) 各國尊重並遵守中國領土完整及政治行政獨立，中國不以本國領土割讓或租借於任何國家；(2) 中國贊同「門戶開放」，即有約各國在中國工商業機會均等原則；(3) 各國不預先通知中國，不得訂立直接有關中國或太平洋及遠東和平之條約；(4) 各國在華特權暨一切成約均應公佈，未公佈者概作無效，公佈者應予審定；(5) 中國政治、司法、行政之行動自由上現受之限制，應立即或於情勢許可時廢止；(6) 中國現時之成約無限期者，須確定期限；(7) 解釋與特權有關之條約時，應依照有利於讓予人之原則；(8) 將來如有戰爭中國不加入時，應完全尊重中國中立之權利；(9) 應訂條約以便和平解決太平洋與遠東國家紛爭；(10) 應訂條約以便隨時召集會議，討論有關太平洋與遠東之國際問題。[②]

從內容上看，十項原則的主要部分與顧維鈞向北京政府提出的建議是一致的。第一項是整個十項的主旨，第二項是為達到聯美制日而推行的政策，第四、五、六項是要求廢除不平等條約的束縛，是十項中最實質性的內容。

---

① 《顧維鈞回憶錄》第 1 分冊，第 221 頁。

② 中華民國外交部編《外交文牘 —— 華盛頓會議案》，中華民國外交部印行，1923，第 59–60 頁。

這幾項正是顧維鈞建議向會議提出的原則問題。第八、九、十項則是北京政府在 10 月底給代表團的訓令中提出的。因此，十項原則是三位全權代表在綜合顧維鈞的建議和北京政府訓令的基礎上擬定的，其主要部分可明顯看到顧維鈞建議的影響。與中國在巴黎和會上提出的希望條件說帖着重闡述需加以修訂的各種特權不同，十項原則並沒有直接提出具體問題，而是着眼於基本原則。在當時列強不肯放棄已獲取的在華特權的情況下，直接提出具體問題，勢必遭拒或一時糾纏難決，而提出列強難於反對的原則卻可為具體問題的討論和解決先奠定一個法理上的基礎。這顯示了顧維鈞這批外交官的智慧及重視國際公法的特點。十項原則中最值得注意的是中國第一次正式承認美國的「門戶開放」原則，這正是顧維鈞倡導的聯美制日外交方針的體現。

十項原則是由三位全權代表擬定的，提交會議前未交中國代表團內討論，這引起一些不滿。17 日的代表團會議上，代表團顧問黃郛「陳述十原則之不同，達二小時以上」。代表團內個別成員也有批評，主要集中在「門戶開放」這一點上，認為一旦因開放發生糾葛，「必是我國吃虧」。[①]

但與會各國代表對中國提出的十項原則「有普遍良好之反應」。當日散會後，顧維鈞抓緊時機與各國代表交談，溝通對中國提案的看法。法國總理認為「中國提議甚佳」，顧趁勢請他會中「遇事相助」。英國和比利時代表表示「中國提議規模闊大」，葡萄牙代表則稱「中國所提宗旨穩健」。[②]

顧維鈞最初建議中國在會上率先提出議案的一個主要考慮是「可望以我國看法為協商主觀」。中國提出十項原則後，英國代表詢問此提案是否應在

① 沈雲龍：《黃膺白先生年譜長編》，台北：聯經出版事業公司，1976，第 120 頁；李景銘：《太平洋會議日記》，《近代史資料》總 75 號，中國社會科學出版社，1989，第 69–70、72 頁。
② 《美京施、顧、王代表電》(1921 年 11 月 16 日)，《秘笈錄存》，第 402 頁。

其他問題之前討論，美國國務卿休斯明確表示，「因中國已有提案，故擬先討論」。在此後的議程與程序委員會第二次會議上，休斯再次表明，在有關中國問題的討論取得進展前，最好不要提出其他問題的議程。[1] 這樣，太平洋遠東委員會在討論中國問題時，首先就要從中國的議題開始。中國由此取得了一定程度的主動權，達到了預期的目的。

11月19日，太平洋遠東委員會舉行第二次會議討論十項原則。各國代表對中國所提原則均表贊同，即使日本代表也不得不聲明，無條件無保留地贊成「門戶開放」和機會均等原則。兩天後，美國代表羅脫（Elihu Root）在太平洋遠東委員會第三次會議上宣讀了會議委託他起草的決議案：(1) 尊重中國之主權與獨立暨領土與行政之完整；(2) 給予中國完全無礙之機會，以發展維持一有力鞏固之政府；(3) 盡吾人力所能及，為世界保護各國在中國全境商務實業機會均等之原則；(4) 不得因中國現在狀況，乘機營謀特別權利或優先權利而減少友邦人們之權利，並不得獎許有害友邦安全之舉動。[2] 羅脫提出此草案前，與顧維鈞有過一小時的會談。[3]

從美國對華政策來看，羅脫提案重申了海約翰（John Hay）宣佈的「門戶開放」政策。羅脫在發言時就表示，因曾與海約翰共事過，他對「門戶開放」有一種「個人偏好」。與海約翰的聲明相比，羅脫提案增加了「尊重中國主權」的內容。但羅脫提案的第四條卻是美國希望與日本達成的一個交易。羅脫告訴顧維鈞，這一條一方面維護了日本在東北的地位，另一方面以不妨礙他國的既得利益為交換。由於寄希望於聯美制日，顧維鈞未對羅脫提案的不妥之

① 《美京施、顧、王代表電》(1921年11月16日)，《秘笈錄存》，第400頁；U. S. Department of State, *Conference on the Limitation of Armament*, Washington: GPO, 1922, p. 858。

② 《外交文牘 —— 華盛頓會議案》，第65頁。

③ 羅家倫：《我對於中國在華盛頓會議之觀察》，《東方雜誌》第19卷第2號，1922年，第26頁。

處提出異議，但向會議表示中國不必列為該提案的發表宣言國。[1]

　　羅脫提案在會上通過後，太平洋遠東委員會的重心從一般性原則討論轉向具體問題。關稅是討論具體問題時涉及的第一個與中國有關的問題。在中國代表團內，關稅問題由顧維鈞負責。

　　對顧維鈞來說，這不是一個陌生的課題。在巴黎和會前，他就基於經濟財政獨立的原則準備向和會提出關稅自主的要求，這一要求後來列入向和會提交的希望條件說帖。離英參會前，他就關稅自主問題專門詢問了英國原駐華公使朱爾典，並表達了中國收回關稅主權的願望。[2]

　　北京政府對關稅問題也十分關注，將此列為中國參加華盛頓會議最為關切的三件事之一。但與顧維鈞從廢除不平等條約和恢復中國主權這一角度看重關稅問題不同，北京政府主要着眼於解決國內迫在眉睫的財政危機。正因為如此，北京政府在會議討論關稅問題前夕，於 11 月 17 日致電代表團，擬依據日本的提議，在現行關稅實際值百抽三七（即 3.7%）的基礎上，增加百分之二十五，達到實際值百抽四六（即 4.6%），要求代表團據此向會議提出，以解燃眉之急。[3] 被財政困境弄得一籌莫展的北京政府只想先渡過眼前難關，連不平等條約規定的值百抽五都無信心達到。這與顧維鈞對關稅問題的主張有着很大不同。因此收到該電後，顧維鈞等覆電外交部，希望勿「因小失大」，而應「忍痛須臾，以免牽動會議」。[4]

　　11 月 23 日，顧維鈞代表中國在太平洋遠東委員會第五次會議上就關

---

[1]　*Conference on the Limitation of Armament*, p. 880；金問泗：《從巴黎和會到國聯》，第 39 頁；《外交文牘——華盛頓會議案》，第 67 頁。

[2]　《顧使與朱爾典談話》(1921 年 10 月 25 日)，《秘笈錄存》，第 421 頁。

[3]　《外交部致代表團暨駐英、法、日本各公使電》(1921 年 11 月 17 日)，《秘笈錄存》，第 420 頁。

[4]　《美京施、顧、王代表電》(1921 年 11 月 25 日)，《秘笈錄存》，第 420 頁。

稅問題發言。他沒有按北京政府的指示僅提微弱的增稅要求，而是依據自己的思路從主權角度闡述關稅問題：「世界各國均有自定關稅之權，中國現行關稅制度，實侵犯中國之主權。茲以中國代表團名義，應請恢復中國關稅自主權。」在分析現行協定關稅制度損害中國主權及其造成的危害後，顧維鈞提出：「請各國允認將關稅自主權交還中國。中國政府提出此項請求，並無干涉現行海關管理之意，因現行之海關管理，一般認為滿意，而且辦理得法。中國亦無干涉支配海關款項之意，因已經抵押為清償外債之用。蓋中國之所以請求允認其關稅自主權者，乃在訂定稅則及區別等級之權利。」最後，他提出從 1922 年 1 月 1 日起，對進口稅先值百抽十二又五（即12.5%）。[①]

顧維鈞主張的關稅自主權僅涉及訂立稅則的權利，沒有包括海關行政管理權。這顯然是因為他考慮到中國海關的現狀，期望在美英的支持下通過漸進的辦法逐步收回關稅自主權。這種漸進溫和的方法是顧維鈞外交活動的一個特點。

為討論中國的關稅問題，會議專門成立了一個分股委員會，由美國人安德伍德（Oscar Underwood）任主席。中國關稅分股委員會於 11 月 29 日開第一次會議，至 1922 年 1 月 4 日，共舉行 6 次會議。在第一次會議上，顧維鈞提出六點具體建議：(1) 現行值百抽五之進口稅應增加至切實值百抽十二又五；(2) 中國允於 1924 年元旦裁廢釐金，各國允於進口稅上增加某種附加稅；(3) 五年內立約重訂關稅制度，進口稅最高稅率為值百抽二十五；(4) 陸路進出口關稅減免應即廢止；(5) 中國與各國關於關稅稅則的條約，自此次協定簽字後十年即廢止；(6) 中國自願聲明，對現行海關行政制度不做根本

---

① 《外交文牘——華盛頓會議》，第 72 頁。

之變更。[①] 顧維鈞的這些建議，既有立即付諸實施的內容，又有在一定時期內須達到的目標，是一個具有可操作性的漸進方案。

各國代表對顧維鈞的這一計劃反應不一。美國代表安德伍德表示在原則上贊成，但他仍堅持中國增稅應基於政府對款項的需求程度，因此第一步辦法「似可將中國加稅之需要先行調查，其他問題稍緩再考量」。顧維鈞反對這一做法，因為這樣的調查本身就涉及中國的主權，「難免不受中國人民之指摘」，而列強也「無干預中國內政之理」。英國代表提出，將目前實際實行的進口稅徵收先改為切實值百抽五，以後再逐漸增長，7 年後在廢除釐金的前提下，可增至中國希望的值百抽十二又五。日本代表認為，日本對華貿易佔日本對外貿易三分之一，中國增稅對日本影響太大，「最受痛苦者亦惟日本」，因此只贊成在現行稅率上增加百分之三十。顧維鈞對此立即予以反駁，指出照此中國只能值百抽四七（即 4.7%），連值百抽五都達不到。[②]

日本的反對成為解決關稅問題的主要障礙，由此顧維鈞又靈活地表示中國可參照英國的提議，並與美英代表積極溝通，尋找解決關稅問題的途徑。

此時，北京政府正經歷着嚴重的財政危機，因此特別希望關稅問題盡快解決，「以救眉急」。12 月 28 日，國務院、外交部、財政部聯合致電代表團，訴說國內困境：「舊曆年關在即，庫空如洗……為目前救急計，暫時勉允立即加徵關稅百分之三十，或根據小幡公使面稱之百分加五十，於明年二月實行開徵，以紓急困。」同時要代表團宣佈實行值百抽七五（即 7.5%）後將保證償還外債。北京政府的這一立場，不同於顧維鈞在交涉中主張先切實值百抽五並且不對增稅用途做出保證的做法。對此，顧維鈞等回電時指出，「在我

---

① 《外交文牘 —— 華盛頓會議》，第 264 頁。
② 《外交文牘 —— 華盛頓會議》，第 265–270 頁。

庫空如洗，增稅一釐，固可減一釐之痛苦」，但若對增稅附加條件做出承諾，「不獨有礙主權，國體攸關，且亦飲鴆止渴，隱患彌深」，表示將一方面要求增稅，一方面堅持不對增稅款項加以限制，以「不失兼顧之意」。[1] 此後，北京政府頻頻電催代表團，請優先解決加徵百分之三十至五十。

顧維鈞對北京的指令並未完全聽從，仍按自己的主張與列強進行交涉，以盡可能爭取中國權益。經他與各國代表多次溝通，分股委員會採納了他提出的一些意見，如將討論中國關稅問題的特別委員會改為臨時性質的特別會議，以防止委員會成為永久機構，侵犯中國主權。1922 年 1 月 5 日，分股委員會將最後議決的中國關稅問題解決方案提交太平洋遠東委員會第 17 次會議，獲得通過。其主要內容是：以切實值百抽五為標準盡快修訂稅則；由簽字國組織一特別會議，從速籌劃廢除釐金及徵收附加稅。由於對中國關稅問題的處置僅涉及修訂稅則，顧維鈞又在會上就中國關稅自主權發表正式聲明，表示中國雖承認這一決議，「然並無放棄恢復關稅自主之意，並欲於將來有適當機會時將此問題重行討論」。[2]

華盛頓會議關於中國關稅問題的決議，並沒有完全解決中國的關稅自主權，甚至也沒能完全滿足顧維鈞代表中國提出的相當溫和的要求。這是由當時的國際環境和中外關係的格局決定的。但作為一個弱國政府的代表，顧維鈞為恢復中國的關稅自主權盡了最大的努力，取得了部分成功，為此後關稅會議的舉行和關稅問題的逐步解決奠定了基礎，成為中國恢復關稅主權的漫長歷程中的重要一環。

---

[1] 《國務院、外交部、財政部致代表團電》(1921 年 12 月 28 日)、《美京施、顧、王代表電》(1921 年 12 月 29 日)，《秘笈錄存》，第 452–453 頁。
[2] 《外交文牘——華盛頓會議案》，第 132–133 頁。

五　山東問題的結局

　　山東問題是顧維鈞在中國代表團內負責的又一重要任務，也是巴黎和會懸而未決後留給參加華盛頓會議的中國代表團最為棘手的問題。

　　巴黎和會上拒簽對德和約後，顧維鈞對山東問題念茲在茲。1920 年 1月對德和約各簽字國交換批准文本後，日本政府向北京政府提出派代表商議解決山東問題。北京政府對此提議感到「允拒兩難」，允則有承認對德和約及日本因此而獲取的山東權益之虞，尤其將招致國內輿論的反對；拒則山東問題主動權為日本所得。此時還在巴黎的顧維鈞向政府表達了自己的看法，認為「山東問題，今昔情形不同，日政府既將交還辦法請我商議，似難拒絕」，主張與日交涉。但注重國際法的顧維鈞又指出，中日交涉的法律依據不能是雙方於 1915 年和 1918 年簽訂的條約，而應以巴黎和會三人會記錄「為日本已允之條件，再圖較為滿意之解決」。[①] 此時國內輿論將與日直接交涉視為對日退讓，一片反對聲浪，北京政府沒有採納顧維鈞的建議。

　　美國發起華盛頓會議後，日本擔心山東問題列入會議對己不利，再提與中國直接交涉。9 月 10 日，北京政府外交部致電顧維鈞，請他探詢英國政府看法，並陳述自己的意見。顧維鈞於 9 月 21 日覆電，指出日本為避免山東問題在華盛頓會議上提出，已做出一些讓步，因此國際社會「望我能與開議，我如拒議，則在彼為有辭，在我為孤立」。他建議，為不喪失外交上的主動權，對日本提議應「擇其可允者」，如歸還膠州灣，「即行承認原則，使其不能收回」，對其餘各項則應做出聲明加以限制，「以免有默認山東條約之嫌」。他提出中日交涉的地點以華盛頓為宜，「俾至不能就緒之時，仍可設法交會

---

① 《收法京顧專使電》(1920 年 1 月 28 日)，《中日關係史料 —— 山東問題》上冊，第 10 頁。

辦理」。① 先將對方已經讓步的予以接受，使其不能收回，而對其餘中國權益則聲明並未放棄，這是顧維鈞常用的外交手法。他贊成有條件地與日本直接交涉，同時又主張這一交涉放在華盛頓進行，以與華盛頓會議產生關聯，一旦陷入僵局可求助會議的幫助。但國內輿論仍普遍反對中日直接交涉，北京政府在輿論壓力下將顧維鈞的建議擱置一邊。

10 月下旬，顧維鈞在倫敦與寇松和美國駐英大使會晤，了解到英國和美國對中日關於山東問題交涉的態度是一致的，即希望在華盛頓會議之外由雙方談判解決。這與顧維鈞建議的中日在華盛頓交涉有共通之處。但北京政府直到 11 月上旬仍寄希望於將山東問題列入華盛頓會議討論。

11 月 10 日華盛頓會議正式開幕前兩天，顧維鈞與施肇基、王寵惠聯名致電外交部，就山東問題「請速密示，以資應付」。11 月 14 日，顧維鈞等再次致電北京，認為將山東問題向會議提出，「難望他國相助，政府如擬會外解決，宜從速決定進行，俾在會議期內了此懸案，否則對他項要求既受牽制，或遭完全失敗，即魯案問題於會議告竣以後更不易要挾日秉公解決」。北京政府外交部於 11 月 15 日電示：「總以各方面情勢為解決此案之標準，諸公審度時會相機進行，隨時電告為盼。」② 顧維鈞等贊同會外交涉的傾向在電文中已表露得相當明顯，只是由於事關外交決策，顧維鈞等希望北京能給予明確指示。但外交部的覆電言辭閃爍，所謂「相機進行」，即如巴黎和會拒簽和約時那樣，將最後決定權推給了代表團。

由於北京政府外交部沒有明確指示，代表團內部又有不同意見，顧維鈞

---

① 《發駐英顧公使電》(1921 年 9 月 10 日)、《收駐英顧公使等電》(1921 年 9 月 24 日)，中國第二歷史檔案館藏，檔號：1039-307。

② 《收駐美京施、顧、王代表電》(1921 年 11 月 11 日、16 日)、《發太平洋會議代表電》(1921 年 11 月 15 日)，《中日關係史料——山東問題》上冊，第 342、345、343 頁。

等雖贊同，卻不敢貿然答應美英的中日會外交涉提議，而是希望美英站在中國一邊進一步調停。11 月 17 日，顧維鈞會晤英國代表貝爾福，再次強調中國輿論始終反對直接交涉。貝爾福遂提出，可考慮將中日商定的解決辦法交會議通過，作為會議解決事項之一。這一提議實際上將中日交涉與華盛頓會議聯繫在了一起。北京政府外交部獲悉這一消息後，電示代表團：「所稱由該二國（即美英）發起介紹討論及商定後仍由大會通過兩層，如能辦到，即希商酌進行，但不能由彼預定範圍。」[①] 北京政府終於同意了中日在會外交涉山東問題。

接到北京政府上述電報後，顧維鈞與施肇基於 11 月 29 日午後訪晤美國國務卿休斯和英國代表貝爾福。在顧、施兩人的堅持下，美、英兩國最終同意，休斯和貝爾福於中日交涉第一次會議時到場介紹，以後每次中日交涉美英均派代表列席，中日交涉的議決案須提交華盛頓會議，倘議而不決，山東問題仍提交大會。次日，休斯在太平洋遠東委員會第十次會議上宣佈，請中日兩國自行談判山東問題，美英各派代表列席，並稱無論談判結果如何，均須報告大會。[②] 這樣，中日有關山東問題的交涉最終既未採取日本提議的與華盛頓會議無關的直接交涉，也未如北京政府最初所願正式提交會議，而是採取了在華盛頓會議外中日交涉的方式。這正是顧維鈞在 9 月下旬建議的方式。由於休斯在太平洋遠東委員會宣佈了中日交涉一事，交涉時又有美英代表到場，並且中日之間的議決案要提交會議，這一交涉已經在很大程度上與華盛頓會議聯繫在一起。因此，會外交涉更接近中國的願望，對中國較為有利。

---

① 《收駐美京施、顧、王代表電》(1921 年 11 月 20 日)，《中日關係史料 —— 山東問題》上冊，第 345 頁；《外交部致代表團電》(1921 年 11 月 26 日)，《秘笈錄存》，第 410 頁。

② 《外交文牘 —— 華盛頓會議》，第 100 頁；《收駐美京施、顧、王代表電》(1921 年 12 月 3 日)，《中日關係史料 —— 山東問題》上冊，第 348–349 頁。

華盛頓會議期間，中國各界對會議十分關注，期盼中國外交不再重蹈巴黎和會覆轍。11 月 29 日中午，由全國商教聯合會派到華盛頓就近觀察會議的國民代表、上海青年會總幹事余日章到代表團駐地，表示反對中日直接交涉，並詢問代表團對此持何立場。施肇基沒有正面回答，儘管此時外交部同意會外交涉的指示已經到達。在華盛頓的國民代表和中國留學生獲悉中日將在會外交涉山東問題後十分不滿，認為會外交涉就是直接交涉，就是對日讓步。12 月 1 日，中國留學生到代表團駐地，高舉「反對直接交涉」的標語抗議。顧維鈞出面向學生解釋，說反對直接交涉並不意味必須將山東問題提交大會，二者間還有美英調停的第三種途徑，但這一解釋並沒能使激動的學生平靜下來。[1] 當天，顧維鈞與施肇基、王寵惠聯名通電國務總理，各部總長，各省督軍、省長及各民間團體，說明會外交涉的原委，保證「於國家主權領土兩無損傷」，爭取國內輿論的理解和支持。[2] 國民代表和留學生對會外交涉的反對立場，對代表團接下來的交涉是一個很大的制約因素，增加了談判交涉中靈活處置的難度。

12 月 1 日，中日關於山東問題的會外交涉正式開始。至 1922 年 1 月 31 日交涉結束，中日間共舉行了 36 次會談，中國參加的是施肇基、顧維鈞和王寵惠三位全權代表，日本參加的是幣原喜重郎、出淵勝次和埴原正直。美英方面在休斯和貝爾福第一次出席致辭後，分別由美國國務院遠東司司長馬慕瑞與英國原駐華公使朱爾典列席。在中國代表團的分工中，山東問題由顧維鈞負責，因此會談中顧維鈞是中方主要發言人。

因為日本已經宣佈歸還膠州灣，山東問題的焦點就是膠濟鐵路的歸屬。

---

[1] 何思源：《華盛頓會議中山東問題之經過》，《東方雜誌》第 19 卷第 2 號，1922 年。

[2] 《收駐美京施、顧、王代表電》(1921 年 12 月 3 日)，《中日關係史料——山東問題》上冊，第 348–349 頁。

這是中日交涉中分歧最大、爭辯最激烈，費時也最多的議題。雙方的分歧集中在中國以何種方式收回該路。日本堅持中國向日本借款贖路，以求繼續控制該路；中國則提出或以現款贖路，或以國庫券 12 年內分期付款，但 3 年後可一次付清，以盡快地完全收回路權。在這一複雜的交涉過程中，顧維鈞靈活應變，起了關鍵的作用。1922 年 1 月初，日本利用其駐華公使小幡與北京政府總理梁士詒會晤一事大肆宣傳，稱中日在北京會商借日款贖路已有端倪，由此引起中國國內政局動盪，會外交涉突生變局。在這之前，由於顧維鈞等的努力，日本談判代表對中國以國庫券贖路已有允意，但在這之後，日本代表態度又趨強硬，堅持借款贖路。在會外交涉陷入困境的情況下，顧維鈞等請美英出面幫助，最終美英答應做非正式調停。①

1 月 9 日，美、英代表分別非正式向中日提出四種調停方案。這四種方案的主要內容是：甲、日本政府自協定成立後 3 個月內將膠濟鐵路轉移於日本資本團，日本資本團再根據商定的日程將鐵路轉移給中國銀行團，中國銀行團以債券形式償付路價，期限 12 年，3 年後得一次還清，還清前聘日人為總工程師；乙、向日本財團借款贖路，期限 12 年，3 年後得一次還清，還清前聘日人為總工程師；丙、中國以現款贖路，聘日人為車務長、會計長；丁、中國以國庫券贖路，期限 12 年，3 年後得一次還清，還清前聘日人為車務長、會計長。②

美、英的四種調停方案綜合了中日雙方在此前談判中的主要訴求。顧維鈞等在向北京政府報告調停方案時指出：「我國爭點，一為不用借款形式，二為保守用人權。現在英、美將此兩點分晰調劑，以便最後折衷解決，並望雙

---

① 《美京施、顧、王代表電》（1922 年 1 月 7 日），《秘笈錄存》，第 485–486 頁。

② 《收施、顧、王代表電》［1922 年 1 月 11 日（9 日發）］，北京政府外交部檔案，檔號：03-05-012-03-026。

方能多擇數種，庶易彼此接近。此在調人用心良苦，惟在我仍亟待詳審。」[①]
他們對這四種方案的意見是：「甲種用意頗巧，惟執行時叢生困難。乙種用人
條件較輕，第察國內外輿論，對於借款形式恐多波折。丙種不近情，已詳九
日漢文電。至於丁種可無借款問題，惟管理權不免暫操諸彼。現探聞東鄰代
表頗注意該種。我為求早日解決魯案起見，丁種或須一併採擇，但應聲明所
用兩項，日員僅為助理，其主任仍用華人。」[②]由於知道政府無法籌集到一大
筆現款贖路，顧維鈞等主張在丁種方案的基礎上做些調整，對日方用人權做
出限制。

　　日本在美英介入調停後，不得不做出一些退讓，也傾向於丁種方案。
1月18日，日本代表向貝爾福提出在丁種方案基礎上修改的新方案：同意中
國以國庫券贖路，期限15年，5年後可先行付清；該路雇中日會計長各一
人，職權相同，並雇日人為車務長。[③]

　　此時華盛頓會議已進入尾聲，美英急切希望中日會外交涉能取得成果，
因此對日本的新方案很滿意，認為日本放棄借款，同意中國以國庫券贖路已
做出了重大讓步。1月19日和22日，休斯和貝爾福兩次約顧維鈞、施肇基
等前往休斯寓所，勸說中國接受日本的新方案。休斯認為，日本的提案並非
完善或公平，但「華會將閉幕，現在確切解決之時機已到中國國民與代表之
前，失此不圖，則機會決不再來，即欲再行集會，勢亦有所不能」。他告訴中
國代表，「不必留此問題仍不解決，而放棄一切已得之利益也」。顧維鈞等理

---

① 《收施、顧、王代表電》[1922年1月11日（9日發）]，北京政府外交部檔案，檔號：03-05-
　　012-03-027。

② 《收施、顧、王代表電》[1922年1月18日（16日發）]，北京政府外交部檔案，檔號：03-05-
　　012-03-035。

③ The Secretary of State to the Minister in China, 22 Janurary, *FRUS*, 1922, Vol. 1, p. 942.

解美英的調停，但對日本的提案仍盡力設法修正，提出在用人上，應改為日人在華人下任副車務長、副會計長，這樣的安排在日本 12 月 20 日的方案中出現過。休斯和貝爾福建議折中修改為日人享有同等權力。這兩次會晤後，顧維鈞等均向北京政府外交部彙報，並提出自己的看法：「竊以為所提解決辦法，未予中國以完全公道，但可得亦不過如此。大會事項繫於本問題之解決者甚多，似應各方兼顧，並於中國對外關係之前途，詳為考慮也。」[①] 通過與休斯和貝爾福的會談，顧維鈞等對美英態度有了更貼切的了解，而休斯建議的不放棄已得之利益也正是顧維鈞處理外交難題的基本思路，因此上述電報是在向北京政府建議接受日本的新提案。

1 月 25 日，美國總統哈定親自接見施肇基，進一步施加影響，希望中國接受日本方案，並表示若中日談判破裂，美國雖同情中國，「恐中國於五年內未必即能逐出日本也」。同時，休斯指令駐華公使舒爾曼（Jacob Schurman）向北京政府表明美國的態度，如果中國選擇中斷談判，將招致可預料的災難，屆時就無法指望美國政府和人民的支持了。[②]

北京政府外交部對美英提出的四種調停方案，最初的看法與顧維鈞等並不完全相同。由於受到國內輿論的壓力，外交部最認同丙種方案，因為「合人民心理」，只是該方案需要的現款無法籌措。[③] 在收到顧維鈞等的電報以及美國和英國駐華公使通報美英政府意見後，外交部明白美英的調停是「最後辦法」，「雖不能完全滿國人之望，特事勢如斯」，於是在 1 月 26 日電示代表

---

① 《收駐美京施、顧、王代表電》（1922 年 1 月 21 日、24 日），《中日關係史料 —— 山東問題》上冊，第 414、416 頁。

② 《施、顧、王代表電》（1922 年 1 月 25 日），北京政府外交部檔案，檔號：03-05-012-03-042；The Secretary of State to the Minister in China, 22, 25 Janurary, *FRUS*, 1922, Vol. 1, pp. 942–945。

③ 《外交部致代表團電》（1922 年 1 月 22 日），《秘笈錄存》，第 496 頁。

團，稱「本部深知代表苦心爭持，備歷艱辛」，現「時機迫促，如實無商量餘地，只可就此決議，仍照原議報告大會公認為要」。雖然外交部在電文中還提出希望能為現款贖路留一餘地，但對此能否實現並無信心，也不要求代表必須堅持，實際上接受了顧維鈞等的建議。因此，同一天，外交部給代表團發出簽訂有關山東問題協定的全權證書。[①]

1922 年 2 月 4 日，在休斯和貝爾福到場的情況下，施肇基、顧維鈞、王寵惠代表中國簽署了中日《解決山東懸案條約》。條約對膠濟鐵路的處置採用了日本最後提出的方案，同時對膠州德國舊租借地歸還中國、日本軍隊從山東撤退等事項做了規定。[②] 巴黎和會留下來的山東問題終於有了一個結局。兩天後，《九國公約》簽署，華盛頓會議結束。

對中國而言，華盛頓會議是一次具有特殊意義的國際會議。近代以來，在中國與列強的交涉中，這是第一次沒有喪失反而爭回了一些權益的外交活動，與巴黎和會上山東問題的失敗形成鮮明對比。這一成功離不開中國人民民族意識的覺醒和由此激發的以「五四」為標誌的愛國運動這一歷史背景，而顧維鈞、施肇基這批外交官也為此貢獻了自己的智慧和努力。

顧維鈞在華盛頓會議期間的外交活動，與北京政府外交部的主張存在着一些分歧。北京政府外交部的某些主張，如反對與日直接交涉和主張現款贖路，從表面上看要比顧維鈞的主張強硬些，但實際上主要是為了應付國內的輿論，而並非解決問題。例如，現款贖路需 2500 萬美元，而當時已募集的款項尚不足 50 萬美元，現款贖路根本辦不到。[③] 相比之下，顧維鈞更注重問題的實際解決。然而，當時一些激進的輿論對顧維鈞的做法頗多非議，或指責

---

① 《外交部致代表團電》（1922 年 1 月 26 日），《秘笈錄存》，第 497–499 頁。

② 王鐵崖編《中外舊約章彙編》第 3 冊，三聯書店，1962，第 208–212 頁。

③ 《顧維鈞回憶錄》第 1 分冊，第 228–229 頁。

其「迫於英美脅威」，或批評其「讓步過多」。[①] 這些看法對以後的歷史學家也有相當大的影響。這裡實際上涉及如何看待外交活動中的妥協問題。民眾要求徹底廢除列強強加於中國的不平等條約，立即收回中國應有的權益，當然有其正當性。但是對於一個在國際舞台上折衝樽俎的外交官來說，顧維鈞必須審慎地考慮所面臨的現實，採取適當的策略，以盡最大可能爭取最有利於中國的結局，尋求問題的解決。就當時的情況而言，中國並不具備不妥協便立即爭回所有喪失的國家主權的條件。因此，在聲明保留以後完全收回主權的前提下，在一些問題上做出局部妥協，以先爭回某些權利，實在是中國當時切實可行的選擇。正如顧維鈞自己所說，「寧為玉碎，不為瓦全」，可作個人立身之箴言，但不適用於一國之外交。[②]

　　華盛頓會議期間，顧維鈞的外交活動貫穿着聯美制日的方針。從會前向北京政府建議贊成「門戶開放」原則，到會上將這一主張列入中國的十項原則，都是他聯美外交方針的集中體現。近代以來，這是中國政府第一次主動地公開贊同由外國提出的一項對華原則。從華盛頓會議的結局看，顧維鈞的聯美外交取得了成效，舉國關注的山東問題的最後解決就與美國的調停和對中國的支持大有關係。會議最後階段美國對中國施加影響，希望中國接受日本方案，以求會議圓滿結束，但這與巴黎和會上威爾遜逼迫中國在主權問題上做出重大讓步不同。在華盛頓會議上，美國在中日之間總體上是傾向於中國的，其調停也是有利於中國的。美國對中國的這些支持使顧維鈞切身體會到聯美對中國外交的意義。華盛頓會議臨近結束時，顧維鈞與施肇基等致電北京，請以總統徐世昌名義致電哈定總統，「直接道謝其友誼的斡旋，俾山

---

① 童志仁：《再記華盛頓會議中山東問題之經過》，《東方雜誌》第 19 卷第 9 號，1922 年；《中日關係史料——山東問題》上冊，第 369 頁。

② 《顧維鈞回憶錄》第 5 分冊，第 580 頁。

東問題和平解決而除去擾亂遠東平和之根源」，並請外交總長顏惠慶面見美、英駐華公使，表達對休斯和貝爾福「調停之謝意」。[①] 對顧維鈞以後的外交活動來說，華盛頓會議上聯美的經驗影響十分深遠。

---

① 《收施、顧、王代表電》[1922 年 2 月 4 日（2 日發）]，北京政府外交部檔案，檔號：03-05-012-03-045。

第四章

北洋外交的主角

一　出掌外交

華盛頓會議結束後，顧維鈞於 3 月上旬返回倫敦任所。3 月底，他奉政府之命離英回國，彙報會議情況並商討如何執行華會決議案。華盛頓會議上中國取得的些許進展，如舉行關稅特別會議、山東問題的善後，都要具體落實。這是中國外交需要面對，也是國人盼望予以解決的問題。

1922 年 5 月 10 日上午，顧維鈞搭乘的輪船抵達上海公和祥碼頭。這是 7 年前他從上海出發任駐外使節後第一次回國。與華盛頓會議期間國民代表和激進輿論的批評指責不同，上海公眾對華會代表顧維鈞的到達表現出極大的熱情。《申報》在本埠新聞版頭條以醒目的標題「顧維鈞博士昨晨抵滬」予以報道，並配發了他與夫人黃蕙蘭下船和王正廷到碼頭迎接兩張照片。[①] 顧維鈞在上海逗留半個月，各種團體紛紛邀請他去做演講。僅 5 月 20 日一個下午，他就去了聯太平洋會、職業教育社和華僑聯合會三處做演講。在嘉定同鄉舉辦的歡迎會上，主持者致辭時說，嘉定向來有名的人物大多是文學家，而顧維鈞以外交家折衝壇坫，為世界矚目，同鄉無不景仰，與有榮焉。顧維鈞母校聖約翰的校長卜舫濟（Francis Pott）主持了他在美國大學俱樂部的午餐演講。[②]

在演講和接受媒體採訪時，顧維鈞強調了華盛頓會議對中國的重要意

---

① 《申報》1922 年 5 月 11 日，第 13 版。

② 《申報》1922 年 5 月 13 日第 13 版、17 日第 14 版、21 日第 13 版。

義。他指出，華會開闢了「外交上之新途徑」，列強「紙面上聲明表示尊重中國主權獨立」，並歸還中國少許已喪失之權益。因此，中國外交今後的重點在兩個方面。「第一層將未失者加以保障，使以後不再失；第二層將已失者愈多收回愈佳」，也就是「切實保守中國現有主權」「逐漸收回已失權利」。至於具體的外交應對，顧維鈞提出要「務求實際」，不能希冀於速戰速決，一蹴而就，而應「循序漸進，前仆後繼，多一分努力，則於成功路上自增一分痕跡」。[1] 中國在華盛頓會議上取得的進展使顧維鈞敏銳地認識到，中國外交的重點已經發生了變化，開始了保障已有主權、收回已失權益的新階段。而要達到這一目標，需要「務求實際」，「循序漸進」。顧維鈞的這些見解正是此後北京政府修約外交的基本方針和具體策略。

顧維鈞根據自己在國際外交舞台上的經歷看清了中國外交的任務，但離國多年的他沒有考慮到動盪變化的國內政局會對外交產生多大的影響。5月28日中午，顧維鈞抵達北京，外交總長顏惠慶、華會代表王寵惠等以及一些大學生來車站歡迎，「極一時之盛」。但當顧維鈞去向顏惠慶報告華會及執行會議決議事宜時，卻發現這位外交總長對外交事務閉口不談，反而表示，他本人擔任了一段時間的外交總長後想休息一下，希望顧維鈞來接替他的職位。顧維鈞對此毫無準備，聽到後大吃一驚。[2] 接下來發生的事讓他更為震驚。6月2日中午，總統徐世昌在總統府設宴招待顧維鈞，一同參加的有署理總理周自齊等內閣成員和蔡元培等社會名流。席間，徐世昌談興甚高，問顧維鈞關於華盛頓會議和英國的情況，絲毫沒有任何跡象會發生甚麼大事。午宴即將結束喝咖啡時，徐世昌突然告訴大家，今天是為顧公使洗塵，也是

---

[1] 《顧維鈞博士昨晨抵滬》，《申報》1922年5月11日，第13版；《顧維鈞演講國民外交》，《申報》1922年5月18日，第13版。

[2] 《顧維鈞回憶錄》第1分冊，第238頁。

與諸君告別，因為馬上就要從總統位上引退休息了。午宴一結束，徐世昌就坐車離開總統府直奔火車站，隨即離開了北京。[1] 徐世昌是在直系的逼宮下不得不告別北京政壇的。

顧維鈞到達北京時，國內政局正處於急劇動盪之中。作為文人總統的徐世昌，在軍閥稱雄的年代，憑藉八面玲瓏的權術，在各派系之間保持平衡，在總統的位置上已坐了 4 年。1922 年 4 月，直奉兩大軍閥之間爆發戰爭，結果奉系戰敗，退至關外。直系獲勝後，北京政府完全在其控制之下，不願再讓他人佔據總統位置，於是演出了逼宮鬧劇。逼走徐世昌後，直系打出恢復「法統」的旗號，推出張勳復辟時被推翻的黎元洪復任總統，以便為直系首領曹錕最終上台鋪平道路。

黎元洪就任後，任命顏惠慶署理總理，出面組閣。顏惠慶為了組織一個被廣泛認同的內閣，託王寵惠轉告顧維鈞，想請他擔任外交總長。稍後，又傳來消息，顏惠慶請他擔任教育總長，因為外交總長要留給施肇基。這些瞬息即變的消息讓顧維鈞十分納悶，他疑惑自己「既沒有經歷過北京的政治生涯，又是剛剛回國，為甚麼會被選中」，「對國內的政治現狀覺得有些茫然無緒」。[2]

其實，還在顧維鈞回國前，就有媒體預測他要參與內閣改組並出任外交總長了。這一預測的依據是，在直奉戰爭中獲勝的直系在外交上要倚重顧維鈞或顏惠慶這樣的職業外交官。[3] 而公眾與輿論對華盛頓會議上中國代表團的表現多有好評，無論誰組閣，選擇華會代表入閣有助於內閣名單被國會順

---

① 《徐世昌退位後之政局》，《申報》1922 年 6 月 6 日，第 6 版；《顧維鈞回憶錄》第 1 分冊，第 239 頁。

② 《顧維鈞回憶錄》第 1 分冊，第 239–242 頁。

③ 《戰後之內閣問題》，《申報》1922 年 5 月 12 日，第 6 版。

利通過。然而，組閣者的選擇還需照顧到各派政治勢力，內閣的職位畢竟有限，僧多粥少。顏惠慶雖有意延攬顧維鈞，但又有自己的考慮，還要在各派間取得平衡，最後只得捨棄顧維鈞，給他安排了一個不是內閣成員的財政討論委員會委員長的職務。顧維鈞對沒有入閣並不介意，畢竟他的興趣在外交方面。

顏惠慶內閣維持了不到兩個月就倒台了。8 月 5 日，王寵惠出面組閣，請一同參加華盛頓會議的顧維鈞擔任外交總長，這時他 34 歲。此時，距民國成立才 10 年，但因政局動盪多變，顧維鈞已是北京政府第 12 位外交總長了。[①] 從這時起至 1927 年 6 月張作霖軍政府上台的近 5 年時間裡，內閣如走馬燈般調換，除了在 1924 年底至 1926 年上半年間的一年多時間以及其他幾次短暫的間斷外，顧維鈞在 7 屆內閣中出任外交總長，很大程度上主導了北京政府最後幾年的外交事務。

從駐外使節到外交總長，雖都是處理外交事務，角色變化卻很大。駐外使節處理的只是中國與駐在國一國的外交事務，相對單一。顧維鈞還擔任過巴黎和會和華盛頓會議代表那樣的專使，處理的事務比較專門和集中。但外交總長要面對全局，處理的事務就繁重複雜多了。好在顧維鈞出使前擔任外交部秘書和參事時，參與過中英西藏交涉和中日「二十一條」交涉，對外交全局不算太陌生。而他在駐外使節期間積累的經驗和參加國際會議獲得的聲望對他出任外長也有助益。

1922 年 8 月 9 日，出任外交總長的第 4 天，顧維鈞在外交部會見了美、

---

① 北京政府的外交總長不僅更替頻繁，且任職情況混雜，有的是正式擔任，有的是署理，有的是代理，有的是任命而未就，還有下台又上台任職多次的。這裡將各種情況合在一起，有上述情況之一就算一位，而不論其任職次數。參見郭卿友主編《中華民國時期軍政職官志》上冊，第 55、63、76 頁。

英等國駐華公使。這是新外長與外國使節的禮節性見面。在與美國公使舒爾曼會晤中，顧維鈞強調，「鄙人前後寄居海外十有四年，其間居留貴國者有十二年之久。鄙人此次職掌外部，凡事盼與貴使互相贊助，俾中、美歷來之友誼，日益鞏固」，並希望在美國支持下「實行華會所訂條約」，「彼此同心共進，兩國邦交之親善，可操左券」。雖也曾駐節英國，但在同一天的會見中他對英使館卻無如此熱情的表達。[1]

改變中國與列強關係的不平等狀態是顧維鈞投身外交界時抱定的目標。出任外交總長後，他就朝着這一目標一步一步地邁進。民國初年顧維鈞剛進外交界時，外交部要與外國使節商討問題，都是「反主為客」，派人前往外國駐華使館，而不是按通行禮儀請外國使節來外交部。作為外交部的秘書，顧維鈞經常去的就是美國、英國這些說英語國家的使館。對這種不合外交慣例的做法，他深感驚異。[2]任外交總長後，他着手改變已習以為常的這一做法，有要事召見外國使節來外交部商談。有一段時間，他在杜錫珪內閣中任財政總長，也將這一做法帶到了財政部。在他到任前，財政總長就職後都要去拜訪擔任海關總稅務司的英國人安格聯（Francis Aglen），儘管後者是財政部屬下的官員。顧維鈞一上任，部屬告訴了他這一慣例，但他堅持要讓安格聯到部裡來見總長，改變了以往喪失尊嚴的做法。[3]

但晚清以來中外之間的不平等關係，使列強在對華交往中習慣了高人一等的傲慢態度和蠻橫做法。顧維鈞要堅持有尊嚴的平等交往並非易事。1923年7月，顧維鈞出任高凌霨內閣的外交總長。此時，一年前被直系推出的總

---

① 《總長會晤美舒使問答》（1922年8月9日）、《總長會晤英館克參議問答》（1922年8月9日），北京政府外交部檔案，檔號：03-11-002-02-017、03-11-006-02-001。
② 《顧維鈞回憶錄》第1分冊，第103–104頁。
③ 《顧維鈞回憶錄》第1分冊，第284頁。

統黎元洪又被直系逼下台離開了北京，總統位暫時空缺。根據民國憲法，在這種情況下，高內閣作為攝政內閣代行總統的權力，結果因此引發了一場不小的外交風波。

7 月中旬，日本新任駐華公使芳澤謙吉抵達北京。按國際外交通例，新任使節到達任所的第一件事，是拜訪駐在國外長送交國書副本，請求安排覲見國家元首正式遞交國書，以取得代表本國與駐在國政府開展外交活動的資格。芳澤抵京後，以照會通知外交部已經到任，並於 7 月 19 日到外交部見次長沈瑞麟。但無論照會或見面，均未提及呈遞國書事，也未送交國書副本。7 月 21 日，外交部派秘書熊垓去日本駐華使館面見芳澤，催促盡快遞交國書。芳澤以國書交給攝政內閣不妥為由予以拒絕。[①] 在芳澤看來，日本天皇簽署的國書不能遞給一個攝政內閣。這是蔑視駐在國主權的無禮做法。說到底，日本自認是一個強國，中國低它一等。

7 月 23 日，顧維鈞正式到外交部上任，當天即派人去日本使館再次催交國書，日方稱須等待政府訓令，仍拒絕了中國的要求。新外長到任須以公文通知各國使節，並做禮節性拜訪，而芳澤不交國書則沒有名分，無法與之直接來往。為解決這一難題，7 月 24 日，外交部交際司司長陳恩厚召日本使館參贊根津到外交部會面，告訴日方因未交國書，新外長到任的公文或暫緩給日使館，待定下遞國書日期再送；或公文抬頭只書公使館不書公使本人名字。根津參贊請示後答覆，芳澤認為外交部送公文和日本使館遞國書是兩回事，同時表示芳澤希望 25 日來外交部祝賀顧維鈞上任。陳恩厚當即以電話聯繫顧維鈞，顧維鈞表示歡迎芳澤來外交部。但次日，因外交部發給日本使

---

① 《日本芳澤公使呈遞到任國書問題》，北京政府外交部檔案，檔號：03-09-003-02-016；《熊垓赴日本使館晤會芳澤日使問答》(1923 年 7 月 21 日)，北京政府外交部檔案，檔號：03-09-003-02-010。

館通知新外長到任的公文只書公使館，而未書公使芳澤之名，被日本使館退回外交部，芳澤也沒有如約到外交部來。[①] 中日間因國書引發的矛盾升級了。

顧維鈞不能容忍芳澤有違外交慣例的無禮做法，堅持如果芳澤不先拜訪外交總長送交國書副本，就不具備日本駐華公使的正式資格。陷入僵局後，芳澤去找內閣的其他總長。於是，內閣中兩個總長向顧維鈞提出，可否在非官方的宴會上，以個人名義將芳澤介紹給他。顧維鈞對這一提議感到既可氣又可笑。因為這不是他與芳澤之間的私事，而是中日兩國政府之間的大事，有關國家的尊嚴。[②] 對芳澤的做法，英文的《北京日報》也有評論，稱呈遞國書乃外交禮節通例，芳澤照會中國外交部，既未提及國書，也未送國書副本，不合常理。[③]

在顧維鈞的堅持下，芳澤只好做出讓步。中日雙方最後商定，由日本使館照會外交部，稱芳澤所帶國書寫有黎元洪名字，不便呈遞，待新總統選出另換新國書並請觀見呈遞，同時將現國書副本送外交部。隨即外交部覆照，稱國書正本呈遞事當由雙方進一步接洽辦理。[④] 這一外交風波終以日本使館補交國書副本而告結束。

剛處理完芳澤國書事件，顧維鈞在對外交涉中又面臨着另一件更為棘手的事。1923 年 5 月上旬，津浦鐵路上一列由浦口開往天津的火車在山東臨城附近被以孫美瑤為首的一群匪徒劫持，車上的旅客被綁架為人質，其

---

① 《陳司長與日本館根津參贊會晤問答》(1923 年 7 月 24 日)，北京政府外交部檔案，檔號：03-09-003-02-012。

② 《顧維鈞回憶錄》第 1 分冊，第 325 頁。

③ 《譯英文北京日報七月卅號》，北京政府外交部檔案，檔：03-09-003-02-020。

④ 《補七月十九日日本芳澤公使致沈部長照會一件》(1923 年 8 月 2 日)，北京政府外交部檔案，檔號：03-09-003-02-017。

中有外國人 20 餘人，綁匪以此向政府勒索。這就是當時震驚中外的「臨城劫車案」。劫車案最終以北京政府收編孫美瑤部、孫部釋放全部人質而告解決。

但圍繞劫車案的中外交涉卻並未因外國人質獲釋而結束。列強認為中國政府無力維持秩序損害了在華外人權益，於是提出賠償、確保鐵路安全和懲辦當事人等要求。英國甚至考慮進行海軍示威，增加在華北的軍事力量，建立外國控制下的鐵路警察，只是由於美國不主張對華採取過於激烈的行動而作罷。1923 年 8 月 10 日，駐華外國公使團向北京政府遞交了由 16 國駐華公使署名的聯合抗議照會。照會不僅提出了苛刻的賠償要求，如每一個外國人被拘押期間中國政府須按累進加償的辦法每天支付 100 元至 500 元不等的賠償金，還直接援引《辛丑條約》要求中國政府按外交使團開列的名單懲辦與事件相關的官員，以及要求改組鐵路警察並由外國武官監督等。公使團還以威脅的口吻聲稱：「倘中國政府繼續姑容或放任此種擾害，並不主剿除此項損害在華外人權（疑脫『利』字 —— 引者註）與利益之匪患，外交團不得不採取何種辦法，以保護外人在華之生命財產權利與利益。」[1] 公使團的這一做法沿襲了晚清以來列強與中國政府交涉時的慣用手段。

收到聯合照會的當天下午，北京政府召開國務會議，認為有關賠償問題可以同意，但懲罰官員、重組鐵路警察等因涉及中國主權無法同意，並決定籌組由外交、內務、陸軍、財政、交通五部組成的聯合委員會討論聯合照會相關之要求。[2]

---

[1] 王建朗主編《中華民國時期外交文獻彙編 1911–1949》第 2 卷下，中華書局，2016，第 748–751 頁。

[2] 應俊豪：《「丘八爺」與「洋大人」—— 國門內的北洋外交研究（1920–1925）》，台灣政治大學歷史系，2009，第 279 頁。

作為外交總長，顧維鈞認為，臨城事件是一個不幸事件，但它並不是由所謂中國國內的排外運動引起的，而是在一個偏僻地區少數盜匪的個別行為，是一個偶發事件。類似的事件在美國的西部荒原也會發生。因此，中國政府出於對被押外國人的同情，可以給予一定的補償，但並不應承擔任何責任。對事件的處理更不能有損中國的獨立和主權，也不應違反或超越關於在中國領土上保護外國人的國際法準則。顧維鈞這一看法早在其在哥倫比亞大學學習國際法時就已形成。他在《中國外交私議》中指出：「凡有華人暴動，擾及外國僑民之事，苟非因地方官之恣意疏忽而釀成者，則我政府有捕緝懲辦之義務，而無賠償之責任。此國際法例也。」[1]

8 月 22 日，顧維鈞與美國駐華公使舒爾曼會晤，提出「使團為臨城案來照要求未免太過」，強調臨城案「不能與仇外案相提並論」。對於賠償，他表示可以辦到的中國都會盡力去辦，但改組鐵路警察、懲罰官員等事涉及中國主權，當由中國自行處置。舒爾曼在會晤中稱，公使團照會所提要求並不算嚴苛。顧維鈞對此不能認同，堅持事件的處理不能損害中國主權，「讓中國總須自己放手去做，不能聽別國干涉」。[2]

9 月 24 日，顧維鈞以外交總長身份答覆了公使團的聯合照會。覆照稱，中國政府對臨城案之憤慨不亞於公使團，但此案「並非排外舉動，亦無特種仇視外人之表徵」，「實出於土匪之不法行為」。針對公使團照會提出的賠償要求，照會回覆稱「詳論本案事實，實不能謂本國政府負有賠償損失之責任，但鑒於外人被擄之情形暨所嘗之艱苦，本國政府自願本優厚之精神，給予公平之償恤」，但對累進加償予以拒絕。針對公使團援引《辛丑條約》，覆照明

---

① 《顧維鈞回憶錄》第 1 分冊，第 327–329 頁；顧維鈞：《中國外交私議》，《留美學生年報》1911 年。

② 《美館會晤問答》(1923 年 8 月 22 日)，北京政府外交部檔案，檔號：03-11-003-02-003。

確表示，該條約「於本案不適用」，「終以為引用《辛丑條約》實非正當或必要之保障。倘若堅持，非特有牽動中國人民良感之慮，而於外人生命財產之安全亦無所增益也」。對於懲罰中國官員，覆照表示：「本國政府所不能允從外交團之要求者，實因按照條約，凡懲處中國官吏、人民，皆須由中國政府依照中國法律辦理。」[1]顧維鈞在覆照中表達了對匪徒劫車的憤慨和痛恨，也承認鐵路維護需要改進，相關官員需要懲處，但強調所有這些應由中國政府自行處置。這份覆照有理有節，既表達了中國妥善處理事件的願望，又堅持了主權不容干涉的立場，體現了顧維鈞處理對外交涉時維護主權、據理力爭的一貫做法。

但是，列強不滿意中國的覆照。公使團認為「中國政府似未領會本外交團關於此項緊要之點」，英國更是認為覆照「骨子太硬，不能滿意」。對中國堅持主權原則下的平等交往，他們還不願意接受。10 月 4 日，公使團再次照會外交部，駁斥顧維鈞照會中的申辯，聲稱「不得不維持八月十日聯銜照會所注意之各點及辦法，全部相應照請貴國政府仍按照上述照會內所指定各項辦法施行」。[2]

顧維鈞接到外交團第二次照會時，北京政局正面臨着新的動盪。10 月 5 日，曹錕通過以金錢收買議員的方式當選總統，引起全國各界的強烈反對。此時，列強的態度對曹錕能否在總統位置上坐穩顯得尤為重要。公使團決定利用中國國內的政治危機，以不出席總統就職儀式相要挾，逼迫北京政府在臨城劫車案交涉中就範。10 月 10 日，曹錕就任當天，外國公使均未

---

① 王建朗主編《中華民國時期外交文獻彙編 1911–1949》第 2 卷下，第 753–755 頁。

② 汪朝光：《臨城劫車案及其外交交涉》，金光耀、王建朗主編《北洋時期的中國外交》，復旦大學出版社，2006，第 399 頁；王建朗主編《中華民國時期外交文獻彙編 1911–1949》第 2 卷下，第 758 頁。

露面。列強的承認是北京政府得以維持的重要條件。於是，曹錕不得不在臨城案上讓步，將其拜把兄弟山東督軍田中玉免職。顧維鈞也只得再擬照會送交公使團，對列強未接受 9 月 24 日照會「殊以為恨」，但接受了列強關於賠償的要求，而對維護鐵路安全，仍表示為中國內政，「未嘗放棄」。[①] 由於田中玉免職滿足了列強懲處中國官員的要求，各國公使於 10 月 15 日覲見曹錕。曹錕在外國公使的賀聲中當上了總統，而臨城案終以中國讓步而了結。

臨城案以外交讓步的方式結束遭到輿論的抨擊。《東方雜誌》上一篇標題為《臨城劫車案的對外屈服》的文章直指顧維鈞：「以外交上非常的屈辱交換元首懷仁堂的一握手。可憐轟轟烈烈的青年外交家，為維持中國國際地位而就職的外交總長，竟辦成如此屈辱的外交！」[②] 臨城劫車案的處理反映了顧維鈞在北京政府任職期間因國內因素的制約，在對外交涉中所面臨的困境。在軍閥政治的年代，北京政府作為中央政府的權威受到其他派系的挑戰，外交部也連帶受到指責，尤其是有利於當政者的對外交涉。而作為軍閥操控之下的中央政府的外交主管，在對外交涉中也要受制於實際掌權者和國內的政治需要，就如臨城案的最終讓步。對臨城案這樣由國內問題引發的外交交涉，有學者稱之為「國門內的外交」，這種外交往往受內政問題的牽制，外交官難以發揮應有的作用。顧維鈞自己則稱這類對外交涉，「與其說它屬於外交，不如說它屬於內政」。[③] 晚年談起臨城案時，他仍難忘當年面對的困境。

---

① 王建朗主編《中華民國時期外交文獻彙編 1911–1949》第 2 卷下，第 758–759 頁。

② 引自汪朝光《臨城劫車案及其外交交涉》，金光耀、王建朗主編《北洋時期的中國外交》，第 402 頁。

③ 應俊豪：《「丘八爺」與「洋大人」——國門內的北洋外交研究 (1920–1925)》，第 493 頁；《顧維鈞回憶錄》第 1 分冊，第 323 頁。

「這是中國外交史上的一個黑點」，「我不幸正好擔任外交總長，此時政府並無總統，只能衝在前面承擔談判重任，既要以合理的手段平息外交使團的不滿，又要保證我國的主權」。[1]

國門內的外交雖要受制於內政，但外交總長畢竟代表中國與列強打交道，地位特殊，有時要與外國談判簽訂與中國權益有關的條約，更處在一個關鍵的位置。顧維鈞處理美國和日本公司要求在華設立無線電台一事，頗能反映他處世立身的原則和在對外交涉中作為一個中國外交官的尊嚴。

1920 年代初，美國和日本的公司都想要在中國建立無線電台，兩國間展開了激烈的競爭。為此，美國駐華公使和日本駐華公使都來見顧維鈞，催促中國政府盡快做出有利於本國的決定。據顧維鈞自己的回憶，「不止一次，日本公使剛離開外交部，美國公使就要求見我；有時則是美國公使剛走，日本公使就來」。[2] 日本公司的申請最初是向北京政府的海軍部提出的，而美國公司的申請是向交通部提出的。顧維鈞認為，無線電台通信設施，並非專供軍用，因而應歸交通部管，以便能為中國公眾服務。所以，他對美國公司的申請持同情態度。但是，海軍部和交通部各執己見，內閣對此問題總是議而不決，無法做出決定。

美國公司的代表對這一僵持局面等不及了，執意要到顧維鈞在鐵獅子胡同的私宅登門拜訪。這位代表在顧宅直截了當地表示，只要美方的申請獲得批准，他的公司願意捐贈 15000 美元，由顧維鈞隨意支配使用。顧維鈞對這種公然行賄的手法十分惱怒，立即送客。隨後，他在外交部召見美國公使舒爾曼，告訴他如果美國政府確實希望在中國設無線電台的申請獲得批准，那

---

[1]　Koo to Pao-chin Chu, 12 November, 1968, *Wellington Koo Papers*, box 214.

[2]　《顧維鈞回憶錄》第 1 分冊，第 319 頁。

麼由這個代表來辦理此事是不合適的。舒爾曼表示對發生這樣的事情十分懊喪，並答應讓該美國公司馬上換人。①

相比國門內的外交，國門外的外交給了顧維鈞更能施展的空間。顧維鈞出任外交總長，正是華盛頓會議結束之後，列強在會上允諾的與中國有關的問題需要具體落實。英國在華盛頓會議閉幕時提出交還威海衛租借地。威海衛租借地是 1898 年被英國強租的，租期 25 年。1922 年 10 月，中英就歸還事宜在威海衛開始談判。談判的焦點在威海灣中的劉公島。英方在歸還威海衛租借地時，提出要繼續租借該島 10 年，期滿後英方仍有權續租。中方對此反對。中英雙方僵持至 1923 年 2 月移往北京繼續談判，至 6 月達成草案。該草案允許英國海軍租借劉公島部分房產 10 年，期滿經雙方同意後才可交還中國，並且英國海軍每年 4 月至 10 月可在島上避暑。②

草案提交到外交部後，顧維鈞認為有關劉公島的安排不妥。按此規定，劉公島的租借可以無限期延續而成為永久性的，因為租約的終止需要經英國政府的同意。顧維鈞主張修改為只有雙方政府均同意才能續租，這意味着期滿後中國有權終止租借。中國談判代表梁如浩認為英國已主動提出歸還威海衛，在威海灣中一個小小的劉公島並不重要，他與顧維鈞就此進行了辯論。但顧維鈞認為，劉公島雖小，卻控制着整個威海灣，戰略地位十分重要。而且只要是中國領土，無論面積大小，都不應主動租給外國。否則，就會開創一個先例，讓其他列強效仿。③

1924 年春，顧維鈞直接接手中英談判後，多次會晤英國駐華公使麻克類

---

① 《顧維鈞回憶錄》第 1 分冊，第 319 頁。另參見吳翎君《美國大企業與近代中國的國際化》，社會科學文獻出版社，2014，第 197–198 頁。

② 王建朗：《中國廢除不平等條約的歷程》，江西人民出版社，2000，第 151–152 頁。

③ 《顧維鈞回憶錄》第 1 分冊，第 351–352 頁。

(James MacLeay)，希望早日商談結案。^①雙方焦點仍然在劉公島的續借上。顧維鈞要求將雙方同意才能停止續借的條款刪去，麻克類則堅決反對。最後經多次磋商達成協議，有關劉公島的條款改為「期滿後，經兩國政府同意後，得適用原條件續借」。^②雙方還商定，如果期滿兩國政府不能就該島續租達成協議，則交國際仲裁。在劉公島續租問題上，顧維鈞力爭將原先草案中須經兩國政府同意才能交還的規定刪去，旨在申明中國對領土的主權；而雙方有分歧交國際仲裁，則是將一時無法解決的 10 年期滿難題擱置起來的妥協辦法。在談判中，顧維鈞對麻克類說，我們現在何必自找麻煩呢？我們雙方都不能預料 10 年後的形勢。如果形勢發展順利，10 年後中英兩國不僅能夠成為朋友，而且可能成為盟國。到那時，經過中國政府的同意，英國海軍不僅可以使用劉公島，還能夠使用中國其他地方。因此，現在完全可以將 10 年期滿的問題擱置起來。^③

　　但中英就威海衛交還剛形成一致看法，北京政局就再次動盪。10 月，北京發生政變，曹錕被馮玉祥趕下台，內閣跟着倒台，顧維鈞隨即離開了北京。新任外長王正廷履職後，準備與英國簽署協議，但麻克類卻以中國國家元首發生變化等理由拖延搪塞。^④已經商定的威海衛歸還協議在北京政府時期一直未能簽署。

---

① 《英館會晤問答》(1924 年 3 月 26 日、5 月 28 日)，北京政府外交部檔案，檔號：03-11-007-02-002、03-11-007-02-009。

② 王建朗：《中國廢除不平等條約的歷程》，第 153 頁。

③ 《顧維鈞回憶錄》第 1 分冊，第 353 頁。

④ 《英館會晤問答》(1924 年 11 月 6 日)，北京政府外交部檔案，檔號：03-11-007-03-013。

二　解決中俄懸案

　　北京政府時期，中國在與各大國的關係中，與蘇維埃俄國的關係十分特殊。十月革命後，中國駐俄公使以俄國內亂為由於 1918 年 2 月離職回國。1920 年 9 月，北京政府發佈總統令，稱「中俄兩國正式邦交，暫難恢復」，原俄國駐華公使「久已失去其代表國家之資格」，因此不承認其公使身份，停止其外交官待遇。[①] 兩國政府間正式的外交關係中斷了。

　　蘇俄政府成立之初面臨着被孤立和封鎖的國際環境，為擺脫外交困境，其非常希望發展對華關係。1919 年 7 月，蘇俄政府以副外交人民委員加拉罕（Lev Karakhan）的名義發表了對中國人民和南北政府的宣言，即「加拉罕第一次對華宣言」，宣佈放棄沙俄政府「向中國奪取之一切侵略品，如滿洲及他種地方」，將中東鐵路「無條件歸還中國，毫不索償」，放棄庚子賠款及領事裁判權等其他特權。[②] 1920 年 9 月，蘇俄政府又以致北京政府外交部照會的形式發表「加拉罕第二次對華宣言」，提出了推進兩國關係發展的八項具體建議，宣佈「以前俄國歷屆政府和中國訂立的一切條約全部無效，放棄以前奪取中國的一切領土和中國境內的一切俄國租界」。但該宣言沒有第一次宣言中無條件歸還中東鐵路的允諾，改為由中俄兩國政府另訂專門條約。[③] 加拉罕的兩次宣言在中國各界受到廣泛關注和歡迎，為改善兩國關係提供了契機。

　　但是，中國與蘇俄間的關係也存在着障礙。1921 年 6 月，蘇俄政府因與白俄軍隊作戰，擅自派兵進入時在中國版圖內的外蒙古。當年底，蘇俄政

---

① 薛銜天等編《中蘇國家關係史資料彙編 (1917–1924)》，中國社會科學出版社，1993，第 135 頁。

② 薛銜天等編《中蘇國家關係史資料彙編 (1917–1924)》，第 56–57 頁。

③ 薛銜天等編《中蘇國家關係史資料彙編 (1917–1924)》，第 87 頁。

府與外蒙古當局簽訂了蘇蒙條約，確認雙方政府互相承認，互派外交領事代表，蘇軍可以駐紮外蒙古。蘇俄政府的這一行為，使本來就對蘇維埃政權心存疑慮的北京政府，在處理對蘇外交時更為謹慎。因此，蘇俄政府先後派出優林（Ignatius Yourin）、裴克斯（Alexander Paikes）等人來華，尋求與中國建立正式的外交關係，但都未取得任何實質性的進展。

1922 年 8 月 12 日，顧維鈞第一次出任外交總長後一個星期，蘇俄政府派遣的又一名使者越飛（Abram Joffe）抵達北京。越飛是蘇俄政府重要的外交官，曾率團參加了對德媾和的《布列斯特和約》談判。8 月 15 日，顧維鈞與越飛第一次見面。越飛開門見山地提出「希望從茲中俄間之交通及兩國邦交關係得以恢復」，表明此次使命的目的。顧維鈞接過越飛的話頭，表示「目下有一絕好機會足以促進兩國之感情者，即貴國方面自動的撤退在外蒙之紅軍是也」，並說「貴國方面如能迅予辦理，則為中俄間親善之最好機會，且其他各問題亦易於解決也」。顧維鈞的話柔中帶剛，抓住蘇俄急於恢復邦交，實際上提出了從外蒙撤軍是兩國關係改善的先決條件。對此，越飛解釋說，「現在紅軍駐在外蒙，對於蒙事並不干涉，而地方之秩序及通商之安寧，則賴以維持。故該處華人、俄人及蒙古人中頗有請求紅軍留駐外蒙者在也」。如果蘇俄軍隊全部撤出，對「中國方面、俄國方面或蒙古方面是否裨益，殊難逆料」。[1] 表明蘇俄並不願從外蒙古撤軍。

顧維鈞在接手處理對蘇關係之初，就直截了當地提出蘇軍從外蒙古撤軍問題，這是因為他認為此事涉及中國主權，如不妥善解決，兩國間正常的外交關係就無從談起。此外，當時中國朝野對外蒙古問題也十分關注，如處理

---

[1] 《總長會晤勞農新代表姚飛問答》(1922 年 8 月 15 日)，北京政府外交部檔案，檔號：03-32-462-02-008。

不當得不到輿論的認同，要推進中蘇關係也會非常困難。

8月下旬，顧維鈞與越飛又舉行了幾次會晤。越飛急於兩國間開始正式會談，通過談判解決雙方間一切問題，「以便恢復外交、政治、經濟及商務之往來」，即與中國建立正常的外交關係。顧維鈞仍堅持先要解決兩國間「重要各懸案」，並告訴越飛，要將所有問題一併解決，「未免希望過奢」，「至恢復各項關係之一層並無提及之必要」，仍堅持兩國關係的完全恢復須在各懸案解決之後。[1]

顧維鈞所指兩國間各懸案，除蘇軍從外蒙古撤軍外，還有中東鐵路問題。中東鐵路是俄國根據 1896 年與晚清政府簽訂的條約在中國東北境內修建的鐵路幹線。鐵路建成後，沙俄政府非法攫取了路區內駐軍、設警、司法、行政等條約中並未規定的權益。在與越飛見面時，顧維鈞提出希望能根據加拉罕第一次對華宣言，將中東鐵路無條件歸還中國。但蘇俄在第一次對華宣言中宣佈無條件歸還中東鐵路，着眼點是爭取中國民心，對沙俄依據強權獲得的這一巨大權益實際上根本不願放棄，更不用說無條件歸還了。11 月 6 日，越飛率領的蘇俄代表團致外交部節略，聲稱「倘以此項宣言為俄國完全放棄其在中國利益之結果，則未免太不公允」。並辯解說，宣言「雖曾聲明拋棄帝制政府之侵略政策，並允拋棄俄國以此項政策在中國所得之權利，惟此項問題未經中俄自願協商解決以前，則俄國在中國之權利尚未失效」。因此，中東鐵路路權「倘由俄國讓與中國人民之時，則俄國對於該路之利益仍不消滅」。[2] 蘇俄仍要保持中東路權益。

---

[1] 《收總長會晤勞農代表姚飛問答》（1922 年 8 月 23 日），北京政府外交部檔案，檔號：03-32-473-03-014。

[2] 《蘇俄代表團致中國外交部節略》（1922 年 11 月 6 日），薛銜天等編《中蘇國家關係史資料彙編（1917–1924）》，第 395 頁。

對蘇俄代表團關於中東鐵路的這一解釋，顧維鈞完全不能同意，要求越飛對加拉罕第一次宣言中無條件歸還、毫不索償之意「再行專案聲明」，並指出「此事根本辦法，仍以該路完全移交我國為最扼要」。越飛的答覆竟稱，所謂無條件歸還、毫不索償，「查 1919 年及 1920 年宣言書內並未載有此項辭句」，完全予以否認。[①] 越飛對加拉罕第一次宣言中關於中東鐵路內容的否認實際上是站不住腳的。中國正式收到的加拉罕第一次宣言，是蘇俄西伯利亞和遠東外交事務全權代表楊松受蘇俄外交人民委員部全權委託交給中國駐伊爾庫茨克領事館的。該文本為法文，有無條件歸還字句。1921 年 7 月，外交總長顏惠慶會晤遠東共和國代表時提到「列寧當初曾有將該路完全無條件交還中國之宣言」，該代表也未予以否認。[②] 但當中國政府真要依據加拉罕第一次宣言來解決中東鐵路問題時，蘇俄政府卻予以否認，表明它對沙俄侵華的遺產仍是依依不捨的。面對兩國之間的又一懸案，顧維鈞與越飛之間的會談就更難取得進展了。

越飛對中蘇間交涉進展緩慢十分不滿，在給外交部的節略中，措辭強硬地表示：「倘中國政府繼續藐視俄人利益，則俄國終必至迫不得已將其自願給與中國之允許自由出之矣。」即收回已做出的各項承諾。在與顧維鈞會面時，越飛當面告訴他，如果北京政府不願與蘇俄發展雙邊關係，他將去南方與孫中山商談雙邊合作事宜。顧維鈞感覺到了越飛這番話中對北京政府的威脅。[③] 1923 年 1 月中旬，越飛離京南下。一個星期後，他與孫中山在上海發表了《孫文越飛聯合宣言》。

---

① 《外交部答蘇俄代表節略》（1922 年 11 月 11 日）、《蘇俄代表致中國外交部節略》（1922 年 11 月 14 日），薛銜天等編《中蘇國家關係史資料彙編（1917–1924）》，第 397–398 頁。

② 見薛銜天等編《中蘇國家關係史資料彙編（1917–1924）》，第 59 頁註 1。

③ 薛銜天等編《中蘇國家關係史資料彙編（1917–1924）》，第 395 頁；《顧維鈞回憶錄》第 1 分冊，第 317–318 頁。

　　越飛離開北京時，因為內閣與國會之間的矛盾，顧維鈞已與內閣其他成員一起集體辭職。隨後，他在家賦閒了幾個月，直到 1923 年 7 月再次出任外交總長。在這之前，由於《孫文越飛聯合宣言》發表後蘇聯與南方政府的關係迅速升溫，北京政府擔憂蘇聯政府會棄北而聯南，一改之前態度，轉而謀求改善兩國關係，於 1923 年 3 月任命王正廷為中俄交涉事宜督辦。1923 年 9 月初，蘇聯政府新派的全權代表加拉罕到達北京。

　　9 月 6 日，顧維鈞會晤加拉罕，歡迎他奉派來華，並希望之前越飛在華期間未能啟動的中俄會談可以開始，以解決「中俄間一切懸案」。[1] 與顧維鈞會晤後三天，加拉罕向顧維鈞送交了蘇聯政府委派其為駐華全權代表的國書副本。加拉罕此舉看似循通常的外交禮儀，實際上暗藏玄機，用意深遠。因為中蘇間並無外交關係，若中國正式接受國書，即意味着承認兩國存在邦交，而這正是蘇聯屢次派遣代表來華的主要目的。顧維鈞對加拉罕的用意十分清楚，以外交部名義回覆，表示對國書副本「現正在考量之中，一俟適當之時，即行奉達」。以外交辭令迴避接受國書之事，實際上還是堅持先解決兩國間懸案再行恢復邦交的立場。加拉罕對顧維鈞的回覆十分不滿，認為「此措辭等於未曾答覆」，稱「中國現在情狀四分五裂，北京政府已失去其中心之點，列國有乘此時機提出共管之議，其能奮鬥為中國幫忙者，惟獨俄國耳」，表明北京政府本身並不穩固，不應先提條件，蘇聯無法接受先解決懸案的立場。[2]

　　兩國間是否應先解決懸案也成為王正廷與加拉罕之間談判的焦點。王正廷最初根據顧維鈞與越飛會晤時所談，提出兩國間一切懸案通過談判討論解

① 《顧總長會晤喀拉罕問答》(1923 年 9 月 6 日)，北京政府外交部檔案，檔號：03-32-556-04-037。
② 《朱鶴翔往晤喀拉罕問答》(1923 年 9 月 13 日)，北京政府外交部檔案，檔號：03-32-556-01-038。

決，但加拉罕堅持兩國正式邦交恢復前不與北京政府進行談判。最後兩人商定，先通過談判「將各項大綱簽訂一種協定」，大綱包括恢復兩國邦交，同時規定在協定簽字 6 個月內須完成具體細目的協商。[①] 與顧維鈞堅持的先解決懸案再恢復兩國邦交的做法相比，王正廷與加拉罕達成的諒解是各退一步的妥協，將解決懸案與恢復邦交合在了一起。

王正廷與加拉罕隨後開始的談判進行得並不順利，雙方在外蒙古、中東鐵路等問題上存在不少分歧。但國內各界尤其是知識界在加拉罕兩次宣言的感召下，紛紛要求政府正式承認蘇聯。1924 年 2 月，北京大學李大釗、胡適等 47 名教授致函顧維鈞、王正廷，不滿中蘇交涉迄無進展，認為俄國革命推翻帝制後，「顯揚民治，實吾良友」，呼籲政府盡快「復其故交」。北京教育會、八校教職員代表聯席會議等 6 團體也致函王正廷，稱「凡我國民謂宜正式承認，恢復邦交，早成輿論」，要求其「即日無條件承認蘇俄，然後雙方協議中俄間一切案件」。[②] 輿論的呼聲對王正廷是一個壓力，促使他加快談判的進程。

1924 年 2 月 25 日，王正廷提出了解決中俄懸案大綱協定草案。3 月 1 日，加拉罕對王正廷草案提出了蘇方最後修正案，並要求中方盡早答覆。在交修正案時，加拉罕希望王正廷對蘇方修正案表態「個人已贊同，並設法向中政府維持」，以圖在此後談判中佔據先機。王正廷謹慎地回答道：「不能說予個人已贊同，不過已極力設法容納閣下之意思耳。」[③]

---

① 薛銜天等編《中蘇國家關係史資料彙編 (1917–1924)》，第 205 頁。

② 上海《民國日報》1924 年 2 月 18 日，第 6 版；3 月 1 日，第 3 版。又見薛銜天等編《中蘇國家關係史資料彙編 (1917–1924)》，第 293–294 頁。

③ 《籌辦中俄交涉事宜王正廷與蘇聯全權代表加拉罕談判記錄》(1924 年 3 月 1 日)，薛銜天等編《中蘇國家關係史資料彙編 (1917–1924)》，第 241 頁。

　　3月8日，王正廷向國務院內閣會議報告與加拉罕交涉進展，指出雙方在兩國間舊約、外蒙古、中東鐵路等問題上還有分歧，但認為加拉罕對所提最後修正案不肯再做修改，此案「雖去中國提案甚遠，然本國收回之權利已然不少」，因此主張接受蘇方修正案。但內閣會議沒有接受王正廷的建議，而是議決由各部分頭研究後再行討論，討論結果仍須由王正廷與加拉罕進一步磋商。[1]

　　內閣各部對王正廷草案和蘇方修正案進行研究後都寫下了簽註，總體上對王正廷的草案和加拉罕的修正案表示不滿，對兩國間舊約、外蒙古、中東鐵路等關鍵問題均提出了修改意見。[2] 3月11日後，王正廷幾次出席內閣會議，報告與加拉罕交涉最新進展，內閣則告知各部簽註意見，並請王正廷依各部意見與加拉罕再行交涉，顧維鈞特別提醒王正廷「蒙古部分極為重要」。參加內閣會議的農商總長顏惠慶注意到，王正廷對內閣提出的意見「十分沉默」，卻顯示出「急於想取得問題的解決」，即盡快結束與加拉罕的談判。按王正廷自己的說法，3月13日內閣會議後他與加拉罕「作最後之談判，經徹夜之力爭」，考慮到「案經久懸，英意兩國既承認於先，誠恐遷延貽誤，且國人亦同聲主張從速解決。外察大勢，內審國情，覺此案實不能再事遲疑」，於是在3月14日凌晨與加拉罕簽署了協定。[3]

　　王正廷在未按內閣指令並未獲授權的情況下簽署協定引起內閣的強烈反對。顧維鈞在當天早晨獲悉此消息後就給王正廷打電話，告訴他簽署未獲政府審議批准的協定是失職行為。對協定本身，顧維鈞認為有三方面的內容必

---

① 薛銜天等編《中蘇國家關係史資料彙編（1917–1924）》，第 242 頁。

② 楊天宏：《中蘇建交談判中的「顧王之爭」（1923–1924）》，《歷史研究》2019 年第 4 期。

③ 《顏惠慶日記》第 2 卷，第 124–125 頁；《籌辦中俄交涉事宜王正廷通電報告交涉經過》，薛銜天等編《中蘇國家關係史資料彙編（1917–1924）》，第 268 頁。

須修訂。第一，協定規定廢除沙俄與中國簽署的以及與其他列強簽署的有關中國的一切條約，但沒有提到蘇俄與外蒙古簽訂的蘇蒙條約，這實際上是默認了這一條約。第二，對於蘇軍從外蒙古撤軍問題，協定規定蘇軍將在雙方商定條件後撤出，這使蘇聯可以條件未商定而長期駐兵外蒙古，中國則處於聽任蘇聯擺佈的被動境地。第三，協定規定原俄國東正教教會在中國的所有地產權須移交蘇聯政府，但由於東正教在中國地產根本無法確認，中國無法履行這一條款。[①] 顧維鈞提出必須修改的三條中，兩條與外蒙古有關，延續了他之前與越飛會晤時所持立場。

北京政府內閣其他成員如財政總長王克敏和陸軍總長陸錦對王正廷簽署的協定也持反對意見，內閣最終拒絕了這一協定。加拉罕獲悉北京政府的決定後，於 3 月 16 日向王正廷遞交了一份措辭強硬的緊急照會，限 3 日內批准已簽字之協定，否則由此引起的一切後果由北京政府負責。收到王正廷轉送來的照會後，內閣開會討論，認為該照會「跡近哀的美敦書，實違國際慣例」，兩國談判中未能解決之處，實際皆因加拉罕「對於我國主權未能十分尊重」，因此所有責任應由其負責，並決定請王正廷按此回覆加拉罕。3 月 19 日，未能如願的加拉罕直接照會外交總長顧維鈞，聲稱與中國政府正式代表之談判業已結束，拒絕重行討論已議定並簽字的各項協議，並以蘇聯政府名義「警告中國政府勿鑄足以影響於蘇俄與中國政府將來邦交上不可補救之錯誤」。[②]

如前所述，因為加拉罕之前兩次宣言放棄在華特權，中國輿論與社會各界希望政府盡快承認蘇聯，建立邦交。獲悉北京政府不承認王正廷簽署的協定後，許多團體發表宣言、通電，反對政府舉動，甚至吳佩孚領銜的一些督軍和

---

① 《顧維鈞回憶錄》第 1 分冊，第 334 頁。
② 薛銜天等編《中蘇國家關係史資料彙編 (1917–1924)》，第 251–254 頁。

將領也要求立即無條件承認蘇聯。有些輿論和團體將矛頭直指主持外交且反對王正廷簽署協定的顧維鈞。北京大學師生組成了一個代表團來到外交部面見顧維鈞，領隊是北京大學教授李大釗，要求政府馬上批准中蘇協定。北京學生聯合會開會決定致函警告顧維鈞，敦促他簽署中蘇協定，信函的語氣有着青年學生特有的率直和火爆：「倘先生猶執迷不悟，則敝會一息尚存，誓必力爭。趙家樓故事，可為殷鑒。伏望先生察之。」① 所謂趙家樓故事，即五四運動當天北京學生火燒曹汝霖住宅、痛打章宗祥之事。火燒趙家樓後顧維鈞在巴黎拒簽和約，獲得國內一片叫好，但不到 5 年，他卻被學生列入該火燒痛打之列了。顧維鈞在鐵獅子胡同的住宅雖沒有遭遇趙家樓被燒那樣的事，但後來確有兩名大學生以考古研究所給外交總長送出土古印的名義給顧家送來了一顆炸彈，結果炸傷了管家和廚師。京師警察廳調查後認為此事是王正廷幕後策劃的，顧維鈞不認同這一判斷，但認為可能是一些在政治上支持王正廷的人幹的 ②

3 月 20 日，北京政府發佈總統令，責成外交部接手對蘇談判，迅速與蘇聯代表繼續商議協定。這樣，顧維鈞就接替王正廷直接承擔起對蘇交涉的責任。3 月 22 日，顧維鈞以節略形式致函加拉罕，對其 3 月 19 日照會所持立場「深為詫異」，對限期 3 天必須批准的要求「尤難承認」，同時表示「中俄間關係極為重要，中國政府仍不變更願與蘇俄政府恢復邦交之誠意，深盼迅速繼續談判，俾得早日解決」，並通知加拉罕，他本人「現已遵令準備與貴代表繼續商議」。③

3 月 25 日，加拉罕回覆顧維鈞，措辭仍十分強硬，再次為蘇聯政府所採

---

① 《顧維鈞回憶錄》第 1 分冊，第 339–340 頁；《申報》1924 年 3 月 24 日，第 7 版。

② 《顧維鈞回憶錄》第 1 分冊，第 342–345 頁。

③ 《外交部覆蘇聯全權代表加拉罕節略》，薛銜天等編《中蘇國家關係史資料彙編 (1917–1924)》，第 259 頁。

取的行動辯護，稱兩國間談判業已結束，繼續進行「實為無益，本全權代表不得已聲明斷然拒絕此項交涉之任何進行」，堅持必須先恢復邦交，「如貴外交總長及中國政府對於蘇聯政府交涉如真抱有熱誠及堅定之願望，鑒於現時情形，第一步必須採用立即恢復兩國正式邦交之手續，此節辦到時，貴總長節略內所提及本代表已預備開始之交涉途徑方能實現也」。[①]

加拉罕堅持先復交再談判的立場，就是要逼中國政府認可王正廷已簽署的協定。顧維鈞對此不能接受，但他並不希望兩國交涉陷入僵局或完全破裂。這與他面臨的社會輿論壓力也有關。4 月 1 日，顧維鈞再次致函加拉罕闡述中方的立場，指出加拉罕藉口談判已經結束，「堅拒繼續商議」，是「不欲盡力免除解決中俄關係前途之任何障阻」；而以 3 天期限「加諸他方」，則「跡近恫嚇」。在指出蘇方不利於推進雙邊關係的不當舉措後，顧維鈞又提出解決問題的具體辦法，表示中方願意將已經簽署的協定看作草約，作為進一步談判的基礎，並對草約提出三點修改意見：(1) 草約中廢除帝俄與第三者簽訂有損中國主權之條約，應改為包括俄國政體變更以來，即蘇俄政府與第三者簽訂有損中國主權之條約；(2) 蘇軍從外蒙古撤兵具體辦法可由雙方協商，但撤兵不應附有條件；(3) 在華俄國東正教會產業待將來詳細討論。顧維鈞表示：「以上三點本國政府願與貴代表商榷，俾得圓滿之解決。如果貴代表果有建立中俄邦交之誠意，本國政府深信貴代表當能予以同意，倘貴代表以為修改協定預稿有重大困難，則本國政府本和平之精神及早日開始邦交之素願，亦可同意將此項修正之點於協定簽訂時以換文行之。」[②] 這一函件既直率

---

① 《蘇聯全權代表加拉罕致中國外交總長顧維鈞節略》，薛銜天等編《中蘇國家關係史資料彙編 (1917–1924)》，第 263 頁。

② 《外交部覆蘇聯全權代表加拉罕節略》，薛銜天等編《中蘇國家關係史資料彙編 (1917–1924)》，第 263–264 頁。

指出蘇方拒絕繼續商議的不當舉措，堅持中方修訂王正廷已簽協定的立場，又提出了中方的具體解決方案，並且考慮到蘇方不願修改已簽協定，提出以換文形式確認修改意見。顧維鈞的回覆有理有節，表現了推進雙邊關係的極大誠意，也充分顯示出解決談判困境的外交智慧，為中蘇重開談判創造了條件。

由於此前已公開採取十分強硬的立場，加拉罕對顧維鈞的函件並未正面回覆，但他畢竟也希望中蘇交涉能盡快打破僵局。4月上旬，顧維鈞發高燒臥病在床，加拉罕派他的秘書前來問候病情。加拉罕的秘書祝願顧維鈞早日康復後，以私人名義表示，顧維鈞應與加拉罕見面一談。顧維鈞當然明白這一表示的含義，回答說因為高燒不能起床，如果加拉罕能來寒舍，樂意與他見面。就這樣，顧維鈞與加拉罕在鐵獅子胡同顧宅秘密見面了，他們就雙方間的分歧交換了意見。隨後，兩人的秘書開始了一系列非正式談判，雙方的溝通「時續時止」。但自5月中旬起，雙方來往的頻率加快，「往返磋商不下二十餘次，漸能接近，至5月下旬，始能將修正各點及商議各件，議定辦法」。[1] 其間，為避免外界的干擾，外交部參事朱鶴翔等白天在顧維鈞家中磋商，晚間赴蘇聯駐華代表處交換意見。5月30日，內閣在顧維鈞家中召開特別會議，顧維鈞將與加拉罕所議定各條款交內閣審議，當即獲得通過。同日，北京政府以總統令給予顧維鈞全權簽約證書。[2]

5月31日，顧維鈞與加拉罕在外交部簽署《中俄解決懸案大綱協定》《暫行管理中東鐵路協定》及作為協定附件的7個聲明書。其主要內容是：(1) 俄國自帝俄以來與中國或第三者所訂一切有損中國主權及利益的條約概

---

[1] 《顧維鈞回憶錄》第1分冊，第346頁；《外交總長顧維鈞出席國務會議的報告》（1924年6月5日），薛銜天等編《中蘇國家關係史資料彙編 (1917–1924)》，第282頁。

[2] 李嘉谷：《中蘇關係 (1917–1926)》，社會科學文獻出版社，1996，第225頁。

為無效；(2) 蘇聯放棄帝俄在中國境內的一切租界、治外法權及領事裁判權、庚子賠款的俄國部分；(3) 蘇聯承認外蒙古為中國之一部分，尊重在該領土內中國之主權；(4) 蘇聯允諾中國以中國資本贖回中東鐵路，該路有關中國主權事務概由中國官府辦理。[①]

在這個最終簽訂的協定及附件中，顧維鈞認為王正廷與加拉罕簽署的協定文本必須加以修改的三項內容都最終得到了修訂。協定簽訂後向國務會議報告時，顧維鈞說明了這三項內容修訂的具體情況。關於第一項內容，原協定只寫帝俄政府與第三者所訂條約，這樣就無法包括蘇俄與外蒙古所訂條約。經談判力爭，雙方在聲明書中寫明「自帝俄政府以來凡與第三者所訂定之一切條約」。顧維鈞在國務會議上說，「所謂帝俄政府以來，即包括俄國臨時各政府及蘇聯政府而言」，這就將蘇俄政府與外蒙古所訂條約包括在內了。關於第二項內容，原協定規定蘇聯從外蒙古撤軍，將於撤軍之條件商定後進行，顧維鈞認為撤軍辦法雖可討論，但不應附加條件。「經再四切商，取消『條件』字樣。該代表初則堅拒，繼允考量，最後以我力爭，刪去『條件』字樣，另加修正，以示尊重領土主權。」關於第三項內容，原協定規定俄國在華教產完全移交蘇聯政府。顧維鈞認為，按照中國法律，外國政府及人民，除各國教會外，不得在內地購置地產，若允移交，會開一先例，引發政教關係上許多問題。且俄國教產散處各地，無法確認。最後根據中方提議，確定此問題按中國法律，由雙方將來商定。參加國務會議的顏惠慶在當天的日記中寫道：「顧的報告受到歡迎。」[②] 這三項內容中的前兩項都與外蒙古相關。

[①]　薛銜天等編《中蘇國家關係史資料彙編 (1917–1924)》，第 270–277 頁。

[②]　《外交總長顧維鈞出席國務會議的報告》(1924 年 6 月 5 日)，薛銜天等編《中蘇國家關係史資料彙編 (1917–1924)》，第 282 頁；《顏惠慶日記》第 2 卷，第 148 頁。另參見楊天宏《中蘇建交談判中的「顧王之爭」(1923–1924)》，《歷史研究》2019 年第 4 期。

顧維鈞與越飛第一次見面就主動提出此問題，自此以後，他一直堅持這一問題的解決必須建立在尊重和維護中國的領土主權之上。

顧維鈞與加拉罕關於中蘇協定的談判是在秘密狀態下進行的，外界毫不知情，因此協定簽訂的消息一經發佈，輿論「深以為異」，「中外報紙突聞此訊，均為訝然」，不少報紙「稱此舉為顧維鈞外交之勝利」。[1] 這與 3 月中旬北京政府拒絕王正廷簽署的協定，並指定顧維鈞接手對蘇談判時的輿論形成鮮明的對比。當時輿論對顧維鈞多有抨擊，不少人還從顧王私人恩怨的角度來解讀顧維鈞對王正廷簽署協定的反對。但從顧維鈞對外蒙古問題的一貫立場和最後簽訂的協定文本來看，他對王正廷簽署協定的反對主要出自他對中國主權的維護和對蘇聯對華政策的警覺。但顧王兩人在巴黎和會期間就結下的恩怨確實也是不可完全忽略的因素。顧維鈞於 1923 年 7 月再次出掌外交時，王正廷已在主持中蘇談判，但直到次年 3 月上旬將中蘇協定文本遞交內閣會議，王正廷一直未向作為外交總長的顧維鈞報告相關情況，這使顧維鈞很不滿。與顧王兩人來往均很密切的顏惠慶在參加內閣會議討論中蘇協定時，就注意到顧維鈞「對王抱有敵意」。吳佩孚的謀士白堅武也將顧王分歧看作「爭私見之故」。[2]

根據楊天宏的研究，顧維鈞與王正廷兩人在對蘇談判中的外交手段也有很大差異。[3] 王正廷作為中國政府對蘇談判的代表，不顧自己的官方身份加入社會各界「無條件承認蘇俄」的潮流中，在外交談判中成為順應民眾呼聲的政治家，而非與蘇聯代表斤斤計較國家利益的談判對手，使自己在對蘇談

---

① 《申報》1924 年 6 月 2 日，第 4 版。

② 《顧維鈞回憶錄》第 1 分冊，第 333 頁；《顏惠慶日記》第 2 卷，第 126 頁；杜春和、耿來金整理《白堅武日記》，江蘇古籍出版社，1992，第 470 頁。

③ 楊天宏：《中蘇建交談判中的「顧王之爭」(1923–1924)》，《歷史研究》2019 年第 4 期。

判中處於被動的地位。顧維鈞則從一開始就確定將解決兩國間的懸案作為兩國邦交恢復的先決條件，以佔據外交談判的主動。從中蘇談判的焦點外蒙古問題來看，王正廷滿足於蘇聯承認中國對外蒙古主權的原則性表態，卻不在意蘇蒙條約對中國主權的實質性侵犯。顧維鈞在此問題上始終堅持維護中國主權，但在談判處於僵持時，也能夠提出解決問題的切實辦法，將中國的要求寫入與協定具有同樣效力的聲明書。王正廷在對蘇談判中的不足，正是顧維鈞所批評的外交家應避免的失誤，即不應受到公眾輿論的影響，不要做討好公眾的事。在他看來，「當辦理重要交涉時，唯一影響你的應當是民族利益，而不是黨派和政治利益，更不能考慮個人政治上的得失」。[1] 從中蘇協定談判的整個過程來看，顧維鈞基本上是照此去做的。當然，中蘇協定最後能夠簽署，王正廷最初付出的努力不應否認。在上海發行的英文報紙《大陸報》社論評論道「此事草創之功，當然屬諸王正廷氏，而最後成績，則為顧維鈞氏所得」，應是公允之言。[2]

中蘇協定的簽訂結束了十月革命後兩國間國家關係的不正常狀態，將雙邊關係奠定在一個平等的基礎之上。蘇聯政府宣佈放棄舊俄政府在華享有的特權，在民國外交史上具有重要的意義。顧維鈞在協定簽訂後的一次演說中深有感慨地說，中國以前同大國簽訂的條約都是被迫就範的，「但現在這次協定的性質，卻是完全兩樣的」。[3] 但中蘇談判過程中，蘇聯在外蒙古等問題上的態度和做法又表明，舊俄時代的外交傳統對其仍有很大的影響。正是顧維鈞的努力使中國在協定中爭得了更為平等的內容。

中蘇協定的簽訂受到全國各界的歡迎，對仍束縛着中國的不平等條約體

---

① 《顧維鈞回憶錄》第 1 分冊，第 397 頁。

② 《申報》1924 年 6 月 7 日，第 4 版。

③ 波賴：《最近中國外交關係》，正中書局，1935，第 149 頁。

系是一個巨大的衝擊。協定簽訂後不久，全國出現了一場大規模的廢除不平等條約運動。而這又推動了顧維鈞主持的北京政府的修約外交活動。

三　終止中比條約

1925 年 5 月，五卅慘案發生，由此引發的反帝愛國運動席捲全國。在朝野各界要求廢除不平等條約的呼聲中，北京政府在對外交涉中順應形勢，發起修約外交。6 月 24 日，北京政府照會駐華公使團，提出「宜將中外條約重行修正，俾適合於中國現狀暨國際公理平允之原則」。修約外交是巴黎和會以後北京政府對外交涉的繼續。

顧維鈞在 1924 年 10 月馮玉祥發動「北京政變」後暫別政壇，離開京城。北京政府提出修約外交時，他正在上海做寓公。1926 年 5 月，顧維鈞重返北京，不久再次入閣，出任財政總長。10 月上旬，他以代理國務總理的身份組閣，因段祺瑞下台後元首虛位，他攝行總統的權力，並兼任外交總長，成為修約外交的主角，在修訂不平等條約中發揮了重要的作用。

中國與比利時之間的條約是修約外交面對的第一個與外國到期需修訂的條約，也是顧維鈞主導修約外交後面臨的直接和嚴峻的挑戰。

北京政府於 1925 年 6 月向公使團提出修約照會後，公使團於 9 月 4 日覆照，僅對華盛頓會議議決的關稅會議和法權會議做出回應，對修約之事則予以迴避。北京政府外交部由此認識到，向列強同時提出修約，「列國彼此牽制，共同商改諸多窒礙」，因此，修約應循「單獨磋商之一途。單獨磋商之進行，在平時自以根據商約期滿廢止之規定，最為平和」。[1] 1926 年期滿條

---

[1] 《中比條約說帖》（1926 年 1 月 15 日），北京政府外交部檔案，檔號：03-23-069-01-006。該件實為外交部條約司呈文。

約中有中國與比利時通商條約。中比條約於 1865 年簽署，次年 10 月為兩國政府批准。比利時根據這一條約獲得領事裁判權、關稅協定權、設立租界權等特權。到 1926 年 10 月，中比條約將滿 60 年。根據該條約第 46 條規定，條約每滿 10 年可以修訂。雖然條約僅規定比利時有修約之權，但外交部條約司認為，根據國際法慣例，中國也有此權，比利時「自無拒絕中國請求廢約之理」。外交部條約司還指出，當時正在進行的關稅和法權兩個會議，「前途頗多暗礁」，而在關稅和法權之外，還有其他應廢除的列強在華不平等特權，中國對此「宜有所表示，使列強知我國除忍耐磋商外，尚有其他項辦法」，即中國應主動採取修約行動，而提出中比修約是「第一機會」。①

1926 年 4 月 16 日，北京政府外交總長胡惟德照會比利時駐華公使華洛思（Warzée d' Hermalle），告知對方中比條約於當年 10 月 27 日期滿後，「一律失效，並應締結新約，以代舊約」，表示中方願在平等的基礎上盡快與比利時磋商簽訂新約。4 月 27 日，華洛思覆照胡惟德，認為根據中比條約，「惟獨比國方面可有提請修改條約之權」，雖然比利時政府可考慮中國修約之要求，但須待中國政局穩定及關稅和法權會議結束之後，才可商議修約之事，拒絕了北京政府的修約要求。②

北京政府向比利時提出修約之時，政局正經歷着又一輪動盪。4 月 20 日，臨時執政段祺瑞下野。5 月 13 日，顏惠慶組閣攝行臨時執政，並兼代外交總長。5 月 31 日，華洛思拜訪顏惠慶，提出在關稅和法權會議結束之前舊約繼續有效。顏惠慶回答道：「會議自是會議，訂約自是訂約，兩種不必混而為一。」華洛思又提出，在兩國舊約到期新約未成之時，應有一臨時辦

---

① 《中比條約說帖》(1926 年 1 月 15 日)，北京政府外交部檔案，檔號：03-23-069-01-006。

② 王建朗主編《中華民國時期外交文獻彙編 1911-1949》第 3 卷下，第 923-925 頁。

法。[①] 6 月 1 日外交部致華洛思備忘錄，表示在舊約期滿而新約未能完成的情況下，中國政府願意「另覓一種能保護比國毫無疑問之利益，而又不損及中國正當之權利之臨時辦法」。[②]

9 月 2 日，北京政府外交部向比方提出臨時辦法五條，允許比利時在新約未訂之前繼續保有原有的領事裁判權等特權，但以 6 個月為期限。華洛思於 9 月 29 日覆照外交部對臨時辦法五條不予接受，堅持在新約簽訂之前舊約繼續有效。[③] 實際上，比利時政府並無通過談判與中國締結一個平等新約的誠意，而是想通過拖延新約的簽訂來繼續享有領事裁判權等特權，因此堅決反對臨時辦法有明確的期限。這就是顧維鈞再次主持外交後面臨的情況。

10 月 14 日，顧維鈞以總理身份主持國務會議，將中比修約問題提交會議討論。參會者中有人認為，國內局勢「紛紜多故」，與列強關係「趨勢日非」，此時如直接提倡廢除舊約，恐引起列強反感，「促其協以謀我，不得不鄭重考慮」。會議最終決定依據平等相互原則與比利時修訂新約，修約期間舊約期滿暫維持原狀，但須訂期限以示限制，並聲明期滿後新約未成，中國政府對於舊約保留自由取決之態度。[④] 國務會議決定雖未提 6 個月期限，但強調中國有自由取決之權，就是要保留中國中止條約的權力。

國務會議後，顧維鈞在給吳佩孚的密電中闡明了自己的考慮：「惟國民方面與政府主張雖屬一致，而進行不必同途，在國民不妨極鼓吹之能事，而政府則必求事實之可行。與其以廢約為名，或反引列強之協以謀我，不如重

---

① 《比館問答》(1926 年 5 月 31 日)、《致駐比王公使》(6 月 1 日)，北京政府外交部檔案，檔號：03-23-069-02-010、03-23-069-02-013。

② 《致比華使備忘錄》(1926 年 6 月 1 日)，北京政府外交部檔案，檔號：03-23-069-02-014。

③ 王建朗主編《中華民國時期外交文獻彙編 1911–1949》第 3 卷下，第 927–928 頁。

④ 《電駐比王公使》(1926 年 10 月 18 日)，北京政府外交部檔案，檔號：03-23-071-02-004。

根本改訂條約之事實，將舊約之有損國權者，逐一修改，尤為切實易行，泯去痕跡。」[①] 表明他有用民意推進修約之意。

10 月 18 日，比利時駐華公使華洛思通過私人談話間接表示，比利時政府對中方至今未答覆比方 9 月 29 日照會十分不滿，已決定將此案提交海牙國際法庭。顧維鈞得此消息後約華洛思於次日下午面談。10 月 19 日下午會晤時，華洛思首先表示比方 9 月 29 日照會「最為平允」，但北京政府竟擱置三星期之久未做答覆，隨後稱如不能於本月 25 日前答覆，比方將交海牙國際法庭公斷。面對華洛思咄咄逼人的威脅口吻，顧維鈞冷靜答覆：接任總長後已將半年來雙方往來文件仔細看過，兩國對舊約有修改之必要持一致看法，比方也同意舊約期滿失效，分歧只在舊約期滿新約未成的臨時辦法，並稱已命中國駐比公使王景岐向比方提出臨時辦法，待比利時政府答覆。[②]

10 月 23 日，華洛思向外交部遞交備忘錄，提出比方臨時辦法新草案，除要求關稅最惠國待遇和領事裁判權享受他國同等待遇外，另提臨時辦法期限「待至最惠國情形許可之時，關稅會議竣事揭曉之際，根據平等及尊重領土主權二主義締結新約之日為止」，仍要推延臨時辦法期限。顧維鈞收到備忘錄後即與華洛思見面，強調臨時辦法應首先規定舊約期滿失效，並應規定新約在 6 個月內完成，如 6 個月內因故未成，屆時再商。當天下午外交部對比利時備忘錄提出修正案，重申顧維鈞對華洛思的口頭表達，即舊約到期

---

① 《顧維鈞致吳佩孚密電稿》(1926 年 10 月 16 日)，胡震亞選輯《吳佩孚與顧維鈞往來函電 (1923 年 8 月–1927 年 4 月)》，《民國檔案》2009 年第 4 期，第 31 頁。

② 《電駐比王公使》(1926 年 10 月 18 日)、《總長會晤比華使問答》(1926 年 10 月 19 日)，北京政府外交部檔案，檔號：03-23-071-02-005、03-23-071-02-016。

「應視為已失拘束之能力」，新約須在 6 個月內訂成。[1]

10 月 27 日是中比條約期滿之日。此前一天，顧維鈞再次會晤華洛思，告訴他：「明日為約期屆滿之日，必須辦決此事。本總長切盼明日准與貴使簽訂臨時辦法。」[2]但 27 日華洛思遞交比方備忘錄，對臨時辦法期限提出新修改，即新約如 6 個月內不能訂立，「一方得於 3 個月之前通知，要求將本協定再施行 6 個月。以後均照此限類推，至新約實行為止」。28 日下午顧維鈞約見華洛思，表示對比方 27 日備忘錄「實難同意」。華洛思遂提出，臨時辦法期滿可延 6 個月，如再欲延期，任何一方可提請仲裁。顧維鈞對此也不同意，稱「解除不平等條約乃謂本國國民一致之志願，而願意繼續臨時辦法與否，又為締約國之主權，此二層不能付諸公斷」。並明確告訴華洛思，臨時辦法必須確定期限，「否則臨時辦法無限期延長與未停止舊約有何區別」。與華洛思會晤後，顧維鈞主持特別內閣會議，決定對臨時辦法期限修改為「如 6 個月期滿，經雙方之同意，臨時辦法得延長之，並經任何一方之 3 個月預先通知，得廢止之」，意在保持中方廢止舊約的主動權。當晚 10 點，外交部參事朱鶴翔奉顧維鈞之命將中方新的修正案通知華洛思，並希望比方接受，「否則事關兩國邦交，本部總長不負其責」。[3]

北京政府提出修正案後，比方置之不理。一週後，11 月 4 日，外交部催促比方接受中國修正案。5 日，華洛思回覆外交部，予以拒絕，並稱將提交海牙國際法庭。當日，顧維鈞召集外交部辦理比約的條約司司長錢泰等商議應對，決定將交涉結果報告內閣會議，並請終止中比條約。遞交內閣的議案

---

[1] 《收駐比使館備忘錄》《總長會晤比華使問答》《致比華使備忘錄》(1926 年 10 月 23 日)，北京政府外交部檔案，檔號：03-23-071-03-001、03-23-071-03-004、03-23-071-03-002。

[2] 《總長會晤比華使問答》(1926 年 10 月 26 日)，北京政府外交部檔案，檔號：03-23-071-03-016。

[3] 《總長會晤比華使問答》(1926 年 10 月 28 日)，北京政府外交部檔案，檔號：03-23-072-01-001。

在詳述交涉經過後指出，中方為達成解決方案，「委屈遷就，無非冀新約克底於成，乃舌敝唇焦，節節退讓。比政府始終未能相諒，最後欲以六個月之臨時辦法為無期之延長。雖經許以雙方同意可以延長，猶遭拒絕。其不以誠意相待，欲將舊約中之片面權利繼續維持，蓋已無可諱言」。但各種交涉辦法，「用之已盡，無由再拖，惟有按照公法情勢變遷可以廢止之原則」，宣佈中比條約「自期滿日期失效」。11 月 6 日，顧維鈞主持內閣會議，通過了外交部的議案。[①]

當天，北京政府發表由顧維鈞起草的終止中比條約的宣言。這一宣言條分縷析，從事實、法理上說明中國要求修約的合理性和終止條約的正當性，指出中國之所以要限期修約，「其根本用意在順從中國人民一致之希望，使中比關係因同治四年中比條約而受不平等地位，得可解放。蓋此用意，實出諸中國全國對外欲達同臻平等關係之志願」。宣言闡述了中國修訂不平等條約的基本立場和對建立中外間平等關係的願望：

> 溯自民國建立以來，中國政府即抱一種果決願望，使中國在國際團體中得與其他各國處於平等地位，並使其得盡一部分能力，以求人類志願之完成。此種原則，為中國全國熱望所在，是以時時奉為圭臬。顧中外各國間設一日無平等及互相尊重領土主權之可言，則此種願望之實現，決難成就。自近百年來，中國受壓迫而訂立不平等條約，於中外人民之間，造成歧異不同之待遇。至今日實為對於各國種種不滿及軋轢之原因。夫國與國之關係，既與人與人之關係相同，必也交換相互利益，

---

① 《議案稿提出閣議》(1926 年 11 月 5 日)、《呈上大總統比約事》(1926 年 11 月 6 日)，北京政府外交部檔案，檔號：03-23-072-01-007、03-23-072-01-006。

能使彼此睦誼，足垂久遠，而後締結邦交之主諦乃見。故此項不平等之中外國際關係，實非理所應有。[1]

這段話是顧維鈞的心聲流露，顯示了他的外交抱負和志向，也順應了中國人民要求廢約的呼聲。當時，中國旅居比利時及歐洲其他國家的僑胞組織了旅歐華僑廢除中比條約代表團，強烈要求廢除中比條約。國內各界和輿論也十分關注中比交涉進程，對北京政府修約交涉進展緩慢多有批評。中華全國商會聯合會派代表面見顧維鈞，指責外交部對辦理中比修約的方針「完全不肯宣佈」，並請公佈辦理條約人員的姓名籍貫，「俾國人周知注意，使其完全負責」。全國學生聯合會總會致電外交部，批評其「一再遲延，漫不進行，誠不知是何居心」。上海總工會宣言：「北京政府與比公使秘密交涉，希圖延長，吾人誓不承認！」[2] 這些輿論對顧維鈞是壓力，也是助力。11 月 2 日，顧維鈞在與法國駐華公使瑪德（Damien Martel）會晤時，對後者關於中比修約的詢問回答說，「各省人民及地方法團輿論一律主張廢棄舊約」，「現在中國人民國家觀念日益發達，是以對於不平等條約僉主廢棄」，並希望中法間關於越南邊界通商章程的談判也能加快，顯示其有意識地以中國民意來推進修約。[3]

近代以後，中國在與西方國家談判交涉中，遇有爭執，最終總是根據西方國家的意志和願望來解決問題。以巴黎和會為起點，以顧維鈞為代表的一批外交官開始一步步地改變這一局面。終止中比條約是中國政府第一次在

---

① 金問泗編《顧維鈞外交文牘選存》，第 59–65 頁。

② 王建朗主編《中華民國時期外交文獻彙編 1911–1949》第 3 卷下，第 982–983 頁；《申報》1926 年 10 月 31 日，第 13 版。

③ 《總長會晤法瑪使問答》（1926 年 11 月 2 日），北京政府外交部檔案，檔號：03-23-072-01-011。

一個締約國公開、正式反對的情況下，採取主動行動，宣佈廢除舊的不平等條約，在近代中外關係史上具有重要意義。顧維鈞自己將此看作「中國外交史上的一個里程碑」。他認為，「中國有必要這樣做，不僅因為中國根據情況變遷原則在國際法面前有充分理由，而且因為中國有必要開創一個先例，證明中國決心行動起來，以結束一世紀以來不平等條約給中國人民帶來的災難」。[①] 原先持批評態度的輿論在北京政府終止中比條約後，也給予政府正面的評價，稱此舉為「破天荒之大英斷」。蘇、浙、贛、川等省工商界團體聯合聲明，稱：「我國人民一致公認顧維鈞為全國人民之代表，責司廢除一切不平等舊約，換訂雙方平等新約之任。無論何國之條約，顧代表均有全權，廢舊立新。」[②]

北京政府在自身統治遭遇嚴重危機之時採取如此果斷的行動，與南方政府在南北政治競爭中開始佔據上風密切相關。南方政府激進的廢約外交反襯了修約外交的保守，北伐軍在軍事上的節節勝利也迫使北京政府不得不調整包括外交在內的政策。終止中比條約可以增強北京政府在國內政爭中的合法性，這是顧維鈞做出這一決策的國內政治背景。

中比條約雖已宣佈終止，但作為外交總長，顧維鈞知道事情並未結束，善後問題仍須全力應對。11 月 9 日，顧維鈞在外交部內新成立的條約研究會首次會議上稱「修改不平等條約，不但人民希望，政府亦同此宗旨」，並指出此次終止中比條約「比較的似出於外交常軌之外」，「就約論約，作法理上之解釋，比國似較我有所根據」。因此，他認為，「此事吾國可認定係政治問題，非法律問題，若提倡提交國際聯盟大會，似較提交國際法庭為有伸縮餘地，

---

① 《顧維鈞回憶錄》第 1 分冊，第 357–358 頁。

② 《時報》1926 年 11 月 10 日、13 日，轉引自王建朗《中國廢除不平等條約的歷程》，第 196 頁。

且可喚國際間一般輿論界之同情」。對比利時將此事提交海牙國際法庭一事
表明看法。①

　　11 月 26 日，比利時政府正式向海牙國際法庭提交中比條約案。如何應
對比利時政府此舉，在條約研究會內產生兩種不同的主張。曾任國際法庭副
法官的條約研究會副會長王寵惠和條約研究會成員、司法總長羅文幹反對中
國出庭應訴。王寵惠認為，對國際法庭判決如予遵守不妨出庭，否則以不出
庭為好，若因判決不利而半途退出，反為不妙。羅文幹認為，中國對比約既
以政治手段始，自應以政治手段終，若一半用政治手段，一半用法律手段，
吃虧必大。以外交總長身份擔任條約研究會會長的顧維鈞則力主中國應出
庭，「我若不出席法庭，外人將謂我不但對比廢約，且對國際法庭，亦不肯承
認，影響甚大」，列強「將詆毀中國蔑視國際義務，違背公約，將來群起責難，
辦事更形棘手」。顧維鈞預判出庭「失敗必十居八九」，但此「失敗只限於比
約，不出席恐牽動全局，兩者相較，似還以出席為是」。而且，「我國一經派
員出席，此案必成世界問題，如數年前之山東問題，然或者能因此喚起世界
人士一部分之同情，收有一部分之效果」。②顧維鈞主張出席國際法庭，不僅
僅考慮中比條約一事，還顧及中國與列強主導的國際體系的關係。

　　條約研究會最後商議決定，徵求各駐外使館和著名國際法專家意見。在
國際法專家中，北京政府選擇了包括美國前國務卿藍辛在內的 4 人。除藍辛
建議中國暫緩答辯以待比利時下一步舉動外，其他幾位國際法專家皆認為中
國不能逃避或不應放棄出庭辯護，並提出了各自的應對建議。③

---

① 《條約研究會第一次開會成立會議錄》（1926 年 11 月 9 日），轉引自羅毅《外交系與北京政治：
　 1922–1927》，博士學位論文，復旦大學，2013，第 140 頁。
② 羅毅：《外交系與北京政治：1922–1927》，第 141–142 頁。
③ 唐啟華：《被「廢除不平等條約」遮蔽的北洋修約史（1912–1928）》，第 377–380 頁。

　　顧維鈞的主張與著名國際法專家相似，這是他以國際法處理外交事務的一貫主張。早在哥倫比亞大學讀書時，他指出的中國外交敗壞的三個原因中居第一位的就是「無法理之思想，朝野上下不知法理為何物」，顯示出以公法辦外交的思想。[①] 作為一個學國際法出身的外交官，他習慣按國際法來思考國際關係和辦理外交事務，並且重視中國做出的國際承諾。這是他認為中國應出庭的主要原因。

　　但是，中國國內的局勢發展和列強對華政策的變化使比利時政府不得不調整將方案提交國際法庭的做法。此時，南方政府發起的北伐戰爭迅速向北蔓延，北伐軍已進佔長江流域。南方政府反對北京政府的修約外交，主張立即廢除不平等條約。在中國民族主義浪潮的衝擊下，列強開始調整對華政策。12 月 18 日，英國提出對華新政策備忘錄，承認「中國政治上雖見分裂，而強有力之國民運動，已同時發生，其目的在要求國際之平等。此項運動，若不予以同情而加以諒解，殊不合於各國對華之真意也」。建議參加華盛頓會議各國應發表宣言，聲明待中國組成有權力之政府時，將與之交涉「修改條約之事及其他懸案」。[②] 英國這一舉動對其他列強對華政策（包括比利時處理中比條約）產生了極大影響。正如王正廷後來評論說，中比雙方「方在相持間，英國突然發表對華新建議案，頗於比國以甚大之衝擊。蓋比國在海牙訴訟，深仰英、法為之張目，英既表示同情於中國，比國頓失一種精神上之後援」。同時，中國留比學生在比國的宣傳和比利時民眾主張和平解決的呼聲，使「中比形勢，遂驟然變更」。[③]

① 顧維鈞：《中國外交私議》，《留美學生年報》1911 年。
② 復旦大學歷史系中國近代史教研組編《中國近代對外關係史資料選輯（1840–1949）》下卷第 1 分冊，上海人民出版社，1977，第 112–113 頁。
③ 王正廷：《中國近代外交概要》，外交研究社，1928，第 125 頁。

1927 年 1 月 5 日，已經因中比條約終止而失去公使身份的華洛思以私人名義會晤顧維鈞，尋求兩國關係的「補救之方」。顧維鈞告訴他，「現在唯一辦法，只有根據相互平等及尊重領土主權原則迅速議定新約」。華洛思一改之前與中方交往時的強硬態度，稱比利時政府在國內需應付國會內反對黨質問，因此希望中國在關稅最惠國待遇和比人在華法律地位等問題上有所表示，以使比政府「可得轉圜地步」。顧維鈞一方面堅持原則，直言比方不應提最惠國待遇，「免生無謂枝節」，一方面又靈活應對，表示願對比方要求給予「友好考量」，「以便早日開議新約」。①

比利時方面對顧維鈞的表態做出積極回應。1 月 12 日，華洛思再次會晤顧維鈞，告知比方已通知國際法院「停止一切行動」，同意兩國即時開議新約，還稱比利時政府為表示善意，將在中比議約開幕之日，自行宣佈將比利時在天津之租界交還中國。顧維鈞答稱，中國對比利時政府「終能明了中國現在民情」深感欣慰，請比方正式遞交照會，中方將立即答覆，並於 1 月 17 日開始商議新約。②

1 月 17 日，中比新約談判在外交部大樓正式開始。顧維鈞在開幕致辭中稱，比利時政府對中國政府建議以平等及互相尊重領土主權為基礎締結新約，予以友好之答覆，此為新約談判之基礎。「深信此次各表同情，互相了解，以進行談判，必能於極短時間內，得美滿之結果也。」華洛思在答詞中表示，在此次談判前，比利時政府將「凡足以破壞互相信任空氣之一切誤解，依中國之願望，加以消弭」，並宣佈將天津比利時租界交還中國，希望談判

---

① 《顧維鈞會晤華洛思》(1927 年 1 月 5 日)，王建朗主編《中華民國時期外交文獻彙編 1911–1949》第 3 卷下，第 946–948 頁。

② 王建朗主編《中華民國時期外交文獻彙編 1911–1949》第 3 卷下，第 948–949 頁。

「奏美滿之效也」。①

　　比利時政府對中國宣佈終止中比條約，最初沿襲列強對華一貫之強硬做法，企圖通過國際法庭迫使中國退讓，但最終不得不「依中國之願望」，回到談判桌前開議新約。這首先是民族主義浪潮下中國民眾廢除不平等條約要求的結果，但北京政府尤其是主持外交的顧維鈞堅持原則靈活應對，也為中比重開談判鋪平了道路。

　　但中比新約談判並沒有如顧維鈞所期望的那樣於短時間內取得成果。雙方談判先因停止國際法庭訴訟問題而延遲，待談判正式開始後，中方於 3 月向比方提交草約大綱。但此時北伐軍節節勝利，北京政府的統治搖搖欲墜，而南方政府也宣佈北京政府不能代表中國，不承認其簽訂的條約。於是，中比新約談判停止了。這再次表明，顧維鈞無法完全按他自己的意願開展外交活動，而是受制於國內政治的影響。

四　申張主權

　　1926 年 10 月顧維鈞再度出掌外交後還面臨着對外交涉中懸而未決的問題。首先就是萬縣慘案。這一年的 8 月 29 日，英商太古輪船公司「萬流」輪在四川雲陽江面撞沉中國木船三艘，溺死 64 人，其中 56 人為川軍楊森部官兵。當「萬流」號抵達萬縣時，楊森派官兵赴該輪調查出事經過，卻遭泊在江面的英國軍艦阻擾，並開槍擊傷川軍士兵兩人。英船這樣的撞沉事件此前已有數起，均未處理。楊森遂將停靠在萬縣的太古公司的「萬縣」號和「萬通」號兩輪扣留，以圖促使「萬流」號肇事案早日解決。9 月

---

① 王建朗主編《中華民國時期外交文獻彙編 1911–1949》第 3 卷下，第 951–952 頁。

5 日下午，英國軍艦從重慶、宜昌駛來，「用大炮轟擊縣城兩岸陳家壩南津街及省長行署等地，焚毀民房商店一千餘家，人民數以千計」，萬縣繁華之區悉為灰燼。[①] 事發後，北京政府外交部致函英國駐華使館提出交涉。英國使館於 9 月 20 日以節略形式致外交部，竟稱楊森扣留英船為事件發生之直接原因，甚至指責楊森行為與水寇無異，還聲明保留英政府對此案一切權力。

顧維鈞接手此案時，外交部對英方 9 月 20 日節略尚未答覆。他認為這一事件的性質是嚴重的，英國海軍這一恃強逞兇、蠻橫無理的行徑是與國際法原則和慣例背道而馳的。列強根據不平等條約獲得在中國內河航行的特權，並恃武力推行「炮艦政策」，在中國領土上製造事端，損害中國人民的生命和財產，已非鮮見。顧維鈞認為，中國必須對英國罔顧事實的節略做出回答，說明事件真相，從國際法角度說明事件的嚴重性，就此向英國提出抗議。抗議照會是顧維鈞本人精心起草的。照會首先陳述事件經過，反駁英國節略掩蓋事實真相、強詞奪理地稱炮擊萬縣為「自衛」的謬論，表明英艦所為是「蓄意用武」，嚴正聲明中國政府「不得不責成該英艦及太古公司對於此次不幸事件負其責任」。照會接着指出英艦在兩國邦交正常狀態下攻擊萬縣無辜平民，違反了國際公法，中國政府「對於此種任意損害生命財產之舉動，不能不痛加反對」。照會還指出，英艦在中國的內河航行權，雖有條約依據，但此種特權「他國斷不肯輕以授之外國兵船」，中國因已有條約，「故曲予容忍」，點出了此種特權的不平等性質。但英艦的行為「與條約規定之文字精神實相違反」，甚至超越了不平等特權。在照會中，顧維鈞代表中國政府「提出正式抗議，保留中國政府一切權利，以備將來另提充分賠償萬案生命財產損

---

① 方慶秋、吳菊英：《萬縣慘案電報一束》，《歷史檔案》1981 年第 1 期。

失之要求，以及其他公平解決之條件」。[1] 這份照會表明了中國政府對英艦炮擊萬縣損害生命財產的嚴正立場。它沒有就事論事，僅僅將事件作為中國與英國的一般糾紛，而是通過國際法來剖析英國行為的實質，揭示列強「炮艦政策」的不平等條約根源，將事件的處理納入整個修約外交的進程之中，努力維護中國主權。因此，顧維鈞自己十分看重這一照會，認為它成為處理此類事件的一個範例。[2]

罷免把持中國海關多年的英籍總稅務司安格聯，是這一時期顧維鈞維護中國主權的又一重要舉動，由此引發了一場外交風波。

1927 年 1 月 12 日，顧維鈞以國務院攝行大總統名義發佈總統令，宣佈自 2 月 1 日起開徵華盛頓條約所規定的關稅附加稅。次日，顧維鈞以外交總長名義照會各國駐華使館，請各國予以贊同。北京政府決定開徵附加稅，一方面是因為財政枯竭，急需籌措資金，顧維鈞由於主持內閣，徵收附加稅就成了他擺脫財政困境的主要途徑；另一方面，實行關稅自主收回中國喪失的主權是顧維鈞的一貫主張和願望，而徵收附加稅是實行關稅自主的過渡措施。早在巴黎和會開幕前，他就向美國表達了中國希望獲得關稅自主的要求。華盛頓會議期間，他代表中國提出關稅自主的要求，使列強答應在會後 3 個月內召開關稅特別會議，討論廢除釐金和徵收附加稅問題。但關稅會議遲至 1925 年 10 月才得以舉行，由於列強的阻撓和國內政局的動盪，會議在 1926 年 5 月停頓後再也無法復會，附加稅當然也無從開徵了。1926 年 10 月，南方的廣州國民政府向不平等條約發起衝擊，撇開外人控制的海關，開徵百分之二點五的內地稅。這一稅率與華盛頓會議規定的附加稅相同，可說

---

① 金問泗編《顧維鈞外交文牘選存》，第 354–355 頁。

② 《顧維鈞回憶錄》第 1 分冊，第 354–355 頁。

是變相的附加稅。列強的對華政策此時也開始變化。英國在 12 月 18 日提出的對華新政策備忘錄中，「力主各國對於華會附加稅，應以無條件准中國全國立行徵收」。[1] 這些因素合起來，使顧維鈞抓住時機，發出開徵附加稅的命令。

北京政府讓海關來負責徵收附加稅。自 19 世紀中葉列強用大炮轟開中國關閉的國門後，海關就在外人的控制之下。19 世紀末清政府在英國的要求下同意，在英國對華貿易額於各國對華貿易中佔第一位時，由英國人擔任中國海關的最高職務總稅務司。此時擔任總稅務司的安格聯就是英國人，自 1911 年任此職，已有 16 年了。安格聯不僅掌管着北京政府的財政主要來源關稅，還握有保管內外債基金的大權，是一位控制着政府財政命脈、可以在金融財政界呼風喚雨的洋大人。當時北京政府的內閣如走馬燈般更換，總理、總長任職的周期也越來越短，但總稅務司的位置卻穩如泰山。京城的政界流傳着這樣一句話：「總統易換，總稅務司難搖。」總稅務司名義上雖由中國政府任命，但安格聯對北京政府的命令向來以居高臨下的姿態不以為然。

北京政府宣佈徵收附加稅時，安格聯正離開北京南下上海、漢口等口岸城市。北京政府即電召其回京商討徵收附加稅事宜。安格聯非但不從命返京履職，反而向各地稅務司發出命令，拒絕徵收附加稅。稅務司易紈士（Arthur Edwards）根據安格聯的指示致信財政部和稅務處稱，海關只能徵收經條約批准之關稅，只有有關各國一致同意後海關才能徵收附加稅。財政總長湯爾和對此答覆說，徵收附加稅符合華盛頓條約的規定，安格聯認為附加稅超出華盛頓條約所允許範圍的看法是錯誤的，總稅務司是中國政府任命的官員，

應該執行政府交給海關徵收附加稅的命令。但安格聯仍拒絕聽從北京政府的命令。[①]

對安格聯這種傲慢無禮無視中國政府的做派，顧維鈞已非第一次領教。1926 年 6 月顧維鈞出任財政總長後，財政部官員建議他做的第一件事就是去拜訪總稅務司安格聯，並說之前的財政總長都是這樣做的。因為他雖是財政部屬下的官員，權力卻很大，財政部的債券沒有海關的擔保和總稅務司的點頭是無法發行的。不過，顧維鈞還是打破舊規，將安格聯約到了財政部來見面。但後來財政部要發行債券，遭到安格聯的拒絕，顧維鈞對此極為憤怒。此次安格聯再次抗命，顧維鈞當然無法容忍。

1 月 31 日，財政總長湯爾和呈文請免去安格聯總稅務司職務：「該總稅務司兼旬以來，逗留滬漢，既不回京供職，亦不將上項命令轉行各關稅務司遵辦，飭擬辦法，迄未據覆，多方借延，不惜貽誤要政。似此抗令玩公，不能忠於所事，實未便再予姑容。」當天，顧維鈞以國務院攝行大總統名義頒佈總統令，免去安格聯總稅務司職務，改派易紈士代理。[②]顧維鈞罷免安格聯，是對其抗命的懲處，但又任命一個英國人繼任，表明其並不完全拋開已有的慣例，不想由此引發與列強的激烈衝突。輿論對此看得很清楚：「政府中諸西洋博士，又洞悉外情，以為行使職權，只免其個人，仍尊重條約，決無關礙。」[③]

但在當時的中外關係格局下罷免安格聯，仍然是激烈之舉，在外交界引起巨大震動。總稅務司一職設立以後，中國政府雖名義上有任免之權，而實

---

① 張麗：《安格聯的平衡之策及其破產》，《蘭州學刊》2017 年第 9 期。

② 王建朗主編《中華民國時期外交文獻彙編 1911–1949》第 3 卷中，第 797–798 頁。

③ 《時報》1927 年 2 月 10 日，引自王建朗主編《中華民國時期外交文獻彙編 1911–1949》第 3 卷中，第 801 頁。

際上人選的決定權皆在英國政府手中。罷免的決定對列強把持中國海關要職的舊規是一個衝擊。中國輿論對此持肯定和支持的態度。《時報》指出「京中向有『總統易換，總稅務司難搖』之言」，安格聯此人「以洋財神之資格，據洋迷信之優勢，握財政金融之命脈（海關）十餘年，其本國及其個人所獲之利益，殆難數計，而於中國之利益，則算筋算骨，扣出扣入，毫不放鬆」。《大公報》的評論說：「北京政府突以迅雷不及掩耳手段，發表總稅務司安格聯免職令。自總稅務司用客卿以來，未有之創舉也。」《晨報》評論道：「安格聯向有太上財政總長之稱，既握海關全權，又負保管內外債基金之責，操縱金融，左右財政，歷來當局，無不仰其鼻息。而安格聯之允諾，可以生死內閣；安格聯之言動，又可以高低公債，雖安之濫用職權，有以致此，而官僚財閥迷信外人，實為主因，舉國人心之憤慨，已非一日。此次當局毅然罷免，無不痛快。」①

列強尤其是英國對北京政府的罷免令十分震驚。英國駐華公使藍普森（Miles Lampson）獲悉北京政府將罷免安格聯的消息後，在與顧維鈞會晤時，以強硬的口吻警告說，免除安格聯會使海關面臨崩潰的危險。罷免令公佈後的 2 月 1 日，藍普森到外交部，再次表達不滿，稱北京政府此舉「是對海關完整性的蓄意攻擊，是對迄今海關所保護的中外利益的毀滅性一擊」。②

2 月 7 日，在藍普森的倡議下，荷蘭、英國、法國、美國、日本和意大利駐華公使集體前往外交部面見顧維鈞。荷蘭公使歐登科（William Oudendijk）作為領銜公使代表各國公使對徵收附加稅和罷免安格聯提出抗議。藍普森直接詢問罷免安格聯的理由。顧維鈞回答，這是中國政府內部事

---

① 王建朗主編《中華民國時期外交文獻彙編 1911–1949》第 3 卷中，第 798–801 頁。
② 《藍普森致張伯倫》（1927 年 2 月 4 日），王建朗主編《中華民國時期外交文獻彙編 1911–1949》第 3 卷中，第 816 頁。

務，作為公使無權過問和干涉。藍普森又稱以關稅擔保的中國公債持有人和英國銀行代表的身份詢問，顧維鈞回答說，罷免安格聯的理由十分簡單，就是他「抗命」。藍普森稱這一指責沒有實質內容。在接下來的會談中，各國公使強調如果海關為北京政府徵收附加稅，南方的國民黨政權就將趁勢破壞整個海關行政的完整性。由於海關的完整對於北京政府的財政來源尤其是北京政府作為中央政府的合法性意義重大，對於各國公使這一語帶要挾的回答，顧維鈞只得調整語氣，表示北京政府將重新考慮整個問題。各國公使作為一個整體前來外交部專門談一件事本身就是一個不尋常的舉動，公使們的聯合施壓使顧維鈞十分不快，認為「這是一次不愉快的會見」。藍普森在會見後則認為，「顧博士似乎被我們說得有點不知所措」，「在爭論中遠不如平常能言善辯」。[1]

2月8日，內閣會議討論六國公使抗議一事，認為罷免安格聯事關國家威信，絕對不能退讓，但附加稅的具體實施可以重新考慮。會後，顧維鈞與司法總長並兼稅務督辦的羅文幹商量，決定請此時不擔任內閣職務的王寵惠去英國使館與藍普森溝通，探尋雙方都能夠接受的解決辦法。[2]

藍普森見王寵惠來訪，明白他來是為了找到令各方「保全面子」的解決辦法。在堅持讓安格聯復職還是謀求妥協之間，藍普森選擇了後者。在與顧維鈞的幾次會晤後他認識到，讓北京政府撤銷成命幾乎是不可能的，而由英國人繼任總稅務司是更為重要的問題。因為這事關英國利益，如果處理不當，會危及英國人繼任此位。幾經反覆，藍普森與王寵惠達成共識，對安格

---

[1] 《藍普森致張伯倫》（1927年2月15日）、《馬慕瑞致國務卿》（1927年2月8日），王建朗主編《中華民國時期外交文獻彙編1911–1949》第3卷中，第821–822、834頁；《顧維鈞回憶錄》第1分冊，309–310頁。

[2] 《申報》1927年2月10日，第7版；《顧維鈞回憶錄》第1分冊，第311頁。

聯的罷免改為准其請假回國，並由稅務處致函安格聯，嘉賞其勞績，一年內仍給予總稅務司待遇。[①]

2月10日，顧維鈞在關稅會議委員會上報告事件經過，稱「目下外交內政因此事轉多糾紛，不得不變通辦理，惟政府既已下令，自難撤銷，以損威信」，擬通過稅務督辦致函安格聯准假一年。參會的羅文幹、王寵惠、顏惠慶等均表同意。會議還決定，另立徵收附加稅處，附設於海關內，由海關與財政部會同辦理。[②]

罷免安格聯是北京政府在政權根基搖搖欲墜之際做出的超乎尋常的舉動。但顧維鈞說：「這不是一時的衝動，內閣從各種觀點的角度作了討論，在完全明了這次行動的意義和可能發生的各種反應的情況下作出了最後的決定。」「任何一個外國政府，如果它的官員像安格聯一樣行事的話，不論其職位多高，它也會像中國政府一樣將其革職。」[③]擔任過內閣總理和外交總長的顏惠慶的評論也持相同的看法：「從法治與政紀立場上看，此舉非常恰當有理。」[④]這與終止中比條約一樣，是出於維護中國主權而採取的行動。事件最終經妥協得到解決，一方面是時局使然，因為南北政權的對立，削弱了北京政府討價還價的籌碼；另一方面，也與顧維鈞處理外交爭端的理念有關，只要中國有所得，就可考慮做出一些讓步。他說過，「辦外交，要會爭，也要會讓，當爭的時候必爭，當讓的時候也必讓。只爭不讓，那就是下命令，強迫

---

① 《藍普森致張伯倫》(1927年2月15日)，王建朗主編《中華民國時期外交文獻彙編1911–1949》第3卷中，第822–824頁。

② 王建朗主編《中華民國時期外交文獻彙編1911–1949》第3卷中，第802頁；習五一：《論顧維鈞內閣徵收海關附加稅和罷免安格聯事件》，《民國檔案》1987年第1期。

③ 《顧維鈞回憶錄》第1分冊，第313頁。

④ 《顏惠慶自傳》，第205頁。

對方接受我的命令」。^①在安格聯罷免事件中，中國政府最終調換了倨傲無禮的安格聯，並且由財政部會同海關徵收附加稅，達到了預期的目的。

　　事件過去後，藍普森在給英國外交大臣張伯倫（Austen Chamberlain）的函電中寫道：「目睹安格聯離開中國，尤其是在這樣羞辱、令人惱怒的氣氛中離去，我很難過。」他還擔心由英國人擔任總稅務司的慣例「是否還能夠保持」，說明其至少已經不像以往那樣確定無疑了。安格聯在給藍普森的信中也表示，「很遺憾在這個關鍵時刻被迫放棄領導權」，不無傷感地承認離開的方式缺少了以往一直享有的「尊嚴」。^②從這兩封信中不難讀出「安格聯們」在失去了以往與中國人打交道時趾高氣揚的「尊嚴」後惱怒而無奈的心態，也可看到北京政府對安格聯罷免事件的處理衝擊了中外間的不平等關係，伸張了中國的主權。

---

① 楊玉清：《我所知道的顧維鈞》，《全國文史資料選輯》第 17 輯，中華書局，1990。
② 《藍普森致張伯倫》（1927 年 2 月 15 日）、《安格聯致藍普森》（1927 年 2 月 11 日），王建朗主編《中華民國時期外交文獻彙編 1911–1949》第 3 卷中，第 827、831 頁。

第五章

在派系政治的旋渦中

一　外交官登上國內政壇

顧維鈞職業生涯的大部分時間是在駐外使節崗位上度過的，但 1922 年回國後一直到北京政府垮台，卻有好幾年的時間在北京政府中擔任總長甚至總理。這正是民國歷史上政局最為動盪混亂的時期。作為一個已在國際外交舞台上嶄露頭角的外交官，顧維鈞身不由己地捲入到國內派系政治的旋渦中。

1922 年 5 月底，顧維鈞剛到北京不久，就遇上徐世昌被直系逼宮、黎元洪接替總統的政局動盪。6 月中旬，顏惠慶署理總理，出面組閣，最初請顧維鈞出任外交總長，後來因為內閣位置有限，轉請他擔任全國財政討論委員會委員長，雖不是內閣成員，也是一個政府職位。7 月底，顏惠慶離職。8 月 5 日，王寵惠代理總理，請顧維鈞出任外交總長。9 月 19 日，王寵惠正式組閣，顧維鈞繼續擔任外交總長。在直系趕走徐世昌之後的北京政局中，各種政治派別爭相角逐內閣職位，而向來與國內政治無甚干係的顧維鈞卻屢屢被邀入閣，甚至有輿論稱他可能出來組閣。[1] 而像他一樣的外交官顏惠慶和華盛頓會議代表王寵惠也於此時異軍突起，獲得組閣權。一批在外交界享有盛譽的外交官在這樣一個政治動盪期集中進入北京政治的中心，並不是偶然的，而是外交與內政互動的結果。

這年 2 月結束的華盛頓會議是晚清以來中國第一次沒有喪失反而爭回了一些國家權益的外交活動。外交官在國際上為維護國家權益所做出的努力在

---

[1] 《專電》，《大公報》1922 年 7 月 19 日，第 3 版。

國內各界得到廣泛認可，他們在國內的聲譽也因此得到提升。顧維鈞及與他一同出席華盛頓會議的王寵惠回國時都受到民眾熱烈的歡迎。王寵惠於 3 月回國，下旬到達北京時，各界集會予以盛大歡迎。[1] 顧維鈞 5 月回國初在上海受到的歡迎前已述及。5 月下旬到達北京後，北京大學、北高師等學校爭相邀請他去演講。北大校長蔡元培為顧維鈞至北大演講親撰啟事，稱「顧公使近年歷駐美英及在巴黎會議、國際聯盟、華盛頓會議之成績，全國共見」，「此青年外交大家，實我國大學學生之模範人物也」。[2] 6 月中旬，顧維鈞至天津小住，天津青年會及南開、中西、成美等多所學校紛紛邀請其前往演講。[3] 這都顯示出民眾對顧維鈞的高度肯定。值得注意的是，民眾對顧維鈞等華盛頓會議代表的肯定不僅僅在於讚賞其外交業績，還包括對其推進國內政治的殷切期望。北京學界代表在歡迎顧維鈞時就表示：「對於顧先生今後的希望，我們深信好的政治，是以民眾為基礎的，現在國內政治腐敗，達於極點。顧先生年壯力強，將來接重多多。我們希望顧先生今後不染一點舊官僚之習氣，仍本民意民情向前做去。」[4]

民眾將國內政治的希望寄予原本應在國際舞台上折衝樽俎的外交官，實在是出於外交與內政不堪之現狀。華盛頓會議結束後，國內民眾對按照華會上列強與中國的約定，開始修訂關稅和廢除領事裁判權等寄予厚望。但華會剛結束，國內就發生直奉之間的軍閥戰爭，隨後得勝的直系將徐世昌趕出京城，北京政局陷入混亂之中。關心時局的人們不僅擔心政局持續動盪下去，更對由此可能使華會成果付諸東流憂心忡忡。《大公報》上署名「遠公」的一

---

[1] 《歡迎王代表與贖路年限》，《順天時報》1922 年 3 月 25 日，第 2 版。

[2] 《北京大學日刊》1922 年 6 月 6 日。

[3] 《顧公使在津演講記》，《大公報》1922 年 6 月 16 日，第 10 版。

[4] 《歡迎顧維鈞代表誌》，《大公報》1922 年 5 月 29 日，第 2 版。

篇短文這樣評論顧維鈞在天津的演講：「吾人對於顧使表示極誠之歡迎，豈
非感其華會之功乎？夫顧使之勳猷，昭昭乎，婦孺皆知，無待吾人之贅述。
而聽其演說，不能無感焉。當此華府閉會，友邦所期望於我國，至於殷且厚，
而當事者，方鶩權利之爭，又孰有國家觀念者。國家乃吾民之國家，非少數
軍閥官僚政客之國家也。乘此絕好時機，吾民不自愛其國，求所以自立於世
界，而聽彼軍閥官僚政客之倒行逆施，不其將陷吾艱難締造之民國於萬劫不
復之地位。……試觀今日之時局，政爭迭起，兵禍相尋，貽吾民無窮之痛苦
者，非彼軍閥官僚政客乎？倘仍無所覺悟，不獨其依賴之積習，振其自決之
精神，吾恐內亂靡矣。則華會所得，終成泡幻。」[1]這一評論反映了當時許多
人的憂慮。

　　正是這種對時局的憂慮產生了蔡元培、胡適等人著名的《我們的政治主
張》，指出「中國所以敗壞到這步田地，雖然有種種原因，但『好人自命清高』
確是一個重要的原因」，主張「政治改革的第一步在於好人須要有奮鬥的精
神。凡是社會上的優秀分子，應該為自衛計，為社會國家計，出來和惡勢力
奮鬥」，並且認為正是好人不出來，所以總長、次長都被舊官僚佔去了，因此
號召「做好人是不夠的，須要做奮鬥的好人；消極的輿論是不夠的，須要有
決戰的輿論。這是政治改革的第一步下手工夫」。[2]因在巴黎和會與華盛頓會
議上的表現而得到國內民眾和輿論充分肯定的外交官，理所當然地被視為社
會上的優秀分子，並被寄予厚望。這是顧維鈞等回國受到熱烈歡迎的原因所
在。1922年底，《密勒氏評論》做了「中國當今十二偉人」的問卷調查，12
人中有顧維鈞、王寵惠、王正廷這三位參加過巴黎和會與華盛頓會議的外交

---

① 遠公：《顧使演說之感言》，《大公報》1922年6月16日，第7版。
② 《我們的政治主張》，《努力週報》第2期，1922年。

官,顧維鈞高居第三位,列在孫中山、馮玉祥之後。[①] 可見這些外交官在民眾心目中的地位。

不僅民眾和輿論如此,政界和軍閥也十分看重職業外交官。到 1920 年代初,外交部各級官員已由專業背景很強的職業外交官構成,其他人員已不可能進入這一專業化程度相當高的部門。因此不管哪一派政治力量組閣,外交總長一職不得不請職業外交官出任。而在第一次直奉戰爭後主導北京政局的直系比起其他軍閥派系尤為重視這批新崛起的外交官,直系趕走徐世昌後就主張新內閣中應包括華盛頓會議中國代表團的成員。這一時期政潮洶湧,內閣不穩。各派政治勢力相爭不下時,沒有派系色彩的外交官反而成為各派可以接受的人物。而當內閣總理難產時,名列各部之首的外交總長也因而成為優先考慮的人選。當然,更主要的原因還在於軍閥和政客都認為這些職業外交官能夠得到列強的認可,由他們出掌外交甚而組閣,整個政府更易得到列強的支持,而這在動盪的政局中是必不可少的。這也是顧維鈞這些外交官處理外交事務獲得很大自主空間的國內政治因素。而顧維鈞等外交官在辦外交的過程中,確也獲得列強的信任,使列強更願意看到由這些人執掌北京政府的外交部乃至內閣。1922 年 1 月華盛頓會議還未結束時,美國駐華公使舒爾曼就向兼代總理職務的顏惠慶表示,他的代理將有助於山東問題的解決。8 月初顧維鈞出任外交總長時,舒爾曼又稱:「中國外交得如公等者,本使敬為中國得人賀。」[②]

中國在華盛頓會議上取得的些許成果和會後中國國內政局迅速惡化之間

---

① 楊天宏:《軍閥形象與軍閥政治症結 —— 基於北洋時期民意調查的分析與思考》,《近代史研究》2018 年第 5 期。

② 王聿均:《舒爾曼在華外交活動初探 (1921-1925)》,《中央研究院近代史研究所集刊》第 1 期,1969 年。

形成的反差，使民眾在對時局憂慮之時寄希望於在國際舞台上有成功表現的外交官。直系對新崛起的外交官的看重，和列強對中國政局所具有的影響，更增強了外交官在動盪政局中的地位。在派系林立的北京政壇，短時間內集中進入內閣的這些外交官因此獲得了一個「外交系」的稱號。[①]

與這一時期的其他派系不一樣，「外交系」既不像直系、奉系那樣是一個掌握軍隊佔據地盤的軍事政治集團，也不像「政學系」或「研究系」那樣是一個有相對明確的首領、穩定的成員乃至固定的活動場所的政治派別。但這個由職業外交官組成的群體，又確實被政界與輿論作為一個單獨的派別與其他眾多派系相提並論。進入內閣擔任外交總長後，顧維鈞成為這一群體中的重要成員。

顧維鈞留學時選擇外交和國際法為自己的專業，就是立志要在外交方面為國效力，此時轉而介入國內政治，除了政局演變的客觀因素，還在於巴黎和會與華盛頓會議上的親身經歷使他對外交與內政間的關係有了新的認識。國內南北分裂、軍閥混戰不已的狀況，使他在對外交涉中備感非同尋常的艱辛。而華盛頓會議上通過的有關中國問題的決議，更使他期望國內有一個穩定的政局和一致的民意，以使中國在華盛頓會議上的所得能夠付諸實施。但現實卻令人失望。

顧維鈞在天津青年會演講時談到動盪的國內政局令他在對外交涉中遭受了窘迫和恥辱。他提到在歐洲時曾與一著名外交家談東亞局勢和中國遭強鄰

---

① 除了顧、顏、王寵惠三人外，未加入顏閣、王閣但在政界和外交界都有影響的王正廷被輿論列入「外交系」。在王閣中任財政總長的羅文幹雖無直接的外交經歷（擔任過華盛頓會議中國代表團顧問），但因與王、顧關係密切，也被看作「外交系」成員。還有於 1923 年初短暫回國的施肇基也被視為「外交系」成員。參見金光耀《外交系初探》，金光耀、王建朗主編《北洋時期的中國外交》，第 194–197 頁。

緊逼之狀況，希望其能支持中國，該外交家則反詰道：「何以中國以如是遼闊之幅員、富厚之天產、眾多之人民，竟不能自強其國，而反以外侮為憂乎？」顧維鈞坦言當時「心中百感俱集，幾至無詞以答」。而在華盛頓會議上，「鄙人與我國其他代表，將收回租界、中國關稅自由、撤回洋兵等案，竭力提出，希望各國表示同情於我，將各案通過。惟是各國代表對我代表所稱述者，非不極端表示同情。然至提議中國問題時，無不日現在中國內亂頻仍，南北尚未統一，收回領事裁判等事，今日尚非其時。當時鄙人等私衷之慚窘與憤慨，是非言語所能形容」。顧維鈞認為華會期間，美國輿論持同情中國、支持中國的主張，「無如我國內爭不息，坐使他人得所藉口，而所希望各事，亦竟不能如志，為可痛耳」。顧維鈞作這篇演講時，北京剛經歷了直系驅徐迎黎的鬧劇。有感於國內時局的現狀及對外交涉的親身經歷，他在結束演講時說：「現在大局日壞，南北至今分裂，吾人應早自決，以國民之資格，促進南北之統一。使強有力政府早日成立，則吾輩所希望者，又何難件件辦到。吾輩須知自決云者，須有一定之宗旨，譬如駕一葉之扁舟，飄搖於汪洋巨浸之中，只要認定一方向，則早晚終必達得目的地。不然，飄搖不定，日晚間必至觸礁沉沒。吾願諸君深味此言，並勿忘歐洲某大外交家反詰鄙人之詞。人人奮發圖強，則我國之前途，正有無窮之希望也。」[①] 在天津的另一次演講中，顧維鈞談到了國內民眾對外交的貢獻，認為巴黎和會的拒簽和華盛頓會議的結果皆與民眾的奔走呼號相關，並進而言道：「對外如此，對內亦然。望我青年，不分黨派，不分畛域，作全國一致之主張。廢督也，裁兵也，皆可迎刃而解。」而他本人回國後之最大希望也是「中國早日統一」。[②]

---

① 《顧專使在青年會之演說》，《大公報》1922 年 6 月 16 日，第 3 版。

② 《顧公使在津演講記（續）》，《大公報》1922 年 6 月 17 日，第 9 版。

　　與顧維鈞一同進入王寵惠內閣擔任財政總長的羅文幹在當時是這樣表述外交與內政關係的：「我國積弱由來甚遠。外交勝敗每以內政為衡。」「言外交者，必先言內政。內政不修，則無外交。」[①] 這可看作被稱為「外交系」的這批人的共識，也是他們最終捲入國內政治的主觀動因。正是基於這樣的認識，王寵惠和羅文幹都在胡適發起、蔡元培領銜的《我們的政治主張》上簽名。

　　顧維鈞一到北京，還沒投入政壇，就加入了王寵惠、羅文幹和胡適等人的朋友圈。這些人儘管有的在政界，有的在學界，但都有留學的經歷。顧維鈞在結束留學剛回國時就組織過歐美同學會，熱心聯絡歸國的留學生。到北京不久，他就與蔡元培、王寵惠、羅文幹一起發起了一個茶話會。茶話會的地點就在顧維鈞位於鐵獅子胡同的大院，所以他還是茶話會的東道主。顧維鈞的這所宅院已有 300 年的歷史，是明朝末年吳三桂為陳圓圓所建，佔地幾十畝，有小橋流水、長廊樓閣，共 200 多間屋子。顧維鈞剛到北京時，一位失勢下台的官員要避禍離京，但怕大院被沒收，就借給了他。後來，黃蕙蘭讓她的父親出錢買了下來，又花錢重新裝修，裝上了暖氣系統和浴室。

　　顧維鈞與蔡元培等發起茶話會的目的是「討論今日切近的問題」。6 月 20 日，茶話會在顧宅舉行。參加者除四位發起人外，還有胡適、丁文江、張君勱、蔣百里、林長民、陶孟和、李石曾等「二十多位歐美同學」，討論的主題是統一。胡適對茶話會很為讚賞：「這種談話會，無論怎樣無效果，總比那『群居終日，言不及義』的留學生生活要高一點。」因此他與羅文幹一起提議，繼續定期辦下去，每次由四五個人做主人。[②] 這樣，以後幾個月中，顧維鈞鐵

---

① 羅文幹：《獄中人語》，台北：文海出版社，1966，第 112、118 頁。

② 曹伯言整理《胡適日記全編》第 3 冊，安徽教育出版社，2001，第 704 頁。

獅子胡同的大院就成為學界和政界的歸國留學生聚會議政的場所。

6 月 27 日，第二次茶話會又在顧宅舉行，參加者多於第一次，討論的話題是中國是否要實行邦聯制。此後在 7 月 14 日的茶話會中討論了省自治的問題。[①] 茶話會討論的「今日切近的問題」都不是外交問題，而是國內政治問題。這些問題與顧維鈞在天津演講中提到的「廢督」「裁兵」一樣，都指向制止內亂、南北統一這樣的內政根本問題，表明他與參加茶話會的學界人物有相近的看法。

從顧維鈞到北京最初一個月的言和行，已可看出他對國內政治的關注和熱情。

二　內閣頻繁更替中的總長

從一個已有國際聲譽的外交官轉入國內政治舞台，顧維鈞最初並無準備也不太願意，不過因對內政與外交之關係已有一番認識，「勿忘歐洲某大外交家反詰鄙人之詞」，並深望「強有力政府早日成立」，所以他最終並非毫不情願地入閣擔任外交總長。

1922 年 8 月 5 日擔任王寵惠代理內閣的外交總長是顧維鈞進入北京政府內閣的開始。在黎元洪接替徐世昌的政局動盪期，直系吳佩孚主張由參加過華盛頓會議的代表組成內閣，王寵惠因此代理總理主持內閣。他首先想到的是請顧維鈞出掌外交，親往鐵獅子胡同顧宅密談兩小時，「共商新政計劃」，請顧入閣為自己幫忙。輿論稱顧與王「私交甚深，且同為外交系之中堅分子」。在王寵惠的力邀下，顧維鈞改變原來不入閣的想法，但聲明「專以王

---

① 《胡適日記全編》第 3 冊，第 710、728 頁。

代閣任內為度」。① 但一旦入閣，他的態度也就發生了變化。9 月 19 日，黎元洪在吳佩孚壓力下任命王寵惠署國務總理。當王寵惠對正式組閣裹足不前時，顧維鈞則從旁積極鼓勵。王內閣組成後，輿論稱「奔走有功者，厥惟顧維鈞」。②

在王寵惠的新內閣中，顧維鈞繼續擔任外交總長。時評稱他「為新外交系中特出之才，其外交學識尤長，久已膾炙人口。捨去英公使本職，就任外長，設非王署閣，顧決不肯輕允犧牲個人之宗旨」。③ 在這屆內閣中，總理王寵惠、財政總長羅文幹、教育總長湯爾和都署名於《我們的政治主張》，倡導好人要出來，組織一個好政府，因此這屆內閣也就被稱作「好人政府」。顧維鈞雖不是《我們的政治主張》的署名者，但與王寵惠和羅文幹均是顧宅茶話會的發起者，政治理念相同，又都被時人視為外交系，在新內閣中成為同道。王內閣得到吳佩孚的支持，因此輿論稱王寵惠內閣是「洛方（即吳佩孚）與所謂外交系結合成功」之結果。有論者則指出「好人政府」與「外交系」實際上是互為表裡的。④

「好人政府」登台，對之最為關注的莫過於《我們的政治主張》的署名者和顧宅茶話會的參加者了，而前者就是後者的核心成員。但他們對王內閣受制於吳佩孚頗為擔心。9 月 8 日，在顧宅茶話會上，有參加者請王寵惠就政府的計劃談談想法。「憲政的政府」「公開的政府」「有計劃的政治」是《我們的政治主張》中對今後政治改革的三個基本要求，前兩者一下子辦不到，因

---

① 《新內閣發表後之新形勢》，《大公報》1922 年 8 月 7 日，第 6 版。

② 《專電》，《大公報》1922 年 9 月 21 日，第 3 版。

③ 天籟：《王署閣果然實現矣》，《大公報》1922 年 9 月 21 日，第 2 版。

④ 《王內閣發表之經過（二）》，《申報》1922 年 9 月 23 日，第 10 版；羅毅：《外交系與北京政治：1922–1927》，第 59 頁。

此參加者就提出了第三點。但被動盪政局搞得焦頭爛額、此時還沒完全下決心正式組閣的王寵惠沒好氣地回答：「那能有工夫做計劃？」茶話會的氣氛由此緊張起來。顧維鈞忙起身說：「今天天太晚了，下回再聚會，請諸位即用『今日政治計劃』做討論的題目。」胡適對顧維鈞出面打圓場稱讚道「少川究竟是漂亮的人」，但又稱若王寵惠說此話，豈不漂亮？[①]茶話會因王寵惠等人入閣產生了明顯的分歧。

9月22日，即王寵惠新內閣組成三天後，顧宅茶話會的爭論更為激烈。王寵惠到會就大發牢騷，稱除了應付財政危機造成的「吃飯」「過節」問題，別無政策。胡適發言則回應顧維鈞前次會上出的討論題目「今日政治計劃」，提出應「消除奉直私鬥」，實際上是要王內閣表明不受直系吳佩孚控制的立場。擔任過總統府外交委員會秘書的葉景莘說，「希望王內閣用華盛頓會議的議決案作大政方針的依據，這個內閣可叫做『華府會議善後的內閣』。一切政策都可包在這個大題目裡」。蔡元培馬上呼應贊成：「王內閣在今日大家的眼裡只是一個洛陽武人的內閣；若能用華府會議作標題，可以使王內閣的旗幟一新。」參加者也都贊同。眼看王寵惠成為眾人指責的對象，顧維鈞又出來為王解釋：「亮疇不是全無計劃，不過他此時迫於現狀，不願作空談……」[②]

顧維鈞「迫於現狀」的解釋，確實道出了王寵惠內閣也包括他自己入閣後面臨的困境和無奈。「外交系」登上政壇時，社會聲譽甚佳，各界期望很高，擁有相當的政治資源。但他們能夠入閣和組閣，靠的是直系的支持，因此在國內政治中並無多少自己的施展空間。顧維鈞稱王寵惠「不願作空談」，

① 《胡適日記全編》第3冊，第790–791頁。

② 《胡適日記全編》第3冊，第804–806頁。

可看作他對茶話會上各種對王內閣批評及建議的含蓄回應，進一步顯示出顧維鈞、王寵惠這些入閣者與以在野身份議政者之間的分歧。兩撥人之間的關係因入閣者越來越深地捲入國內政治而不可避免地走向破裂。10月27日，顧宅茶話會上，王寵惠和羅文幹又大發牢騷，使其他人都不滿意，最後蔡元培提議茶話會停止，要開也須等王寵惠等退出內閣之後。這表明入閣者與在野者之間的矛盾已無法調和，大家坐不到一起了。胡適對茶話會上三位入閣者的評論是：「亮疇竟是一個無用之人；鈞任（羅文幹）稍勝，但也不能肩此重任；少川稍鎮靜，頭腦也稍明白，但他終為羅、王所累，不能有為。」[1] 在胡適看來，顧維鈞是入閣三人中頭腦稍明白因此也稍鎮靜的。而這三人中，顧維鈞之前是一個職業外交官，他實際上延續了辦外交的處事方式。

面對錯綜複雜、變幻莫測的國內政治，顧維鈞確實是以辦外交的經驗來辦「內交」的。茶話會的停辦只是原先志趣相近的朋友圈的分裂，雙方的爭執還只在唇槍舌劍，而其他派系對內閣的攻擊是顧維鈞入閣面臨的更嚴峻的挑戰。

王寵惠內閣得到直系洛（陽）派吳佩孚的支持，吳的心腹孫丹林和高恩洪分別出任內務和交通總長，成為內閣的重心。輿論對此看得十分清楚：「王亮疇不過為洛陽傀儡，而孫丹林、高恩洪實操中樞之全權。王氏胸無所主，每有國務會議，輒聽由孫、高把持。」[2] 這招致直系中（天）津保（定）派的嫉妒，他們暗中策劃倒閣。而國會中的各政治派系對新內閣也不滿意，尤其是眾議院議長吳景濂。吳景濂是在民國政壇上翻滾了多年的政客，掌握着國會中最大的政治派系益友社，一直覬覦着內閣總理的權位。直系趕走徐世昌後

---

① 《胡適日記全編》第3冊，第870頁。

② 《傀儡內閣動搖之內幕》，《民國日報》1922年10月20日，第3版。

引來的總統黎元洪在內閣與國會之間則偏向內閣。顧維鈞是這樣描述入閣後所面臨的複雜政治關係的：「以內閣為一方，以總統為一方，以國會為第三方，再加上所謂的『實力派』，這就再次形成了一種四角安排。」對政府的實際工作來說，這種關係使「互相之間的政治利害衝突一直非常激烈」。[①]

內閣成員確定後應將名單提交國會批准，但吳景濂一派放出風聲，稱會對孫丹林和高恩洪投否決票。王寵惠為了不使國會得到推翻內閣的機會，就決定不將內閣名單提交國會。吳景濂當然不能容忍這一無視國會的行為，不斷催總統黎元洪將內閣名單送到國會，黎元洪則不予理會。內閣與國會的摩擦促使財政總長羅文幹拒絕給國會支付必要的經費，吳景濂就帶着議員登門找羅文幹索取國會經費。內閣與國會的衝突逐步升級。

在這場與國會的衝突中，與王寵惠和羅文幹相比，顧維鈞仍然「頭腦明白」、處事鎮靜。按他自己的話說，「擔任了內閣與國會之間的聯絡員」。[②] 王寵惠不願出席國會接受質詢，有幾次顧維鈞就代表內閣去國會，他認為這是根據憲法行事。面對議員的質詢，他態度誠懇，有禮貌地回答，盡可能說明真實情況，因此得到議員們的鼓掌歡迎，稱其應付質詢很得體。他還有意識地以「中國式方法」處好與議員的關係，同時宴請議員和內閣各部總長，客人常多達三五桌，盡力疏通各方關係。有一次，顧維鈞在外交部大樓設宴，請了國會領袖和內閣成員，希望讓雙方坐到一起進行說和。但吳景濂一見到王寵惠就直面斥責：「你是總理嗎？你是甚麼總理？你對憲法還有絲毫尊重嗎？」儘管顧維鈞忙打圓場說：「別提這些事了，我們喝酒！」宴會還是不歡而散。《申報》獲悉此事後評論道：「顧維鈞之宴會席上，吳景濂與王寵惠互

---

① 《顧維鈞回憶錄》第 1 分冊，第 246 頁。

② 《顧維鈞回憶錄》第 1 分冊，第 249 頁。

相詆諆，面紅眥裂，不歡而散。則國會之於內閣已到極端地步，直不可掩之事實也。」[1]

《申報》評論稱國會與內閣關係「已到極端地步」，這一看法一針見血。11 月 18 日，吳景濂以財政總長羅文幹簽訂奧地利借款展期合同有瀆職受賄行為，逼總統黎元洪下令拘捕羅文幹。當天晚上，顧維鈞參加海軍總長李鼎新在海軍俱樂部舉行的宴會，包括羅文幹在內的內閣成員都參加了。但宴會後剛回家，顧維鈞就得到羅文幹在家中被軍人帶走的消息。[2] 這就是政壇上轟動一時的「羅案」。

「羅案」是吳景濂在津保派支持下打擊王內閣及其背後洛派的舉動。吳佩孚最初對吳景濂的做法予以駁斥，但在津保派首領曹錕支持將羅文幹案交法庭後，也只得表示靜候法庭的判決了。沒有了吳佩孚的支持，王內閣也就無法延續下去了。11 月 25 日，顧維鈞與王寵惠一同辭職，「好人政府」只維持了兩個多月就垮台了。此時距顧維鈞出任外交總長僅 111 天。兩天後，眾議院又通過了查辦顧維鈞的議案，稱顧作為外交總長預聞奧地利借款合同，應一同懲辦。[3]

「羅案」是顧維鈞進入國內政壇後遇到的第一次挫折。他與王寵惠、羅文幹三人被北京的外國使館圈視為得到吳佩孚保護的「進步的自由主義的少年中國派」，王內閣的倒台被看作這些年輕有為的政治家的出局。[4] 這些被視為「外交系」的人遭到吳景濂等政派的攻擊，根本原因是他們被看作吳佩孚洛派操縱內閣的工具，由此成為派系衝突的焦點。輿論對此有精到的評論，

---

[1] 《顧維鈞回憶錄》第 1 分冊，第 249 頁；《申報》1922 年 11 月 19 日，第 6 版。

[2] 《顧維鈞回憶錄》第 1 分冊，第 250–251 頁。

[3] 《申報》1922 年 11 月 29 日，第 6 版。

[4] Robert Jarman, eds., *China Political Report*, Archive editions limited, 2001, Vol. 2, p. 437.

「此次閣潮如為排斥外交系而生，則如此結果可以暫安」，但如為國會以及直系內保洛派之暗鬥，「仍不能一朝安也」。[1] 因此王閣倒台後，各政派又開始了新一輪的爭鬥。

此時的北京政壇，不管哪一派得勢，都不得不倚重職業外交官來掌管外交。顧維鈞辭去外交總長後，王正廷、施肇基兩位參加過巴黎和會與華盛頓會議的外交官先後被請出，短暫擔任外交總長，王正廷還同時代理了20多天的總理職務。施肇基被提外長最終未能在國會通過，當時有報道指出這與眾議院議長吳景濂相關，吳欲另提他人，「以鏟除外交系」。《申報》則稱「系議員多數忌克華府會議出力人員」，足見此時其他政派對半年多來外交系在政界影響驟長之忌憚了。[2] 此後由並非職業外交官的黃郛出任外交總長，其間曾邀顧維鈞、王寵惠、施肇基等商議外交事務，[3] 但黃郛很快因「金法郎案」辭職。這樣，外交總長一職又成為政壇的焦點。此時的內閣總理是在倒王寵惠內閣時興風作浪的張紹曾，他生怕出現沒有外長而無法維持內閣的局面，於是在1923年4月初，不待顧維鈞同意就下令派其署理外交總長，可見顧維鈞這樣被視為「外交系」的人物已無法從北京政壇上輕易「鏟除」了。「羅案」後不到半年，顧維鈞又成為輿論關注的中心。

胡適知道此消息後，以誠懇的口吻給顧維鈞寫了封信：「我以為張內閣非可與共事之人，而今日之民氣與國勢皆不足為外交後盾。此次，先生出任外交，別無他種正當之 justification（理由），只有『為國家而犧牲』一個動機尚可得國人的原諒與佩服。先生如果真是為國家外交的重要而出，則不可不

[1] 《內閣改組說》，《申報》1922年11月26日，第3版。
[2] 《專電》，《大公報》1923年1月25日，第3版；《國內專電》，《申報》1923年1月26日，第3版。
[3] 張梓生：《中日二十一條交涉之解剖》，《東方雜誌》第20卷第4號，1923年，第20頁。

先有幾種基本的主張：對中日的問題，究竟希望爭到甚麼地步？對中俄的交涉，究竟希望如何進行？……若先生久已胸有成竹，自不妨忍暫時的苦痛，以圖政策之進行。若對於這些問題本無主張，徒以情而難卻，輕於一試，則先生進退失據，徒為一班無恥的政客作『掮末梢』之器，那就不免使我們大失望了。」[1] 胡適是以朋友身份來勸顧維鈞不要出掌外交的。

顧維鈞聽到張紹曾要攬他入閣的消息後，就去面見總統黎元洪，表示擔任外長一職國會能否通過是一問題，而本人也無此能力，請黎「另行物色賢能，以免貽誤外交」。[2] 顧維鈞不願再度出任外長，還有一個原因就是「羅案」尚未了結，羅文幹仍在被拘押之中，而他本人也因該案被國會查辦，因此他堅持以「羅案」解決為出任前提。顧維鈞雖不願馬上接任外交總長的職位，但他的想法與胡適勸阻他的理由是不同的，因此並沒有關死入閣的大門。

但「羅案」尚未解決、外交總長一職仍虛位以待之時，北京政局急劇變化，直系開始上演逼黎元洪交印的鬧劇，以為曹錕登台鋪平道路。此時發生不久的臨城劫車案尚未解決，列強中對中國進行「國際共管」的呼聲甚囂塵上。內亂外患更突顯了「外交系」在政局中的特殊角色。與一年前直系驅徐迎黎時相比，由於有了 1922 年下半年的政壇經歷，顧維鈞和「外交系」其他人在直系導演的這一幕政治鬧劇中顯得要老練多了，並不完全是被動的角色。

6 月上旬，直系逼宮日緊，黎元洪先後請顏惠慶、顧維鈞出面組閣，希望依靠直系能夠接受的「外交系」渡過難關，保住總統的職位。顧維鈞與顏惠慶對黎元洪的邀請均有允意，兩人雖暗中有競爭，但還是互相予以支持。黎元洪最初屬意顏惠慶，顧維鈞曾至顏府勸其出山。顏惠慶退卻後則極力薦

---

① 《胡適日記全編》第 4 冊，第 13 頁。

② 《顧維鈞長外已定之情形》，《益世報》1923 年 4 月 6 日，第 3 版，轉引自羅毅《外交系與北京政治：1922–1927》，第 83 頁。

顧以代己。6 月 8 日中午，黎元洪在總統府邀顧維鈞、顏惠慶、王正廷等「外交系」人士午餐，席間討論由顧出面組閣事，至席散時此事業已確定，顧維鈞對此並不拒絕。但當晚回家後，有人告訴他黎元洪一日不離京，政局一日不安，勸阻他不要助黎。於是，顧維鈞即打電話給黎元洪，堅拒組閣。但此後幾天，顧維鈞、顏惠慶、王正廷相互間以及與黎元洪、張國淦等人之間走動仍十分頻繁，東廠胡同黎府幾乎每日都有顧、顏、王的蹤影，直至 13 日他們一起送黎出京。①

　　黎元洪被逼走後，直系為維持北京局面，並為在外交上取得列強對變動後政府的承認，迫切需要外交系參加甚至主持新內閣，尤其力促顧維鈞就任外長。② 國會中與直系有關聯的議員也致函顧維鈞，催促其早日就職：「閣下自派署以來，謙讓未遑，莫肯就職，同人等曾一再敦促，未蒙採納。」如今政局變化，「敦請閣下，旦夕就職，出任艱巨」。③ 而一部分反直議員則離開北京，與其他反直派為阻止直系掌權，紛紛反對「外交系」加入內閣為直系撐台。包括顧維鈞在內的「外交系」因此捲入了政治旋渦的中心。當時《順天時報》一篇評論從列強的角度道出了外交系在北京政局中的重要性：「由外國而觀，北京政府所以較廣東政府、黎氏政府更為重要，再申言之，北京政府所以為內外所重視者，因有外交總長之故也。由斯而觀，外交總長一席之虛懸，實為內外輕視北京政府之原因。倘長此久懸不決，恐難免滅亡之虞，此

① 章伯鋒、李宗一主編《北洋軍閥 (1912–1928)》第 4 卷，第 256–260 頁；《民國日報》1923 年 6 月 12 日，第 3 版；《益世報》1923 年 6 月 10 日，第 3 版，轉引自羅毅《外交系與北京政治：1922–1927》，第 88 頁。

② 《本社專電》，《民國日報》1923 年 6 月 24 日，第 2 版。

③ 《攝政內閣大起暗潮矣》，《益世報》1923 年 6 月 23 日，第 3 版，轉引自羅毅《外交系與北京政治：1922–1927》，第 94 頁。

直派所以竭盡一切手段，而促顧外長就職也。」①顧維鈞與顏惠慶、王正廷等「外交系」中人此時對北京政局這潭渾水已有切身的了解，明白直系中有津、保、洛的分歧，國會內又有各派的紛爭，因此採取較為謹慎的態度，對直系邀請既未堅拒，也未慨然允諾，而是稱「尚在審慎考慮之中」。②7月初，在反直輿論的壓力下，顧維鈞離開京城暫避風頭，赴西山「養病」。③顏惠慶與王正廷也都暫離京城。

但至7月中旬後，京城各種勢力尤其是直系內各派請「外交系」出山的呼聲日高，暫時主持內閣的高凌霨更是力邀顧、顏、王三人同時入閣相助。吳佩孚的心腹白堅武也給吳獻策，讓他電催顧維鈞「趕行就職，維持內外現狀」，並要吳給曹錕等發電請他們也勸顧就職，稱顧與財政總長王克敏若不就任，「京況益難矣」。④7月中旬，顧、顏、王三人幾乎同時返回京城，顧維鈞並對報界表示要顏惠慶、王正廷一同上台方肯就職。⑤

在直系的力邀下，7月23日，顧維鈞宣佈就任外交總長，不過顏惠慶、王正廷並未能隨他同時入閣。在同記者談話時，顧維鈞稱此舉「專為外交」，因為「數月以來，外交積案甚多」，並表示「外交一事，本應超出國內政治旋渦之外，國內黨派紛競，不過閱牆之爭，仍屬一家之事。茲因此而曠廢對外必要之處置，致列強失其交涉之對手，則影響於國際地位與國家資格者，危險莫可言狀」。他聲稱作為外長，「決不為一方有所活動」。⑥但從當時報刊

---

① 《顧外長之就職》，《順天時報》1923 年 7 月 25 日，第 2 版。

② 《顧少川出處未定》，《大公報》1923 年 6 月 28 日，第 2 版。

③ 《專電》，《民國日報》1923 年 7 月 7 日，第 2 版。

④ 《顏、顧、王之態度》，《晨報》1923 年 7 月 14 日；《白堅武日記》，第 429 頁。

⑤ 《民國日報》1923 年 7 月 12 日、14 日。

⑥ 《顧外長昨午就職情形》，《大公報》1923 年 7 月 24 日，第 2 版；《申報》1923 年 7 月 24 日，第 4 版。

報道所透露的信息來看，顧維鈞在拖延月餘後此時就職，並不僅僅是其個人「專為外交」的行為。有媒體稱，顧維鈞就職前與顏惠慶、王正廷一起商定，由顧先上任，顏、王再謀登場。而就在顧維鈞上任 4 天後，馮玉祥出面邀集各方人士，提出請顏惠慶出掌農商並兼總理、王正廷出掌司法。①《東方雜誌》的一篇時事評論對此時的「外交系」做了這樣的分析：「平常所稱為接近直系的外交系，實並不完全為直派而活動，又不曾出力幫助直派以打擊反直派，頗可稱之為中立派。外交系七月底因直派想利用他們加入內閣以裝門面，曾有組織超直派內閣的企圖，當時傳說，顏惠慶、顧維鈞、王正廷將乘保定改造內閣的時機拉王克敏及二三名流組織超直派內閣，一面藉以打破『直派即中央』的北京政局，一面以中間人資格向反直派說話，以便進行解決時局。」②外交系組織「超直派內閣」的意圖和活動，只是輿論的推測。不過，自 6 月初以後顧、顏、王三人來往密切，共商進退，並在政局動盪之際躍躍欲試卻是有跡可循的。顧維鈞與顏、王等人此時欲參加內閣，固然主要出自外交上的原因，期望以此結束無外交當局處理中外交涉的局面，盡力維護中國的國際地位，但對整個政局並非毫無想法。顧維鈞在就任外交總長後對外國記者說：「中國目下因政治上之發展，不但經過一種危險的過渡時期，且政府反得一種極大之經驗。中國之共和政體，此時係一試驗時期，亦為亞洲所僅有者。」③這番專向外國媒體表達的看法，透露出這些有留學美國背景的外交官對共和政體在中國發展的期望，這也可說是他們參與內閣的一個潛在動因。

①《本社專電》《馮玉祥職權的上帝化》，《民國日報》1923 年 7 月 25 日第 2 版、7 月 29 日第 3 版。

②《時局遷延中各方內部的活動》，《東方雜誌》第 20 卷第 13 號，1923 年，第 3–4 頁。另一篇時評則提到「外交系諸人據傳竟有要保定通電停止最高運動的要求」，見《長期政變中的國際共管聲》，《東方雜誌》第 20 卷第 12 號，1923 年，第 9 頁。

③《顧外長與外報記者之談話》，《順天時報》1923 年 7 月 27 日，第 2 版。

顧維鈞出任外交總長結束了黃郛離職後內閣無外長達 4 個月的局面，也使掌控內閣的直系得以全力以赴推進「最高問題」，將曹錕推上總統之位。因此不管顧維鈞如何表白入閣「專為外交」，「超出國內政治旋渦之外」，「決不為一方有所活動」，反直各派均視顧維鈞入閣為投靠直系，助曹錕上台。國民黨系的褚輔成率領離京國會議員致書顧維鈞，駁斥其所謂專為外交、維持國際地位的言論：「所謂維持國際地位者，無非運動外人承認北京之偽政府耳；所謂維持全局安寧者，無非斷送國權、挹注外資，以燃北京殘局之死灰而助直派之戰費耳。」並告誡顧維鈞：「國人以滿腔之熱誠期待我公者甚遠大，而公乃勇於自殺、為虎作倀，此真傀儡公者所快意，而愛護公者所痛心也。一念之差，迷途未遠，望公熟思，及早回頭。若其執迷不悟，是公自絕於國人，而國人必有以處公者矣。言盡於斯，惟公自擇。」[①]

楊永泰領銜的另一批離京議員以更犀利的語言斥責顧維鈞：「悍然竟就偽職，好官自做，人言何恤。」並嘲諷其所憑藉的外交聲望：「足下遭逢時會，少年知名於國際，雖華而不實，器小易盈，然能進之以鍛煉，不得謂非前途有望之器也。僕等本愛人以德之義，竊懼其墮入濁流，使白圭有玷，雖曰可磨，君子終惜其非完璧焉。故不惜時以不入耳之言來相勸勉，弗圖足下炫於目前之虛榮，而甘為軍閥亂黨之鷹犬。」最後以嚴厲的口吻敦促顧維鈞懸崖勒馬：「足下果猶有絲毫之天良未盡泯沒者，則請速自斷決，孑然引去，猶不失為知幾之明哲也。若必戀戀不捨，積怨既深，終有報復之一日。語云：千夫所指，不病而死。請足下自思果有抵抗民怨之毅力否耶？苟其無之，則懸崖勒馬，急流勇退。」[②]

---

① 《離京議員覆顧維鈞書（其一）》，《申報》1923 年 7 月 30 日，第 6 版。
② 《離京議員覆顧維鈞書（其二）》，《申報》1923 年 7 月 30 日，第 6 版。

　　反直政派之外，原先參加顧宅茶話會的學界人物也加入抨擊的行列。幾個月前胡適尚以誠懇的口吻勸顧維鈞不要「為一班無恥的政客作『掮末梢』之器」，此時胡適主辦的《努力週報》刊發多篇文章對其進行猛烈的批評。一篇題為《中國的泰勒蘭》的文章，將顧維鈞比作 19 世紀初縱橫捭闔於維也納和會的法國外交家塔列朗，以尖刻的語言奚落他：「顧維鈞自負其才，甘為人用。唐少川（紹儀）可以用他，袁慰亭（世凱）可以用他，陸子欣（徵祥）、徐菊人（世昌）也可以用他。將來何論甚麼人具有實力，全都可以用他。倘使為好人所用，他也可以做些好事體；倘使為壞人所用，也就可以做些壞事。他本是一個『人用之才』，隨人轉移，我們也不必用『審慎出處』的話去勸勉他。」①如前所述，顧維鈞內心確以塔列朗自許，這篇文章點出了顧維鈞以外交之才甘為當政者所用的要害。

　　其他報刊也充滿類似的批評。《民國日報》連續幾日以《全國共棄之顧維鈞》為標題，刊登各界批顧的言論。一則消息稱，顧維鈞派人接其母親去北京，但其母因顧助曹而拒絕，反敦促顧離京回南方，並言：「兒不來，此生不復相見。」女權同志會獲悉後致函顧母，對其行為大加讚賞後又請其「嚴詞責訓，再電京師，促少川先生敝屣榮華，克日南下，庶令譽得之挽回」。也有人公開致函顧維鈞，痛斥其「卿本佳人，何為作賊」。②

　　此時輿論對顧維鈞的尖刻而激烈的批評，與一年多前他剛回國先經上海後到北京時的一片讚譽形成強烈的反差，「青年外交大家」成了「為虎作倀」的幫兇。直系逼走黎元洪就是要將曹錕推上總統之位，司馬昭之心路人皆知，此舉遭到其他各派政治力量和社會各界的強烈反對，顧維鈞卻為其火中

---

①　顧實：《中國的泰勒蘭》，《努力週報》第 65 期，1923 年 8 月。

②　《全國共棄之顧維鈞》，《民國日報》1923 年 7 月 25 日第 10 版、7 月 27 日第 10 版。

取栗，遭到輿論的痛斥也就不足為奇了。

1923 年 10 月，曹錕賄選當上總統後，在外交上充分信任顧維鈞。內閣中有直系閣員欲干預外交官的任命，曹錕明確表示：「顧先生辦外交有經驗，我把這攤工作完全委託給他，你們為甚麼要出來干預？這件事完全由顧總長決定。」[1] 幾次內閣變動，都有人提出要更換外交總長，但均遭曹錕拒絕。曹錕將外交完全放手交給顧維鈞，固然因為在當時的中外關係格局下，與列強駐華使館保持正常的聯絡是北京政府生存的必要條件，而此事只有委諸顧維鈞這樣的外交官，但也與曹錕、吳佩孚比其他軍閥更看重顧維鈞有關。直系的倚重和信任給了顧維鈞相當的空間可以按自己的意願在外交事務方面施展身手，而在派系林立的北京政治中這又反過來使得他十分注重與直系包括直系內各派之間的平衡關係。直系因外交而倚重顧維鈞及外交系，外交系因要開展外交並立足政壇亦不能沒有直系的支持。這一時期特殊的內政和外交環境使直系和外交系之間形成了一種互相依靠的共生關係，當然這一共生關係並不是對等的。

顧維鈞出任內閣職務時表示是為維持國家體面而盡匹夫之責，這未嘗不是實話，但一旦進入政壇，其實無法完全抵禦權力的誘惑和侵蝕；而且隨着在政壇中越陷越深，他也增加了對權位的迷戀。黃蕙蘭對此看得很清楚，顧維鈞「並不討厭來自他的地位的權勢和榮譽」。[2] 外交系中其他人在這一點上也都相似。1924 年 1 月中旬，當顧維鈞、顏惠慶、王寵惠都成為內閣總長後，王正廷就對能否也成為內閣一員十分在乎，甚至含蓄地威脅如未能如願將參加其他派系。[3]

---

① 《顧維鈞回憶錄》第 1 分冊，第 268 頁。

② 黃蕙蘭：《沒有不散的筵席 —— 顧維鈞夫人回憶錄》，第 132 頁。

③ 《顏惠慶日記》第 2 卷，第 110 頁。

　　北洋時期政局的特點就是動盪多變，而顧維鈞由於曹錕的信任，從 1923 年 7 月起連續擔任外交總長達 1 年 4 個月，在其他總長頻繁更換的情況下，實屬罕見。1924 年 7 月初，孫寶琦辭去總理職務，按總理缺席由總長中排位第一的外交總長代理的規定，曹錕任命顧維鈞代理總理。顧維鈞推辭不准後接受了這一職位。這一代理時間不算太長，9 月 14 日，顏惠慶出任總理。在組閣過程中，顏惠慶考慮過由自己兼任外交總長，而安排顧維鈞去擔任農商總長，但曹錕堅持外交總長還是要顧維鈞擔任，甚至寧可放棄讓顏惠慶任總理也要讓顧留任。① 於是顧維鈞在顏惠慶內閣中繼續擔任外交總長。

　　顏惠慶內閣是一個短命內閣。在顏內閣成立後的第一次內閣會議上，顏惠慶副署了曹錕對奉系的討伐令，幫助直系完成了開戰的法律程序，隨之第二次直奉戰爭在關內外打響了。直奉雙方正激戰之際，10 月下旬直系陣營的馮玉祥陣前倒戈，率部殺回北京逼曹錕交出總統大印，顏惠慶內閣也一同倒台。顧維鈞不得不離開了外交部。

　　像當時絕大多數下台或失意的政治人物一樣，顧維鈞離開北京後去了天津。他在天津有自己的房產，在天津小住一陣後南下上海。隨後一年多的時間中，顧維鈞沒有官職，但仍與政界人士保持接觸，了解政壇的種種動向，尤其是外交方面如關稅會議的進展。1925 年 11 月，顧維鈞應吳佩孚之電召趕往武漢，吳就關稅會議事「面授機宜」，請顧與各國公使和商人溝通，轉達吳的意見。② 他還經常與羅文幹、湯爾和在吳佩孚親信孫丹林任職的銀行裡相聚，互通信息。他們四人都曾在王寵惠內閣中任職。在北京政壇中沉浮了一陣後，顧維鈞似乎已不太甘於寂寞了。

---

① 《顧維鈞回憶錄》第 1 分冊，第 272 頁。
② 《顧維鈞奔走滬漢之任務》，《申報》1925 年 11 月 13 日，第 13 版。

寓居上海期間，顧維鈞回故鄉嘉定為唐寶玥落葬。唐氏病逝後，顧維鈞在美國置玻璃棺以殮遺體，隨後運回國內，安放於嘉定城西門顧氏宗祠內。1924 年 10 月，軍閥齊燮元、盧永祥交戰，嘉定成為戰場。兵士見玻璃棺豪華，將其打開，期望有所收穫。據當時報紙記載，因為入殮時「抽氣成空」，開棺後「其屍如生」。戰事結束後，顧維鈞專程返鄉安排落葬，玻璃棺外再置一外棺，「喪儀甚盛」。[①]

三　依違於直奉之間的總理

1926 年春，原本兵戎相見的直奉兩系聯起手來攻打馮玉祥，迫使其下野，隨即控制了北京政局。在上海做寓公的顧維鈞一直關注着北方政局。4月中旬，在孫丹林的安排下，顧維鈞以為吳佩孚祝壽的名義赴漢口，而主要目的是商談北京的政府改組事宜。吳佩孚請顧維鈞到漢口是要請其擔任直系準備推出的顏惠慶內閣的財政總長，顧維鈞對擔任此職並不願意，表示興趣仍在外交方面。但對吳佩孚請他出面與各方溝通，推動顏惠慶內閣盡快登台卻並不推卻，因為他對時局已有自己的判斷。在漢口期間，顧維鈞向媒體表示，「國內戰事已至終了時期，吳、張、孫必能合意，共組一合法政府」，相信直奉的吳佩孚和張作霖以及佔據東南五省的孫傳芳能夠聯合起來控制北京政局。[②] 因此，從 4 月下旬到 5 月上旬，為了為吳佩孚組織新一屆內閣，顧維鈞往來於滬、漢、京之間，在賦閒了一年多後顯示出重返北京政壇的強烈意願。在北京仔細觀察政治風向為登台做準備的顏惠慶注意到顧維鈞在

---

① 《唐夫人埋玉記》，《申報》1925 年 11 月 21 日，第 11 版。
② 《申報》1926 年 4 月 21 日，第 5 版。

漢口那邊「很賣力」。①

　　5 月 5 日深夜，顧維鈞銜吳佩孚之命抵達北京。在北京政局敏感之際到達，面對媒體的提問，顧維鈞並不避諱來京目的，稱此行「受吳佩孚託催顏惠慶就職」。次日，他先見顏惠慶，遞交了從漢口帶來的內閣名單，他自己的名字也在其中。晚上又見奉系少帥張學良，代表吳佩孚與奉方溝通。② 在直奉聯合組閣過程中，顧維鈞為未能來京的吳佩孚積極奔走，成為吳在北京的重要代言人。

　　5 月 13 日，顏惠慶宣告復職，並由內閣攝行總統職權。③ 顧維鈞成了顏閣的財政總長。擔任顏閣教育總長和外交總長的分別是王寵惠、施肇基（在海外未就，由顏惠慶自兼）。三位華盛頓會議的代表全部進了內閣，加上顏惠慶，10 名閣員中外交系佔了 4 名。顏惠慶在勸王寵惠入閣時，稱「這是歐美留學生的首次機會」，顯示出他雖由吳佩孚主導推出來組閣，但也有自己的考慮。④ 與趕走黎元洪後直系一手遮天的局面相比，直奉之間貌合神離的聯合，看上去似乎更有利於組織一個「超派系」的政府。在北京政府中長期任職的李景銘這樣觀察此時的顏惠慶：「顏惠慶固素抱樂觀主義者也⋯⋯自太平洋會議後，以為各國予中國以有為之機，際此人才畢集，身居元首地位，適值貞下起元之時，故於五月十三日攝閣。」⑤

---

① 《顧維鈞回憶錄》第 1 分冊，第 277–280 頁；《顏惠慶日記》第 2 卷，第 328 頁。

② 《本館要電》《各社要電》《顧維鈞到京後之行動》，《申報》1926 年 5 月 8 日第 4、5 版，5 月 14 日第 6 版；《顏惠慶日記》第 2 卷，第 332 頁。

③ 因直系認為顏惠慶出任總理是恢復 1924 年 10 月北京政變時被推翻的內閣，故稱復職，而此時無總統，故由內閣攝行總統職權。

④ 《顏惠慶日記》第 2 卷，第 330、335 頁。

⑤ 李景銘：《一個北洋政府官員的生活實錄》，《近代史資料》總 67 號，中國社會科學出版社，1987，第 155 頁。

但顏惠慶對時局的估計太過於樂觀了。直奉之間雖在軍事上已經聯手，但對北京政府的安排則各有打算。由於奉系拒絕合作，顏惠慶內閣根本無法正常運作。輿論稱顏惠慶是「單人跳舞」，內閣成員均以各種理由躲避，連顧維鈞也以家事為由離京赴津。[1] 拖至 6 月 22 日顏惠慶不得不辭職。實際上在軍閥掌控北京政治的格局下，並不存在顏惠慶或顧維鈞他們所想像的歐美留學生的機會。

顏惠慶辭職後，由吳佩孚的親信海軍總長杜錫珪代理內閣總理。顧維鈞在杜閣中繼續擔任財政總長。財政總長並不是顧維鈞所希望的職位，所處理的事務對他來說也相當陌生。但在直奉圍繞內閣的明爭暗鬥中，總長職位的接受或拒絕並非個人意願所能決定。

財政總長的主要職責是為政府籌措各種經費。吳佩孚讓顧維鈞出任此職，當然希望他能為其部隊多調撥軍餉。9 月上旬，北伐軍攻克吳佩孚的大本營漢口。率部撤離的吳佩孚急需軍費，於 9 月 18 日致電顧維鈞告急：「需餉甚急，望設法速為籌撥。」次日，吳佩孚又親筆寫信給顧維鈞求援：「敬希無論如何先籌三百萬匯下應用，以鼓士氣而策萬全。」[2]

顧維鈞收到吳佩孚的函電時，離中秋節只有兩三天的時間了，他正為錢款事忙得焦頭爛額。當時過節稱為「節關」，財政部至少要籌到三四百萬現款應付各方，才能安然過關。為籌集這筆錢款，顧維鈞專門設宴請各大銀行代表，請他們認購「秋節庫券」。但銀行界巨頭張嘉璈因顧維鈞剛出任財政總長就修改銀行給政府貸款的過高利率而記恨在心，故意刁難，不予合作。結果，顧維鈞只籌到 100 餘萬現款，於是提出行政機關薪金發 40%，軍警薪餉和教

---

① 《僵局中之政府與時局》，《申報》1926 年 5 月 27 日，第 5 版。

② 胡震亞選輯《吳佩孚與顧維鈞往來函電（1923 年 8 月–1927 年 4 月）》，《民國檔案》2009 年第 4 期，第 29 頁。

育部門薪金發 70%，以此應付節關。

　　儘管顧維鈞為籌款費盡心機，但北京的軍警拿不到全薪就不滿意。就在吳佩孚致電顧維鈞催撥軍餉的當天，京畿憲兵司令率大批軍警荷槍實彈包圍正在舉行內閣會議的國務院，點名要找財政總長，並表示不見現款不散，任何人不得離開國務院。顧維鈞與內閣同僚「被困於內閣會議室，飲食全無」，直到次日凌晨 4 點，才獲准離開。但軍警仍寸步不離地跟着顧維鈞到了他在鐵獅子胡同的大院，聚集在院內，守候着索要錢款。陪同顧維鈞回家的總理杜錫珪只得去找來中國銀行的董事長，向軍警當面做出保證，軍警才離開顧宅。這時已是上午 9 點了。事後知道此消息的顏惠慶在日記中寫道：「內閣閣員們昨日被軍警包圍。顧遭侮辱，幾乎挨了揍。」這是顧維鈞在做外交總長時沒有遇到過的事，晚年回憶時他說，這是「政治生涯中最值得回味的一頁」。[1]

　　京畿憲兵司令是奉系的人，因此軍警索餉實際上有政治示威的意味，表明奉系不再希望吳佩孚的人一手控制內閣了。經歷過閣潮的顏惠慶對此看得很清楚：「現奉系在北方已成為最高權威了。」[2] 因此，杜錫珪內閣無法再維持下去了。

　　直系吳佩孚對北京政局影響力的下降是因為其在與北伐軍的交戰中屢遭重創，失去了與奉系爭鋒的資本。而因為北伐軍的節節勝利步步進逼，奉系仍需維護北方陣營至少形式上的團結，所以還不便直接出面全盤接收直系主導下的內閣。在這樣的情況下，內閣總理就應該是一個直奉雙方都能接受的人。[3] 在京城中，這樣的人就只有顧維鈞了。

---

① 《顏惠慶日記》第 2 卷，第 370 頁；《顧維鈞回憶錄》第 1 分冊，第 291–293 頁。

② 《顏惠慶日記》第 2 卷，第 371 頁。

③ 羅毅：《外交系與北京政治：1922–1927》，第 125 頁。

　　從 1922 年 8 月第一次入閣後，顧維鈞就一直是直系支持的人。1926 年春夏，他又作為吳佩孚的代言人在京城四處活動，所以直系當然樂見其出來主持局面。顧維鈞與奉系原無多少來往，但他在「內交」上也能長袖善舞。1926 年 5 月返回北京後，他與奉系少帥張學良開始接近。最初是代表吳佩孚與奉系談公事，隨後就有了個人之間的來往，關係密切起來。鐵獅子胡同的顧宅有一個 50 英尺寬、80 英尺長的跳舞廳，喜歡玩樂的張學良成了舞廳的常客。黃蕙蘭與張學良的太太也是來往密切的好朋友。[1] 杜錫珪辭職要請顧維鈞接替，當然要得到奉系的首肯。10 月 3 日，閻錫山收到的一份關於北京政情的報告，內稱：「顧少川得漢卿（即張學良）之贊助，可以就職，並擬另組閣員，以期順手。」[2] 顯然，因為張學良這一重要因素，奉系支持顧維鈞組閣。

　　10 月 5 日，顧維鈞就任外交總長並兼代總理，因為與顏閣和杜閣一樣是攝政內閣，所以他也行使總統的權力。如果說從財政總長回到外交總長任上是他自己所希望的，代理總理主持內閣則多少有些迫不得已。當天顧維鈞先去外交部，然後到國務院，在以代理總理身份演說時訴說不得不代閣的心情：「（民國）十五年至今戰亂，杜代閣維持數月，煞費苦心，因病告倦，弟勉承乏，自慚亦無建樹，惟外交案不易決，國際地位日墮，不得不勉為支撐一時。」並稱代閣只是「暫支短局」。重返外交部，顧維鈞也是大歎苦經，「此次來部，已第三次，惟覺此次困難，遠過往昔，明確待決懸案、交涉棘手之案極多，甚為提心」，表明入閣仍是為外交而勉為其難。[3] 顧維

---

① 李綸波：《王懷慶二三事》，《文史資料選輯》第 10 輯，第 118–119 頁；黃蕙蘭：《沒有不散的筵席——顧維鈞夫人回憶錄》，第 159 頁。

② 《北京錢孟材致太原閻督帥江電》(1926 年 10 月 3 日)，台北「國史館」藏《閻錫山史料》，轉引自羅毅《外交系與北京政治：1922–1927》，第 126 頁。

③ 《申報》1926 年 10 月 6 日，第 4 版。

鈞對內閣沒做大的更動，自己空出的財政總長一職交給了奉系推薦的潘復。按他自己的話說，「這是一個由依附於張作霖和吳佩孚的人士組成的聯合內閣」。[①]

雖說是聯合內閣，但奉張的影響力已經遠在直吳之上了。時評就指出：「顧閣貌為吳佩孚系下之政府，而重心實已轉移。」顧維鈞與「京津之奉要人周旋」密切，「奉方可以不居操縱中央之名，轉得其實也」。[②]

但顧維鈞並不因此就疏遠了吳佩孚。輿論對此看得很清楚：「顧之於吳，則仍擬於不即不離之間，維持一二。」[③] 擔任代理總理後，顧維鈞與吳佩孚之間仍密電往來頻繁，從組閣的人選，到中比修約的考慮，顧維鈞都向吳佩孚報告，有所溝通。對吳佩孚推薦的印鑄局長人選，顧維鈞則予接受並發表任命；而對奉系推薦的鹽務官員，他也發電向吳詢問，以示尊重。[④] 在錯綜複雜、變幻莫測的派系政治中，顧維鈞處事十分穩重、圓滑。

當然，此時與奉系的關係更為重要。隨着吳佩孚在軍事上的失利，1926年底張作霖的部隊從關外陸續進入華北，實際控制了北方。顧維鈞十分明白，「軍政是同出一轍的，軍事形勢改變之後，往往緊跟着政治上也要有相應的變化」，「所以有必要改組內閣以反映改變了的軍事形勢」。[⑤] 11月上旬和下旬，顧維鈞兩次發出辭職通電，表示在「險象驟生」之際，願意「讓賢」。但顧維鈞的這兩個通電，更多的是在奉直力量更替之時對奉系的一種表態。

---

① 《顧維鈞回憶錄》第 1 分冊，第 296 頁。

② 《顧閣與奉方之關係》，《申報》1926 年 10 月 11 日，第 5 版。

③ 《顧閣與奉方之關係》，《申報》1926 年 10 月 11 日，第 5 版。

④ 胡震亞選輯《吳佩孚與顧維鈞往來函電（1923 年 8 月–1927 年 4 月）》，《民國檔案》2009 年第 4 期。

⑤ 《顧維鈞回憶錄》第 1 分冊，第 297 頁。

顏惠慶經歷過類似的情況，明白這種手法，知道發通電只是表面文章，在他看來，「顧仍想幹下去」。[①]

對顧維鈞的辭職通電，張作霖雖以不過問政治予以敷衍，但實際上已在緊鑼密鼓地推進對中央政治的直接干預了。12月1日，張作霖在天津就任安國軍總司令。隨後，天津傳出內閣將置於安國軍總司令之下的消息。[②] 於是，12月17日，顧維鈞內閣發出第三次辭職通電。12月下旬，張作霖進京後，顧維鈞與他有多次面談。顧維鈞「將困難情形詳細披陳」，張作霖雖「仍殷殷以維持相責」，卻對新內閣提出了具體要求：「閣員現不在京者甚多，自應補充改組，總須整齊完全在職，庶政令可以進行，觀瞻亦可維繫。」即維持顧為總理，但內閣成員需調整。隨即，張作霖提出由張景惠出任陸軍總長，以替換直系的蔣雁行。吳佩孚此時對內閣的組成已無影響力，此前對顧維鈞也已明言內閣事由張作霖「就近主持」。但要更換直系人馬，顧維鈞仍不忘致電吳佩孚，以婉轉的口吻與之商量，以示對吳的尊重。吳佩孚當然不會有異議，只能接受。[③] 顧維鈞在直奉之間的周旋於此可見一斑。

1927年1月12日，內閣在奉系主導下改組。顧維鈞由代理總理成為署理總理，仍由內閣攝行總統權力。內閣成員中，「有幾名吳佩孚的人被忠於張大帥的人所接替」。[④] 新一屆內閣組成時，南方的北伐軍已進入長江中下游地區，列強中如英國和美國也先後宣佈對華新政策，聲明願與能代表中國人

---

① 《顏惠慶日記》第2卷，第387頁。

② 《津議擬設臨時內閣》，《申報》1926年12月4日，第5版。

③ 《顧維鈞致吳佩孚密電》(1927年1月7日、8日)、《吳佩孚致顧維鈞密電》(1927年1月9日)，胡震亞輯《吳佩孚與顧維鈞往來函電 (1923年8月–1927年4月)》，《民國檔案》2009年第4期，第34頁。

④ 《顧維鈞回憶錄》第1分冊，第297頁。

民或有權力談判的當局來往，北京政府的正統性受到挑戰。顧維鈞在此時出面主持內閣，一方面是因為奉系還不願直接站到前台，需要顧維鈞維持，另一方面確有他幾次入閣時所表示的「專為外交」的考慮。作為代理和署理總理，顧維鈞只能十分勉強地維持着內閣。但在外交方面，他做出了終止中比條約和罷免安格聯的決定。這是北京政府後期中國對外關係中的兩件大事。

北方的政治格局在 1927 年春又經一變。3 月初，張作霖與吳佩孚之間在河南發生戰爭，這是北洋軍閥史上最後一次有規模的混戰。4 月中旬，戰爭以吳佩孚失敗而告終，張作霖掃除了北京政壇上最後一個有威脅的對手。於是，奉系不再需要顧維鈞為他們出面維持內閣了。奉系閣員紛紛拆台離去，內閣會議「屢屢停開」。時評稱：「顧維鈞雖尚有不捨之意，而實已不成局面。」[1] 有過以往幾年政壇沉浮的經歷，顧維鈞明白，張作霖要指向「最高問題」了，「實現他做中國元首的畢生野心（這也是中國軍閥們的共同野心）」，「了解到這一切之後，我有了準備，並希望解除我自己的一切政治職責」。[2]

6 月 16 日，孫傳芳等安國軍將領通電擁戴張作霖由安國軍總司令改做海陸軍大元帥，組織軍政府替代原內閣。當天，顧維鈞宣佈辭職，並致函內閣，稱：「胃病復發，深為痛苦。中西醫士皆言病根甚深，藥石難效，非靜養不可。新閣未成立前，重要政務應請胡惟德召集閣議決之。外交現正緊急，故內閣已任命王蔭台〔泰〕代理。」[3] 所謂胃病，只是為辭職所找的冠冕堂皇的理由。

與 3 年前馮玉祥佔領北京後立即離京不同，此次辭職後顧維鈞往京郊的西山暫避，這是耐人尋味的。幾天後，張作霖的把兄弟、擔任過黑龍江督軍

---

① 《北京通信》，《申報》1927 年 5 月 1 日，第 9 版。

② 《顧維鈞回憶錄》第 1 分冊，第 299 頁。

③ 《顧維鈞已辭攝閣》，《申報》1927 年 6 月 17 日，第 7 版。

的吳俊升來到西山見顧維鈞，代表張作霖請他回京。第二天，顧維鈞即返京去見張作霖。儘管張作霖堅持要顧維鈞接受一個他願意擔任的官職，顧維鈞還是推辭了。但答應了張作霖的另一個要求，即留在北京城內。按顧維鈞自己的說法，「我既與政府無正式聯繫，也未離開北京，而是與新政權保持了友好的和私人之間的關係」。顧維鈞此時已經看出，張作霖的部隊不足以戰勝南方的國民黨軍隊，而民心也在南方這一邊，但他還是選擇了留在北京，其在南北對抗中的傾向是很明顯的。①

四 「外交系」中的派系政治

在北京政府任職的幾年裡，顧維鈞不僅捲入了北洋軍閥的派系政治中，與顏惠慶、王正廷等被輿論稱為「外交系」的同僚之間也因對權位的競爭以及個人不和而時有矛盾和紛爭。「外交系」雖不同於「政學系」「研究系」那樣的政治派別，然而在派系政治的環境中，它的政治行為與那些真正的政治派別又有一些相同的特徵。

「外交系」以外交聲望而進入北京政壇，顧維鈞、顏惠慶、王正廷等又皆以外交專才而自居，外交總長是他們最為看重的內閣職位。因此他們之間對權位的競爭主要圍繞外交總長一職展開，尤其在他們都有機會入閣之時，這種競爭會相當激烈。1922 年 6 月黎元洪入京後，顏惠慶獲得組閣的機會，儘管他想盡力將參加華盛頓會議的中國代表安排進內閣，洛陽吳佩孚方面也極力推薦顧維鈞入閣任外交總長，但他並不願將外交總長一職交給顧維鈞，而是想由自己兼任。拒絕顧維鈞任外交總長的理由是生怕影響中日關係，因為

---

① 《顧維鈞回憶錄》第 1 分冊，第 301–303 頁。

顧被看作中國反日政策的倡導者，日本對他十分反感。最後顏惠慶安排顧維鈞去擔任財政討論委員會的委員長。[1] 1923 年初，張紹曾組閣，王正廷欲獲得外交總長職位而向張預約，但張紹曾卻任命王為司法總長，向國會提交的外交總長是施肇基。王正廷對這一安排十分不滿，不願就任司法總長一職。按顧維鈞的說法，王正廷因此以自己曾任參議院副議長的影響力使施肇基的提名未能在參議院獲得通過。[2] 1924 年初孫寶琦出面組閣，準備安排顏惠慶（顏惠慶的妻子是孫的妹妹）接替顧維鈞擔任外交總長，但曹錕堅持由顧維鈞留任該職，最後孫寶琦擬任顏惠慶為內務總長，而曹錕正式發表時又將顏改為農商總長。[3] 從顏惠慶願意入閣和對外長職位的看重來看，在孫寶琦最初的提議被曹錕否決時他的心情是不難想像的。

孫寶琦內閣僅維持了半年就因孫與財政總長王克敏間不可調和的矛盾而總辭職。由於外交部列於各部之首，曹錕於 7 月初任命外交總長顧維鈞代理總理。此時顧維鈞與顏惠慶都是下一任正式總理的熱門人選，而兩人對此職位均頗為心動，躍躍欲試。顧維鈞在回憶錄中談到此事時，稱自己對總理一職沒有甚麼興趣。但根據顏惠慶的日記記錄，顧維鈞一代理總理就與顏多次討論內閣形勢。而當傳出顏惠慶將組閣的消息時，他則「感到失望」，並進一步了解顏對此事的態度。[4] 顏惠慶最初雖向曹錕、顧維鈞等表示不願組閣，其實也是一種姿態，主要擔心組閣無法獲得通過。因此當獲悉曹錕「有

---

[1] 《顧維鈞回憶錄》第 1 分冊，第 242、273 頁。

[2] 《張閣將成與巨變將至》，《大公報》1922 年 12 月 25 日，第 3 版；劍公：《張閣成立與最高問題之昨訊》，《大公報》1923 年 1 月 5 日，第 3 版；《顧維鈞回憶錄》第 1 分冊，第 257–258 頁。《大公報》1923 年 1 月 26 日第 3 版也有報道稱「施被參議院否決，實出於王正廷破壞所致」。

[3] 《中華民國史事紀要（1924 年 1–6 月）》，台灣「中華民國史料研究中心」，1983，第 89 頁；《顧維鈞回憶錄》第 1 分冊，第 270 頁。

[4] 《顧維鈞回憶錄》第 1 分冊，第 271 頁；《顏惠慶日記》第 2 卷，第 155–158 頁。

誠意」，在籌款方面極具能力的王克敏「肯協助」後，他立即開始為組閣活動
起來，如設宴招待「願意協助」的江蘇人士，「為合作問題」與陸軍總長陸錦
交談，並着手醞釀內閣成員的具體構成，顯得十分積極。[①] 由於顏顧兩人均
有意於該職，因此存在着明顯的競爭關係，當時輿論也都關注於此。7 月中
旬《華北正報》就刊登了關於「顧顏之爭」的文章，但他們兩人都不希望媒
體炒作此事，於是聯名寫信給該報予以澄清。顏惠慶最初也頗為注意與顧的
關係，欲「避免與顧維鈞發生誤解」。[②] 但事實上顏惠慶和顧維鈞彼此都在為
總理一職進行活動，相互間不可避免地會暗中較勁，所以最終此事多少還是
影響了兩人間的關係。顏惠慶在這一時期的日記中，多次記錄下他人對顧維
鈞的負面評價，他的朋友中有人請他留神顧的活動，甚至痛斥顧為「大陰謀
家」。[③] 而顏惠慶本人也將此時兩人間的關係形容為「同室操戈」，認為顧維
鈞為爭取總理職位進行了「陰謀活動」，因此有時會「顯得有些神經過敏」，
對一些不利於己的政治活動他會懷疑顧維鈞是「幕後策劃者」，當顧無望成為
正式總理時，他又認為顧因戀棧想延長代理總理的時間。[④] 此時顏惠慶對顧
維鈞已缺少基本的信任。

　　當顏惠慶出任下屆總理已成定局之時，外交總長一職的歸屬又加深了
顏顧之間的隔閡。顏惠慶在年初孫寶琦內閣中未獲該職，如今自己出面組
閣想再次親兼，並以此為組閣的條件，而讓顧維鈞去任財政總長。但曹錕仍
堅持外交之事全權委諸顧維鈞，即使換總理也不能換外長，於是顏惠慶不
得不做出讓步，另兼列於外交總長之後的內務總長。而經過這番周折，顧

---

① 《顏惠慶日記》第 2 卷，第 156–157、161 頁。
② 《顏惠慶日記》第 2 卷，第 156、159 頁。
③ 《顏惠慶日記》第 2 卷，第 156、158、162、164 頁。
④ 《顏惠慶日記》第 2 卷，第 165–166、169 頁。

維鈞擔任顏惠慶內閣的外交總長時，已感到「心情並不舒暢」，因為顏讓他當外長「很勉強」，「並非出自他的本心，只是由於曹錕總統和他的擁護者的堅持」。[①]

　　此後顧維鈞與顏惠慶兩人圍繞外交總長的職位還有過一次暗中交手。1926 年 5 月顏惠慶被吳佩孚推出來組閣，他以國務院攝行大總統名義任命仍在駐美公使任上的施肇基為外交總長，然後以施未到職為由自己兼代外交總長，而顧維鈞則被任命為他本人並不願意擔任的財政總長。由於有了以往的經歷以及此時複雜的局勢，顧維鈞對該職位「持冷淡態度」。[②] 6 月下旬，顏惠慶內閣被迫辭職，由杜錫珪代理總理。這時顏惠慶向杜推薦的外交總長卻是並無駐外使節經歷的蔡廷幹，於是顧維鈞只得再任財政總長。[③] 與以往極力重用外交專才的情況相比，顏惠慶的這一舉動是耐人尋味的。

　　「外交系」內因個人不和產生的紛爭以顧維鈞與王正廷間最為激烈。顧維鈞與王正廷兩人之間的恩怨可追溯到巴黎和會期間。當時王正廷因與顧維鈞將娶曹汝霖女兒的謠言有關，而使顧維鈞對其大為惱火，兩人間的關係由此產生了無法彌合的裂痕。[④] 當顧王兩人都進入北京政府後，他們個人間的過節甚至影響了中國的對外交涉。這就是前面已經提及的 1924 年中國與蘇聯之間的談判。中蘇談判中顧維鈞與王正廷的衝突，與他們兩人之間對蘇聯對華政策的不同理解及外交應對策略的差異有關，但兩人間的個人過節與成

[①] 《顧維鈞回憶錄》第 1 分冊，第 272–273 頁。顏惠慶內閣是 9 月 14 日宣佈的，他在當天日記中記「贊成將顧留在閣內」。《顏惠慶日記》第 2 卷，第 173 頁。

[②] 《顧維鈞回憶錄》第 1 分冊，第 280 頁。

[③] 《顏惠慶日記》第 2 卷，第 349 頁；《顧維鈞回憶錄》第 1 分冊，第 282 頁。

[④] 《顧維鈞回憶錄》第 1 分冊，第 192–193 頁。參加過巴黎和會的梁和鈞對此事的回憶與顧的回憶稍有不同，見胡有瑞、盧申芳《「王正廷先生百年誕辰」口述歷史座談會紀實》，《近代中國》第 29 期，1982 年。

見確實產生了重要影響。顧維鈞對王正廷談判數月不向其報告頗為不滿，因此在審議王提交的已草簽的條約時，多了一層挑剔，參加內閣會議的顏惠慶就看出顧「對王抱有敵意」。[①] 支持顧維鈞的吳佩孚的謀士白堅武則認為，顧維鈞對王所提意見「近於無意識」，主要是顧王兩人「爭私見之故」。[②] 顧王矛盾是圈內人所共知的事。但在 1923 年夏直系逼走黎元洪後短暫的政治真空期，顧維鈞與王正廷一度又走得很近。

　　這些事例顯示，在外交系內部的紛爭中顧維鈞是一個主要角色。在外交系中，就在北京政府中的資歷而言，顧維鈞遠不及其他幾人。1912 年，當 24 歲的顧維鈞回國擔任袁世凱的秘書並進入北京政府外交部時，顏惠慶是外交部的次長，王正廷是署理工商總長，王寵惠是司法總長，而之前後兩人還分別擔任過武昌起義時湖北軍政府的外交部副部長和南京臨時政府的外交總長。但在巴黎和會上一舉成名後，顧維鈞在外交界的聲望已不在上述幾人之下了，他因此獲得了比其他人更多的出掌外交的機會，也因此更易於成為矛盾的中心。此外，還有一不容忽視的因素。顧維鈞曾這樣評價外交系的其他幾人：「王正廷是個很能幹的人物，當然他在外交方面不曾受過任何特殊訓練。但在顏惠慶向我推薦他時，認為這個問題無關緊要。」而王正廷的博士稱呼「只是美國公眾隨時準備贈與任何外國政治家以表示恭維的通常頭銜。我想王或許後來被授予過某種榮譽學銜，但他從未獲得過任何學術上的博士學位。顏惠慶博士和施肇基博士的情況也是如此。他們也都沒有攻讀過也未獲得過任何學院或大學的博士學位，但照樣被人稱為顏博士和施博士。中國外交界歷來有一個傳統，即政府當權者考慮外交官合格與否的重要標準是講

---

① 《顧維鈞回憶錄》第 1 分冊，第 337 頁；《顏惠慶日記》第 2 卷，第 126 頁。
② 《白堅武日記》，第 459、470 頁。

外語的能力。如果某人曾在國外求學，並獲得過西方大學的學術頭銜，那麼他就具備了在外交界供職的一切條件。而外交人員必須具備起碼的國際法和外交史方面的知識這個問題，卻從未引起國家高級當局的重視」。[1] 而顧維鈞本人恰恰是以國際法和外交為專業獲得了哥倫比亞大學的博士學位，他當然會認為出任外長於他是實至名歸的。顧維鈞的這一觀念為他與其他幾人的關係增加了緊張因素。

就在外交界的資歷而言，「外交系」諸人中當首推顏惠慶。1908 年他就入中國駐美使館任二等參贊，一年多後回國進入外務部。「外交系」於 1920年代初出現於北京政壇，固然有前述的各種因素，但與顏惠慶出面組閣時有意識地安排外交人才有很大關聯，可以說他是「外交系」形成過程中的關鍵人物。因此「外交系」中其他幾人都與他有着相當密切的關係。[2] 顧維鈞與顏惠慶的關係較為特殊複雜，兩人間有過師生和上下級關係。顧維鈞在聖約翰讀書時，上過顏惠慶的翻譯課，剛回國進外交部時顏是次長。兩人又因外交總長和總理兩職產生過競爭。兩人間雖因此互有看法，但關係並未完全惡化，因為顧顏兩人在外交方面有着相當一致的立場，他們間的競爭一定程度上來自彼此間的「瑜亮情結」。1924 年 9 月顏惠慶成為總理後就表示要與擔任外交總長的顧維鈞合作，對顧所主張的外交方針也持肯定的態度。[3] 顧維鈞在他的回憶錄中也談道：「顏和我一直是好朋友，在外交政策方面我們經常看法一致。一般說來，我們都堅持維護中國的主權，願意盡自己最大努力使中國與其他國家在國際上處於平等的地位。我們都認為有關中國主權的問

---

[1] 《顧維鈞回憶錄》第 1 分冊，第 336–337 頁。

[2] 1924 年夏顏惠慶與顧維鈞暗中競爭總理職位時，王正廷就站在顏一邊，在國會中為顏積極活動。《顏惠慶日記》第 2 卷，第 160 頁。

[3] 《顏惠慶日記》第 2 卷，第 179、183 頁。

題，中國不應該屈從於外國。」① 在「外交系」中，除了顧維鈞與王正廷之間個人恩怨太深以至於關係太僵之外，與其他人之間的分歧或紛爭並未演進到激化的程度。

有着留學美國背景的「外交系」在進入國內政壇時，有按照西方模式推進國內政治的潛在願望。但是在軍閥操控的派系政治中，外交系實際上是一個被動的角色，他們在內政方面的願望根本無法獲得實現。顧維鈞晚年在回憶錄中說，他對國內政治不感興趣，無意捲入國內各派紛爭，還談到「外交系」的力量就在於「不參與他們之間的傾軋，超脫於各派鬥爭之上。這樣，各軍事集團就能利用像湯（爾和）、王（寵惠）、羅（文幹）、顏（惠慶）和我自己這些文官。我們在人們的心目中，被認為是獨立的，未直接捲入政治鬥爭，更沒有參與旨在統治國家的軍事鬥爭」。② 顏惠慶在自傳中也有相似的表示。不過從前面所述來看，顧維鈞的這番表白顯然並非他當時的想法，而在時人眼中，他們也不是完全獨立的。這些話其實是顧維鈞在經歷了派系政治的傾軋之後產生的對派系政治的厭惡，折射出他和「外交系」諸人入閣捲入國內政治不算成功的經歷。正是這一經歷使他此後學會了對政治保持距離，也對他與國民黨的關係產生了影響。

但在北京政府中任職留下的不全是苦澀的記憶，正如黃蕙蘭所說顧維鈞不討厭來自他的地位的權勢和榮譽。因為出任過攝政內閣總理，這就與一般的總長不一樣。1941 年 6 月，顧維鈞即將從駐法大使轉任駐英大使，法國維希政府要授予他一級十字勳章，這是法國的最高獎章，專授國家元首。顧維鈞認為不妥，告訴法方切勿如此行事。但法方回答說，因為他擔任總理時攝

---

① 《顧維鈞回憶錄》第 1 分冊，第 272 頁。
② 《顧維鈞回憶錄》第 1 分冊，第 297 頁。

行總統的權力，所以授予這個勳章是完全有理由的。顧維鈞非常認可這一答覆，認為「法國確實在處理有關禮賓方面的問題上經驗豐富，十分在行」。[①] 從中不難讀出顧維鈞對被尊為國家元首的自得。這種自得也傳染給了黃蕙蘭，她自稱「實際上是中國的第一夫人」。[②]

由於顧維鈞在北洋後期多次在內閣中出任要職，尤其在 1927 年初北伐軍已進入長江中下游地區後，還擔任總理出面組閣，因此被輿論和南方政治力量視為北洋要員。1928 年 7 月初，南京國民政府第二次北伐進佔北京後，慶祝大會通過的決議中有一項就是要求中央政府通緝北洋「腐化官員」，顧維鈞名列其中。7 月 10 日，國民政府委員會開會議決，對顧維鈞等「劣跡昭著」的北洋官員十餘人「一體通緝，歸案懲辦，以儆奸邪，而申國紀」。列席國府會議的有已經擔任國民政府外交部長的王正廷。[③] 國民政府還下令沒收顧維鈞在鐵獅子胡同的大院和天津等處的房產。

於是，顧維鈞只得離開中國，赴歐洲躲避國內的政治風浪。此時，距他從駐英公使任上回國在北京政府中任職已過了 6 年。

---

① 《顧維鈞回憶錄》第 4 分冊，中華書局，1986，第 585 頁。

② 黃蕙蘭：《沒有不散的筵席——顧維鈞夫人回憶錄》，第 155 頁。

③ 《北京祝捷大會餘音》《國府通緝安福餘孽》，《申報》1928 年 7 月 9 日第 9 版、7 月 11 日第 8 版。

第六章

國難當頭

一　張學良的外交高參

顧維鈞於 1928 年底抵達歐洲。此後的幾個月中，他主要住在巴黎，但也與黃蕙蘭一起去地中海邊的尼斯及摩納哥等地休閒度假。摩納哥是著名的賭城，顧維鈞偕夫人出現在那裡，引起媒體的關注，稱「顧博士夫婦環遊歐洲，忘情政治舞台，逍遙於歐洲著名消閒別墅」。[①]

但作為一名外交官，顧維鈞其實是無法沉溺於歐洲的湖光山色之間的。雖遠在歐洲，他仍關注着國內政局和與中國有關的外交動態，經常與歐洲各國政界人物見面交談，以了解國際局勢的變化及對中國的影響。一次，在與法國外交部政務司長貝特洛 (Philippe Berthelot) 談話時，顧維鈞問他對蘇聯的看法。貝特洛說，從歐洲的標準來看蘇聯還不算一個強國，但在遠東，它的軍事實力具有明顯優勢，因此中國與其打交道必須小心謹慎。此次談話後，顧維鈞給羅文幹發了一封電報，請他轉告張學良，必須謹慎處理東北的對蘇關係。[②]

顧維鈞此時關注蘇聯及其與中國的關係，是因為中蘇關係正面臨着危機。1928 年底，張學良宣佈「改旗易幟」服從國民政府領導後，頗想在東北幹一番事業，包括從外人手中收回一些主權。在東北佔據中國權益的主要是日本和繼承舊俄的蘇聯。日本不僅在東北侵佔大量權益，而且一心想吞併東

---

① 《顧維鈞大出風頭》，《申報》1929 年 7 月 3 日，第 15 版。

② 《顧維鈞回憶錄》第 1 分冊，第 401–402 頁。

北，進而染指整個中國。但年少氣盛的張學良沒有將直接威脅中國的日本視為主要對手，而是將矛頭指向了蘇聯。1929 年 7 月上旬，東北地方當局查封了蘇聯在東北的貿易機構，撤銷了中東鐵路蘇籍局長的職務，並下令在哈爾濱和中東鐵路沿線的蘇聯人在 12 小時內離開中國。7 月中旬，蘇聯做出強硬反應，宣佈對華絕交，斷絕中蘇間鐵路交通。7 月下旬，中蘇在邊境地區開始發生軍事衝突，隨後發展成一場延續數月的中東路戰爭。

因此，收到顧維鈞的意見後，張學良發電報請他立即回國到瀋陽來。這樣，在歐洲待了半年多時間後，顧維鈞打道回國，於 9 月底抵達瀋陽。當晚，張學良就與他見面，參加會面的還有羅文幹。會談的主題圍繞着與蘇聯的關係。此後，每週至少有三次，張學良會邀請顧維鈞去打高爾夫球，實際上主要是聊局勢。顧維鈞與張學良前些年在北京就有了來往，此時就走得更近了。他發現張學良對中蘇間已經發生的軍事衝突前景非常樂觀，就問道：「假如你發現你的對手手裡真正有好牌，你怎麼辦呢？」張學良思考了一會，給了一個不是答覆的答覆：「我自有對策。」[①]

張學良將顧維鈞請到瀋陽，是要借重他的外交才幹。但顧維鈞畢竟仍在國民政府的通緝名單上，因此回國的消息一經傳出，並有報道稱張學良將請國民政府取消對其通緝令，南方國民黨勢力便紛紛發聲反對。國民黨上海各區黨部呈請市黨部嚴緝顧維鈞。上海國際法學會在顧維鈞尚未回國但已有消息傳出其將參與對蘇外交時，就請國民政府「必須協拿到案，明正典刑」。[②] 緝拿顧維鈞的呼聲都指出他是軍閥餘孽，助長內亂，在直奉操控的北京政府任職成為顧維鈞的政治包袱。面對輿論的壓力，張學良馬上否認向

[①] 《顧維鈞回憶錄》第 1 分冊，第 404–405 頁。據《申報》報道，顧維鈞於 9 月 27 日抵達瀋陽，見該報 1929 年 9 月 29 日，第 4 版。

[②] 《顧維鈞不容活動》《嚴緝顧維鈞》，《民國日報》1929 年 9 月 4 日第 1 版、10 月 9 日第 4 版。

國民政府保薦過顧維鈞。顧維鈞自己也對報界表明：「此行不問政治，專心實業。」①

　　所謂不問政治只是敷衍媒體的表態，但專心實業卻也不全是一句假話。還在北京政府任職期間，顧維鈞在外交部的一位同僚因為需要用錢，就將黑龍江齊齊哈爾附近一塊二平方英里的土地以25000元的價格轉讓給了他。張學良知道他有這塊地，此時有意再送給他同樣面積的一塊土地。顧維鈞以無功不受祿為由辭謝了張學良的好意，但在1930年2月按實價購買了7000坰地，差不多二平方英里。新購買的土地在東北軍屯墾的洮安，顧維鈞制訂了開墾計劃，成立了墾荒公司，請了從美國康奈爾大學農學系畢業的陶略矦擔任經理主持其事。公司雇了佃農，最早開張的第一村有幾十家佃戶，村子裡蓋了幾排新房，每戶人家住一座平房，有四間屋。公司還雇了持槍的保安。②對經營實業，顧維鈞確也花了些心思。

　　當然，顧維鈞真正感興趣的還是外交事務。顧維鈞剛回國激起的反對聲消退後，張學良即與南京方面溝通，國民政府於1929年12月下旬撤銷了對顧維鈞的通緝令，一同撤銷的還有對梁士詒和王克敏的通緝令。十天後，張學良聘任顧維鈞為東北外交委員會委員。③

　　此時，掌控着南京國民政府的是蔣介石，但各實力派仍憑藉軍事力量佔據着各自的地盤。1930年春，閻錫山、馮玉祥、李宗仁結成反蔣聯盟。5月，以反蔣聯盟為一方、蔣介石為一方的中原大戰爆發了。7月，以汪精衛為代表的改組派和以鄒魯等為代表的西山會議派等政治反蔣派聚集北平，組成

---

① 《大公報》(天津)，1929年10月8日第1版、10月12日第1版。

② 《顧維鈞回憶錄》第1分冊，第408–409頁。墾荒公司的情況來自顧維鈞保存的一組照片，見 Series XI, Photographs, *Wellington Koo Papers*。

③ 《顧維鈞等撤銷通緝》，《申報》1929年12月24日第6版、1930年1月7日第8版。

「中國國民黨中央黨部擴大會議」。政治反蔣派與軍事反蔣派聯合起來，籌劃在北平另立國民政府。控制東北的張學良成了反蔣派和蔣介石競相拉攏的對象，作為張學良外交高參的顧維鈞由此捲了進去。

　　1930 年 8 月，顧維鈞與張學良一起到北戴河避暑度假。8 月 18 日，汪精衛派郭泰祺持其親筆信赴北戴河見顧維鈞，告訴他反蔣各派將另組政府，由閻錫山當主席，汪精衛當行政院長，請他出任外交部長。[①]顧維鈞沒有接受反蔣派的邀請，但也未中斷與他們的聯繫。這反映的是張學良的立場。張學良對反蔣各派推他擔任反蔣聯軍副司令一職沉默以對，但也沒有公開表示站在南京一邊，他還在觀察局勢的發展和兩邊的力量對比。9 月 1 日，反蔣派在北平宣佈成立國民政府，推選閻錫山任主席，並定 9 月 9 日舉行就職典禮。就在北方政局變化的關鍵時刻，顧維鈞於 3 日上午抵達北平，並從車站被接去汪精衛家參加為他接風的午宴。汪精衛再次請顧維鈞出任外交部長。顧維鈞問汪精衛，他們的政府是否已取得國際承認的保證，並稱一個不被列強承認的政府是無用的。[②]雖然顧維鈞仍表示對政治沒有興趣，但他問汪精衛的話卻是意味深長的。

　　顧維鈞的態度最終還要取決於張學良的立場。此時輿論紛傳張學良要倒向反蔣派，並會派顧維鈞加入反蔣政府。蔣介石抓緊對張學良的拉攏和施壓，9 月 4 日致電進行勸阻，逼其表態。蔣介石派到瀋陽的張群和吳鐵城也積極活動。張學良權衡再三，於 5 日致電蔣介石表明態度，稱「近日謠言百出，實已辯不勝辯」，顧維鈞等赴北平皆因私事，「不能即謂其有何作用」，已令其速歸，「以免淆惑聽聞」。當晚，張學良還向張群、吳鐵城表示，「予之

① 《申報》1930 年 8 月 20 日，第 9 版；《顧維鈞回憶錄》第 1 分冊，第 410 頁。
② 《顧維鈞回憶錄》第 1 分冊，第 410 頁；《申報》1930 年 9 月 4 日，第 9 版。

擁護中央始終不渝」。張學良的表態使蔣介石鬆了一口氣，在當天日記中寫道：「張漢卿（學良）尚能知大體，對於余電恭維如命也。」[①]

顧維鈞參加汪精衛接風宴後在 4 日還表示在北平「尚有數日留」，但因為張學良的電召，5 日清晨即離開北平返回北戴河。[②] 這一時期，顧維鈞是作為張學良的代表與汪精衛等反蔣勢力來往的。張學良腳踩兩隻船時，需要有人與反蔣派周旋保持聯繫，顧維鈞就充當了這樣的角色。但張學良一旦亮明自己的態度，他當然就要離開反蔣派聚集的北平了。這一年夏天在北戴河度假的顏惠慶以局外人的身份觀察北方政局，他評論道：「張漢卿在最後時刻改變了主意，這樣顧等人就上當了。」[③] 顏惠慶是根據他自己在北京政壇派系政治中沉浮的經歷做這番評論的，但顧維鈞此時與張學良在一條船上共進退，於他而言，是算不了上當的。

9 月 18 日，張學良發表「巧電」，呼籲「各方即日罷兵以紓民困」，「靜候中央措置」，並率 20 萬東北軍入關，幫助蔣介石打贏了中原大戰。張學良倒向蔣介石一邊後，顧維鈞與原先並無交往的國民黨方面越走越近。10 月下旬，顧維鈞回上海為母親舉行喪禮，上海市長張群親臨致喪，出席者近千人，極一時之盛。張群在大華飯店辦茶話會，外交部長王正廷之外，顧維鈞也在被邀之列。[④]

東北軍主力入關後，東北防務被削弱，給虎視眈眈的日本軍國主義以可乘之機，其加快了侵華步伐。1931 年 6、7 月間，日本在東北接連製造了

---

① 《蔣介石日記》，1930 年 9 月 4 日、5 日；《申報》1930 年 9 月 6 日，第 8 版。

② 《申報》1930 年 9 月 5 日第 8 版、9 月 7 日第 4 版。

③ 《顏惠慶日記》第 2 卷，第 606 頁。

④ 《顧維鈞母昨日開喪》《王正廷顧維鈞會見》，《申報》1930 年 10 月 21 日第 11 版、10 月 30 日第 10 版。

「中村事件」「萬寶山事件」，並大肆煽動戰爭狂熱，為全面侵佔東北製造輿論。正在北戴河避暑度假的顧維鈞，從日本的新聞報道中讀到日本政府和軍部正加緊部署，尤其少壯派軍人煽動抗議「中村事件」，判斷事態嚴重，會進一步發展。他告訴也在北戴河避暑的張學良秘書長王樹翰和奉天省長臧式毅等人，日本人會在東北採取軍事行動，也許會用武力奪取瀋陽，進行恫嚇，迫使中國在處理事件時妥協就範。王樹翰等認為顧維鈞所談十分重要，請他去北平與張學良深談。顧維鈞雖未答應去北平，但給張學良寫了封信，談了自己的看法。張學良接信後，專門派飛機來接顧維鈞到北平，要與他詳談。但見面後，顧維鈞覺得，張學良並不認為局勢如他判斷的那樣嚴重，於是留下一封信，表示怕會發生大事，但願不發生，然後返回北戴河去了。此時是7月份。[1] 接着發生的事情表明，張學良對顧維鈞的預警沒有予以足夠的重視是犯了多大的錯誤。

　　9月18日，顧維鈞從北戴河回到北平。[2] 當天深夜，日本關東軍按照預定的計劃，炸毀了瀋陽北部柳條湖附近南滿鐵路的一段鐵道，卻誣稱中國軍隊挑起事端，向東北軍北大營駐地發起突然襲擊，並用大炮轟擊瀋陽城。九一八事變爆發了。

　　9月19日早晨6點鐘，張學良的顧問端納給顧維鈞來電話，告訴他瀋陽發生的事情。剛放下電話，鈴聲又響起，張學良請他立即去商量要事。見面後，與十來位東北軍將領討論了一整夜仍苦無對策的張學良要顧維鈞談談他的看法。在了解事變情況後，顧維鈞向張學良提出兩個建議：第一，立刻電告南京要求國民政府向國際聯盟行政院提出抗議，請求行政院召開緊急會議

---

① 《顧維鈞回憶錄》第 1 分冊，第 412–413 頁。

② 《新聞報》1931 年 9 月 19 日，第 8 版。

處理事變；第二，立刻派一位能說日語的人去找在旅順的日本總督以及南滿鐵路總裁。顧維鈞認為，訴諸國聯是為了引起世界各國和公眾輿論的注意，給日本以某種壓力，使它不再擴大在東北的侵略行動。但由於對訴諸國聯究竟能產生多大效果並不抱太大的指望，他又希望能派人去探聽在東北的日本負責官員的真正態度，以便為事件的解決尋找可能的途徑。作為一個外交官，顧維鈞對九一八事變的最初反應就是尋找外交解決的辦法。張學良認為顧維鈞的第二個建議不會產生甚麼結果，但在顧維鈞的多次陳述下，感到派個人去也不會有害處。但對顧維鈞的第一個建議，張學良立即贊成，並請他與在北平的外交使節聯絡。[1]

當天，顧維鈞以張學良的名義訪晤英國駐華公使藍普森。他告訴英國公使，張學良正考慮依據國聯章程或華盛頓會議《九國公約》對日本提出控訴，並詢問如果中國採取這一行動，英國能否帶頭響應。藍普森表示，以他個人的看法，根據英國與日本的關係，英國不會單獨採取行動。[2]

英國是國聯的支柱，藍普森的態度對中國尋求國聯解決事變是一個打擊。此後數日，由於國聯面對日本的侵略行徑反應消極軟弱，以及判斷日本發動事變「不過是尋常尋釁性質」，張學良對依靠國聯解決失去信心，轉而傾向於對日直接交涉，以「免除事件擴大」，盡快了結事端。[3] 顧維鈞在與藍普森交談中也表示，國聯的權力有限，對日本的侵略行為無法採取有效行動，因此，中日之間的直接談判可能是解決事端的關鍵途徑。[4] 這樣，事變發生

---

① 《顧維鈞回憶錄》第 1 分冊，第 413–414 頁。

② Lampson to the Marquess of Reading,19 September, 1931, *DBFP*, Second Series, Vol. 8, pp. 665-666.

③ 秦孝儀主編《中華民國重要史料初編 —— 對日抗戰時期》緒編（以下稱《緒編》）第 1 冊，中國國民黨黨史委員會，1981，第 259 頁。

④ Lampson to the Marquess of Reading, 3 October, 1931, *DBFP*, Second Series, Vol. 8, p. 706.

幾天後，張學良與顧維鈞都不排除通過中日直接交涉尋找解決問題的途徑。然而，這一方針與南京國民政府對事變的應對存在着明顯的差異。

二　南京國民政府的外交部長

九一八事變發生後，蔣介石從江西「剿共」前線趕回南京，於 21 日召集軍政要員開會，商討對日方針，決定一面先行提出國際聯盟，訴諸公理；一面團結國內，共赴國難。雖然國聯對日本侵華的反應不及中國預期，但蔣介石仍堅持須依靠國聯來解決事變，認為「國聯雖不可盡恃，亦非盡不可恃」，「中央所以盡力於使國聯負解決此案之責任者，因維持中國在國際上之地位，與減少日本直接壓迫中國之力量，途徑惟在於此」。[1]

9 月下旬，蔣介石兩次致電張學良，要其來南京，「對外交事須待面商」。張學良先派東北邊防軍副司令長官萬福麟到南京，代表他見蔣介石。但蔣介石對萬福麟所表達的「單獨交涉」「急求速了」方針不能贊同，表示「委之國際仲裁，尚有根本勝利之望，否則亦不惜與倭寇一戰，以決存亡也」。[2] 此後，蔣介石再次電邀張學良來南京，張學良遂派顧維鈞南下。

10 月 1 日，顧維鈞乘張學良的專機抵達南京。剛下飛機，他向媒體表示：「當此國家危急存亡之際，凡個人意見所及，當向政府建議，以供採擇。張副司令對東省事件，認為國家整個問題，一切聽中央交涉解決。張氏與中央日有電報往還，本人此來，係附帶作詳細之陳述。」[3] 表明他是作為張學良的代表來南京的。

---

① 《緒編》第 1 冊，第 281、291 頁。

② 《緒編》第 1 冊，第 281 頁；《蔣介石日記》，1931 年 9 月 23 日。

③ 《申報》1931 年 10 月 2 日，第 8 版。

　　蔣介石獲悉顧維鈞到南京的消息，當晚在日記中寫道「顧少川對於外交亦有相當研究，是為一平時之好手也」，流露讚賞之意。到南京次日，顧維鈞在吳鐵城陪同下拜見蔣介石，這是兩人的第一次見面。當天，顧維鈞被聘為國民黨特種外交委員會委員。[①] 特種外交委員會是九一八事變後為應對外交危機而成立的機構，由考試院長戴季陶任委員長，財政部長宋子文任副委員長，委員有蔣介石、孔祥熙、于右任、陳立夫、陳布雷等。當時外交部長王正廷已因事變而辭職，特種外交委員會擔負着外交決策的重任。顧維鈞並非國民黨黨員，剛到南京就成為這個委員會的成員，蔣介石還有任命其為國聯代表的考慮，可見在外交上對其之倚重。這是顧維鈞在國民黨政權中擔任的第一個職務。退出北京政府後，顧維鈞在許多場合表示過要脫離政界，甚至離開外交界，但九一八事變引發的民族危機又將他推到了中國外交的第一線。顧維鈞的一生注定是要與中國的外交聯繫在一起的。

　　與蔣介石和其他國民黨高官交談後，顧維鈞看出張學良與蔣介石對處理事變的不同方針。他認為，在北平的人傾向於與日本直接接觸，以尋找收回事變後被日本所佔領土的辦法，而南京政府則反對以任何形式與日本直接接觸。[②] 顧維鈞本人也傾向於直接交涉，因此在此後的一段時間中，顧維鈞成了溝通在北平的張學良與在南京的蔣介石之間不同意見的主要渠道。剛到南京，他向蔣介石說明，張學良在對日方針上「始終與政府一致」，以打消蔣的擔憂。後來 11 月下旬，蔣介石計劃北上，張學良有顧慮，不想讓蔣到北方

---

① 《蔣介石日記》，1931 年 10 月 1 日；《顧維鈞貢獻對日外交方針》，《申報》1931 年 10 月 3 日，第 4 版。《蔣介石日記》記 3 日與顧維鈞談外交。

② Lampson to the Marquess of Reading, 7 October, 1931, *DBFP*, Second Series, Vol. 8, pp. 715–716.

來，顧維鈞又在蔣面前予以疏通。^①

國聯在中國提出日本侵略問題後，於 9 月 30 日通過了一個決議案，要求日本政府命令其軍隊從速撤出自 9 月 18 日以來所佔領的地區。10 月 5 日，中國駐日公使蔣作賓為撤兵問題照會日本外相幣原。但 10 月 9 日，幣原在答覆中國照會時提出，在日本撤兵前中日兩國政府必須先直接交涉，「兩國間應速協定可為確立通常關係之基礎大綱數點，此項大綱協定後，國民感情見緩和時，日軍始能全行撤退於滿鐵附屬地內」。^②日本的方針是撇開國聯，由中日兩國政府直接交涉解決事端。

特種外交委員會討論日本的這一要求時，出現了意見分歧。一些委員主張拒絕日本關於中日直接交涉的要求，而要其遵守國聯決議案撤出自事變以來佔領的地區。顧維鈞對此有不同的看法。他在討論中說，指望日本聽從國聯的決議撤軍是不可能的，而根據國聯盟約，它也無權強制推行它的決議。因此，他主張在國聯的監督和幫助下，中日兩國直接談判解決存在的一系列問題。^③顧維鈞的這一主張得到戴季陶、宋子文和另外幾位委員的支持，但當時佔主導地位的輿論及民心都不贊成對日直接交涉。

顧維鈞主張對日直接談判，是因為作為一個外交官，他認為談判是解決國際爭端的正常方法，而不管這爭端有多麼嚴重。如果中國對日本的提議完全拒絕，那麼就正中日本之計，使日本可以實行其抗拒國聯的策略。在日本外交軍事雙管齊下的情況下，中國若沒有一個切實可行的全盤方針從容應對，一旦失去國際同情，外交形勢將更為嚴峻，單獨面對日本更為不利。

---

① 《顧維鈞致張學良電稿》（1931 年 10 月 16 日、11 月 27 日），《九一八事變後顧維鈞等致張學良密電選》，《民國檔案》1985 年第 1 期第 13 頁、第 2 期第 5 頁。

② 中國國民黨黨史委員會編《革命文獻》第 34 輯，台北，1984，第 904 頁。

③ 《顧維鈞回憶錄》第 1 分冊，第 416 頁。

華盛頓會議期間中日在美英列席下直接談判解決山東問題的先例，也是顧維鈞採用直接交涉策略的重要原因。他在給張學良的電報中提到，「兩國直接交涉終難避免。如能由第三者加入旁聽，如華府解決山東問題之例，實屬上策」。①

　　直接交涉要得到蔣介石的贊同。10 月 15 日，顧維鈞與戴季陶、宋子文在宋家中討論外交方針，蔣介石亦到場。顧維鈞向蔣介石表示，對日方提出的直接交涉總要有所準備。蔣介石答稱，如果直接交涉，「至少須設法辦到華府辦法，由第三國代表旁聽為宜」，立場有所改變。次日清晨，蔣介石約見顧維鈞。顧維鈞再次提出，「此事關係甚大，恐不能全恃國聯，亟望政府速定具體方針與步驟，庶不至拖延愈久，收拾愈難」。經過一番討論，蔣介石同意「撤兵後，如能得國聯或第三國之代表加入為公證人，亦可開始交涉」，有條件同意直接交涉，並要顧維鈞根據已有草案提出對日交涉大綱若干條。②

　　此後數日，顧維鈞傾全力於制訂一個對日交涉的大綱。10 月 19 日早晨，顧維鈞與蔣介石、戴季陶、宋子文、顏惠慶進行商討，確定了具體方案。這個方案關於日本撤兵的內容為：(1) 日本趕速撤兵，限十日內；(2) 日本撤兵後，我方即須接收，須有中立國人員監視；(3) 日軍未撤完前，國聯行政院不能閉會；(4) 日本撤兵的時間和地點，應有商議，中立國人員也要參加。針對幣原照會提出的兩國應定基礎大綱，該方案提出中日兩國間任何問題不得以武力解決；保持中國領土主權完整及行政統一；日本尊重中國在東三

①《顧維鈞致張學良電稿》(1931 年 10 月 14 日、15 日)，《九一八事變後顧維鈞等致張學良密電選》(上)，《民國檔案》1985 年第 1 期，第 11–12 頁；《顧維鈞回憶錄》第 1 分冊，第 417 頁。
②《顧維鈞致張學良電稿》(1931 年 10 月 15 日、16 日)，《九一八事變後顧維鈞等致張學良密電選》(上)，《民國檔案》1985 年第 1 期，第 12–13 頁。

省實行「門戶開放」或機會均等之原則；遵從國聯盟約和《非戰公約》，中日兩國不能解決之問題要在國聯協贊下用其他國際方法解決。[1] 這是一個調和了訴諸國聯與對日直接交涉兩種途徑的折中方案，期望在不拋開國聯或第三國的情況下，通過一定形式的談判使日本最終撤兵。它顯示了顧維鈞在對外交涉和對內協調中務實的精神和圓滑的手段，面對複雜情況總能找到解決的辦法。

中國政府根據這一方案進行外交努力，國聯行政院於 10 月 24 日又通過一決議案，要求日本在 11 月 16 日前完成撤兵，然後中日開始直接交涉兩國間懸案。但日本對這一決議案投了反對票，並於 10 月 26 日發表聲明，反要求中國尊重日本在中國東北的條約權利，將日本撤兵與所謂日本在中國東北之條約權利聯在一起。

日本反對國聯的決議使顧維鈞感到問題的棘手：「國聯結果，道德上固屬勝利，實際成為僵局，未免令吾進退維谷，夜長夢多，殊堪憂慮。」但他認為中國仍可努力，應該「請各列強分頭勸告東京開始自動撤兵，以便轉圜」，「留與日接洽餘地」，並「謀一無損雙方體面而有利吾國主張途徑」。10 月 28 日，蔣介石邀顧維鈞面談，他將此意做具體說明，得到蔣的肯定，「深以速覓兩全之途徑為然」。[2]

但幾天後，蔣介石的態度就改變了。11 月 2 日，蔣介石邀顧維鈞午宴，參加者有戴季陶、李石曾、于右任、吳稚暉等國民黨元老。蔣介石在談話中表示：「日軍未撤盡以前，不與日方作任何接洽，即將來撤兵後如何開議，手

---

① 《顧維鈞致張學良電稿》(1931 年 10 月 19 日)，《九一八事變後顧維鈞等致張學良密電選》（上），《民國檔案》1985 年第 1 期，第 15 頁；《革命文獻》第 35 輯，第 1220–1221 頁。

② 《顧維鈞致張學良電稿》(1931 年 10 月 25 日、28 日)，《九一八事變後顧維鈞等致張學良密電選》（上），《民國檔案》1985 年第 1 期，第 19–20 頁。

續問題亦不擬先表示。」①這樣，蔣介石又回到了原先不以任何形式與日本直接接觸而寄希望於國聯的立場。蔣介石的這一變化與國民黨內以蔣介石為首的寧方與以汪精衛為代表的粵方開始攜手有關。②但寄希望於國聯的方針因為國聯的軟弱和日本的強蠻必然使中國的外交陷入僵局，無法取得進展。於是，蔣介石決定重用顧維鈞，以應付日本侵華引發的外交困局。

九一八事變後不久，擔任了 3 年外交部長的王正廷因民眾抗議國民政府對日外交軟弱並遭示威學生痛打而辭職。國民政府隨即任命了施肇基繼任外長，但施肇基正代表中國在國聯活動，並未回國就任，由次長代理部務。11月 23 日，國民政府任命顧維鈞為代理外交部長。5 天後，改任署理外交部長。顧維鈞最初並不願接受這一任命，在給張學良的電報中談了最終接受的過程：「近日蔣主席及國府諸公，屢以外交一席至關重要，囑弟暫為應代，迭經陳明種種理由，堅辭至再。顧終以國難當前，諒難瀆責，今日即正式發表代理。」③顧維鈞明白，蔣介石是精明的現實主義政治家，知道必須面對對日談判，但迫於國內輿論壓力無法公開表明，而顧維鈞主張對日直接交涉，又不是國民黨人，因此將他推到了前面。④

勸說顧維鈞接受外交部長職務的國府諸公中有財政部長宋子文。顧維鈞通過宋子文向蔣介石提出了出任外長的三個要求：(1) 為了有效執行外交部長的職權，對駐外使領館應定期發放經費；(2) 對外交人員的選任，由外長全權辦理，而不須經過政府的特別指示；(3) 國民黨中央政治會議作為決策

---

① 《顧維鈞致張學良電稿》(1931 年 11 月 2 日)，《九一八事變後顧維鈞等致張學良密電選》(上)，《民國檔案》1985 年第 1 期，第 20 頁。

② 參見蔣永敬《顧維鈞訴諸國聯的外交活動》，《抗日戰爭研究》1992 年第 4 期。

③ 《顧維鈞致張學良電稿》(1931 年 11 月 23 日)，《九一八事變後顧維鈞等致張學良密電選》(上)，《民國檔案》1985 年第 1 期，第 64 頁。

④ 《顧維鈞回憶錄》第 1 分冊，第 425 頁。

機構有權討論、決定重要問題，但有關外交的決議，外長應事先得到通知。這三項要求都獲得同意。[①] 前兩項要求基於顧維鈞在北京政府主管外交的經驗，第三項要求表明他明白出任國民政府的外交部長與擔任北京政府外交總長的不同。

11 月 30 日，國民政府舉行顧維鈞就任外交部長儀式。蔣介石以國民政府主席身份出席，並發表長篇演講。蔣介石在演講中說：「外交之折衝樽俎，其效力之遠，收效之大，有遠勝於軍事十倍千倍者。亦在乎任之專，而信之篤，使外交當局，得以負責勇進，以收最後之勝利。」「今顧署部長就職於危難之秋，受命於存亡之交，深信其必能力肩艱巨，不辱使命」，「佈展其抱負，發揮其長才，俾我國外交得以轉敗為勝，轉危為安，庶不負政府與國民期望之殷也。」這篇演講詞由蔣介石手書，顯示出其對依靠顧維鈞以實現外交解決的厚望。[②]

儀式結束後，顧維鈞到外交部就任，對全體人員致辭，稱「本人兩年來未問政治，今因國難當前，迭接中央黨政當局及蔣主席電召來京，參加特種外交委員會，嗣奉令代理外交部長」，「今後希望大家本數年來勘助王部長、李部長之精神，來勘助本人。如有意見，盡可隨時提出，以供研究，本人對事當負全責，對人毫無問題」。[③]

接掌外交後，顧維鈞即尋找通過外交談判解決九一八事變的新途徑。11 月 23 日，他在已答應出任代理外交部長後對記者說，「依據華盛頓《九國條約》，可請將兩當事國糾紛之文件，實行公佈，並召開國際會議，根據《九國

---

① 《顧維鈞回憶錄》第 1 分冊，第 419–420 頁。

② 《蔣中正「總統」檔案事略稿本》（以下稱《事略稿本》）第 12 冊，台北：「國史館」，2004，第 419–421 頁；《蔣介石日記》，1931 年 11 月 30 日。

③ 《申報》1931 年 12 月 1 日，第 8 版。王部長即王正廷，李部長為王辭職後的代理部長李錦綸。

條約》，以求解決之途徑」。^①在國聯難有作為的情況下，這一談話透露出希望美國介入中日衝突的想法。

這時，東北的局勢在進一步惡化。瀋陽淪陷後，東北的軍政機關並未撤至關內，而是遷至錦州，以顯示中國堅持東北主權的決心。但日本軍隊為佔領整個東北，決心奪取錦州，將中國政府機構完全逐出關外。因此，錦州一時成為中日問題的焦點。顧維鈞對錦州的重要性有清醒的認識，認為「錦州一隅如可保全，則日人尚有所顧忌。否則東省全歸掌握，彼於獨立運動及建設新政權等陰謀必又猛進，關係東省存亡甚巨」，而「東省全失以後，所有邊患或將次第引起，患隱無窮，關係全國尤大。是以錦州一帶地方，如能獲各國援助，以和平方法保存，固屬萬幸。萬一無效，只能運用自國實力以圖保守」。^②顧維鈞保全錦州的方法是爭取列強的支持以維持錦州的中立，如果不行則只有以本國實力進行抵抗。

11 月 24 日晚，顧維鈞在美國駐華公使詹森（Nelson Johnson）家中與美、英、法駐華公使會晤，提出了和平保住錦州的設想。他提出，為避免中日在錦州發生衝突，可在錦州及鄰近地區建立中立區，倘日本堅持，中國軍隊可以撤出該地區，但日本必須向三大國保證不進入該地區。顧維鈞向三國公使強調，最後一點即日本向三大國保證是中立區計劃的關鍵。他希望三國公使能探詢他們各自政府對此建議的反應，三國公使均表示會請示本國政府。^③

---

① 《顧談對日外交意見》，《中央日報》1931 年 12 月 24 日，第 7 版。

② 《顧維鈞等致張學良密電稿》（1931 年 11 月 25 日），《九一八事變後顧維鈞等致張學良密電選》（下），《民國檔案》1985 年第 2 期，第 4 頁。

③ Interview with Mr. Johnson, 1 December, 1931, *Wellington Koo Papers*, box 4；《顧維鈞致張學良密電稿》（1931 年 11 月 24 日），《九一八事變後顧維鈞等致張學良密電選》（下），《民國檔案》1985 年第 2 期，第 4 頁。

　　25 日早晨,特種外交委員會討論並通過了顧維鈞的中立區方案。隨後,顧維鈞面見蔣介石商討,獲得蔣的同意。[①] 當天,國民政府外交部就錦州中立區發表聲明,稱中國已向國聯行政院提議設立中立區域,「如行政院正式採納此項建議,中國可將錦州一帶軍隊撤至關內。同時,中國政府通知英、法、美在京公使關於設立中立區之意義與方法,請代為轉達各國政府。其辦法如下:為避免任何衝突及合法解決滿洲問題起見,中國循日方之堅請,業已預備將錦州軍隊撤至山海關,惟須日方給一保證,能使英、法、美滿足,表明日方不將軍隊開入該區,使不侵犯中國之行政權與警權」。

　　顧維鈞提出錦州中立區計劃,出於這樣兩個考慮:日軍已開始向錦州進軍,中立區計劃可避免東北全境陷於日軍之手;中立區計劃的實現必須由日本向英、法、美等國做出保證,這是讓大國尤其是非國聯成員的美國介入中日衝突的有效途徑。藉助西方大國是顧維鈞處理對日問題的一貫思路。此外,這也與顧維鈞對日本國內政治的了解和判斷有關。顧維鈞署外交部長後,日本駐華公使重光葵按外交慣例到部祝賀,並表示日本可接受通過列強提出的錦州中立區建議,離開時還轉達幣原外相的私人口信,希望兩國外長能夠找出對雙方都公允和滿意的解決辦法,並說儘管在日本國內有壓力,仍會為此努力。[②] 顧維鈞與幣原在華盛頓會議上是對手,但最終畢竟解決了山東問題,這一經歷增進了彼此的了解。顧維鈞認為,九一八事變是關東軍少壯派激進軍人所為,而幣原的對華外交政策與軍人不同。他當然明白,幣原的出發點是日本的利益,但通過外交途徑解決總比通過軍事手段解決要好,

---

① 《顧維鈞等致張學良密電稿》(1931 年 11 月 25 日),《九一八事變後顧維鈞等致張學良密電選》(下),《民國檔案》1985 年第 2 期,第 4 頁。

② Interview with Mr. Shigemitsu, 30 November, 1931, *Wellington Koo Papers*, box 4 ;《顧維鈞回憶錄》第 1 分冊,第 421 頁。

這就是他作為一個外交官的想法。

但列強對中國有關中立區的建議並無積極的回應。11 月 26 日，美國公使詹森告訴顧維鈞，美國國務卿史汀生（Henry Stimson）建議中國軍隊從錦州撤至山海關，以避免進一步衝突；美國不願介入中立區計劃，也不願提供擔保。[①] 而英、法兩國對中立區的建議則沒有直接表態。11 月下旬，顧維鈞多次會晤英、法兩國駐華公使，希望在英、法控制下的國聯能採取強硬些的措施。顧維鈞告訴他們，國聯解決中日問題的方案，至少要增加三條保證：(1) 日本停止敵對行動；(2) 日本在確定的期限內撤軍；(3) 以某種形式的中立國監督使日軍撤退。他強調，確定日本撤軍的期限十分關鍵，這是中國對國聯的最低要求，否則，無法解決目前嚴重的局勢。[②]

有關錦州中立區的外交交涉尚在進行之中，但消息一經傳出，立即在中國國內掀起軒然大波，遭到民眾的激烈反對。走在最前列的是全國各地的學生，南京、上海、北平、山東等地的學生團體代表紛紛來到外交部，質問顧維鈞。

顧維鈞進外交部後擔任代理次長的金問泗後來寫道：

> 九一八事變發生後，吾國民情激昂，學潮澎湃。顧外長就任無多日，金陵大學數十人，到部請願，反對錦州中立之議，要見顧氏。適顧氏往中央黨部開會，不在外部。我以代理次長接見，謂非外長不可。乃

① Interview with Mr. Johnson, 26 November, 1931, *Wellington Koo Papers*, box 4；《顧維鈞致張學良密電稿》(1931 年 11 月 26 日)，《九一八事變後顧維鈞等致張學良密電選》(下)，《民國檔案》1985 年第 2 期，第 5 頁。

② Note of a Converstation between Dr. Koo and M. Wilden, 25, 28 November, and with Miles Lampson, 26 November, 1931, *Wellington Koo Papers*, box 4.

與黨部打電話，請顧氏返部。陳立夫先生接話，謂可請學生往黨部，又不肯往。我乃請其派代表二三人，在客廳接談，將其請願各點寫出，允為轉陳部長……此後數日，學生們又幾次結隊成群來部，高呼口號，遍塗標語而去。[①]

在出任外交部長的最初幾天，顧維鈞差不多每天要與幾批學生代表見面，向他們解釋外交政策，要他們相信他本人捍衛中國權益的決心。12 月 2 日，徐州學生請願團 1300 餘人到南京，顧維鈞回答他們的提問時表示，「交涉方針，仍本不撤兵不談判原則」，「一方信任國聯和平處置糾紛，一方在原則上仍力求自衛」。[②] 這樣的會面最初還能起到溝通的作用，學生代表會向集結在外交部外面的大批學生做些解釋。但隨着日本在東北的步步緊逼和國民政府的應對遲緩，學生越來越不滿國民政府的外交政策。大批學生包圍外交部，有的在牆上大書「打倒賣國賊顧維鈞」的標語。

社會各界對顧維鈞錦州中立區的主張也強烈反對，每天有大量的電報潮水般地湧到外交部。上海抗日救國會的電報稱：「不對日直接交涉之主張，已見動搖，就任伊始，應請努力奮鬥，以今日全國民眾憤激狀況，視『五四』者何如？」上海各大學教授抗日救國會的電報警告顧維鈞：「公長外交，即直接交涉，劃錦州為中立區，賣國求榮，不惜為曹、章、陸之續。若不幡然變計，國人將以對曹、章、陸者對公。」江蘇同鄉會的電報更是直截了當地說，如果不改變現行政策，就炸掉顧家的祖墳。在給張學良的電報中，顧維鈞談到了民間的激烈反應，「京滬各界亦覆函詰責，學界態度，尤為激昂，今日外

---

① 金問泗：《從巴黎和會到國聯》，第 73 頁。

② 《顧維鈞答學生問》，《益世報》（天津）1931 年 12 月 3 日，第 2 版。

部亦被學生終日包圍，無從辦事」，「北平學生示威到部，搗毀頗劇」，並頗為委屈地表示，這是「國人誤解，認為辱國」，「似此憤激情形，和平方法恐終無效」。①

即使在國民黨內，對錦州中立區的計劃也是意見紛紜。蔣介石雖是國民政府的實際掌權者，但國民黨內派系林立，爭鬥與對抗不斷。有些人反對劃錦州中立區，是因為他們認為這一做法不利於中國；而有些人反對這一計劃，就是為了反對蔣介石，希圖利用這一點迫使蔣下台。

面對國內的強烈反對和列強的消極反應，國民政府不得不放棄錦州中立區之議。12 月 2 日，國民黨中央政治會議決定：東三省事件應積極進行，於國聯切實保證之下解決；而錦州問題，如無中立國團體切實保證，不劃緩衝地帶，如日軍進攻，應積極抵抗。顧維鈞明白，錦州中立區的計劃難以推進下去了。此後，他向美國、法國駐華外交官表示，中國並不贊成錦州中立區計劃，並告訴美國外交官，「沒有美國的合作，問題無法得到公正的解決」，由華盛頓會議有關各國舉行關於中日問題的會議是「最佳方案」，以此探詢美國介入中日衝突的可能性。② 在顧維鈞的對外交涉中，尋求美國的支持總是處在優先地位。

由於錦州中立區計劃引起國內反對風潮，顧維鈞明白已很難在外交部長職位上有所作為了。12 月初，他提出辭呈，但未獲批准。隨後，國內政局更加動盪。12 月 15 日，蔣介石因黨內反對派逼迫而辭職。由於國民政府面臨

---

① 《各團體忠告顧維鈞》，《新聞報》1931 年 12 月 4 日，第 13 版；《顧維鈞回憶錄》第 1 分冊，第 423–424 頁；《顧維鈞致張學良密電稿》(1931 年 12 月 5 日、16 日)，《九一八事變後顧維鈞等致張學良密電選》(下)，《民國檔案》1985 年第 2 期，第 10–11、15 頁。

② Interview with Mr. Wilden, 4 December, 1931; Conversation between Dr. Koo and Mr. Peck, 13 December, 1931, *Wellington Koo Papers*, box 4.

重新改組，而顧維鈞又是蔣介石請出山的，22 日，他再次提請辭職，終獲批准。距國民政府公佈他代理外交部長的任命，正好一個月。辭職當天，在給張學良的電報中，顧維鈞坦露了自己的心情：「此次不避危難，勉當重任，明知無補時限，堅摯難辭，未獲如願。任事以來，昕夕焦勞，心力俱瘁，殊覺不支，准即乞退，離京休養。」但他認為在這一個月中自己還是為國盡職的：「此次臨危受任，為期雖短，聊盡匹夫之責。」[①]

九一八事變爆發後的三個月中，顧維鈞致力於通過外交途徑解決中日衝突。他先傾向於中日直接談判，後又提議錦州中立區計劃。這些主張均遭民眾和輿論的激烈批評。作為一名外交官，顧維鈞除了尋找外交解決的途徑，並無其他施展才幹的空間。由於國民政府對九一八事變的應對總體上為放棄軍事抵抗，只依賴外交交涉，使得外交無所憑藉。加上國聯的軟弱和日本的蠻橫，外交交涉毫無轉圜餘地。因此，顧維鈞這三個月外交活動的失敗也就不可避免了。然而就其個人而言，除對通過幣原尋求外交解決顯得過於樂觀外，對局勢的分析和應對的策略尚屬得體，即使遭到廣泛抨擊的錦州中立化提議，他也做好「萬一無效，只能運用自國實力以圖保守」的準備，堅持維護國家主權的基本立場。

辭去外交部長後，顧維鈞來到上海，準備稍事休息後北上，到張學良身邊以備外交諮詢。然而事與願違，接下來發生的事情使他仍留在了南方。1 月 27 日，下野後準備重掌大權的蔣介石召顧維鈞到南京商談外交，告訴他因外交無人主持，準備另設外交委員會，請顧維鈞參加。[②] 第二天，日本在上

---

① 《顧維鈞致張學良密電稿》(1931 年 12 月 22 日、24 日)，《九一八事變後顧維鈞等致張學良密電選》(下)，《民國檔案》1985 年第 2 期，第 16 頁。

② 《顧維鈞致張學良密電稿》(1932 年 1 月 28 日)，《九一八事變後顧維鈞等致張學良密電選》(下)，《民國檔案》1985 年第 2 期，第 17 頁。

海挑起新的戰爭，「一‧二八」事變發生。

事變發生後，顧維鈞在上海與國民黨軍政要人張群、吳鐵城、黃郛、蔣百里等每天晚上相聚，討論軍情及相關問題。一日，中國軍隊追擊日軍至租界邊，因擔憂引起國際糾紛而停止追擊未進入租界。顧維鈞知道後歎息道，窮追敵軍之際，正不必因租界而有所躊躇，此乃百年一次的機會，錯過未免可惜。[①] 顯露出他處理外交事務中剛強的一面。

當時國民黨中央在上海設辦事處，下有外交組，顧維鈞被聘為委員，參與到「一‧二八」事變後的外交調停中。此時日本希望上海事件單獨先行解決，中國方面也有人贊同此點。但顧維鈞「力持不可」。因為英、美等國在上海有更多利益，事變後積極介入調停，顧維鈞認為中國應該抓住這一機會，堅持中日間問題須一併解決，否則東北問題「益將棘手」。[②] 由於國聯調查團來華在即，他希望先促成中日在上海的停戰，以待國聯調查團到來後，將上海戰事與東北問題一同解決，謀得有利於中國的結局。為此，他與英、美、法三國外交官多次接觸，尋求上海停戰的辦法。2月28日，在英國駐華海軍司令的安排下，顧維鈞與十九路軍參謀長黃強登上英艦「肯特」號，與日本首相私人代表松岡洋右和日本海軍艦隊司令野村吉三郎「作私人談話」3小時，達成撤兵諒解五點。[③] 國民政府認可了五點諒解，但日本政府未予回覆。稍後，國聯調查團抵達上海，顧維鈞轉向陪同調查團的工作。

---

① 金問泗：《從巴黎和會到國聯》，第 86 頁。

② 《顧維鈞致張學良密電稿》(1932 年 2 月 2 日、4 日)，《九一八事變後顧維鈞等致張學良密電選》(下)，《民國檔案》1985 年第 2 期，第 18 頁。

③ 《顧維鈞致王樹翰等轉張學良密電稿》(1932 年 3 月 1 日)，《九一八事變後顧維鈞等致張學良密電選》(下)，《民國檔案》1985 年第 2 期，第 20 頁。

三　國聯調查團的中國顧問

九一八事變後，國民政府在訴諸國聯時，多次向後者提議組織國聯調查團來華調查事變真相，希望以此制止日本的侵略。但由於日本的反對，國聯一直無法就中國的提議做出決議。1931 年 11 月下旬，日本佔領齊齊哈爾並向錦州進逼之後，自認為對中國東北全境的佔領已是既成事實，轉而同意國聯派調查團到東北調查，企圖改變在國聯中的被動地位，並以此拖延時間，使國聯在調查期間不再採取對日本不利的行動。於是，12 月 10 日，國聯行政院通過了有關中日衝突的第四個決議案，決定派遣調查團赴遠東調查一切危及國際關係、破壞中日和平或一切足以影響中日兩國友誼的事件，同時規定調查團不得過問中日兩國政府之間的交涉，不得干涉中日兩國軍隊的行動，調查團的任務只是就中日雙方有爭議之點寫成報告，並不追究責任所在。

1932 年 1 月 21 日，國聯調查團正式成立，由英、法、美、德、意五國各派一人組成。英國人是代理過印度總督的李頓（Victor Lytton）爵士，法國人是擔任過駐越南法軍司令官的克勞德（Henri Claudel），美國人是曾任菲律賓副總督的麥考益（Frank McCoy）。因為李頓擔任團長，所以國聯調查團也被稱為「李頓調查團」。作為當事國的中日兩國派出了各自的代表，中方是顧維鈞，日方是吉田茂。顧維鈞和吉田在調查團中的正式頭銜是顧問。

接受參加李頓調查團的任務後，顧維鈞集中了不同領域的專家，都是富有外交經驗及對東北問題素有研究者，主要成員是以前在北京政府外交部工作的同事和部下，參加過巴黎和會的前駐意大利公使王廣圻擔任秘書長，擔任過外交部參事的錢泰負責文件起草工作。顧維鈞先列出調查團可能提出的各種問題的清單，交一個或幾個勝任的人對相關問題寫出備忘錄，每一份備忘錄寫出後交顧維鈞審閱，再做適當修改後由他最後核准。顧維鈞自己則起

草一份涉及整個中日問題的備忘錄《關於中日糾紛問題之總說帖》。李頓調查團來華後，顧維鈞向調查團提交了1份總說帖和28份分說帖。這些文件歷數日本侵略東北、發動九一八事變等事實，立論嚴謹，說理充分，對調查團了解日本侵華行徑起了重要作用。①

李頓調查團於3月14日從日本到達上海。17日晚，顧維鈞假榮宗敬在西摩路的榮宅設宴招待李頓代表團，中國方面出席的有孔祥熙、宋子文、吳鐵城等。顧維鈞在宴會上致辭，表達歡迎之意：「諸君或係政治家，或係軍事家，或係外交家，著名於世界。國聯指派諸君來華調查中日糾紛，可謂人選確當。鄙人歡迎諸君，因諸君係正義及和平之信徒。國難期間，雖不能作盛大歡迎，然歡迎卻是懇誠的、熱烈的。」接着闡述中國對調查團的期待：

> 君來自遠方，無成見，定能用公平眼光，觀察中國……諸君調查期間，當能發現中國人民於中日關係的問題，民氣極為激昂。但是諸君作更進一步的研究，便知中國人民的憤慨，實在是武力政策對付中國的反響。表示憤慨之方式，雖各有不同，或用語言，或用文字，或在購買外貨上表示區別，但無論用何種方式表示，原因卻都在中國以外，且均非中國所控制者。換言之，九月十八日以後各種事變，影響尤為重大。貴調查委員會的使命，不但中國重視，世界各國亦深為關切。具有遠大眼光之政治家，苦心孤詣，用國聯盟約及《非戰公約》，導世界於和平。然而此項約章，是否能為國際關係之健全原則，是否有保障和平之效力，現在已成絕大疑問。和平公約，能否實行，世界前途如何，現均

---

① 《申報》1932年3月14日，第1版；王建朗主編《中華民國時期外交文獻彙編1911–1949》第6卷上，第237頁。

成為問題。然而國聯對於現在遠東問題，異常關切，不斷努力於維持和平，力圖一種永久之解決，加之美國對於維持和平誠摯之合作，貴團諸君就地調查真相，鄙人深信對於尊重中國領土行政之完整，必有相當辦法，和平公約尊嚴，必能重行恢復也。

顧維鈞請調查團從中國領土行政之完整來觀察中日衝突，並將其與保障世界和平及國際關係之健全原則聯繫在一起。李頓被顧維鈞的致辭所打動，在當晚給妻子的信中寫道：「他用漂亮的寇松式的英語做了非常雄辯的講演。」[①]

作為調查團的一員，顧維鈞的任務是為調查團在中國的工作提供各種幫助和便利，並向調查團表明中國政府的基本立場。李頓甫抵上海，顧維鈞就表示，願意為調查團在華之行盡最大的努力 —— 為調查團提供各種資料和便利；聯繫安排調查團想會面的任何人和團體；安排訪問或視察相關地區。顧維鈞也向李頓闡明中國的基本立場，即在上海停火以後，日本在東北的軍事行動也必須立即停止並且撤軍。顧維鈞告訴李頓，滿洲問題即東北問題不是一個地方性問題，也不僅僅是中國的問題，從根本上說，是一個國際問題，因為它的解決有利於國際和平。在兩人的會談中，李頓提出了滿洲中立化的建議。顧維鈞回答說，這可作為進一步討論的基礎，以探索最終達成協議的可能性。只要有助於中國恢復對東北領土的管轄，國聯的幫助就可以接受。他強調，解決滿洲問題必須要做到日本撤軍和恢復中國的主權。[②]

---

① 《顧維鈞歡迎詞》，《申報》1932 年 3 月 18 日，第 1 版；《李頓赴華調查中國事件期間致其妻子信件》（上），《民國檔案》2002 年第 2 期，第 27 頁。寇松為 1919–1924 年的英國外交大臣。

② Conversation with Lytton, 15, 27 March, 1932, *Wellington Koo Papers*, box 4; Koo to Lytton, 17 March, 1932, *Wellington Koo Papers*, box 5.

　　李頓調查團抵華後，先在上海視察硝煙未盡的「一‧二八」戰場，並斡旋中日在上海的停戰談判。日本政府希望調查團在南方多逗留些時日，延緩進入東北的時間，為此堅持調查團應赴漢口等地了解中國的一般情況。顧維鈞明白，時間拖延越長，東北問題就越複雜，對中國也越不利。張學良也給他來電報，對此表示擔憂：「日本設計在用上海事件移轉各國對東北視線，兼以壓制我中央政府，俾允所求。及見所謀未遂，則又極力使上海事件與東北問題分離，假退讓作交換地步。各國自身商務受痛，自然樂為仲連，使上海早日平靜。吾人遷就解決，似正中日人分開東北問題之奸計。國聯調查團本為東北事件而來，現羈留上海，一面疲於應酬，一面忙作部分問題之和事佬，勞精疲神，北來無期。日人期此機會在東北鞏固其偽國，恐調查團到時已成強弩之末。」① 因此，顧維鈞極力勸說李頓及調查團盡快北上。在他的努力下，李頓調查團在 3 月下旬離開上海，原定在漢口的視察，也只象徵性地逗留了一天。

　　3 月 29 日至 4 月 1 日，調查團在南京與蔣介石、汪精衛等進行了四次會談，顧維鈞都參加了。會談中，汪精衛希望調查團盡快去東北調查事變真相，並表示，中國政府任命的代表顧維鈞將全力協助調查團的工作。②

　　4 月 9 日，李頓調查團抵達北平。顧維鈞陪同調查團會見了張學良。調查團來中國的首要任務是赴中日衝突的主要地點東北實地調查，但顧維鈞能否與調查團一起進入東北卻成了一個引人注目的問題。

　　日本政府為了阻止調查團的正常調查，反對顧維鈞進入東北，理由是東北的局勢還不正常，日本無法保證顧維鈞在東北的人身安全。同時，日本故

① 《張學良致顧維鈞》（1932 年 3 月 20 日），*Wellington Koo Papers*, box 6。

② 《1932 年 3 月 29 日至 4 月 1 日四次會議記錄》，*Wellington Koo Papers*, box 5。

意散佈各種消息，對顧維鈞施加心理壓力。法國和比利時駐華公使先後到鐵獅子胡同來見黃蕙蘭，告訴她他們從本國駐東京的使館獲得可靠的機密消息，如果顧維鈞去東北的話，他的生命安全會受到威脅。他們勸說顧太太不要讓丈夫去冒這一不必要的生命危險。李頓調查團也收到相關的消息，稱中國代表在中國東北出現會引起騷亂，如果調查團由顧維鈞陪同前往，日本當局將不會對出現的後果負責。[1]

　　是否隨調查團進入東北成了擺在顧維鈞面前的一個嚴峻問題，也是輿論關注的焦點。顧維鈞專門給國民政府外交部長羅文幹發去電報，表明自己的態度和決心：如果我遭到任何不測或者為國犧牲，我認為那是極大的光榮。作為中國代表那是我的應盡之責。我早就決定獻身於中國的事業；在執行任務時，我自己就像任何一名被召喚去為國戰鬥的戰士一樣，義無反顧。[2]

　　4 月 12 日，顧維鈞在北平接受日本記者採訪，列席的還有美國與中國的記者。他向媒體坦然表明自己的態度：

　　　　日記者問：對於長春來電，所謂滿洲國者拒絕中國代表顧維鈞博士入滿之舉，態度如何？
　　　　顧答：中國遵照上年十二月十日國聯行政院決議案，任命代表為調查團之參加員，與日本政府之任命代表為參加員，其情事相同。兩方參加員，均為國聯調查團分子，故委員長李頓爵士前曾聲明對於任何參加員赴滿之拒絕，將視為對於調查團全體之拒絕。
　　　　問：今日已有滿洲國存在之事實，是否為調查團及顧代表所知悉？

---

[1] 《顧維鈞回憶錄》第 1 分冊，第 428 頁；李頓 4 月 11 日日記，《李頓赴華調查中國事件期間日記》，王啟華譯，《民國檔案》2002 年第 4 期，第 21 頁。
[2] 《顧維鈞回憶錄》第 1 分冊，第 428 頁。

答：中國對於所謂滿洲國之存在，未經正式承認，所稱由長春發往南京之電報，業已退發電地點，調查團亦不承認此種政治組織。調查團之目的，在調查滿洲之整個情形，尤其關於上年九月十八日以後之舉動，自「九一八」以後所發生之事變，連同所謂滿洲國在內均在調查範圍之內。

問：顧代表將不顧可以料見之危險，毅然赴滿？

答：在任何情勢之下，代表有偕同赴滿之必要。關於調查團全體之安全問題，據鄙人所知，委員團業已向國聯報告，國聯當然對於東方所派委員之安全，有適當之處置。

問：執事既不承認滿洲國之存在，然則關於調查團之安全，據執事見解，是否應由日本負責？

答：中國並不準備令日本負責。對於安全問題，將為如何適當之處置，應聽由國聯決定執行之。但滿洲既為中國領土之一部分，故國聯如不能籌有適當之辦法時，中國自必於全體調查團入滿時，周密派隊護送。

問：謠傳此次滿洲國拒絕中國代表之舉，係有日本之背景，執事之意見如何？

答：此項之舉動背景如何，鄙人並不重視，因日本與滿洲種種活動之關係，將為調查團徹底調查之一。[①]

顧維鈞的堅定態度得到李頓的支持。他告訴日本人，「如果沒有中國的顧問，調查團就不會去滿洲；如果反對中國的顧問，將被看作是反對整個調查團」，要求他們為調查團的工作提供必要的活動自由，並根據國聯決議提

---

① 《顧維鈞接見日本記者》，《申報》1932年4月13日，第7版。

供安全保證。^① 如果調查團無法進入東北開展調查，日本在國際輿論面前將更為被動。面對李頓的強硬態度，日本政府被迫做出讓步，不再堅持反對顧維鈞進入東北，但聲稱不能保證他在東北的安全。

在着手準備東北之行時，走陸路還是走海路又成了一個問題。顧維鈞向李頓建議，調查團從陸路坐火車由山海關進入東北。這樣，一進入東北就是九一八事變後被日本侵佔的地方。而日本堅持派軍艦接送調查團到大連。顧維鈞認為，大連在事變之前就為日本所佔，並非此次調查開始的合適地點。^② 雖然李頓認為顧維鈞的建議合情合理，但在日本的反對下，調查團最終採取了一個妥協的辦法：調查團部分成員在麥考益率領下由陸路進入東北。顧維鈞和調查團的另一部分人包括李頓乘坐船隻先到大連。顧維鈞乘坐的是中國海軍的一艘巡洋艦。

幾經周折到達東北後，顧維鈞面臨的是十分險惡的環境。日本政府雖最終沒能阻撓顧維鈞進入東北，但他一到東北，就對他實施十分嚴密的監視。顧維鈞住的旅館，有日本軍警日夜值班。顧維鈞一走出自己的房間，就有人緊跟其後。即便是上廁所，也有人一直跟到門口。還有人在黑夜從窗戶闖進顧維鈞秘書的房間。即使李頓也對日本人提供的「保護」十分不滿，認為到東北的第一個星期就是「一個惡夢」，所以易發脾氣，也很抑鬱，原因之一是「操心顧維鈞博士的安全」。^③

不僅行動受到限制，顧維鈞在東北期間還確實遇到了生命危險。顧維

---

① 李頓 4 月 14 日日記，《李頓赴華調查中國事件期間日記》，《民國檔案》2002 年第 4 期，第 22 頁。

② 《顧維鈞與李頓會談記錄》（1932 年 4 月 15 日），*Wellington Koo Papers*, box 4。

③ 《李頓給妻子的信》（1932 年 4 月 28 日、5 月 9 日），《李頓赴華調查中國事件期間致其妻子信件》，《民國檔案》2002 年第 2 期，第 41 頁；第 3 期，第 33 頁。

鈞有每天散步的習慣，工作再忙，也要忙裡偷閒去運動一下。日本人發現他
的習慣，在調查團到哈爾濱後謀劃在其散步時行刺，並故意將這一消息傳播
出來，以對其進行恐嚇。顧維鈞獲悉了這一消息，「昨今哈市盛傳對弟及團
員等將有軌外行動，並謠稱中國代表已遇刺」。他明白日本人下此毒手並非
不可能，但他又不願就此改變散步的習慣，讓日本人認為是屈服於他們的恫
嚇。第二天，他叫上比平常更多的人，包括同行的顧問端納，一起去散步。
途中，有三個中國學生要靠近顧維鈞，被突然衝出的日本人帶走了。事後，
顧維鈞得知，這一天日本人確實計劃對他行刺，但三個中國學生的出現打亂
了他們的計劃。後來，日本人還計劃炸火車，用對付過張作霖的辦法來對付
顧維鈞，只是由於顧維鈞未乘坐那趟火車，才沒有出現第二個皇姑屯事件。[①]

面臨險惡的環境，顧維鈞以過人的勇氣和智慧冷靜應對。在給張學良並
轉外交部長羅文幹的電報中，他寫道：「弟在此地表面力持消極態度，使彼方
稍鬆監視，以便從中周旋。」[②] 雖身受嚴密監視，許多求見者遭到逮捕，但顧
維鈞仍想方設法與東北各界包括在東北的外籍人士進行聯繫，以求揭露日本
侵略的真相。以下這封電報可見他的努力及艱難：

> 吾國代表團在瀋備受日警監視，華人來訪者遭逮捕，往見者被阻，
> 但尚能藉助西人暗通消息，搜材料以供調查團參考。吾團抵長春後，被
> 監視益嚴，即外國顧問出外，亦有便衣日警強制同車，車後復有電驢相
> 隨，寸步不離，形同押解……江日（三日）有美教士二人來訪，弟在房
> 中接見。忽有長春警察特務共五六人叩門欲入，堅詢來客姓氏及所談何

---

① 《顧維鈞致張學良並轉羅文幹、汪精衛、蔣介石電》（原件無日期），*Wellington Koo Papers*, box
6；《顧維鈞回憶錄》第 1 分冊，第 435–438 頁。

② 《顧維鈞致張學良轉羅文幹》（1932 年 5 月 16 日），*Wellington Koo Papers*, box 6。

事，弟拒不以告，一面由劉參議訪日代表團，未能設法。適李頓秘書阿斯德來訪，目睹情形殊為憤慨，一再斥責。該員等乃問中國代表團見客是否得有警廳許可，該西人等來訪事先已否請示警廳。因阿氏痛斥無禮，幾釀衝突。酌告以代表見客經李頓委員會許可，警廳無權干涉，彼始離去。當經弟備文向調查團轉為抗議，並查明警廳是否頒有禁令，並請保障代表見客之自由。惟是日人處處仗其實力在手，橫施脅迫，即調查團亦不能任便行動。如此情形，所謂調查，殆成畫餅。至身體之危險與精神之痛苦，猶屬事之小者耳。[1]

直接的交往十分困難，就通過間接的聯絡。顧維鈞通過各種渠道，收到許多東北民眾寫給他的信。這些出自不同階層的信有一個共同的內容：表達東北人民不願做亡國奴的決心。有一封信寫道：「我們在請願書上向調查團所說的話是日本人口述的，我們並不同意……你們會在這信中發現我們真正的感情。」有一封出自兩個教員的信，詢問顧維鈞對還在堅持抵抗的馬占山、李杜等有何話要說，表示願意秘密轉達。不少東北民眾還對顧維鈞不顧個人安危來到東北表示敬意：「大人重閣國念，不避危險，深蹈虎穴……大人之功績，萬民銜感，舉世同欽。」[2] 所有這一切表明，東北人民堅決反對日本的侵佔。顧維鈞認為，百分之九十九點九的東北人民反對日本人，這是對日本所謂「滿洲國」是由中國人倡議創立之說最好的駁斥。

作為李頓調查團的中國代表，顧維鈞除了將他獲得的東北民意報告調查團外，還向調查團就開展實地調查提出各種建議。每到一地，他總要向調查

---

[1] 《顧維鈞致張學良並轉南京羅文幹、汪精衛、蔣介石》（1932 年 5 月），*Wellington Koo Papers*, box 6。

[2] *Wellington Koo Papers*, box 6；《顧維鈞回憶錄》第 1 分冊，第 435 頁。

團開出一張應訪談人員的名單。這些人是他反覆考慮精心選擇的。例如，挑選美國花旗銀行和英國滙豐銀行的中國經理，是因為他們可以較少顧忌日本的威脅。為了避開日本人的干擾，顧維鈞還會提出訪談的地點。例如，在瀋陽，他建議調查團在美國人梅爾斯的住所會見接受訪談的中國人。在調查團到達長春約見偽滿洲國執政溥儀前，顧維鈞建議應提出這樣一些問題：是誰陪同溥儀來到長春的？偽滿洲國的發起者究竟是誰？偽滿洲國與日本當局是怎樣的關係？作為執政的溥儀有甚麼權力？後來調查團見溥儀時，向他提出的基本上就是顧維鈞所建議的這些問題。[1]

　　5月4日，李頓調查團就中日雙方在東北的軍隊狀況發表初步報告。由於報告涉及所謂的「滿洲國」，顧維鈞發佈聲明表明中國的立場。第一，日本軍事當局所稱「滿洲國」字樣，應由調查團說明，此為國聯秘書長所不容者，除中日雙方外，不能默認有第三者。如目前未便辨明，亦應聲明保留將來發表意見，以明態度。第二，不能承認所謂「滿洲國」軍隊得替代日本軍隊，而使日軍卸責。第三，不能承認因「滿洲國」軍隊之無力維持東北治安，而日本軍隊得繼續不撤。[2]

　　李頓調查團在東北實地考察一個半月時間。顧維鈞在極其困難的情況下開展工作，對調查團了解日本侵略東北的真相起了十分重要的作用。結束東北之行後，李頓給顧維鈞的信寫道：「我們在哈爾濱時你給我寫信指出，由於行動自由受限以及中國人受到的恐嚇，你無法充分履行作為代表團顧問的職責，將中國方面的證人介紹給我們。我們完全知道你面臨的阻礙。如今滿洲之行已經結束，我希望能夠告訴你，儘管面臨諸多困難，我們已經獲得了中

---

[1] *Wellington Koo Papers*, box 5.

[2] 中央檔案館等編《日本帝國主義侵華檔案資料選編：九．一八事變》，中華書局，1988，第451–452頁。

國方面的證據。我們不僅獲得了中立方的信息，也私下訪談了許多中國人。我們還收到了兩千多封中國方面的來信，正在翻譯和分類。因此，我們可以說在滿洲的六週時間已獲取了對於理解中國方面立場的充分信息。我們希望你知道此點，並很高興你會將此消息轉告貴國政府。」[1]

6月初，李頓調查團從東北返回北平，着手起草報告書。在調查團起草報告書期間，顧維鈞與各代表保持接觸，力圖使他們接受中國的觀點，揭露日本侵華的真相。當日本關東軍司令被任命為日本駐偽滿洲國大使時，顧維鈞馬上提醒李頓注意這一事實，「此舉與日本吞併朝鮮前的舉動一樣」，「表明日本承認在我東北各省建立的非法政權並最終吞併這片領土的企圖」。報告書初稿出來後，他仔細審閱，以求報告書在敘述事實方面能如實反映中國政府的觀點和中國提供的情況。6月中旬，汪精衛、宋子文和羅文幹從南京專程北上，顧維鈞安排他們與李頓進行了3次會談，以對報告書的擬定施加中國方面的影響。[2]

除了積極協助、配合李頓調查團的工作，顧維鈞還認為，中國不能放棄自身的努力，應該利用各種途徑特別是經濟手段對日本施加壓力。7月中旬，他致電行政院長汪精衛：「日方態度顯著無可理喻，在我亟應設法自救，以助國聯力之所不逮。一面外交軍事積極準備進行，一面尤以經濟抵制完全操之於我，輕而易舉，亟宜努力，秘密提倡。」他還同時致電《申報》總經理史量才和中華職業教育社黃炎培，希望他們以自己的聲望「登高一呼」，號召對日經濟抵制，「力與國內商界領袖密籌長期奮鬥辦法，手續務求嚴密，宗旨務求貫徹，使舉國商界同心一德，努力進行，毋稍懈怠。示我人心未死，保我

---

① Lytton to Koo, 7 June, 1932, *Wellington Koo Papers*, box 5.

② Koo to Lytton, 29 July, 1932, *Wellington Koo Papers*, box 5; Conversation with Lytton, 19, 20 June, 1932, *Wellington Koo Papers*, box 4.

民族精神、國家前途」。[1]

8月下旬，李頓調查團報告書的起草工作完成，顧維鈞在調查團的使命也告一段落。

四　密謀改善中蘇關係

1932年上半年，顧維鈞主要致力於協助李頓調查團的工作，但他的外交視野並沒有僅局限於國聯一途。在他看來，為對付日本的侵略，中國的外交還另有施展的空間，蘇聯就可以是中國對付日本的重要外交夥伴。雖然1929年中東路戰爭後，中蘇之間中斷了正常的邦交，但蘇聯與東北在地理上接壤這一事實，決定了它在九一八事變後中國外交戰略中的重要地位。因此，顧維鈞主張並推動中蘇關係的正常化。

4月23日，隨李頓調查團逗留瀋陽期間，顧維鈞會見了蘇聯總領事齊那門斯基（Zinamensky）。當時正傳聞蘇聯在與偽滿洲國商談建立外交關係，顧維鈞在勸阻蘇聯不要與偽滿建立關係後表示，「中國與蘇俄之間外交關係的恢復只是時間問題」，中國希望推進兩國間關係的進展。他向齊氏表明了自己對東北問題及兩國關係的基本看法：東北問題對中國至關重要，也值得引起蘇聯的重視。如果中蘇合作找到和平解決東北問題的途徑，不僅東北問題本身可以解決，中蘇關係及蘇聯與美國的關係也能得到解決。這樣，蘇聯就能與中國和其他列強站在一起，孤立日本，從而確保遠東和平。齊氏對顧維鈞的看法表示贊同，並答應向莫斯科報告。[2]

---

[1] 《顧維鈞致汪精衛》（1932年7月）、《顧維鈞致史量才、黃任之》（1932年7月16日），*Wellington Koo Papers*, box 6。

[2] Conversation with Zinamensky, 23 April, 1932, *Wellington Koo Papers*, box 4.

　　與齊那門斯基會談結束當天，顧維鈞致電行政院長汪精衛、軍事委員會委員長蔣介石、外交部長羅文幹和行政院副院長宋子文，就對蘇關係對解決東北問題以及整個中國外交的重要意義提出自己的看法：「東省問題，將來無論用外交或武力解決，蘇俄態度關係匪淺。」「目前蘇俄對日利害根本上與我相同，設使日軍侵入俄境，勢必抵抗。其對北滿權力不願為日侵奪，然亦不肯因此單獨與之抗衡。倘吾國不與接近，彼必由消極反對政策改為與日敷衍。」「吾若不及早與俄接近，從長協定一切問題，恢復邦交，日必先發制吾，屆時日俄或俄滿成立協約，則吾雖有國聯與美主持公道，恐日本以（已）無後顧之憂。」「即無日俄或俄滿協約，國聯與美欲實在解決東省問題，亦不能不得蘇俄之贊助也。假使外交不能奏效，在吾最後須訴諸武力，則蘇俄對吾之政策尤為全局關鍵之一。」顧維鈞向國民政府建議：「苟能妥擬交涉方案，慎選使節，折衝得人，當不難消釋前嫌，預防後患，以收外交之效而袪內顧之憂。」[1]

　　顧維鈞提出對蘇關係建議時，朝野上下也出現恢復中蘇邦交的呼聲。5月2日，外交部長羅文幹對記者談外交時說，「邇來恢復中俄邦交聲浪日高，政府對此問題正熟籌中。設蘇聯果有誠意，依據平等互惠原則與我國復交，則我亦不妨善意考慮，以促實現」。[2] 5月中旬，《申報》接連兩天發表時評，提出「試問我國今日在外交上之與國何在」這一問題。在分析美、英、法各國對華關係之長短後，指出「獨有蘇聯為太平洋問題中最應注目之一要角」，「我對蘇聯復交，在外交之局勢上可收互相依庇之效」。[3]

---

① 《顧維鈞致汪院長、蔣委員長、羅部長、宋副院長》，*Wellington Koo Papers*, box 23。原件只署漾日，根據電報內容，當為 1932 年 4 月 23 日。

② 《羅文幹談外交》，《申報》1932 年 5 月 3 日，第 8 版。

③ 《論對蘇復交與防遏共產》《從國際情勢談到中蘇復交》，《申報》1932 年 5 月 12 日、13 日，均第 3 版。

在這一背景下，國民政府將對蘇復交提上了議事日程。5 月 19 日，國民黨中央政治會議原則上議決積極準備對蘇復交，並責成外交部長羅文幹和駐日公使蔣作賓起草復交方案。5 月下旬，羅文幹與蔣作賓草擬了《中俄復交意見書》。羅、蔣兩人提出，對蘇復交前，對外應先與美國等國聯絡，表明「中國政府並無與蘇聯為任何軍事或政治上結合之意思」；對內應做適當宣傳，表明「防共與復交純屬絕對二事」，「俾對內對外，不致發生誤解」。關於復交的具體步驟，他們認為有兩個途徑，一是不附加任何條件，通過互換照會恢復兩國關係；二是兩國先締結互不侵犯條約，然後復交。[1] 6 月上旬，國民黨中央政治會議做出決定，着手與蘇聯談判恢復邦交，具體步驟採納羅、蔣建議的第二個途徑，即以締結互不侵犯條約為復交的先決條件。

由於對改善對蘇關係已有建議，因此 6 月初剛從東北回到北平，顧維鈞就收到羅文幹的信函，請他對復交方案發表看法，提供「真知灼見」，以作「政府指針」。[2]

顧維鈞對羅、蔣建議並經國民黨中央政治會議批准的先締約再復交的方針有不同的看法。他認為，兩國間如締結互不侵犯條約則類似訂同盟條約，「在我如欲收效，須將兩國間重要懸案及將來彼此對外政策，開誠交換意見，先資諒解，否則誤會未袪，易滋糾紛，且多流弊」。因此，先訂約必然使兩國關係的發展拖延時日，甚至遇到障礙。顧維鈞的看法是，發展對蘇關係「重在諒解，不在訂約復交，既有諒解，訂約復交徒為形式」。[3] 從中國外交的全局着眼，他希望盡快推進中蘇關係。

基於這一看法，並且羅、蔣在《中俄復交意見書》中也提到派專使赴蘇

① 《中俄復交意見書》（1932 年 5 月），*Wellington Koo Papers*, box 23。

② 《羅文幹致顧維鈞》（1932 年 6 月 3 日），*Wellington Koo Papers*, box 23。

③ 《顧維鈞致羅文幹》（1932 年 6 月 25 日），*Wellington Koo Papers*, box 23。

「準備與蘇商議」，顧維鈞提出利用他自己與蘇聯副外交人民委員加拉罕在之前談判中蘇建交時建立起來的個人關係，派私人代表赴蘇溝通兩國關係。這一建議得到了國民政府的首肯。

顧維鈞選派的私人代表是一名在中國已生活了二十多年的加拿大建築師何士（Harry Hussey）。何士民國初年來華，是洛克菲勒基金會聘請的建築師，參與了協和醫學院的建築設計。[1] 來中國後，他與顧維鈞建立了終身友誼，與加拉罕也相識，是充當中蘇溝通私人代表的合適人選。顧維鈞為何士的秘密使命親擬了四份文件：訓令大綱、訓令專條、口授各點和致加拉罕信函。

「訓令大綱」闡明了國民政府的對蘇方針和推進邦交的具體做法：

一、最近各領袖在南京一度會議，決定設法與蘇聯成立一種諒解，俾便從速恢復兩國外交上之關係，並以此種關係置於好意的及鄰誼的鞏固基礎之上。此項決定旋由政府軍政當局第二次牯嶺會議確定。

二、其進行方法係派遣私人可靠代表前往，一以免除他方面過分注意，一以使盡量自由交換意見一層易於辦到，以備將來派遣正式代表商訂協定，使兩國關係置於鞏固的及友誼的基礎之上。

三、假使對於專條內所指各項問題，原則上成立諒解，乃由雙方派遣全權正式代表，在天津或海參崴或其他雙方同意之地點會晤，以便根據此項諒解，商訂協定。

四、倘蘇聯方面提出有須討論之問題，可予考量。

「訓令專條」列出了中蘇雙方應互相溝通達成諒解的一些問題及中國的期望：關於日本侵略東北問題，提出蘇聯可通過參加國聯行政院討論、參加有關國

---

[1] 《顧維鈞回憶錄》第 7 分冊，中華書局，1988，第 509 頁。

際會議、對中蘇日三國接界地方由三國訂立互不侵犯條約等方法與中國合作；關於中東路問題，提出應詢問蘇聯是作價讓予中國還是繼續保留權益；關於外蒙古問題，要求蘇聯保證不加干涉。此外，還提出雙方表示願訂互不侵犯協定等問題。「口授各點」強調了「以諒解好意為基礎」恢復兩國關係的方針，並表示「中美蘇三國之合作可以保證東亞和平，中國可為他兩國之介紹者」。在致加拉罕的信函中，顧維鈞表示，何士的使命「係得汪精衛和羅文幹兩先生之同意。再者，鄙人與何士君結交已二十年，伊為鄙人最為信任之友。凡鄙人所知南京政府之各種意見，當由何士君向閣下開誠轉達。盼望閣下亦以同樣之開誠信任態度，將貴政府意見告知何士君」。「希望通過何士君與閣下秘密交換意見，俾得從速恢復邦交，並將兩國邦交置於諒解好意之鞏固基礎之上。」①

顧維鈞在「訓令大綱」和「訓令專條」中雖也提到雙方商訂協定，但並不作為復交的先決條件，而是強調雙方應達成諒解，以從速恢復邦交，這是何士使命的主要目標，也是顧維鈞認為改善和推進中蘇關係的關鍵之點。這與國民政府既定的以締約為復交先決條件的方針存在着差異。

6月下旬，何士銜命赴蘇。在何士赴蘇之際，國民政府對蘇外交正三管齊下，齊頭並進。南京命令中國駐國聯代表顏惠慶利用出席國際軍縮會議之便，與蘇聯外交人民委員李維諾夫 (Maxim Litvinov) 就中蘇復交事進行接觸。根據南京的指示，顏惠慶在與李維諾夫交談中，提出了先締結互不侵犯條約再復交的主張。與此同時，在莫斯科中國使館的官員王曾思也奉令向蘇聯外交部東方司司長轉達中國政府締約復交的意願。

---

① 四份文件均見 *Wellington Koo Papers*, box 23。其中致加拉罕函署「二十一年六月二十一日作於北平」。

　　顧維鈞是在何士出發之後從報上獲悉對蘇交涉同時還有其他兩條渠道，而且中國方面在交涉中提出了先締約的要求。雖然目標同為推進中蘇復交，但顏、王的交涉方針與何士使命大相徑庭。於是在 7 月 1 日，顧維鈞從北平給在南京的羅文幹發了一份電報，表明自己的看法：

　　　　鄙意對俄重在諒解，使兩國間利害相同之各點彼此徹底了然，方可冀於東案收國際上協力之效。倘未得此種諒解，則無論先復交或先訂互不侵犯條約，在彼已不重視，在我恐亦無裨實際，殊非徹底解決之方。再者，此事進行，一面固須極端機密，以防他方破壞，一面似尤宜確定步驟，以免或有參差。管見所及，率直奉陳，仍請兄商承精衛院長酌奪進行為盼。①

電報中對南京既同意何士使命，又命令顏、王等交涉，多管齊下而方針不一，委婉地表達了不滿。

　　但南京並不願放棄將先締約再復交作為對蘇交涉的既定方針。由於顏惠慶與李維諾夫接觸之初，李氏表示對中國的提議可以考慮，南京對實現先締約再復交相當樂觀。羅文幹告訴顧維鈞，顏李會談「尚屬接近」，對中國的提議李氏「允考慮後早日答覆」，並表示何士使命可與顏李會談同時進行，並行不悖。②

　　然而，中國先締約再復交的提議在顏李會談進行不久就遭到了蘇聯的拒絕。7 月 6 日，李維諾夫告訴顏惠慶，蘇聯不贊同中國的提議，因為兩國之

---

① 《顧維鈞致羅文幹》(1932 年 7 月 1 日)，*Wellington Koo Papers*, box 23。
② 《羅文幹致顧維鈞》(1932 年 6 月 29 日、7 月 3 日)，*Wellington Koo Papers*, box 23。

間沒有外交關係，「若沒有這樣的關係，將會大大降低兩國間協議的重要作用」。但是，「一旦中華民國同蘇聯之間的外交關係得以恢復，我國政府就將準備着手討論同中華民國締結互不侵犯條約的問題」。蘇聯政府的立場是：「不反對立即無條件復交，此舉之後，互不侵犯條約將是復交的自然結果。」[1]先締約還是先復交成了中蘇交涉中的一個難解之結。

7月15日，何士抵達莫斯科。但他的使命並沒有如預期的那樣順利。到莫斯科後，何士雖然很快就與加拉罕的秘書見了面，並請其將顧維鈞的信函交給加拉罕，但卻一直無法與加拉罕本人會面。加拉罕推託與何士會面的理由是，他的上司蘇聯外交人民委員李維諾夫正在日內瓦與中國代表顏惠慶商談兩國復交之事，因此他有所不便。不過何士在給顧維鈞的電報中，仍樂觀地表示不日可與加氏晤面。[2]

羅文幹在獲悉此情後致電顧維鈞詢問：「如始終被拒，殊覺進退維谷，兄意如何？」[3]顧維鈞在獲悉何士無法見到加拉罕後，一面指示何士告訴蘇方，這一使命並不與顏惠慶和李維諾夫之間的會談衝突，反而有助於加快兩國的復交，一面於7月21日致電羅文幹再次表達對中蘇交涉的意見：「對俄事訂約復交先後次序原非旨要，重在將兩國間利害各點開誠交換意見，使彼此徹底諒解。否則，無論訂約復交，恐仍不能對東案收國際上協力之效果。」此電仍指出與蘇聯達成諒解為改善中蘇關係之關鍵，含蓄地批評了先締約再復

---

[1] 《李維諾夫致顏惠慶的信》（1932年7月6日），《近代史資料》總79號，中國社會科學出版社，1991，第198–199頁。

[2] Hussey to Koo, 20, 24 July, 1932, *Wellington Koo Papers*, box 23. 何士在他的回憶錄中談到此次訪蘇，曾赴加拉罕辦公室做一長談，見 Harry Hussey, *My Pleasure and Palaces*: *An Informal Memoir of Fourty Years in Modern China*, Doubleday, New York,1968, p. 311。但他致顧維鈞的電報中未提到與加拉罕見面。

[3] 《羅文幹致顧維鈞》（1932年7月20日），*Wellington Koo Papers*, box 23。

交的方針，並強調改善對蘇關係對東北問題的重要性。對於何士之行，顧維鈞提醒羅文幹，「此事經兄贊同後方肯首途」，「今顏王等既在與俄接洽之中，喀氏（即加拉罕）未能即見某君（即何士）自屬意料中事項」；「如喀氏仍以顏李正在談判進行躊躇不見，則可電某君離俄赴瑞，將所攜非正式訓令密交顏代表，接洽後即回國。事雖未成，於我無損」。原先對何士使命滿懷期望的顧維鈞顯得頗有些無奈。[①]

顧維鈞發出此電次日，就收到羅文幹的一封電報。該電首先轉述了王曾思對何士之行的報告：「何士求見加拉罕，日來仍無端倪，現又書面請求。據近來經驗以測之，恐仍難達其目的。蘇聯注重實際，不重面子，注重權責，不重個人。對於用私人名義交換意見一節，向所婉拒⋯⋯難望變更。」雖然羅文幹未對王曾思的電文加以評論，但接下來的一段話表明了他的態度：「現在似此情形，此間只好擬令顏代表與李維諾夫商談復交手續。何士行止究將若何，祈裁示弟。」[②]實際上表達了終止何士使命的意思。

何士使命最初曾獲得羅文幹的支持，因此羅的這一態度令顧維鈞十分不快。收到該電當晚，他覆電羅文幹，表示對何士之行的看法與他「相左」：「何士此行並非去賣個人面子，王委員未免誤會。不過茲事體大，關係重要，不得不設法明了彼此真意，俾達到我方此次復交之目的，而免日後之糾紛⋯⋯但臨渴掘井，本無兩全之道。尊意如以為時機迫切，請即由兄照尊旨電令顏代表與李維諾夫商談復交手續，一面即由弟照馬電（即 21 日顧致羅電）所陳，電告何士離俄赴瑞，將所攜文件面交顏代表後克日回國。」[③]

畢竟顧維鈞在外交界的資望高過羅文幹，而且何士使命又確實是其同意

---

① Koo to Hussey, 22 July, 1932；《顧維鈞致羅文幹》（7 月 21 日），*Wellington Koo Papers*, box 23。

② 《羅文幹致顧維鈞》（1932 年 7 月 22 日），*Wellington Koo Papers*, box 23。

③ 《顧維鈞致羅文幹》（1932 年 7 月 22 日），*Wellington Koo Papers*, box 23。

的，接到顧維鈞來電後，羅文幹急忙回電解釋，表示自九一八事變後，「俄事一再蹉跎，致成難題」，自中央政治會議決定對俄復交從簽訂互不侵犯條約入手後，即先後令王曾思和顏惠慶與蘇方接觸，但進展不大。「是時兄適有派某君赴莫與加氏私人接洽之議，弟等亦認為此着未始非打開僵局之一法，故予贊同。」但目前蘇聯堅持先復交，政府對此認為「時機尚早，則蘇聯既未直接催迫，似可暫擱置」。對於何士使命，羅文幹認為，「如能辦妥，寧非佳事？惟證之既往接洽情形，某君終能晤見喀氏，亦難成功。在兄見於國際形勢，欲借私人接洽與俄徹底諒解；在政府因洞悉俄方態度，欲依復交訂約順序漸次獲得諒解。駿人（顏惠慶字——引者註）在歐與李維諾夫會晤較易，故令商談。殊途同軌，原無異致」。羅文幹表示，在目前情況下，何士只能先赴日內瓦，將所持訓令交顏惠慶後回國。[1]

羅文幹的這一電報表明，由於堅持先締約再復交的方針，南京將顏李會談作為改善中蘇關係的主要渠道。這樣，何士使命實際上就顯得多餘了。顧維鈞接電後即致電何士，告訴他繼續留在莫斯科只會面臨困境，而無法取得任何進展，要他結束使命離蘇赴瑞士。[2] 8 月 4 日，何士到達日內瓦，次日與顏惠慶見面，仍照顧維鈞意見反對簽訂互不侵犯條約。[3] 顧維鈞一手謀劃的何士使命就這樣無果而終了，其主因是國民政府先締約再復交的方針。顧維鈞此時的主要工作在李頓調查團，但對改善中蘇關係傾注了很大精力，顯示出對中國外交全局的總體思考和把握。

中蘇之間的談判一直拖到 1932 年的年底才打破僵局。12 月 12 日，在中國放棄先締約再復交的方針，接受了蘇聯無條件復交的主張後，顏惠慶與

---

[1] 《羅文幹致顧維鈞》（1932 年 7 月 23 日），*Wellington Koo Papers*, box 23。

[2] Koo to Hussey, July 27, 1932, *Wellington Koo Papers*, box 23。

[3] 《顏惠慶日記》第 2 卷，第 676–677 頁。

李維諾夫在日內瓦互換恢復兩國外交關係的照會。此時，顧維鈞作為中國出席國聯的代表也在日內瓦。他後來回憶道：「我同蘇聯恢復關係出人意料，在日內瓦引起轟動，給人以良好印象。因為時機適宜，此舉使日本慌了神，使中國在國聯的朋友得到鼓舞。」[①] 中蘇最終復交的進程表明，顧維鈞重在雙方達成諒解的方針要比先締約再復交的方針更切實可行，更有助於改善和推進中蘇關係。

---

① 《顧維鈞回憶錄》第 2 分冊，中華書局，1985，第 98 頁。

第七章

抗日外交第一線

一　在國聯講壇上

1932 年 9 月，顧維鈞在離任駐英公使整整十年後，再次赴海外出任中國駐外使節，回到他最擅長的崗位上。

這一年上半年，在任命顧維鈞為李頓調查團顧問時，國民政府就考慮在調查團完成實地調查後，派他赴日內瓦在國聯講壇上代表中國。而作為中國駐國聯代表的顏惠慶因獨木難支，也在催促南京請有國聯經驗的顧維鈞及早赴歐。[1] 中國駐國聯代表通常同時出任中國駐歐洲某個國家的使節，如顧維鈞出任中國駐國聯首任代表時是駐英公使。因此，國民政府決定讓顧維鈞仍出使倫敦，以收駕輕就熟之效。

但接下來發生的一件事，卻使顧維鈞的任所從倫敦換到了巴黎。差不多在任命顧維鈞的同時，國民政府決定任命郭泰祺出任駐法公使，顧維鈞也將郭介紹了給法國駐華公使。但郭泰祺與法國公使會面後，卻來與顧維鈞商量要互換任所。原來，郭泰祺發現法國人不願講英語，而他自己又不懂法語，到法國不免尷尬。在當時的中國外交官眼中，倫敦的地位要高於巴黎。因為近代以來英國一直是在華影響最大、投資最多的國家，出使英國要比出使法國重要、顯赫得多。但顧維鈞還是答應了郭泰祺的請求。因為他認為，巴黎是觀察國際形勢和國際關係的重要場所，是歐洲傳統的政治中心，與國聯總

---

[1] 《顏惠慶致外交部》(1932 年 7 月 25 日)，*Wellington Koo Papers*, box 8；《顏惠慶日記》第 2 卷，第 674 頁。

部日內瓦也近在咫尺。此外，他還有一個個人的考慮。他在哥倫比亞大學時學過法語，多年不用，已經生疏，但他一直有說好法語的願望，喜歡法語的優美、文雅，認為它適合於錯綜複雜、變幻莫測的外交事務，是外交場合的正式語言，一個好的外交官應該能用法語交談。行政院長汪精衛同意了這一調換。[①] 有意思的是，9年以後，郭泰祺的駐英大使職位又是由顧維鈞接替的。

　　10月初，顧維鈞抵達巴黎，主持中國駐法使館。上任伊始，雖然使館事務繁雜，但顧維鈞的主要精力不得不花在國際聯盟方面。到巴黎還不滿一個星期，國書尚未來得及遞交，他就匆匆趕往日內瓦，履行作為中國駐國聯代表的職責。此後，他就頻繁來往於巴黎和日內瓦之間。

　　中國駐國聯代表團由三位代表組成。首席代表是顏惠慶，還有一位代表就是駐英公使郭泰祺。此外，還有幾十名隨員，都是各方面的專家。在中國的駐外機構中，國聯代表團稱得上規模龐大了。此時的駐法使館只有十一二人。國民政府對國聯的看重於此可見一斑。

　　顧維鈞到日內瓦時，中國代表團面臨的主要問題是如何應對剛發表的李頓調查團報告書。李頓調查團在中日兩國實地調查歷時半年，於8月底完成報告書，10月初經各代表簽署發表，交國聯審議。這一報告書共有十章，前八章着重敍述日本發動九一八事變以來的局勢，後兩章提出解決中日爭端的建議。顧維鈞對報告書的基本看法是：「前八章關於事實的敍述，看來是正確地反映了滿洲的形勢，但最後兩章（包括建議）則似乎很受既成事實的影響。報告書還應該提供更多的材料來說明日本一貫的擴張政策，以及為執行這種政策而長期準備的滿洲軍事行動計劃。」[②]

---

① 《顧維鈞回憶錄》第2分冊，第8–9頁。

② 《顧維鈞回憶錄》第2分冊，第58頁。

10 月 11 日，顧維鈞與顏惠慶、郭泰祺聯名致電南京，就中國在即將舉行的國聯行政院會議討論李頓報告書時應取對策提出建議：

> 李頓報告，迭探各方空氣，並經惠等詳加研究，原報告九、十章過於遷就事實，與前八章不相呼應，自未能盡滿人意。但東案發生，業逾一載，三省人民，水深火熱。拖延愈久，收拾愈難。如國內一時別無辦法，似可接受報告書為討論之根據。

同時，他們認為，在接受報告書時應發表聲明，表示中國不承認日本侵略所得之結果、保留賠償責任等。[①]

對完全依靠國聯解決中日問題，顧維鈞在九一八事變爆發之初就持保留態度，但既然出使國聯，就希望充分利用國聯這一講壇，爭取各國支持，創造有利於中國的外交局面。正如他在代表團內部討論時所表達的：「李頓報告書及其建議，無論修改與否，日本方面都會斷然拒絕。重要的是，在中國一方應該確定並表現出公正合理的立場，這樣做既可獲得國內廣泛的支持，又能引起國際輿論的重視與同情。」[②]

顧維鈞等的建議得到了國民政府的基本認可。外交部長羅文幹給代表團的指示稱：「李頓報告書經政府當局審慎考慮後，認為在不妨害中國主權、領土與行政完整秩序之下，有不少部分可按其原則進行東北問題之磋商。」但「九、十兩章建議，幾完全注重日本希望與其在東三省之實力，而將九月十八日責任棄置不顧。吾國不能不要求國聯為必要之修正」。羅文幹還轉達

---

① 《顏、顧、郭致外交部》(1932 年 10 月 11 日)，*Wellington Koo Papers*, box 8。
② 《顧維鈞回憶錄》第 2 分冊，第 71 頁。

了蔣介石的指示：「對於報告書宜採取溫和態度，不可表示過度之反抗。」國民政府對國聯仍寄予較高的期望，「中國政府對於國聯之信仰始終不變，深信經此次調查團努力之後，國聯必能確定辦法，為中、日謀一公平適當之解決」，延續了「九一八」以來依賴國聯解決的方針。[1]

　　中國駐國聯的三位代表只有一人可以代表中國出席國聯行政院會議並發言。顧維鈞來日內瓦之前，這一工作是由顏惠慶擔任的。因為國聯行政院將討論李頓報告書，而顧維鈞自始至終參加了李頓調查團的工作，顏惠慶向外交部提出由顧維鈞接替他在行政院的工作。外交部同意了這一建議。

　　11 月 21 日，國聯行政院開始討論李頓報告書，行政院會議也就成了中日兩國唇槍舌劍的戰場。顧維鈞代表中國出場，日本代表是以主張對華採取強硬政策而聞名的松岡洋右。「一 · 二八」事變時，顧維鈞在上海與他見過面。首先發言的松岡極力為日本的侵華政策辯護，不但對李頓報告書中的事實部分予以否認，而且對被中國代表認為已過於遷就日本的最後部分也加以拒絕。作為一名外交官，松岡能言善辯，在行政院會議上極盡玩弄辭藻之能事。顧維鈞承認，他的確是一個對手。但論辯論技巧，顧維鈞畢竟是常青藤名校辯論賽中的佼佼者，更何況正義和公理在中國一邊。

　　輪到顧維鈞代表中國發言了。他一開頭就針鋒相對地駁斥松岡的論點，指出日本對中國東北的侵略是其大陸政策的具體表現，並一一列舉甲午戰爭以來日本對華侵略行徑。在稱讚李頓調查團工作的同時，顧維鈞依據報告書的調查結果提出三條補充原則：第一，不得縱容侵略；第二，被侵略國家對被侵略造成的損害有索賠的權利；第三，日本撤軍是解決爭端的先決條件。發言的最後，顧維鈞將中日爭端的解決與維護國聯宗旨聯在一起，以引起行

---

[1] 《羅文幹致代表團》（1932 年 10 月 16 日、17 日），*Wellington Koo Papers*, box 8。

政院成員的關注：「《報告書》對一些事實的調查和結論進行了透徹的論述。現在是國聯採取快速並有效行動的時候了。繼續優柔寡斷將不僅給三千萬東北人民帶來更多的流血和更深的苦難，而且將不可挽回地動搖世界人民對這偉大的和平體制的普遍信心。」「這將不僅置中國於生死存亡的危險境地，而且國聯本身的地位也受到挑戰。」①

在接下來的幾天中，顧維鈞與松岡繼續舌戰。路透社記者報道稱：「中國代表顧維鈞與日代表松岡相對而坐。當松岡演說時，顧代表默坐靜聽，面色異常安詳。」在激辯中，顧維鈞不僅義正詞嚴，也時有詼諧的語言，以增強論辯的效果。松岡多次指責中國民眾抵制日貨是排日，是變相戰爭，顧維鈞回答道，抵制日貨是一種自衛措施，是中國民眾的一種抗議形式，隨即話鋒一轉，「若抵制日貨為變相戰爭，則中國甚歡迎日本之排華，而不歡迎日本之佔領東三省也。」這番揶揄日本的話引得全場大笑，而松岡之尷尬可想而知。②

顧維鈞的發言取得了良好的效果。11 月 28 日，國聯行政院不顧日本的反對，通過將李頓報告書送國聯全體大會的提案。12 月 6 日，國聯大會召開關於中日問題的特別會議，通過決議將中日問題交十九國委員會，要求該委員會研究李頓報告書，草擬建議提交全體大會。十九國委員會是國聯為處理中日問題而成立的一個專門委員會。

為使十九國委員會向大會提交的報告盡可能有利於中國，顧維鈞與各國代表廣泛接觸，向他們闡釋中國的立場，爭取對中國的支持。12 月 12 日，他與顏惠慶、郭泰祺邀請英國外交大臣西蒙（John Simon）午餐，告訴他中國

---

① 金光耀、馬建標選編《顧維鈞外交演講集》，第 21–40 頁。

② 《顧維鈞兩次舌戰松岡（路透社電）》，《申報》1932 年 11 月 25 日，第 3 版。

認為國聯最低限度應該做到：(1) 通過李頓報告書中的調查結果；(2) 發表一項不承認「滿洲國」和不與「滿洲國」合作的聲明；(3) 對擬議中的調解規定一個基礎。對於一個領土被侵佔的國家，這些要求實在是低得無法再低了。但西蒙認為，中國的第一項要求是有力的，而其他兩項要求卻是不明智的，因為會被日本看作對它的威脅而遭到反對。[①] 英國最擔心的就是激怒日本。

英國是國聯的台柱，西蒙的態度使中國代表團對國聯解決東三省問題的前景產生擔憂。12 月 15 日，顧維鈞與顏惠慶、郭泰祺聯名致電外交部，就接下來的外交應對提出建議：「國聯懦弱無能日益表露，吾人至相當時機，如決議案與我方希望相距太遠，須有堅強之表示。或由代表團退席辭職，或由政府表示變更政策之意。以國聯既不能公平解決東案，中國只得另謀出路，同時採取積極自衛自救辦法。」提醒政府做好採取強硬政策的準備。[②]

儘管事態發展不盡如人意，但中國代表團並沒有放棄外交上的努力。各國駐日內瓦的代表很多也是本國駐巴黎的代表，顧維鈞以駐法公使的身份積極與這些外交官會晤溝通，爭取他們對中國的支持。那些中等國家如波蘭、捷克、西班牙對中國更具同情心，顧維鈞與他們的聯絡也就多一些成效。

1933 年 2 月 14 日，十九國委員會通過了關於中日衝突的報告草案。10 天後，國聯特別大會除日本投票反對外通過了報告。這個報告肯定了李頓報告書的調查結果，不承認「滿洲國」，對中日衝突提議由當事國雙方在國聯組織的委員會幫助下進行談判。它大體上符合中國代表團提出的最低要求，表明顧維鈞等的外交活動取得了一定成果。日內瓦外交界對報告的普遍反應是，這是中國在道義上和外交上的勝利，而日本則完全被孤立了。

---

① 《顧維鈞回憶錄》第 2 分冊，第 97 頁。

② 《顏、顧、郭致外交部電》(1932 年 12 月 15 日)，*Wellington Koo Papers*, box 9。

顧維鈞與顏惠慶、郭泰祺在對該報告加以研討後，向國民政府彙報了他們的看法。他們認為，這個報告對中國有利和不利之處各有三點。有利之點是：中國對東北的主權獲得承認；國聯會員國承諾在法律上和事實上都不承認「滿洲國」；日本在東北鐵路區以外的軍事行動及扶持「滿洲國」的行動均遭到譴責。不利之點是：日本撤軍將取決於日本是否願意與中國談判；對日本一旦拒絕國聯建議無應對辦法；若日本不接受此報告，而中國宣佈東北自治，無異於中國受到懲罰。對於中國下一步應如何行動，他們的看法是：「報告書的通過達到了我國向國聯呼籲的主要目標，並給我方以行動自由。但如我國不決心依靠自己行動來堅決捍衛我領土，則其價值即將消失，而歷時十七月之外交努力亦將完全付之流水。」[①]

在國聯通過中日衝突報告書之前，日本軍隊已於 1933 年元旦開始將戰火燒向長城沿線，相繼佔領了山海關等處，華北門戶洞開。1 月 10 日，顧維鈞等致電國內，表達對局勢的擔憂：「東案發生已逾一載，人則得步進步，我則節節退讓，人為刀俎，我為魚肉。抵抗之聲愈高，疆土之蹙愈甚。」「竊念山海關如華北屏蔽，天險一失，平津震動，並非局部之地方問題。」進而提出：「天助自助者。我人苟不積極奮鬥，則事實正成，恐國聯亦與友邦愛莫能助。應請於拒絕局部忍辱了事之外，更與地方長官熟籌全局，積極收回榆關，徐圖恢復東省，以減少列邦之鄙視而增國聯之助力。」呼籲政府加強抵抗。[②]

2 月下旬，報告書在國聯特別大會通過之際，日本軍隊又大舉進攻熱河，呈將熱河併入「滿洲國」之勢。在此時刻，顧維鈞認為，國聯既已通過報告書，而日本仍在擴大侵略，中國的外交方針就應有一變更，不必在國聯再做

---

① 《顧維鈞回憶錄》第 2 分冊，第 176–178 頁。

② 《顏、顧、郭致外交部轉國民政府》(1933 年 1 月 10 日)，*Wellington Koo Papers*, box 9。

無謂之周旋。2 月 26 日，他與顏惠慶、郭泰祺聯名致電外交部，提出重要建議：

> 東案報告書通過，國聯方面告一段落，此後外交如何運用，全視我國抵抗程度而定。友邦愛我者均望我決心盡力抵抗，庶國聯得從容佈置……年餘以來，日人佔領我土地，屠殺我人民，我在國聯宣佈日人罪惡，而國內方與信使往來，杯盞酬酢，世界各國認為奇事。彼日人進攻熱河，欲避免戰爭名義，借偽國維持治安為名。然偽國既為報告書所否認，自無道德、法律上之根據。現是非既明，我已勝訴，應早日宣佈絕交，以正世界視聽，使他國不易藉口謂中國並未認為戰爭，盟約第十六條無須適用也。以上兩端務祈提出討論，早計大計。[①]

這一建議的要旨是，軍事上全力抵抗，外交上對日絕交；以抵抗為外交後盾，以外交助軍事抵抗。顧維鈞等提出對日絕交主張，是希望國聯能因此對日本擴大對華侵略實行制裁。根據國聯盟約第十六條，只有一個國家訴諸戰爭時，才能對其實行制裁。但是，有的國家責問中國駐國聯代表團，既然中日之間仍存在着外交關係，就表明中國不認為日本對中國進行了戰爭，那麼怎麼能要求國聯對日本實行制裁呢？因此，顧維鈞等希望通過對日絕交爭取外交上的主動，使國際社會加強對日施壓，更希望國內在軍事上盡力抵抗，以實力作為外交之後盾。

絕交與否牽動整個國策。因此電報發出次日即收到外交部回電，告知代表團政府正審議他們的建議，並要他們速報絕交的詳細方案。顧維鈞他們提

---

① 《國聯代表團致外交部》(1933 年 2 月 26 日)，*Wellington Koo Papers*, box 9。

出對日絕交，是將之作為應對日本擴大侵略整體方針中的一環，其先決條件是抵抗侵略的意志和能力。但是 2 月底熱河前線失守的消息接踵而至，有的部隊不戰而退，有的指揮官甚至陣前投敵。這使在國聯大會上宣稱中國要堅決抵抗的顧維鈞他們十分難堪。按顧維鈞的話說，「頗像講壇上的發言人，台上說得天花亂墜，而台下發生的事實卻完全相反」。於是，2 月 28 日，顧維鈞與顏惠慶、郭泰祺聯名致電外交部請辭國聯代表之職：

> 　　各國論者，以我軍憑崇山峻嶺之險，有主客攻守之異。而戰線屢縮，失地頻聞。友我者對於我國是否真心抵抗，群來惶問；忌我者謂我本無自助決心，國聯原可不必多事。惠等待罪海外，無法答辯。且自報告書公佈後，軍事方面重要甚於外交。將來外交前途，多視軍事為轉移。惠等心餘力拙，應付乏術。應請准於開去代表職務，另委賢能接充。[1]

　　辭職電表達了對軍事抵抗不力以及由此造成的外交無所憑恃的不滿，但辭職請求未獲國民政府批准。在國聯代表崗位上繼續盡職的顧維鈞在 3 月上旬接連致電南京，仍呼籲政府在軍事上全力抵抗，在外交上對日絕交。他認為：「絕交一事，俟熱河軍事結束，更難進行，此後外交之運用，自愈難着手矣。」「竊謂日人蓄意併吞中國，熱河不已，將及華北，華北不已，將及華南。際此國家存亡之交，宜有堅毅果決之謀，恐非局部應付所能渡此難關。」他催促國民政府盡快決策，並告知軍事真相，「不致對外論調太離事實也」。[2]

---

[1] 《顧維鈞回憶錄》第 2 分冊，第 192–193 頁。

[2] 《顧維鈞回憶錄》第 2 分冊，第 194–195 頁。

3月13日，蔣介石給代表團發來一電，闡述了南京的對日方針：

尊處對絕交各電均悉。頃鈞任（羅文幹字 —— 引者註）兄來談，弟以日軍既奪東省熱河，又攻灤榆，本無國交可言，故絕交乃遲早問題。現東北軍後退，中央軍反攻華北，亦準備應戰，故以軍事戰線愈小抵抗愈易。如即絕交，宜顧慮者數端：一、沿江海被封鎖，則我兵力分，攻守皆難；二、軍火多自外來，現在彈藥尚可持一月，如來源斷絕，我既乏抵抗力，各國尚未加入制裁，則抵抗何能持久；三、財政全仗關通各稅，長江為經濟中心，苟日本報復財政，愈加困難；四、共匪尚熾，亦宜分力應付。兄等處境困難，及不絕交十六條亦難適用，弟固深悉。惟軍事實情不得不詳告。弟意如日本已對我先行封鎖，或各國有共同制裁辦法，彼時乃絕交最好時機。且此時外交方面既得勝利已告段落，此後當重在軍事實際之抵抗，並拒絕妥協，遵守公約及各議決，雖僅召回蔣使（駐日公使蔣作賓 —— 引者註），而未絕交，各友邦或能相諒如何。覆鈞任兄。[1]

幾天後，外交部長羅文幹給代表團發來一電，進一步解釋了蔣介石的對日方針，稱蔣介石雖也認識到國聯大會通過報告書後，外交上已告一段落，對通過絕交促使國聯對日制裁，「未嘗不贊同，惟實行時間不得不審慎考慮」，若日本對中國實行封鎖或進攻平津，「則我方一面拚死抵抗，一面實行絕交」。而目前絕交恐「引起日方報復，如封鎖港口，甚至擾亂華北或揚子江流域，則我方餉械兩缺，應付益覺為難」。羅文幹請顧維鈞等體諒「軍事當局

---

[1] 《蔣介石致顏惠慶、顧維鈞、郭泰祺》（1933年3月13日），*Wellington Koo Papers*, box 19。

之苦衷」，「仍設法在國際間周旋」。①

顧維鈞對南京解釋的理由並不贊同，他草擬了一份致羅文幹的電報，徵得顏惠慶和郭泰祺同意後，聯名發往外交部：

> 承示軍事當局之困難，弟等深為了解，對介公苦衷尤所佩仰。所云俟日方封鎖或攻平津再行斷交，竊謂封鎖無異對我宣戰，日人始終欲避戰爭之名，恐牽涉各國船務商業，引起國際共同制裁，故迄未實行，非待我先絕交也。至俟日進攻平津再行絕交，似表示我對東省、熱河有輕重之分，而於日人所謂關外非我領土之謬說，反有證實之嫌。竊意最好俟軍事佈置稍為妥帖，即行絕交。②

顧維鈞的看法是，既然中國自「九一八」以來致力於訴諸國聯解決中日問題，那麼在國聯通過報告書而日本擴大侵略之際，就應該乘勢採取強硬的外交措施，對日絕交。這是依靠國聯方針的邏輯結果。否則，中國在國聯一年半的努力僅僅換來一紙報告書，而對日本的侵略卻無法起到一點制約作用，那就是外交上的失敗。

但南京的國民政府卻另有一番考慮。蔣介石 3 月 13 日電報所述顧慮者數端，要點就是中國尚未做好全面抵抗的準備，立即對日絕交反而於中國不利。3 月下旬，汪精衛從歐洲回國重新出任行政院長，也贊同蔣介石不立即絕交的主張。南京的立場是，因為未做好準備，不可採取刺激日本的政策。4 月 1 日，汪精衛致電日內瓦中國代表團，表明政府面臨的困境：「軍數複

---

① 《羅文幹致顏惠慶、顧維鈞、郭泰祺》（1933 年 3 月 18 日），*Wellington Koo Papers*, box 19。

② 《顏惠慶、顧維鈞、郭泰祺致羅文幹》（1933 年 3 月 23 日），*Wellington Koo Papers*, box 9。

雜，防備空虛。上個月內僅能對內整理，對外防禦，一切反攻收復失地均談不到。」因此只能「兩害相權取其輕」，無法對日絕交：「國聯經濟絕交之進行，固足以困日本，若日本因此向我急攻，則佈置未周，全盤動搖，尤為可慮。」針對顧維鈞撤回駐日使節的建議，汪精衛於4月7日再次致電代表團予以反對：「撤回駐使，等於日只損面子，於我無大利益，不如側重請國聯以經濟援助中國。」①

　　作為一名職業外交官，顧維鈞能夠憑藉自己的經驗和才識，向最高決策層建議他認為最有利於中國的外交方針。但外交方針的最終決定權不在像他這樣的外交官手中，而決策層考慮問題的視角並非只有外交一途。南京迭次來電使顧維鈞認識到，政府害怕絕交後日本宣戰，問題還不僅僅是沒有做好對日作戰的準備。政府正在對江西的共產黨根據地進行「圍剿」，要先解決國內問題，所以害怕內外兩面作戰，腹背受敵。他看出來，「政府首先解決江西共產黨問題的決心，較全力遏制日軍對華北不斷入侵的決心為大」。②九一八事變後，顧維鈞提出錦州中立區計劃，民眾和輿論認為太軟弱，斥責其為「賣國賊」。此次他持強硬立場，建議對日絕交，卻又為決策層所拒絕。外交官的才幹固然重要，而其能否施展，又有多少施展空間，還要受制於錯綜複雜的內外環境。顧維鈞提出對日絕交，還因為他看重國際聯盟。作為制訂國聯盟約的參與者，他堅定地主張維護國際正義和世界和平。儘管執行盟約希望渺茫，他仍然不肯輕言放棄，這是他一直信奉並堅持的「以公理爭強權」。

---

① 《顧維鈞回憶錄》第2分冊，第214頁；《汪精衛致顧維鈞、郭泰祺》(1933年4月7日)，*Wellington Koo Papers*, box 24。關於國民政府反對對日絕交，參見鹿錫俊《1933年中國對日絕交計劃的浮沉》，載金光耀主編《顧維鈞與中國外交》，上海古籍出版社，2001，第204–219頁。

② 《顧維鈞回憶錄》第2分冊，第241頁。

但顧維鈞又是一個能審時度勢的外交官，國際上大國的反應使他認識到援引國聯盟約第十六條以對日制裁不切實際，而國內全面抵抗尚需時日，於是在 4 月下旬對汪精衛上述兩電做出回覆：「日人野心不戢，得寸進尺，意在逼我直接妥協。就其範圍，我擬準備期間增加抵抗力量，誠屬善計。惟國力薄弱，同時仍宜運用國際，俾直接制裁或間接物質助我之目的。否則，日久各國漸形冷淡，或將視為已成之局，屆時再圖挽救，未免事半功倍。故鄙意我一面仍根據我國際立場繼續進行覓援，一面團結全國，積極準備，庶內外協力，收效較易。」[1] 期望在政府既定方針之下，繼續通過外交尋求對中國的支持。

國民政府反對在外交上對日絕交，而在華北對日軍事抵抗虎頭蛇尾。5月 31 日，華北當局與日軍代表簽訂了《塘沽協定》，規定中國軍隊撤至延慶、通州一線，日本軍隊撤至長城沿線，中間地帶為非武裝區。這一協定實際上承認了長城線為偽滿洲國的「國界」。協定談判期間，顧維鈞就風聞有關消息，十分擔憂中國過於退讓，但函電詢問，國民政府均予以否認。直到協定簽署，他才獲悉具體內容。對此，顧維鈞十分失望，他認為，「塘沽協定」的「某些條款，顯然不妥」，「有一些不當的政治含義，遲早必將引起糾紛」。而它對國際輿論的影響，「就顯得更不合時宜了。它造成這樣一種印象，即中國願意通過讓步解決與日本的嚴重糾紛，並且願意默認日軍侵略所造成的現狀」。[2]

「塘沽協定」的簽訂標誌着國民政府的外交交涉重點，從「九一八」以來依賴國聯解決中日爭端，轉向對日有限度的直接周旋。這一轉變使得中國駐國聯代表團的作用大為下降，因此協定簽訂後，顧維鈞等向外交部建議撤銷中國駐國聯代表團。這一建議被行政院長汪精衛所否決。

---

[1] 《顧維鈞致汪精衛》(1933 年 4 月 23 日)，*Wellington Koo Papers*, box 9。

[2] 《顧維鈞回憶錄》第 2 分冊，第 239、245 頁。

　　由於日本已在 3 月下旬退出國聯，顧維鈞在國聯的工作轉向了爭取對中國的援助，即在給汪精衛的電報中所說的「繼續進行覓援」，具體工作就是推進國聯與中國的技術合作。顧維鈞在國聯積極活動，推動國聯成立了對華技術合作會。在各種公開和私下場合，他說明中國的立場及技術合作的性質，特別強調技術合作「係純粹技術的，而決無政治之性質」，以消除一些國家的疑慮和來自日本的壓力。在國聯確定技術合作代表時，他力挺同情中國並與中國政府關係密切的國聯秘書處衛生股股長拉西曼（Ludwig Rajchman），使拉西曼最終成行，技術合作順利推進。[①]

二　駐節巴黎

　　出使歐洲之初，國聯的工作雖十分繁忙，但顧維鈞善於在紛繁的工作中分出輕重主次，盡職地承擔起駐法公使的職責。

　　一名使節最重要的工作，是與所在國政府及領導人建立起互相信任的良好關係，以利於推動雙邊關係的發展。30 年代的法國，政局動盪，內閣變動頻繁。在顧維鈞出使法國不到 10 年的時間裡，法國政府經歷了 20 次左右的改組。內閣像走馬燈一樣更換，有的執政一年，有的僅 3 天。注意到法國政局的這一特點，顧維鈞盡可能廣泛地與各派政治力量建立聯繫，不僅與當政者來往，也與那些在野的政黨領袖保持溝通的渠道。這樣，不管哪派政治力量上台組閣，顧維鈞都不會有手足無措之感，雙邊關係並不會因為法國國內政治的變化而受到太大的影響。

---

① 張力：《顧維鈞與 20 世紀 30 年代中國和國聯的技術合作》，載金光耀主編《顧維鈞與中國外交》，第 220–233 頁。

在與眾多法國政府官員的來往中，顧維鈞特別看重關鍵性的人物。他認為，與法國政府打交道，外交部的秘書長十分重要。外交部秘書長是一個常任官職，在內閣經常變動的情況下很具影響力。新上任的外交部長對外交問題尤其是遠東問題並不一定熟悉，這時秘書長的意見往往起決定性的作用。因此，他與法國外交部秘書長萊熱（Alexis Leger）建立了良好的私人關係。顧維鈞到任後不久，萊熱出任秘書長，一直到他離任都任此職，是他與法國政府溝通的重要渠道。

除了與政界首腦保持密切的來往外，顧維鈞與法國各界都有接觸。他認為，要了解一個國家，就必須了解這個國家的各個方面，分析各種勢力所起的作用，然後與之建立聯繫。在這一點上，他與前輩老派的外交官不同。那些老派外交官通常把自己的活動局限在只與駐在國的外交部打交道，因為語言方面的限制，他們無法與更多的人來往。在顧維鈞看來，法國的新聞界非常重要，有好幾家報紙是不同政治勢力的喉舌，了解這些報紙的編輯是了解政治家的重要途徑。在法國知識界中，法蘭西學院的院士和大學的教授有很高的聲望，他們的看法受到政府的重視。此外，法國天主教徒眾多，教會有很大的影響力。充分認識到這些不同勢力的影響，顧維鈞與各界建立了廣泛的聯繫，從而被認為是巴黎外交官中消息靈通者之一。[1] 他的法語也在與法國人的交往中越說越流利。法國人不願說英語，外交部秘書長萊熱的英語十分嫻熟，但與顧維鈞見面從來不說英語，即使在顧維鈞說法語遇到困難、費勁地尋找最正確的詞語來表達自己的想法時也是如此。不過這樣時間一久，顧維鈞的法語就運用自如了。[2]

---

[1] 《顧維鈞回憶錄》第 2 分冊，第 36 頁。

[2] 《顧維鈞回憶錄》第 2 分冊，第 329 頁。

　　當時的中法外交，除了爭取法國在國聯支持中國，處理與印度支那相關的問題也佔了很大部分。印度支那在地理上與中國相鄰，在歷史上有密切的交往，有許多華人居住在這塊法國最大、最富饒的殖民地上。中國與印度支那法國殖民當局之間陷入僵局的問題，會移交到巴黎來解決。1933 年底，印度支那當局反對中國對大米徵進口稅，雙方的談判在南京破裂後，就由顧維鈞承擔起向法國外交部和殖民部交涉的重任。兩國間在西沙群島問題上產生爭議，也是通過顧維鈞與萊熱進行溝通的。[①]

　　巴黎是歐洲重要的外交中心，因此身為駐法使節，顧維鈞關注的不僅僅是中法間的外交關係，而是整個國際局勢的發展變化以及中國應採取的對策。他認為，「世界上任何重要地方發生了事情，中國都應該了解，因為這些事情常常會影響中國」。[②] 在巴黎，他與各國外交官有着廣泛的聯繫，以了解各國政府的外交政策。他對美國、蘇聯、德國情況的掌握常常會超過駐在這些國家的中國使節。可以說，他是當時最具全球視野的中國外交官。

　　顧維鈞與中國駐歐洲各國的使節保持着密切的聯繫，就中國的外交政策經常交換意見。對於那些到巴黎或歐洲其他地方訪問的重要人物，他也抓住機會與他們討論外交問題，並了解國內的情況。這期間，汪精衛、宋子文、孔祥熙、李石曾等都做過駐法使館的座上客。

　　由於巴黎和會的聲名和在北京政府的經歷，顧維鈞雖才過不惑之年，但在外交界已被看作資深外交家。那些與他年歲相差不多但資歷卻淺的外交官都視他為前輩和可依靠的「後台」，而他對他們也特別關照。中國駐國聯代表團中就有幾位這樣的外交官，其中金問泗在哥倫比亞大學穆爾教授指導下獲

---

① 《顧維鈞致外交部》（1934 年 4 月 14 日），*Wellington Koo Papers*, box 20。

② 《顧維鈞回憶錄》第 2 分冊，第 39 頁。

得碩士學位，隨後擔任巴黎和會中國代表團的隨員，並在「九一八」後擔任過外交部的次長；錢泰也參加了巴黎和會，顧維鈞任外交總長時，他擔任過條約司司長；胡世澤則隨中國代表團出席過巴黎和會與華盛頓會議。顧維鈞到任不久就向外交部長羅文幹推薦了這三個人，建議在承擔駐國聯代表團工作的同時，任命他們為駐歐洲小國的使節，一方面是適應對歐洲國家外交的需要，一方面也是對這些人以往為國服務的獎勵。外交部接受了這一建議，任命金問泗為駐荷蘭公使，錢泰為駐西班牙公使，胡世澤為駐瑞士公使。[1]在這一時期的國聯外交中，這幾位公使都是顧維鈞的得力幫手。

要開展外交就要與駐在國各界人士來往，少不了各種交際應酬，但在這方面顧維鈞卻面臨着不小的困難。這倒不是他不善於應酬，對此他可說是一個天生的外交家。問題是物質條件太差。首先是使館館舍過於破舊。顧維鈞到巴黎上任時，使館只租用了一幢大樓的第一、二層，樓上還住着其他房客，共用一個大門和樓梯。顧維鈞第一天去使館上任，正碰上樓上有房客出殯。雖然他並不迷信，但以一國公使身份，走進掛着黑紗的大門去履新總不是滋味。而他剛在辦公室坐下，電話鈴聲響起，是來問訂電影票的。原來這幢樓的另一半是個電影院。這樣一個場所做使館，根本無法招待客人，更談不上廣交朋友。到巴黎的第二天，他在給外交部的電報中就提出這一問題：「館前張貼戲目，尤礙觀瞻。亟宜覓屋遷移，以維體面。」[2]此後，顧維鈞花費了大量精力和時間，一面請政府同意購房並備好錢款，一面尋找合適的房屋。由於經費以及找房的不易，直到 1937 年 3 月，中國使館才搬入花了 500 萬法郎買下的新樓。新館與西班牙使館為鄰，臨近法國總統官邸愛麗舍宮。新館

---

① 《顧維鈞回憶錄》第 2 分冊，第 120–121 頁；第 5 分冊，第 156 頁。

② 《顧維鈞致外交部》（1932 年 10 月 3 日），*Wellington Koo Papers*, box 39。

搬遷不久，正好孔祥熙來法國，稱讚這裡是中國最好的駐外使館。[1]

使館經費拮据是另一個問題。在整個民國時期，這也是中國駐外使館面臨的普遍問題。1933 年 3 月 14 日，顧維鈞致電外交部報告駐法使館經費不敷使用、虧欠嚴重：

> 法館前積欠電報房租等費，人言嘖嘖。法外函電代催，殊礙體面。抵法後，各外帳均按時清付，信用稍復。大部諒同此旨。惟到任五月，籌墊不貲。上月承匯另款萬元，不敷歸墊，更難為繼。本月房租及前代辦任內欠租共四萬五千佛郎，瞬即屆期。懇速撥另款兩萬元電匯為禱。[2]

中國駐國聯代表團面臨同樣的困境。駐法使館發出電報後幾天，顧維鈞又與郭泰祺聯名致電外交部懇請撥款：「我團兩週來，庫空如洗。因電報局再次催付時，警告說，今後一切文電，除預先付費者外，概不受理。擬懇迅即電匯三千英鎊為禱。」但使館經費不足的狀況並非一兩封電報催款就可以解決的。駐國聯代表團從 4 月到 6 月底都沒有收到國內的匯款，此時拖欠的電報、印刷等費用已達 7000 美元了。[3]

好在應付經費不足的困境，顧維鈞有其他中國駐外使節無法擁有的優勢。出身南洋糖王家庭的太太黃蕙蘭給了他很大的幫助，使他免於捉襟見肘的尷尬，可以在巴黎外交界廣交朋友。駐法使館新館第一次正式宴會的賓客

---

[1] 《顧維鈞回憶錄》第 2 分冊，第 334 頁；黃蕙蘭：《沒有不散的筵席 —— 顧維鈞夫人回憶錄》，第 191 頁。

[2] 《顧維鈞回憶錄》第 2 分冊，第 211 頁。

[3] 《顧維鈞回憶錄》第 2 分冊，第 211、243 頁。

是法國總統勒布倫（Albert Lebrun），餐桌上的一套鍍金餐具是黃蕙蘭結婚時的嫁妝，當年花了一萬英鎊定製，賓客對此無不讚賞，為宴會增色不少。[①]

1934 年 6 月，顧維鈞獲准離歐回國，一方面是向國民政府彙報歐洲以及國際局勢的發展和中國在國聯活動的情況，一方面是想藉此了解國內在對日問題上的全盤方針。

回到國內，顧維鈞先後到南京和盧山見了行政院長汪精衛和軍事委員會委員長蔣介石，報告在歐洲的情況。根據與汪、蔣的談話和自己的觀察，他明白，國民政府在依靠國聯的政策受挫後，對國聯已不抱希望，對英、美是否會支持中國抵抗日本也無足夠的信心，因此對日本步步緊逼的侵略採取妥協退讓的政策，期望以此贏得備戰的時間。

顧維鈞回國述職，引起各界關注。9 月 23 日，上海市商會、全國商會聯合會、中國紅十字會、環球中國學生會等十多家團體設宴招待顧維鈞，出席者有虞洽卿、陳光甫、杜月笙等各界名流。宴會主持人稱讚顧維鈞「兩載星軺，不辱使命」，請其就中國外交發表「宏論」。顧維鈞在演講中說：「國人對外交見解，有兩見解：一謂弱國無外交，一謂正惟弱國始須外交。此兩說皆可謂確，而亦皆可謂不全確。國無強弱，皆有賴外交，惟其方法則不同。而弱國之外交，尤關重要。因強國外交可較為大意，以稍有所失，尚有其他方法補救，弱國則不能一毫鬆懈。」此正道出一個弱國外交官的心聲。對於國際形勢，他指出，「遠東情形，亦在風雲緊張之中，我國正如風雨中之孤舟，其處境萬分困難」，因此「必須全國有一致之意志，始能發為一致之行為，同心一德，始能挽救國難」，希望全國上下團結對敵。[②]

---

① 《顧維鈞回憶錄》第 2 分冊，第 335 頁；黃蕙蘭：《沒有不散的筵席 —— 顧維鈞夫人回憶錄》，第 102 頁。

② 《市商會等十四團體昨晚宴顧維鈞》，《申報》1934 年 9 月 24 日，第 8 版。

　　回國不久，兼任外交部長的汪精衛請副部長徐謨轉告顧維鈞，想調他去華盛頓擔任駐美大使，以此推進與美國在政治和經濟上更為密切的交往。獲此消息後，顧維鈞馬上致函汪精衛：「徐次長傳達尊旨甚感。美館使務繁劇，植使（施肇基字植之 —— 引者註）老成練達，應付裕如。弟連年奔走，形神交疲，恐難勝任，辱承垂意，彌增慚惶，尚祈酌奪。」[①] 除了其中提到的理由外，其實顧維鈞還擔心巴黎和會因排序產生的誤會在兩人間重演。但汪精衛堅持已做出的決定，請在上海休假的顧維鈞到南京去面談。顧維鈞這才明白，汪精衛想推行與美國交往更為密切的新政策，而施肇基不能很好地予以貫徹，因此要用顧去替換施。推進對美關係一直是顧維鈞所主張和期盼的，所以他雖然開頭仍然沒有答應，但隨即就做好赴任的準備，並開始與徐謨商量具體事務。但因為施肇基不願離任，並通過孔祥熙說項，顧維鈞最終未能成行，與駐美大使擦肩而過。[②]

　　回國述職，原本就是幾個月的時間，報紙上時有顧維鈞假期將滿即將返任的消息，但隨即又告知要延期了。最後顧維鈞在國內待了近兩年才返回巴黎，主要是中法外交關係從公使級升格為大使級造成了延宕。中國自清末與各國互派使節，但只有公使，而無大使，因各國皆輕視中國。1924 年，蘇聯的加拉罕成為第一位外國駐華大使，但中國當時並未向莫斯科派駐大使。直到 1932 年中蘇復交後，顏惠慶才成為中國第一位駐外大使。國民政府以此為契機，向各國提出升格外交關係。1934 年夏回國前，顧維鈞奉命向法國外交部提出這一要求。但法國方面對此並不熱情，議會通過的程序又有拖延，一直到 1936 年 1 月，才通知中國同意外交關係升格，在各大國中是最晚的。

---

① 《顧維鈞致汪精衛》（原件無日期），*Wellington Koo Papers*, box 30。
② 《顧維鈞回憶錄》第 2 分冊，第 321–323 頁。

在等待中法外交關係升格期間，顧維鈞在國內的日子，與駐外使館時相比，顯得十分悠閒。除了有時見記者接受採訪外，就是會朋友，交換對時局的看法，不時還會打幾圈麻將。有一次蔡元培專程到青島來看他，顧維鈞託人準備了一壇 50 年的陳年老酒，招待喜歡喝黃酒的蔡元培。兩人品着佳釀暢談，三個小時沒有離座。①

但顧維鈞並沒有完全閒着，他的精力又轉向了投資。前面提到，九一八事變前相對空閒的時候，顧維鈞在東北投資墾荒。此時他的興趣是西北的石油開發。還在投資東北墾荒時，他就聽一位去過甘肅玉門的俄國人說，那裡有一條「淌着黑水的河」，當地居民用河水點燈。因此他與幾位銀行界的朋友組成一個投資集團，準備着手石油資源的勘探和開發。②但九一八事變後他忙於外交事務，這件事就擱了下來。此時在國內，有了時間，於是石油開發一事又進入顧維鈞的視野。

1935 年 7 月，顧維鈞聯合之前合作過的銀行家周作民、錢永銘，以及南洋富商嚴恩樲和張盛隆，向國民政府實業部申請特許專探專採甘肅、新疆和青海三省石油，要求給予「探勘石油之經營權，其年限五年」，「探勘工作費用均歸呈請人或其組織之公司擔任」，並保證「五年內找不到有工業價值之油礦，特許權廢止」。國民政府相關各部會同審查後，以「各種礦業依總理遺教，應歸國營，惟目前國庫竭蹶，無力經營，與其棄置，似不如利用民資提早開採」為由批准，並與 11 月 20 日正式頒發特許狀。隨後，顧維鈞等在上海成立了中國煤油探礦公司。③

國民政府核准時稱各種礦業按孫中山遺教應歸國營，這是孫中山在其

---

① 《顧維鈞回憶錄》第 2 分冊，第 313 頁。

② 《顧維鈞回憶錄》第 9 分冊，中華書局，1989，第 481–482 頁。

③ 皇甫秋實、賈欽涵：《顧維鈞與中國西北石油開發》，《復旦學報》2017 年第 1 期，第 74 頁。

《實業計劃》中提出的。但因為財力有限，國民政府在 1935 年 4 月允許民間資本參與礦業開發，顧維鈞等人正是抓住了這一時機。要開發油礦資源，以中國當時的實力，在技術、設備和資金方面都要有外國的合作。還在向政府申請過程中，顧維鈞就委託其加拿大好友何士與美國石油業聯絡。何士以顧維鈞代表身份與美孚石油公司主席帕克（P. W. Parker）、董事會主席瓦爾登（G. S. Walder）洽談，並將商談情況及時報告顧維鈞。因為國民政府不准外資進入石油開發，顧維鈞等從政府獲得的特許狀也有「全用華資」的規定，為規避相關法規，顧維鈞提出先註冊一家中外合資的礦業投資公司，中美資本各佔一半，然後由這家公司與中國煤油探礦公司合作。這樣，與美孚的合作就成了兩個中國法人的合作。[1]

此後，按照顧維鈞設計的模式，美孚石油公司挑選的地質學家韋勒（Marvin Weller）和蘇頓（Fred Sutton）來華，於 1937 年底結束在西北地區的考察，並與中國地質學家孫健初一起完成《西北甘肅、青海兩省地質考察報告》。該報告斷言，「石油即將出現於甘肅西北部」，該處「將成為一最有價值的產地」，並提出從國防需要看，「當不惜一切代價以求其成」。[2] 此時中國煤油探礦公司因為沒有按規定如期開發石油，特許狀已被政府收回，但韋勒等的報告書為後來玉門油田的開發奠定了基礎。顧維鈞在此進程中扮演了重要角色。他在國民政府中的人脈和在國際上的聲望，對美國地質學家赴西北完成考察起了關鍵作用。[3] 從中也可看出，對於投資，顧維鈞也頗有興趣和眼光。

1936 年 3 月下旬，顧維鈞從上海乘船離國，於 4 月中旬抵達巴黎，成為中國駐法國首任大使。返法之後，由於中法之間並無重要的外交事務，顧維

---

① 皇甫秋實、賈欽涵：《顧維鈞與中國西北石油開發》，《復旦學報》2017 年第 1 期，第 75 頁。

② 張叔岩編著《20 世紀上半葉的中國石油》，石油工業出版社，2001，第 62–63 頁。

③ 皇甫秋實、賈欽涵：《顧維鈞與中國西北石油開發》，《復旦學報》2017 年第 1 期，第 78 頁。

鈞的主要精力在觀察國際局勢的變化以及研究對日問題。1936 年 11 月，日本與德國簽署《反共產國際協定》。顧維鈞敏銳地覺察到，這表明日本將進一步擴大對華侵略。在此情況下，南京正在推行的通過對日談判謀求妥協的策略毫無成功的希望。因此，他一方面積極與法國、美國、英國和蘇聯的外交官接觸，爭取這些國家在遠東支持中國，一方面向南京報告自己的觀察和分析，希望能推動中國外交方針的調整。外交部長張群也在此時發電徵詢他對外交政策的意見。

11 月 26 日，顧維鈞給張群發了一份長電，闡明其對中國外交的看法：

> 我國處境危急，地位孤立。各國對我雖多表同情，均非為我奧援。臨難求助，呼應不靈，蓋無與國所致也。惟選擇與國，宜與彼此國策相容而不背為最要。前此我與德、義（意）接近，凡軍事上之一切人才器械，大都取之於彼，當為一時權宜之計，原非得已。現德、義與日結合，實際上同以侵略、主戰、反對國聯為政策，是不特與我國策國情相背，恐於我國前途有害……現英、法、俄、美均屬持盈保泰，無侵略野心。美則雖未加入國聯，其對盟約上一切維持和平辦法，素表贊成。且此四國，均與遠東有領土及其他重要關係。其對日本之侵略國策，尤與我國目前利害相同。而於外交、軍事、財政或工業上，均有能力助我。故如我於保全領土主權行政完整之固定範圍內，實無與日本妥協之望，則宜速謀與此四國接近。

這份長電對中國外交全局有通盤的考慮和具體的對策，並直指國民政府對外政策的不當之處，如與日本妥協「無望」，與德國接近「於我國前途有害」，而此時國民政府與德國的關係尤其是軍事關係發展迅速。顧維鈞在電報中強調，外交要旨在「選擇與國」。英、法、俄、美就是在外交、軍事、財政和

工業諸方面有能力助我的「與國」，「我國處今日情況，在亞與蘇俄同利害，在國際上與英、法、美同立場，能合作也」，明確主張為對付日本侵略，中國需與英、法、俄、美合作。[1] 但張群此時正與日本駐華大使川越茂就調整中日關係進行會談。會談數月雖無進展，外交部發言人在 12 月 7 日發表談話仍表示，「張部長對於川越大使為兩國邦交誠懇努力之精神，非常欽佩，尤希望於最短期內，依川越大使之努力，得以消除障礙，順利進行也」。[2] 因此，顧維鈞長電中對中國外交的建言沒有引起決策層的重視。

這份電報發出後不久，西安事變爆發了。遠在巴黎的顧維鈞一時無法了解事件的內幕，好在外交部副部長徐謨及時致電駐荷蘭公使金問泗通報情況，並請他轉告顧維鈞。金問泗於 12 月 15 日收到來電當日即告知顧維鈞。了解情況後，顧維鈞對張學良採取這樣的行動並不感到意外。12 月 16 日，他以個人名義給張學良發了一封電報，希望他以整個國家民族利益為重，迅速釋放蔣介石。[3]

隨後，顧維鈞趕往意大利的熱那亞，與事變後急着回國的汪精衛見面。汪精衛上一年遇刺後辭去行政院長一職到歐洲養病，但仍是國民黨內舉足輕重的人物。獲悉事變消息後，汪精衛準備了一份聲明，明確表示反對聯合共產黨共同抗日，也不贊成與蘇聯接近。顧維鈞對此並不同意。他向汪精衛表明，中國對外應該爭取蘇聯的援助和支持，對內應促進與共產黨的諒解。因為中國目前最大的危險來自日本，所以應該設法使共產黨的軍隊與國民黨軍並肩作戰，打擊共同的敵人日本。汪精衛問顧維鈞蔣介石還有沒有可能重新

---

① 《顧維鈞致張群》(1936 年 11 月 26 日)，*Wellington Koo Papers*, box 23。

② 《緒編》第 3 冊，第 690 頁。

③ 張力編輯、校訂《金問泗日記 (1931–1952)》上冊，中研院中國文哲研究所，2016，第 240 頁；《顧維鈞回憶錄》，第 2 分冊，第 370 頁。

上台，顧維鈞回答有此可能。汪精衛對此答覆很驚訝，因為他認為蔣介石沒有出來的可能，即使出來也威信掃地，不足以號令天下。與顧維鈞見面後第二天，汪精衛就登上駛向中國的船隻，躊躇滿志地想回國收拾局面。船離開意大利次日，蔣介石從西安回到了南京。[1]

在駐外使節崗位上，顧維鈞十分注重輿論宣傳工作。還在赴法上任前，他就告訴外交部長羅文幹，中國在國際上的輿論宣傳大大落後於日本。要獲得各國的同情和支持，必須花功夫加強這方面的工作。[2] 到日內瓦後，顧維鈞在中國代表團內設了新聞處，請曾留學美國的楊光泩負責。1933 年楊光泩調回國內任職，並兼任在上海的英文報《大陸報》總經理。但顧維鈞仍請他為中國駐國聯代表團做輿論宣傳工作，將中國代表團在國聯的發言編成英語小冊子廣為傳播。[3]

從民國初年進外交部工作後，顧維鈞就一直看重外國記者的作用，在駐法期間仍然如此。法國《巴黎時報》記者杜博斯克（Andre Duboscq）經常訪問中國，所寫有關遠東的文章在法國乃至歐洲都有影響。但他以往受日本資助，發表文章多偏向日本。駐法使館發現後，就與他積極溝通聯絡，並按季度給予資助，提供中國方面的資料。在駐法使館的影響下，杜博斯克文章的基調逐漸發生變化，對中國政府及經濟發展都有正面的報道。1936 年底，顧維鈞獲悉杜博斯克準備於次年赴華遊歷 3 個月，即給外交部發電報，建議資助其 8000 元經費，使其遊歷結束返歐後能為中國做宣傳，此舉「所

① 《顧維鈞回憶錄》，第 2 分冊，第 371–375 頁；楊玉清：《我所知道的顧維鈞》，《文史資料選輯》第 17 輯。

② 《顧維鈞致羅文幹》（1932 年 7 月 9 日），*Wellington Koo Papers*, box 17。

③ Kuangson Young（楊光泩）ed., *The Sino-Japanese Conflict and the League of Nations*, Press Bureau of the Chinese Delegation, 1937.

費不多，收效必巨」。①

全面抗戰爆發後，對外宣傳任務更重，但國內對戰事第一線北平、上海的報道傳到巴黎時間遲緩，內容簡略，且時常消息混亂衝突。駐法使館就根據各種消息來源，自己編寫報道，並以官方身份發表宣言，交法國報紙刊登。顧維鈞還通過任職以來建立的人脈，請法國社會名流或政治家撰寫支持中國抗戰的文章。但這些工作都需資金推動，「法報勢利，殆非金錢資助不可」，而使館原本就拮据的經費中並無用於此項的專款，為此，顧維鈞催外交部「請速統籌」。②

為做好國際宣傳，顧維鈞還與在巴黎的共產黨人吳玉章有來往。1937年底，吳玉章受中共駐共產國際代表團派遣到巴黎開展國際宣傳工作，其間託顧維鈞通過使館向國內發了兩份加強國際宣傳工作的電報，一份是給蔣介石的，另一份是給八路軍漢口辦事處的周恩來和陳紹禹（王明）的。給蔣介石的電報稱：「先生領導全國堅決抗敵，中外同欽。章久居海外，深感國際宣傳重要，政府亦早見此。竊以國際宣傳，欲收實效，貴有統一領導機關，尤宜派遣政府與各界代表團一致工作。關於擴大與統一國際宣傳，章已有意見書航空郵上，乞酌裁賜復，章自當竭力從旁襄助。」給周恩來和陳紹禹的電報稱：「電悉援華運動美英較強，法仍弱。昨各大使談話，一致同意設立國際宣傳機關，惟須待政府核准接濟經費。可否由兄轉請政府，先撥五萬元以利進行。」③ 從後一封電報看，顧維鈞與吳玉章討論了國共合作的國際宣傳機關，以期統一開展國際宣傳。

---

① 《顧維鈞致外交部》（1936 年 12 月 31 日、1937 年 1 月 7 日），*Wellington Koo Papers*, box 17。

② 《顧維鈞致外交部》（1937 年 8 月 4 日），*Wellington Koo Papers*, box 17。

③ 《吳玉章致蔣介石》（1937 年 12 月 12 日）、《吳玉章致周恩來、陳紹禹》（1938 年 1 月 5 日），*Wellington Koo Papers*, box 17。

三　為抗戰聲辯

1937 年 7 月 7 日深夜，日本軍隊在北京城外的盧溝橋邊挑起事端，將侵華的戰火燒向華北。中國軍民開始了全面抗戰。

盧溝橋事變爆發後，國民政府一方面宣示最後關頭已到，決心應戰，並調集軍隊開赴華北前線，另一方面不放棄以外交手段解決事端。所謂外交手段就是訴諸國聯和爭取列強出面調停。7 月 12 日，外交部長王寵惠致電顧維鈞，表示中國正考慮就日本侵華向國聯提出申訴，請他就此與法國政府接觸，了解其態度。[①]

顧維鈞在獲悉盧溝橋事變的消息後認為，中國抗擊日本的戰爭將是一場長期的戰爭，不能指望靠一次戰役就能阻止日本軍隊的進犯。作為一名外交官，應該喚起列強與各國人民對中日戰爭的關注，揭露日本侵華真相，使國際社會明確日本是侵略者，必須對其進行制裁，並積極爭取各國對中國抗戰的支持。[②] 這是民族危亡之際歷史賦予一個外交官的責任。

根據外交部的指示，顧維鈞與法國外交部進行了接觸，探討中國訴諸國聯的前景。由於國聯在處理九一八事變以及意大利入侵埃塞俄比亞事件中所顯示的軟弱和無能，作為國聯主要成員國的法國認為，中國不可能從日內瓦得到甚麼具體的結果，但法國並不反對中國向國聯提出申訴。

顧維鈞對國聯的局限也有相同的認識，但贊成向國聯提出申訴。因為有豐富的國聯外交經驗，他馬上考慮的問題是如何有效地提出申訴。王寵惠來電中提到將按國聯盟約第 17 條提出申訴。這條是針對國聯成員國與非成員

---

① 《顧維鈞回憶錄》第 2 分冊，第 461 頁。

② 王建朗主編《中華民國時期外交文獻彙編 1911–1949》第 7 卷上，第 108 頁。

國之間的衝突。但根據這條，接下來就要運用有關制裁的第 16 條，這是英法等國不會贊同的。所以，顧維鈞考慮可以使用第 11 條，即尚未達到交戰階段的一般糾紛，這樣可以有較大的迴旋餘地。為此，他專門與法國和比利時的國際法專家討論，希望根據國聯盟約找到最有利於中國的申訴辦法。[①] 在中國的外交官中，他是最注重國際條約和國際法的。

在為訴諸國聯做準備時，顧維鈞也在考慮其他外交途徑。7 月下旬，他在與法國外交部長會面時，探討了舉行華盛頓《九國公約》簽字國會議的可能性，提出根據該條約第 7 條簽約國在有需要時可以進行協商。[②] 顯然，顧維鈞希望不是國聯成員國的美國能夠介入中日問題，而訴諸國聯是無法做到此點的。但此時美國國內孤立主義盛行，美國政府不願在遠東採取任何有可能得罪日本的行動，對英國有關聯合調解的建議，也不予以積極回應。在此情況下，顧維鈞認為中國外交應以爭取蘇聯的軍事合作為第一步，化解美、英、法等國怕被拖入戰爭的畏懼心理，然後再爭取它們的物資援助。他在巴黎與蘇聯駐法大使就此進行過商談。7 月下旬，他應此時在歐洲訪問的孔祥熙之邀赴倫敦，與孔及駐英大使郭泰祺討論對日抗戰的外交應對，就先爭取蘇聯的支持達成一致看法，由他起草致電外交部提出這一建議。[③]

7 月底，華北前線局勢惡化，北平、天津相繼失守。而此前外交部來電還說中國軍隊在廊坊、豐台、通州等處獲勝。聽到北平這座古城落入日軍之手，正在頻繁與法國和其他國家駐法的外交官會面的顧維鈞十分沮喪，感到無臉見人。獲悉中國軍隊從天津撤出的當天，他在日記上寫道：「最令人痛

① 《顧維鈞回憶錄》第 2 分冊，第 461、471 頁。

② 《顧維鈞回憶錄》第 2 分冊，第 428 頁。

③ 《顧維鈞回憶錄》第 2 分冊，第 418 頁。

心疾首的消息。中國養兵百萬又有何用？」[1]

8月13日，日本將侵華戰爭擴大至上海。上海及其鄰近地區不僅是國民政府統治的中心地區，也是英、美等西方列強在華利益最為集中的地方。國民政府認為，列強對上海戰事的關注必定超過對華北戰事的關注，因此一面調集大軍開赴淞滬前線抵抗，一面決定盡可能利用國聯爭取國際社會的支持，國聯畢竟是中國能將日本侵華事實公之於世的唯一的國際組織。

作為中國駐國聯的首席代表，顧維鈞又一次肩負代表中國走上國聯講壇的重任。9月中旬國聯大會開會前，他積極活動，與國聯官員和各國外交官探討中國向國聯申訴的問題。9月11日，顧維鈞會見國聯秘書長愛文諾（Joseph Avenol），要求國聯對日本的侵略行為予以制裁，但愛文諾表示，制裁在目前是無論如何也辦不到的。在明白中國不能指望國聯採取像制裁那樣強硬的措施後，顧維鈞退而希望通過中國的申訴，國聯起碼能在道義上支持中國，發表一個反對侵略者的宣言。而實際上，要國聯做到這點，也不是一件容易的事。

9月12日，中國代表團正式向國聯遞交了中國政府的申訴書。次日，國聯大會開幕，中國的申訴被列入會議議程。顧維鈞要求在大會上第一個發言，以便讓各國可以首先討論中國的申訴，這一要求得到愛文諾的認可。9月15日，顧維鈞在國聯大會上發言。1932年末國聯討論李頓報告書時，顧維鈞的主要對手是日本代表松岡洋右，雙方要展開針鋒相對的唇槍舌劍。此時因為日本已退出國聯，發言的對象不同了，顧維鈞確定發言的宗旨是激發國際社會對中國的同情，使世界輿論了解事件的真相及其與世界的關聯。他首先指出日本的侵略使無數手無寸鐵的平民尤其是婦女和兒童喪命，連英國

---

① 《顧維鈞回憶錄》第2分冊，第428、434頁。

駐華大使乘坐的小車也在上海附近遭日軍飛機掃射，並揭露日本對中國的侵略是其既定的大陸政策的必然結果。如果日本的侵略不受到制止，列強在遠東的利益就會繼續遭到挑戰。因此，中國的抗戰不只是在保衛自己的領土和主權，也與各國的利益息息相關，「和平是無法分割的；和平的持續是我們所有人的共同利益」。他站在國聯講壇上，向各國發問：「能讓日本一直這樣漠視國際法和條約義務而不受到任何懲罰嗎？我們把違反當作必然嗎？我們準備眼睜睜地看着它無節制地伸展觸鬚、破壞世界的和平和秩序嗎？」[1]顧維鈞的發言總能打動聽眾，發言結束後，英、法、蘇等國代表紛紛向顧維鈞表示祝賀。法國哈瓦斯通訊社報道說，「大會議場內，產生異常熱烈之印象，不僅顧氏演語畢後，自講壇退席時掌聲雷動，嗣後由譯員譯成法語之後，聽者亦大為鼓掌，此為國聯會議場中向所未有」。[2]

　　然而，這些廉價的讚揚於事無補。在實質性問題上，國聯怯於表明鮮明的態度，只願息事寧人地進行消極調停，甚至對譴責日本為侵略者都畏首畏尾。9月下旬，侵華日軍對上海、南京等中國城市非軍事目標肆意轟炸，造成中國平民重大傷亡。顧維鈞在勸說法國政府就此向日本提出抗議的同時，決定利用這一時機要求國聯宣佈日本為侵略者，並採取有效措施予以制止。在國聯的顧問委員會上，他發言說：

> 　　如果國聯在強權面前不能捍衛公理，它至少可以向全世界指出誰是為非作歹的人。如果它不能制止侵略，它至少可以斥責侵略。如果它無力執行國際公法和盟約的原則，它至少可以讓人們知道，國聯並未棄

---

① 金光耀、馬建標選編《顧維鈞外交演講集》，第 87–94 頁。
② 《顧維鈞痛述日本暴行》，《申報》1937 年 9 月 16 日，第 2 版。

之不顧。如果它不能防止對無辜男女老少的殘酷屠殺和對財產的瘋狂毀壞，它起碼可以表示它憤怒的感情，並藉以加強文明世界的普遍要求，立即停止這種非法的、滅絕人性的空襲獸行的行動。①

顧維鈞希望在日本對中國城市和平民野蠻轟炸的事實前，國聯至少能站在人類正義和國際公理的立場上有所表示。9月30日，他草擬了一個宣佈日本為侵略者的決議草案，準備向顧問委員會提出。但是，國聯秘書處生怕會刺激日本，要求中國撤回這一決議草案。儘管顧維鈞堅持絕不撤回，但對秘書處的行徑十分憤慨，認為其「膽怯、操縱和詭計，實在是太卑劣了」。②

當中國代表團繼續在國聯努力之時，國聯的主要支柱英國卻不想讓中日問題局限在國聯範圍之內，而由它自己承擔過多的責任。10月初，英國駐國聯代表提議召開華盛頓《九國公約》簽字國會議，商討以協商辦法解決中日衝突。英國提議的目的是希望將棘手的日本侵華問題從國聯轉向一個專門的國際會議，使不是國聯成員國但卻是華盛頓條約簽字國的美國也介入。這一辦法既可以使英國得以擺脫在國聯的困境，又可以謀求與美國在遠東問題上的合作。由於事先並無所聞，國聯其他成員國包括作為觀察員的美國對這一提議都頗感突然。顧維鈞馬上明白，英國的這一提議是想「把燙馬鈴薯扔進華盛頓公約的籃子裡」，硬塞給美國政府。③

美國總統富蘭克林·羅斯福（Franklin Roosevelt）雖在英國提出召開《九國公約》會議之際，發表了著名的「防疫演說」，聲言要制止國際上正在蔓延

---

① 《顧維鈞回憶錄》第2分冊，第502–503頁。
② 《顧維鈞回憶錄》第2分冊，第506頁。
③ 《顧維鈞回憶錄》第2分冊，第568頁。

的毫無法紀的「侵略瘟疫」，但由於國內孤立主義勢力的牽制，他並不想成為會議的倡導者，也不願會議在美國舉行。經過一番周折，會議定於比利時首都布魯塞爾舉行，除《九國公約》簽字國外，另邀請與遠東有重大利益的國家參加。中國政府於 10 月 19 日任命顧維鈞和駐英大使郭泰祺、駐比大使錢泰為出席會議的中國代表。

如前所述，對於援引華盛頓《九國公約》召開有關國際會議，顧維鈞在 7 月下旬就有過考慮，目的也在於使美國不要置身事外，因為它畢竟是遠東國際舞台上舉足輕重的角色。他曾向南京提過建議並試探過法國等國的反應，但並未代表中國政府做過正式提議。10 月 6 日國聯大會通過召開《九國公約》簽字國會議的建議後，顧維鈞立即考慮中國應採取的對策。他認為，如果日本出席這個會議，中國應就解決東北問題、華北問題等提出一套具體方案；而如果不出席，中國則應集中精力建立與各主要大國的聯合戰線。他將自己的看法報告外交部，請政府研討後盡快確定中國參會的具體方針，以免會議召開後，時間緊迫無法及時獲取指示。[①]

參加會議的列強儘管各有各的算盤，但有一點是一致的，即希望通過斡旋在中日間達成停火，並要求日本與會接受調停。但是中國贊成召開這樣一次會議，首先是希望會議宣佈日本為侵略者，在道義上支持中國，其次是希望列強能在物質上援助中國。因此，會議尚未召開，顧維鈞已經看出中國與列強之間在希望會議達成的目標上大相徑庭。

遠在南京的國民政府對此形勢也十分明白。在給顧維鈞等的電報中，國民政府明確中國參加布魯塞爾會議的方針是：「一、依照當前形勢，會議無成功希望，此層我方須認識清楚。二、但我方對各國態度，須極度和緩；即對

---

① 《顧維鈞致外交部》（1937 年 10 月 13 日），*Wellington Koo Papers*, box 25。

義（意）、德二國，亦須和緩周旋，勿令難堪。並須表示會議成功之希望，我方求在《九國公約》規定之精神下，謀現狀之解決。此係我方應付之原則……三、我方應使各國認識會議失敗責任應由日本擔負，切不可因中國態度之強硬，而令各國責備中國。四、上海問題應與中、日整個問題同時解決，切不可承認僅謀上海問題之解決。五、我方應付會議之目的，在使各國於會議失敗後，對日採取制裁辦法。六、我方同時應竭力設法使英、美贊成，並鼓勵蘇聯以武力對日。」[1] 因此，顧維鈞代表中國出席布魯塞爾會議實際上是知其不可為而為之，試圖從會議的失敗中爭得列強的同情，為中國爭取外交上的主動，為制裁日本侵略創造條件。

11 月 3 日，布魯塞爾會議開幕。顧維鈞雖屢次代表中國在國際講壇上發言，但為準備此次會議的講稿卻絞盡腦汁，因為中國面臨着極為艱難的境地。一方面，參會的大國不僅自己不願對日本採取強硬措施，而且力勸中國克制，以免激怒日本，影響日本參會的可能性，而中國政府也定下了不承擔會議失敗責任的基調。另一方面，會議開幕後兩天，日本軍隊在金山衛登陸，衝破中國軍隊的防線，淞滬前線局勢趨於惡化，中國在外交上更為不利。在仔細考慮各種因素並反覆斟酌後，顧維鈞認為，中國在會上的發言雖措辭和語調可以平緩，但必須要求會議伸張正義，表明中國為爭取公正的和平而抗戰到底的決心，中國希望的和平不是不惜任何代價的和平。發言稿不斷修改，直至 3 日凌晨才完成。他在日記中寫道：「在口授我最後幾段演說稿時，精神體力均感到疲勞之極。直至凌晨 4 時 30 分才完成。幾位僚屬徹夜進行抄寫翻譯和複印。」[2]

---

[1] 《外交部致顧維鈞等》(1937 年 10 月 24 日)，*Wellington Koo Papers*, box 25。

[2] 《顧維鈞回憶錄》第 2 分冊，第 609 頁。

會議開幕當天下午，顧維鈞代表中國發言。由於深感肩上的重任，開始發言時，他出現了少有的緊張。在列舉日本對華侵略的事實後，他駁斥了日本拒絕參會的聲明。發言的重點是呼籲各國捍衛國際秩序和《九國公約》的神聖原則，提醒他們如果日本的侵略不被制止，世界就會陷入一場大戰，所有大國都不能倖免於外。會議對顧維鈞寓剛於柔的發言反應頗佳，注重外交辭令的英國外交官稱他掌握了「涵蓄的藝術」，輿論則稱「措詞和平、主張堅決」。[①]

會議期間，顧維鈞十分注意會外的輿論宣傳，以配合會中的外交活動。11月8日，他致電正在美國的胡適等人，請他們「努力宣傳」，向美國人解釋中國的參會方針，揭露日本的侵略野心，以影響美國的輿論和政策。[②]

外交舞台上的較量離不開國家實力的支撐。當中國代表團在布魯塞爾折衝樽俎時，國內的軍事形勢卻在急劇惡化。為贏得外交上的主動，顧維鈞力促國民政府在淞滬前線頑強抵抗，堅守防線。他認為，中國有許多理由必須這樣做：首先，中國的抗戰尚未引起國際社會應有的關注，一般西方人認為這場戰爭與世界局勢和全球和平無關。只有中國繼續戰鬥，才能引起國際社會的關注，促使他們了解這場戰爭對西方的意義。其次，西方國家的民眾以及政治家認為中國抵抗日本毫無成功的希望，因此向中國提供援助無濟於事。如果中國軍隊能夠取得一些勝利，改變西方的看法，就有助於從西方大國得到物資援助。再次，上海集中了西方各國在華的最大利益，這將促使西方國家關心上海的戰事。中國軍隊的頑強抵抗將在國際社會產生巨大的心理效果，而這是在內地作戰所無法做到的。因此在上海已失守而消息尚未到

---

① 金光耀、馬建標選編《顧維鈞外交演講集》，第119–126頁；《顧維鈞回憶錄》第2分冊，第610頁；王建朗主編《中華民國時期外交文獻彙編1911–1949》第7卷上，第165頁。

② 王建朗主編《中華民國時期外交文獻彙編1911–1949》第7卷上，第174頁。

布魯塞爾時，他在給孔祥熙的電報中還表示：「如我能支持匝月，局面可望好轉。」①

從軍事的角度看，中國以精銳部隊在上海死守，與日本軍隊拚硬仗，並不符合國民政府既定的以空間換時間的戰略。而在艱苦抵抗兩個多月、淞滬前線已肯定無法守住的情況下，在戰略上也應該採取有組織撤退的行動。從外交的角度看，淞滬前線的死拚硬打雖能贏得國際社會的關注，改變對中國抗戰的看法，為爭取援助創造一些條件，但中國既已認為布魯塞爾會議不可能取得成功，以軍事上孤注一擲的行動來換取外交上並不確定的成果，代價太大，並非明智的抉擇。不過，作為一個外交官，顧維鈞期望以抵抗侵略的決心來增強中國在國際外交舞台上的籌碼，這樣的心情是可以理解的。對於是否堅守上海，國民政府和軍隊內部存在着不同的看法。但是，蔣介石持與顧維鈞相同的看法，在前線軍隊已按計劃從淞滬戰場第一道防線後撤時，親自下令繼續堅守，以配合布魯塞爾會議。結果，進退失據的中國軍隊戰敗。11 月 12 日，上海失守。淞滬之戰結束後，軍方人士對出席布魯塞爾會議的中國代表妄議軍界事務頗多指責。②

布魯塞爾會議從籌備階段到會議開幕後，列強極力邀請日本與會，以便進行調停。但日本一再予以拒絕，而列強卻仍抱希望，期待日本進一步的答覆。對此，顧維鈞向美、英、法出席會議的代表指出，不能讓日本一直拖延下去，「每拖一日，中國之犧牲甚大」，會議應對日本表示強硬態度。③ 日本對國際社會的蔑視使列強感到不快。顧維鈞抓住時機，在會上發言指出，日

---

① 《顧維鈞回憶錄》第 2 分冊，第 678–680 頁；王建朗主編《中華民國時期外交文獻彙編 1911–1949》第 7 卷上，第 186 頁。

② 《顧維鈞回憶錄》第 11 分冊，中華書局，1990，第 290 頁。

③ 王建朗主編《中華民國時期外交文獻彙編 1911–1949》第 7 卷上，第 182 頁。

本已將和解及調停的大門關閉，各國應採取更為積極的措施，停止對日本提供戰爭物資及信貸，轉而向中國提供援助。在顧維鈞的推動下，會議於 11 月 15 日通過了一個聲明，語氣比以往稍趨強硬，表示如日本固執其與《九國公約》其他簽字國相反的意見，各國將不得不考慮採取共同立場。

隨後，會議休會一週，以便各國代表與本國政府進行溝通商討。顧維鈞此時明白會議已無成功的希望，於是抓緊休會間隙與各國代表頻繁接觸，探討會後採取進一步行動支持中國抗戰的可能性。11 月 15 日和 17 日，顧維鈞兩次與美國代表戴維斯（Norman Davis）會面，提出應考慮採取援助中國削弱日本的舉措，並具體提出物資援助「恐緩不濟急，如能由英美法三國駐遠東之海軍聯合示威，當能見效」，希望三國海軍以軍事演習的方式支持中國，威懾日本。但戴維斯回答說，三國在遠東現有海軍不足以進行示威，予以推脫，並稱美國國內輿論對政府牽制甚大。[①] 顧維鈞還向蘇聯代表提出，請蘇軍在蒙古與中國東北交界處進行軍事演習，也遭蘇聯代表的拒絕。

11 月 22 日，布魯塞爾會議復會。由於與會各國都無意採取任何有實際意義的行動，24 日舉行最後一次會議，通過一紙宣言後草草收場。顧維鈞對各國推諉責任無所作為的表現十分不滿，在會議最後一次發言中提出嚴厲的責問：

> 你真相信一紙原則宣言或忠實於誓言的虔誠表白，就足以使其在世界上得到遵守或尊重嗎？拒絕給中國以援助，是否意味着中國應該停止抵抗侵略，或者在無足夠手段的情況下，能無限期地抗戰下去？在清楚而有力地證實了目前衝突中，日本和中國的政策在法律上的區別之後，

---

① 王建朗主編《中華民國時期外交文獻彙編 1911–1949》第 7 卷上，第 196、202 頁。

你是否還認為在侵略者和受害者之間，無需作實際上的區別對待？由於拒絕停止向日本提供繼續侵略中國所需的物質和經濟資源，你不是似乎已經作了這樣的表示嗎？[1]

對布魯塞爾會議的結果，顧維鈞認為中國「並不太感到幻想破滅」，因為中國從未奢望會議能取得有效的成果；但同時又是「非常失望的」，這不是因為會議本身，而是由於在遠東有巨大利益的大國不願採取任何措施來制止日本的侵略。他稱會議是「一次流產的國際會議」。[2]

布魯塞爾會議期間，未參會的德國政府指令其駐華大使陶德曼（Oskar Trautmann）在中日之間牽線搭橋，進行調停。對陶德曼調停，蔣介石提出的先決條件是停火，恢復到盧溝橋事變前狀態，希望能藉此停止日本正在推進的軍事行動。而時任國民政府財政部長的孔祥熙對德國調停中日戰爭頗為積極。11 月中旬，孔祥熙接連致電顧維鈞，通報陶德曼調停情況，希望顧維鈞與美、英、法等國外交官接觸，探詢這些國家聯合德國和意大利共同調停中日戰爭的可能性，並表示國內局勢十分危急，「我方精銳喪失甚巨，故在現地支持暫久，殊難預料」，「長此以往，實傷國家元氣」。[3]

11 月下旬，布魯塞爾會議結束後，孔祥熙更是將陶德曼調停看作立即解決中日戰爭問題的捷徑。12 月 1 日，孔祥熙將陶德曼轉達的日本條件通報顧維鈞，稱「比會（即布魯塞爾會議 —— 引者註）失敗，軍事不利，國聯既無切實助我辦法，國內又險象環生」，詢問他「德之提議停戰交涉，我應否接受，請詳電示」。次日，孔祥熙再電顧維鈞，催促他與法國及英、美外交官聯絡，

---

[1] 《顧維鈞回憶錄》第 2 分冊，第 692 頁。

[2] 《顧維鈞回憶錄》第 2 分冊，第 696 頁。

[3] 《孔祥熙致顧維鈞》（1937 年 11 月 15 日、19 日、20 日），*Wellington Koo Papers*, box 26。

明確列強支持抗戰及是否參與德國調停的立場，「目下情勢，間不容發」，「列強如能充分援助，我當盡力抗戰，否則亦應早予明白告我，使我作最後決定，免誤此次德國斡旋良機」。[①]孔祥熙接受調停的意向十分明顯。

全面抗戰開始後，顧維鈞認定中國外交的任務是爭取國際社會在道義上的支持和物資上的援助，而不是與日本交涉停戰，更不是媾和。因此，對陶德曼調停，他頗不以為然。11月上旬，獲悉調停傳言時，他就致電外交部表明自己的態度，「德國就其國際立場及為己所謀之主張，若參加調停，非特不能為我協助，恐反足以妨礙英美等國之斡旋努力」，對德國調停表示反對。[②]接到孔祥熙多次電報後，顧維鈞致電外交部副部長徐謨，詢問孔祥熙的看法究竟是其個人意見還是政府決策。徐謨回覆說，包括蔣介石在內的所有領導人都贊同調停。[③]12月4日，顧維鈞致電孔祥熙，表明自己對陶德曼調停的看法：

查德國對我國雖有感情，究為日之同盟，其出任調停，為中國耶？為雙方耶？抑為日本？不無可疑。且彼於國聯公法條約公道向不重視，惟武力是尚，與日義（意）同臭味，與我國策適相反。將來能否為我向日力爭主權亦是疑問……鄙意如我軍事上實難支持，不得不從速設法緩和，以蘇喘息，則於原則上接受德方調停之先，宜採取下列步驟。（一）以我國實情與德願調停及所提條件密商美總統，詢其能否由美即出調停，或會同英法德共同調停。（二）並以我國軍事實情及德願調

---

① 《孔祥熙致顧維鈞》(1937 年 12 月 1 日、2 日)，*Wellington Koo Papers*, box 26。

② 王建朗主編《中華民國時期外交文獻彙編 1911–1949》第 7 卷上，第 176 頁。

③ 《顧維鈞致徐謨》(1937 年 12 月 4 日)、《徐謨致顧維鈞》(1937 年 12 月 7 日)，*Wellington Koo Papers*, box 26。

停二層密告蘇聯，問其能否即時設法於軍事上予我援助，且須告以我國對共同防共條件決不願同意，以免其顧忌而停止現有接濟。（三）告德（甲）任何議和條件須以不違反《九國公約》之原則為主；（乙）須知日本撤退在華軍隊與停止一切非法行為之保障；（丙）我須與各列強繼續維持同樣友好邦交，不能偏於任何一方。

顧維鈞還提醒孔祥熙，對日本所提條件，應要求德使具體說明。[1] 因為對德國的不信任，顧維鈞對陶德曼調停原則上是反對的，但對政府若接受調停也有具體建議，重點是加強與美國及蘇聯的溝通。

顧維鈞剛發出電報，就收到孔祥熙又一封電報，稱「對日方針當視列強能否切實助我，如彼等無切實辦法，是友邦強我與日妥協。支持至年底，原無不可，所慮者，到時仍無辦法，而時機錯過，使我徒受巨大犧牲，前途危險益甚」。[2] 孔祥熙的意思很明白，如果列強對中日戰爭仍無動於衷，中國就將按日本提出的條件接受德國調停了。

然而，此時日本的態度發生變化。12 月 13 日，南京淪陷，日本開出了新的更為苛刻的條件。12 月下旬，國民政府決定予以拒絕，陶德曼調停終告失敗。中國在抗日戰爭初期的外交活動也告一段落。

四　爭取國際援華

全面抗戰開始後，國民政府為加強外交活動，派出一批重要官員擔任特使赴歐洲各國。孫科是中蘇友好協會會長，被派往莫斯科。國民黨元老李石

---

[1] 《顧維鈞致外交部轉孔祥熙》（1937 年 12 月 4 日），*Wellington Koo Papers*, box 26。

[2] 《孔祥熙致顧維鈞》（1937 年 12 月 4 日），*Wellington Koo Papers*, box 26。

曾與法國有很深的淵源，所以來到法國。汪精衛的得力助手陳公博被派到倫
敦和羅馬。擔任過保定軍官學校校長的軍事家蔣百里則前往德國。這些人都
沒有做過外交官，他們的使命不涉及一般的外交往來，而是以各自的資歷、
聲望和人脈推進與有關國家的關係，為中國抗戰爭取道義支持和物資援助。
這些特使到歐洲後，都要來巴黎與顧維鈞商討外交事宜，有些還通過駐法使
館接收和發送電報。中國駐倫敦、柏林、布魯塞爾等地的使節也常通過電話、
信函以及直接見面與顧維鈞交流對時局和外交應對的看法。中國駐法使館一
時成了中國駐歐洲外交官的中心。這不僅是因為使館地處巴黎，交通便捷，
更因為顧維鈞在外交界的聲望和經驗，成為時局動盪之際人們倚重的對象。
顧維鈞自己也沒有過多考慮與其他同僚間的平級關係，甚至外交部和政府的
領導地位，他只是認為自己在中國外交界服務的時間要長一些，經歷比其他
人豐富些，應該承擔更多的責任，貢獻更多的才智。他常常與中國駐其他國
家的使節聯繫，告訴他們法國政府的看法，自己在做甚麼，並要求他們對駐
在國政府相應行事。[1] 顧維鈞這樣的主動性在同時代的中國外交官中並不多
見。除了責任感之外，也與他認為外交部協調總攬不夠，使駐各國的使節缺
少對他國和全局的了解有關，而這對開展外交是不利的。在給外交部的一封
電報中，他指出，「方今世局緊張，各國連鎖關係日密」，但「我國內外各方
之欠缺溝通」，因此建議外交部「將內外與主要各國商議接洽情形，每週或隨
時密示梗概，俾隔閡既袪，應付有資，而收效或亦較易」。[2]

　　布魯塞爾會議結束後，顧維鈞深感對中國抗戰的國際環境應有一個全球
的視野和清醒的認識，並以此為基礎對抗戰的外交方針做一全面檢討。12

---

① 《顧維鈞回憶錄》第 3 分冊，中華書局，1985，第 270 頁。

② 《顧維鈞致外交部》(1939 年 4 月 28 日)，*Wellington Koo Papers*, box 18。

月下旬，顧維鈞與國內派出的特使陳公博、李石曾、蔣百里和中國駐英國大使郭泰祺、駐德國大使程天放、駐比利時大使錢泰，在巴黎使館就各國對華政策及如何為抗戰尋求有效的外交支持進行了討論。經過幾天討論後取得的共識是，對待中日間的戰爭，德國和意大利「別有懷抱」，執行着與英國、法國、蘇聯和美國完全不同的政策。而在後四國中，英、法、蘇都在等待美國帶頭採取行動，「惟美國馬首是瞻」，因此，整個中日問題的關鍵在美國。在此情況下，中國外交的首要任務是接近美國，弄清美國的態度。12 月 29 日，討論的結果歸納成一份參與者都贊同的電報稿，以陳公博的名義向蔣介石、汪精衛和孔祥熙報告。[1]

兩天後，顧維鈞又發一長電給蔣介石、孔祥熙和外交部長王寵惠，進一步闡發對中國外交的看法。顧維鈞認為，抗戰指望於外交「最切者」為制裁日本、軍火援助和英、法、蘇、美的干涉。制裁因為意大利退出國聯，德國和其他歐洲國家反對，致國聯「殘破」而無法實行。軍火援助因為英、法擴充軍備需用於本國而無法提供；蘇聯雖對華接濟較多，但為防日本仇視報復，也有限度；美國則受中立法案牽制。對英、法、蘇、美干涉的可能性，顧維鈞分析道，英、法軍備擴充尚未完成，歐洲局勢日趨緊張，無法在遠東有所作為。蘇聯若無英、法、美合作，也不會單獨進一步對華援助。而美國若無英國在遠東的合作，則無法採取積極行動。但這些國家均希望中國繼續抗戰，因「我繼續抵抗一日，即多消磨日本一分之實力，亦即多消磨一分日德義集團之權力」。他對抗戰國際環境的總體判斷是：「中日戰事不了，反使歐洲苟安，因其苟安而大局不定。故英法俄諸多顧慮，不能積極助我，而美亦不能在遠東與太平洋得英法之充分合作。此是我國於國際上不能得充分援

① 《陳公博致蔣介石、汪精衛、孔祥熙》(1937 年 12 月 29 日)，*Wellington Koo Papers*, box 11。

助之癥結所在。」但他認為，德國和意大利不能也不願拖延下去，因此第二次世界大戰終將「開幕」。[1]

　　隨着歐洲局勢的進展，尤其是英、法兩國對德國的綏靖政策，最終導致了犧牲捷克的《慕尼黑協定》，顧維鈞對列強力量消長及其對遠東的影響有更清晰的認識。他認為英、法對德國屈服退讓，不僅僅影響歐洲，也影響遠東的形勢。因為歐洲局勢的牽制，英國張伯倫（Neville Chamberlain）政府在遠東不願觸犯日本，希望以此換取日本尊重英國在遠東的權益，尤其是英國的殖民地。英國這個老牌列強在中日之間對日本的偏袒和同情，進一步凸顯了美國在遠東局勢中舉足輕重的作用。在給政府的電報中，顧維鈞提出，對中國外交而言，最重要的是，一方面繼續爭取蘇聯的援助，另一方面積極接近美國，因為如果要爭取有利於中國抗戰的國際環境，使各國對日本實行經濟制裁，美國的態度最為關鍵，「各國均以美為樞紐」，即使實行制裁以外之辦法，「自目前歐洲形勢觀之，亦當以美為重心」。[2] 將對美外交置於中國外交的首要地位，是顧維鈞步入外交界後的一貫主張。雖然自華盛頓會議以後，他有很長一段時間沒有直接介入對美外交，但只要時機合適，就會提出此主張，並力促付諸實施。

　　顧維鈞關於中國外交以美國為重心的主張，與此時國民政府和蔣介石在外交上對美國的日益重視是一致的。1938 年 1 月，蔣介石在致美國總統羅斯福的信中表示，美國「於世界各國之和平與秩序，更於遠東國際之公平及和睦，向居領導之地位」，「此次遠東大難之應付，各國均盼美國之合作，誠以美國政府對於共謀國際和平與安全，向已公認為各國之前驅」。9 月，孔祥熙在致新任駐美大使胡適的電報中，也明確指出：「此次使美，國家前途

---

① 《顧維鈞致蔣介石、孔祥熙、王寵惠》（1937 年 12 月 31 日），*Wellington Koo Papers*, box 25。

② 《顧維鈞致外交部並轉呈蔣介石、孔祥熙》（1937 年 10 月 4 日），*Wellington Koo Papers*, box 39。

利賴實深，列強唯美馬頭是瞻，舉足輕重，動關全局，與我關係尤切。」[①] 由於對美國在遠東的重要作用有日益清醒的認識，國民政府的外交方針在 1938 年中經歷了一次影響深遠的調整。無論在戰略方針上，還是在具體策略上，對美外交在中國外交中都上升至首要地位。顧維鈞的建議推動了中國外交方針的調整，也使他多年來的主張終於成為付諸實施的政策。

雖駐節歐洲，對美外交不是分內事，顧維鈞卻傾注很大的精力，盡力爭取美國對中國抗戰的支持。他與先後擔任駐美大使的王正廷和胡適經常函電往來，或詢問美國遠東政策的最新動向，或對開展對美外交提出具體建議。不過，也許因為兩人間以往的過節，王正廷對他的詢問含糊其詞，不願明確答覆，使他頗為不滿。

1937 年底，與陳公博等討論形成美國對中國外交十分關鍵的共識後，顧維鈞專門致電王正廷，詢問美國對遠東局勢的具體政策。王正廷的覆電詞意含混，稱美國政府態度始終未變，又神秘兮兮地稱美國已有各種辦法，「因內容秘密，未便電告，以防泄漏」。顧維鈞去電進一步詢問，所謂未變是指羅斯福總統「防疫演說」的主張，還是指不願捲入遠東衝突的政策，並要其就美已有辦法之內容略示一二。但王正廷並沒有進一步答覆，顧維鈞就去問美國駐法大使蒲立德（William Bullitt），蒲立德告訴他王正廷的說法是靠不住的，因為美國政府有關遠東事務的重要情況都會向他及時通報。後來，顧維鈞還給正在美國宣傳抗戰的胡適寫信詢問此事。[②]

---

① 秦孝儀主編《中華民國重要史料初編──對日抗戰時期》第 3 編《戰時外交》（以下稱《戰時外交》）第 3 冊，第 78-79 頁；中國社會科學院近代史研究所中華民國史組編《胡適任駐美大使期間往來電稿》，中華書局，1978，第 1 頁。

② 《顧維鈞致王正廷》（1937 年 12 月 29 日）、《顧維鈞致胡適》（1938 年 3 月 8 日），*Wellington Koo Papers*, box 11, 13；《顧維鈞回憶錄》第 3 分冊，第 65 頁。

顧維鈞與胡適之間的溝通就要順暢多了。1938 年 3 月 19 日，胡適給顧維鈞寫了 7 頁紙的長信，闡述他對國際局勢尤其是美國對外政策的看法，希望顧維鈞對此進行評論。同時他回覆顧維鈞關於王正廷所說美國已有辦法的詢問，稱王對你們做大使的尚且「未便電告，以防泄漏」，「何況對我們無官的老百姓呢？」[1] 顧維鈞與胡適的往來信函，對中國外交和國際局勢有很坦率和深入的交流，但兩人對王正廷都無好感。7 月下旬，國民政府決定以胡適替換王正廷為駐美大使，但王正廷還想多待些時日，使已下決心犧牲幾年學術生涯投身抗戰外交的胡適又生退意。顧維鈞在此時對胡適予以鼓勵，並通報王正廷戀棧的信息。胡適對顧維鈞表示感謝時，以調侃的口吻說到王正廷：「您可能很有興趣知道我們的朋友 C. T.（王正廷英文名字的縮寫—— 引者註）仍在紐約忙於舉借另一筆『巨額』借款，在美國無人知曉他已獲假並將離美。」胡適最後於 9 月中旬正式被任命為駐美大使時正在歐洲，顧維鈞與他一起商討了尋求美國援助的途徑及應採取的交涉方式，並提醒他要特別注意了解羅斯福總統的看法。[2]

胡適提到的王正廷忙於舉借的巨款，實際上毫無進展，雖然王正廷向國內報告仍稱「大借款成功，確有把握」。[3] 而向美國借款的最終成功，卻是顧維鈞在巴黎促成的。顧維鈞與美國駐法大使蒲立德保持着密切的關係。1938 年 7 月 26 日，顧維鈞赴蒲立德官邸，與正在巴黎休假的美國財政部長摩根索（Henry Morgenthau, Jr.）進行了一次重要的談話。顧維鈞坦率地向摩根索說明中國局勢的嚴重性後，提出「我國決心繼續抗戰，惟財政與物質深盼友

---

① 《胡適致顧維鈞》(1938 年 3 月 19 日)，*Wellington Koo Papers*, box 13。

② 《胡適致顧維鈞》(1938 年 7 月 27 日、8 月 13 日、8 月 20 日)，*Wellington Koo Papers*, box 13；
《顧維鈞回憶錄》第 3 分冊，第 209 頁。

③ 《戰時外交》第 1 冊，第 79 頁。

邦援助」，詢問欲從美國獲得財政援助，取何辦法最好。摩根索馬上回應，中
國可以再派曾談判中美白銀協定的銀行家陳光甫赴美，與他本人具體商討，
他將盡最大努力與中國達成協議。摩根索不與駐美大使王正廷商談援華，
卻直接回應顧維鈞的詢問，是因為對王的不滿。王正廷在美國為爭取援助開
展活動，但他主要通過尋找代理人，為此付出許多活動經費。摩根索明確告
訴顧維鈞，這樣的做法是錯誤的，根本無法從美國獲得需要的貸款。[1] 顧維
鈞與摩根索談話後立即報告政府。正為外援無着落而一籌莫展的行政院長孔
祥熙立即回電，對獲得美方「開誠相見之良好結果」大加讚賞，表示已令陳
光甫盡快赴美，並要顧維鈞在摩根索逗留巴黎期間與他「切商第二步具體辦
法」，並趁此機會「再促英法之援助」，「尤為企盼吾兄手腕靈敏，必不致失此
良機」。[2]

此後，陳光甫奉命赴美，在交涉中與顧維鈞保持溝通，最終於 12 月與美
國達成 2500 萬美元的「桐油借款」。這是全面抗戰以來美國向中國提供的第
一筆借款。駐美大使胡適認為：「此款成於我國力最倒霉之時，其富於政治意
義至顯。」蔣介石稱：「借款成功，全國興奮，從此抗戰精神必益堅強，民族
前途實利賴之。」孔祥熙致電顧維鈞，稱讚他對這筆重要借款做出的貢獻。[3]
身為駐法大使的顧維鈞促成了美國對華借款，足以表明他在中國外交中重要
而獨特的作用。

這一時期，顧維鈞對法交涉的一項重要任務是中國戰爭物資假道越南
過境運輸問題。全面抗戰開始後，日本對中國海岸實行封鎖，企圖阻斷中國
從國際上獲取戰爭物資的通道。1938 年 10 月廣州淪陷後，中國的海上通道

---

① 《戰時外交》第 3 冊，第 134 頁；《顧維鈞回憶錄》第 3 分冊，第 271 頁。

② 《孔祥熙致顧維鈞》(1938 年 7 月 30 日)，*Wellington Koo Papers*, box 26。

③ 《胡適任駐美大使期間往來電稿》，第 5、8 頁；《顧維鈞回憶錄》第 3 分冊，第 322 頁。

被完全切斷。此後，中國獲取國外物資援助的通道只有三條，即中國與蘇聯間的西北交通線、英國控制下的緬甸與雲南間的滇緬公路和法國控制下的越南與雲南間的滇越鐵路。在這三條通道中，西北交通線和滇緬公路都是公路，且前者路途遙遠，後者地形複雜，運輸能力都無法與滇越鐵路相比，何況蘇聯援華物資尤其是大型裝備都需要通過海運使用這一通道。因此，全面抗戰一開始，國民政府就電令顧維鈞與法國政府溝通，保證援華物資假道越南順利通過。蔣介石也指示正在歐洲的孔祥熙、李石曾就此與法國政府進行交涉。[①]

顧維鈞於 1937 年 8 月 2 日與法國外交部長德爾博斯（Yvon Delbos）見面時提出了假道越南運輸的問題，希望法國政府保證中國經由印度支那（主要是越南）將軍用物資運入中國的過境權，並提醒他這一權利是中法之間的條約規定的。顧維鈞提到的條約是中法於 1930 年簽訂的《中法規定越南及中國邊省關係專約》。但德爾博斯說，印度支那事務歸殖民部管，將此事推託搪塞過去。實際上，法國政府擔心中國軍用物資經印度支那通過會引起日本反對，危及它在中國及遠東的利益。8 月 16 日，法國外交部秘書長萊熱就坦率告訴顧維鈞，如果法國允許利用印度支那運輸武器彈藥，日本可以認為這是敵對行為，就有可能進入上海的法租界，甚至在印度支那製造麻煩。因此，假道運輸不是歸外交部還是殖民部管的問題，而是法國「總政策」的問題。[②]

正是基於對遠東利益的考慮，法國政府於 1937 年 10 月中旬決定禁止軍用物資經印度支那過境運往中國，並於 18 日通知中國使館。獲悉法國政府

---

① 《戰時外交》第 2 冊，第 732 頁。
② 《顧維鈞回憶錄》第 2 分冊，第 520、522 頁。

這一決定後，顧維鈞馬上口授一份致法國外交部的備忘錄，反對這一做法，並在當天約見萊熱進行交涉。顧維鈞告訴萊熱，中國的過境權是有條約根據的，禁止過境將嚴重削弱中國對日抗戰的力量。萊熱辯解說，法國擔心若允許中國借道運輸，日本會轟炸滇越鐵路，損害法國資本，甚至侵佔海南島直接威脅印度支那，而法國在遠東並無足夠的軍事力量。由於顧維鈞不斷強調禁止過境運輸對中國抗戰的影響，談話結束時，萊熱鬆口說，由飛機運軍火可予考慮，惟請嚴守秘密。因為事關中國抗戰獲得外援的生命線，向來注重外交禮儀的顧維鈞，在一小時的會談中，「有時談得相當激動」。①

10 月 20 日，顧維鈞與外交部長德爾博斯會面，在聽了顧維鈞的解釋後，德爾博斯承認他沒有考慮到禁止過境對中國產生的嚴重後果，並表示會提請內閣重新審查這一問題。10 月 30 日，顧維鈞再次與萊熱見面，萊熱表示先前做出的決定「只是理論上的」，法國政府已決定允許中國全部已訂購的物資不受阻礙地通過印度支那。② 法國在過境運輸政策上「理論」與實施間的差異反映了它對遠東局勢的矛盾心態，一方面它不願因此刺激日本，另一方面也擔心中國抗戰垮台對其遠東利益的負面影響。於是，一些軍火通過越南秘密運往了中國。

但是，日本發現過境運輸後向法國提出抗議，法國政府迫於日本的壓力又重新執行禁運令。1938 年 2 月，萊熱告訴顧維鈞，去年 10 月的禁令仍將執行。③ 顧維鈞多次走訪外交部進行交涉，但都無法得到滿意的答覆，尤其是 4 月新內閣組成後，外交部部長博內（George Bonnet）對實行禁令持十分僵硬的立場。好在顧維鈞對法國政界十分了解，知道新內閣的殖民部部長孟

---

① 《顧維鈞回憶錄》第 2 分冊，第 547–553 頁；《戰時外交》第 2 冊，第 735–736 頁。

② 《顧維鈞回憶錄》第 2 分冊，第 555、565 頁。

③ 《顧維鈞回憶錄》第 3 分冊，第 59 頁。

戴爾（George Mandel）與外交部態度不同，而殖民部部長可以向印度支那總督發指示，於是就直接去找孟戴爾。4月下旬，孟戴爾上任沒幾天，顧維鈞就與他見面談話，希望印度支那可以成為中國獲得海外物資的重要通道，並提醒他第一次世界大戰期間有數萬華工在法國軍隊的後方辛勤勞動，立下汗馬功勞。孟戴爾表示，他知道中國想擴大通過印度支那的運輸量，他對此持積極的態度。兩個月後的6月29日，在孟戴爾的寓所兩人又有一次秘密交談。孟戴爾告訴顧維鈞，他贊成給中國運輸軍需物資的過境便利，雖然外交部對此有不同意見。當顧維鈞提到有一批運往中國的裝甲車滯留在印度支那時，孟戴爾說他已與總督溝通過，讓總督不必遇事都向殖民部請示，實際上暗示其便宜行事。[①]

　　1938年10月下旬，日本攻佔廣州，切斷了經香港進入內地的海上通道，滇越鐵路的重要性更為突顯。顧維鈞認為日軍在華南發起進攻是其「南進政策」的開端，接下來就會威脅法、美在遠東的殖民地印度支那和菲律賓，以及接受英國殖民統治的香港，因此要抓住時機爭取這些國家加強援華。10月下旬，他與孟戴爾多次見面，告訴他自己對局勢的判斷，強調中國與法國在印度支那方面有許多共同利益。當時有兩艘裝運從德國和蘇聯獲得的軍火的船正在途中，因為日軍進攻廣州無法按原計劃駛往香港，國民政府希望改停印度支那，船上軍火經滇越鐵路運往中國。顧維鈞先向法國外交部提出此事，沒有得到積極的回應，轉而又找孟戴爾，並建議他繞過外交部來安排。孟戴爾答應馬上向總理報告，並盡快給予答覆。兩天後，孟戴爾告訴顧維鈞，已允許這兩艘船在西貢靠岸，地方當局接手後再北運轉往中國。他會派一名特別代表專程前往西貢辦理此事，但不會讓外交部知道。這樣，顧維鈞與孟

[①]《顧維鈞回憶錄》第3分冊，第92–94、142–145頁。

戴爾兩人通過隱秘、曲折的辦法為這兩船軍火打開了前往中國的通道。作為一名外交官，繞開駐在國的外交部，對正常的外交往來而言是很不尋常的。但顧維鈞認為，在非常時期這種做法是完全正當的，因為這增強了中國的抗戰能力，同時保護了法國的權益。[①] 顧維鈞的積極溝通以及法國政府內有識之士對遠東事務的全盤考慮，使過境越南運往中國的軍火一直沒有中斷。1938 年累積運送貨物 7000 多噸，其中包括飛機、坦克。到了 1939 年，運送貨物量急劇增長，超過了 6 萬噸。[②] 這是顧維鈞以他的外交才幹為中國抗戰做出的重要貢獻。

1939 年 2 月，日軍侵佔海南島，顯示出南進與英美等西方列強對抗的意圖。蔣介石將這一事件稱為「太平洋上之九一八」，決定利用日本造成的這一機會，推進與列強在遠東的軍事合作。美國此時雖已成為中國外交的重點，並已邁出援華的步子，但其行動仍受國內因素的制約。因此，國民政府將合作的重點放在英、法兩國。3 月 24 日，外交部致電顧維鈞，要求他與法國政府就中英法三國在遠東的全面合作進行商討，並告知外交部所擬三國合作的四項原則：

> 一、中英法三國對於遠東之軍事及經濟合作，應於適當時期邀請蘇聯參預，並通知美國請其作平行行動，以期對我採取一致步驟，共同維持在遠東之權益。二、參預對日作戰各國不得單獨與敵停戰或議和。三、在軍事方面，中國允許盡量供給兵力及物力，其他國家允許盡量調

---

① 《顧維鈞回憶錄》第 3 分冊，第 232–235、240–241 頁。

② 劉衛東：《印支通道的戰時功能述論》，《近代史研究》1999 年第 2 期。但據巴斯蒂論述，1939 年通過印度支那運往中國的物資達到了 20 萬噸，見巴斯蒂《法國遠東結盟論（1931–1940）》，楊天石、侯中軍編《戰時國際關係》，社會科學文獻出版社，2011，第 580 頁。

遣海空軍至遠東為共同之作戰……四、在經濟方面，參預各國允許盡量共同維持各該國法幣及商務，並共同對敵實施制裁。

外交部電報強調「此事係蔣委員長發動」，「上開原則已經蔣委員長核准」。[1]

還在 2 月獲悉日軍侵佔海南島的消息後，顧維鈞就去拜訪外交部部長博內，告訴法方日本此舉是配合德國和意大利在歐洲的行動向法、英等國施加壓力，建議法國政府對此做出強烈反應，並抓住時機推進與英、美在遠東的合作。[2] 對聯絡各大國在遠東合作對付日本侵略，顧維鈞之前在布魯塞爾會議期間就向美國和蘇聯的代表提出過。接到外交部來電後，他認為這是一個十分果敢而又及時的計劃，約法國外交部秘書長萊熱進行會談，並在會談後應其要求送了一份備忘錄，書面說明中國的具體構想。在向外交部彙報與萊熱會談情況時，顧維鈞詢問「此次我向英法提議保衛辦法已否密告美俄接洽？」並就推進這一計劃提出了自己的看法：

> 現歐局緊張，英法對遠東問題，遇事每商之華府，惟美之馬首是瞻，料彼此次亦必以我所提與美商談。如我未與美接洽，應否電由胡使密告美政府，或由鈞密託此間美大使徑電羅斯福總統接洽。[3]

雖然是推動中英法合作，顧維鈞仍將美國看作實現這一個合作計劃的關鍵。

顧維鈞的建議被外交部採納。4 月 10 日，外交部分別致電顧維鈞和駐美大使胡適，請他們與美方溝通。顧維鈞於 4 月 18 日向蒲立德通報了中國

[1] 《外交部致顧維鈞》(1939 年 3 月 24 日)，*Wellington Koo Papers*, box 37。

[2] 《顧維鈞回憶錄》第 3 分冊，第 360–361 頁。

[3] 《顧維鈞致外交部》(1939 年 4 月 4 日)，*Wellington Koo Papers*, box 21。

對遠東合作的構想，請他轉報羅斯福。[①]

顧維鈞與法國政府的接洽並不順利。法國政府關注的重點在歐洲，對遠東局勢及其與歐洲的關聯缺少深刻的認識。為推動法國政府接受中國的倡議，顧維鈞與外交部和內閣官員廣泛接觸，包括對過境運輸大力支持的殖民部部長孟戴爾。在與外交部亞洲司官員會談時，該官員稱中英法提攜合作「時機或已成熟」，但美國應一起參與，而法方「不便啟口」，希望中國先與美國溝通，法國可以隨後跟進。[②] 但美國由於受中立法的束縛和國內孤立主義的掣肘，並不願在多國合作方面有所作為。5月5日，外交部獲悉美國不會參與遠東合作後致電顧維鈞，稱：「本部默察美方語氣，如英法進行至相當程度，美或可採取適當之平行行動，但格於政制，不能預受拘束。在此情形下而論，英應有基於了解之合作，而美則可望其臨時事實上之合作。但前者現在即應進行，後者至適當時期協助促進。」顧維鈞對美國的反應自然非常失望，對外交部電報的分析也很不滿，稱之為「言之無物，無所裨益」。[③]

法國對遠東合作原本就畏首畏尾，美國的態度更使它裹足不前。5月16日，顧維鈞向外交部報告在法推進遠東合作面臨的困境，「雖經向法當局再三催促，尚無確覆。查少數閣員頗表同情，但大部分集視線於歐洲，不暇顧及遠東，並不能完全了解歐亞局勢之連鎖關係」，因此目前只能「從側面進行」，實際上就是無奈地擱置了。法國政府對中國有關遠東合作提議的消極態度——按美國駐法大使的話說，就是它甚至忘了地圖上還有一個中

---

① 《外交部致顧維鈞》(1939年4月10日)、《顧維鈞致外交部》(1939年4月18日)，*Wellington Koo Papers*, box 37, 40；《胡適任駐美大使期間往來電稿》，第15頁。

② 《顧維鈞致外交部》(1939年4月24日)，*Wellington Koo Papers*, box 21。

③ 《外交部致顧維鈞》(1939年5月5日)，*Wellington Koo Papers*, box 37；《顧維鈞回憶錄》第3分冊，第460頁。

國 —— 使得這個有可能改變遠東國際局勢的計劃最終胎死腹中。[1]

9月1日，德國進攻波蘭，英、法隨之對德宣戰，歐洲戰爭爆發了。歐戰的爆發對中國的抗戰產生了重要影響。一方面，英、法與德國的戰爭為中國與英、法結為一體，共同對付德、日法西斯創造了條件；另一方面，英、法全力應付歐洲的戰爭，產生了在遠東對日妥協的可能性。如何趨利避害，成了中國外交面臨的一個新問題。

顧維鈞認為，在這樣一個關鍵時刻，應該將國際局勢作為一個整體來觀察各大國的政策，並在此基礎上對中國的外交政策重新評估。此時，孫科和李石曾都在法國，顧維鈞又請駐英大使郭泰祺和駐比大使錢泰來巴黎。11月初，他們連着幾天討論國際局勢的變化和中國外交應採取的對策。顧維鈞提出，目前國際局勢尚有利於中國，但在以後的6個月內將惡化而不利於中國，因此應向重慶建議，利用當前的時機，力促美國對日本採取更有力的政策。顧維鈞與孫科、李石曾、郭泰祺、錢泰最後聯名向蔣介石發了一份電報，彙報討論的結果：

抗戰到底，為我國既定政策。自歐戰發生，國際形勢丕然大變。我國平日所恃以為友者，為英、法、蘇、美四國，現在英、法、蘇三國均有事於歐西，其全力足以壓迫日本者為美國。是以我國外交運用，宜特別注重美國。為達到我國抗戰目的，增加我國抗戰力量起見，可否密向美國接洽詢商：第一步，請其向日本警告，根據條約公平解決中日問題，達我抗戰目的，使日本退出中國。如日本不接受，則請其（一）勸告英、法，勿

① 《顧維鈞致外交部》(1939年5月16日)，*Wellington Koo Papers*, box 21；《顧維鈞回憶錄》第3分冊，第433頁。

對日本讓步，犧牲中國；（二）商約停止期滿後，以經濟方法壓迫日本；（三）增加美國對於中國之援助。是否有當，尚祈裁酌。①

整個電報的宗旨是促請政府繼續加強對美外交，延續了顧維鈞之前的主張，但超越了其駐法大使的職責。但在顧維鈞看來，向外交決策最高層提供對國際局勢的判斷和外交全盤方針的建議，是駐外使節的責任。在這一方面，他在中國駐外使節中是最為主動、積極的。11 月 11 日，蔣介石給顧維鈞回電，並請其轉其他四人：

御（六日）電悉。卓見亟佩。中央對美運用步驟與尊意大致相同。現正在探詢美當局之真意。察其表示挺身警告，似尚對敵有所顧慮。仍以尊電末擬三項較易接近。深盼兄等在歐美亦依此分頭努力也。②

加強對美外交已成為中國外交決策和執行層的共識。但顧維鈞遵照蔣介石指示在法國「分頭努力」，卻遇到重重困難。自捲入歐戰後，由於無暇東顧，法國對日政策日趨軟弱，而安撫日本謀求對日修好的傾向卻日益加深，同時法國國內政局也動盪不定。雖經顧維鈞努力，中法兩國於 12 月擬定了一項以中國鎢砂換取法國軍火的計劃，1940 年 2 月又簽訂了《敘昆鐵路借款合同》，但不久，法國就在德國進攻下敗退。6 月上旬，法國政府撤出巴黎。

6 月 10 日下午，顧維鈞離開巴黎，隨法國政府遷移。一路上秩序十分混

---

① 《顧維鈞回憶錄》第 4 分冊，第 128–129 頁。
② 《顧維鈞回憶錄》第 4 分冊，第 129 頁。

亂，第一個晚上通宵行車，至次日上午 8 點才到達目的地，這段不到 200 公里的路程平時只要 4 個小時。而到了目的地後，卻不容易找到法國政府的官員，因為政府還沒有選定辦公場所。在給郭泰祺的電報中，顧維鈞談到了離開巴黎後的困境：「此間政府五日兩遷，弟星夜追隨，飢寒交迫，疲乏異常。現內閣改組，軍人當權，行將單獨媾和，影響所及，亦不利我合作事。」[1] 法國政府最後遷至南部小城維希，幾乎所有國家的大使都住在一家旅館裡，每個大使館只有兩個房間。食物十分匱乏，只能憑票定量供應。這成為顧維鈞外交生涯中一段不尋常的外交官生活。

顧維鈞在給郭泰祺電報裡說的軍人當權，就是剛出任總理的貝當 (Henri Petain) 元帥。貝當一上任，就下令法軍停火，放棄戰鬥，隨後於 6 月 22 日與德國簽訂了條件十分苛刻的停戰協定，向德國投降。正如顧維鈞所預料的，法國對德單獨媾和後，將不利於中國的抗戰。貝當政府在遠東完全向日本屈服，於 9 月下旬與日本簽訂協定，允許日軍可從印度支那登陸並自由過境，以進攻中國。還在法國與日本談判這一協定時，顧維鈞就反覆敦促法國政府不應對日退讓，更不能損害中國對日抗戰，並提出過書面和口頭警告。協定簽訂後，顧維鈞起草了一份抗議書，經外交部審定後送交法國政府。但這些交涉都無法改變貝當政府的遠東政策。在這樣的情況下，顧維鈞在法國已很難為中國的抗戰開展有效的外交活動了。

---

[1] 《顧維鈞致郭泰祺》（1940 年 6 月 17 日），*Wellington Koo Papers*, box 20；《顧維鈞回憶錄》第 4 分冊，第 285–287 頁。

第八章

戰時中英關係的推動者

一 不和諧的盟國關係

1941 年 4 月初，顧維鈞接到重慶外交部電報，要調他轉任駐英國大使，接替即將出任外交部長的郭泰祺。這一消息雖來得突然，但離開駐法大使任所卻是他期盼已久的。1940 年夏剛遷至維希不久，顧維鈞聽聞重慶擬將胡適從駐美大使任上調離，便一反常態，多次致電外交部，主動請纓希望接任此職。這種主動謀求職位的舉動對顧維鈞來說是罕見的。後來胡適繼續留任，聽到消息後，他顯得有些失望，急切地詢問轉往他處任職的可能性。而在此前一年，蔣介石和外交部長王寵惠欲調其出任駐蘇大使時，他是婉言謝絕的。由於在駐法大使任上已無所事事，顧維鈞在給外交部副部長徐謨的電報中表示，若無合適的崗位，他將考慮請長假甚至退休，因為「我的目標是服務」。[1] 顧維鈞在維希萌生退意並不奇怪。維希這座小城無法提供他施展身手的外交舞台，實現他為中國外交服務的抱負。此時同輩外交官顏惠慶、王正廷、施肇基都已先後離開駐外大使職位，淡出或完全退出外交界，對他多少也有些影響。但國民政府對顧維鈞與對其他幾人不一樣，不想讓他退下來，而是將他調任到重要的駐英大使崗位上。與同輩相比，顧維鈞確有其不一般之處，是處於戰爭中的國家不可或缺的外交人才。顧維鈞當然十分樂意接受這個新職位。

---

[1] 《顧維鈞致徐謨》(1940 年 7 月 20 日、11 月 9 日)、《徐謨致顧維鈞》(1940 年 7 月 23 日、11 月 13 日)，*Wellington Koo Papers*, box 15；《顧維鈞致蔣介石、王寵惠》(1939 年 7 月 9 日)，*Wellington Koo Papers*, box 40。

不過，顧維鈞調任倫敦一事，在中英兩國關係上卻引起了一場小風波。按說，以顧維鈞在國際外交界的聲望和二十年前就曾出使英國的資歷，英國政府對中國政府提名他再度使英應表歡迎。但是，英國政府最初對顧維鈞使英的反應卻不積極，反而旁敲側擊地詢問中國為何不從國內選派人員。由於英國政府沒有明確表示接受，國民政府的正式任命遲遲不能發表。但顧維鈞調任的消息已經傳開，日本通訊社還趁機聲稱這表明中法關係徹底破裂。已經離開維希在葡萄牙焦急等待的顧維鈞只得給外交部副部長徐謨發私人電報詢問緣由。原來，在倫敦大學獲得博士學位的國民政府教育部副部長杭立武熱衷駐英大使一職，他與英國駐華大使卡爾（Archibald Kerr）私交很深，後者也希望由留英學生而不是留美學生出任駐英大使，因此倫敦沒有及時回覆中國的提名。最終由於中國政府的堅持，英國還是同意接受顧維鈞為駐英大使。1941 年 5 月 9 日，國民政府的任命正式發表。[①]

7 月初，顧維鈞抵達倫敦上任。雖然是第二次作為中國政府的使節來到英倫三島，一切似乎駕輕就熟，但他深感肩上的擔子不輕。此次奉派使英，顧維鈞直接從歐洲大陸赴英，無法回國，也就沒有接到政府有關對英外交的正式訓令。他想可能是因為在中國外交界，自己比外交部主管和其他駐外使節的資歷都要老，所以就不需要訓令了。但他對自己的任務十分明確，就是廣泛宣傳中國抗戰對於世界的意義，並為抗戰爭取各種形式的援助。[②]

自日本發動侵華戰爭以來，國民政府就尋求西方列強尤其是英、美兩國在道義上和物質上的支持。出於維護自身在遠東利益的需要，英國對制止日本侵華也有所動作，在某些時候如盧溝橋事變後的一段日子裡比美國要更

---

① 《徐謨致顧維鈞》（1941 年 5 月 15 日）、《倫敦使館致顧維鈞》（1941 年 5 月 2 日），*Wellington Koo Papers*, box 49 ；《顧維鈞回憶錄》第 4 分冊，第 563–565 頁。

② 《顧維鈞回憶錄》第 5 分冊，第 4 頁。

為積極。但從總體上說，英國對日本侵華採取的是妥協的政策，不斷地以讓步來換取與日本的短暫相安。1938年5月，英國與日本簽訂了有關中國海關的協定，1939年7月又簽訂了《有田－克萊琪協定》，承認日本侵華造成的「中國之實際局勢」及其在佔領區內享有「特殊之要求」。1940年7月，英國政府更是在日本的逼迫下關閉滇緬公路三個月，切斷了中國最重要的國際運輸線。英國的這些行為以及中英之間長期存在的不平等關係，使國民政府高層包括蔣介石在內，對英國有着強烈的不滿情緒。蔣介石在談到英國遠東政策時稱之為「老謀深算」，在與英國駐華大使卡爾見面時，當面批評英國「素以半殖民主義國家估計中國」。[1]而在英國方面，由於主要的注意力都集中於歐洲，大多數人對發生在遠東的戰爭不甚了了，漠不關心，不少人對中國還抱有傳統的輕蔑態度。表面上風平浪靜的中英關係隱藏着許多暗礁。

面對中英雙方相互認知的巨大落差，上任伊始顧維鈞就十分重視宣傳。7月初他從葡萄牙趕往倫敦上任，就是因為接受了「中國之戰委員會」（The China Campaign Committee）的邀請，要在其組織的集會上向英國公眾演講。演講當天正是全面抗戰爆發四周年，顧維鈞闡述了中國抗戰的國際意義：「中國人民的血淚不僅使國家免於毀滅，而且給整個世界的自由事業作出了卓越的貢獻。」如果中國不堅持抵抗，日本的戰爭機器早就撲向其他國家。面對英國公眾，他也稱讚了英國對希特勒德國的英勇抵抗，最後呼籲反法西斯國家攜手合作，「彼此間合作越是密切，他們的最終勝利就越提前，並且越有把握」。[2]這樣的演講，或對官員，或向公眾，是顧維鈞駐英大使期間的日常

---

① 《戰時外交》第3冊，第38頁。
② 金光耀、馬建標選編《顧維鈞外交演講集》，第224–226頁。

功課。對於各界的邀請，他盡可能有請必到，以廣交友，喚起對中國的關心。他還動員一些在英國的中國人一起來做此項工作，其中有教師、藝術家、銀行家和報人。他會列出一些問題和要點，供他們演講時參考並使用，以增進英國公眾對中國抗戰的了解。[1]

入住二十年前就待過的位於波特蘭街的中國使館，顧維鈞對使館人員做好對英外交提出具體要求：「辦公不必客氣，有意見須 (1) 直說，不說反誤事，但直說非謂可無禮貌；(2) 個人認定一門英國問題，隨時留心研究，不久可成為專家，於公於私均屬有益；(3) 彼此同事須有同舟共濟之心，和衷互助，在外各有所長而各人不能盡有各種長處，故不得不互相合作；(4) 凡有見到可以改良之處，或有可報告政府參考者，不妨來陳，不分職位之高卑，均願接談。」[2]

當然，顧維鈞外交工作的重點還是英國政府。8 月中旬，外交部長郭泰祺給他來電，對英國不重視對華關係表示不滿，請其推進加強，並要其密商英國政府，促英方對日本危害滇緬路交通的行為明確表態，「此舉於加強反侵略陣線及我國抗戰精神上均極重要」。[3] 電報剛發出，英國首相丘吉爾（Winston Churchill）和美國總統羅斯福聯合簽署的《大西洋憲章》發表了。這是英、美準備聯合反對法西斯的重要信號。《憲章》發表後，羅斯福和丘吉爾聯名致函斯大林通報兩人會談情況，但對中國卻並無任何表示。蔣介石雖對《憲章》發表感到高興，但對英美不能平等對待中國頗為憤懣。郭泰祺致電顧維鈞，要其向英方表露中國的不滿之意，並探詢其真實意圖，「如果彼等對遠東確議有具體辦法，與外國洽商合作計劃，介公當可釋然」。8 月 21

---

① 《顧維鈞回憶錄》第 5 分冊，第 5 頁。

② 《顧維鈞日記》（1941 年 8 月 25 日），*Wellington Koo Papers*, box 215。

③ 《郭泰祺致顧維鈞》（1941 年 8 月 15 日），*Wellington Koo Papers*, box 38。

日，顧維鈞與英國外交大臣艾登（Robert Eden）見面，後者只談到英國已認識到遠東事態對英國的重要性。[①]

其時，美國政府支持的由美國人陳納德（Claire Chennault）率領的美國空軍志願隊剛成立，中國政府希望英國政府也能組織一支同樣的英國空軍志願隊，援助中國的抗戰。在給顧維鈞的電報中，郭泰祺訴說了日軍轟炸給重慶造成的災難——「敵機連日晝夜轟炸，致吾人不遑寢食，百務幾陷停頓」，請他「商促英方協同美方早日組織國際空軍義勇團」。並提出英方可組為第二團，「將來由兩國公推一指揮官在軍委會下服務」。8月26日，蔣介石親自致電顧維鈞，請他再與英方商量，並提出英方可派駐新加坡的空軍援華，若新加坡發生戰事，仍可返回，「如此一舉兩得，無須另增人員」。但顧維鈞與英國方面商談，英國卻表示愛莫能助，並說英國自己缺少飛行員，許多人還在美國受訓，回絕了中國的要求。[②] 11月初，蔣介石直接致電丘吉爾，指出在日本即將攻擊雲南的危急形勢下，英國的空中支援對中國來說必不可少，「我們唯一的希望是在馬來西亞的英國空軍與美國的合作能付諸實施，支援美國空軍志願隊和中國空軍」。[③] 這封電報由顧維鈞遞交。丘吉爾回覆蔣介石的電報稱，根據英國的情報，日軍接下來攻擊的目標不是雲南而是華南，但英國正考慮盡其所能給予陳納德航空隊最大幫助。稍後，顧維鈞訪晤艾登，再次表達中國對空軍支援的期望：「惟望以空軍助華一層，務必盡力為之。」[④]

[①] 《郭泰祺致顧維鈞》（1941年8月18日、20日）、《顧維鈞致外交部》（1941年8月21日），*Wellington Koo Papers*, box 38。

[②] 《郭泰祺致顧維鈞》（1941年8月5日、15日）、《蔣介石致顧維鈞》（1941年8月26日），*Wellington Koo Papers*, box 38；《顧維鈞致外交部》（1941年8月22日），*Wellington Koo Papers*, box 41。

[③] Chiang Kai-shek to Churchill, 3 November, 1941, *Wellington Koo Papers*, box 41.

[④] 《戰時外交》第2冊，第188–189頁。

　　1941 年 12 月 7 日晚，日本偷襲珍珠港的消息傳到英倫三島，震驚了英
國朝野和在倫敦的外交使團。前一天，顧維鈞在英國援華會演講時還指出，
日本加緊軍事部署，擺出咄咄逼人的架勢是為了要挾美國讓步。因為他認
為，日本不至於愚蠢到孤注一擲冒舉國覆沒的危險。因此珍珠港事變的消息
讓顧維鈞感到驚詫，但也備感振奮，當天他在日記中寫道：「這天過得非常興
奮、緊張，也令人十分稱心。」[1] 因為，中國不再孤軍抗日了，終於與英美面
對共同的敵人。

　　面對戰局的急劇變化，顧維鈞認為中國應抓住時機促進反法西斯各國之
間的合作。8 日，他致電重慶提供自己的意見：

　　　　竊意我宜速向英、美、和（荷）表示願以全力與彼合作，共同對
　　日，以獲全勝。既屬在我應有之表示，且借為提訂四國攻守同盟之初
　　步。如美向德、義同時宣戰，我亦宜一致辦理，借示精神團結，並先期
　　告美，全示友誼。[2]

　　12 月 9 日，國民政府發表對日本、德國、意大利宣戰文告。中國的抗日
戰爭經過四年多的艱苦歲月終於與世界反法西斯戰爭連為一體，中國與英、
美成為並肩作戰的盟友。

　　雖駐節英倫，負責處理中英關係，但顧維鈞仍不忘思考中國外交的全
局，並將自己的思考所得報告決策層，以期對外交方針有所貢獻：「英、蘇重
心均在歐洲，其重視德國固在意中。惟此層不特與我不利，即為世界整個戰
局着想亦非上策……竊意惟美地位較為客觀，當能了解我方主張之正當，而

---

① 《顧維鈞回憶錄》第 5 分冊，第 44 頁。

② 《顧維鈞致外交部》(1941 年 12 月 8 日)，*Wellington Koo Papers*, box 41。

出為主持較有力量。和與澳及紐絲蘭（新西蘭）與我利害較多相同，或亦可贊附我議。似宜分頭速向美與和、澳、紐等洽商進行。」在給宋子文的電報中，他也強調，反法西斯盟國間的合作，「關鍵在美」，將對美外交作為中國外交的重點。[1]

　　珍珠港事變極大地改善了中國的國際環境，國民政府抓住時機尋求國際對華援助。1941 年底，國民政府向美國提出 5 億美元貸款的要求，與此同時也向英國提出貸款要求。12 月 29 日，蔣介石在重慶通過英國大使卡爾向英國政府提出 1 億英鎊貸款要求後，立即致電顧維鈞請其在倫敦「積極進行，以期速成」，並具體指示「此次借款手續決非普通財政與商業借款可比，故不便先商用度辦法而後告款額」。[2] 即先確定貸款額度，而不能對使用方法有所約束，這也是中國向美國提出的貸款要求。

　　顧維鈞接電後即與英方接洽貸款事宜，先後與英國外長艾登和財長會談，強調對華貸款對於「挽救民眾之心理」極其重要，請英方着眼於雙方的政治關係，而「勿顧慮手續與條件」。艾登對顧維鈞的說辭「頗動容」，財長也「態度頗佳」，但並沒有立即就貸款問題給予肯定的答覆。[3] 在此期間，中美關於貸款的談判經過一番周折後，美國同意按中國的要求不附加任何條件提供 5 億美元貸款。美國貸款確定後，羅斯福希望英國能同時宣佈對華貸款，以彰顯盟國團結一致共同對敵的立場。1942 年 2 月 2 日，英國內閣舉行特別會議，決定給中國 5000 萬英鎊貸款。會後，艾登立即將此消息通知顧維鈞。次日，英國駐華大使卡爾將英國政府的這一決定通知了蔣介石，對未

---

[1] 《顧維鈞致外交部》（1941 年 12 月 12 日）、《顧維鈞致宋子文》（1941 年 12 月 13 日），*Wellington Koo Papers*, box 41。

[2] 《蔣介石致顧維鈞》（1941 年 12 月 30 日），*Wellington Koo Papers*, box 38。

[3] 《顧維鈞致蔣介石》（1942 年 1 月 5 日、8 日），*Wellington Koo Papers*, box 56。

能照「請求之全數供給中國」，請予諒解，並表示貸款之用途「由中英兩國政府商酌決定」。[①]

英國對華 5000 萬英鎊的貸款是在美國決定對華貸款後倉促確定的。對於如何使用這筆貸款，中英兩國的看法存在巨大差異，由此使兩國間原本就不太和諧的關係產生了新的矛盾。已經與德國生死作戰兩年多的英國本身經濟狀況糟糕，有賴於美國提供的財政援助，它宣佈向中國提供援助主要是一種姿態，意在進行宣傳，增強中國的士氣，並向美國表明，對於中國的抗戰它與美國是站在一起的。因此，宣佈貸款決定後，英國遲遲未與中國開展具體磋商。但國民政府認為，英國既然做出了承諾，就不應該背信棄義，它要履行自己的諾言，因此一再指示顧維鈞盡快與英方交涉貸款事宜。這一要求的提出，也與國民政府和蔣介石認為太平洋戰爭爆發後中國國際地位的改善和提升有關。1941 年 12 月下旬，在蔣介石於重慶召集的有英美等國代表參加的討論遠東軍事合作的會議上，宋美齡直言：「應明白通知英美兩國，不能希望中國不得援助而可無限制繼續其抗戰。」[②]

顧維鈞身在倫敦，了解英國的財政窘況，也目睹艾登在談到貸款問題時的狼狽相。作為中國外交官，顧維鈞認為中國政府要求英國兌現承諾是完全正當的。而作為駐英大使，他又理解英國方面的力不從心，認為中國應考慮它的難處。在與英方交涉時，財政部官員告訴顧維鈞，英國原本計劃對華貸款 1000 萬英鎊，後來增加至 5000 萬英鎊，主要是為了對中國抗戰表示支持，並認為雙方對此有默契。[③] 為解決這一難題，顧維鈞設法讓重慶明白，中英之間的貸款問題只有採取折中辦法，雙方都做些讓步。

---

① 《戰時外交》第 2 冊，第 260 頁。

② 《戰時外交》第 3 冊，第 90 頁。

③ 《顧維鈞回憶錄》第 5 分冊，第 60–61 頁。

但急需財政援助又對英素無好感的蔣介石堅持英國必須履行其貸款承諾。4月17日，蔣介石在日記中憤憤寫道：「對英國借款不簽約之舉動，應嚴斥之，英人不可予以體面也。」[1] 次日，他致電顧維鈞：

> 美國借款已如約交付，而英國借款至今尚滯疑不定，未知何故？英國貸華大款，助我抗日，且其本身亦在困難奮鬥之中，對我慷慨應援，使我全國軍民聞之興奮不置，此不僅中與（國？）政府所感謝而已。乃允許至今，時已兩月，尚未簽字，又使我軍民因感奮而失望。請轉告英政府，務望早日簽字，其所有條文性質，不宜越出美國條文之外，以英與美皆為我盟國，其對我經濟共同之義務，不可有寬苛之分，更使我軍民對英發生其他感想。如果必須另訂有拘束或限制之條件，則中國為兩國感情與戰友關係計，不敢接受，不如不借之為愈。惟無論借與不借，皆應從速決定，並正式宣佈為要。[2]

蔣的電報字裡行間充滿對英拖延的不滿。顧維鈞接電後，於4月20日訪晤艾登，告訴英方，「此次借款，應重視盟約國共作戰友之宗旨，事屬政治性質，不應加以拘束用度，應與美一致」。[3] 顧維鈞按蔣介石指示表明了中國的態度，但語氣則委婉了許多。經顧維鈞與英方多次商談，5月13日，艾登向中方送交了英方的借款合約草案。該草案的主要內容是，英國政府應中國政府之要求，準備以 5000 萬英鎊借與中國，但以戰時在英鎊區內購買戰爭必需品為限，並允以其中 1000 萬英鎊擔保中國發行國內公債。這個草案與

---

① 《蔣介石日記》，1942 年 4 月 17 日。

② 《戰時外交》第 2 冊，第 261–262 頁。

③ 《戰時外交》第 2 冊，第 262 頁。

蔣介石關於中英借款協議「不宜越出美國條文之外」的要求相差甚遠。顧維鈞在向重慶報告時稱，該草案「雖未能盡如我方之所期，其中已有重要改進之處」，並指出「英國作戰為日較久，對於援助中國，其財力不免稍遜」。英國上一個財政年度短缺 270 億英鎊，顧維鈞希望讓國民政府明白英國有它自己的困難。[①]

同時，顧維鈞和國民政府財政部次長郭秉文繼續與英方交涉，希望能對草案再做修改。5 月 30 日，顧維鈞專程赴艾登在鄉間的寓所進行商談。6 月 3 日，他又在艾登的安排下與丘吉爾會面。雖然英國對草案又做了些局部修改，但仍無法使國民政府滿意，尤其在以英鎊擔保發行公債方面雙方分歧甚大，交涉陷入僵局。英國在貸款問題上的態度使蔣介石對英國更為不滿。7 月 20 日，顧維鈞收到蔣介石的電報，指示他不要再向英國提貸款一事，也不要乞求任何其他援助：

　　請切勿對英再提借款與發起助華事，此不僅徒增國恥，而不啻為人愚弄，無論如何勿再求助為要。[②]

晚年口述回憶錄時，顧維鈞稱貸款「是戰時中英兩個盟國間產生誤解的一個主要問題，它給這兩個戰時盟國的關係蒙上了不幸的陰影」。[③]

貸款問題之外，影響中英關係的還有印度獨立問題。1942 年 2 月，蔣介石訪問印度，希望調解英國與印度的矛盾，確保中國抗戰的國際交通線。訪印期間，蔣介石堅持要拜訪正被英印當局監禁的印度民族領袖甘地

---

① 《戰時外交》第 2 冊，第 263–268 頁。

② 《蔣介石致顧維鈞》(1942 年 7 月 20 日)，*Wellington Koo Papers*, box 56。

③ 《顧維鈞回憶錄》第 5 分冊，第 61 頁。

（Mohandas Gandhi），這引發了中英兩國的矛盾。訪印結束剛返回昆明，蔣介石就致電顧維鈞，囑其乘便向丘吉爾轉達對英國對印政策的看法：「余完全以客觀態度，不敢不至誠實告。對於印度政治問題，此時若不急速解決，則危機必日甚一日，如待敵機轟炸印度，人心奔潰時，再言解決，恐已過晚。至待敵軍入印以後，則更無辦法。」次日，蔣介石自感如此率直之語似不妥當，怕引起丘吉爾誤會，又致電顧維鈞，請根據英國輿論對其訪印反應再定是否向丘吉爾轉達。[①] 蔣介石堅持認為，從遠東反法西斯戰爭的全局考慮，英國政府必須滿足印度要求獨立的願望。但英國政府尤其是丘吉爾卻認為打贏戰爭是首要任務，印度獨立問題無法在戰爭期間解決。顧維鈞奉命向英方表達中國政府的看法，蔣介石與丘吉爾就印度問題的許多電報往來也由他傳遞。由於中英兩國意見相左，印度問題成為顧維鈞與英方打交道的一個難題。

1942 年初的緬甸戰役也加深了中國對英國遠東政策的不滿。太平洋戰爭爆發後，中國主動向英方提出，派遣軍隊協助英軍防守緬甸，以保證中國獲得國際物資的滇緬公路的暢通。但英國擔憂中國在緬甸的影響由此增強，影響其戰後統治，直到日軍向緬甸發起攻勢的最後一刻才同意中國軍隊入緬作戰。然而，在緬甸的英軍並不打算與中國軍隊並肩對日作戰，而是利用中國軍隊掩護其撤退。4 月 17 日，在日軍突破多道防線、戰局危急之際，蔣介石致電丘吉爾，對英緬軍「既不能取得人民合作，更無堅強之戰鬥意志」表達不滿，請英國派 300 架以上飛機迅速增援緬甸。顧維鈞將電報送交英方後，丘吉爾答覆稱，英國因受制於物資供應、路途遙遠等因素，無法派遣中國所期望的空軍，只是空洞地表示「將盡力之所及，支持緬甸戰爭中之盟國陸軍」。[②]

---

① 《戰時外交》第 3 冊，第 434–435 頁；《蔣介石日記》，1942 年 2 月 23 日。
② 《戰時外交》第 3 冊，第 130–131、139–140 頁。

　　5 月初，緬甸戰役失敗。中國方面對英國軍隊在戰爭中的表現頗多不滿。6 月 3 日，顧維鈞與丘吉爾見面，告訴他中國「對於緬甸戰事至為失望」。丘吉爾則因整個戰局不利，會談開始時臉色嚴峻，與顧維鈞往常與他見面時完全不同。隨後，顧維鈞平靜的神態使他也恢復常態，表示英國並未輕視中國戰區，希望中國對英國在印度問題上的立場和對遠東戰場的戰略，「萬勿誤會」。顧維鈞回應稱，「中英兩國相需相因，深望合作不只戰期，且及於將來」。[1]

　　顧維鈞雖與英國高層頻頻溝通，卻無法改變矛盾不斷的中英關係全局。中英之間是反法西斯盟國，兩國關係的走向與整個反法西斯戰爭密切相關。重慶方面因為對英國有怨氣，與對英外交相關的事情並不都向駐英使館通報。身為駐英大使，顧維鈞對日益緊張的中英關係憂心忡忡，但國內信息卻不通達，在給外交部長宋子文的一封電報中，他大歎苦經：「近中英間迭起事端，互傷感情。弟亦深以為慮，夙夜籌思補救。所苦者，以昧於各案經過，不易從中疏解。遇英方對弟有所表示，亦每以不明事實，只能以空泛之言設法緩和。」他希望國內能將各種情況包括軍事方面的情況及時通報，以便他在倫敦通過外交途徑與丘吉爾和艾登當面溝通。顧維鈞認為，丘吉爾和艾登「對弟尚推重，遇事開誠相見，弟如能接洽事實，對彼殆無不可談，而謀一掃既往之誤會，增進今後之感情」。因為昧於國內情況，他向宋子文表示欲回國一次，向蔣介石當面陳說中英關係。[2]

　　在這之前，1942 年 3 月 19 日，顧維鈞已經致電蔣介石表示「頗思回國述職，請面示機密」，希望與最高決策層商討中英關係，並擔心「日後時局變

---

① 《顧維鈞致蔣介石》（1942 年 6 月 6 日），*Wellington Koo Papers*, box 55；《顧維鈞回憶錄》第 5 分冊，第 62 頁。

② 《顧維鈞致宋子文》（1942 年 4 月 8 日），*Wellington Koo Papers*, box 55。

化更多，旅行更難」而無法回國。但當時中英貸款交涉正在進行中，蔣介石以「此時倫敦工作重要」為由，沒有同意他回國。7月下旬，貸款交涉陷入僵局，中英關係矛盾重重，顧維鈞再生回國述職之意。8月7日，他致電蔣介石，表示「近來關於中英間各問題及此間情形，有待面陳或請示機宜者匪鮮」，希望能於下月回國。這次，蔣介石同意他回國了，但「回國日程待下月再定」，囑其可先做準備。①

拖延回國的原因是英國議會代表團即將訪華，需要顧維鈞在倫敦做些前期工作。10月初，顧維鈞從倫敦啟程回國。長途旅行前，需要注射預防傷寒、霍亂、黃熱病的針劑，因為時間緊，沒法按常規分期注射，而是連續注射，結果引起不良反應，渾身發抖並發燒。戰時旅行困難且危險，從倫敦到重慶花了近兩個星期的時間，顧維鈞甚至做好了飛機被擊落的準備。10月14日他抵達重慶。此時，距顧維鈞上次離開中國已有6年多了。

此次回國，雖有陪同英國議會代表團的任務，但顧維鈞認為最重要的目的是與決策層討論中國的外交政策，尤其是中英關係。剛到重慶，他就感受到國民黨高層包括蔣介石在內對英國的不滿和冷落。10月9日，美國和英國採取平行行動，同時宣佈與中國談判廢除治外法權。蔣介石最初決定在第二天慶祝雙十節集會上宣佈此事時只答謝美國，而不提英國，最後在國民黨中央宣傳部副部長董顯光勸說下，才勉強在講話中對英國表示感謝。② 但在致美國總統和英國首相的感謝電中，蔣介石對美英的親疏顯露無遺。給丘吉爾的電報是寥寥數行的例行公文，給羅斯福的電報不但內容多，且充滿個人感情，稱自幼就對美國的「自由鐘」「獨立廳」，「寄以熱烈之向慕」。在當天

---

① 《顧維鈞致蔣介石》(1942年3月19日、8月7日)、《蔣介石致顧維鈞》(1942年3月23日、8月12日)，*Wellington Koo Papers*, box 49。

② 《顧維鈞回憶錄》第5分冊，第106頁。

的日記中，蔣介石也只記美國放棄不平等條約，而對英國不着一字。[①]

目睹這樣的情況，顧維鈞將向最高層尤其是蔣介石闡述自己對中英關係的看法作為頭等要事，希望能夠消除中英不和的根源，為兩國關係鋪平道路。蔣介石雖對英國滿懷怨恨，但對顧維鈞回國述職十分重視。10 月 15 日，顧維鈞回國第二天，蔣介石就召見他討論對英外交。顧維鈞對此早有準備，以與丘吉爾、艾登等英國政要的談話和使館搜集的機密情報為依據，向蔣介石報告英國對華基本態度和對華政策的特點，包括雙方在貸款、印度和緬甸等問題上的分歧，讓他了解中英不和的癥結。[②] 此後，蔣介石多次約他長談對英關係和外交方針，在日記中記下談話內容的就有三次，還不包括專門討論中英新約的兩次。

11 月 23 日，蔣介石與顧維鈞夜談。雖然明白蔣介石對英沒有好感，顧維鈞仍然坦陳自己的看法，強調中美英三國結盟應該成為中國戰時和戰後外交的核心，並指出中英結合是十分有益的，美國可以充當「媒人」，從道義上保證中英聯盟。談話後，顧維鈞感到蔣介石聽進了他的話，已在認真考慮這一問題。他的這一感覺是對的。蔣介石在當天的日記中記下了一大段顧維鈞的談話，其中有「彼主張樹立中英美為核心之外交基礎，以建立世界長期和平」。[③]

12 月 13 日，送走英國議會代表團後，蔣介石邀顧維鈞去他在重慶黃山的寓所住了一個晚上。下午他們一起登山散步，晚飯後又談至十點。這一次長談，蔣介石講了他個人對英國反感的一些緣由，如英國駐華大使卡爾的滑頭、丘吉爾 8 月間關於印度問題來信的無禮（以至於他不屑答覆）。這使顧

---

① 《戰時外交》第 3 冊，第 713–714、752 頁；《蔣介石日記》，1942 年 10 月 10 日。

② 《蔣介石日記》，1942 年 10 月 15 日；《顧維鈞回憶錄》第 5 分冊，第 93 頁。

③ 《顧維鈞回憶錄》第 5 分冊，第 120–121 頁；《蔣介石日記》，1942 年 11 月 23 日。

維鈞了解到，中英關係除了實質性的重要問題外，還與私人間的關係有關。第二天下山時，顧維鈞感到，「同委員長度過的二十四小時非常有益，而且很愉快。我了解到我想知道的有關政府政策，尤其是委員長的個人見解。這次訪問還使我更清楚地了解到委員長與英國人之間的摩擦和誤解的諸多原因」。[①]

在重慶期間，顧維鈞還與宋子文、孔祥熙、王寵惠等重要官員見面，與他們溝通對中英關係的看法，重申向蔣介石表達的觀點。10月下旬，他與剛從美國回來的宋子文交談多次。宋子文是外交部長、他的上司，談話中明確表示中國不會從中英結盟中得到任何好處，但顧維鈞還是力陳中英結盟的三個理由：第一，雖然中國不能指望英國給予大量援助，但英國的海、空軍力量，以及它所採取的外交政策在世界上仍具有相當大的影響；第二，中國應力爭結成 ABC 三國聯盟（America 美國，Britain 英國，China 中國），在戰後世界中起主導作用，而中英之間的糾紛會妨礙這個目標的實現；第三，中英結盟將有助於鞏固中國在世界上作為大國的地位，因為目前只有美國認為中國是一個大國。在與孔祥熙會面時，他說，中國要在世界上與列強平起平坐，就不僅應該與美國，而且應該與英國合作共事。[②] 顧維鈞是從戰時和戰後中國外交的全局來考慮中英關係的，並努力讓決策層明白搞好中英關係對中國自身的好處。

顧維鈞關於中英關係以及中國外交全局的看法得到最高決策層尤其是蔣介石的重視。1943 年 3 月 6 日，顧維鈞赴黃山面見蔣介石，進行了此次回國的最後一次長談。與前幾次主要闡述自己的看法不同，顧維鈞希望蔣介石就

---

① 《顧維鈞回憶錄》第 5 分冊，第 153–157 頁；《蔣介石日記》，1942 年 12 月 13 日。

② 《顧維鈞回憶錄》第 5 分冊，第 104–105、240 頁。

對英外交做出明確的指示。蔣介石雖對英仍無好感，稱其外交手腕歷來詭計多端，但對中英關係態度已發生明顯變化。他對中美英三國結盟從原先冷淡轉向持肯定態度，並表示如果美國受和平時期不加入聯盟的制約，也贊同中英雙邊結盟。對英國對華貸款，他贊同顧維鈞提出的充分考慮英國自身困難的折中辦法。顧維鈞感覺到，蔣介石非常認真地考慮了他之前幾次談話中提出的看法，並接受了其中的一些建議。對顧維鈞回國述職期間為疏通中英關係做出的努力，蔣介石十分肯定，會談後在日記中記下預定要做的 9 件事的第一件事就是「發顧大使特別費」。[①]

對駐外使節站在駐在國一邊稱讚駐在國的言語，蔣介石通常是排斥甚至厭惡的，在日記中譏諷這樣的外交官「幾乎忘其為中國之使節，而變為其駐在國之宣傳員矣」。[②] 但顧維鈞對英國的介紹，不是單純的讚揚，而是為了讓最高層了解英國的實際情況；對中英關係的分析和建議，不是局限於一國大使的眼光，而是立足於中國外交和國際關係的全局，並且他也懂得如何表達，可以讓最高層聽得進自己的想法。因此，蔣介石對顧維鈞所談非但沒有上述日記中顯露出的反感，反而十分尊重他對中英關係和中國外交的建議。

蔣介石對英態度的改變對國民黨高層影響很大，許多官員都認識到中英關係的重要性，重慶對英關係的氣氛有了明顯改善。英國駐華大使薛穆（Horace Seymour）感覺到，自顧維鈞回國後，中國報刊上原先常見的反英觀點消失了。宋子文由此稱讚顧維鈞對國家做出了很大的貢獻。顧維鈞自己也很欣慰，因為通過自己的努力，政府主要領導人認識到英國在戰時和戰後對中國的重要性。[③]

---

① 《顧維鈞回憶錄》第 5 分冊，第 228–234 頁；《蔣介石日記》，1943 年 3 月 6 日。

② 《蔣介石日記》，1942 年 11 月 16 日。

③ 《顧維鈞回憶錄》第 5 分冊，第 195 頁。

面對中英間的矛盾衝突，尤其是國內對英國的普遍不滿，顧維鈞讓最高決策層了解駐在國的想法、它的難處和它在中國外交全局中所處的地位，從而緩和了原先緊張的中英關係。這是一個駐外大使對國家最好的服務。

二　英國議會代表團訪華

中英間雖然存在矛盾，但兩國都有想推動雙邊關係友好發展的人士，由此有了英國議會代表團對戰時中國的訪問。

還在太平洋戰爭爆發前，英國駐華大使館就向英國外交部建議，派員到中國訪問，以改善對華關係，但因為時機不成熟而擱置。[①] 1942 年 3 月中旬，英國議會上院議員納遜勳爵（Lord Nathan）與顧維鈞交談，表示經本國外交部同意，擬派議會代表團訪華，由保守黨、工黨和自由黨議員各一名組成，探詢中方意見。顧維鈞立即向重慶外交部報告此事，對英方提議表示支持：「竊以中英現屬盟國，此間朝野對我感情濃厚，民間尤重視我國抗戰，凡足增進聯絡之舉，有裨兩國邦交，能否過華，我國政府亦歡迎。」並詢問 4 月底啟程是否合適。外交部將此電送交蔣介石，蔣介石批示：「應極歡迎，但春季雨水與轟炸較多，如秋季十月中到華，則為最好。」[②]

接到重慶肯定的回覆後，顧維鈞與英國外交部溝通，轉達中國政府的歡迎之意。英方希望由蔣介石以中國政府首腦的身份出面邀請。顧維鈞於 4 月 22 日向外交部報告英方要求，並表明自己的態度：「竊以如蒙委員長允諾，最屬適宜。」重慶很快覆電表示贊同。5 月 1 日，顧維鈞將此決定通知英方。[③]

---

① 肖如平：《蔣介石與抗戰時期英國議會代表團訪華》，《社會科學戰線》2018 年第 3 期。

② 《戰時外交》第 2 冊，第 121 頁。

③ 《戰時外交》第 2 冊，第 122 頁；《顧維鈞回憶錄》第 5 分冊，第 75 頁。

英國議會代表團最後由上院的保守黨議員艾爾文（Ailwyn）勳爵、自由黨議員泰弗亞（Teviot）勳爵和下院的保守黨議員衛德波（Scrymgcour Wedderburn）、工黨議員勞森（J. Lawson）組成，並有一名隨團秘書。顧維鈞認為「訪華團的組成堪稱理想，在我看來，它很能代表英國人民」。9 月 22日，顧維鈞在使館設宴招待代表團，來賓還有艾登、上院議長等英國政要。艾登在致辭中說，議會代表團在中英關係史上是空前第一次，將推進兩國人民的相互了解，對顧維鈞推動此事大為讚賞，稱其為「英中友誼的主人」。[①]

顧維鈞 10 月中旬回國的一個重要任務就是接待英國議會代表團。一到重慶，他就協助政府制訂接待代表團的計劃。他認為，接待計劃既要考慮到使代表團盡可能多地了解中國情況，使他們對中國的抗戰意志和精神面貌有一個良好印象，也要考慮到戰爭時期不能過分鋪張，歡樂氣氛不能太濃。他建議國民黨、國民政府和國民參政會的領導人要出席討論接待的籌備會議，接待省份的省主席也要參與到接待計劃的制訂中。這些建議都得到了採納。[②]

11 月 10 日，英國議會代表團乘飛機抵達重慶，開始為期一個月的訪問。顧維鈞隨蔣介石的代表吳鐵城等中國官員到機場迎接。代表團成員都是第一次來中國，除顧維鈞外與中國其他官員都不相識，顧維鈞在主客間穿梭往來，介紹彼此相識，拉近了雙方的距離。在現場的《大公報》記者注意到了顧維鈞在歡迎人群中所起的特殊作用：「顧大使在這裡是舊友重逢，倫敦和重慶，隨着他的談笑而更熙洽、融和。」[③]

11 月 14 日，蔣介石夫婦邀英國議會代表團到黃山官邸度週末並設宴款

---

① 《顧維鈞回憶錄》第 5 分冊，第 77 頁。

② 《顧維鈞回憶錄》第 5 分冊，第 123–124 頁。

③ 《中英關係史之一新頁：英議會訪華團抵渝》，《大公報》（重慶）1942 年 11 月 11 日，第 2 版。

待。席間，顧維鈞充當蔣介石與代表團交談的翻譯。工黨議員勞森談興甚濃，講了丘吉爾在議會上與反對黨議員鬥智的故事，經顧維鈞翻譯後蔣介石聽得開懷大笑，稱丘吉爾真是厲害，是一個精明、強幹的領袖。勞森講得興起，語速越來越快，內容也越來越難翻譯了。顧維鈞怕出錯，請求一旁的宋美齡幫忙，但宋美齡誇他翻譯十分出色，不需她再來插手。[1] 與代表團的這次會面給蔣介石留下了很好的印象，顧維鈞居間傳譯功不可沒。會面後，蔣介石在日記中寫道：「英國議員團此次來訪，不啻其為英國議會空前重大之舉，而其重視我國在東方將來之地位，丘吉爾等已有悔悟之表示，則可斷言，從此對英當可放寬一步矣。」而在 10 月底，英國議會代表團因途中行程耽誤，未能按計劃抵達重慶，蔣介石還認為是「其心多有暗鬼」，「此種賊膽心虛疑懼自私之心理，惟英國人所獨具也，可鄙之至」。[2] 半個月間，對英態度發生了很大變化。

英國議會代表團抵達重慶時，國民黨五屆十中全會即將舉行。顧維鈞認為，國民黨應該邀請代表團參觀全會的一次公開會議，以表達對代表團的歡迎，這會增加代表團對中國的了解，也有助於雙邊關係的發展。國民黨的中央全會從未邀請過外國代表團，這是一個前所未有的做法。顧維鈞的建議提到國民黨中央常委會，最初孔祥熙堅決反對，但戴季陶、孫科、鄒魯等元老表示支持，最終採納了顧維鈞的建議，同意邀請代表團到會參觀。[3]

11 月 16 日上午，英國代表團來到國民黨十中全會會場，顧維鈞將四位代表一一介紹給與會者。蔣介石以國民黨總裁身份致歡迎詞：「此次英國議員團抵重慶，正值本黨開十中全會，時會相逢，無任欣幸。四位團員合則為

---

① 《顧維鈞回憶錄》第 5 分冊，第 126–127 頁。

② 《蔣介石日記》，1942 年 11 月 14 日上星期反省錄、10 月 28 日。

③ 《顧維鈞回憶錄》第 5 分冊，第 125 頁。

代表英國人民，對我國人民空前之訪問，到渝以來，我國各界歡迎之熱烈，可見我政府與民眾重視此次訪問之意義；分則可謂英國之大政黨之代表。余茲以我中國國民黨總裁之名義，並代表本會向諸君致誠懇之歡迎。今日本會承諸君蒞臨參觀，一睹本黨中央執行委員會情形，不勝快慰。英國現為我共同抗戰之友好盟邦，余深盼議員團此舉，成為我中國國民黨與英國之三大政黨間聯絡難得的機會，此不特有裨同盟國為爭取自由與民主精神之共同奮鬥，且亦可促進戰後中英兩國之友好合作也。」這篇簡短而熱烈的歡迎詞是顧維鈞起草的，表達了對中英友好合作的祝願和對中英關係的期望。隨後，英國代表團四位成員分別致辭，表示能列席國民黨全會是「很大的光榮」。自由黨議員泰弗亞致辭時幾次提到孫中山，每次講到孫中山名字，就轉身向主席台上的孫中山像鞠躬以示崇敬。當天，顧維鈞也向全會報告，談英國時局與國際形勢，其內容和演講風度給參會者留下深刻印象。①

顧維鈞對英國議會代表團訪華將對中英關係產生的積極影響充滿期望。在中英文化協會舉辦的歡迎茶會上，顧維鈞在演講中說，他離開倫敦回國時有兩個願望，一個是在重慶歡迎接待議會代表團，這個願望已經實現了；另一個是代表團的訪問能夠大獲成功，雖然訪問才剛開始，還沒結束，但已可確定會取得成功。這一成功是訪問團諸君的成功，更是中英關係的成功。②對代表團的訪問參觀，顧維鈞精心安排，細緻地照顧到每位成員。泰弗亞是一位化肥專家，希望與中國的同行進行交流，顧維鈞就為他專門安排了一次茶話會，請來農業部副部長錢天鶴和農業專家金寶善，讓他有機會與同行討論自己的化肥理論。後來，顧維鈞還陪他去訪問了農學院。③

① 《大公報》（重慶）1942 年 11 月 17 日，第 3 版；《顧維鈞回憶錄》第 5 分冊，第 128 頁。
② 《中英文協茶會四篇演詞全文》，《中央日報·掃蕩報聯合版》1942 年 11 月 15 日，第 2 版。
③ 《顧維鈞回憶錄》第 5 分冊，第 129 頁。

　　11 月 25 日，英國議會代表團離開重慶，去其他城市訪問，顧維鈞全程陪同。第一站是西安。到西安次日，顧維鈞與代表團前往潼關前線，通過望遠鏡觀察黃河對岸的日軍。隨後觀看中國軍隊演習，陪同的蔣緯國上尉給顧維鈞留下了極深的印象 ——「他待人親切、為人勤奮，說一口流利的英語」。此後兩天，代表團去華清池，看了西安事變時蔣介石藏身的岩石，參觀了中央幹部訓練團等處。在西安的幾次招待會上，顧維鈞都登台講話，主要談外交關係，也介紹英國戰時情況，強調人民在促進和維護世界和平中的重要作用。[①] 四天的西安之行結束時，代表團特意委託顧維鈞向蔣介石表示感謝。顧維鈞致電蔣介石，稱：「英議員團到陝四日，所受各界歡迎之熱烈、招待之盛厚，頗為感動，參觀各處印象甚佳，尤以潼關第一師、赤水第七十八師及第七軍分校之軍容肅、士氣旺，對鈞座之精神遠注，欽佩萬分。泰弗亞勳爵等以緯國兄長才幹練，品德超群，為難得之青年軍官，十分器重，囑代道賀。」[②]

　　離開西安，代表團來到成都。在成都期間，顧維鈞陪同代表團參觀訪問了中央軍校和中央航空學校，與四川大學的教授進行了座談。代表團還訪問了在中央航校附近的英國皇家空軍營地，這裡住着緬甸陷落後來到中國的英國飛行員。因為戰時供應困難，這些飛行員的生活狀況不好，情緒低落。儘管英國飛行員不是來中國參加抗戰而是因為戰敗撤退過來的，顧維鈞認為中國政府還是應該幫助改善他們的生活條件，因為這有益於兩國關係。後來，他建議蔣介石在聖誕前夕以他個人名義給飛行員送些食品和皮背心，蔣介石接受了他的建議，當天就記在預定要做的事情中。[③] 雖然參觀的行程安排

---

① 《顧維鈞回憶錄》第 5 分冊，第 131–133 頁。

② 肖如平：《蔣介石與抗戰時期英國議會代表團訪華》，《社會科學戰線》2018 年第 3 期。

③ 《蔣介石日記》，1942 年 12 月 13 日。

很滿，代表團還是去遊覽了成都和附近的古跡，如武侯祠、都江堰。顧維鈞與四位英國議員在都江堰的懸索橋前合影留念。但踏上懸索橋，顧維鈞感到「膽戰心驚，因為當我們一步步小心翼翼地在橋上挪動時，吊橋在空中來回搖晃。一步失足就會掉入下面的激流之中」。①

昆明是英國議會代表團的最後一站。在這裡，代表團受到了和之前在其他城市一樣的隆重熱烈的歡迎。他們參觀了陳納德的美國駐華空軍指揮部，訪問了西南聯大。在西南聯大，衛德波以代表團的名義向在露天廣場的幾千名學生講話。原本沒有安排顧維鈞在西南聯大講話，但集會結束後，聯大學生一定要他講話。於是，他以輕鬆詼諧的語調做了簡短的講話，受到聯大學生的歡迎，學生們發出陣陣歡呼聲和笑聲。②

英國議會代表團一個月的訪華十分成功，結束訪華前，顧維鈞建議訪問團給蔣介石本人發一個電報，表達謝意。代表團接受了這一建議，請英國駐華大使薛穆向蔣介石轉呈了感謝函：「臨別依戀，盛情深感，吾等此次訪華，頗感興趣，尤承各方款待殷勤，顧慮周到，益覺愉快安適。吾等對於閣下當前所負艱難之工作，謹致竭誠之祝意，同時敬請接受吾等對於閣下暨貴國人民之景仰與真摯之友誼。」③

12 月 10 日下午，英國議會代表團離開昆明返國。送走代表團後，顧維鈞即給蔣介石發電報告：「訪華團全體五人已於今日下午一時半起飛返國，鈞與滇黨政軍長官各界代表，均到機場歡送。」④

英國議會代表團訪問中國是中英關係史上的空前之舉。由於雙方政府的

---

① 《顧維鈞回憶錄》第 5 分冊，第 134–138 頁。

② 《顧維鈞回憶錄》第 5 分冊，第 142–143 頁。

③ 肖如平：《蔣介石與抗戰時期英國議會代表團訪華》，《社會科學戰線》2018 年第 3 期。

④ 《戰時外交》第 2 冊，第 127 頁。

重視，特別是蔣介石的直接過問，代表團訪華取得了很大成功。訪問增進了兩國政府和人民之間的相互了解，顧維鈞對此評論道：「訪華團對戰時中國的精神面貌、政府的政策、人民的氣質以及中國在戰爭中面臨的問題均獲得了一個總的印象。另一方面，這次訪問使一部分住在過去被認為是閉塞地區的中國人對英國取得了一個激勵人心的印象。」[1]

作為駐英大使，從最初對英方提議的推進，到協助制訂詳盡周到的接待計劃，再到代表團抵華後的居間周旋、全程陪同，顧維鈞是代表團成功訪華的關鍵角色。送走代表團後，一回到重慶，顧維鈞即應蔣介石之召彙報代表團訪華情況。蔣介石對他的彙報感到滿意，認為代表團訪華「大體尚佳」。[2]

英國方面對顧維鈞為代表團訪華做出的努力也十分讚賞。1943年下半年，顧維鈞返回任所後，代表團成員專為他舉辦了一次宴會。宴會間，擔任過外交大臣的西蒙勳爵致辭，說一個好大使必須具有兩種美德，那就是既要使駐在國了解本國，又要能使本國了解駐在國，而顧維鈞在這兩方面都有傑出表現，是當之無愧的好大使。[3]

三　新約交涉過險灘

顧維鈞回國期間，適逢中英兩國就廢除治外法權、簽訂新約在重慶進行談判，他參與了這一在中國近代外交史上意義重大的談判，起了非常重要的作用。

---

[1]《顧維鈞回憶錄》第5分冊，第149頁。

[2]《蔣介石日記》，1942年12月13日。

[3]《顧維鈞回憶錄》第5分冊，第381頁。

對於取消列強在華特權，顧維鈞一直視之為投身外交界服務祖國的首要
目標。巴黎和會期間，他參與起草的「中國希望條件」說帖第一次將中國的
這一願望昭告於世。九一八事變後出任國民政府外交部長，儘管處理事變十
分急迫，他仍調閱國民政府與英國等國有關治外法權交涉的材料，將此視為
外長任內的重要任務。[①] 出任駐英大使後，顧維鈞非正式地向英國外交部提
出，英國最好及早主動提出廢除治外法權，作為給中國的禮物，因為這一法
權戰後勢在必廢之列。他還設法了解英國各界對香港問題的態度，得出的結
論是英國各界打算把香港歸還中國，但要留到戰後去解決。[②]

太平洋戰爭爆發後，中國國內廢約呼聲日益高漲。1942 年 8 月 29 日是
近代中國第一個不平等條約《南京條約》簽訂一百周年的日子。當天，《中央
日報》發表社論《彈指百年！》，表達已成為四強之一的中國廢除不平等條約
的決心。《大公報》社論《江寧條約壽享百年》指出，《南京條約》及由其派生
的其他一切不平等條約，「都應該埋葬了，相信我們的朋友也必然願見這種
歷史殘骸付諸火化，不留餘燼！」[③]

中國廢約的要求和呼聲，以及中國與美國、英國成為共同作戰的反法西
斯盟國的事實，使美英兩國協商後同意一起終止在華治外法權，與中國另訂
新約，並於 1942 年 10 月 9 日雙十節前夕將這一決定通知中國。

中國各界對美、英宣佈將放棄在華治外法權十分興奮。蔣介石在日記中
寫道：「雙十節接獲美英自動放棄對我中國治外法權、重訂新約之通告，此乃
為總理革命以來畢生奮鬥最大之目的，而今竟能由我親手達成，衷心快慰，

---

① *Wellington Koo Papers*, box 4.

② 《顧維鈞回憶錄》第 5 分冊，第 15、334 頁。

③ 《中央日報‧掃蕩報聯合版》1942 年 8 月 29 日，第 2 版；《大公報》(重慶) 1942 年 8 月 29 日，
第 2 版。

實為平生惟一之幸事也。」① 但蔣介石又認為，列強根據不平等條約在華享有許多特權，「領事裁判權之外，尚有其他同樣之特權，如租界及駐兵與內河航行、關稅協定等權，應務望同時取消，才得名實相符也」。因此，他指示尚在美國的宋子文向美方間接表示，中國「甚望其將過去所有各種不平等條約，一律作廢，整個撤消」。② 對於英國，國民政府還提出了歸還九龍租借地的要求。

10 月下旬，中國與美國和英國就廢除治外法權並簽訂新約開始談判。中美間的談判在華盛頓進行，中英間的談判則在重慶進行。中美談判經過一個月的磋商，雙方在 11 月下旬達成共識，只待對條約的文字修訂後正式簽約。

中英間的談判卻遠沒有中美談判那樣順利。對於中國提出在廢除治外法權的同時取消內河航行權與沿海貿易權等問題，英國在談判中一直堅持不予放棄，力圖盡可能維持在華特權，並且還節外生枝地提出英人在華購置不動產的問題。中美間的新約談判在 11 月底大體就緒後，英國方面感到很大的壓力，如再不與中國達成協議，就會在對華關係上凸顯與美國的差異。正如英國外交部一名官員在一份內部文件中所說：「如果美國已經讓步，我們大概也只能如此做了。」③ 最後，英國被迫放棄在華內河航行權與沿海貿易權，而中國政府也做了讓步，同意互相給予對方僑民購置不動產的權利。

但中英談判還存在着一個更大的難題，這就是九龍租借地問題。九龍租借地又稱「新界」，與香港島、九龍半島合稱為香港。英國政府通過 1842 年的《南京條約》和 1860 年的《北京條約》先後強佔了香港島和九龍半島，又

---

① 《蔣介石日記》，1942 年 10 月 10 日上星期反省錄。

② 《戰時外交》第 3 冊，第 712、714 頁。

③ Minute by J. Brenan, 2 December, 1943, FO371/31664，英國國家檔案館 (Public Record Office, London)。

通過 1898 年的中英《展拓香港界址專條》強行租借了九龍新界。

中英談判開始後，國民政府外交部在中英新約草案中加入了有關九龍租借地的條款，明確提出中英《展拓香港界址專條》「應予廢止」，「英方在九龍租借地之行政與管理權，連同其官有資產與官有債務，應移交中華民國」。[①]英國駐華大使薛穆向英國外交部報告時認為，中國的要求只是九龍租借地，沒有涉及香港島和九龍半島，建議政府接受。但英國外交部明確答覆薛穆，絕不考慮九龍租借地問題，因為這與有關治外法權的談判無關。[②]

英國不願談判九龍租借地，是因為不願放棄對香港的殖民統治，視九龍新界為維護香港統治必不可少的部分。因此中國提出要求後，英國政府決定拒絕這一要求，並以此作為對中方談判的底線。但在中國國內，要求歸還九龍新界的呼聲十分高漲。蔣介石對此態度堅決，對英國不願談九龍租借地問題十分不滿，「余決心非令其同時撤消，則寧使不予接受也」，即使不簽新約也在所不惜。[③]

12 月中旬，顧維鈞送走英國議會代表團，一個月繁重的陪同任務結束了。從昆明回到重慶，顧維鈞從主持中英談判的外交部長宋子文那裡獲悉，雙方的談判已因九龍新界問題而陷入僵局。顧維鈞明白，這個問題是一塊礁石，雙方的談判在此遇到險灘觸礁了。中國堅持以英國終止它對九龍新界的租借權為簽約條件，而英國則強硬表示九龍新界問題不在英國原先承諾的範圍之內。雙方在談判桌上互不相讓，談判面臨破裂的危險。宋子文請顧維鈞幫助解決這一難題。

---

① 《戰時外交》第 3 冊，第 765 頁。

② Seymour to Codagan, 17 November, 1942; Codagan to Seymour, 4 December, 1942, FO371/31663/F7822.

③ 《蔣介石日記》，1942 年 10 月 24 日上星期反省錄。

12月19日下午，顧維鈞與宋子文討論中英關係。宋子文告訴他「九龍問題，仍是棘手」，已要求薛穆電告倫敦重新考慮英方立場。顧維鈞此前對英國各界對香港問題的態度專門有過了解，與丘吉爾見面時也幾次談到香港問題，知道英國朝野主張將這一問題放到戰後解決。因此，他對宋子文表明自己的看法：「欲早了約事，須另籌辦法，分為二事，先簽約，後續議租借地事。」也就是說，不必將九龍租借地問題與簽訂廢除治外法權的新約綁在一起，而是將兩件事分開解決。這與中國在談判中一直堅持的立場完全不同。與顧維鈞討論前，宋子文與蔣介石的立場一致，主張九龍租借地問題必須一併解決，但聽了顧維鈞的意見後，十分重視，將相關文件給他送去，要與他做進一步商討。[①]

12月22日，顧維鈞與英國大使薛穆見面，討論如何解決談判面臨的僵局。顧維鈞在當天的日記中寫道：「余主亟宜設法挽救。」薛穆給艾登的電報更詳細地記下了顧維鈞與他會面的情況。顧維鈞告訴薛穆，新界問題拖延不決會損害兩國關係。他向英方建議，由英國政府在條約之外發表一個與華盛頓會議上關於威海衛問題類似的聲明，表明英國政府打算將九龍新界歸還中國，並在稍後討論相關安排。薛穆表示英國政府可在戰後與中國討論這一問題。但顧維鈞說，如果英國政府不表示願意終止租借，就無法使中國政府滿意。[②] 顧維鈞提到的華盛頓會議上關於威海衛的聲明，指的是英國外交大臣貝爾福在會議閉幕時發表的一項聲明，答應將威海衛租借地交還中國，但需由兩國政府的代表就歸還方式和細節談判達成協議。華盛頓會議後，中英兩國就此展開談判，顧維鈞擔任北京政府外交總長時參與了這一談判。顧維鈞

---

① 《顧維鈞日記》，1942 年 12 月 19 日，*Wellington Koo Papers*, box 215。

② 《顧維鈞日記》，1942 年 12 月 22 日，*Wellington Koo Papers*, box 215；Seymour to Eden, 22 December, 1942, FO/371/31665/F8408。

想以威海衛的事例提醒英方，可以參照此例解決九龍租借地問題。

與顧維鈞會面的第二天，薛穆收到英國政府的最新指示，授權他向中國政府表明九龍租借地不在新約範圍之內，但如果中國政府願意，可以在戰後和平會議上予以討論，並通過換文的形式明確在戰後「考慮租借地的期限」。英國在九龍租借地問題上鬆動了一步，表示可以換文形式承諾戰後討論。12月25日，薛穆將英國政府的立場告訴宋子文。宋子文當場表示，所謂租借地期限的說法是不能接受的。因為這實際上表明，英國非但不願立即解決九龍租借地問題，而且還想在戰後繼續保有九龍租借地，可以與中國討論的只是租借的期限問題而已。[①]

當天下午，宋子文召集會議，討論中英談判。與會者除顧維鈞外，還有國防最高委員會秘書長王寵惠、外交部副部長吳國楨等，他們都是外交決策層的主要人物。王寵惠、吳國楨都認為蔣介石對九龍租借地問題非常堅持，如果問題無法解決，談判勢將破裂，新約無法簽訂。由於蔣介石在國民黨中的權威及在重要問題上的最後決定權，其他人即使有自己的看法，也不願提出。這時，宋子文問顧維鈞有何良策，實際上是要其表明簽約與九龍租借地問題分為二事的主張。

顧維鈞對此已有準備，開宗明義就指出，問題的關鍵在於是締結新約，還是堅持收回九龍租借地，如果堅持後者，那就無從打破僵局；如果將簽約放在首位，那就總能找到辦法。對中國來說，有必要在新約與九龍租借地之間做出取捨。顧維鈞認為，簽署廢除治外法權的新約畢竟是中國外交上的一個勝利，而九龍租借地問題，中國可以找到體面而不放棄原則的退讓辦法，

[①] Eden to Seymour, 23 December, 1942, FO371/31665/F8397; Seymour to Eden, 25 December, 1942, FO371/31665/F8457.

就是要求英國聲明歸還九龍租借地的意願，並準備為此與中國開始談判。他拿出已準備好的計劃草案交給與會者。此時吳國楨提出，因為美國已同意簽約，英國最後終將讓步，意即中國不必退讓。顧維鈞答稱並非如此，因為事關殖民地調整的原則，英國會堅持下去。會議最後贊同顧維鈞的主張，同意避免與英國的談判破裂，並將此意見呈報蔣介石。這樣，顧維鈞將簽約與九龍租借地問題分開處理以破解中英談判僵局的主張，得到了國民政府外交決策層的認同。會上有人建議就將顧維鈞的方案報蔣介石，但顧維鈞認為不妥，因為這個方案英國未必會全部接受，最後可能還會有調整，若蔣介石批准後成為中方的底線，談判就沒有迴旋的餘地了。[①] 談判原則確定後，顧維鈞仍在考慮調整的空間。

12 月 26 日上午，宋子文將昨天討論的結果報告蔣介石。蔣介石考慮後，同意以換文的形式由英方聲明歸還九龍租借地的意願。這是蔣介石對中英新約談判立場的重要轉變。就在四天前，蔣介石還在日記中寫下「英國對廢棄特權，仍不肯交還九龍租借地，余仍堅持收回之主張，否則寧不訂新約也」。[②] 談判處於僵局中，中國最高層的態度出現了關鍵性的變化。

12 月 27 日上午，宋子文將顧維鈞叫去，告訴他蔣介石改變後的立場，並要他去見薛穆，做進一步溝通。見面時，顧維鈞告訴薛穆，英國政府必須明確聲明願意將九龍租借地歸還中國，否則中國政府就不會接受任何解決方案。歸還之事可在條約之外解決，實際安排也可在戰後進行，但歸還的聲明必須做出，否則中國就不簽約。薛穆在會談中反覆解釋，條約對中國十分有利，拒絕簽約是很難理解的決定。最後，顧維鈞以個人身份對薛穆強調，如

---

① 《顧維鈞回憶錄》第 5 分冊，第 170–172 頁；《顧維鈞日記》，1942 年 12 月 25 日，*Wellington Koo Papers*, box 215。

② 《蔣介石日記》，1942 年 12 月 22 日、26 日。

果英國不明確歸還的意願，條約就無望簽署，因為國民政府和國民黨已對民眾做出承諾。顧維鈞後來回憶說，會談是坦率的，但氣氛有時很緊張，薛穆對談判將會破裂頗為沮喪。[①]

與薛穆會談後，顧維鈞立即去見宋子文，告訴他根據自己的判斷，英國在九龍租借地問題上不會讓步太多，因此對中國來說，即使暫時犧牲九龍租借地，也要簽署中英新約。在與薛穆的會談中，顧維鈞的語氣是堅定的，向英方傳達出中國不會簽約的強硬信息，以盡可能迫使對方讓步。但在中國決策層內部的討論中，顧維鈞是冷靜的，將自己認為可能的最壞結果告訴最高層，以爭取做出最有利於國家的理智決策。他向宋子文建議，應該與蔣介石當面談一次，向他彙報與薛穆會談的情況和對此的看法。[②]

12 月 27 日晚上，顧維鈞與宋子文赴蔣介石官邸與蔣介石共進晚餐。在座的還有王寵惠和吳國楨。顧維鈞先報告上午與薛穆會談情況。討論中，蔣介石問顧維鈞關於威海衛租借地收回的情況，表明他對分開處理已有考慮。在回答蔣介石關於九龍租借地問題的詢問時，顧維鈞提出，中國可向英方表示「交還九龍問題應繼續討論」，即由中國單方面聲明收回九龍租借地的立場，與先前要求英國發表聲明做出承諾的做法相比，又有改變。這是顧維鈞與薛穆會談後做出的調整，他認為這一辦法更為現實穩妥。實際上，宋子文和王寵惠與顧維鈞看法相似。去蔣介石官邸前，王寵惠還向顧維鈞提出說服蔣介石的建議。但在蔣介石面前，他們都不敢坦陳自己的想法。顧維鈞的言語最後打動了蔣介石——「聽取少川報告，加以再三考慮結果，如中英新約不能與中美新約同時發表，此固為英國一時之打擊，表示吾人對英之不滿，

---

① Seymour to Eden, 27 December, 1942, FO371/31665/F8482；《顧維鈞回憶錄》第 5 分冊，第 173 頁。

② 《顧維鈞日記》，1942 年 12 月 27 日，*Wellington Koo Papers*, box 215；《顧維鈞回憶錄》第 5 分冊，第 173-174 頁。

然大體着想，此約於我之利益最大，不宜為九龍局部問題而致破壞全局，且
於同盟國之形勢亦多不利。故決定讓位，只要其換文中對九龍交還問題願繼
續討論，使我民眾不過失望而已」。蔣介石當晚在日記中所記想法，就是顧
維鈞反覆表達的觀點。在蔣介石官邸的討論最後決定，為獲得最有利的談判
結果，由宋子文通知薛穆，簽約一事仍須待九龍問題解決，「加以催促」，施
加最後的壓力。若英方仍不讓步，再提出中國單方面聲明的辦法。蔣介石表
示，中國可拖延至 12 月 31 日再做最後的退讓。顧維鈞的主張終成為中國最
高層的決策。這一結果，讓他「又驚又喜」。[1]

12 月 28 日，宋子文與薛穆會談，要求英國重新考慮在九龍租借地問題
上的立場，向中國表明願意終止租借，否則中國不會簽約，並表示談判的前
景十分嚴峻。薛穆感受到宋子文話語中的分量，在會談後向外交部報告時認
為，如果英國不發表中國所要求的聲明，中國真的會拒簽條約，使英國陷入
困境，兩國關係也會嚴重倒退。[2] 但是，薛穆所表示的擔憂並未能打動英國
政府。28 日英國內閣開會，艾登報告中英談判情況，認為目前的情況十分
棘手，但仍堅持治外法權與租借地是完全分開的兩件事，無法接受中國的立
場。內閣會議贊同艾登的主張。會後，艾登在給薛穆的電報中指示說，英國
唯一可做讓步的是將原來所擬換文中「租借地的期限」中「期限」一詞刪除，
而「顧博士（27 日）所建議的方案是我們所無法接受的，如果中國仍堅持，
我們只得放棄簽約」。[3]

[1] 《顧維鈞日記》，1942 年 12 月 27 日，*Wellington Koo Papers*, box 215；《蔣介石日記》，1942 年 12
月 27 日；《顧維鈞回憶錄》第 5 分冊，第 174 頁。

[2] Seymour to Foreign Office, 28 December, 1942, FO371/35681/F512.

[3] Cabinet Records, 28 December, 1942, CAB65/28; Foreign Office to Seymour, 28 December, 1942,
FO371/31665/F8482.

　　12 月 30 日，薛穆將英國政府的最後立場通知宋子文，並遞交了英國照會的草案，表示英國同意在戰後討論九龍問題。宋子文將英國答覆的內容告訴顧維鈞時，神情十分沮喪。但顧維鈞對他說，這一答覆並不出乎意料，因為早就料到英國在九龍租借地問題上是不會讓步的。現在中國只有簽約與不簽約兩個選擇，而簽約肯定對中國更為有利。宋子文同意顧維鈞的說法，但認為最後的決定權在蔣介石那裡。

　　當天傍晚，顧維鈞與宋子文、王寵惠再次赴蔣介石官邸。在宋子文報告目前情況後，顧維鈞告訴蔣介石，如果中美簽約，而中英未能簽約，將給世人造成盟國出現分歧的印象，不利於世界反法西斯戰爭的全局。目前情況下，中國的最佳選擇就是先簽約，然後聲明保留隨時提出九龍租借地問題的權利。這樣既向公眾表明了政府的立場，也確保了中國在九龍租借地問題上對英國的法律地位。蔣介石雖對英國的做法十分憤怒，「此可忍孰不可忍」，但並未改變 27 日討論中已確定的不因九龍問題而導致談判破裂的立場，「然余既決定簽訂新約為主要方針，故亦不願因此爭執，乃以不提九龍問題，只以將來再談一語作口頭聲明」。討論中，顧維鈞提出在簽約前中國先聲明對九龍租借地的保留立場，為以後的談判預留基礎。但蔣介石認為不必多此一舉：「余以為連此保留之聲明亦不必先提，只要此正約簽訂後，則九龍、香港必為我軍先行進佔，造成事實，雖無文字之保留，亦何妨耶。」[1]

　　第二天凌晨 5 時醒後，蔣介石擔心英國方面再有變化，在日記中記下：「深慮與英國訂新約事，我雖不要求其對九龍問題作有何保留之約言，而彼或反要我作九龍不在平等條約內之『聲明』或『換文』時，否則，彼竟拒絕簽

---

[1] 《顧維鈞日記》，1942 年 12 月 30 日，*Wellington Koo Papers*, box 215；《蔣介石日記》，1942 年 12 月 30 日；《顧維鈞回憶錄》第 5 分冊，第 176–177 頁。

訂新約，則我政府惟有作自動廢除不平等條約之聲明，不承認英國在華固有之權利，在戰後用軍事由日軍手中取回，則彼狡獪必無可如何。此乃最後之手段，如彼亦無所要求，則我待簽字以後，另用書面對彼作『交還九龍問題』暫作保留，以待將來繼續之談判，以為日後交涉九龍問題之根據。」[1]當天上午，蔣介石召宋子文來官邸，決定最後簽約。

1943 年 1 月 11 日，中英關於廢除治外法權及其他有關特權的條約在重慶簽署，顧維鈞參加了簽署儀式。條約簽署後，外交部長宋子文向英國提出照會，聲明中國政府對九龍租借地「保留日後提出討論之權」。歷時兩個多月的中英新約談判終以雙方簽約而告結束。

在中英新約談判過程中，顧維鈞提出的簽約與九龍租借地問題分開處理的原則是談判走出困境的關鍵。在顧維鈞看來，廢除治外法權是英國人給中國「送上門的禮」，中國應先收下這第一份禮，同時表示在等待第二份禮，這樣才有助於盟國間的合作，而這在戰時是極為重要的。[2]由於英國政府確定了在九龍租借地問題上不讓步的強硬立場，如果中國堅持九龍租借地問題與簽約一併解決的立場，中英談判只有破裂一途。就此而言，顧維鈞的主張對於中英新約的最終簽署，對於治外法權在中國的廢除，起到了獨特的作用。

顧維鈞對中英談判中棘手的九龍租借地問題的處理，顯示了他在外交交涉中的一貫主張。他說過，寧為玉碎，不為瓦全，可作個人處世立身之箴言，但這一箴言不適用於一國之外交，因為國家是永存的，不能玉碎。在外交上，必須始終考慮對方，如果每一方都堅持百分之一百的成功，那麼任何談判都不可能成功。他認為，在談判中應以做到百分之五十為目的，如果取得百分

---

① 《蔣介石日記》，1942 年 12 月 31 日。
② 《顧維鈞回憶錄》第 5 分冊，第 17–18 頁。

之六十就有所獲，應該滿足了。[①] 中英新約談判正是他這一主張的一次典型運用。

　　中英新約談判中，除了與英方交涉，表明中國政府的立場並向對方施加壓力外，顧維鈞將更多的精力花在中國外交決策層內部的溝通上，以期自己的主張能成為中國的對策。廢除不平等條約是中國民眾的普遍呼聲，英國宣佈放棄治外法權後，中國政府和民眾都希望一併廢除英國根據不平等條約享有的其他特權，包括九龍租借地。中國堅持抗戰五年多，並在簽署聯合國家宣言後成為與美國、英國、蘇聯並列的「四強」之一，這一意願更為強烈。所以蔣介石最初會持寧可不簽約也要收回九龍的立場。對決策層來說，輿論與民意也是堅持強硬立場的一個主要因素。如在 12 月 25 日宋子文召集的討論中，王寵惠和吳國楨都強調九龍問題不解決，中國輿論是不會滿意的，也不會將簽署的新約看成外交上的勝利。但顧維鈞認為對一國的外交來說，輿論與民意是重要的，但做外交決策時唯一要考慮的是國家利益，不應為了順應民意討好公眾而不顧及國家利益。[②] 因此，他不受輿論的影響，而是按自己認為正確的主張去說服同僚。宋子文和王寵惠原先持與蔣介石相同的立場，都是在聽了顧維鈞闡述的主張後改變想法的。

　　但宋子文和王寵惠雖接受了顧維鈞的主張，卻不願去向蔣介石說明，不敢向他表達不同的看法，因此 12 月 27 日和 30 日兩次與蔣介石的重要見面，宋子文都請顧維鈞出場，由他去向蔣介石說明情況。與在官場多年的官僚患得患失的心態不同，顧維鈞認為外交官的職責就是將自己對外交政策的分析和建議告訴最高決策層。而蔣介石確實聽進了顧維鈞對中英談判的主張，最

① 《顧維鈞回憶錄》第 5 分冊，第 580 頁。

② 《顧維鈞回憶錄》第 5 分冊，第 172 頁；第 1 分冊，第 397 頁。

終拍板決定簽約。對顧維鈞這樣的做法，宋美齡稱讚他「時刻考慮本國政府的威望，而從不考慮個人得失」。[1]

四 籌劃宋氏兄妹訪英

為消除中英之間的不和與誤解，促進兩國雙邊關係的發展，顧維鈞努力溝通兩國領導人間的了解。1942–1943 年，他積極籌劃、推動宋子文、宋美齡兄妹訪問英國，其中宋美齡訪英未果所經歷的曲折反映了中英間並不和諧的雙邊關係。

1942 年剛回國述職，顧維鈞就應宋美齡之邀於 11 月 3 日在重慶與她見面。談話一開始，顧維鈞就說，英國希望邀請她作為政府的貴賓前往訪問，並說英國王后和好幾位著名的英國女士都有這樣的願望，他建議她接受這一邀請。但宋美齡直截了當地拒絕了訪英的建議。她認為她的訪問不會成功，因為她會坦率地向英國方面包括丘吉爾闡明自己的觀點，這不可能得到英國的理解，反而會引起他們的不快。宋美齡提到她 4 月 19 日在《紐約時報》發表的文章，裡面談到她與蔣介石對印度的訪問，也指出西方必須要修正對東方的觀念，這肯定讓英國很不高興。顧維鈞告訴她，丘吉爾雖然可能當面反駁她，但也會讚賞她明辨是非的勇氣，並因此更敬佩她。在顧維鈞看來，雙方能夠溝通總是一件好事。但宋美齡仍然表示不願去英國訪問，還說英國對中國的抗戰沒有給予甚麼援助。[2]宋美齡的態度反映了國民政府高層對英國的普遍看法，即因近代以來不平等關係對英國的反感，以及對英國沒有像美

---

① 《顧維鈞回憶錄》第 5 分冊，第 109 頁。
② 《顧維鈞回憶錄》第 5 分冊，第 107–109 頁。

國那樣支援中國抗戰的不滿，而太平洋戰爭爆發後英國在遠東的糟糕表現則增加了國民政府對英國的蔑視。

與顧維鈞談話半個月後，宋美齡去美國訪問。宋美齡此行雖有治病的安排，但也擔負着宣傳中國抗戰、開展對美國政府和民間外交工作的使命。宋美齡出眾的口才和迷人的個人魅力給美國公眾和輿論留下了深刻的印象，加深了美國公眾對中國抗戰的了解，推進了戰時中美關係的發展。

宋美齡訪美引起英國朝野的關注。中央社駐倫敦記者報道，宋美齡在華盛頓記者招待會上的講話「已使英國人民發生深刻之印象與敬佩」。英國政界及非官方人士稱，宋美齡「既能使美國為之傾服，如渠一旦來英，自亦可使倫敦及英國人士為之傾服」。英國朝野對宋美齡訪英更為期盼，認為訪問「能格外增進中英兩國間誠摯之友誼與諒解」。[1] 1943 年 2 月 24 日，英國外交大臣艾登以下院領袖身份在議會宣佈，英國政府希望宋美齡訪英，整個下院報以熱烈歡呼。艾登稱，去年年底已向宋美齡正式發出邀請，後來又發出過邀請，此次完全可以相信「此一高貴之夫人能在返華前來訪吾國」。[2]

宋美齡美國之行的成功和英國方面的反應，使顧維鈞越發認為宋美齡應該訪問英國，以對中英關係帶來同樣的積極效應。他希望利用還在重慶的時間，在高層中推動此事。回國述職後，蔣介石交給他制定外交禮儀規章的工作，具體與宋靄齡商定。在與宋靄齡討論禮儀規章時，顧維鈞提出了宋美齡訪英一事，希望她能去說服自己的小妹。在與蔣介石的文膽陳布雷談話時，他也提出此事，認為宋美齡訪問美國後不去訪問英國，相形之下親疏懸殊可見，會引起英國的種種推測和誤解。而且以他對英國的了解，英國人甚至比

---

① 《英倫期盼蔣夫人往遊》，《中央日報‧掃蕩報聯合版》1943 年 2 月 22 日，第 2 版。

② 《英政府殷望蔣夫人訪英》，《中央日報‧掃蕩報聯合版》1943 年 2 月 25 日，第 2 版。

中國人更看重「面子」問題，如果中國故意採取親近美國而冷落英國的做法，將對兩國關係產生不利影響。陳布雷贊同顧維鈞的看法。①

2月下旬艾登在英國議會表達希望宋美齡訪英後，顧維鈞與蔣介石有一次見面，當面提出宋美齡訪英的問題。此前與顧維鈞的多次談話，使蔣介石對中英關係的態度已有變化，對宋美齡接受英國邀請去訪問並不反對。2月26日，他在日記中寫道，對英方的邀請「卻之不恭」。但此時印度的甘地正在獄中絕食，蔣介石認為時機不合適，可在甘地絕食結束或被釋放時再做正式答覆。因此，蔣介石告訴顧維鈞，他對英方的回覆故意含糊其詞，但贊成顧維鈞返回英國時先去美國，與宋美齡直接商量解決此事，並在她那裡待些時間，以便她需要時給予協助。這次會面後，顧維鈞認為蔣介石是贊成宋美齡接受邀請訪問英國的。②

3月下旬，顧維鈞經印度、北非抵達華盛頓。一見到正在美國的宋子文，顧維鈞就提出宋美齡訪英問題。此前幾天（3月21日），丘吉爾就戰後問題發表演說，其中談到由英、美、蘇組成一個理事會，而故意不提中國，將中國排除在外。因此，宋子文對顧維鈞說，若他處於宋美齡的地位，此時就不會去訪問英國。但他接着又說，也許正是為了丘吉爾這篇講話宋美齡更應該去一次，這顯示出排除了個人意氣之後他作為外交部長的看法。因此，在顧維鈞強調宋美齡訪英對中英關係全局的重要性後，宋子文同意他的看法，認為他應該與宋美齡當面討論，並盡快做出決定，不能讓英國一直等待下去。③

在美國各地巡迴演講的宋美齡此時在舊金山，顧維鈞在華盛頓停留了一天就從東海岸飛往西海岸。宋美齡對丘吉爾充滿「約翰牛」氣味的演說十分

---

① 《顧維鈞回憶錄》第 5 分冊，第 200–201 頁。

② 《蔣介石日記》，1942 年 2 月 26 日；《顧維鈞回憶錄》第 5 分冊，第 212、256 頁。

③ 《顧維鈞回憶錄》第 5 分冊，第 256–257 頁。

反感，且蔣介石在丘吉爾演說後也發來電報，指示對「訪英問題，不必肯定，亦不必答覆」，[①] 因此她更不願訪英了。顧維鈞對宋美齡說，無論從戰時還是戰後看，中國都需要維持與英國的友誼，中美之間的友誼是重要的，但僅僅有此是不夠的，中國的外交應該以形成美、英、中即 ABC 核心為目標。為此，中國的外交要講實際，不能意氣用事。宋美齡對顧維鈞所說有所心動，同意對國際關係要採取現實主義的態度，只要對國家有利，可以去英國訪問。隨後，宋美齡關心在英國將會受到甚麼規格的接待，並表示不能低於美國給她的規格。[②]

3 月 27 日，尚未決定是否訪英的宋美齡對顧維鈞說，她希望與正在華盛頓訪問的英國外交大臣艾登先見一次面。顧維鈞此時已獲悉艾登定於 3 月 30 日離開美國，根本無法從東海岸趕到西海岸來。但在宋美齡的堅持下，顧維鈞還是飛往華盛頓去見艾登。艾登表示他必須如期趕回英國，並對丘吉爾的演說做了解釋，稱那是針對歐洲講的，並無輕視中國之意，隨即再次表達英國歡迎宋美齡訪問的願望，並保證將給予皇家最高歡迎禮儀。他半開玩笑地對顧維鈞說，如果中國不滿意英國人對宋美齡的接待，可以砍掉他的腦袋。在向宋美齡報告與艾登會面的電文中，顧維鈞又一次勸說她做出肯定的決定。[③]

雖然已有電文報告，宋美齡還是要顧維鈞飛到西海岸去當面商量。已經卸任大使還留在美國的胡適知道後說，讓連續旅途奔波的顧維鈞第二次飛西海岸太不體諒人了。待顧維鈞飛往洛杉磯後，宋美齡忙於在好萊塢等處演說，根本顧不上見他。直到第五天，宋美齡離開洛杉磯，乘上前往美國東

---

① 《戰時外交》第 1 冊，第 818 頁。

② 《顧維鈞回憶錄》第 5 分冊，第 262–263 頁。

③ 《顧維鈞致宋美齡》(1943 年 3 月 29 日)，*Wellington Koo Papers*, box 56；《顧維鈞回憶錄》第 5 分冊，第 265–266 頁。

部的火車後才召顧維鈞到她的車廂裡，說她已決定前往英國，時間定在 5 月初，要顧維鈞為她準備演說稿，供她訪英之用，演講的內容由他決定。顧維鈞對此當然很高興。在這之前，中國駐英使館已根據顧維鈞的指示預訂了倫敦的旅館套房及郊外別墅一所。與宋美齡談話後，顧維鈞立即致電駐英使館，囑咐為訪問做準備，並向英國外交部打聽接待事宜。[1]

與宋美齡一同乘坐火車到達美國東部後，顧維鈞着手準備演講稿。但 4 月下旬，宋美齡又改變主意，告訴顧維鈞，身體不適難以成行，並說蔣介石也在催她回國。5 月上旬，宋美齡正式決定推遲訪英行程。這消息對顧維鈞來說，如同當頭一棒，令他十分失望。[2]

恰在此時，英國首相丘吉爾於 5 月中旬來到華盛頓，參加美英首腦討論軍事戰略的會議。丘吉爾通過羅斯福總統夫人傳話，表示願意與宋美齡見面。顧維鈞對這一主意十分支持，認為兩人見面談一次，勝過外交官間談十次，對兩國關係會產生積極影響，也可對宋美齡不去訪英有所彌補。

正在紐約治病的宋美齡希望丘吉爾能從華盛頓前來紐約與她會面，並將安排會面的任務交給了顧維鈞。顧維鈞提出，丘吉爾能來紐約當然最好，但如果公務繁忙抽不出時間，兩人的見面可由中國駐美大使或外交部長宋子文或他本人出面，在華盛頓設宴請兩人參加，也可由宋美齡自己在華盛頓請丘吉爾到她的旅館來喝茶。但為宋美齡安排行程的她的外甥孔令侃堅持要丘吉爾來紐約，認為是丘吉爾想見宋美齡，還說宋美齡是女士，丘吉爾應該前來拜訪。[3]

---

① 《顧維鈞回憶錄》第 5 分冊，第 275 頁；《顧維鈞致陳代辦》《陳代辦致顧維鈞》（1943 年 2 月）、《顧維鈞致駐英使館》（1943 年 4 月 8 日），*Wellington Koo Papers*, box 52, 56。

② 《顧維鈞回憶錄》第 5 分冊，第 280、286 頁。蔣介石 4 月中旬給宋美齡電報「催歸」，見《蔣介石日記》，1943 年 4 月 15 日。

③ 《顧維鈞回憶錄》第 5 分冊，第 298 頁。

　　顧維鈞奉命專程去華盛頓與英方聯繫。丘吉爾果然忙於參加美英首腦會議，無暇前來紐約。這時，羅斯福出面幫忙了，請宋美齡到華盛頓來參加白宮的午餐會。這樣，宋美齡與丘吉爾就能在華盛頓見面了。顧維鈞傳達這一消息時，建議宋美齡可以提前一天到華盛頓，然後由丘吉爾來拜訪她。遠在重慶的蔣介石知道丘吉爾到華盛頓後，雖還不知道羅斯福的安排，也認為宋美齡應該與丘吉爾見一面，在 5 月 14 日給宋子文的電報說：「三妹既不訪英，則乘丘在美之機，最好與之會晤一次，此乃政治上之常道，不能專尚意見與感情，照現在外交形勢似有謀晤之必要也。」[1] 因此，宋子文知道羅斯福的邀請後認為，宋美齡無論如何應該接受邀請來華盛頓，否則中英間的誤會將加深。但宋美齡以另有安排為由拒絕了邀請。白宮為盡可能促成宋丘兩人見面，又提出午餐會可推延幾天，宋美齡仍然回絕。她告訴顧維鈞，與丘吉爾見面是給他增光，她不會幫他這個忙。[2]

　　宋美齡拒絕前往華盛頓會見丘吉爾以及不接受訪英邀請的舉動，使已經不和諧的中英關係再遭挫折。蔣介石對宋美齡意氣用事批評道：「固執己見，而置政策於不顧。」英國方面當然更為不滿，駐英使館給顧維鈞的報告稱，丘吉爾的女兒說宋美齡不來英國是因為不喜歡英國。羅斯福總統知道宋美齡最終拒絕來華盛頓後大呼「那個女人瘋了」。一直到抗戰勝利後，中國官員訪問倫敦時，薛穆的夫人還對此耿耿於懷，稱宋美齡拒絕訪英邀請是英國的莫大恥辱。[3]

　　在顧維鈞看來，宋美齡訪英不是可有可無的一般禮儀活動。英國邀請宋

---

① 《戰時外交》第 3 冊，第 229 頁。

② 《顧維鈞回憶錄》第 5 分冊，第 300–302、309 頁。

③ 《蔣介石日記》，1943 年 5 月 18 日；《顧維鈞回憶錄》第 5 分冊，第 310 頁；《顧維鈞回憶錄》第 7 分冊，第 761 頁。

美齡訪英是為了加強兩個盟國間的關係，尤其在宋美齡接受羅斯福邀請訪美並獲得成功後，英國更盼望她訪英。正是出於對英國政府的深切了解，顧維鈞努力推動宋美齡訪英以及面見丘吉爾，期望以此改善兩國關係。但這一切努力最終付諸東流。他在日記中寫下了十分失望的感受：

> 這些日子我一直反覆思考着中英兩國之間在感情和關係上所出現的日益擴大的鴻溝。儘管我全力以赴，力圖改善這種情況……但兩個月來又發生了許多事件，使得局面每況愈下，令人灰心之至。尤其痛心的是，只要稍具常識或略加克制，這些事件和枝節瑣事，本來都是可以避免的，實在太無必要了。

他認為，宋美齡拒絕訪英和不見丘吉爾兩事「完全無法解釋」，「處理欠妥」。[1]最終的結局使他深感遺憾。1945 年春宋美齡再想訪問英國時，英國人的態度已完全不同，顧維鈞對此也意興闌珊。[2]

在勸說宋美齡訪英同時，顧維鈞也在積極推動外交部長宋子文訪英。還在 1942 年 9 月，顧維鈞就致電時在美國的宋子文，轉達英方對他的邀請，並主張接受這一邀請：「你將不僅是自珍珠港事變以來，且是自我們對日作戰以來，第一個來此的中國政治領袖，你來訪的重要性將由英國方面最高的誠摯及實質上的成果所展現。」但當時顧維鈞即將回國述職，宋子文也將回國參加國民黨五屆十中全會，兩人商定將訪英日程推後。[3] 在國內和美國逗留期

---

① 《顧維鈞回憶錄》第 5 分冊，第 311–312、344 頁。

② 《顧維鈞回憶錄》第 5 分冊，第 508 頁。

③ 陳立文：《宋子文與戰時外交》，台北：「國史館」，1991，第 89–90 頁；《顧維鈞宋子文往來函件》(1942 年 9 月 29 日、30 日)，*Wellington Koo Papers*, box 168。

間，顧維鈞與宋子文有過多次交談，討論中英關係。宋子文對英國長期以來對華的帝國主義做派十分反感。顧維鈞對此完全理解，認為丘吉爾確是典型的帝國主義者和現實主義者，站在中國的立場上當然要予以反駁。但與宋子文不同的是，他認為，作為一個外交官與英國打交道，在表達的方式上可以婉轉一些，這樣中國的觀點更容易被對方接受。不過，對宋子文訪英兩人持相同看法，宋子文還對顧維鈞說，兩人要通力合作，改善中英關係。①

宋美齡訪英計劃告吹後，中國政府高級官員訪英，溝通雙方間存在的隔閡，討論雙邊關係中的重要問題，就顯得更為重要了。1943 年 6 月 17 日，宋子文從美國致電蔣介石請示訪英事宜：「英、美方面均希望文早日赴英，與其政府交換意見，俟鄙恙調治復元，即擬首途。此除觀察英國各派勢力及方針，並促成實踐攻緬計劃外，擬引起彼國朝野注意中國建設合作之機會。英國一般論調，每以戰後中國必不願與其合作。故此舉如能成功，對英一切交涉必有良好影響，無論戰後能否實現，此時不妨表面上非正式示意。如何？尚祈察奪指導，俾有遵循。」蔣介石接電後批示：「既允訪英，待康復後應即往訪為宜。」②

7 月 24 日，宋子文抵達倫敦，開始了為期半個多月的訪英之行。一到倫敦，宋子文就與顧維鈞商議與英方會談的議題以及向英方提出的方式。在英期間，宋子文與包括丘吉爾、艾登在內的英國政要舉行了 16 次正式會談。顧維鈞作為駐英大使，安排並參加了宋子文在英期間的所有活動。

宋子文與英方會談的主要議題涉及重開緬甸戰場、戰後中英經濟合作和中國對西藏的主權三個問題。在這三個問題上，中英雙方分歧很大。宋子文

① 《顧維鈞回憶錄》第 5 分冊，第 256、315、318 頁。

② 《戰後外交》第 3 冊，第 247–248 頁。

在會談中直言坦陳，氣氛不免緊張，甚而陷入僵局。顧維鈞以其嫻熟的外交手段和靈活的態度，化解會談中出現的尷尬局面。7 月 26 日，宋子文與艾登第一次會面，表明中國在西藏問題上的立場，但艾登卻提出中國對西藏的宗主權問題，雙方的立場截然對立。顧維鈞及時提出，雙方可各自提出一份備忘錄，表達自己的立場和觀點，以便進一步商談。宋子文和艾登都贊同這一提議，會談得以繼續進行。[1]

8 月 3 日，顧維鈞陪同宋子文出席有英國三軍參謀長參加的討論緬甸作戰的會議。宋子文將中國對緬甸作戰已做準備和對英期望坦率陳述，但英方的回覆則避重就輕，閃爍其詞。顧維鈞感到宋子文「說得鏗鏘有力」，表達了中國收復緬甸、打擊日本的決心，但英國人並沒有決心通過一場大戰來收復緬甸，而是希望首先打敗希特勒德國，將日本和遠東問題暫時擱置一邊。會後，顧維鈞根據宋子文的指示為其起草向蔣介石的報告。[2]

顧維鈞的精心安排以及與宋子文的密切配合，使宋子文訪英進展順利。正如有學者指出，由於英國堅持帝國主義立場和宋子文對英國的戒備心理，宋子文訪英無法用「成功」或「失敗」這類詞來概括。[3]因為，從訪英的主要議題看，中國並沒有取得明顯的外交進展。但從訪英前宋子文對顧維鈞所說要改善中英關係來看，此次訪問仍有其積極意義。離開英國前，宋子文總結此次訪英說，這次訪問的重要性，主要不在於解決了甚麼具體問題，而在於他同英國政府的領袖們建立了聯繫。[4]

宋子文訪英之後，顧維鈞還安排了中國訪英團對英國的訪問。還在英國

---

① 《顧維鈞回憶錄》第 5 分冊，第 353 頁。

② 《顧維鈞回憶錄》第 5 分冊，第 357 頁；《戰時外交》第 3 冊，第 254–256 頁。

③ 陳謙平：《民國對外關係史論（1927–1949）》，三聯書店，2013，第 291 頁。

④ 《顧維鈞回憶錄》第 5 分冊，第 362 頁。

議會代表團即將結束訪華之時，顧維鈞就建議英國代表團向中國政府表示希望將來中國的代表團能訪問英國，代表團接受了這一建議。1943 年 6 月，英國政府通過駐華大使薛穆正式表達了邀請中國代表團訪英的願望。蔣介石將此事交給軍委會參事室主任王世傑辦理，請其擬定訪問團名單。[①] 王世傑最後確定的訪英團成員有國民參政會成員王雲五、胡霖、杭立武和立法委員溫源寧，由其本人以國民參政會主席團委員身份率團。蔣介石在訪英團出訪前專門約見其成員面談，關照應注意事項，並致函英國國王喬治六世和丘吉爾介紹代表團。[②]

中國訪英團於 12 月 3 日抵達倫敦。顧維鈞參與安排訪英團的行程，參加了大多數的活動。12 月 10 日，顧維鈞受邀在英國皇家水彩協會舉辦的中國近代畫展上致開幕詞，他特地安排訪英團一同出席。1944 年 1 月 6 日，顧維鈞為中國代表團訪英舉辦宴會，邀請艾登出席。1 月 25 日，顧維鈞陪同訪英團去首相官邸拜訪丘吉爾，賓主交談甚歡。[③] 訪英團最初預定行程一個月，最後在英訪問一個半月。結束訪問時，英國《泰晤士報》以「遠東之友誼」為題發表社論。《中央日報》在代表團回國後發表題為「訪英團回渝」的社論，祝賀訪問圓滿成功。[④]

顧維鈞出使戰時英國，正是中英兩國共同抗擊法西斯侵略而雙邊關係矛盾重重的時期。作為大使，他努力在兩國間進行溝通，讓英國政府和人民了

① 《顧維鈞回憶錄》第 5 分冊，第 142 頁；《戰時外交》第 2 冊，第 127–128 頁。

② 《戰時外交》第 2 冊，第 129–130 頁；《蔣介石日記》，1943 年 11 月 25 日。

③ 《英倫中國畫展》，《大公報》(重慶) 1943 年 12 月 11 日，第 2 版；《顧維鈞歡宴艾登》，《中央日報》1944 年 1 月 7 日，第 2 版；《戰時外交》第 2 冊，第 133 頁。

④ 《英報盛讚我訪英團》，《大公報》(重慶) 1944 年 1 月 25 日，第 2 版；《中央日報》1944 年 3 月 28 日，第 2 版。

解中國，也讓中國政府高層了解英國。相比較而言，他花了更多的精力來消除中國高層對英國的成見，取得了明顯的成效，推進了兩國的戰時合作。正如擔任過英國外交大臣的西蒙勳爵稱讚顧維鈞時所說，他在溝通兩國相互了解方面做了大量工作，有傑出表現，是當之無愧的好大使。

第九章

參與創建聯合國

一 對戰後國際組織的期望

1944 年 8 月至 1945 年 6 月，顧維鈞作為中國政府的代表，先後參加了敦巴頓橡樹園會議和舊金山會議，參與了聯合國的創建。

太平洋戰爭爆發後，國民政府對在戰後參與建立一個維護世界和平與安全秩序的國際組織充滿期待。1942 年 6 月，國防最高委員會下屬的國際問題討論會在對戰後國際組織問題經過一段時間的討論後，擬定了一份「國際集團會公約草案」。這是中國關於戰後國際組織的第一份正式文件，集中了當時眾多國際事務專家的意見。[①] 1943 年 10 月 30 日，美、英、蘇三國莫斯科外長會議結束。中國雖未與會，但在美國提議並堅持下一同簽署了會議通過的《關於普遍安全的宣言》。宣言向全世界宣告，四國將繼續對軸心國作戰，直至軸心國無條件投降，並根據一切愛好和平國家主權平等的原則，建立一個普遍性的國際組織，以維持國際和平與安全。[②] 莫斯科宣言首次明確表示美、英、蘇、中四國將共同建立一個新的國際組織，並確立了四大國為該國際組織重心的設想，奠定了日後聯合國的最初基礎。

1944 年 5 月，美國政府制訂了一個初步計劃，擬邀請中國、英國、蘇聯

[①] 《國際集團會公約草案要點》，1942 年 7 月 4 日王寵惠呈蔣介石，《特交檔案：外交 —— 對國聯、聯合國外交》第 17 卷，台北「國史館」藏。「國際問題討論會」成立於 1941 年，旨在討論研究國際政治、國際經濟、中日問題及國際自由平等等事宜，參見《國際問題討論會規則綱目及人員聘任案》，台北中國國民黨黨史會藏《國防檔》，檔號：005/ 1。

[②] 葉惠芬編《中華民國與聯合國史料彙編：籌設篇》，台北：「國史館」，2001，第 57–58 頁。

三國代表赴華盛頓開會商討籌建國際組織。但 5 月中旬《紐約時報》報道稱，英國將出面召集英、美、蘇三國會議討論國際組織事宜，中國不在被邀之列。蔣介石獲悉後，急電駐美大使魏道明探明詳情。魏道明與美國務院溝通，被告知該報道純係推測，並無根據。5 月 31 日，魏道明去白宮拜訪羅斯福總統，後者明確告訴他「決不忘卻中國，彼等只要三國，余必要四國」。蔣介石獲悉後立即致電羅斯福表示感謝，「閣下與赫爾國務卿深切注意，中國必須參加此次會議，余更為欣感」，「蓋東方人民如無代表，則此會議將對於世界之一半人類失去其意義」，儼然以東方人民代表自居，並表明「中國向來主張早日成立此種機構，如其可能，並望在戰時結束以前成立」。美國發起的這次會議定於 8 月在華盛頓的敦巴頓橡樹園舉行。由於蘇聯以尚未與日本開戰為由，不願與中國坐在一張會議桌上，最後只得採取開羅會議模式，即第一階段為美、英、蘇三國會議，第二階段為美、英、中三國會議。7 月 10 日，魏道明將這一安排報告重慶，蔣介石批示「應可贊成」。①

接受參加敦巴頓橡樹園會議的邀請後，王世傑任主任的軍事委員會參事室、外交部和國防最高委員會秘書長王寵惠等對成立新的國際組織提出了各自的方案。儘管已有多個方案在手，蔣介石仍想知道顧維鈞的看法，他於 7 月 26 日致電倫敦，囑其報告英國方面參加會議的準備情況，並就「我國應取之立場及注意事項」，「以研究所得電告為盼」。②

自世界大戰爆發，國際聯盟名存實亡後，顧維鈞對成立一個新的國際組織予以高度關注。他草擬過一個計劃，並經常加以修訂。1944 年 4 月中旬，美國副國務卿斯退丁紐斯（Edward Stettinius）訪問倫敦時，顧維鈞與他就國

---

① 《戰時外交》第 3 冊，第 825–830 頁。
② 《蔣介石致顧維鈞》(1944 年 7 月 26 日)，*Wellington Koo Papers*, box 70。

際組織一事進行過商談。^①因此對中國應取之立場，顧維鈞早有周詳之考慮。8月6日，他給蔣介石發了一份近兩千字的長電，在報告了英國對會議的準備情況後，詳盡闡述了自己的看法。關於中國對國際組織應取的基本立場，他提出：

> 至我國應取立場，竊意似宜仍本我國酷愛和平公道之精神及集團安全之原則，着重世界整個和平機構為基礎，區域組織僅為其一部分，遇有要事或承中央機構之命執行，或自議決，亦須得中央機構之核准，以其名義行之。（2）［原文漏標（1）——引者註］確定會員國施行經濟與軍事制裁之義務，以免臨時須付表決或多方推諉不行，一如國聯盟約之弊。（3）實施制裁大綱應預為規定。（4）設立國際軍事委員會隨時調查研究國際軍情，改善實施辦法。（5）凡法律之一切爭執應規定各會員國均有提交法庭審判之義務，不准例外。（6）被委任統治地不必分甲乙丙三等，一律以助其達成自治為共同宗旨，由國際機構隨時斟酌情形予以自治或獨立，以免曲解國聯盟約所許間接併合之弊，並應規定由國際機構派員視察該地之權。（7）採取及加強盟約第十九條所載會員國得請修改條約之權，俾消弭國際間之糾紛而鞏固和平機構之基礎。

關於中國參加敦巴頓橡樹園會議應取之態度與策略，顧維鈞認為：

> 此項商談世界和平機構組織會議，雖係專門討論性質，其結論仍須報告各政府審核後，另由全權代表共同決定，然關係亦匪淺鮮。英、

---

① 《顧維鈞回憶錄》第5分冊，第391頁；Pao-chin Chu: *V. K. Wellington Koo*, The Chinese University Press, Hong Kong, 1981, p. 163。

美、蘇三國自以為今番出大力抗戰，勝利後恐不免各圖操縱，彼此疑嫉。不特英美間，即英蘇與美蘇間難免有各自為謀、主張不同之點。我國地位雖列四強之一，似宜慎重發言，減少提案為得。此番蘇聯雖參與另一集會，不與我直接商議，然其提案亦必由英美轉商於我，以求一致。竊意我宜避免提出與任何一國正面衝突之主張，而多事居間調和、折中三國方案，俾增加我參預此次會議之貢獻為上策。

　　顧維鈞在電文中還指出了中國參加會議應注意的事項。如關於種族平等問題，他認為這是「國際和平要素之一」，但鑒於該問題的複雜性，中國以不提為宜，「如有直接間接違反此項原則之規定，應不予贊同或予以保留」。對於國際機構的投票表決問題，他主張如改國聯的全體一致原則為多數原則，則應包括全體常任會員國方為有效，「以重我地位也」。[1]

　　綜觀顧維鈞的電文，對國際組織他主要吸取了國聯在30年代面對法西斯侵略時無所作為的教訓，強調新的國際組織的中央機構必須具有權威，尤其關注制裁問題，明確規定會員國有實施制裁之義務，並應預先規定實施制裁大綱，以避免國聯之弊端。對中國與會的方針和策略，顧維鈞則在權衡中國在四強中地位和會議實際情況的基礎上，主張採取現實、靈活的立場，「多事居間調和」，以盡可能確保中國的國際地位。

　　在顧維鈞的電文前，國民政府外交決策層內就成立新的國際組織已有多個方案，其中以王世傑和王寵惠的方案最為重要。王世傑於7月20日以軍委會參事室名義向蔣介石呈報關於國際安全和平組織問題之主張要點，主張國際組織應盡速在戰爭結束前成立，戰爭結束共同敵人消滅後，困難將增

---

① 《顧維鈞致蔣介石》（1944年8月6日），*Wellington Koo Papers*, box 75。

加。他還強調國際組織應有充分力量，對於侵略國負有執行經濟、政治與軍事制裁的責任，並應具有執行軍事制裁之充分力量，即成立強有力之國際空軍。但王世傑雖認為四大國應為理事會常任理事國，卻不主張四大國享有過大之特權，因為「我如主張其他特權，勢必增加各小國對我之反感。且四國縱令享有其他特權，實際上我亦未必能利用，其能利用此種特權者，實際上將為英、蘇等國。彼等利用此權時，容或予我以不利」。[①]

王寵惠於 7 月 24 日向蔣介石遞交了題為「我方基本態度與對重要問題之立場」的方案。他認為，在敦巴頓橡樹園會議上「我方似以暫不正式提出整個對案為宜」，「倘我方正式提出整個對案，過重現實，則無甚意義；太重理想，則與美國立場相去懸殊，恐難成立。故轉不若就美方所擬草案依照我國立場，提出補充或修改案也」。雖不提整個對案，他仍闡述了對國際組織的基本主張，即國際組織「以愈堅強有力為愈宜」，並應「盡早成立」；中國應與美、英、蘇取得平等地位同樣參與；議案表決以三分之二多數通過；對侵略應有明確定義，如何應用制裁也應有具體規定；應設置國際警察或國際空軍等。[②]

總體來說，這幾個方案對國際組織的基本立場是一致的，即都主張一個強有力的國際組織，國際組織投票表決取多數通過原則，國際組織應能對侵略實行經濟和軍事制裁。但顧維鈞更強調通過法律程序確定會員國承擔制裁的義務，而另兩個方案則寄希望於設立國際警察或國際空軍。顧維鈞和國民政府外交決策層的這一基本立場在相當程度上代表了中國的民意，當時中

---

① 《王世傑擬「我政府關於國際安全和平組織問題之主張（要點）」》(1944 年 7 月 20 日)，《特交檔案：外交 —— 對國聯、聯合國外交》第 17 卷。

② 《國防最高委員會秘書長王寵惠呈蔣委員長》(1944 年 7 月 24 日)，葉惠芬編《中華民國與聯合國史料彙編：籌設篇》，第 157–161 頁。

國輿論界對新的國際組織普遍抱有相同的期望，這是從國聯面對日本侵華束
手無策的慘痛經歷中獲得的教訓。[1] 但有關包括中國在內的四強在新的國際
組織中的地位，這幾個方案間存在着差異。顧維鈞與王寵惠都主張維持戰時
形成的四強格局，中國應與美、英、蘇三國同等參與國際組織，享有大國特
權，「以重我地位」，並據此確定中國參加敦巴頓橡樹園會議的策略，即減少
提案、避免與其他大國衝突、重視美國意見，以確保中國的大國地位及大國
在國際事務中的特殊地位。而王世傑對此則有不同看法，認為四強不應享有
過大之特權，因為中國未必能利用大國地位，而這反而會增加小國的擔憂，
再者英、蘇享有特權也不利於中國，因此主張淡化大國的特殊地位。

　　8 月中旬，王寵惠綜合外交決策層各種意見修訂了自己原先的方案，做
出兩條重要增補。第一條增補為「凡美國草案所未提及之各項重要問題，如
一時不易獲得一致意見者，我方宜相機決定提出與否及主張至如何程度，必
要時寧可留待他日繼續商洽，此時不必有所堅持，總以促成會議有初步成果
為主」。他吸納了顧維鈞「增加我參預此次會議之貢獻為上策」的意見，對與
會方針取更靈活策略，更重視美國意見。第二條增補有關投票表決多數通過
原則，加上了「中、美、英、蘇四國所投之票，必須在贊成之列方能成立」。[2]
這一增補直接採納自顧維鈞的電文，進一步強調了大國在國際組織中的特殊
地位。王寵惠修訂後的方案得到蔣介石的批准。8 月 18 日，蔣介石將此方
案電達在美國的孔祥熙，指示其「對照前電改正」。[3]

① 如《東方雜誌》刊登的王雲五《戰後國際和平問題》、史國綱《怎樣維持戰後的世界和平》、杜光
　塤《論重建世界和平的基本問題》等文及重慶《大公報》社評《戰後世界和平機構的性質》，見葉
　惠芬編《中華民國與聯合國史料彙編：籌設篇》，第 88–103 頁。
② 《戰時外交》第 3 冊，第 868–869 頁。
③ 《戰時外交》第 3 冊，第 867 頁。

顧維鈞的建議不但為王寵惠所吸納，也得到蔣介石的重視。8 月下旬，蔣介石指示參會的中國代表團：「一、此次會議，係初步商談之性質，吾人希望其成功，對於若干困難問題，我方不必堅持，因在將來聯合國之大會中，仍可提出解決。二、對於蘇聯，雖不共同會議，但仍宜設法聯絡。」[1] 這一指示顯然也採納了顧維鈞的意見。

顧維鈞最初並不在中國出席敦巴頓橡樹園會議的人選之列。蔣介石同意按開羅會議模式參加敦巴頓橡樹園會議後，7 月 13 日，在美國的行政院副院長孔祥熙致電蔣介石，報告與羅斯福會晤時，羅斯福希望由其代表中國參加敦巴頓橡樹園會議，並表示「總統既要弟參加，不便表示異議」，還說「原留美國及大使館並弟此次帶來各員，當可勉敷支配」，表達了率領中國代表團參加會議的強烈願望。蔣介石收到此電後，一度考慮同意，但並沒有立即予以答覆。7 月 24 日，孔祥熙再致電蔣介石，建議派外交部長宋子文來美，協同進行會議之事。[2] 行政院副院長官階在外交部長之上，孔祥熙此電再次表達了率隊參會的願望。

孔祥熙 24 日的電報正好與蔣介石 23 日發給他的電報交叉而過。在 23 日的電報中，蔣介石告訴孔祥熙，已決定派外交部副部長胡世澤為中國出席敦巴頓橡樹園會議的代表，並請他在華盛頓就近指導。[3] 但孔祥熙並不滿足於僅負指導之責，於 8 月 1 日又致電蔣介石，以「美方將由赫爾國務卿主持」，情形與前不同為理由，提出「我方出席人員因英美出席者階級較高，討論問題範圍亦廣，恐須由弟率同魏（道明）大使、蔣（廷黻）處長、胡（世澤）

---

① 《出席國際和平組織會議代表團會議紀要》（1944 年 8 月 29 日），*Wellington Koo Papers*, box 74。

② 《孔祥熙致蔣介石》（1944 年 7 月 13 日），《領袖特交文電（七）》，台北「國史館」藏；《戰時外交》第 3 冊，第 831 頁。

③ 《蔣介石致孔祥熙》（1944 年 7 月 23 日），《領袖特交文電（七）》。

次長等出席參加為宜」。蔣介石接電後批示，交王寵惠和王世傑兩人研究後再做決定。[1]

　　王世傑對孔祥熙和胡世澤印象不佳，認為兩人「均非勝任愉快之人」，與王寵惠商討後於 8 月 7 日向蔣介石提出，不宜派孔祥熙率團參會，建議胡世澤之外加派駐英大使顧維鈞、駐美大使魏道明和駐美軍事代表團團長商震為代表。外交部長宋子文也贊同此議。[2] 8 月 10 日，蔣介石致電孔祥熙通知這一決定：「英、美兩國皆以外次為首席代表，以地位相當而論，兄仍以就近指導為宜。茲經再四斟酌，除前派定胡世澤次長外，加派顧大使、魏大使及商團長為代表，並指定空軍毛邦初、海軍劉田甫、陸軍朱世明為專門委員。又為表示我國重視此會議起見，擬另由國內派浦薛鳳、張忠紱二人來美任專門委員，以備諮詢接洽。」[3]

　　國民政府決定加派顧維鈞為出席敦巴頓橡樹園會議的代表，顯然與他 8 月 6 日電報中所提主張及他代表中國出席國聯的豐富經驗有關。駐節倫敦的顧維鈞雖對這一任命出乎意料，但又認為由他來率領代表團是理所當然的，因為胡世澤和魏道明在外交界的資歷都不如他。[4] 但在由誰充當首席代表率領代表團的問題上，又出現了類似當年巴黎和會時代表團內部因排名問題引發紛爭的一幕。

　　王世傑、王寵惠提出加派代表後，外交部長宋子文在向行政院提出新人選時，認為就地位而言，外交部副部長並不低於大使，胡世澤又任命在先，因此排成胡、顧、魏、商的順序並獲通過，並按此通知美、英駐華大使。而

①　《孔祥熙致蔣介石》(1944 年 8 月 1 日)，《特交檔案：外交 —— 對國聯、聯合國外交》第 17 卷。

②　林美莉編校《王世傑日記》上冊，台北：中研院近代史研究所，2012，第 626 頁。

③　《蔣介石致孔祥熙》(1944 年 8 月 10 日)，《領袖特交文電（七）》。

④　《顧維鈞回憶錄》第 5 分冊，第 391–392 頁。

外交部在分別致電顧維鈞與魏道明時，並未明確排名順序，只是稱「除執事外，另派胡次長、魏（顧）大使、商團長為代表」。這使駐美大使魏道明接到電報後認為他排名第一。作為駐在國大使，他確實也希望擔任首席代表，於是就按魏、胡、顧、商的順序通知美方。[①]

孔祥熙在收到蔣介石 8 月 10 日電報後，一方面表示「當遵鈞意辦理」，另一方面對自薦率團出席會議一事進行解釋，稱美國國務院與「一般國家外交部有別，其地位居部之上，實際言副國務卿並非次長」，且美國率團參加的副國務卿斯退丁紐斯因赫爾年高體弱，正代行國務卿之職，言下之意，由他出席才算地位相當，可見其仍未放棄率團意願。在 14 日致蔣介石的電報中，孔祥熙又提到赫爾詢問其能否出席會議。蔣介石接該電後批示：「美國若由赫爾出席主持，則我國可由兄出席，俾得解決主任代表人選問題也。」[②] 但 15 日，蔣介石決定指派顧維鈞為首席代表，並於 16 日致電通知孔祥熙：「我方可以顧大使任首席代表，但仍請兄就近予以指導。」[③] 這樣，國民政府在最初任命胡世澤後三個多星期、增派顧維鈞等代表後近一個星期才正式任命了首席代表。與宋子文將外交部副部長胡世澤列在首位相比，蔣介石的這一決定表明了他對顧維鈞的信任和重視。

但是這一決定使已經以首席代表自居的魏道明十分尷尬。8 月 17 日，他致電蔣介石，稱此事「難免引起猜測，發生不良印象……我代表團原無兩使同時出席之必要。如必須變更，為顧全對外關係起見，只有於開會前一二

---

① 陳布雷在魏道明 8 月 17 日致蔣介石電文上的批註，《領袖特交文電（七）》。並參見 Mona Yung-Ning Hoo, *Painting the Shadows: the Extraodinary Life of Victor Hoo*, Eldridge & Co., 1998, pp. 95–96。

② 《戰時外交》（三），第 837、864 頁。

③ 《蔣介石日記》，1944 年 8 月 15 日；《戰時外交》第 3 冊，第 865 頁。

日，由職借病不能列會，改由顧大使出席較為適宜」。陳布雷在將該電交蔣介石時批註「此事乃係電訊往返誤會而起」，請蔣親自回覆。19 日，蔣介石致電魏道明進行解釋：「此事全由外部電使館時措詞稍欠明確所致。政府當時先派胡次長為代表，繼又派少川兄及兄與啟予兄為代表，期以充實我方代表之陣容。以諸兄地位資望相等，故即以令派先後為次序。嗣為便利會議進行起見，經中酌定，就四代表中指定少川為首席代表，已通知英美並發表新聞，並迭電庸兄接洽。此次會議關係重要，務望兄為國宣勞，一同出席，以利進行而全大局。」[①] 這一因排名引起的風波經蔣介石出面調解才告平息。

　　人在倫敦的顧維鈞對排名風波並不了解。在接獲任命後，他即報告重慶：「正洽訂機位，期盡速成行。」他是在 8 月 25 日抵達美國後才從胡世澤那裡了解此事的，認為「這是完全沒有必要的」，但也讓他馬上聯想起巴黎和會代表團內所經歷的麻煩。[②]

二　敦巴頓橡樹園會議

　　美國發起的商討籌建國際組織的會議在華盛頓的敦巴頓橡樹園舉行，會議因此得名。敦巴頓橡樹園是一座美麗而奢華的英國式庭園，離白宮不遠，有十來分鐘的車程。大門的上方刻着一句拉丁文格言「一分耕耘，一分收穫」，很恰當地體現了會議為戰後世界播種和平的良好願望，只是參會四國的想法並不完全相同。

　　敦巴頓橡樹園會議第一階段於 8 月 21 日至 9 月 28 日在美、英、蘇三國

---

① 《魏道明致蔣介石》(1944 年 8 月 17 日)、《蔣介石致魏道明》(1944 年 8 月 19 日)，《領袖特交文電 (七)》。

② 《戰時外交》第 3 冊，第 866 頁；《顧維鈞回憶錄》第 5 分冊，第 394 頁。

間進行。雖然由於蘇聯與美、英之間在安全理事會常任理事國否決權行使範圍和會員國資格問題上無法取得共識，但三國還是在基本問題上達成一致：新的國際組織名稱為「聯合國」；聯合國設四個基本機構，即大會、安全理事會、秘書處和國際法院；大國在安全理事會中有常任席位；大會重要決議由會員國三分之二多數票通過，一般決議以簡單多數決定。

顧維鈞到美國時，敦巴頓橡樹園會議第一階段已經開始。在他來之前三天，孔祥熙已向美、英代表團送交了一份《國際組織憲章中之要點》的文件，闡述中國對制定國際組織章程所持的基本觀點。孔祥熙的這一做法與顧維鈞「減少提案」、靈活應對的與會方針不同，與重慶的指示也不盡一致。7月29日，蔣介石給孔祥熙電報中明確指示，王寵惠方案「為我代表赴會議時討論應付之根據」。而王寵惠方案開頭就表明「暫不正式提出整個對案」。但孔祥熙與魏道明商量後認為，如果中國不在會議第一階段美、英、蘇商討時提出自己的主張，以供三國參考，待三國決議後，其便更難採納中方意見，因此於8月15日致電蔣介石提出，「擬將我方主張以備忘錄形式先期送交大會提供參考」。因為此時已決定顧維鈞任首席代表，蔣介石接電後回覆道：「請與顧大使等商酌，如決定送達，請先將全文電示後再提為盼。」[①]但由於美、英、蘇第一階段會議將於8月21日開始，孔祥熙遂不待與顧維鈞商量，即根據王寵惠、王世傑等國內寄達方案匆匆綜合成《國際組織憲章中之要點》於8月22日送交美、英代表團。就中國參會而言，當然應向會議表明自己的立場，尤其在不能參加第一階段會議的情況下，更應該由此讓自己的意見受到關注並被考慮。但問題在於，孔祥熙先前對戰後國際組織並沒有認真思考過，匆

① 《孔祥熙致蔣介石》(1944年8月15日)，《特交檔案：外交——對國聯、聯合國外交》第17卷；《蔣介石致孔祥熙》(1944年8月16日)，《領袖特交文電（七）》。

忙完成的這份文件與重慶指示和顧維鈞對會議所持主張不同，因此顧維鈞抵達美國知道後十分驚訝。[1] 對孔祥熙來說，此舉實際上還包含着為代表團定基調、顯示自己是實際負責人的意味。

8月28日，顧維鈞到美國後與孔祥熙見面，討論代表團參加會議事宜，一同參加的有胡世澤和胡適等人。會議一開始，孔祥熙就表示自己對代表團的工作負有指導之責，顧維鈞明白，這是要表明他才是代表團真正的團長。顧維鈞最為關心的是已經交給美、英代表團的文件是否作為中國政府的正式方案，孔祥熙稱只是提供給美、英代表團作為參考。顧維鈞提出，代表團應該擬訂一個更加靈活、留有餘地的方案，並且中國的方案也應非正式送交蘇聯代表團一份。[2]

顧維鈞擔心孔祥熙遞交給美、英代表團的《國際組織憲章中之要點》內容過於全面而且刻板，不利於彼此的溝通，這是基於他對美、英兩國對國際組織所持看法的了解，事實證明這並非過慮。美國國務院官員亨培克（Stanley Hornbeck）就對顧維鈞表示，中國的提案包含的都是「應當的條款」。他以建造大樓為例，說中國提案包括了所有現代化甚至豪華的設施，蘇聯則要建造一個滿足安全最低要求的簡單大樓，美英則處於兩者之間。如果各國的計劃要麼全部接受，要麼全部否決，中國的計劃就會被否決。因此，在與美國參加敦巴頓橡樹園會議首席代表、副國務卿斯退丁紐斯見面時，顧維鈞對已提交的文件專門做了解釋：「我方書面所提要點，係綜核我政府各機關於收到美英方案前所草各案之主張，借資交換意見，並非硬性的整個對案。我方主要

---

[1] 《顧維鈞回憶錄》第5分冊，第393頁

[2] Note of a Meeting at the Apartment of Dr. H. H. Kung, 28 August, 1944, *Wellington Koo Papers*, box 74；《顧維鈞回憶錄》第5分冊，第395頁。

目的在促進會議之成功，俾早日建立和平機構之基礎。」①

敦巴頓橡樹園會議第一階段原來計劃於 9 月上旬結束，隨即開始中國參加的第二階段會議。但是，因為蘇聯堅持爭端當事國有表決權，會議陷入僵局。蘇聯代表表示要等待國內的指示，而莫斯科卻遲遲不予答覆，第一階段會議就這樣拖延下來了。在此期間，顧維鈞與美、英代表團保持密切聯繫，了解第一階段會議的進展。9 月 8 日，顧維鈞與美國代表團格魯 (Joseph Grew) 見面。格魯告訴他，第二階段會議有望幾天後開始，並問中國期望第二階段會議開幾天，能否在三四天內結束，顧維鈞回答，第二階段會議不會比第一階段會議長，中國的態度是盡早結束討論，成立新的國際組織。② 但幾天後，美國代表團告知中國代表團，由於蘇聯代表團還沒有收到莫斯科的指示，第一階段會議無法結束，中國參會的時間只得再往後推。中國代表團全體人員已在華盛頓等候多日，而美、英、蘇三國的代表卻在敦巴頓橡樹園內一拖再拖，顧維鈞歎道：「這對中國代表團的忍耐力是個考驗。」他認為，與將中國列為四強之一的莫斯科宣言相比，敦巴頓橡樹園會議「在這方面幾乎倒退了一步」，「很顯然，中國只能面對既成事實 —— 第二階段會議只不過是擺擺樣子而已」。③

幾經推遲後，中、美、英第二階段會議終於在 9 月 29 日開幕了。但會議正式的討論應顧維鈞的要求於 10 月 2 日開始，他向美國方面表示，中國代表團希望有足夠的時間研究第一階段達成的協議。④

---

① Note of Conversation with S. Hornbeck, 5 September, 1944；《顧維鈞、魏道明、胡世澤、商震致宋子文並轉蔣介石》(1944 年 8 月 30 日)，*Wellington Koo Papers*, box 70。

② Note of Conversation with J. Grew, 8 September, 1944, *Wellington Koo Papers*, box 77.

③ 《顧維鈞回憶錄》第 5 分冊，第 400、405 頁。

④ *FRUS*, 1944, Vol. 1, GOP, Washington, 1966, pp. 850–851.

　　顧維鈞此舉是為了統一代表團內部的意見。此時，對第一階段會議已達成的草案取何態度，在中國代表團內出現了意見分歧。駐美大使魏道明、代表團空軍專門委員毛邦初等認為，三國草案與中國的實際要求相差甚遠，中國應該提出自己對國際組織的所有建議，與美、英兩國進行從容不迫的討論，不論美、英或者蘇聯的代表有無可能接受；中國要表現出願意為會議做出充分的貢獻，不能讓第二階段會議草草了事。但顧維鈞認為，這一立場是不切實際的，根據「現時之國際情勢，與我國之地位，我方對於該建議書（即三國草案），似不宜堅持修改，或拒絕同意」，因為一方面三國草案「需要補充之處固多，但其業已列入者，對於我國之權益，似尚無不利之點」；另一方面，美英兩國參加第二階段會議，主要是為了「維護中國的聲望」，而不是聽取重要意見，所以，為了裝點門面而延長會期的做法是不可取的。顧維鈞主張，「中國代表團應該做出適當的妥協」。最終，顧維鈞的意見佔據了上風，代表團決定取現實的態度：「我方主要目的在促成此次會議之成功，使四國能提出一國際和平安全機構方案。再此次會議，原係初步商談性質，一切現時不能解決之問題，仍可留待將來聯合國全體會議中提出討論，是以我方對於各項問題，可不必堅持，並可藉以表示我國愛好和平及與各友邦合作之精神。但對於和平安全機構之重要意見，我方仍應提出並詳為說明，一則可使世人明了中國之正義立場，二則又作為將來在大會中或將再行提出之張本。」同時，「我國現時處於四強之一之地位必須維持」。代表團決定，在第二階段會議期間以補充意見的方式向美英表明中國的看法。①

　　10 月 2 日，第二階段會議舉行首席代表會議，中國代表顧維鈞、美國代

---

① 《中國代表團報告書》（1944 年 9 月 29 日）、《中國代表團會議記錄》（1944 年 9 月 30 日），
　　Wellington Koo Papers, box 74；《顧維鈞回憶錄》第 5 分冊，第 417–418 頁。

表斯退丁紐斯和英國代表吉布（Gladwyn Jebb）均出席，中國方面出席的還有胡世澤和代表團秘書長劉鍇。這次會議旨在向中國方面具體說明第一階段會議的未決問題，特別是美英與蘇聯在安全理事會投票問題上的分歧。顧維鈞在聽了說明後表示，中國代表團認為這是一個十分重要的問題，在某種意義上，這是國際組織的根基。隨後，顧維鈞提出，他希望在全體會議上做一次發言，陳述中國的主張和立場，就美英蘇草案提出中國代表團的補充意見。會議商定，全體會議在次日舉行。[①]

10月3日上午，顧維鈞代表中國提出補充意見七點並做說明：(1) 維持和平與安全必須根據正義與國際公法之原則，以免新的國際組織淪為強權政治的工具；(2) 保障各國政治獨立與領土完整，以增加各國特別是小國的安全感；(3) 對侵略應予定義，並盡量列舉侵略的各種行為；(4) 組織國際空軍，以作為安全理事會權威的象徵和採取行動的手段；(5) 國際公法的方針與修訂應由大會倡導，以有利於推進符合國際公法原則的安全；(6) 國際法庭應能強制裁判；(7) 應促進教育和文化合作。[②] 中國代表團的補充意見改變了孔祥熙提交方案中面面俱到的做法，就幾個重要問題表達了中國的主張。七點補充意見並非全是顧維鈞的個人主張，而是綜合了其他方案，如第三、四、七點即出自王寵惠和王世傑的方案，但整個補充意見帶有顧維鈞本人的鮮明印記，即特別強調國際公法。

對中國提出的七點補充意見，美國和英國代表團並不完全贊同，三國就分歧之處展開了討論。對於第一點，英國最初認為國際法是不明確的，當出現爭端時，國際法只會引起爭論。經中國代表團據理力爭，美國表示支持中

---

① *FRUS*, 1944, Vol. 1, pp. 851–859.

② 《顧維鈞等致宋子文並轉蔣介石》（1944 年 10 月 3 日），*Wellington Koo Papers*, box 70; *FRUS*, 1944, Vol. 1, pp. 864–865。

國的立場，英國才同意列入《聯合國憲章》。對於第二點，美英方面堅持第一階段草案中「主權平等」字樣已包含政治獨立與領土完整的含義，因此不必列入，最後中方不再堅持此點。對於第三點，美英方面均反對給侵略下定義，因為一方面難於對侵略下令人滿意的定義，另一方面原草案已說明將制止侵略，於是顧維鈞表示對此問題可做進一步考慮，實際上予以擱置。對於第四點，美英明確表示根據實際情況無法予以同意。對於第五點，美英接受中國的要求，同意聯合國大會應負責提倡研究國際公法。對於第六點，美英原則上同意，但又稱：「此問題複雜，可由修訂法庭法規之專家委員會討論決定。」對於第七點，美英同意「經濟與社會理事會」應特別設法促進教育以及其他國際文化合作。[①] 討論結果，美英接受了中國補充意見中的第一、五、七點，對第六點表示原則接受，第三點留待以後討論，而對第二、四點則予以拒絕。

在討論中國補充意見的同時，美英方面提出希望盡快結束第二階段會議，於 10 月 9 日同時在四國首都公佈敦巴頓橡樹園會議文件。美英代表強調，美英蘇「三國草案經長時期之討論磋商始得成立」，而對中國「前提出之要點，亦經特為注意加入」，因此希望中國政府能予以同意。[②] 這樣，在補充意見未被全部接受的情況下，中國代表團面臨是否同意並完全接受第一階段會議結果的抉擇。面對代表團內存在的不同意見，顧維鈞堅持與會的基本方針，認為促成會議的成功和維持中國的四強地位是首要之事。10 月 2 日，他致電重慶當局，就此提出自己的看法。顧維鈞認為，美英蘇三國草案「整個目的期在以實力保障國際之公安，注重實際之效率，不尚理論之空談，欲

---

① 《顧維鈞等致宋子文並轉蔣介石》(1944 年 10 月 3 日)，*Wellington Koo Papers*, box 70; *FRUS*, 1944, Vol. 1, pp. 865–866。中美雙方關於討論的記錄基本一致，惟關於第三點稍有出入。顧維鈞的電文稱，美方表示「此問題仍在考慮中，並可由大會再行討論」。

② 《顧維鈞等致宋子文並轉蔣介石》(1944 年 10 月 2 日)，*Wellington Koo Papers*, box 70。

矯國聯盟約規定空疏之病，故凡與此目的無直接之原則，概不闌入」；該草案對中國主張之主要問題如制裁侵略等均已採納，雖有數點未被列入，原因在於「其出發點之不同，故特從略」，但「草案全部對我國家權益似無不利之處」，且美英蘇三國已定下發表日期，如變更日期須與蘇聯商量，「夜長夢多，稽遲時日」。據此，顧維鈞對中國在會議中所處的實際地位做了分析，並對應取的相應對策提出自己的看法：

> 鈞等察英美首席代表語意，此次會議英美邀我參加，乃係形式之舉，與莫斯科會議三強發表宣言請我署名於後同一意義。形勢如此，倘我對其草案堅持修改，不予同意，則三國政府同時將其發表，我獨向隅，不特四強團結之精神不克保持，我國國際地位亦有影響。鈞等思維再四，惟有在開會期間仍將我國立場及主張提出討論予以闡明外，敢請從速授權，對此事相機辦理，至本週最後必要時對草案表示我國政府之同意，一面仍請迅速準備屆時公佈手續，使四國同時發表之議可成事實。①

這份電報顯示出顧維鈞對中國在四大國所處的實際地位有準確和清醒的認識，但同時又力圖確保這一名實尚有差距的大國地位。顧維鈞的建議得到國民政府的認可。10 月 6 日，外交部長宋子文覆電：「准予授權，相機辦理。」②

這時，在如何公佈會議結果的問題上，中、美、英三方之間出現了分歧。最初，顧維鈞與斯退丁紐斯商定，會議結束時同時發表兩個公報，分別公佈兩個階段會議的結果，並在第二個公報中寫入被接受的中國三點補充意見。

① 《顧維鈞等致宋子文並轉蔣介石》(1944 年 10 月 2 日)，*Wellington Koo Papers*, box 70。
② 《宋子文致顧維鈞》(1944 年 10 月 6 日)，*Wellington Koo Papers*, box 70。

但英國方面對此提出異議，認為第二階段會議結果如以中、美、英三國名義發表，容易引起誤會，以為蘇聯對此拒絕；而與蘇方接洽獲其同意又耗費時日，因此提出只以四國名義公佈美、英、蘇三國草案。對中國來說，英國提議不及中美已商定之辦法，但顧維鈞予以理解並接受，認為此舉至少可以向世界表示四強意見一致，視草案為四國共同建議。[①]

但當公報草案送交中國代表團時，又出現棘手問題。蘇聯起草的公報草案只提三國政府達成協議，故意不將中國與三國相提並論，排除在大國之外。英國起草的公報草案雖然提到四國，將中國包括在內，但由於此時會議已到最後關頭，英國又趨向於與蘇聯達成妥協，接受蘇聯的公報草案。事關中國的國際地位，顧維鈞表示中國不能讓步。僵持不下之際，顧維鈞展現出超群的外交智慧，提出在公報中完全刪除相關段落，這樣就不會涉及三國或四國的問題。各方代表最終接受了顧維鈞的建議。[②] 第二階段會議於 10 月 7 日結束，10 月 9 日公報如期在四國同時發表。

作為首席代表，顧維鈞對中國參加敦巴頓橡樹園會議起了非常關鍵的作用。與代表團內有些人堅持在某些具體問題上進行從容不迫討論的主張不同，顧維鈞根據中國在四強中所處的地位和會議進行的實際情況，力主採取現實、靈活的應對，不拘泥於某些一時無法解決的問題，以獲得會議成功為首要目標。這一務實的主張獲得國民政府最高層的支持，成為中國代表團在會議期間的基本方針。

顧維鈞以會議成功為首要目標，最主要的考慮是要確保中國作為四強之一的地位。中國雖是莫斯科宣言的四個簽字國之一，但由於蘇聯和英國對

---

① 《顧維鈞回憶錄》第 5 分冊，第 418–419 頁；《戰時外交》第 3 冊，第 892 頁。

② 《顧維鈞回憶錄》第 5 分冊，第 419 頁。

自己的輕蔑，會議期間又恰因史迪威事件同美國關係緊張，加之國軍在豫湘桂戰役中的潰敗，四強之一的地位是十分脆弱的，在會議上也處於不利的境地。正如魏道明在代表團會議中所說，中國是「居大國地位，內心有小國憂慮」。[1]中國在國際社會中究竟處於怎樣的地位，是否應該並能夠成為一個大國，是此時中國對外政策中一個具有全局性的問題。軍事委員會參事室主任王世傑就主張，中國不必強求大國地位，因為中國無法像美、英、蘇那樣真正享有大國特權。這一主張承認並接受中國與美、英、蘇三國間存在差距的現實。顧維鈞雖也承認這一現實，卻在此基礎上採取積極進取的應對，為中國參會定下「我國現時處於四強之一之地位必須維持」的基調，將提升中國的國際地位作為對外交涉的主要目標，並以靈活的策略和應對保證了中國作為四強之一的大國地位。當然，由於中國本身的國力，這一大國地位是打了折扣的。

與美、英、蘇三國相比，中國在敦巴頓橡樹園會議發揮的作用是有限的。但顧維鈞務實靈活的應對，使中國最大可能地對會議和此後的聯合國的成立做出了自己的貢獻。中國提出的補充意見，經討論後被採納三點，日後都寫入《聯合國憲章》，達到了「增加我參預此次會議之貢獻」的目的。

會議公報發表當日，孔祥熙向蔣介石報告會議結果，稱「國際間對我觀感頗佳」，因為中國代表團「本正義立場，態度正大，根據政府指示，應付得法」。孔祥熙這些話並不全是自詡，美國國務院亨培克有相同的評價。他告訴胡適，美國代表團對顧維鈞和中國代表團巧妙而策略地提出自己的看法，為會議的成功做出了貢獻，深感欽佩。[2]

---

① 《中國代表團會議記錄》(1944 年 9 月 9 日)，*Wellington Koo Papers*, box 74。
② 《戰時外交》第 3 冊，第 900 頁；《顧維鈞回憶錄》第 5 分冊，第 422 頁。

三　多黨多派的中國代表團

敦巴頓橡樹園會議後，美、英、蘇三國首腦在 1945 年初的雅爾塔會議上就安全理事會常任理事國否決權行使範圍等問題進行了討論，並根據蘇聯的建議達成共識：有關需採取經濟、政治或軍事制裁解決的爭端，安理會常任理事國即使是當事國也有權投票；而可以通過和平方式解決的爭端，爭端當事國不參加投票。三國首腦還商定，於 1945 年 4 月 25 日在美國舊金山召開聯合國制憲會議，會議請柬由美國、英國、蘇聯、中國及法國臨時政府發出。[①] 作為舊金山會議的發起國，中國的大國地位由此得到確認。

2 月上旬，宋子文給顧維鈞發來電報，請他在英國了解雅爾塔會議的情況後立即回國。顧維鈞明白，這是要讓他為中國出席舊金山會議做準備工作了。3 月 1 日，顧維鈞回到重慶，發現首先面臨的是中國代表團的組成問題。

參加舊金山會議是一個外交問題，討論的是《聯合國憲章》的制定，但中國代表團的組成卻與國內複雜的政治形勢密切相關。2 月 12 日，雅爾塔會議公報發表後，此前已經提出聯合政府主張的中國共產黨決定抓住這一機會，向反對聯合政府的國民黨提出中共要參加舊金山會議。2 月 18 日，在延安舉行的中共六屆七中全會全體會議上，毛澤東明確表示，中國共產黨「要求派代表參加制定《聯合國憲章》的舊金山會議」。當天，周恩來致電美國駐華大使赫爾利（Patrick Hurley），提出中共的要求：出席舊金山會議的中國代表團中「國民黨的代表只應佔代表團人數的三分之一，中共代表和民主同盟的代表應佔三分之二。國民黨代表中還應包括國民黨民主派的代表，如此

---

① 《德黑蘭、雅爾塔、波茨坦會議記錄摘編》，上海人民出版社，1974，第 135、172 頁。法國後來未接受發起國的地位。

方能代表全中國人民的意願」，並要赫爾利將此意見轉達羅斯福總統。① 2 月
24 日，在重慶參加國共談判的中共代表王若飛向國民黨的談判代表王世傑提
出，請考慮由中共派代表參加舊金山會議，但王世傑以中共已拒絕參加國民
黨提出的「戰時內閣」為由，表示「不知如何能使中共參加對外會議」，拒絕
接受中共提議。② 3 月 7 日，在收到王若飛關於蔣介石有可能指派中共方面
人員參加舊金山會議的電報後，毛澤東批示應「提出我方出席人選，免蔣隨
意委派」。周恩來據此起草致王世傑信函，反對國民黨一手包辦舊金山會議
代表團：「國民黨一手壟斷舊金山會議代表團，不但不公平，不合理，而且表
示了分裂的立場。」並提出中共將由周恩來、董必武、秦邦憲參加代表團，
「如不採納，將對國民黨代表團在國際會議的一切言行保留發言權」。信函經
毛澤東修改後於 9 日發出。③

　　蔣介石反對中共提出的聯合政府主張，同樣堅決反對中共參加舊金山會
議的代表團，認為「此次國際會議乃為各國政府會議而非各國之黨派會議，
如果中共參加此會議，則各國自置其於何地」。因為中國作為舊金山會議的
發起國已經定局，蔣介石態度十分強硬：「如我政府不參加，則此會其能有
效乎？」④

　　顧維鈞雖多年遠離國內政治，但主張中國出席舊金山會議的代表團必須
能真正代表全中國，因為當時美、英兩國輿論對國民黨一黨統治已有批評，

---

① 中共中央文獻研究室編《毛澤東年譜 (1893–1949)》中卷，人民出版社、中央文獻出版社，
　　1993，第 581 頁；中共中央文獻研究室編《周恩來年譜 (1898–1949)》修訂本，中央文獻出版
　　社，1998，第 617 頁。

② 《王世傑日記》上冊，第 680 頁。

③ 《毛澤東年譜 (1893–1949)》中卷，第 583 頁；《周恩來年譜 (1898–1949)》修訂本，第 619 頁。

④ 《蔣介石日記》，1945 年 2 月 20 日。

包含各種政治力量的代表團可以扭轉國際上對中國國內政治不統一的看法，增強中國在會議上的地位。政爭止於國內，這是外交與內政發生矛盾時顧維鈞的一貫主張。但回到重慶，他發現國民黨內的普遍看法是不能接受中國共產黨人參加代表團。他的一些親近的朋友發現他有這樣的想法，都勸他不要向蔣介石提起，以免自找麻煩。但他堅持認為，一個多黨多派的代表團出席舊金山會議最符合中國的國家利益。[①]

　　3 月 6 日晚上，顧維鈞與蔣介石見面，提出了中國代表團的組成問題，認為代表團應有廣泛的基礎，包含具有各種政治主張的代表，以便向世界昭示，代表團是真正的全國性代表團，並主張代表團應有一名婦女代表。但蔣介石對顧維鈞的提議不以為然，認為國民黨以外除了共產黨，沒有甚麼其他黨派，代表團人數不要太多，只要有三五人就足夠了。不過他對包括幾個無黨派代表人物也表示了興趣。[②] 一個三五人的小型代表團並不是蔣介石的個人想法，而是國民黨高層的共識。2 月 22 日，蔣介石召王世傑商談中國代表團事，王世傑就提出「代表名額三名似已足」。顧維鈞將他與蔣介石的談話通報宋子文時，宋子文也說「他寧可要一個由三人組成的小型代表團」，也就是他本人、王寵惠和顧維鈞。[③]

　　但顧維鈞的提議還是對蔣介石產生了影響。與顧維鈞談話次日，蔣介石改變了主意，擬定了一份代表團名單，不是三五個人，而是九個人：宋子文、王寵惠、顧維鈞、魏道明、王世傑、張君勱、王雲五、胡霖、胡適。[④] 其中最後三人王雲五、胡霖、胡適都是無黨派代表，張君勱則是民主社會黨領袖。

---

① 《顧維鈞回憶錄》第 5 分冊，第 509 頁。

② 《蔣介石日記》，1945 年 3 月 6 日；《顧維鈞回憶錄》第 5 分冊，第 475 頁。

③ 《王世傑日記》上冊，第 679 頁；《顧維鈞回憶錄》第 5 分冊，第 476 頁。

④ 《蔣介石日記》，1945 年 3 月 7 日。

但這份代表團名單中仍無共產黨人。3月中旬，宋慶齡約顧維鈞見面，提出中國共產黨希望在代表團中佔有兩個名額。同時，蘇聯方面也對國民黨施加壓力。3月15日，蘇聯駐華大使約見蔣經國，以「恫嚇」的口吻要求國民黨指派中共代表參加代表團。但蔣介石仍堅持原有立場，不肯做出讓步。對宋慶齡為中國共產黨說項，蔣介石稱此「乃為十五年來第一次」，因為此前她「從不願與我談政治」和中共問題。對蘇聯出面，蔣介石認為這表明中共「已經山窮水盡」。因此，他打定主意，「仍置之不理，視若無睹，彼將於我奈何也」。①

對蔣介石和國民黨高層不接受建議，不願在代表團中容納共產黨人，顧維鈞頗感失望，但事涉國民黨的基本政策，他也無能為力。事情最終由於美國總統羅斯福的介入而出現了顧維鈞所期望的結局。3月22日，重慶收到落款日期為3月15日的羅斯福致蔣介石電報，稱：「余願使閣下知悉，如閣下代表團容納共產黨或其他政治結合或政黨在內，余預料不致有何不利情形，實則此種辦法有顯著之利益。若能容納此類代表，在會議中必能產生良好印象，而閣下對於統一中國之努力，勢將因閣下此種民治主義之表示，而獲得實際援助。」羅斯福還有意指出，「美國兩大政黨之代表，在美國政府代表團內均有其地位」，其他國家如加拿大也都採取相同舉措。②

羅斯福電報到達重慶時，蔣介石正在昆明。宋子文給顧維鈞看了電報抄件，說這純屬官樣文章，甚至懷疑羅斯福是否真正重視這份電報。但顧維鈞持不同看法，認為儘管羅斯福在電報中將代表團問題說得輕描淡寫，語氣

---

① 《顧維鈞回憶錄》第5分冊，第480頁；《蔣介石日記》，1945年3月16日、17日上星期反省錄。

② 《戰時外交》第3冊，第906頁。

謹慎，充滿外交辭令，但確實希望代表團中有共產黨的代表。因為次日顧維鈞將經昆明赴美國，宋子文請其將這份電報面交蔣介石，並討論代表團的組成。[①]

3月23日上午，顧維鈞抵達昆明後，立即乘坐蔣介石派來的汽車去他住處。蔣介石看了羅斯福的電報後，「起初似乎頗感興趣，繼而顯得心煩意亂」，強調中國的情況與其他國家不同，共產黨代表參團只會增添麻煩，並問顧維鈞羅斯福提出這一建議意圖何在？顧維鈞解釋說，這與中國出任聯合國安理會常任理事國的資格有關，因為在各大國中，中國最易受別國攻擊，而羅斯福支持中國成為一個大國，可能對中國在大會上的地位有些擔心，因此希望看到中國代表團顯得越強有力越好。雖然知道蔣介石對接納共產黨人持反對意見，顧維鈞仍向他建議，對羅斯福的電報應留有餘地，不要把大門關死。蔣介石當然聽出了顧維鈞的弦外之音，但談話結束時仍堅持不讓共產黨人進代表團。[②]

當天下午，蔣介石再讀羅斯福電報，感覺「其措辭委婉，余意漸轉矣」。王世傑也在當日致電蔣介石，報告在與宋子文商量後，建議在中共所提三人中派秦邦憲一人，無論秦是否願去，可顯示「寬大」，羅斯福也「不能有何閒言」。反覆權衡後，蔣介石決定「用逆來順受之法」，「派中共一人參加舊金山會議代表團，以政治方法全在現實」。但這一決定使他「忍痛極矣」。[③] 3月25日，蔣介石提前結束雲南行程返回重慶，連夜與宋子文商量代表團人選事。26日早晨又約王世傑商談，決定中共代表指派董必武。隨後，國防最

---

① 《顧維鈞回憶錄》第5分冊，第489頁。

② 《顧維鈞回憶錄》第5分冊，第490–493頁。

③ 《蔣介石日記》，1945年3月23日、24日；《王世傑致蔣介石》(1945年3月23日)，《領袖特交文電（七）》。

高委員會會議通過了參加舊金山會議代表團的十人名單。[①] 當天，蔣介石致電羅斯福，對他 15 日電報所提建議表示感謝，並告知中國已派定十名代表，「其中六人為國民參政員，即國民黨以外之共產黨及其他兩反對黨各一人，暨無黨派者三」。[②]

3 月 27 日，國民政府發表代表團名單，成員為：行政院代理院長宋子文、駐英大使顧維鈞、國民參政會主席團主席王寵惠、駐美大使魏道明、前駐美大使胡適、國民參政會主席團主席吳貽芳、國民參政會主席團主席李璜、國民參政會參政員張君勱、國民參政會參政員董必武、國民參政會參政員胡霖。[③] 其中，董必武作為共產黨代表，李璜和張君勱分別是青年黨和民主社會黨領袖，胡適、吳貽芳和胡霖是作為無黨派人士參加代表團的。顧維鈞向國民黨高層推薦過董必武，在任駐法大使期間他與董必武有過一面之緣，討論過中國的對外關係。

中國代表團由宋子文任首席代表，但在兩個月的會議期間，他的主要精力放在與美國洽商財政及其他外交事務，有關會議事宜諸如向大會的提案、代表團的內部事務等問題，皆交給顧維鈞，讓他全權處理。顧維鈞最初推託讓王寵惠出面負責，因為他的年齡和資歷都更資深，但宋子文認為顧維鈞對國際事務更有經驗，這樣後者就成為代表團事實上的首席代表。對顧維鈞來說，出席國際會議駕輕就熟。他自己也認為，要準備有關新的國際機構的提案，他比其他代表更為合適。

中國代表團由各派政治力量的成員組成，為使大家能夠一起工作，顧維鈞於 4 月初抵達美國後，首先擬定了代表團的工作原則。這些工作原則

① 《蔣介石日記》，1945 年 3 月 25 日、26 日；《王世傑日記》上冊，第 687 頁。

② 《戰時外交》第 3 冊，第 907 頁。

③ 《我出席舊金山會議代表團人選發表》，《中央日報》1945 年 3 月 27 日，第 2 版。

是：(1) 每位代表都應該有事做，以增強責任感，不致因無所事事而專挑別人的毛病，這是他以前參加巴黎和會與華盛頓會議得到的經驗；(2) 所有代表不論政治背景如何，享有同等權利，比如每位代表都會獲得會議的全部文件，都有一套同樣的房間；(3) 重大問題須由全體代表集體商議做出決定；(4) 各位代表可自由接見記者，但談話不許涉及中國內政，國內政治問題應在國內談，而不該在國際會議上談，因為代表們代表的是全中國，而不是某一個政黨，「無論如何，家醜不要外揚」。代表團還為此制定了接待記者的規則。顧維鈞提出的這些原則得到全體代表的贊同，奠定了相互間合作共事的基礎。[①]

為使各位代表都有事可做，顧維鈞細緻地規定了代表團的具體分工。舊金山會議的最高機構是由各國代表組成的指導委員會以及由部分國家代表組成的執行委員會，下設 4 個委員會，4 個委員會下還有 12 個專門委員會。出席指導委員會和執行委員會的都是首席代表，中國代表團在宋子文缺席時由顧維鈞出席。負責憲章總則的第一委員會由王寵惠和代表團顧問徐謨出席，負責聯合國大會的第二委員會由顧維鈞與外交部副部長胡世澤出席，負責安理會的第三委員會由顧維鈞與胡適出席，負責國際司法組織的第四委員會由王寵惠和魏道明出席。其餘代表也都參加了各個專門委員會，如董必武參加的是第二委員會下的大會機構與程序專門委員會，吳貽芳參加的是該委員會下的經濟與社會合作專門委員會。[②]

參加舊金山會議的英國、蘇聯代表團抵達舊金山後都舉辦了記者招待會，顧維鈞提出中國代表團也應舉行記者招待會，全體代表都應出席，以向

---

① 《顧維鈞回憶錄》第 5 分冊，第 503–504、512 頁；《代表團設立訪員招待處辦理規則》，*Wellington Koo Papers*, box 80。

② 《中國代表團報告》，*Wellington Koo Papers*, box 81。

國際社會展示代表團團結統一的形象。但王寵惠、魏道明反對這一主意，生怕各國記者會提出難以應付的問題，而胡適、吳貽芳、李璜等贊同這一主張，雖然他們中有些人不希望自己來回答記者的提問。最終代表團採納了顧維鈞的建議，於 5 月 1 日在舊金山舉行了記者招待會，全體代表都坐上了主席台，一共有 600 多名外國記者到場。國共問題自然成為各國記者關注的重點。有記者要求主持招待會的宋子文向大家介紹中國共產黨的代表，讓他們「看看他究竟是否看上去危險」。此時，宋子文親切地稱董必武為「我的朋友」，並強調「我們已共事 20 餘年」，而董必武也彬彬有禮地起身向記者鞠躬致意，贏得全場熱烈的掌聲。整個記者招待會氣氛輕鬆，代表團成員表現自然，給記者留下了很好的印象。顧維鈞稱宋子文在會議期間並不是一味維護國民黨，總是用開闊的眼界來看問題。[1]

代表團中有 6 人是非國民黨黨員，因為力主團結，顧維鈞與他們有許多溝通，實際上成了這些人的聯絡官。他與董必武有頻繁的往來。董必武到美國的當天就來拜訪顧維鈞，顧維鈞也對他做了回訪。會議期間，凡有建議或問題，董必武都會來找顧維鈞商量，但遵循團內的規則，從來不提及國內政治。顧維鈞對他有很好的印象，在日記中寫道，「董是一個上了年歲讀過古書的人，為人和藹可親，但頗機敏」。他對董必武的秘書章漢夫也有很好的評價：「他也是共產黨的一個傑出人物，為人善良而謙虛，不引人注意但很能幹。」[2] 不過，顧維鈞不知道的是，代表團中非國民黨代表的行蹤都有隨團的國民黨人盯着，並向重慶最高層秘密報告。如代表團專員鄭震宇就向侍從室

---

① 《中國代表團記者招待會記錄》(1945 年 5 月 1 日)，*Wellington Koo Papers*, box 80；《顧維鈞回憶錄》第 5 分冊，第 513–514 頁。

② 《顧維鈞回憶錄》第 5 分冊，第 510 頁。

秘書報告張君勱、李璜和董必武的情況，稱他們「到目前為止態度尚佳」。[①]

這樣一個規模的代表團難免會產生矛盾，此時顧維鈞的作用就非常關鍵。4 月下旬，宋子文將他請外國顧問起草的準備在開幕式上的演講稿交各位代表傳閱，王寵惠等認為稿子中對國聯失敗攻擊太狠，「辭不得體」，「徒然刺激」支持國聯的國家，要求修改，並對如此重要的演講稿只給各代表三小時考慮時間表示不滿。宋子文做事習慣自己決斷，交代表傳閱只是一個形式，並不準備改動講稿，還厲聲斥責主張修改的外交部副部長胡世澤。王寵惠對宋的態度十分憤慨，而其他代表則「默然」不作聲。顧維鈞知道後，立即去找宋子文，勸他接受建議修改講稿，刪去不必要的段落。宋子文對此很不高興，表示對所講內容負責，但在顧維鈞反覆勸說下，最終還是對講稿做了修改，將其他代表的意見容納進去。[②] 這場可能引發代表團內部矛盾的風波，因為顧維鈞出面而平穩解決了。

舊金山會議期間，中國代表團內部基本上做到了團結合作，以舉國一致的形象達到了在大會上增強中國地位的目標。這與巴黎和會時代表團內部矛盾重重形成了鮮明對比。對此，顧維鈞起了主要作用，做出了很大貢獻。

四　憲章簽字第一人

與敦巴頓橡樹園會議是在給蔣介石提交建議方案後才入選代表團不同，舊金山會議從一開始顧維鈞就參與了籌備和政策制定。從倫敦回重慶時，顧維鈞帶回了敦巴頓橡樹園會議的相關資料。回到重慶後，3 月 14 日，外交

---

① 《鄭震宇致蕭自誠》(1945 年 5 月 19 日)，《領袖特交文電（七）》。

② 《毛邦初致蔣介石》(1945 年 5 月 20 日)，《領袖特交文電（七）》。

部副部長吳國楨將該部草擬的出席舊金山會議方案送交顧維鈞，請其審評。3 月 27 日，宋子文將最後定稿的方案送呈蔣介石。3 月 31 日，蔣介石審核完畢。①

外交部擬定出席舊金山會議的方案共七點，分別為 (1) 國際法院規程應行注意之要點，主張在此問題上，中國「對外可暫勿作硬性主張，並與英美協商，在可能範圍內，與蘇聯採取一致態度，避免不必要之摩擦」。(2) 設立領土代管制度之原則，「代管領土之目的在於改善被代管領土之人民經濟教育狀況，促進其社會福利，並扶助其完成自治或獨立」。(3) 對於區域組織問題之意見，認為「區域組織流弊甚多，且易為大國所把持」，而「太平洋區域組織對中國遠不若對英國有利」，因此應在草擬《聯合國憲章》時，將其權力「盡量設法縮減」。(4) 中國所提已經英美接受之三項建議編入憲章問題，主張將其編入憲章。(5) 對於中國所提而未經英美接受各項建議之態度，認為這些建議既然在敦巴頓橡樹園會議上未被英美接受，而此次中國為召集國之一，「似不便再行提出」。(6) 各國對敦巴頓橡樹園議案之意見與中國應取之態度。針對不少國家減少理事會職權擴大大會權力的呼聲，主張凡已經規定者，中國不便提出異議，但未經規定者，「我國可酌量贊成增加大會職權」；針對一些國家關於常任理事國為當事國時不應投票的主張，提出中國應表明已同意雅爾塔會議的相關決定，「未便再作主張，惟對於常任理事為爭議國時仍得投票一點，不必為之辯護」。(7) 解散國際聯盟之步驟。②

---

① 外交部：《有關國際和平機構各項問題之方案》(1945 年 3 月)，*Wellington Koo Papers*, box 79；《外交部宋子文呈蔣委員長擬具出席舊金山會議各種問題方案》(1945 年 3 月 27 日)，葉惠芬編《中華民國與聯合國史料彙編：籌設篇》，第 364–372 頁；《蔣介石日記》，1945 年 3 月 31 日。
② 葉惠芬編《中華民國與聯合國史料彙編：籌設篇》，第 364–372 頁。

　　這個方案的重點在前三點，其中所提出的問題在敦巴頓橡樹園會議之前的幾個方案中已有涉及，並曾列入向美、英提出的《國際組織憲章中之要點》，只是由於美、英方面的原因，像領土代管制度和區域組織這些問題在敦巴頓會議中並未展開，而此方案與之前相比其基本立場並無多大變化。該方案的第四、第五點是對中國在敦巴頓會議所提補充意見的處理方針，第六點是圍繞各國對敦巴頓草案反應的具體應對，第七點是關於國聯的善後，這幾點都是較為具體的策略方針。因此，總體而言，外交部為舊金山會議準備的這個方案與顧維鈞在敦巴頓橡樹園會議上的應對是一脈相承的。外交部的方案延續了對中國與其他大國關係的關注。在美蘇兩國在大戰中形成的合作已出現裂痕之時，提出「與英、美協商，在可能範圍內，與蘇聯採取一致態度，避免不必要之摩擦」。雖力圖在三大國間保持平衡，但基點是向美國靠攏。這也是蔣介石與宋子文的基本態度：「美方有何主張，中國必然贊同。」[①]由於《聯合國憲章》的基本框架在敦巴頓會議已經確立，中國的大國地位也因出席敦巴頓會議及作為舊金山會議的發起國而得到保證，外交部方案的重點轉移到了國際法院、領土代管制度和區域組織這些與中國本身利益相對不那麼直接的問題上，更多地表達了中國對聯合國組織本身的關注。

　　與敦巴頓橡樹園會議前有多個方案不同，這次只有外交部一個方案。但這並不意味着外交決策層中沒有不同看法。離開重慶前，顧維鈞專門去拜訪王世傑，與他討論舊金山會議。在顧維鈞看來，王世傑是高層中對國際組織研究得最多的人。王世傑對外交部沒有仔細考慮就接受雅爾塔會議有關安理會投票方式提出批評，對方案中沒有包含國際空軍的內容也表示不滿。這都與顧維鈞的看法不同，尤其關於安理會投票方式，因為這與中國的大國地位

---

① 《宋子文致蔣介石》(1945 年 4 月 17 日)，《領袖特交文電 (七)》。

相關。顧維鈞將此看作中國的首要目標。但王世傑卻認為，中國寧可不要參與大國的行列，因為這樣反而可以暢所欲言，在二等強國中當一個代言人，地位倒是很硬的。①

顧維鈞於 4 月上旬抵達美國，先到華盛頓，與駐美大使魏道明和王寵惠一起商討中國參會事宜。在顧維鈞到達前三天，美國為使舊金山會議順利進行，由國務卿斯退丁紐斯邀約英、蘇、中三國駐美大使討論會議程序問題。美國提出，會議應設主席一人，由美國人擔任，另設副主席三人，由英、蘇、中三國人分任。但蘇聯主張設主席四人，由四個發起國輪流主持會議，以體現平等原則。英國在美蘇間調和，表示可接受四個主席輪流主持公開會議，但美國國務卿應是會議指導委員會和執行委員會的主席，主持重要的工作會議。但蘇聯堅持不接受任何其他方案。顧維鈞與王寵惠一到華盛頓，魏道明就將此問題提出討論。顧維鈞表示，中國當然應該支持美國方案，但如果美、英對蘇採取妥協，我們也不反對美國代表缺席時由其他三國輪流主席。魏道明和王寵惠對此都表贊同。但對於蘇聯取何態度，意見並不完全一致。魏道明認為無須過多考慮蘇聯提案，顧維鈞則稍有不同，認為不要生硬地反對蘇聯提案，不必在會上冒犯蘇聯。最後，以顧維鈞意見為主向重慶發電請示，電文中有「避免有不贊成蘇方提議之嫌」之句。②

重慶接到代表團電報後，蔣介石立即給予指示：「關於聯合國大會主席事，我方可贊助英大使提議由美代表擔任，但應事前向蘇表示，依照國際慣例，國際會議主席多推由地主國擔任，故我贊成美方擔任。」當日稍後，中國代表團又接到蔣介石第二個電報指示，囑顧維鈞不用特意向蘇聯去做解

---

① 《顧維鈞回憶錄》第 5 分冊，第 489–490 頁。

② 《魏道明致外交部》（1945 年 4 月 8 日），*Wellington Koo Papers*, box 82；《顧維鈞回憶錄》第 5 分冊，第 497 頁。

釋，只要便中說明就可。[①] 此後，在四國討論中，中國代表團均表示支持美國
立場。有關會議主席的爭執一直延續到大會正式開幕後，才在全體會議中以
表決方式通過英國方案。[②]

舊金山會議於 1945 年 4 月 25 日正式開幕。與在敦巴頓橡樹園會議上只
提出有限的補充意見不同，中國代表團在會議期間對聯合國及其憲章進一步
表明中國的看法，提出新的提案。根據四大國商定，所有提案在提交大會或
各委員會前，必須先經四大國審查批准。5 月初，中國代表團向四國審查修
正案小組會提出對《聯合國憲章》草案的三項新的修正案，即：(1) 國際間如
有危害和平事件發生，安全理事會應有權採取臨時辦法；(2) 國際法院之判
決，爭執中一方不能遵從時，安全理事會在另一方申請下，可採取它認為必
要的措施使裁決生效；(3) 當非會員國為國際爭議之一造，或當非會員國將
爭議事件送交大會或安全理事會時，此等非會員國在國際組織中之地位及安
全理事會對此等非會員國之權力，在憲章中應有說明。[③] 這三項修正案是汲
取國際聯盟在侵略發生後不能迅速做出反應或無法採取有效行動的教訓，針
對《聯合國憲章》草案中相應的不足之處，提出了中國的看法。顧維鈞與宋
子文一同參加了四國小組會。討論中國修正案時，對第一項，英、蘇贊成，
美國最初稱須稍加研究，但最終還是認為這一修正案基於九一八事變後國聯
束手無策的教訓，填補了安全理事會執行程序中的一個空白。對第二項，美
國表示反對，認為這涉及常任理事國的否決權、主權國家的司法權等複雜問

---

① 《吳國楨來電》(1945 年 4 月 9 日)，*Wellington Koo Papers*, box 82。

② 《顧維鈞致吳代部長》(1945 年 4 月 27 日)，*Wellington Koo Papers*, box 83。並參見 Ruth Russell, *A History of the United Nations Charter: The Role of the United States, 1940–1945*, Brookings Institution, 1958, pp. 634–636。

③ 《中國代表團會議結論》，第 6 次會議，1945 年 5 月 2 日，*Wellington Koo Papers*, box 85。

題，由於美國堅持己見，中國表示保留自己的立場。對第三項，蘇聯起初稍有疑問，但後來也予以贊同。這樣，中國三項修正案中兩項被四國小組會接受而提交大會並最終被寫入憲章。[1]

在 5 月 3 日四國小組會討論安全理事會非常任理事國的選舉時，英國重提它在敦巴頓會議上提出而被否決的提議，即非常任理事國應根據對安全貢獻之大小來確定，意在增加中等國家主要是英聯邦國家入選的機會。顧維鈞當即以口頭修正案的形式，建議非常任理事國的選舉應考慮地域平等分配的原則，實際上就是給歐美以外的小國、弱國更多更公平的機會。這延續了顧維鈞在國際聯盟初創時提出的「分洲主義」主張。最後，中國提案與英國提案同時作為四個發起國的修正案向大會提出，而中國的提案最終獲得大會通過被寫入《聯合國憲章》。[2]

根據蔣介石 4 月 9 日給代表團的指示，在舊金山會議期間美蘇發生矛盾或衝突時，中國代表團應站在美國一邊，而不必太顧及蘇聯的反應。顧維鈞雖將與美國合作並支持美國作為中國代表團的基本原則，但對蘇聯的態度並不像蔣介石指示的那樣毫不顧及。他認為由於蘇聯對自己的主張持強硬立場，美、英兩國「頗感煩惱」，「會議進行難望一帆風順」。中國夾在中間，地位比較微妙，從中國的國家利益考慮，不必刻意冒犯和惹惱蘇聯人。[3] 因此，

---

① 《顧維鈞致外交部第 33、34 號電》(1945 年 5 月 3 日)，*Wellington Koo Papers*, box 83; Ruth Russell, *A History of the United Nations Charter: The Role of the United States, 1940–1945*, pp. 651, 675–676, 892–893。

② 《顧維鈞致外交部第 34 號電》，*Wellington Koo Papers*, box 83; Untied Nations Information Organization, *Document of the United Nations Conference on International Organization*, London and New York, 1945, Vol. 3, p. 624。

③ 《顧維鈞致外交部》(1945 年 5 月 4 日)，*Wellington Koo Papers*, box 83；《顧維鈞回憶錄》第 5 分冊，第 516 頁。

會議期間作為中國代表團的實際主持人，顧維鈞對美蘇衝突雖偏向美國，但並不放棄在兩國間居中調停的機會。4月底，大會剛開幕不久，指導委員會下屬的分配小組開會，決定各專門委員會主席的人選。參加分配小組的蘇聯代表是駐美大使葛羅米柯（Andrei Gromiko），他堅持為烏克蘭爭取一個專門委員會主席的職位，並提出應該擔任第三委員會下的強制行動專門委員會主席。美國已考慮將這個職位給南美國家，因此予以反對，提出可以給其他專門委員會主席職位，但提議遭到蘇聯代表的拒絕。小組會議無果而散。會後，葛羅米柯主動約顧維鈞交談，表示可由中國出面提出適當辦法，如美國能同意，蘇聯也可同意。顯然，葛羅米柯認為顧維鈞可以在美蘇兩國間進行斡旋。蘇聯方面鬆口後，顧維鈞提出新的方案與美國代表溝通，最後促成雙方在此問題取得一致，解決了兩國僵持不下的難題。[1]

雖持總體上支持美國的立場，但在涉及《聯合國憲章》基本原則的討論中，顧維鈞並不完全遷就美國的意見，而是盡可能表達中國的主張。這在有關託管制度的討論中表現最為突出，這也是舊金山會議中各國爭論最為激烈的問題。託管制度，也稱領土代管制度，是美國最初提出的概念，即在國際組織監督下由受託國對殖民地進行管理，意在取代殖民地制度。但這一主張遭到最大殖民帝國英國的強烈反對。英國首相丘吉爾曾言，他對美國關於託管制度報告的每一個字都不同意，只要他當首相一天，就絕不讓出英帝國遺產的任何部分。[2]而美國對託管制度的看法在大戰後期發生變化，認為太平洋地區有關美國國家安全，必須在美國控制之下，因此主張將太平洋地區列為所謂的戰略地區另類處理。雅爾塔會議期間，美、英、蘇三國就託管制度

---

① 《顧維鈞回憶錄》第 5 分冊，第 524–525 頁；《戰時外交》第 3 冊，第 909 頁。

② 《德黑蘭、雅爾塔、波茨坦會議記錄摘編》，第 188 頁。

達成諒解，託管領土僅適用於：(1) 國聯的現有委任統治地；(2) 此次戰爭中割自敵國之領土；(3) 自願要求置於託管制度下之領土。[1] 這一諒解意味着託管制度將不涉及英國的已有殖民地，是美國對英國的一大讓步。中國對託管制度有自己的主張。在為敦巴頓會議準備的幾個方案中，軍事委員會參事室的新國聯約章草案和外交部方案都提到對託管地（或稱國際治理地）的管理，而王寵惠方案則從中國與會主要目標出發，提出該問題「似不必由我方先行提出」。[2] 外交部為出席舊金山會議擬定的方案中第二點也是關於託管制度的。該方案主旨為，託管制度的目的是「改善被代管領土之人民之經濟教育狀況，促進社會福利」，尤其是要「扶助其完成自治或獨立」；被代管領土若「政治發展已屆成熟者」，應「將其獨立之日期及早公佈」，「其政治發展尚未成熟者，應逐漸予土人以參加當地議會之權，使其能早日獲得自治及獨立」。[3] 與三大國在雅爾塔會議達成的諒解相比，中國的主張最明顯的特點是以殖民地獨立為託管制度的最終目標，符合託管制度提出時的本來意義。

舊金山會議期間，美國提出的結合託管制度建立戰略地區的提案遭到一些與會國家特別是小國的反對。中國代表團認為，建立戰略地區的設想與以往國聯委任統治制度一樣，而有違於託管制度的基本目標。雖然中國代表團因與會方針未便直接反對美國的提案，但提議在《聯合國憲章》有關託管制度的章節中，對託管地的未來前途，須在自治之外加上獨立的字樣。5 月 17日，專門委員會討論託管制度時，美、英及法國、澳大利亞等國代表均反對中國的提案，反倒蘇聯代表表示贊同。美國代表的發言措辭十分專斷，稱中

---

① 《德黑蘭、雅爾塔、波茨坦會議記錄摘編》，第 225 頁。

② 葉惠芬編《中華民國與聯合國史料彙編：籌設篇》，第 137、148 頁；《戰時外交》第 3 冊，第 833 頁。

③ 外交部：《有關國際和平機構各項問題之方案》(1945 年 3 月)，*Wellington Koo Papers*, box 79。

國的建議沒有說服力，「應予否決」。顧維鈞代表中國四次起立發言，「態度異常堅決」，「會場空氣異常緊張，形成中國與英美尖銳之對立」。① 專門委員會無法達成一致意見，只能休會進行會外協商。美國代表為此專門拜訪顧維鈞，表示只要中國與美、英等國意見一致，可以在託管理事會中給中國一個永久性席位。顧維鈞答道，中國在此問題上並無特殊利益，也無意為自己謀求特殊好處，只是希望將民族獨立這一點包括在聯合國的基本目標之中。② 由於中國的堅持，「獨立」兩字最終被列入《聯合國憲章》第十二章闡述託管制度目的的條文中。中國還在五國（四國加上法國）協商時提出，一旦託管安排遭到侵犯，應提交聯合國大會或安全理事會以採取行動。但由於其他四國都不同意，而未被送交會議討論。③

　　顧維鈞在專門委員會上與美、英觀點對立的發言引起美國媒體的關注。代表團專門委員毛邦初向蔣介石報告此事，並對顧維鈞的做法提出批評，認為美、英在此問題上立場強硬，中國為獲得被壓迫民族同情，只要在會上「略作表示」就可以了，「無力爭之必要」。④ 在顧維鈞的外交活動中，與美國發生正面衝突，尤其是在舊金山會議這樣重要的國際場合，是十分罕見的。這實際上涉及顧維鈞對會議的定位。參加敦巴頓橡樹園會議時，顧維鈞將確保中國的四強地位作為首要目標，因此與美、英商討中多有妥協。但舊金山會議中國作為發起國之一，大國地位已經確定，顧維鈞不用像敦巴頓橡樹園會議那樣心有顧忌，可以放開表達中國的立場了。託管地的最終獨立是外交部

---

① 《毛邦初致蔣介石》（1945 年 5 月 21 日），《領袖特交文電（七）》。

② 《顧維鈞回憶錄》第 5 分冊，第 530–531 頁。

③ Ruth Russell, *A History of the United Nations Charter: The Role of the United States, 1940–1945*, pp. 836–837.

④ 《毛邦初致蔣介石》（1945 年 5 月 21 日），《領袖特交文電（七）》。

方案確定的原則，得到了最高層的同意，顧維鈞本人也持此主張，因此會「態度異常堅決」。「獨立」兩字被寫入《聯合國憲章》，正是顧維鈞所期望的以公理爭強權的結果。

由於在討論託管制度時與美、英發生正面衝突，會議第二天討論侵略定義時，顧維鈞調整應對，改變原來贊同對侵略定義的主張，而不發言，附和美、英立場。這就回到了敦巴頓橡樹園會議時的立場，當時中國代表團補充意見第三條提出對侵略要定義，因為美、英的反對而擱置。毛邦初在給蔣介石的電報中對顧維鈞此舉也有批評，認為與託管制度的表態相比，是「本末倒置」。

隨着會議的進展，《聯合國憲章》接近擬定完成。5 月 19 日，宋子文致電蔣介石請示簽字事：「關於國際組織公約之簽訂，美英兩國均將由全體代表共同簽字。此次我國各代表皆能誠切合作，步調一致，如能採取同樣辦法，當更可增加對外良好觀感。倘蒙核准，乞飭外交部電給代表全權簽字證書。」5 月 25 日，蔣介石以國民政府主席身份與外交部代理部長吳國楨一起致電宋子文等全體代表，授以全權簽署《聯合國憲章》。[1] 隨後，代表團會議討論決定，在《聯合國憲章》上簽字時中文本簽中文，洋文本簽洋文，後加一括號，內簽中文。中國代表在會議閉幕時用國語致辭。[2]

舊金山會議歷時兩月，6 月 25 日，全體大會通過《聯合國憲章》。第二天正午 12 點，大會舉行憲章簽字儀式。首先由發起國簽字，中國在發起國中按英文字母列於首位，代替宋子文出任首席代表的顧維鈞因此在《聯合國憲章》上第一個用毛筆簽署下自己的中文名字，隨後中國其他代表一一簽字。簽字結束後，發起國代表相繼致辭，顧維鈞代表中國發言：

---

[1] 《宋子文致蔣介石電》(1945 年 5 月 19 日)、《蔣介石、吳國楨致代表團電》(1945 年 5 月 25 日)，*Wellington Koo Papers*, box 82, 80。

[2] 《中國代表團會議結論》，第 46、49 次會議，*Wellington Koo Papers*, box 85。

　　今天是我們全體聯合國極其重要的一天。吾現在代表中華民國簽字於新安全組織之大憲章時，心裡發生無窮的感想。我們一生已兩次遭遇了世界上侵略勢力所造成的大流血大破壞。此次戰爭中國是第一個被侵略的國家。今日聯合國能在隆情厚誼的美國舊金山制定奠立世界和平基礎之大憲章，實覺無限愉快。現在歐洲勝利既已完成，對日最後勝利不久亦可取得，余個人深信並深望這世界安全組織，一本各國始終不斷的合作精神，能使我們的子孫不致重遭戰爭的苦痛，而得享受和平與幸福。[①]

　　發起國代表致辭後，美國國務卿斯退丁紐斯將顧維鈞介紹給美國總統杜魯門（Harry Truman），稱讚他在會議形勢微妙、需要圓通處理時，幫了大忙。[②]

　　6 月 27 日，蔣介石給顧維鈞和全體代表及顧問與專門委員發來電報表示祝賀：「聯合國會議圓滿閉幕，世界和平之理想益致具體化。諸君宣勤壇坫，為國家獲致佳譽，為人類創奠宏業。兩月辛勞，夙夜非懈，曷勝佳佩，特電慰問。」[③]

　　《聯合國憲章》的制定及隨後聯合國的成立，是世界反法西斯戰爭的勝利成果。中國作為最早投入反法西斯戰爭的國家，因為在戰爭中做出的不可替代的貢獻而成為聯合國的發起國和安理會的常任理事國。但是，由於中國與其他三大國美、英、蘇之間存在的實力差距和不平等關係，以及國內動盪複雜的政局，中國的這一地位在聯合國成立前並不是完全確定的。作為中國參加敦巴頓橡樹園會議的首席代表，顧維鈞將確保中國四強之一的地位作為首要目標，在中國參會方針的確立和會議的具體應對中，均發揮了關鍵的作

① 《顧代首席代表簽訂新安全組織大憲章時演詞》，*Wellington Koo Papers*, box 83。

② 《顧維鈞回憶錄》第 5 分冊，第 534 頁。

③ 《蔣介石致顧維鈞》（1945 年 6 月 27 日），*Wellington Koo Papers*, box 82。

用。至舊金山會議時，中國的大國地位已基本無憂，顧維鈞又將中國關於聯合國的主張向大會提出，如在非常任理事國的地域分佈、託管地的最終獨立等問題上，完全從道義原則出發，與其他大國考慮一己私利形成鮮明對比，由此代表中國為《聯合國憲章》的制定做出了獨特的貢獻。在對聯合國及戰後國際秩序的考慮中，顧維鈞將中國在其中所處的地位作為頭等重要的事情，但也不忘考慮聯合國和國際秩序的基本原則，在爭取國家利益時堅持公理和正義。這就是他投身中國外交時給自己定下的目標：「我畢生的願望是，在世界大家庭裡，應使中國享有適當的地位，並且中國應對維持和促進世界安全與福利作出應有的貢獻。」①

第一次世界大戰結束時，顧維鈞參加了巴黎和會，以拒簽和約的行為維護了國家尊嚴，並參與了國聯盟約的制定。第二次世界大戰臨近結束時，顧維鈞又參加了舊金山會議，參與了《聯合國憲章》的制定，使中國成為聯合國安理會的常任理事國。像他這樣參加了兩次大戰後的兩個重要國際會議、參與了兩個國際組織創建的外交官，在全世界都沒有幾個；而作為自己國家的主要代表在兩次國際會議中都發揮重要作用的，只有顧維鈞一人；從巴黎和會到舊金山會議，顧維鈞是中國外交從受壓抗爭到正常應對、中國國際地位從弱國到四強之一上升過程的親歷者和見證人。

---

① 《顧維鈞回憶錄》第 5 分冊，第 608 頁。

第十章

重返華盛頓

一　蔣介石委以重任

　　1945 年 8 月 15 日，日本宣佈無條件投降。參加完舊金山會議回到英國不久的顧維鈞聽到消息後興奮無比，立即下令使館懸掛國旗。當天，他在日記中激動地寫下：「我長期盼望、夢寐以求並為之奮鬥不息的時刻終於到來了。」[①] 從進入外交界之初反對「二十一條」，到巴黎和會上與日本代表激辯，再到九一八事變後參加國聯調查團、出使歐洲爭取援助，顧維鈞外交活動的主要目標，就是反對日本對中國的侵略。20 世紀上半葉日本是對中國主權侵犯最大的國家，如今這個敵國終於被中國和世界反法西斯國家一起打敗，親身經歷了從第一次世界大戰開始到第二次世界大戰結束日本侵華全過程的顧維鈞，怎能不為此感到興奮和激動呢？！

　　然而，抗日戰爭結束後，飽受戰爭苦難的中國並沒有迎來和平，國內政局面臨着新的危機和動盪。對於國共兩黨的分歧和衝突，顧維鈞最初就像對北洋時期紛亂的政爭一樣，在政治上不捲入任何一派，只注重外交，所以他會力主共產黨人參加舊金山會議。

　　不過，在駐英大使任內顧維鈞的政治身份發生了一個重要變化。1942年，顧維鈞在蔣介石的勸說下加入了國民黨。[②] 1945 年 5 月，正在參加舊金山會議的顧維鈞在國民黨第六次全國代表大會上被選為中央執行委員會委

[①] 《顧維鈞回憶錄》第 5 分冊，第 555 頁。

[②] 《顧維鈞回憶錄》第 6 分冊，中華書局，1988，第 402 頁。

員。中央執行委員會由兩百多人組成，國民黨內各派系為委員席位爭奪十分激烈，但蔣介石還是安排黨齡才三年的顧維鈞任中執委。獲此消息後，顧維鈞致電蔣介石：「得悉忝任中委，惶感交集。竊鈞黨資淺薄，貢獻毫無，遽膺重寄，深慮勿克勝任。惟有守遵中央方針，稟承總裁訓示，益加勤奮，為國報效。尚懇時賜指導，俾資遵循。」①這份電報主要是禮節性的，顧維鈞對國民黨黨員的身份並不很看重，仍習慣於以一個超黨派的人士看待和談論國內政治問題。就在發出這份電報前幾天，顧維鈞與宋子文在舊金山有一次交談。談到國共問題時，顧維鈞贊成聯合政府，認為讓共產黨加入政府比讓他們與政府對立要好，這有利於政府掌控整個局面。②

　　抗戰勝利後不久，中國共產黨職工運動委員會書記鄧發赴巴黎出席世界職工代表大會途中抵達倫敦，鄧發給顧維鈞帶來了周恩來的介紹信和毛澤東對他的問候。鄧發告訴顧維鈞，毛澤東知道他建議出席舊金山會議的代表團要包括中共代表在內。顧維鈞對中共高層的問候很高興。鄧發在倫敦期間，顧維鈞與他進行了幾次會面交談，坦率討論國共問題。11 月 22 日，兩人一起進餐時，顧維鈞談了他對國共關係的看法：「我看不出兩黨政策之間有甚麼大的區別，任何國家只有統一才能強大。在戰後世界現代強權政治的考驗中，沒有一個統一的政府和軍隊，中國就起不了自己應有的作用。三十年來，我一直為此而努力工作。現在日本的危險終於消除，所有的中國人應該齊心協力，建設一個新國家。一個政黨的權力和成功，與整個國家的更高的利益相比是微不足道的。」在顧維鈞看來，國共兩黨都希望中國強大，因此它們之間的不和實無必要，也不值得讚許。在這期間，顧維鈞還在使館為出席世

① 《顧維鈞致蔣介石》（1945 年 5 月 31 日），*Wellington Koo Papers*, box 82。
② 《顧維鈞回憶錄》第 5 分冊，第 537 頁。

界青年大會的中國代表團舉行了一次招待會，代表團中包括了來自國共兩黨的代表。顧維鈞在致辭中，強調代表團內應始終保持統一陣線。他遵循的仍是政爭止於國內的信條。[1]

抗戰勝利後毛澤東飛赴重慶與蔣介石就國共問題進行談判，顧維鈞對此非常關注。1946年1月10日，國共和談商定的政治協商會議在重慶召開。獲悉此消息，顧維鈞十分高興，認為「此次國共談判成功，全國統一昇平在望」，期盼聯合政府的組成。[2]

1946年2月代表中國出席完在倫敦舉行的聯合國第一屆大會後，顧維鈞回國述職，於3月9日抵達重慶。此時，政治協商會議已結束，國民黨正根據政協會議決議醞釀改組政府。因為顧維鈞在國共問題上的中立態度，蔣介石與宋子文都考慮由他出任新政府的外交部長。蔣介石還要顧維鈞參加國民代表大會，當顧維鈞表示自己沒有資格成為國大代表時，蔣介石保證為他安排一個席位。媒體也在此時傳出顧維鈞有望出任外長的消息。[3]顧維鈞對外長一職並不拒絕。在等待政府改組期間，國內政局成為他關注的重點，也是他與國民黨高層會面時的主要話題。

5月14日，顧維鈞與外交部長王世傑有一次長談，在國際問題之外討論了國共問題。王世傑認為，解決共產黨問題有三種選擇：第一，將共產黨排除在政府之外，讓他們在自己的轄區內自行其是；第二，對共產黨做出讓步，讓他們參加到政府中來，但這會產生一個任何事情都做不成的軟弱的政府；第三，以武力解決。針對王世傑的三個選項，顧維鈞回答說，中國最需

---

① 《顧維鈞回憶錄》第5分冊，第611–612頁。

② 《顧維鈞致王世傑》(1946年1月12日)，*Wellington Koo Papers*, box 72。

③ 《蔣介石日記》，1946年3月12日；《顧維鈞回憶錄》第5分冊，第675、684頁；《申報》1946年3月16日，第1版。

要的是有一個進行重建的穩定時期，如果採取第一種選擇，不安定的局面將阻礙重建工作的開展。第三種選擇則無論中國人民或國外公眾都不會理解和支持，對國民黨而言等於自殺。因此，國內外的形勢要求中國走第二條道路，它至少可以緩和緊張局面並提供合作的機會。即使成功希望不大，依然要朝此方向努力。①

兩天後，顧維鈞與宋子文見面，也談到了國共問題。宋子文說，他對共產黨沒有信心，因為共產黨參加政府的目的就是阻礙和削弱政府，以便最後接管政府。顧維鈞提醒宋子文，正在國共之間進行調停的美國特使馬歇爾（George Marshall）渴望兩黨實現和解，由此間接地表達了他的看法。②

第二天，5月17日，蔣介石請顧維鈞一起晚餐。顧維鈞到蔣介石的官邸後，發現他是唯一的客人，不免有些驚異。其實，在前一天，蔣介石就定下要約他來專談外交。在晚餐後兩小時的談話中，蔣介石在了解了顧維鈞對國際局勢和美、蘇政策的見解後，又詢問他對國共問題的看法。顧維鈞直率地告訴蔣介石，他應該在擴大了的政府裡，堅定不移地與中共合作，而不是憑藉他的軍隊優勢來解決問題。如果局勢停留在目前的狀態，政治動亂和經濟不穩定就會繼續下去，這就不可能從國外獲得有效的援助，中國的國際地位就會進一步下降。顧維鈞還是從中國外交的視角來看國共問題。儘管他知道蔣介石對國共問題有與他不同的看法，仍然當面表達了自己的主張。③

在顧維鈞與王世傑、宋子文和蔣介石交談的5月中旬，國民黨大批軍隊已進入東北，向中共軍隊發起攻勢，一時佔據優勢。由於國共衝突日益尖

---

① 《顧維鈞回憶錄》第5分冊，第696頁。王世傑當天日記無與顧維鈞談話記錄，見《王世傑日記》上冊，第789頁。

② 《顧維鈞回憶錄》第5分冊，第698頁。

③ 《顧維鈞回憶錄》第5分冊，第702頁；《蔣介石日記》，1946年5月16日、17日。

銳，政府改組一事被擱置一邊，顧維鈞也就無緣再度出掌外交。此時，馬歇爾正代表美國政府在國共間進行調停，對美外交成為國民黨對外事務中的頭等大事，於是國民黨最高層決定將顧維鈞調往華盛頓，出任重要的駐美大使一職。

還在舊金山會議剛結束時，行政院長宋子文就已準備將顧維鈞調往華盛頓，並向蔣介石彙報獲得批准，只是由於需要顧維鈞在倫敦出席聯合國第一屆大會，這一任命才沒有馬上發表。隨後，國民黨最高層有了讓顧維鈞任外交部長的考慮。因此，讓顧維鈞任駐美大使是舊事重提。與倫敦的職位相比，顧維鈞當然更看重到華盛頓任職，他始終認為對美外交是中國外交最重要的任務。因此，當 1945 年 7 月下旬宋子文告訴他蔣介石已同意他任駐美大使後，他隨即詢問新的任命甚麼時候可以公佈，流露出赴華盛頓的急切心情。[1]

在接受轉任華盛頓的使命後，在國內繼續逗留期間，顧維鈞對國共兩黨問題的看法發生了很大的變化，從主張國民黨容納共產黨轉向贊同以武力方式解決共產黨問題。6 月 10 日晚，蔣介石宴請天主教第一位中國籍主教田耕莘等，顧維鈞參加作陪。晚宴後，顧維鈞與其他客人一起告辭時，蔣介石叫住了他，要與他單獨談話。當蔣介石再次提出國共問題時，顧維鈞表示，為了實現政治上的統一，使用武力不失為一項辦法，這對任何國家來說都是必要的，因為不把政府統一起來並實行對全國的統治，要重建國家甚至保持和平都是很困難的，並舉了林肯為維護聯邦統一而戰的事例。但他又說，自己作為一個文官，無法評價國民黨的軍事實力，只有蔣介石才能判斷以武

---

[1] 《宋子文致顧維鈞》(1945 年 7 月 25 日)、《顧維鈞致宋子文》(1945 年 8 月 3 日、12 月 10 日)，*Wellington Koo Papers*, box 49, 52。

力謀求政治統一的政策是否明智。顧維鈞認為,如果國民黨的武力確實能給全國帶來統一,那麼就可以使美國人相信中央政府能夠在全國實施法律和命令。①

距上一次與蔣介石談話相隔僅二十來天,處事向來穩重的顧維鈞對國共問題的看法何以發生如此急劇的變化呢?

這主要與顧維鈞對當時東北局勢以及蘇聯在其中所起作用的認識有關。抗戰勝利後,東北成了國共兩黨激烈爭奪的地方,蘇聯在東北的介入使局勢更為錯綜複雜。5 月底 6 月初,顧維鈞赴東北考察,親身感受到國共在東北激烈的軍事對抗和蘇聯對東北局勢的影響。到瀋陽後,他與東北行營主任熊式輝有次長談。熊式輝告訴他,東北的局勢源於蘇聯的干預,他們阻礙國民黨軍隊進入東北,並暗中幫助共產黨軍隊發展。蘇聯正窺測時機向中國提出要求以便攫取東北權益。負責東北經濟接收的張嘉璈帶顧維鈞去看了機器已被蘇聯搬運一空的兩家工廠,並告訴他東北局勢如虎踞山崗,這頭猛虎不會靜待太久,隨時準備撲向山下的獵物。顧維鈞明白張嘉璈口中的猛虎就是蘇聯。東北的記者也追問顧維鈞對蘇聯運走中國物資的看法。② 此前顧維鈞對中蘇兩國政府於 1945 年 8 月簽署的條約就極感失望,對蘇聯通過條約索取中國權益的做法不滿。東北之行使他認為國共問題並不僅僅是原先認為的國內政治問題,而與蘇聯的干預直接相關。

回國期間與國民黨高層官員的接觸也是一個重要因素。顧維鈞此次回國,待了 3 個多月。在此期間,除與蔣介石多次會面外,他與宋子文、孔祥熙、陳果夫、陳立夫、王世傑、吳鐵城、李宗仁、熊式輝、杜聿明等都有過

---

① 《顧維鈞回憶錄》第 5 分冊,第 720 頁;《蔣介石日記》,1946 年 6 月 10 日。
② 《顧維鈞回憶錄》第 5 分冊,第 712–714 頁;《蘇運走東北物資事,顧維鈞在瀋談我之準備》,《益世報》(天津) 1946 年 6 月 1 日,第 1 版。

交談，有的還不止一次。在這些交談中，國民黨的文官對國共問題的前景幾乎都持悲觀態度，表示對與共產黨合作不抱希望，而國民黨將領又大多傾向於武力解決，自恃軍事力量比共產黨強好多倍。由於長期駐節海外，對國內情況了解有限，這些國民黨高層官員反覆闡述的觀點對顧維鈞就有很大的影響力了。當他認為國共之間不可能通過政治途徑達成妥協，而且國共問題也不僅僅是國內問題時，他原先所持的中立態度就發生了變化。與首次使美為袁世凱推動帝制輿論相似，顧維鈞仍期望一個強有力的中央政府。

使顧維鈞對國共問題的立場發生變化的另一個重要因素，是他即將出任駐美大使。此時美國特使馬歇爾正在調處國共矛盾，美國政府實際上已介入中國的國內政治了。作為代表國民黨政府與美國打交道的外交代表，顧維鈞也就無法像以往那樣完全迴避國內政治問題了。

國民黨高層確定顧維鈞出任駐美大使後，蔣介石希望他盡早赴美履職。6 月 14 日晚，顧維鈞離國前夕，蔣介石與他做了一次長談。蔣介石強調宣傳工作是對美外交的重點，並對在美開展宣傳的具體內容做了以下三點指示。第一，政府始終對共產黨讓步並與其達成協議，但共產黨人卻不遵守協議。第二，中國必須實現統一才能走向強大繁榮。沒有統一，任何一個國家都不能有所作為。和平統一是可取的，但是面對一個擁有獨立軍隊的政黨，政府不能只是採用政治手段。第三，關於美國對中國「一黨專政」的批評，政府正在穩步擴大政府基礎。蔣介石還叮囑顧維鈞在美做宣傳，要「聯繫在美之英人宣傳家，為我協助」，因為英國人在美國有特殊的影響力。蔣介石要求顧維鈞最好不要遲於 7 月 1 日到達華盛頓，因為在這以後中國將進入一個重要的時期。[①] 在做這番表示時，蔣介石正在部署向共產黨發起全面進攻的最

---

① 《顧維鈞回憶錄》第 5 分冊，第 725–727 頁；《蔣介石日記》，1946 年 6 月 15 日。

後軍事準備。12 天後，國共之間的全面內戰就爆發了。這次臨別談話表明蔣介石是將派遣顧維鈞出使美國與解決共產黨問題聯繫在一起的，希望通過他的宣傳活動和外交經驗影響美國的輿論和政策，以獲得美國對國民黨發動內戰的全力支持。這使得顧維鈞這次出使美國與他以往出使海外有一個根本的不同——國內問題而不是國際問題成為他對美交涉的主要任務。

在漫長的外交生涯中，顧維鈞歷經袁世凱、皖系、直系、奉系和國民黨等各屆政府，面對紛亂的政爭，他總是力圖與國內政治保持距離，專注於外交事務。但這一次他面臨的是與以往完全不同的國內外形勢。國共衝突是20 世紀中國最激烈的兩大政治力量的角逐，並且牽涉到美國與蘇聯兩個大國，而美蘇之間的冷戰此時已經拉開帷幕。顧維鈞是從巴黎和會走上國際舞台的外交官，他所熟悉的是第一次世界大戰後形成的國際秩序，立志於以公理爭強權，擅長在與列強的交涉中縱橫捭闔，維護作為弱國的中國的主權和利益。第二次世界大戰後出現的有着強烈意識形態特徵的冷戰格局，對他來說，超出了以往的外交經驗範圍。因此，東北的所見和國民黨高層的所言使他最終在國共問題上表明了自己的態度，從而使他外交生涯的最後一段時期與國民黨政府聯繫在了一起。

6 月下旬，顧維鈞返回倫敦，向英國政界告別。7 月 5 日，顧維鈞飛抵華盛頓，再度成為中國駐美使館雙橡園的主人。6 天後，美國政府也任命了新的駐華大使司徒雷登（Leighton Stuart）。

顧維鈞抵達美國正是中國國內全面內戰爆發之時，因此向美國政府說明中國的局勢成了他上任伊始的第一件事。7 月 16 日，顧維鈞向杜魯門總統遞交國書時，杜魯門詢問了國共對抗的情況。顧維鈞回答說，中國的局勢不十分安定，中國政府正致力於在國內實現和平、統一和民主；這些目標能否達到要看國內各方勢力能否合作，其中包括中國共產黨在內。但該黨的合作

態度似有不足，它沒有履行與政府業已達成的協議，似在一心擴大其影響與實力，拖延和解，缺乏對等的合作精神。①

此時，國民黨軍隊正在向中國共產黨控制的區域發起進攻，為了盡可能使國共不完全破裂，美國特使馬歇爾決定向蔣介石施加最後的壓力，他與司徒雷登一起代杜魯門起草了一封致蔣介石的信。8 月 10 日，杜魯門將此信交給顧維鈞轉送蔣介石。信中提到剛發生在昆明的民主人士李公樸、聞一多遭國民黨特務刺殺的「李聞血案」，指出這是「企圖採取強權、軍隊或秘密警察，而不是採取民主方法，來解決主要的社會問題」，要求蔣介石以和平方法解決國內問題，並在短期內取得進展，否則，「我有對美國人民重新說明和解釋美國的立場的必要」，希望能從蔣介石那裡盡快得到「令人鼓舞的好消息」。②

顧維鈞從美方接到這封信後，認為它表明杜魯門「對中國目前局勢極為失望」，整封信「措詞嚴峻，甚至唐突」。他一面立即將信譯成中文以最快方式送交蔣介石，一面向美方探詢杜魯門此信的真實意圖。8 月 12 日，他請美國國務院負責中國事務的遠東司司長范宣德（John Vincent）共進午餐，了解到美國政府並沒有置國民黨政府於不管的想法。餐後他立即向蔣介石報告：「經向美方探詢，此舉用意似尚不惡，重在我方此時有所表示，採一切實步驟以明我政府之寬宏態度，而反映共方缺乏誠意。」③

蔣介石剛接到杜魯門信時，對其態度和措辭非常氣憤，「其語意之侮辱、壓迫殊難忍辱」，「直覺美國外交之無禮與可惜」。待顧維鈞電報到達後，

---

① 《顧維鈞回憶錄》第 6 分冊，第 5 頁。

② 世界知識出版社編《中美關係資料彙編》第 1 輯，世界知識出版社，1957，第 671 頁。

③ 《顧維鈞致蔣介石》（1946 年 8 月 12 日），*Wellington Koo Papers*, box 123；《顧維鈞回憶錄》第 6 分冊，第 19–20 頁。

他了解了美國的底牌，因此寫了封敷衍搪塞的回信，由顧維鈞於 8 月 28 日交給杜魯門。回信中將中國國內問題完全歸咎於共產黨，堅持「共產黨必須放棄其武力攫取政權、推翻政府及建立一個猶如目前東歐的集權的政權的政策」。[①]

在向美國朝野說明中國國內局勢時，顧維鈞集中表述了這樣幾個觀點：第一，中國必須統一，如同南北戰爭期間的美國一樣，不過解決辦法應以和平方式為先；第二，中國局勢實質上是世界局勢的一部分，在世界局勢中，蘇俄是推進國際安全與合作的主要障礙；第三，中國人的天性具有民主氣質；第四，美國人根據中國共產黨宣傳使用的標語口號來衡量中國情況十分危險。這樣的說明已經完全站在國民黨一邊，按蔣介石的意願為其政策做辯護了。

二　盡心竭力爭美援

當蔣介石將內戰的戰火燒向全國而又在戰場上接連失利之時，美國的軍事援助和經濟援助就對國民黨政權的生存顯得至關重要，爭取美援也就成了顧維鈞對美外交的首要任務。

美國在抗日戰爭結束後以延長《租借法》和轉讓剩餘物資等方式向國民黨政府提供了大量援助。但由於美國政府尚希望通過馬歇爾調停解決國共問題，因此對國民黨政府的援助仍遮遮掩掩，尤其對國民黨政府的大筆貸款要求並未給予積極的回應，以美國進出口銀行名義給予的對華 5 億美元指定用途貸款也一直未予動用。1947 年 1 月馬歇爾結束在華使命，宣告美國政府

---

① 《蔣介石日記》(1946 年 8 月 15 日)；《中美關係資料彙編》第 1 輯，第 671 頁。

調停政策的失敗。回國後的馬歇爾隨即出任國務卿，在華調停失敗的經歷對馬歇爾此後制定對華政策產生了重要影響。2 月上旬，遠東司司長范宣德根據馬歇爾的指示重估美國對華政策，提出將視中國情況「改進」的程度，即中國政府按美國的期望進行改革的進程，來決定美國對華經濟和其他方面的援助，而如何認定「改進」，美國政府應持「同情而不是苛求和挑剔的態度」。范宣德還提出，美國的援助應有助於中國的經濟復興和改革，而不應提供助長或鼓勵中國內戰的軍事援助，但以不使國民黨政府無法抵禦共產黨的軍事進攻為前提。[①]

2 月 17 日，顧維鈞請求會見馬歇爾。這是馬歇爾就任國務卿後顧維鈞與他的第一次會面，要求美國對華提供經濟援助是會談的主要議題。此前一天，蔣介石剛發表聲明，承認中國的經濟「已屆非常嚴重之時」，並宣佈法幣大幅度貶值，與美元的比價從 7000 多比 1 下調為 12000：1。[②] 會談中顧維鈞在提及蔣介石的聲明後，即向馬歇爾提出由美國進出口銀行提供 2000 萬美元商品貸款，以用於購買棉花和小麥的要求。他強調，中國提出這筆貸款請求，不僅是希望能得到具體的物資支持，更期望貸款能對中國民眾的心理產生影響，因此希望美國政府能發表有關援華的政策聲明。但馬歇爾明確表示這樣一筆貸款目前實現的可能性很小。[③] 在馬歇爾看來，儘管美國政府遲早要向國民黨政府提供援助，但在其還未邁出改革的步子時，提供援助只會推遲改革。

3 月 12 日，美國總統杜魯門向國會發表了此後被稱為「杜魯門主義」的總統咨文，聲稱世界上「不論甚麼地方，不論直接或間接侵略威脅了和平，

---

① *FRUS*, 1947, Vol. 7, Washington, 1972, pp. 789–793.

② 《中美關係資料彙編》第 1 輯，第 714–715 頁。

③ *FRUS*, 1947, Vol. 2, pp. 1066–1068；《顧維鈞回憶錄》第 6 分冊，第 49–53 頁。

都與美國的安全有關」。「杜魯門主義」雖是直接針對希臘和土耳其局勢提出的，但標誌着戰後美國外交政策的重大轉變，一出台就引起顧維鈞的高度重視，認為這「應該適用於遠東，更主要的是適用於中國」。[①] 在內戰中處於困境的國民黨政府對此極為興奮，隨即加快了向美國求援的步伐。

4 月 6 日，外交部長王世傑致電顧維鈞，稱政府將於兩週內完成改組，此後將向美國提出借款請求，詢問其對推動美國援華的意見，以及在尚未動用而將於 1947 年 6 月底期滿的進出口銀行 5 億美元貸款之外，是否另提借款要求。顧維鈞於 4 月 18 日答覆王世傑，認為根據美國政府屢次表示對華援助須視中國政局改善程度，「現擬於我政府改組後提出借款，應合時機」；但進出口銀行 5 億美元貸款須由該行個別審定每項具體用途後才能動用，「恐於我目前財政經濟緩不濟急」，因此，顧維鈞建議「宜擴大數目，增加五億美元以應急需」，用於購買棉花、汽油、交通工業器材和穩定金融。由於進出口銀行的貸款係採用商業辦法，「條件精細，期限縮短，於我國現情形頗多不利」，顧維鈞提出另增的 5 億美元援助請求「不能不用政治性質借款，如希土之例，由美政府專案向國會提出通過」。顧維鈞還指出，美國現「力圖減稅節流」，而「對我既往運用借款之效率，咸認為不甚顯著」，因此要獲得美國的援助，需「提出切實精審方案，俾美政府與國會雙方均感我實事求是」。[②] 顧維鈞這份電報，提出要求美國增加 5 億美元貸款，達到 10 億美元的金額，並且提出將新增的貸款定為政治性質，與「杜魯門主義」掛起鈎來，這成為國民黨政府此後爭取美援時說服美國的主要依據。

顧維鈞發出電報的當天，國民黨政府進行了改組，由張群出任行政院

---

① 《顧維鈞回憶錄》第 6 分冊，第 87 頁。

② 《顧維鈞致王世傑》(1947 年 4 月 18 日)，*Wellington Koo Papers*, box 123。

長，並吸收了青年黨等小黨派負責人和一些社會賢達參加政府，以求改變形象，博取美國政府的好感。改組後的國民黨政府隨即着手向美國提出援助的請求。4 月 27 日，剛辭職下台的前行政院長宋子文通過傅涇波轉告美國駐華大使司徒雷登，中國政府將向美國提出巨額棉麥借款、軍火援助及完成裝備八又三分之一飛行大隊等要求。當日，蔣介石又直接向司徒雷登重複了這一要求。而司徒雷登通過其他渠道也獲悉南京將通過駐美大使提出正式的援助要求，包括蔣介石在內的國民黨官員都希望獲得大額商品貸款。[1] 5 月 6 日，外交部長王世傑致電顧維鈞，指示其向美國務院遞交以他名義簽署的照會，正式向美方提出借款的要求，並「特別注重三點」：(1) 中國「無意以借款彌補預算決算之收支差額」；(2)「借款將純為建設之用」；(3) 原定 5 億美元之數不夠，「故請美方將借款數目定為 10 億」。王世傑還要求顧維鈞在向美方交涉時，「措詞方面至希堅定，俾免彼方視為試探」。[2] 王世傑的要求顯然是根據顧維鈞 4 月 18 日的建議提出的，顯示出在華盛頓第一線與美方交涉的顧維鈞對南京決策的影響力。

　　5 月 8 日，顧維鈞拜訪馬歇爾，正式提出國民黨政府的 10 億美元借款要求。顧維鈞在會談中說明了中國的局勢及對經濟援助的需要，強調僅靠原先安排的進出口銀行的 5 億美元貸款無法應對目前的局勢，並保證美國的援助不會被用來彌補財政上的赤字。他解釋說，由於單靠指定用途的 5 億美元貸款無法滿足中國的需要，因此奉命提出 10 億美元貸款，其中一半用於購買美國的物資和設備，一半用於恢復交通、農業和建立發電廠等。馬歇爾雖表示他一向熱心於為中國提供援助，也歡迎最近中國政府改組所帶來的進步跡

---

[1]　*FRUS*, 1947, Vol. 2, pp. 824, 1107–1108.

[2]　《王世傑致顧維鈞》(1947 年 5 月 6 日)，*Wellington Koo Papers*, box 136。

象，但他希望顧維鈞能將中國的要求以非正式的備忘錄形式遞交給他，以便他親自做進一步的研究，然後與中國方面再行討論。根據參加這次會談的美國國務院遠東司司長范宣德的看法，馬歇爾有關非正式備忘錄的要求與中國的意圖並不一致，中國方面實際上希望通過公開的請求引起美國國會和公眾的同情，以有助於得到大筆貸款。不過顧維鈞對這次會談的結果還是表示滿意，在當天給外交部的電報中，他報告在會談中「以我政府名義及堅定口吻提出」，馬歇爾聽後「頗動容」。[1]

5 月 13 日，顧維鈞向馬歇爾遞交了一份非正式備忘錄，重申了與馬歇爾會談時提出的 10 億美元借款要求，並表示如果美國政府原則上接受這一要求，中國政府將遞交正在準備中的更詳盡的計劃。但美國國務院認為在仔細研究並與財政部、進出口銀行和國會領袖協商前，無法做出中國所希望的「原則上接受」的承諾。[2] 但國民黨政府已無法等待下去了。5 月 15 日，王世傑致電顧維鈞，告訴他「政府堅盼借款數目為十億元」。幾天後，王世傑又將借款詳細計劃送至駐美使館，要求盡快與美方達成協議。[3] 因此，5 月 27 日，不待美方做出原則接受的承諾，顧維鈞又向美國國務院遞交了一份正式的備忘錄，詳盡解釋了中國提出借款的考慮、借款的性質和用途，表明中國希望原來由進出口銀行提供的 5 億美元貸款用於購買各項建設計劃所需的裝備和物資，而新申請的 5 億美元用於購買棉花、小麥等，以使中國政府能用這些物品換取貨幣，應付國內開支。這份備忘錄最後建議中美兩國立即就 10

---

① *FRUS*, 1947, Vol. 2, pp. 1114–1115；《顧維鈞致王世傑》（1947 年 5 月 8 日），*Wellington Koo Papers*, box 123。

② *FRUS*, 1947, Vol. 2, pp. 1119–1121.

③ 《王世傑致顧維鈞》（1947 年 5 月 15 日），*Wellington Koo Papers*, box 136；《顧維鈞回憶錄》第 6 分冊，第 143 頁。

億美元數額達成諒解，或至少在 1947 年 6 月 30 日前就進出口銀行的 5 億美元貸款簽訂正式協議。①

接到備忘錄後，馬歇爾與他的主要助手副國務卿克萊頓（William Clayton）、助理國務卿索普（Willard Thorp）及范宣德等於 6 月 11 日討論了對華援助問題。克萊頓列舉了要將 6 月底到期的進出口銀行 5 億美元貸款重新指定用途的各種難處，表示對此感到悲觀。但馬歇爾表示中國最近局勢的發展使他擔憂，也使他確信美國必須馬上採取行動制止局勢惡化，儘管他坦言並不清楚知道該做些甚麼。這次討論達成的共識是，不再考慮對進出口銀行的 5 億美元貸款重新指定用途，但應立即在具體項目的基礎上給予中國貸款。②

6 月 17 日，顧維鈞根據馬歇爾的建議與副國務卿克萊頓會晤，再次介紹了 5 月 27 日備忘錄，表明中國希望美國盡快實現兩筆 5 億美元的貸款，並強調由於中國的形勢非常緊急，美國對華貸款不僅具有經濟意義，更具有政治意義。克萊頓明確表示要對進出口銀行的 5 億美元貸款重新指定用途是不可能的，而第二筆 5 億美元貸款需要美國國會批准，這就要有詳盡且成熟的計劃，使國會確信貸款能產生預期的效果。③

然而，南京方面對美援已十分急迫。6 月下旬，外交部電示顧維鈞，向美國政府就援助問題提出三點新的要求：(1) 進出口銀行 5 億美元貸款必須重新指定用途；(2) 美國政府至少給予中國 2 億美元商品貸款以購買棉花；(3) 希望美國政府發表正式通告，表明決心援助中國長期經濟建設。顧維鈞接電後向外交部表示，「一面遵照承示三點進行，尤以促訂五億元總額為要，

---

① *FRUS*, 1947, Vol. 2, pp. 1126–1128.

② *FRUS*, 1947, Vol. 2, pp. 1132–1133.

③ *FRUS*, 1947, Vol. 2, pp. 1136–1139；《顧維鈞回憶錄》第 6 分冊，第 150–154 頁。

一面催促美方早日通過若干具體計劃，以收速效」。[1]

　　6月23日，顧維鈞將南京的三點新要求通報給負責經濟事務的助理國務卿索普，讓其先轉告馬歇爾。兩天後，顧維鈞約晤馬歇爾，就三點要求做了一次長談。對於第一點，美國方面表示，進出口銀行的5億美元貸款重新指定用途是不可能的，但中國可以通過提出認真準備的方案從銀行獲得貸款。當顧維鈞說大使館已有多個完全齊備的方案，其總數剛超出5億美元時，馬歇爾當即指出這是不合適的，因為會被認為是為湊5億這個數目，中國的援助方案應總數少些，但要精些。對於第二點，美國認為可以考慮，但2億美元的數額太大。由於進出口銀行的5億美元款項展期無望，顧維鈞「期盼美政府對我所請其他五億元及長期建設協助，作一正式表示，以安我民心，此舉為對華心理作用甚大，不可少」。對於第三點，馬歇爾最後同意按顧維鈞的建議發表一個聲明。[2]

　　與馬歇爾會晤結束後，顧維鈞根據美方要求，從原擬提出請美方審批的40多個項目中挑選出21個項目，其挑選原則是：(1) 目前受戰事影響較大者緩提；(2) 資料過於簡單或條理有欠明晰者緩提；(3) 增加農業項目比例，因美方注重於此；(4) 總額不宜過大，以免反致拖延。6月28日，顧維鈞向國務院提出這21個總額為2.68億美元的項目。兩天後，顧維鈞將這些項目正式遞交進出口銀行。[3]

---

[1]　《顧維鈞致王世傑》（1947年6月23日），*Wellington Koo Papers*, box 123；《顧維鈞回憶錄》第6分冊，第155頁。

[2]　*FRUS*, 1947, Vol. 2, pp. 1147–1149；《顧維鈞致王世傑》（1947年6月25日），*Wellington Koo Papers*, box 123。

[3]　《顧維鈞致王世傑》（1947年6月24日、28日），*Wellington Koo Papers*, box 123；《顧維鈞回憶錄》第6分冊，第167–168頁。

但美國進出口銀行認為中國無法有效地運用美國貸款進行經濟建設，決定 5 億美元貸款於 6 月底期滿後不再延期。顧維鈞對進出口銀行的這一決定十分不滿，認為該銀行的董事、原美國駐華大使高思（Clarence Gauss）從中作梗，起了很壞的作用。蔣介石接到顧維鈞報告後，對美國貸款落空失望之極，一肚子怒氣灑向了高思，對其「態度及刁難情形不勝憤慨，其侮辱欺凌，可謂已極」。[①]

顧維鈞代表南京國民黨政府加緊推進求援活動之時，馬歇爾與美國國務院也因中國局勢的變化正在考慮調整對華政策，加強對國民黨政府的援助。作為政策調整的信號，馬歇爾於 7 月初決定派魏德邁（Albert Wedemeyer）使華。雖然當時普遍認為，美國政府有關對華援助的正式決定將待魏德邁結束其使華行程後才能做出，但顧維鈞並未因此而停止其求援活動。7 月下旬，他會見助理國務卿索普討論 2 億美元棉花貸款事宜。8 月上旬，他向進出口銀行遞交 2 億美元貸款的方案。但是，美國方面除放寬對中國通過商業渠道獲得軍火的限制外，對顧維鈞遞交的求援計劃並未給予積極的回應。這一時期顧維鈞代表國民黨政府進行的求援活動，只是讓美方了解到國民黨政府的要求及其迫切性。但他向南京提出的建議則定下了國民黨政府求援活動的基調，即盡可能拓寬美國對華援助的渠道，並增加援助數額。

按顧維鈞的說法，1947 年 11 月是美國對華援助政策變化的一個轉折點。這是因為，國務院在考慮調整對華政策的過程中，到 10 月下旬已明確國民黨如果沒有外援，要扭轉共產黨得勢的趨勢希望甚小，而「顯然外援的來源就是美國」。[②] 在美國國內，親國民黨勢力在這期間對杜魯門政府的對華

---

① 《蔣介石日記》，1947 年 7 月 2 日。

② 《顧維鈞回憶錄》第 6 分冊，第 251 頁；資中筠：《美國對華政策的緣起和發展（1945–1950）》，重慶出版社，1987，第 166 頁。

政策展開攻勢，指責政府遲遲不向中國提供足夠的援助。正是在此背景下，美國國務院和馬歇爾就援華問題的態度逐漸明朗起來。

11月10日，馬歇爾在國會兩院外交委員會聯席會議上提交援歐計劃時表示，美國「應該對中國政府和人民作某種經濟上的支援與協助」。次日，在參院外交委員會審查援歐計劃的聽證會上，委員會主席范登堡（Arthur Vandenburg）稱如援華計劃不包括在援歐計劃內，則援歐計劃就是一「單關係方案」，美國的政策「不能貫徹」，並追問馬歇爾援華約需多少款項。馬歇爾回答確數尚未決定，但從1948年4月至1949年6月約需3億美元。[①]

馬歇爾的這一表態與他此前的立場相比是一個很大的變化。顧維鈞對此十分敏銳，立即於11月13日前去與馬歇爾會晤，請他就在國會的表態做進一步解釋，並就他所說援華將從1948年4月開始，提出「我國目前需要緊急救濟，並不亞於歐洲之法義奧」。馬歇爾承認，他沒想到國會會提出援華問題，援華日期與數額「均係因議院突將助華問題提詢，不得不臨時答覆」，尚無具體計劃，而法國、意大利、奧地利三國需要援助比中國更為急迫。對此，顧維鈞反覆說明，中國「通貨膨脹日益危險，非於四月前獲有緊急援助，難免現狀更將惡化」，因此希望美國將中國在1948年4月以前所需緊急援助與法、意、奧三國「同時辦理」。在會晤結束後給外交部的電報中，顧維鈞稱，馬歇爾聽了他的說明後「似為動容」。[②] 在這次會晤中，顧維鈞根據美國將向歐洲國家提供緊急援助的新情況，將重點放在爭取美國同時向中國提供緊急援助方面。會談後，顧維鈞向南京建議，為推動此事，南京方面也應做美國駐華大使司徒雷登的工作，請其致電馬歇爾，「俾收內外同時進行之效」。

---

① 《中美關係資料彙編》第1輯，第411頁；《顧維鈞致王世傑》（1947年11月12日），*Wellington Koo Papers*, box 123。

② 《顧維鈞致王世傑》（1947年11月13日），*Wellington Koo Papers*, box 123。

他還提醒南京，此時報紙上對美國在援華方面的批評應格外謹慎，以免增加麻煩。[1]

顧維鈞關於美國政府將援華與援歐聯繫在一起放在同等重要地位的建議，再次獲得南京的採納。11 月 17 日，外交部致電顧維鈞，表示希望美國制定對外援助方案時，不將中國擯除於緊急援助之外，並同時宣佈長期援華計劃。[2] 11 月 21 日，國民黨政府向美國政府遞交一份備忘錄，強調中國日益嚴重的經濟狀況已無法等待至來年 4 月，希望能提供臨時性的緊急援助，從 1948 年 1 月起每月至少 2500 萬美元。[3] 於是，為獲取緊急援助，顧維鈞在美國開始了新一輪的求援活動。

新的援華計劃需要國會的通過，顧維鈞在繼續與國務院交涉的同時，積極與國會內外的親國民黨人士接觸，爭取他們對援華的支持，推動他們在國會提出相關議案。在給外交部的一份電報中，顧維鈞報告，共和黨要人已「允助我緊急援助」，並「密函上院領袖，公開主張一律予我緊急法案」。[4] 蒲立德是此時顧維鈞交往最為頻繁的一名親國民黨人士。1930 年代蒲立德任美國駐法大使期間，兩人建立了密切的私人關係。此時他雖已從大使的職位上退下，但與政府官員和國會議員都有來往，在政界有很大的影響力。馬歇爾提出援歐計劃後，顧維鈞向蒲立德力陳應將對華援助列在一起的必要性，並多次與他討論美國援華的具體問題。在這之前的 10 月中旬，蒲立德在《生活》雜誌上發表《向美國人民報告中國》的長文，鼓吹美國應在三年內向國民黨

---

① 《顧維鈞致王世傑》(1947 年 11 月 14 日)，*Wellington Koo Papers*, box 123。

② 《外交部致顧維鈞》(1947 年 11 月 17 日)，台北「外交部」檔案，檔號：471，《美國援華》第 1 冊。（本文所用台北「外交部」檔案，承蒙台灣師範大學吳翎君教授提供，特此致謝）

③ *FRUS*, 1947, Vol. 2, pp. 1223–1224.

④ 《顧維鈞電》(1947 年 11 月 22 日)，台北「外交部」檔案，檔號：471，《美國援華》第 1 冊。

政府提供 13.5 億美元的經濟和軍事援助，以幫助蔣介石打敗共產黨。因此，顧維鈞的請求得到蒲立德的積極回應。他向顧維鈞表示，他在國會和政府中有許多朋友，可以推動援華計劃的通過。[①] 親國民黨的眾議員周以德（Walter Judd）也是顧維鈞經常拜見的對象。馬歇爾在國會兩院外交委員會聯席會議上提交援歐計劃時，周以德當場發言，要求向中國提供經濟和軍事援助。11 月 25 日，周以德又在眾議院外交委員會提出議案，要求給中國增加緊急援助款項 6000 萬美元，而開始的日期正是國民黨政府提出的 1948 年 1 月 1 日。

周以德的議案在眾議院外交委員會獲得通過後，顧維鈞立即為此拜訪助理國務卿阿穆爾（Norman Armour），催促國務院支持這一擬議中的緊急援助項目，盡快提出具體使用計劃，以使這筆緊急援助款項能與法國等國同時開始動用。但美國國務院卻擺出種種理由，先稱中國情況不如歐洲幾國緊急，繼稱國務院正制定一項長期援華案，如另提緊急援助，反將影響長期援助，就是不願推動此項緊急援助。顧維鈞竭力說明長期援助與緊急援助「無混為一談之必要」，並強調中國國內「情形嚴重，需助緊急」，如先給予緊急援助，有助「前方士氣，後方民心」，而且也「有俾長期援助計劃」。最終，美國務院表示對顧維鈞的請求「容加研究」。這次會談後，顧維鈞感到，美國國務院在對華援助問題上「態度似不易變更」。[②]

顧維鈞明白，美國國務院及馬歇爾在對華援助方面遲遲不能下最後決心的一個重要原因，是擔心國民黨政府無法有效地使用美國的援助，從而白白浪費大把美元。在上述參議院的聽證會上，馬歇爾坦承他對美援能在中國發揮百分之七十的作用都無把握。因此顧維鈞認為要推動美國盡快援華，中國

---

① 《顧維鈞回憶錄》第 6 分冊，第 252 頁。

② 《顧維鈞致王世傑》（1947 年 12 月 16 日），台北「外交部」檔案，檔號：471，《美國援華》第 1 冊；《顧維鈞回憶錄》第 6 分冊，第 268–269 頁。

自己也需有所作為，於是他再向南京建議，向美國提出的受援計劃必須「注重能即開始實行者」，尤其要表示中國政府「決心改革，而於美朝野以最有效之影響」。此後，行政院長張群就在公開聲明中表示，政府已下決心對行政、財政、經濟與軍事做徹底的改革，「欲求獲致外援最大之效力，應即在國內實施一適當而現實之自助方案。此方案應首重財政與經濟目前急需之改革方法」，以向美國示意，美援不會在中國被浪費掉。[1] 為使美國對中國有一較好印象，有助於獲得援助，顧維鈞還提醒南京，專程來美商訂援助條款的代表團「人數宜少，以免鋪張」。由於在與美會談中，美方對美國貨輪受限不能行駛至漢口表示不滿，顧維鈞又建議暫時放寬這一限制，以增加美國對華好感。[2]

周以德提出的 6000 萬美元緊急援助款項最後在眾議院撥款委員會被卡住，整個款項被大幅度削減至 1800 萬美元。1948 年 1 月 6 日，顧維鈞為此拜訪助理國務卿索普，提出在 1800 萬美元之外另增援助中國的款項，並要求國務院將援華置於與援歐同等重要的地位。但索普表示，1800 萬美元的援助屬於臨時性質，國務院將在近期提出長期援華計劃。言下之意，美國不會考慮另外提供臨時性的緊急援助。顧維鈞遂將會談的重點轉移到長期援華計劃上，追問其總數、向國會提出的時間等問題。但索普並未給予明確回答，只是說援華計劃總數尚待馬歇爾最後核定。[3]

此次會談後，顧維鈞向外交部報告美國國務院援華態度，並提出應對之

---

[1] 《顧維鈞致王世傑》(1947 年 12 月 31 日)，*Wellington Koo Papers*, box 138；《中美關係資料彙編》第 1 輯，第 417 頁。

[2] 《顧維鈞致王世傑》(1947 年 12 月 21 日)、《顧維鈞致外交部》(1948 年 1 月 6 日)，台北「外交部」檔案，檔號：471，《美國援華》第 1 冊。

[3] 《顧維鈞致外交部》(1948 年 1 月 6 日)，台北「外交部」檔案，檔號：471，《美國援華》第 2 冊。

策：「美政府意旨仍堅主歐洲第一，欲先將歐案通過，再議華案。現議會方面對歐案意見紛紛，爭論必烈，討論時間勢必拖延，一般推測或需至四、五月間。美國朝野反對積極援華者正擬利用政府此項心理，亦附聲歐洲第一重要，意欲拖延華案，夜長夢多，以待我國不測之變動，而達其破壞之目的，似不能不設法抵制。鈞與此間美友洽商，咸以華案情勢緊急，為數之小比援歐者不可同日語，問題亦較簡單，最好以能先通過華案為上。即不能辦到，亦須與歐案同時通過。然此間政府方案恐轉移非易，當酌向提議。一面已預先商託友好向議會方面鼓吹推動。」[1] 顧維鈞仍希望通過將援華與援歐綁在一起的手段推進求援活動。

在臨時性的緊急援助計劃受挫的情況下，國民黨政府只得將求援的重點放到長期援華計劃上，希望藉此一攬子地解決美國援華問題。1 月 18 日，外交部長王世傑致電顧維鈞，指示他向美方提出總額為 15 億美元的四年援華計劃，同時請求美國在最初的四五個月內先給予一筆接濟。王世傑強調，「此時不必過分顧及美政府或國會能否接受，而重在說明我國期望與計劃」。[2] 次日，顧維鈞帶領專為商談美援具體細節而來美國的技術代表團去見馬歇爾時，提出中國在 1948 年急需一億美元的軍援貸款，或者在擬議中的援華計劃中增加一億美元，准許用於支付軍需品，並希望能當面從馬歇爾那裡了解美國援助中國的總政策。在會晤中，馬歇爾雖表示願考慮軍援貸款計劃，但總是閃爍其詞，不願詳細解釋美國的援華政策。[3]

此後，顧維鈞一面繼續頻繁走訪國務院，推動援華；一面則充分利用美國國內在援華方面出現的不同意見，與蒲立德、周以德等人積極聯絡，依靠

---

① 《顧維鈞致外交部》（1948 年 1 月 12 日），台北「外交部」檔案，檔號：471，《美國援華》第 2 冊。
② 《王世傑致顧維鈞》（1948 年 1 月 18 日），台北「外交部」檔案，檔號：471，《美國援華》第 2 冊。
③ 《顧維鈞回憶錄》第 6 分冊，第 291–293 頁。

這些人向議會方面鼓吹推動。他曾將一份親國民黨的美國各界人士的名單交給蒲立德，告訴他國會可請這些人在援華問題上作證，希望通過國會對國務院施加壓力。[①] 國民黨的求援活動、美國國內的政治壓力、中國局勢的急劇變化，終使美國政府提出了援華計劃。

1948 年 2 月 18 日，杜魯門總統向國會提交了由國務院起草的經濟援華方案，要求國會撥款 5.7 億美元支援國民黨政府，其中 5.1 億美元用於購買糧食和工業物資，其餘 6000 萬美元用於少數特定工業項目及交通復興。整個計劃為期 15 個月，而不是國民黨政府要求的 4 年時間。雖然這個援華方案比馬歇爾原先提到的款項增加了 2 億多美元，但顧維鈞對這個以臨時性救濟為宗旨的計劃並不十分滿意，認為它與援歐計劃「大不相同」，字裡行間「沒有絲毫熱情」。原因在於整個方案僅僅涉及經濟援助，而未提及向國民黨提供此時它最急需的軍事援助。當天，顧維鈞就去拜訪助理國務卿索普，一方面對美國政府提出該案表示謝意，並催促美方盡快通過該案，以使中國得到這筆貸款；另一方面又再次向美方提出一億美元軍事貸款問題，建議在經濟援助之外另加這筆貸款。[②]

但美國國務院在援華問題上堅持自己的立場。在援華方案提出後向參眾兩院外交委員會宣讀的聲明中，馬歇爾稱，自日本投降以來，美國已在軍事和經濟方面給了中國許多重要的援助，因此國民黨政府要維持其自身，「則大部分的工作必須由中國當局自己去做，任何人都不能越俎代庖」；而如果美國不斷擴大援華規模的話，就有可能「直接參與中國的內戰，或直接捲入中國的經濟危機，或兩者兼備，以致聽任其資源傾入無底的深淵」。在另一

---

① 《顧維鈞回憶錄》第 6 分冊，第 297 頁。
② 《顧維鈞回憶錄》第 6 分冊，第 299–304 頁。

聲明中，馬歇爾明確表示這一方案與援歐方案不同，「美國在行動上不當置身於對中國政府的舉措及其政治、經濟和軍事的事務直接負責的地位」。[①] 馬歇爾的這些話表明，國務院認為美國已向中國提供了足夠的援助，繼續增加對華援助是美國不該也無法做到的，至於提供這筆 5 億多美元貸款之後，國民黨政府能否生存下去就得看它自己了。

　　作為國民黨政府的駐美大使，顧維鈞全力以赴致力於爭得美援尤其是軍事援助。針對馬歇爾和國務院的做法，他進一步聯絡國會議員和其他親國民黨勢力，希望通過國會推進軍事援助性質的貸款。在與國會共和黨議員接觸中，一些議員考慮對 5.7 億美元的貸款另行指定用途，轉向購買軍火、穩定貨幣及增加建設，顧維鈞就向他們說明，若以減少經濟援助的方式提供軍援，實於中國不利。他向國會議員強調，對中國而言，「經濟與軍事援助同樣緊急」，「短期與長期援助均屬需要」。[②] 蒲立德仍是顧維鈞聯絡的重要對象。他告訴蒲立德，馬歇爾在他的聲明中所說的並不符合事實，而是誇大了美國的對華援助。蒲立德要顧維鈞向他提供美國援華軍事物資的清單，以便交國會議員向馬歇爾發難。在遞交給蒲立德這樣一份清單後，顧維鈞又與他商討推動國會通過援華計劃的最好辦法，提出應制定像援助希臘和土耳其那樣的修正案以對華提供軍援，並使對華經援成為歐洲復興計劃的一部分。之後蒲立德到眾議院外交委員會作證時，便建議向中國提供一億美元用於軍援。顧維鈞還將中國方面擬定的兩份備忘錄給他 —— 一份是關於援華法案的修正案，另一份是關於軍援法案的草案，以供他轉交在國會中的朋友。[③]

　　杜魯門提交援華方案後，國會參眾兩院的外交委員會開始討論。由於

① 《中美關係資料彙編》第 1 輯，第 419–422、1008 頁。

② 《顧維鈞致外交部》(1948 年 2 月 26 日)，台北「外交部」檔案，檔號：471，《美國援華》第 4 冊。

③ 《顧維鈞回憶錄》第 6 分冊，第 307–310 頁。

1948 年是美國大選之年，共和黨、民主黨的兩黨之爭對援華方案的最後通過也有影響。顧維鈞對此十分注意：「本年將有大選，故政府與議院要人一切舉措均不無政治意味，因此援華方案之關係，恐尚多變化，使我於推進應付工作，亦增困難。」[1] 他特別重視與那些反對國務院當時的援華政策而在國會中有影響的共和黨議員的聯絡，如參議院外交委員會主席范登堡和眾議員周以德等人。

3 月下旬，參議院外交委員會討論對華援助問題時，最初多數議員以國務院未提軍事援華，主張否決軍事援華的提案。顧維鈞明白這一討論對中國至為關鍵，因此在國會中積極遊說，並通過「重要友人數人分頭疏通，直至半夜今晨得通過一億元專款」，即在經濟援助款項之外另撥一億元專款，實際可用於購買軍事裝備。[2] 由於這一專款數額不及眾議院外交委員會提出的 1.5 億美元專款，顧維鈞又設法推動參議院增加數額。3 月 26 日，顧維鈞特地去拜訪參議院外交委員會主席范登堡，爭取他在參議院以最有利於中國的方式通過援華法案。顧維鈞向范登堡提出兩個要求：第一，中國急需軍援，因此希望將專款數額增至 1.5 億美元；第二，國務院提出的 5.7 億美元作為經濟援助不變，軍援作為追加數字。范登堡直言相告，第一點有可能辦到，而第二點幾乎沒有希望。由於范登堡對蔣介石能否在軍事上再堅持下去表示懷疑，顧維鈞極力使他相信，蔣介石是一個堅強的人，決不會放棄鬥爭，所需的只是美國在軍事和經濟上的援助。[3] 顧維鈞的這些話語打動了范登堡。幾天後，當范登堡發現外交委員會向參議院提交的報告中包含許多貶低國民

---

① 《顧維鈞致外交部》（1948 年 2 月 26 日），台北「外交部」檔案，檔號：471，《美國援華》第 4 冊。

② 《顧維鈞致外交部》（1948 年 3 月 23 日），台北「外交部」檔案，檔號：471，《美國援華》第 5 冊。

③ Note of Conversation with Vandenberg, 26 March, 1948, *Wellington Koo Papers*, box 125；《顧維鈞回憶錄》第 6 分冊，第 323–325 頁。

黨政府的言辭時，他撤回了這一報告，並在參議院發言讚揚蔣介石，駁斥反對援華法案的論點，支持向國民黨政府提供援助。顧維鈞獲悉後在日記中稱讚「范登堡的話字字珠璣。他的發言有力地支持了援華法案」。[1]

3月30日，參議院通過援華法案。次日，眾議院也通過了援華法案。4月2日，國會參眾兩院聯席會議經磋商調整兩院法案不同之處後通過了最後的援華法案，規定對華援助以一年為限，授權美國政府提供總數為4.63億美元的對華援助，其中1.25億美元為特別贈款，由中國政府自行決定其用途。雖然由於平衡了各種不同意見，最後通過的援華法案中沒有「軍援」的字眼，但國民黨政府實際上可使用1.25億美元的特別贈款購買軍事裝備。這筆特別贈款的安排突破了國務院原先不向中國提供軍援的限制，一定程度上滿足了國民黨政府的願望。近半年來一直在為美援忙碌的顧維鈞鬆了一口氣，他明白特別贈款「包括了軍事援助（儘管沒有明白說出來）」，因此結果是「令人滿意的，甚至可以說是令人滿足的」。[2] 這筆特別贈款的安排在很大程度上就是顧維鈞活動的結果。

援華法案在國會通過後，尚待國會參眾兩院的撥款委員會核定撥款的實際數額，中美兩國政府也須簽署相關的雙邊協定規定援助的實施細則。4月9日，顧維鈞拜會副國務卿洛維特（Robert Lovett），商討執行援華計劃的手續問題，催促美方在國會確定實際撥款之前能採取措施使部分援華款項先行使用。但洛維特表示雙方首先要簽署一個草約，規定先行使用援華款項的細則。顧維鈞向美方表示希望這樣一個草約盡可能簡單。4月30日，根據美國國務院提供的稿本，顧維鈞與馬歇爾就如何先行使用美國援助互換照會。

---

[1] 《顧維鈞回憶錄》第6分冊，第327頁。

[2] 《顧維鈞回憶錄》第6分冊，第330頁。

按照會規定，在正式簽署雙邊援助協定前，美國向中國提供的援助除某些例外仍按 1947 年 10 月雙方簽署的救濟援助協定的規定辦理。[①] 在這之前，顧維鈞希望美國對華援助應仿照美國與歐洲國家的模式，而不是沿襲處理救濟問題的規定，因此對該照會內容並不十分滿意，但為使美國盡快實施援助計劃，也只得接受美方對援助的安排。

中美互換照會後，1948 年援華法案的部分援助開始實施。但該法案在國會兩院的撥款委員會審核時，卻發生了一些周折。6 月初，眾議院撥款委員會審議援外法案時，削減了整個對外援助計劃，對華援助款項也相應地從援華法案確定的 4.63 億美元削減至 4 億美元。顧維鈞獲悉後，立即找眾議員周以德了解情況。隨後又約見參議院撥款委員會主席布里奇斯（Styles Bridges）等人，希望他們能使參議院的撥款法案仍保留 4.63 億美元的數額。但在參議院撥款委員會審議援華款項時，國務院的代表提出援華款項不應涉及軍事援助，因為軍事援助可能因國民黨的失敗而損壞美國的聲譽，並可能使美國捲入同蘇聯的衝突。為此，顧維鈞專門約請布里奇斯到大使館會談，具體反駁國務院的論點，並專為其準備一份備忘錄，詳細說明中國急需軍事援助的情況，以及國務院的作梗使中國難以獲得軍火的困難。顧維鈞的話語打動了布里奇斯，他專門給馬歇爾寫了一封信，責問國務院為何拖延援華法案的實施，要求他向國會做出解釋。[②] 在此情況下，參議院通過的撥款法案仍維持了 4.63 億美元的數額。最後，參眾兩院聯席會議經過協調後確定的撥款法案規定向中國提供總數 4 億美元、為期 12 個月的援助，但可用於購買軍事裝備的 1.25 億美元特別贈款數額維持不動，削減後的經濟援助計劃的數

---

① 王鐵崖編《中外舊約章彙編》第 3 冊，第 1593–1596 頁。

② *FRUS*, 1948, Vol. 8, pp. 102–103.

額為 2.75 億美元。[1] 這樣，最後付諸實施的美國援華計劃，尤其在軍事援助方面，與美國國務院的初衷並不一致，而更符合國民黨政府的期望。

7 月 3 日，中美經過數月談判後簽署關於經濟援助之協定，援華法案進入全面實施階段。至 10 月 3 日，即援華法案通過 6 個月後，1.25 億美元特別贈款使用了 88275170 美元，約佔 70%，經濟援助計劃的 2.75 億美元動用了 97908000 美元，約佔 35%，另有價值 22285000 美元的化肥和汽油正在採辦之中。[2]

只是滾滾而來的美元並沒能扭轉國民黨在軍事上的頹勢。就在這些美援物資源源不斷地運往中國之時，國民黨軍隊在戰場上接連敗退。9 月 24 日，山東省省會濟南被人民解放軍攻克。這是國共全面內戰開始後國民黨失守的第一座大城市。於是國民黨政府緊急呼籲美國加大援助，發起了新的求援攻勢。9 月 28 日，蔣介石電令顧維鈞向杜魯門轉交一份特別密電，請杜魯門親自干預，立即採取措施加強軍事援助。接到蔣介石的電報後，顧維鈞掂出了它的分量，感到「密電措辭極為迫切，語氣近乎告急，說明軍事局勢確實十分嚴重」。為盡快將電報送到杜魯門手上，顧維鈞並不像往常一樣由國務院轉交，而是直接送交杜魯門的私人參謀長李海（William Leahy）。[3] 這種超乎外交常規的做法此後因局勢的緊張成了常態。

國內局勢的急劇變化使顧維鈞在向美國求援時有了新的想法。他認為，僅僅是貨幣形式的援助已經不夠，必須爭取美國政府直接提供武器和彈藥，參與到中國的內戰中來。先前在與美國商討雙邊援助協定時，顧維鈞還十

---

① 《顧維鈞回憶錄》第 6 分冊，第 355–358 頁。

② 駐美使館發《白宮發佈截止 10 月 3 日經濟軍事援華款項運用情況》，台北「外交部」檔案，檔號：471，《美援統計資料》。

③ *FRUS*, 1948, Vol. 8, p. 175；《顧維鈞回憶錄》第 6 分冊，第 503 頁。

分注意維護中國作為一個主權國家的地位和權益，而此時他卻主張在爭取美國援華時，應避免提出中國的主權問題，不必擔心美國干涉或侵犯中國的主權。因為在他看來，美國本質上不是帝國主義，國民黨借重美國的力量解決共產黨問題後，甚麼時候叫它撤，它就會撤。[①] 為了挽救瀕臨崩潰的國民黨政權，顧維鈞已經將自己投身外交界的初衷即恢復中國喪失的主權擱置一邊了。而蔣介石此時為了挽回敗局，也期望美國能介入中國的內戰。11 月 9 日，蔣介石致電杜魯門，以急切的口吻請求迅速增加軍事援助，發表一項支持國民黨政府的強有力的聲明，並派遣一名高級軍事顧問共同擬訂援助方案，包括參加指揮作戰。[②]

11 月 11 日，顧維鈞訪晤馬歇爾出國期間代理國務卿職務的洛維特，希望在杜魯門正式答覆蔣介石前知道美國政府對蔣介石函電的態度。洛維特公事公辦地回答道，增加軍事援助要由國會決定，發表聲明得由總統本人決定，而派遣高級軍官則根本無法辦到。顧維鈞對洛維特的答覆十分不滿，他在當天的日記中寫道「他很冷淡，毫無同情心」，「整個談話雖然彬彬有禮，但令人沮喪」。[③] 11 月 24 日，顧維鈞又拜訪杜魯門總統，當面提出蔣介石 11 月 9 日函電中的三項要求。杜魯門對此也只是泛泛地表示願予以考慮。[④]

顧維鈞仍在竭盡全力地爭取美國加強援華，但與半年多以前援華法案通過前後相比，他的求援活動處處受阻，因為美國政府正着手調整其對華援助政策乃及整個對華政策。國民黨政府因濟南失守而急於獲得更多的美援，而

---

① 《顧維鈞回憶錄》第 6 分冊，第 505–506 頁。

② *FRUS*, 1948, Vol. 8, pp. 201–202.

③ *FRUS*, 1948, Vol. 8, pp. 199–200；《顧維鈞回憶錄》第 6 分冊，第 529 頁。

④ Conversation with President Truman, 24 November, 1948, *Wellington Koo Papers*, box 125；《顧維鈞回憶錄》第 6 分冊，第 553–557 頁。

美國也因濟南一戰對中國國內的局勢有了新的評判。濟南被人民解放軍攻克次日，美國駐華大使司徒雷登在向馬歇爾報告時稱，「濟南失守對政府影響的確切性質尚難預測，但肯定是嚴重的」，「公眾對政府生存能力的信心必定降到新的低點，並且肯定將立即在經濟領域內顯現出來」。[1] 此後一段時間，司徒雷登和美國駐華各地的領事發回國務院的電報都是關於國民黨政府接連敗退的消息，並請示如何應對局勢及對華政策應如何變更。10 月 26 日，馬歇爾給司徒雷登發了一封長電，在對後者所發的報告進行評論後指出，「總之，採取第 1971 號電報建議（即增加對華援助）的方法，有違於決定美國對華政策的一切基本考慮，這將使美國直接捲入中國的內戰中，並將使美國政府在軍事和經濟上為中國政府承擔責任，而其代價是無法估計的，因為此時美國在全世界承擔着與援外計劃相關的繁重義務」。[2] 十天後，司徒雷登召集美國駐華軍事代表團的高級軍官和大使館的武官討論軍事形勢，與會者得出的一致結論是「任何數量的軍事援助都無法挽救目前日益惡化的局勢，除非美國軍隊參與作戰」，「而美國軍隊的參戰是不可能的」，「中國或美國都沒有充分的時間來採取軍事措施挽救這一軍事形勢」。[3] 正是認為增加軍事和經濟援助無法挽救局勢，也非其能力所及，美國政府才將國民黨政府的求援要求擱置一邊，不予理睬。也正是出於這一考慮，美國國務院在 1949 年 3 月明確表示反對參議院所提出的以 15 億美元作為軍事和經濟援助的新的援華法案，而建議國會只延長 1948 年援華法案到期後尚未動用的約 5400 萬美元的使用期限。美國國會後來根據國務院的這一建議於 1949 年 4 月中旬通過了新的法案。

顧維鈞這一時期的求援活動四處碰壁，心情十分沮喪，對處理對華事務

---

① *FRUS*, 1948, Vol. 7, p. 473.

② *FRUS*, 1948, Vol. 7, p. 516.

③ *FRUS*, 1948, Vol. 7, p. 543.

的美國國務院官員屢有怨言。在一次與馬歇爾會面遭到冷遇後，他在日記中對馬歇爾評論道：

> 過去三十多年中，我至少和十幾個國家的三四十位外交部長談過話，打過交道，其中包括六位美國國務卿，但這是我第一次感覺到難以開誠佈公交換意見，不僅在普遍關心的問題上如此，而且在即使是中美雙方特殊關心的專門問題上也如此。談話的氣氛幾乎一直是生硬而拘謹的。①

顧維鈞重返華盛頓的主要使命是爭取美援。但對是否以及如何向國民黨政府提供援助，美國國內有着不同甚至對立的主張。以馬歇爾為代表的國務院對軍事援助不甚積極，只願意在經濟上援助國民黨政府，但將國民黨政府自身的改革作為先決條件。國會中的共和黨議員，尤其是國會內外的親國民黨勢力則不滿國務院的做法，積極主張全面援助國民黨政府。按照通常的外交渠道，顧維鈞在美國尋求援助首先面對的正是對援華消極的國務院。但他沒有被動地接受這一不利的局面，而是憑藉對美國政治的深切了解和豐富的人脈關係，一方面按常規與國務院打交道，另一方面積極聯絡國會內外的親國民黨勢力，向他們介紹情況，提供材料，爭取國會議員的支持，並通過國會向國務院施加壓力，從而影響了美國援華政策的制定。因為身處第一線，顧維鈞向南京提出的許多建議，也成為國民黨政府爭取美援的基本方針。無論對中國還是對美國而言，他都是雙邊關係中的關鍵人物。

但隨着軍事和經濟上的失敗，國民黨在美國的求援活動失去了最基本的

---

① 《顧維鈞回憶錄》第 6 分冊，第 323 頁。

依據。美國政府逐漸與之拉開距離，即使親國民黨勢力仍為它積極奔走，也難於扭轉整個局勢。顧維鈞的求援活動由此陷入了困境。

三 台前幕後忙遊說

在爭取美援的過程中，遊說美國朝野是顧維鈞的主要手段，這也是他駐美期間的經常性活動。作為駐外大使，顧維鈞一向很看重與駐在國朝野各界的廣泛接觸，以此進行溝通並取得對方的信任，達到預期的外交目標。而他善於應酬的交際才能和出色的口才也使他能遊刃有餘地周旋於社會各界。蔣介石派顧維鈞重返華盛頓，正是希望發揮他這一優勢，對美國的對華政策施加影響，使美國全力支持國民黨政府。

顧維鈞離華赴任前，蔣介石與他最後一次談話中，特別強調了在美國做好宣傳工作的重要性，並指示他注意與在美國的英國「宣傳家」和天主教等宗教團體多聯繫，因為他們對輿論的形成有影響。顧維鈞則表示，商界與教育界也同樣重要，而尤其應利用廣播電台，並結交各界知名人士，向他們介紹中國情況。蔣介石對顧維鈞的話十分重視，指示他做任何他認為有效的事來推進宣傳，並保證在經費上予以支持。[①]蔣顧談話中說的宣傳就是在美國朝野進行遊說。顧維鈞抵美後向蔣介石提出，進行宣傳遊說每月需經費5000美元，請先撥6個月3萬美元，但具體使用「仍實支實報，務求事屬有濟，款不虛耗，屆時再審核效果，酌為增減」。蔣介石接電後，立即令財政部按每月5000美元給駐美使館撥款。常規經費之外，還經常有特別經費。如1946年12月，蔣介石給駐美使館一次性增撥6個月特別機密費3萬美元。

---

① 《蔣介石日記》，1946年6月15日；《顧維鈞回憶錄》第5分冊，第726頁。

1950 年 3 月，又讓人給顧維鈞送來一張 2 萬美元的支票，作為特殊支出的費用。①

上任伊始，顧維鈞確定了在美國進行遊說宣傳的四個要點（見本章第一節）。在上述幾點中，顧維鈞特別強調中國統一的重要性，以此作為蔣介石發動內戰的依據。他告訴美國人，「我所期望之中國和平、統一、民主三端，統一實為先，國不統一，任何新政難收全效」。② 但在杜魯門主義出台後，遏制共產主義成為美國全球外交戰略的主要目標，顧維鈞相應調整了在美宣傳的重點。他從原來強調內戰是因為中國必須統一，轉而強調解決共產黨問題是在全球遏制共產主義和蘇聯擴張的一個組成部分，以此來爭取美國對國民黨政府的援助。

政府官員、國會議員和社會名流是顧維鈞在美國進行遊說的主要目標。作為一名大使，國務院自然是顧維鈞跑動最勤的政府機構，國務卿是他會見較多的美國官員。但他並不忽視與級別稍低的官員會面。他常憑藉私人關係，以不泄漏消息來源或不向南京報告為保證，從國務院官員那裡探詢美國對華政策的具體情況，以尋求應對之策。如前述 1946 年 8 月 10 日杜魯門致蔣介石信，顧維鈞就通過請遠東司范宣德來使館午餐，探得該信「並無惡意」，向蔣介石做了報告，然而並未向蔣提及消息來源，也未提與范宣德的會面。③

在與政府官員的會面中，顧維鈞很注意利用美國政府內不同部門在對華

---

① 《顧維鈞致蔣介石》（1946 年 8 月 16 日）、《蔣介石致顧維鈞》（1946 年 8 月 17 日、12 月 9 日），*Wellington Koo Papers*, box 123, 138；《顧維鈞回憶錄》第 7 分冊，第 713 頁。

② 《顧維鈞回憶錄》第 7 分冊，第 21 頁；《顧維鈞致蔣介石》（1946 年 8 月 16 日），*Wellington Koo Papers*, box 123。

③ 《顧維鈞回憶錄》第 6 分冊，第 20 頁。

政策上的分歧。按他自己的話說,「我沒有錯過任何機會利用那些對美國政府政策持不同見解的內閣成員的同情和有利態度」。[1]如國防部與國務院在對華政策上主張不一致,他就有意識地與國防部官員尤其是助理部長格里菲斯(Paul Griffith)保持密切來往,以此推動美國加強援華,並藉此探詢政府決策內情。這樣的做法自然會引起國務院的不快。

在國會議員中,參議院前後兩任外交委員會主席范登堡、康納利(Thomas Connally),以及親國民黨議員周以德、諾蘭(William Knowland)等都是顧維鈞經常拜見的重要對象。其他人如參議員布里傑斯、富布賴特(William Fulbright)、蘭格(William Langer)、麥卡倫(Patrick McCarran),眾議員博爾頓夫人(Frances Bolton)、麥科馬克(John McCormack)、富爾頓(James Fulton),也在駐美使館所開列的有固定聯繫的國會議員名單上。顧維鈞常利用各種機會與國會議員在宴會和其他社交場合見面,向他們介紹國民黨的觀點,傾聽他們的意見,設法引起國會對中國問題的足夠關注,並向議員提供相關資料,甚至由使館為一些議員代擬發言稿或議案的草案。例如,1946年12月,顧維鈞親自為范登堡擬了一份美國應無條件加強援助國民黨的說帖,交范氏與杜魯門討論對華政策時用。[2]

在社會名流中,顧維鈞與《時代》週刊老闆盧斯(Henry Luce)、「飛虎將軍」陳納德、美國對華政策協會的柯爾伯(Alfred Kohlberg),尤其是蒲立德來往密切,通過他們影響議員、輿論以及政府的對華決策,也聽取他們的各種建議。此外,因「宗教界於美國輿論勢力亦大」,「教育、工商、實業、婦女各界要人左右輿論,其效亦宏」,顧維鈞也積極予以聯絡。[3]

---

[1] 《顧維鈞回憶錄》第6分冊,第399頁。
[2] 《顧維鈞致蔣介石》(1946年12月6日),*Wellington Koo Papers*, box 123。
[3] 《顧維鈞致蔣介石》(1946年8月16日),*Wellington Koo Papers*, box 123。

　　顧維鈞很看重私人關係在遊說中的作用。他認為，對周以德、蒲立德這樣國民黨的真誠朋友不必通過金錢來遊說，但不能因此而忽視相互間的感情聯絡。1948 年 4 月初援華法案通過後第二天，顧維鈞就致電蔣介石，稱「此次美援案獲有今日結果，美友中蒲立德君出力最多」，建議蔣介石以個人名義邀請蒲立德再次訪華，「借示友誼」。他還向蔣介石提出，蒲立德「素愛我國工筆畫及古玩，其他議會助我友人亦多同好」，請在國內採辦或在美購買後分別贈送這些人。此後根據蔣介石「就近購贈」的指示，顧維鈞購得一對 12 寸翡翠雕鳳，以蔣介石名義贈送，蒲立德十分高興。當獲悉參議員諾蘭的兒子即將結婚時，顧維鈞致電蔣介石，建議以蔣的名義送禮。周以德訪華前夕，顧維鈞專電外交部，為他安排會見蔣介石、行政院長張群、外交部長王世傑，並特別指出「該議員一向擁戴我政府，實為中國摯友」，請在其訪華期間「予以適當招待，但宜力避鋪張，免招指摘，反於其回國後發言活動有所不便」。[1] 對於結交朋友、籠絡感情，顧維鈞十分在行，分寸感掌握得恰到好處，照顧到方方面面。由此建立起的私人關係為他的遊說活動提供了極大的便利。

　　顧維鈞在美國進行遊說的另一個重要目標是新聞輿論界。臨行前與蔣介石的談話中，他就提到了廣播電台的重要性。顧維鈞認為影響新聞輿論界不能僅僅依靠向他們提供中國人自己寫的文章和小冊子，而更應該與之直接接觸，當面溝通。一旦他們對國民黨有了信任，由他們為國民黨說話，更易獲得美國公眾的認可。因此，顧維鈞經常舉行記者招待會，通報中國的情況。他還常舉行與報刊主要負責人、專欄作家和資深記者編輯的非正式座談會，

---

① 《顧維鈞致蔣介石》(1948 年 4 月 3 日、28 日，1950 年 7 月 8 日)、《顧維鈞致外交部》(1947 年 10 月 17 日)，*Wellington Koo Papers*, box 138, 167, 137。

以對話的方式來解釋中國的局勢。他認為，這種方式比正式的記者招待會更為有效。他還自己出鏡上電視，到美國全國廣播公司（NBC）「會見媒體」欄目與美國著名記者一起討論中國問題。記者的提問十分尖銳，但按節目主持人的說法，顧維鈞的回答有力、有禮。「會見媒體」是美國最有影響的時事評論欄目，與顧維鈞一起討論的記者說，這檔節目的觀眾有 1000 多萬，參加這樣的節目要勝過他演講一百次，他是「一支單人大軍」。① 根據駐美使館負責對外宣傳官員的一份統計，從 1948 年 11 月至 1949 年 3 月初的四個月間，由於顧維鈞本人的活動，有美聯社、合眾社、《紐約時報》、《紐約先驅論壇報》、《基督教科學箴言報》等十多家主要媒體按顧維鈞所解釋的觀點和提供的材料發表了關於中國的文章和報道。②

　　向美國社會各界發表演說是顧維鈞的又一重要活動，即直接向美國公眾進行遊說，通過公眾輿論對政府的決策施加影響。熟悉美國政治運作的顧維鈞知道，美國公眾在美國對外政策的形成過程中是一個不容忽視的重要因素。因此，他頻繁奔赴美國各地，出現在大學、社會團體和俱樂部的演講台上，可說是當時演說任務最繁忙的大使。有時，他一天要做 4 次演講，使用英語、法語等不同的語言。憑藉着在哥倫比亞大學讀書時練就的演說才能，顧維鈞也總能吸引住美國的聽眾。1948 年 4 月中旬的一天，他在匹茲堡做了兩場演說。其中一場演說的題目是「遠東形勢的國際利害關係」，他講了35 分鐘，而接下來的提問延續了 45 分鐘。提問者中有一些被顧維鈞認為對國民黨不是十分同情或友善的人，但他沒有迴避那些帶挑戰性的問題。演說結束後，一些聽眾向顧維鈞表示，他們轉而信服他的說法了。③

---

① 《顧維鈞回憶錄》第 7 分冊，第 494 頁。

② 《顧毓瑞致顧維鈞》（1949 年 3 月 8 日），*Wellington Koo Papers*, box 163。

③ 《顧維鈞回憶錄》第 6 分冊，第 332 頁。

在進行遊說和宣傳時，顧維鈞主張要將事實真相以最合適的方式告訴美國官方和公眾。他認為，政府應該讓使館充分了解國內的情況，有政策變化應提前告知，並提供全部事實，以便在第一線做宣傳的人可以視情況而採取靈活的對策，事實「宛如作戰之彈藥，無事實即不能辦有效之宣傳，若僅僅闢謠或於事後辯正，效力甚微」。[1] 但實際上政府對所採取的政策及相關的事實真相往往不能全部提供，尤其到內戰後期，使館無法獲得國內的真實情況，顧維鈞在遊說中常感到捉襟見肘，無法施展。

在遊說活動中，顧維鈞有兩個重要的助手 —— 使館公使銜參贊陳之邁和使館秘書兼新聞發佈官顧毓瑞，前者主要負責與國會的聯絡，後者主要負責與新聞輿論界的聯絡。上述由顧維鈞本人直接進行的遊說活動基本上不是以金錢來推動的。對於金錢與遊說的關係，顧維鈞說過，「企圖用收買的辦法在美國擴大宣傳，只會把事情越弄越糟。因為一旦這種做法被發現，反應就會非常不利。另一方面，真誠朋友的幫助總是更起作用的。因為那些絲毫沒有想要報酬或報答的中國的朋友們，站出來支持中國的事業，他們的話就會更有分量」。[2] 重返華盛頓之初，顧維鈞是照此行事的。他為在美國遊說向南京申請的專款，主要是用於一般的交際、雇人收集資料等。但隨着國民黨在戰場上的接連失敗而產生的對美援的迫切需要，以及為了挽回國民黨在美國一落千丈的形象，從 1948 年起，國民黨在美國的遊說活動開始更多地使用以金錢推動的各種手段，顧維鈞也就被捲入這一類遊說活動中去了。

用金錢推動遊說的一個手段是資助親國民黨的院外集團。例如，1949

---

① 《顧維鈞日記》，1949 年 4 月 22 日，*Wellington Koo Papers*, box 217。

② 《顧維鈞回憶錄》第 6 分冊，第 316 頁。

年 6 月，顧維鈞要求外交部增撥一筆專款，其中資助中國應急委員會（China Emergency Committee）每月 3000 美元，一次資助 6 個月共 18000 美元，資助全美婦女協會 4000 美元。[①] 中國應急委員會是這一年 3 月成立的旨在向美國政府施壓以增加對華援助的團體。它的主席是親國民黨企業家麥基（Frederick McKee），眾議員周以德是它的全國諮詢委員會成員。

資助院外集團是為了間接地疏通國會議員，此外還有直接疏通議員的手段。1948 年 2 月，顧維鈞致函外交部長王世傑，曰：

> 茲有一事奉商者。日昨某議員之摯友密告之邁（即陳之邁——引者註），謂援華關鍵既在議院，彼願充本館與議員間之聯絡員，從事疏通聯絡。該議員為某領袖之一，聲望經驗均足左右議案。惟此項工作在在需費，估計須支五萬美元。其數雖巨，但須與該議員之法律顧問分潤，該議員及其至友與法律顧問（原手稿此處有五個字字跡不清——引者註）。竊以此類聯絡工作似屬有用。前年英國所得三十七億五千萬元借（款），聞亦聘有聯絡員多人疏通議員，卒得通過，所費甚巨。現某對我所索者，在彼目中為數甚微，全為開銷必需用途，而在我外匯奇絀之時，或有難乎籌措之慮。又此項工作最宜秘密，否則有損無益。故即能籌措，其實施方法亦須謹慎。弟意最好由商業機關出面聘為顧問，須付款項亦由該機關直接交付，不由使館出面辦理，以防泄漏影響。細思中國銀行、中央通訊社或世界貿易公司等中擇一代理最為妥貼……[②]

---

① 《顧維鈞致葉次長》（1949 年 6 月 2 日），*Wellington Koo Papers*, box 135。

② 《顧維鈞致王雪艇》（1948 年 2 月 28 日），*Wellington Koo Papers*, box 169。

此事後來如何進展，《顧維鈞文件》中沒有進一步的材料，《顧維鈞回憶錄》對此也一字未提。但從以下所述事例來看，當能得到南京的批准。

國民黨以金錢推動遊說活動的主要手段是雇傭代理人。這一時期國民黨究竟雇了多少美國人為其進行遊說活動難以確定，但可以肯定的是並非個別現象。根據美國國會的統計，到 1951 年還有 10 個登記過的國民黨代理人仍在活動，當然這不會是總數，因為還有未登記的代理人。[1] 這其中幾個重要的代理人就是由駐美使館聘用的。

駐美使館聘用的一個重要說客是威廉‧古德溫（William J. Goodwin）。古德溫是美國兩黨政治中的活躍人物，擔任過民主黨全國委員會司庫，轉投共和黨後擔任過西部五個州的共和黨政治顧問。1948 年 3 月 31 日，古德溫以國民政府資源委員會駐美辦事處公共關係顧問的名義被聘用。按國民黨對外公開的說法，聘用古德溫是「為了讓美國人及其政府和國會，以及工業、金融界的領導人更好地理解（資源）委員會的目標和政策」，以吸引美國資本投資於中國的工業，因此這一任務是非政治性的。[2] 但實際上，古德溫從事的都是政治性很強的遊說活動，與他保持聯繫的不是資源委員會駐美辦事處，而是顧維鈞手下的公使陳之邁。這也就是前面顧維鈞給王世傑信中所說「不由使館出面辦理」，而找一家其他機構代理的辦法。根據合同，古德溫一年的聘用費是 3 萬美元，其中包括酬金、法律顧問費和其他一切相關費用。但研究國民黨遊說活動的美國學者凱恩（Ross Koen）認為這 3 萬美元僅僅是報酬，國民黨還支付了其他費用。確實，1948 年 9 月因《援華法案》通過，古德溫就得到 1 萬美元的額外補助。加上這筆補助，古德溫第一年獲得 4 萬

---

[1] *Congressional Quarterly*, 1951, p. 941.

[2] The Employment of William J. Goodwin, *Wellington Koo Papers*, box 158.

美元，他用於遊說的支出是 22857 美元，純報酬至少是 17143 美元。當時駐美使館一等秘書的月收入是 315 美元，古德溫的報酬應該說是非常豐厚了。[①]

　　古德溫為國民黨進行遊說活動的主要目標是國會議員。通常他會出面設宴，邀請國會議員與顧維鈞、陳之邁等同桌交談，規模一般在十人左右，目的在於向議員說明國民黨的立場，爭取他們在國會中對國民黨的支持。1949 年 1 月 25 日，古德溫在大都會俱樂部設晚宴，出席者共 13 人，包括尼克松（Richard Nixon）等 6 名參議員，駐美使館參加的是顧維鈞、陳之邁和使館秘書顧毓瑞。席間，顧維鈞向議員們強調了共產黨一旦控制全中國的嚴重後果。2 月 1 日，古德溫安排另一次晚宴，邀請共和黨參議員巴特勒（Butler）、民主黨參議員伊斯特蘭（James Eastland）和 5 名來自兩黨的眾議員與顧維鈞見面。顧維鈞請這些議員發表一項支持中國的政策聲明，派一個由軍事及其他方面專家組成的代表團去中國，並制訂一項援助國民黨的計劃。幾天後，古德溫又以同樣的方式安排顧維鈞與另一批國會議員見面。[②] 駐美使館在 1949 年 3 月的一份備忘錄中寫道，在最近一段時間裡，古德溫非常積極地與國會領袖接觸，已安排了 6 次晚宴和幾次午餐，使顧維鈞有機會向他們表達國民黨的觀點。[③]

　　安排與議員見面是公開的活動，私下裡古德溫還有事要做，就是向議員提供有關中國的材料，甚至為他們起草發言稿，以便他們在國會中為國民黨

---

① The Employment of William J. Goodwin, *Wellington Koo Papers*, box 158. 羅斯‧Y. 凱恩：《美國政治中的「院外援華集團」》，商務印書館，1984，第 52 頁；《顧毓瑞致顧維鈞》（1949 年 2 月 3 日、1950 年 6 月 6 日），*Wellington Koo Papers*, box 180。

② 《顧維鈞回憶錄》第 7 分冊，第 26—27、32—33 頁；《陳之邁致顧維鈞》（1949 年 1 月 31 日），*Wellington Koo Papers*, box 180。

③ 《顧毓瑞致顧維鈞備忘錄》（1949 年 3 月 8 日），*Wellington Koo Papers*, box 180。

說話。1948 年 10 月，古德溫幫助參議員米利金 (Milikin) 起草發言稿，有關中國的內容特地徵詢了陳之邁的意見。他告訴陳之邁，這篇發言十分重要，因為它代表了以塔夫脫 (Robert Taft) 為首的一大批參議員的觀點。報告發表後，所有的重要報紙都予以報道。1948 年總統大選前，古德溫自己並介紹陳之邁向共和黨全國委員會提供了大量有關中國的材料，為共和黨攻擊民主黨的對華政策提供炮彈。①

古德溫受聘之初，主要與國會中的共和黨議員保持密切聯繫，對民主黨議員關注相對不多。但在 1948 年 11 月總統大選中共和黨出人意料失敗後，國民黨急於擺脫向共和黨一邊倒的尷尬境地，在陳之邁的推動下，古德溫加強了與民主黨議員的聯繫，運動南方各州的民主黨議員在對華問題上與共和黨站在一起。古德溫與兩黨都有很深的淵源，對此他十分自得：「我在國會很有影響力，因為兩黨的許多領導人都尊重我，並完全相信我的真誠，而不管我在政治上或商業上擔任怎樣的職位。」②

古德溫作為「國民政府資源委員會駐美辦事處公共關係顧問」的聘期是一年。1948 年 11 月，他向陳之邁提出，希望在次年 3 月期滿後續聘一年，並將聘用費提高到 5 萬美元，他保證會使國會在次年春天通過一個大規模的援華法案。陳之邁在向顧維鈞報告時建議，可視古德溫能否使國會通過新的援華法案再做決定。③ 多半是因為國會沒能通過新的援華法案，聘期期滿後古德溫沒有被續聘。但他屢屢向陳之邁表示繼續為國民黨進行遊說的意願，

---

① 《陳之邁致顧維鈞》(1948 年 10 月 28 日、8 月 12 日)，*Wellington Koo Papers*, box 180。

② 《陳之邁致顧維鈞》(1948 年 11 月 11 日)；Goodwin to Kohlberg, 9 December, 1948, *Wellington Koo Papers*, box 180,158。

③ 《陳之邁致顧維鈞》(1948 年 11 月 11 日)，*Wellington Koo Papers*, box 180。

在給顧維鈞的信中甚至提出可以「只要求經費，而放棄酬金」。[①] 1949 年 7 月 6 日，古德溫以中華新聞社公共關係顧問的名義被駐美使館再聘一年，聘用費 25000 美元。顧維鈞向代理外交部長葉公超報告時稱，最後拍板做出決定的是「在紐約的幕後實權人物」，即此時在紐約的宋美齡。經宋美齡修改批准的古德溫的聘書上寫着：「以期影響美國立法，使之有利於國民政府之大業。」[②]

古德溫在第二個聘期內很快就遇到了麻煩。9 月 18 日，《華盛頓郵報》在頭版刊登了題為《蔣在國會搞院外活動》的文章，揭露國民黨以一年 25000 美元雇用古德溫遊說國會一事。其他報紙也紛紛就此事大做文章，一時間鬧得滿城風雨。在美國輿論的壓力下，中華新聞社打算發表聲明，表示對古德溫之事並不知情，但馬上被顧維鈞制止。後來，顧維鈞口述回憶錄時也表示，駐美使館與雇用古德溫一事毫不相干，也毫不知情。其實，此事經美國媒體披露後影響極壞，幾乎成為國民黨出錢進行遊說的代名詞，這才是顧維鈞後來推託說不知情的緣由。1950 年 4 月 10 日，古德溫的合同被提前解除。[③]

古德溫的遊說活動主要集中於國會，雖然他對新聞媒體也做工作，但在這方面離國民黨的期望有很大距離。駐美使館負責新聞輿論工作的秘書顧毓瑞對此有這樣的評論：「古德溫的工作是稱職的，但肯定不是第一流的。他的接觸範圍有限。他沒有也無法影響新聞和廣播界。」為此，顧毓瑞在 1949 年

---

① 《陳之邁致顧維鈞》（1949 年 5 月 13 日），*Wellington Koo Papers*, box 180。

② The Employment of William J. Goodwin；《顧維鈞致葉公超》（1949 年 9 月 19 日），*Wellington Koo Papers*, box 158；《顧維鈞回憶錄》第 7 分冊，第 381、733 頁。

③ The Employment of William J. Goodwin, *Wellington Koo Papers*, box 158；《顧維鈞回憶錄》第 7 分冊，第 381 頁。

初建議顧維鈞另聘一流的公共關係專家專門對媒體開展工作，並重點推薦了諾曼・佩奇（Norman Paige）。[1]

佩奇是一名電台記者，第二次世界大戰期間以及戰後擔任美國廣播公司（ABC）駐遠東的記者，戰後自己在菲律賓開辦了三家商業電台，大為獲利。顧毓瑞在 1949 年 5、6 月間與佩奇進行了多次接觸，探討其為國民黨對美國媒體開展工作的可能性。佩奇對此工作很感興趣，在 6 月上旬提交了一份備忘錄，提出了自己的工作設想。在備忘錄中，佩奇表示他將與駐美使館的官員保持密切聯繫，用大部分時間與紐約、芝加哥、洛杉磯、舊金山等地的媒體領導人接觸，盡全力通過新聞、廣播、影片等向美國公眾宣傳國民黨的政策，重點是發動一場強調共產黨在中國的勝利將威脅美國安全的「恐怖」戰役。佩奇提出完成這些任務每月的最低費用是 2500 美元，其中 2000 美元是薪金，500 美元是工作經費。[2] 顧毓瑞在與佩奇接觸後得出這樣的印象：「他似乎非常熟悉新聞和廣播界，因此能在這一領域內做出色的工作。」於是向顧維鈞建議由國民黨在美國的某一機構出面聘用佩奇。與此同時，陳之邁根據自己獲得的情報也向顧維鈞報告，佩奇是一個優秀的作者、組織者和行政管理者，在美國的廣播和雜誌圈聯繫廣泛，並且在大電台的主管中享有很高的聲譽。[3]

在顧毓瑞和陳之邁的共同推薦下，顧維鈞決定以中華新聞社公共關係顧問的名義從 1949 年 7 月起聘用佩奇 9 個月，每月費用 2500 美元，任務是與電台聯繫安排廣播節目，並且每週在大報上、每月在雜誌上各安排發表兩

---

① 《顧毓瑞致顧維鈞》（1949 年 2 月 3 日），*Wellington Koo Papers*, box 180。

② Memorandum by Norman Paige to Joseph Ku, 9 June, 1949, *Wellington Koo Papers*, box 180.

③ 《顧毓瑞致顧維鈞》（1949 年 5 月 25 日、6 月 10 日）、《陳之邁致顧維鈞》（1949 年 6 月 20 日），*Wellington Koo Papers*, box 180。

篇文章。駐美使館負責與佩奇聯繫的是顧毓瑞。顧維鈞剛做出這一決定，就於 7 月 19 日收到代理外交部長葉公超的電報，要求他與李普曼（Walter Lippmann）等重要的專欄作家以及電台評論家建立密切聯繫，向他們提供信息並提出建議，以此影響美國的輿論，為此將撥給特別經費。顧維鈞遂向葉公超報告了聘用佩奇一事，要求每月撥給 3500 美元，其中 2500 美元是佩奇的薪金，1000 美元是各項支出，首期 9 個月一共 31500 美元。9 月 10 日，外交部核准了這筆費用。[①]

在 9 個月的聘期中，佩奇進行了兩次工作旅行，尤其對國民黨以往關注較少的西部地區傾注了很大精力。在工作旅行中，佩奇訪問了全美各地 40 餘家有影響的報紙，讓它們接受並使用國民黨提供的材料。這 40 餘家報紙每天的讀者總共約有 5000 萬人。

西部的一些主要報紙如《舊金山紀事報》（*San Francisco Chronicle*）、《波特蘭日報》（*Portland Journal*）、《洛杉磯鏡報》（*Los Angeles Mirror*）、《洛杉磯時報》（*Los Angeles Times*），原先的社論都持批評國民黨的立場，佩奇就重點上門遊說，使它們的出版商和編輯改而採取對國民黨同情的態度。據佩奇向使館的報告，經過他 9 個月的努力，一條能夠向美國媒體輸送有利於國民黨的材料的渠道已經建立起來。在密西西比河以西，只剩一家大報《聖路易斯郵報》（*St. Louis Post-Dispatch*）尚未改變反對國民黨的立場。佩奇是電台記者出身，每到一地，必訪問當地電台。經他做工作後，這些電台最顯著的變化是有利於國民黨的報道在頭條新聞中的比例增加了。在加州，他還專門去訪問好萊塢，與各大製片公司商討以電影的形式宣傳國民黨的可能性，其

---

① 《葉公超致顧維鈞》（1949 年 7 月 19 日）、《顧維鈞致葉公超》（1949 年 7 月 26 日）、《外交部致駐美使館》（1949 年 9 月 10 日），*Wellington Koo Papers*, box 163。

間與米高梅公司就拍攝陳納德「飛虎隊」的故事片進行了探討。[①]

　　從國民黨的角度來看，佩奇 9 個月聘期內的工作是很有成效的。顧維鈞對此非常滿意，因此在 1949 年 12 月向宋美齡提出，希望在佩奇的合同到期後，由她出錢繼續雇傭佩奇。但此時古德溫事件風波剛過，宋美齡以無經費為由予以拒絕。[②] 1950 年 3 月 15 日，顧維鈞致電葉公超，認為佩奇過去 9 個月的工作非常成功，建議續聘他 6 個月或 9 個月。葉公超予以同意。4 月 4 日，顧維鈞與顧毓瑞、陳之邁一起與佩奇見面，通知他原先的合作將延續下去，同時對他的工作提出新的具體要求：要着重宣傳國民黨軍隊士氣的提高、政局的好轉、中國大陸人民的不滿以及中國共產黨的蘇聯背景，要着重報道「事實」，既有新聞，又有資料數據，讓「事實」引導人民得出有利於國民黨的結論，而不要總是敦促報紙撰寫有利於國民黨的社論。[③]

　　佩奇續聘後仍以主要精力赴各地旅行，聯絡報紙和電台。在 1950 年 10 月給「使館」的報告中，他寫到，從 1949 年 7 月受聘至今，已在全美旅行了 10 萬英里。[④] 1950 年 12 月上旬，在顧維鈞安排下，佩奇赴台灣訪問。訪台的經費預算是 3000 美元。在台灣的一個多月中，他先後與蔣介石、宋美齡、陳誠、葉公超、吳國楨、孫立人等晤談。回到美國後，佩奇再次周遊全美各地，向媒體和公眾做宣傳。據他自己說，這使美國公眾對台灣的看法普遍有好轉。[⑤] 佩奇最初的工作主要集中於美國西部，1951 年上半年，他又根據顧

---

① Memorandum by Norman Paige, 14 March, 1950, *Wellington Koo Papers*, box 163.

② 《顧維鈞回憶錄》第 7 分冊，第 536 頁。

③ 《顧維鈞致葉公超》(1950 年 3 月 15 日)，*Wellington Koo Papers*, box 169；《顧維鈞回憶錄》第 7 分冊，第 727 頁。

④ Memorandum by Norman Paige, 24 October, 1950, *Wellington Koo Papers*, box 169.

⑤ 《顧維鈞致葉公超》(1950 年 6 月 15 日)，*Wellington Koo Papers*, box 169；《顧維鈞回憶錄》第 8 分冊，中華書局，1989，第 300–301、320 頁。

維鈞的建議對南方和新英格蘭地區進行了訪問，以便與那裡的媒體領導人建立密切的聯繫。

　　顧維鈞對佩奇推動報紙和電台宣傳國民黨的工作評價很高，稱讚他採用「悄悄地」同出版商、專欄作家、電台和電視評論員、經理人員進行接觸的辦法，「宣傳工作是相當成功的」。[①] 因此每當佩奇聘期屆滿，他都力主續聘。1951 年 1 月，佩奇獲續聘 9 個月。7 月，顧維鈞致電葉公超，請在這一個聘期期滿後，再聘用佩奇。但葉公超沒有贊成，理由是「外匯短絀，又值所謂遊說問題甚囂塵上，為避嫌計，與 Norman Paige 合同擬不續簽」。顧維鈞接電後，立即回電表明自己的看法：「貝奇（即佩奇）君向專心於聯絡報界及廣播方面重要人物，俾助宣傳喚起美民眾注意，對美國會及政界從無接觸，應不至涉及所謂遊說之嫌，突然解聘，恐反滋揣測。」在顧維鈞的堅持下，葉公超同意續聘佩奇一年。[②] 1952 年 1 月，由於外匯短缺，佩奇同意將其薪金和經費削減百分之二十。10 月下旬，顧維鈞向正在美國訪問的葉公超提出佩奇續約問題，建議再續約一年，並為此準備了一份備忘錄。葉公超同意了這一要求。但 12 月，葉公超以外匯短缺、預算無法平衡為由決定不再與佩奇續約。中華新聞社對佩奇以該社公共顧問名義活動卻不歸該社管轄一直就不太情願，況且佩奇一人的報酬就等於該社全年的預算，自然支持這一決定。[③] 至此，從 1949 年 7 月起，佩奇以中華新聞社公關顧問名義被駐美使館雇傭達三年半之久。

① 《顧維鈞回憶錄》第 12 分冊，中華書局，1993，第 606 頁。

② 《顧維鈞致葉公超》(1951 年 7 月 23 日、8 月 7 日)、《葉公超致顧維鈞》(1951 年 8 月 6 日、8 月 20 日)，*Wellington Koo Papers*, box 169。

③ Memorandum Employment of Mr. Norman Paige, 25 September, 1952, *Wellington Koo Papers*, box 169；《顧維鈞回憶錄》第 9 分冊，第 618、652 頁；《顧維鈞回憶錄》第 10 分冊，中華書局，1989，第 380、507、517 頁。

　　古德溫和佩奇雖是為駐美使館工作，但都有個資源委員會或中華新聞社公關顧問的對外公開身份。除了這種以公開名義開展的活動外，駐美使館還以暗中資助的方式請美國人做宣傳，這就是伊曼紐爾‧拉森（Emmanuel Larsen）和他的《遠東通訊》（*Far Eastern News Letters*）。

　　1948 年 2、3 月間，拉森在與陳之邁、孔祥熙商討並得到資助的承諾後，創辦了《遠東通訊》。陳之邁是國民黨方面的主要聯繫人。《遠東通訊》是月刊，有關中國的新聞皆反映國民黨的觀點，其材料大多由陳之邁提供，每期的內容也是在與陳之邁討論後確定的。該刊發行量不算大，但在所有大學圖書館和相當規模的公共圖書館中都有陳列，關心遠東事務的人都能讀到。一些親國民黨的美國人告訴陳之邁，《遠東通訊》在為國民黨做宣傳方面所起的作用要比國民黨的中華新聞社辦的《中國雜誌》（*China Magazine*）大，後者因為完全是「宣傳」而「無人閱讀」。陳之邁認為，《遠東通訊》提供了一個便利的渠道，使得國民黨能夠在一般媒體不合作的情況下發表有利於自己的觀點和材料，而不被認為是「宣傳」。[1]

　　《遠東通訊》的經費主要由駐美使館資助。根據陳之邁給顧維鈞的報告，《遠東通訊》的開辦費 2000 美元來自孔祥熙，通過陳之邁分兩次資助。開辦後，陳之邁根據顧維鈞的指示，以拉森給美國報刊寫讀者來信宣傳國民黨觀點的形式給其報酬，至 1948 年 12 月初，這樣的報酬一共給了 1500 美元。此外，陳之邁從自己每月 300 美元的活動經費中不時給拉森 50 美元或 100 美元的資助，至 1948 年 12 月累計達 1200 美元。顧毓瑞也從自己的活動經費中另外資助了拉森 200 美元。這些款項共計 4900 美元。此外，《遠東通訊》按駐美使館的要求加印增刊也會得到補助。1948 年 8 月，共和黨眾議員巴斯

---

[1] 《陳之邁致顧維鈞》（1948 年 6 月 14 日、12 月 3 日），*Wellington Koo Papers*, box 180。

貝（Busbey）在國會做了有關美國對華政策的長篇發言後，陳之邁請拉森將該發言作為增刊印行一萬份免費發放，為此支付給拉森 400 美元稿費、120 美元赴芝加哥與巴斯貝聯繫的差旅費和 257.9 美元的印刷費。10 月，眾議院外交委員會發表題為「共產主義在中國」的「博爾頓報告」，這份報告的內容對國民黨十分有利，但過於冗長。陳之邁請拉森將其縮寫後作為《遠東通訊》增刊發行，為此支付了 550 美元。[①] 由於《遠東通訊》每期的發行並不贏利，而且還有虧本，陳之邁在 12 月初專門致信顧維鈞，說明它的財政窘況，請顧維鈞予以特別考慮。顧維鈞對陳之邁該信的批覆是：「已由余支出轉付，免留痕跡。」[②] 雖具體資助多少不得而知，但想對外遮掩使館與拉森的聯繫則是十分明顯的。

　　顧維鈞與駐美使館在美國進行的遊說活動，按美國法律來說，有的是合法的，有的則是非法的。顧維鈞對國會議員、政府官員、社會名流和輿論界的遊說是合法的，因為向駐在國說明本國的情況並施加影響是使館的正常職責；但為議員代擬講稿、起草議案就捲入了美國國內政治，不是外交官該做的事了。至於雇用代理人進行遊說，美國於 1938 年通過的《外國代理人登記法》規定，所有「代表外國政府、外國政黨和其他外國政治委託人進行政治宣傳和其他活動」的人必須「向公眾曝光」，這包括代理人必須向司法部登記，報告本人和外國委託人的姓名及住址、與委託人簽訂的合同、活動的性質和範圍、接受的金錢及其具體用途，並遞交政治宣傳的文本。[③] 古德溫兩

---

① 《陳之邁致顧維鈞》(1948 年 8 月 12 日、9 月 21 日、10 月 18 日、12 月 3 日)，*Wellington Koo Papers*, box 180。

② 《陳之邁致顧維鈞》(1948 年 12 月 3 日)，*Wellington Koo Papers*, box 180。

③ *Congressional Quarterly*, 1951, pp. 942–943. 另參見熊志勇《簡析對美國國會的遊說》，《美國研究》1998 年第 3 期。

次受雇都向司法部做了登記，但他實際從事的是與法律條文規定不相符的活動。古德溫第一次受雇是作為資源委員會公關顧問登記的，但他根本不是為資源委員會而是為駐美使館工作，從事的是與資源委員會毫不相干的活動。因《援華法案》通過，古德溫在 1948 年 9 月得到 1 萬美元的額外補助，但在司法部卻無此項記錄，即他未按規定報告。[①] 至於顧維鈞向王世傑提出的通過巨款運動議員以使議案通過，那就完全是違反美國法律的活動了，所以顧維鈞主張由商業機構出面，盡可能將事情做得隱蔽些。

以金錢推動的遊說活動在 1948 年以後迅速展開，與國民黨因國內失敗急切需要美援相關。這樣的遊說活動需要大量金錢，顧維鈞在 1949 年時感歎「人財兩乏」，因為各項遊說活動「均需巨款方能實施」。[②]

這一時期國民黨在美國的遊說活動，除了顧維鈞主持使館開展的以外，正在美國的宋美齡和孔祥熙也在推進。對於在美遊說活動政出多門，顧維鈞出任大使後不久就向王世傑提出，在美宣傳工作應有「適當劃一之指導」。但這一狀況始終沒有改變。在一次駐美外交官員的內部會議中，顧維鈞抱怨說，在美宣傳遊說，「使館理應主持，但經費不統一，用人無權，而中央派至美國之宣傳負其使命工作，咸不與使館接洽，亦無片紙隻字之報告到使館，以收統一之效」，一些人獲得一些皮毛之見，就趕緊向國內報告急於邀功。[③] 這種政出多門、互不協調的做法給國民黨在美國的遊說活動帶來了負面影響，也給後人了解國民黨遊說的全貌增加了困難。

---

① The Employment of William J. Goodwin, *Wellington Koo Papers*, box 158; *Congressional Quarterly*, 1951, p. 955.

② 《顧維鈞致葉公超》（1949 年 5 月 7 日），*Wellington Koo Papers*, box 135。

③ 《顧維鈞致王世傑》（1946 年 9 月 27 日），*Wellington Koo Papers*, box 123；《顧維鈞日記》（1949 年 4 月 22 日），*Wellington Koo Papers*, box 217。

四　自由主義者的無奈

1948 年秋，當顧維鈞在為爭取美援不遺餘力地奔忙時，中國國內的局勢發生了重大變化。9 月下旬，濟南失守之際，蔣介石幾夜未得安眠，歎道：「以濟南失陷，對外對內關係太大，有損於政府威信莫甚，政局、外交、經濟更為拮据。」[①]此後，國民黨在戰場上失利的消息接踵而來，國內各方面人士也紛紛來美，滯留不歸以尋退路，駐美使館中人心浮動，有人還提出了離職要求。

1948 年底，蔣介石的心腹陳布雷因對時局絕望而自殺。1949 年初，國民黨元老戴季陶也因同樣原因而自殺。顧維鈞與兩人都有來往，消息傳來，對他震動很大。這一時期，國內來人很多，與他們見面，顧維鈞都要詢問軍事方面的情況以及推行金圓券造成的後果。他對急劇惡化的局勢十分不安，對國民黨短時間內在軍事、經濟、政治各方面的潰敗感到困惑，與當時許多人一樣思考着其中的原因。在一則日記中，他寫道：

> 局勢是可悲的。它說明過去多年我們在政治、軍事和經濟上有某些錯誤。忽略了在治理國家中應當注意人民意願的原則，以致損害了中國。中國古訓「民為邦本」，意義至深。按現代的意義說，人民是國家的股東，政府不過是董事會。董事會不可能一直違反股東的利益進行經營而不遭到股東的懷疑，失去他們的支持，以致引起抗議和反對。[②]

---

① 《蔣介石日記》，1948 年 9 月 25 日。

② 《顧維鈞回憶錄》第 7 分冊，第 10 頁。日記中「民為邦本」為漢字，見《顧維鈞日記》，1949 年 3 月 19 日，*Wellington Koo Papers*, box 180。

顧維鈞的這一分析顯然觸到了國民黨失敗的主因，即人心的背離，也顯示出信奉英美式民主政體的他對國民黨專制統治的不滿。顧維鈞自認是一個自由主義者。第二次世界大戰結束時，他在英國目睹了丘吉爾領導的保守黨內閣在大選中被工黨擊敗，隨後在外交場合看到工黨的外相貝文和剛下台的前外相艾登相互間可以毫無拘束地交談，稱讚這是真正的民主制度。[①] 然而，對民主制度的稱讚和對國民黨政權的不滿，卻沒有讓他在時局動盪之際放棄為這個政權服務。1948 年 12 月，剛結束在歐洲的訪問來到華盛頓的駐加拿大大使劉鍇告訴顧維鈞，他與駐歐洲各國的大使如駐法大使錢泰、駐蘇大使傅秉常等討論了一旦共產黨攻佔南京後如何應對的問題，他們有主張立即辭職的，也有不贊成的，但普遍都對現政權不滿，覺得變一變對中國來說會好一些。但顧維鈞對此看法不以為然，認為即使南京陷落了，戰鬥還會繼續下去，總會有一個代表中國的政府，儘管也許設在廣州或重慶。這表示了他繼續追隨國民黨政權的意願。[②]

在對國民黨統治表示不滿的同時還繼續追隨國民黨，主要原因在於顧維鈞對國民黨的對手共產黨的看法。如前所述，在赴華盛頓上任時，顧維鈞已認識到國共之間不可能通過政治途徑達成妥協，國共問題也不僅僅是國內問題，他原先所持的超然中立的態度因此發生了變化。隨着共產黨在全國的勝利進軍並將它的各項政策在各地付諸實施，既受中國傳統思想熏陶又接受了西方教育的顧維鈞，對共產黨及其意識形態產生了一種本能的對立感。他認為，共產黨背離了中國傳統的儒家觀念，走極端地接受並鼓吹共產主義意識形態。這一看法與當時冷戰正酣的國際局勢完全合拍，而顧維鈞又恰身處反

---

① 《顧維鈞回憶錄》第 5 分冊，第 607 頁。

② 《顧維鈞回憶錄》第 6 分冊，第 589–590 頁。

共意識強烈的美國，自然會受到冷戰思維的影響。在他看來，中國共產黨領導的革命是蘇聯全球計劃的一個組成部分，「如果亞洲淪於共產黨之下，即使目前蘇俄在歐洲失敗，它最終仍將獲得勝利。如果它失去亞洲，即使眼前在歐洲得勝，它也完不成世界革命和建立一個共產主義世界的目標」，「而中國則是亞洲的關鍵」。[1]

1948 年 12 月 25 日，中國共產黨宣佈了一批國民黨戰犯。在 43 人的名單上，顧維鈞榜上有名，列在第 22 位，排在宋美齡、閻錫山等人之前。在這份戰犯名單中，顧維鈞是唯一的駐外大使，更是唯一在 1928 年北京政府垮台後被國民政府也通緝過的人。顧維鈞被共產黨宣佈為戰犯，顯然是因為他在國共內戰中竭盡全力為國民黨爭取美援。對於名列戰犯，顧維鈞沒有太激烈的反應。當參議院外交委員會主席康納利聽到消息表示驚訝時，顧維鈞還說，對他而言這是「一種榮譽」。[2] 然而，被列入要懲處的戰犯名單後，在正進行戰略決戰的國共之間，顧維鈞就沒有甚麼可以選擇的餘地了。

統治了中國 20 多年的國民黨此時確已是一座將傾的大廈。1949 年 1 月 21 日，蔣介石在軍事上一敗再敗和內部桂系的壓力下發表文告，以因故不能視事為由宣佈引退，把總統職務交給副總統李宗仁代理。1 月 27 日，李宗仁致電毛澤東，表示願按中共提出的條件進行和談。顧維鈞此時對國共和談不抱希望。在蔣介石下野前夕致蔣的電報中，他認為，「共黨決無誠意言和，必仍圖恃武力壓迫政府無條件降服，以造成共黨把持之政府」。1 月下旬，他又致電蔣介石、李宗仁等，請他們在與共產黨打交道時務必堅持體面的和

---

① 《顧維鈞回憶錄》第 7 分冊，第 27 頁。

② 《顧維鈞回憶錄》第 7 分冊，第 34 頁。

平，反對按中共的條件進行和談。[①] 中國共產黨提出的和談條件第一條就是懲辦戰犯。

蔣介石下野後，仍在自己的老家溪口發號施令，通過親信嫡系繼續掌控着國民黨尤其是軍隊。李宗仁在南京城中雖頂着代總統的頭銜，卻很難行使實權。遠在大洋彼岸的顧維鈞感覺到國內混亂的局勢，有一陣子大使館的武官甚至連國防部是在南京還是廣州或其他甚麼地方都無從得知，也不清楚誰在當國防部長。

面對紛亂的政局，顧維鈞在應對「內交」方面像往常一樣十分老到。他既接受南京的指令，也與溪口保持密切的聯繫。在致蔣介石的電報中，他仍稱其為總統，並報告在美交涉的一切情況，包括李宗仁私人代表甘介侯來美後的活動。在他看來，「引退」並非辭職。[②] 因此在蔣介石與李宗仁之間，他對前者靠得更近。顧維鈞的這一態度使李宗仁十分惱火，認為他「玩忽法統」，完全聽命於蔣介石，而對自己則「完全採敷衍態度」，這是他另派甘介侯來美的主要原因。[③]

讓顧維鈞感到更為棘手的是美國政府對國民黨的態度，這是他作為駐美大使必須面對的問題。當國民黨在政治、經濟尤其是軍事戰場上潰敗之時，美國政府認定美國的援助已無法挽救這個正在崩潰的政權，也無法阻止共產黨奪取全中國，因此對國民黨的求援無動於衷，敷衍了事。在與美國高層官員的交往中，他得到了這樣的印象：「一旦蔣委員長決定下台，美國人決不

---

① 《顧維鈞致蔣介石》（1949 年 1 月 13 日），*Wellington Koo Papers*, box 167；《顧維鈞回憶錄》第 7 分冊，第 31 頁。

② 《顧維鈞回憶錄》第 7 分冊，第 7 頁。

③ 李宗仁口述，唐德剛撰寫《李宗仁回憶錄》，廣西人民出版社，1988，第 724–725 頁。

會為他灑一滴眼淚。」[①] 儘管如此，顧維鈞對獲得美國的援助並沒有完全失去信心，而是認為關鍵在國民黨自己能否採取措施進行改革，以取得美國的信任。1 月底，顧維鈞與天主教大主教于斌討論國內局勢，提出國民黨迫切需要改革的六個方面：(1) 組成一套無私、有勇氣和有經驗的顧問班子幫助蔣介石；(2) 重組軍隊，由忠誠、精幹的軍官擔任指揮；(3) 用有為的年輕人替換老年官員；(4) 各省主席任用文官以恢復老百姓的信任與合作；(5) 照顧及任用大學生；(6) 在經濟和貿易方面採取自由競爭的政策。他認為，如果蔣介石重新掌權並實行這些改革，美國就不會拋棄中國，美援就會源源不斷地進來。作為外交官的顧維鈞對改進國內政局提出如此具體的計劃，以至於他自己也認為自己似乎一下子變成了一個政治家。[②]

大廈將傾之際，主張國民黨必須改革，同時仍寄希望於蔣介石，這不僅僅是顧維鈞一個人的立場。駐聯合國常任代表蔣廷黻和 4 月下旬從國內來美國的胡適都有相似的看法。4 月 27 日，顧維鈞與剛到紐約的胡適以及蔣廷黻一起午餐，話題是如何挽救局勢。當天顧維鈞回華盛頓處理使館事務，胡適與蔣廷黻繼續交談時談到了國內糟糕的經濟和軍事狀況對蔣介石聲望的打擊，但認為蔣介石仍堅持反共。[③]

5 月 2 日，胡適在華盛頓駐美使館與顧維鈞晚餐，國內局勢是他們討論的主題。第二天，胡適帶着一份使館起草但經他修改過準備發往國內的電報稿回到紐約，與蔣廷黻討論。蔣廷黻對電報稿提出修改意見，包括國內應在

---

① 《顧維鈞回憶錄》第 7 分冊，第 4 頁。

② 《顧維鈞回憶錄》第 7 分冊，第 30 頁；《顧維鈞日記》，1949 年 1 月 28 日，*Wellington Koo Papers*, box 217。

③ 《顧維鈞日記》，1949 年 4 月 27 日，*Wellington Koo Papers*, box 216；《蔣廷黻日記》(*Tsiang Tingfu Diaries*)，哈佛大學燕京圖書館藏，1949 年 4 月 27 日。

仍掌控的南方範圍內促進各派團結、鼓勵新人與新政策等。胡適接受了修改意見。[1] 5 月 6 日，這份由胡適最後改定的電報由顧維鈞領銜向蔣介石、李宗仁、何應欽等國民黨高層發出，在顧維鈞後面簽名的依次是胡適、于斌、蔣廷黻，以及聯合國託管理事會代表劉師舜、聯合國經濟和社會理事會代表張彭春、遠東委員會代表李惟果等。除于斌外，其餘 6 人都是哥倫比亞大學的博士。

電報稱，由於「長江不守，京鎮蘇杭不戰而陷」，美國國內對華「失敗主義氣焰遂更高漲」，使館因此連日召集專家商討對策，一致認為國民黨「只有事實上的大改善」，才可以扭轉美國政府的失敗主義心理，繼續獲得美國的援助，以支撐住戰局。電報提出必須立即着手進行的三項事情：

> 第一，眼前亟需軍事上有所表現，必須在大陸上明定必守的區域，全力固守，建起一個自由中國的規模，尤須在有利地帶予共軍以有效的打擊，始可以使世人相信我尚有鬥志，尚有力量。第二，必須使世人昭知我國軍政各方各派系實已精誠團結，一致反共，一致為民族國家奮鬥。第三，必須使世人相信我政府實能掃除舊習，充分用新人，行新政，爭取人民的擁戴。以上三事，實為恢復友邦信心、轉移世界輿論的要圖，而尤以軍事上能撐得住為最要。我若真能撐住一個自由中國，則友邦援助必來無疑。[2]

這份電報雖由胡適定稿，使館卻是發起者，並擬出了初稿，電報中主張

---

① 《胡適日記全編》第 7 卷，第 758 頁；《蔣廷黻日記》，1949 年 5 月 3 日、5 日。

② 《顧維鈞等致蔣介石、李宗仁等》（1949 年 5 月 6 日），*Wellington Koo Papers*, box 170。

的三點是顧維鈞此時反覆強調的國民黨要獲得美援的三個前提：抵抗、團結、爭取民眾支持。電報表明顧維鈞、胡適等人有相同的看法。蔣介石、李宗仁等收到電報後都有回覆，稱讚顧維鈞等「忠忱謀國」，「所提三點確為當前最重要之方針」。[①]

　　電報發出後兩天，顧維鈞與美國出席聯合國大會的代表杜勒斯 (John Dulles) 就中國局勢及國民黨應該如何贏得美國政府的好感和支持進行交談。顧維鈞表示，中國的當務之急是重建一個新內閣，全部由胡適、晏陽初、吳國楨、孫立人這些美國人熟知的富有才幹的人組成，並且實行改革的計劃。杜勒斯贊同這一看法，認為這是糾正美國國內對國民黨偏見的唯一辦法。[②]顧維鈞的這一主張是上述電報所提方案的具體化。這一方案並不是拋開蔣介石、李宗仁這些人另起爐灶，而是「補天」，是在承認他們掌控權的基礎上引入新人，增加活力，以取得美國的信任。此後幾個月，顧維鈞為組建一個由有留美背景的自由主義者所組成的內閣，推動國民黨改革，傾注了很大精力，表現出極高的熱情。在這一過程中，他與胡適、蔣廷黻來往密切，互動頻繁。

　　6月4日晚，顧維鈞與蔣廷黻在華盛頓有一次長談。他表示，美國能否援華取決於國民黨自身能夠做些甚麼。在重申團結、抵抗、爭取民眾支持三項主張時，他強調團結不僅是領袖之間以及中央政府與地方政府間的合作，還包括政府與人民之間的合作。為達到此目標，顧維鈞提出應讓胡適出來擔任行政院長，並有權挑選內閣成員。在回答蔣廷黻關於新內閣成員的詢問

---

① 《蔣介石致顧維鈞等》(1949 年 6 月 11 日)、《李宗仁致顧維鈞等》(1949 年 5 月 13 日)，*Wellington Koo Papers*, box 170。蔣介石的電報是一個月後從台灣高雄發出的，開頭說明因「輾轉傳遞，今始誦悉」。

② 《顧維鈞回憶錄》第 7 分冊，第 118 頁。

時，顧維鈞談了他所考慮的內閣重要職位的人選，如由蔣廷黻本人或王世傑任外交部長，孫立人任國防部長，陳光甫或蔣廷黻任財政部長，晏陽初任經濟部長，而其他幾個不太重要的部長職位應該留給西北馬家集團、國民黨、川系、桂系等。顧維鈞設想的這個內閣是由以胡適為代表的留美學生為主的自由主義者組成的，在這個內閣中國民黨被視為與桂系一樣的一個派系，但並不完全排斥蔣介石。蔣廷黻告訴顧維鈞，前些天與胡適談過，他也有相同想法，可以齊心合力一起來做。顧維鈞說，這是拯救中國的最後一個機會和最後一張牌了，目的就是通過實行改革取得美國的援助。[①] 第二天，顧維鈞又在駐美使館雙橡園召集會議，出席者有青年黨的曾琦以及于斌等人。在會上，顧維鈞強調了與蔣廷黻交談中提到的各點。[②]

顧維鈞等人在美國醞釀新內閣之時，國民黨在國內正要更換內閣，任命胡適出任外交部長。顧維鈞獲悉這一消息十分興奮，將此看作自由主義者組閣的第一步，立即給胡適送去祝賀，胡適這才知道自己被任命的消息。6月 16 日，顧維鈞與胡適在雙橡園就此問題進行了 3 小時的長談。顧維鈞力勸胡適接受外長一職，但胡適對此有種種顧慮，一是認為蔣介石並不願意他接受此職，二是對李宗仁的度量大小有看法，三是與新任行政院長閻錫山有宿怨，且不滿閻內閣的人員組成。顧維鈞竭力說服胡適，稱出任外長是為下一步準備的台階，接下來就是成為一個由具有自由主義思想的新人組成的新內閣的首腦。這樣一個內閣是美國人樂意看見的，因此應該按美國的期望行事，以保證獲取美國的援助；而沒有美援，國民黨的處境就會非常危險。他對胡適說，你「是我們的王牌」，成敗在此一舉了。但胡適仍不為所動，說即

---

① 《顧維鈞回憶錄》第 7 分冊，第 125–127 頁。

② 《顧維鈞回憶錄》第 7 分冊，第 127 頁。

使出任行政院長，沒有一個自己挑選的班子也不能做成甚麼事，但說可能會在 9 月回國後組織一個像政黨那樣的自由主義社。①

6 月 21 日，胡適致電閻錫山堅辭外交部長：「日夜自省，實無能力擔任此職。」並稱「適在此為國家辯冤白謗，私人地位實更有力量」，即以一介平民身份反能為國民黨做些事情。② 第二天，他給顧維鈞看了電報稿。6 月 23 日，顧維鈞與胡適、蔣廷黻共進午餐。席間，顧維鈞仍竭力勸說胡適出山擔任行政院長，並說時間是一個重要的因素。針對胡適關於在蔣介石與李宗仁對立的情況下無法有所建樹的疑慮，顧維鈞給他出主意說，可任用 50 來個無職務無頭銜也不領薪俸，但是有地位、有聲望的人，充當他的代表，在國民黨各派領袖之間、各派領袖與內閣之間、中央政府與各省之間進行聯絡溝通，說服國民黨各派將全部權力交給內閣，捐棄個人分歧，實現真正的合作。這一通過個人間的溝通解決派系分歧的辦法，與顧維鈞自己在北京政府任職的經歷有關，也與他外交官的職業習慣相符。顧維鈞還說，胡適是一位無個人企圖、不謀私利的自由主義者，因此最適合出來領導新內閣。胡適回答說他不能勝任這樣重要的職務，因為生性不願向任何人發號施令。顧維鈞馬上說，這是一種美德，足以保證內閣通過坦率和充分的討論，以民主的方式形成決議。參加談話的蔣廷黻在當天的日記中寫道，顧維鈞「極盡其能言善辯之口才」力圖說服胡適。但胡適仍堅持己見，不肯出山，並推舉了蔣廷黻、王世傑等人作為替代人選，這使蔣廷黻十分惱火。③

在勸說胡適接受外長並為組閣做準備的同時，顧維鈞向胡適建議，以被

---

① 《顧維鈞日記》，1949 年 6 月 16 日；《顧維鈞回憶錄》第 7 分冊，第 144–145 頁。

② 《胡適日記全編》第 7 冊，第 788 頁。

③ 《顧維鈞回憶錄》第 7 分冊，第 158–160 頁；《蔣廷黻日記》，1949 年 6 月 23 日。

任命而未上任的外交部長的身份與美國政府官員見面，溝通兩國關係。胡適對此未持異議。顧維鈞在 7 月 1 日與國務卿艾奇遜（Dean Acheson）會面時提出這一要求，艾奇遜當面表示願與胡適見面一敘。但胡適於 7 月中旬抵達華盛頓後，艾奇遜卻食言不肯與其會面。胡適對蔣廷黻談起此次華盛頓之行，坦陳十分「沮喪」。在回答宋子文關於艾奇遜為何避見胡適的詢問時，顧維鈞認為有兩種可能，一是艾奇遜不願影響尚未接受新職的胡適做出最後決定，另一是胡適曾公開批評馬歇爾的對華政策。[①]

雖然一時無法說服胡適，但顧維鈞並沒有完全放棄。7 月 25 日，顧維鈞在紐約與宋子文見面，組成一個由留美學生構成的新內閣是兩人交談的主題，他們都認為這是挽救時局的唯一途徑。顧維鈞對宋子文說，由蔣介石主持軍事並在其支持下將政治和政府事務交給新內閣，就可以擺脫目前的困境，並影響美國政府，重新獲得美援。[②]

8 月 21 日，顧維鈞在其紐約下榻的酒店與宋子文、胡適、蔣廷黻和貝祖詒等討論國內局勢和應對之道，討論從下午 1 點開始一直到 5 點半結束，持續了 4 個半小時。除了美國國務院發表不久的白皮書和向聯合國控訴蘇聯問題外，討論集中在如何通過自身的改革以獲得美國的支持和援助。顧維鈞談了他與司徒雷登、參議員諾蘭等談話的內容，這幾個美國人都說如果中國實行自救，美國就會幫助中國。但談到自救，胡適仍固執地表示不願出任外交部長或行政院長之類負責任的公職，不想陷入進去，並對自由主義者出來幫助政府以使美國相信中國自救的願望不抱希望。討論中，蔣廷黻對胡適的一再拒絕很不耐煩，對胡適說你去做中國的甘地吧，我們去找一位中國的尼赫

---

① 《蔣廷黻日記》，1949 年 7 月 17 日；《顧維鈞回憶錄》第 7 分冊，第 202 頁。

② 《顧維鈞回憶錄》第 7 分冊，第 205–206 頁。

魯。[①] 9 月初，在與司徒雷登見面時，顧維鈞仍主張一個自由主義者組成的新內閣。[②]

顧維鈞和蔣廷黻等所期望並極力推動的新內閣主張，在 1949 年夏熱鬧了一陣後，就偃旗息鼓了。被顧維鈞視為「王牌」也即實施這一計劃關鍵的胡適，始終堅持不接受任何公職。胡適之外，顧維鈞他們實在找不到一個能夠頂替的角色，儘管蔣廷黻說要另去找一位中國的尼赫魯，最終仍然一無所獲。新內閣不是另起爐灶，而是去補天。雖然他們主張自由主義者在新內閣中應獲得全權以便能夠收拾局面，因此國民黨包括蔣介石必須退居幕後，但如顧維鈞對宋子文所說，這樣的往後靠只是暫時的，是為了應對美國政府中對國民黨尤其是蔣介石越來越多的反對，一旦渡過難關，仍可擁護蔣介石再當領袖。[③] 雖然顧維鈞他們沒有取而代之的想法，但蔣介石根本不願放棄一點點實權，這就注定了新內閣計劃根本無法付諸實施。而這些有留美經歷的自由主義者雖對政治有興趣，也有一番抱負，但對自己去趟政治這潭渾水又都有程度不同的顧慮。蔣廷黻在勸胡適出山時以入水做比喻，說那潭水看上去很可怕，但一旦你跳進去了，就會覺得很愉快。[④] 然而，當胡適提名由他來替代時，他卻也不願跳進去，並且還很惱火。

推動新內閣計劃的着眼點是爭取美國的支持和援助。顧維鈞多次向美國方面表示自由主義者自救改革的決心和新內閣的前景，以鼓勵美國對中國局勢的信心。美國政府對受過美國教育的自由主義者一向寄予很高的期望，希望這些人能在中國發揮重要的作用，就像馬歇爾曾說的，中國的關鍵在於

---

① 《顧維鈞日記》，1949 年 8 月 21 日；《蔣廷黻日記》，1949 年 8 月 21 日。

② 《顧維鈞回憶錄》第 7 分冊，第 366 頁。

③ 《顧維鈞回憶錄》第 7 分冊，第 207 頁。

④ 《蔣廷黻日記》，1949 年 7 月 25 日。

自由主義者在政府中和少數黨中擔起領導作用。但在國民黨大勢已去的情況下，美國政府認識到，沒有人能夠挽救這個政權了，故已經決定採取從中國「脫身」的政策。對這一點，倒是胡適比顧維鈞看得要清楚些。他認為，讓自由主義者出來協助國民黨，「使美國相信我們自救的真誠願望是無濟於事的」。①

在與顧維鈞一起醞釀新內閣之時，蔣廷黻還在籌劃組建一個新政黨——中國自由黨。蔣廷黻組黨的想法可以追溯到 1945 年，希望在國民黨之外另組一個反對黨。1947 年下半年他出任駐聯合國代表後不久，向顧維鈞提起組黨的問題。顧維鈞贊同這個設想，與他討論了黨綱和章程。後來因為國內局勢變化，他們「這方面的興趣也就衰退了」。②

1949 年夏，蔣廷黻再提組黨之事。8 月 29 日，他與胡適討論組黨問題，列了一份發起人的名單，蔣廷黻、胡適、顧孟餘、翁文灝、傅斯年、陳光甫、郭泰祺、于斌等之外，顧維鈞也在其中。9 月 7 日，蔣廷黻將他與胡適討論後擬訂的中國自由黨黨綱交顧維鈞徵求意見，並請他擔任自由黨的發起人。9 月 14 日，顧維鈞回覆蔣廷黻，願意擔任自由黨發起人，並贊同黨綱。他還對黨綱提出修改意見，建議增加收取黨費作為收入的規定，並公佈財務和決算報告。信函發出後，顧維鈞想到自己還是國民黨黨員，特別還是中央執行委員會的委員，於是於次日又致函蔣廷黻，表明接受自由黨發起人是以放棄國民黨黨籍和中央執行委員會委員為條件的，在此之前還不適合做發起人。③

---

① 《顧維鈞回憶錄》第 7 分冊，第 211 頁。

② 陳紅民：《蔣廷黻與夭折的「中國自由黨」(1947–1951)》，《江蘇師範大學學報》2013 年第 1 期；《顧維鈞回憶錄》第 7 分冊，第 480–481 頁。

③ 《蔣廷黻日記》，1949 年 8 月 29 日；《蔣廷黻致顧維鈞》(1949 年 9 月 7 日)，中國口述史計劃，第 11 盒，哥倫比亞大學圖書館藏；《顧維鈞回憶錄》第 7 分冊，第 481–482 頁。

與新內閣計劃一樣，自由黨計劃也無法取得實質性進展。顧維鈞對此的熱情隨後就減退了，雖然蔣廷黻為此的努力延續到 1951 年。

　　在漫長的外交生涯中，除了 1920 年代參加北京政府的那幾年，顧維鈞基本上不參與國內政治，並以此作為一個外交官的行事準則。新內閣計劃以及自由黨組黨則有違於他以往恪守並標榜的原則。但在國共兩黨戰略決戰的時代大背景下，擔任駐美大使的顧維鈞，要完全置身於政治之外，幾乎是不可能的。在對外交涉中，顧維鈞一向主張依靠美國。而在他看來，美國此時希望中國出現一個由自由主義者領導的政府，這樣一個政府是獲得美援、挽救時局的關鍵。所以，他就十分起勁地參與到推動新內閣的活動中了。按他自己的話說，「我們必須按出錢的老闆定的調子演奏」，「按美國的期望行事」。[①] 一個以恢復中國喪失主權為己任的外交官，這樣來定位與美國的關係，可見此時的顧維鈞對美國依賴之深了。這種對美國的依賴和信任，是他從留學時開始在潛移默化中形成的對美國的認同與親和感在外交事務上的反映。早在第一次出使美國期間，他就認為美國與其他列強不同，「對於我無陰謀，待我以至誠」。隨着與美國打交道越來越多，他更是相信，美國「在本質上並不是帝國主義」，這是他按美國調子行事的思想基礎。[②]

　　從政治理念上說，顧維鈞是一個自由主義者，這是他積極推動新內閣的內在動因。在新內閣計劃的幾個關鍵角色中，胡適、蔣廷黻和顧維鈞都畢業於哥倫比亞大學，都信奉自由主義，但對新內閣和現實政治的態度卻有很大不同。胡適雖有心推動政治進步，但始終不願放棄知識分子的獨立性，也就不願直接介入政治之中。蔣廷黻本質上是一個知識分子，但卻熱衷投身政

---

① 《顧維鈞回憶錄》第 7 分冊，第 137、145 頁。

② 《顧維鈞 1917 年 4 月 9 日電》，《近代史資料》總 38 號，第 185 頁；《顧維鈞回憶錄》第 7 分冊，第 506 頁。

治，下決心通過自己的行動推進自由主義政治。新內閣計劃擱淺後，兩人仍念念不忘政治改革。1950 年 7 月下旬，兩人與顧維鈞見面，談到國內政局時，胡適說土耳其總統伊諾努（Ismet Innonu）由於選舉失敗和平交出政權，意思是國民黨和蔣介石也應如此。蔣廷黻則說蔣介石最好就做純粹法理上的「元首」，而不干預權力的實際運作。[①] 與胡適、蔣廷黻相比，顧維鈞雖有相同的政治理念，但因為多年來從事外交的經歷，在處世行事上要更為現實些，更懂得隨機應變，在理念上不如胡、蔣那樣執着。新內閣計劃有可能時，他積極予以推動。而當該計劃無法實行，局勢劇變必須做出選擇時，他並無太大困難地又回到先前的立場上，認為蔣介石在中國具有無可替代的地位，繼續為蔣介石所代表的國民黨在美國朝野奔走。

---

① 《顧維鈞回憶錄》第 8 分冊，第 56–58 頁。

第十一章

「一匹精疲力竭的老馬」

一 「一國三公」、四面楚歌

在中國的國共內戰中，美國政府向國民黨提供了大量各種形式的援助，但大把大把的美元並沒能挽回國民黨在戰場上的頹勢。1948 年底，美國政府開始確信，國民黨的最終失敗只是時間問題了。於是，美國決策者開始重新審視並調整其對華政策，認為繼續承擔對國民黨援助的義務「並不是一種好的外交」，美國「需要改變航向的自由」。[①]1949 年初，三大戰役結束，國民黨一百多萬軍隊被殲滅。4 月下旬，人民解放軍突破長江防線，佔領南京。隨着國民黨敗局已定，美國政府決心與國民黨這艘沉船拉開距離。

美國對華政策的調整，尤其是對國民黨態度的改變，使代表國民黨政權處在對美外交第一線的顧維鈞，面臨着外交生涯中前所未有的困境。多年後回首這段日子時，他感歎道：「這時實在是我最為困窘的日子。一切來自中國的消息都是那麼令人沮喪，而我仍要繼續工作，在美國政府頗不友善的態度下為國家盡心竭力。」他深感自己「已如一匹精疲力竭的老馬」。[②]

杜魯門政府要從它陷得很深的中國內戰中脫身，實際上表明了美國對華政策的失敗。為替失敗的對華政策辯護，回應國內共和黨的攻擊指責，也為了讓美國公眾對國民黨的最後崩潰不致感到太突然，杜魯門政府在 1949 年初決定準備一份文件，詳盡地說明美中關係的狀況，推卸失敗的責任。這份

---

① *FRUS*, 1948, Vol. 8, p. 146.

② 《顧維鈞回憶錄》第 7 分冊，第 71、102 頁。

文件題為《美國與中國的關係》，通常稱之為《美中關係白皮書》。

顧維鈞較早就獲悉美國國務院正在準備這樣一份文件，並且意識到文件的公佈將對國民黨產生負面影響。6月下旬，他致電外交部，報告了美國準備發表白皮書的情況，認為此事「殊值注意」。外交部得知後指示顧維鈞，「此項白皮書如經公佈，對我政府深為不利，希洽國務院探詢真情，相機勸阻」。[①]

7月1日，顧維鈞與美國國務卿艾奇遜會面，提出了白皮書問題。他說，國民黨一直在尋求美國政府的道義支持，迄今尚未獲得肯定的幫助。而白皮書的發表，其結果不僅會進一步削弱國民黨的地位和威信，而且會給共產黨過去幾年來所進行的反國民黨宣傳提供更多的材料。他向艾奇遜提出，希望美國政府不要馬上決定發表白皮書。在美國政府決策層中，艾奇遜是力主發表白皮書的，但當面並未回應顧維鈞的要求，只是說將把這一意見轉告杜魯門總統，請其決斷。幾天後，在與國務院官員會面時，顧維鈞繼續強調，白皮書證實了共產黨所說的國民黨的短處和缺陷，這就是幫了共產黨一個大忙，也會使美國政府自己丟臉，成為一個跟國民黨站在一起的「帝國主義」政府。[②]

顧維鈞的這些活動無法阻止美國決策者的既定計劃。8月5日，美國國務院發表了白皮書。白皮書在宣傳美國對中國的「傳統友誼」、美化其對華政策時，詳盡敘述了美國在軍事、政治、經濟等方面給予國民黨的各種援助，同時對國民黨的腐敗無能也沒有筆下留情。白皮書附有艾奇遜給杜魯門的一封信。艾奇遜在信中說，「中國內戰的不幸結果為美國政府控制所不及，美

---

① 《顧維鈞致外交部》（1949年6月23日）、《外交部致顧維鈞》（1949年6月25日），*Wellington Koo Papers*, box 148。

② 《顧維鈞致蔣介石》（1949年7月1日），*Wellington Koo Papers*, box 167；《顧維鈞回憶錄》第7分冊，第182、186頁。

國在其能力的合理限度之內所曾經做或能夠做到的，都不能改變這個結果」，「這是中國內部勢力的產物」。[①] 這番話意在表明，國民黨的垮台與美國無關，美國政府做了該做的一切，失敗的原因在於蔣介石，而不是美國。這正是美國政府發表白皮書的意圖所在。

顧維鈞對美國發表白皮書的第一反應是「美國已經一筆勾銷了國民黨中國」，狠狠地踢了它一腳。在未收到外交部指令的情況下，顧維鈞發表了一份聲明。這份聲明不長，對着媒體的鏡頭，顧維鈞只念了一分鐘，但卻花了四個小時撰寫定稿。顧維鈞在聲明中說：「對華白皮書的公佈是一不尋常的步驟，特別是在我國為遏制共黨侵略和捍衛國家獨立進行殊死鬥爭之際。這一大卷書多為美國對事態的看法，當然，中國方面還有它的觀點。中國政府正在研究白皮書的內容，並將發表看法。不管過去的所作所為該不該算在國民政府的帳上，今天的基本事實是，中國正在與受到國際共產主義援助和唆使的共黨侵略奮力搏鬥。」在聲明的最後，顧維鈞向美國呼籲：「決心繼續為反對共產黨侵略而鬥爭的中國當能成功地贏得美國對其目的和努力的更好理解，並完全取得它道義上和物質上的支持。」[②]

這是國民黨方面對白皮書的最早回應。由於認定對美外交的首要目標仍是爭取美國的支持和援助，顧維鈞避免在聲明中對美國國務院進行直接的批評，儘管他對白皮書十分不滿。8 月 16 日，國民黨政府對白皮書的聲明在廣州發表，顧維鈞對該聲明的評價是：「白皮書公佈十天之後發表的這份聲明過於溫和，並有意含混其詞。論點也未擊中要害。」[③]

白皮書的發表不僅對中美兩國關係產生了巨大衝擊，在國民黨內也造

① 《中美關係資料彙編》第 1 輯，第 41 頁。
② 《顧維鈞回憶錄》第 7 分冊，第 231、235–236 頁。
③ 《顧維鈞回憶錄》第 7 分冊，第 244 頁。

成了很大混亂。白皮書在最後部分引述了李宗仁以代總統身份於 1949 年 5 月 5 日致杜魯門信中的一段話:「可惜由於我們當時的政府沒有能夠對這項援助作正當的使用,未能做到政治、經濟與軍事上適當的改革,致使你們的援助並沒有產生預期的效果,我們的國家目前所處的窘境應歸咎於當時的貽誤。」[1] 李宗仁給杜魯門寫這封信,是想與蔣介石的失敗劃清界限,以便美國政府接下來能夠支持他。但這一表述,正好被美國國務院用來證明美援沒有發揮作用的責任全在國民黨自己。國民黨內最高層尤其是蔣介石與李宗仁的矛盾雖說已是公開的秘密,但李宗仁信件的公開,將這一矛盾完全暴露於公眾面前,對國民黨來說更是雪上加霜。

顧維鈞是國民黨政府駐美國的外交代表,但對這樣一封由代總統致美國總統的信竟毫不知曉。白皮書公佈此信後,顧維鈞與李宗仁派駐美國的代表甘介侯聯繫,希望能獲得信件的全部內容。甘介侯雖然口頭上答應,但一直拖延,就是不肯將信件交給顧維鈞。

國民黨內的矛盾和分裂使顧維鈞處在十分尷尬的地位。此時蔣介石已到了台灣,在廣州有李宗仁,還有行政院長閻錫山。李宗仁在美國有自己的代表,閻錫山也派了自己的代表來美國。在美國還有宋美齡、宋子文等人。這些人都會分頭去找美國政府官員和國會議員談中國問題,並各自向國內報告,相互之間卻封鎖消息。這種多頭並進的狀況,使顧維鈞左右掣肘,難以施展身手,卻不能公開抱怨,只能在日記中大歎苦經:「一國何啻三公。」[2]

儘管對國民黨內的矛盾和分裂不滿和無奈,顧維鈞卻沒有停止為這個敗退中的政權服務。白皮書發表後,顧維鈞在大使館內開會,要求使館人員在

---

① 《中美關係資料彙編》第 1 輯,第 445 頁。

② 《顧維鈞日記》,1949 年 8 月 5 日,*Wellington Koo Papers*, box 217。

以後的兩三週內，從各個具體問題的側面，準備一系列文章發表，以便持續反擊並藉此削弱白皮書的影響。他自己也出馬撰文，經陳之邁修改後於 9 月中旬定稿。這篇題為《中國是值得拯救的》文章發表於《讀者文摘》（*Reader's Digest*）11 月號上。文章以極具煽動性的詞語開頭：「中國正在火上，經受共產主義的灼灼烈焰炙烤。愛好自由的人民的偉大任務就是阻止這場大火的蔓延。」在追述美國對華政策時，文章突出了美國政府與國民黨政府在共產黨問題上的不同，尤其講到馬歇爾調停時期的政策捆住了國民黨的手腳，針鋒相對地反駁白皮書的觀點。文章強調「中國是值得拯救的，也仍然能夠被拯救」，但關鍵是時間，拖延幫助中國將影響整個亞洲。[1]

顧維鈞竭盡全力想讓美國政府和公眾相信國民黨中國是能夠被拯救的，但事實卻無情地嘲笑了他撰寫的文章。該文發表時，廣州已被人民解放軍佔領。從南京退至廣州的國民黨政府只得再次敗走，撤至重慶。在此之前，顧維鈞向美國國務院官員保證，國民黨白崇禧部隊可以守住湖南南部，廣州作為政府的最後堡壘是穩固的，蔣介石與李宗仁的合作也大有進步。但隨即傳來的消息卻說，因為蔣介石不給白崇禧部隊軍餉，以及將自己的部隊從粵北撤走，白崇禧指揮的防線崩潰了，只得率部倉促撤往廣西。[2] 這一狀況頗像九一八事變後顧維鈞在國聯的經歷，在台上說得天花亂墜，下台後卻發現事實完全相反，好像挨了一巴掌，而此時顧維鈞所承受的心理打擊則遠遠超過當年。

隨着國民黨在大陸控制的區域急劇縮小，台灣問題在美國對華政策中的重要性開始凸顯出來。在準備從中國大陸脫身時，美國政府考慮將台灣與大

---

[1] *Wellington Koo Papers*, box 134.

[2]《顧維鈞回憶錄》第 7 分冊，第 438 頁。

陸分開來處理，並將蔣介石的勢力阻止在台灣島之外。在蔣介石於 1949 年
5 月下旬到達台灣後，美國又考慮培植取代蔣介石的勢力。對美國的這一意
圖，處在內外交困中的蔣介石看得很清楚，採取了隱忍退讓的策略，避免與
美國正面衝突，而對美國屬意的人選則處處提防，設置障礙，將軍政大權牢
牢地掌控在自己手中。美國政府最終發現有關國民黨和台灣的事情無法繞過
蔣介石，只得回過頭來仍與他打交道，但對是否予以全力支持卻下不了最後
的決心。①

　　11 月 3 日，美國駐台北「總領事」根據國務院指示向蔣介石當面宣讀了
艾奇遜給他的電報，稱美國對國民黨在台灣「治理不當」很不滿意，美國的
態度取決於國民黨自身改革的情況；目前已批准的美國援助還將繼續，今後
是否提供新的援助，則要看國民黨自己表現如何，並要國民黨保證在島上進
行政治、經濟改革，然後美國再實施援助方案。蔣介石對批評其治理不當面
露不滿，當天在日記中稱美方措辭「傲慢不馴」，但會面結束後又一廂情願地
認為這是國務院在白皮書發表後「轉圜之地步」，給自己下一台階，接下來就
會向他提供援助。② 基於這一判斷，蔣介石決定抓住時機，要求美國加強軍
事援助。

　　11 月 9 日，顧維鈞收到蔣介石的密電，通報了美國政府的最新表態，
以及在這之後陳誠發表的呼籲美國加強援華派遣軍事顧問團的聲明。蔣介石
此電的目的是要顧維鈞積極推進美國對台灣當局的援助。但顧維鈞對美國政
府的表態有不同的理解。收到電報當天，他與剛出任助理國務卿的巴特沃思
（Walter Butterworth）會面，了解艾奇遜給蔣介石電報的由來和美國政府的真

---

① 資中筠：《美國對華政策的緣起和發展（1945–1950）》，第 289–300 頁。
② 資中筠：《美國對華政策的緣起和發展（1945–1950）》，第 300–301 頁；《蔣介石日記》，1949 年
　　11 月 3 日。

實態度。巴特沃思稱此電是為了說明美國政府對台灣的關切，但台灣當局竟據此提出要美國派軍隊「協防」台灣，簡直是異想天開。這一回答使顧維鈞明白，包括巴氏在內的國務院官員對蔣介石的憎惡絲毫未變。艾奇遜給蔣介石的電報與其說是承諾，不如說是恐嚇，是逼迫蔣介石在台灣推行改革，自己承擔起防衛的責任。因此，陳誠敦促美國加強「援華」的聲明「實際上是文不對題」。[①]

顧維鈞的這一判斷抓住了美國政策的實質。美國政府此時確實無意對蔣介石或台灣承擔任何責任，只是擔心停止援助會進一步招致國內反對勢力的攻擊和損害國民黨已經很低落的士氣。基於對美國政策的這一理解，顧維鈞仍堅持先前的看法，認為獲得美援的先決條件還是國民黨進行美國所期望的改革，由美國政府屬意的人出來主持政局。於是，他向台北提出建議：「我於提出（美援）請求之前，宜先由我自動調整主持台島省政之人選，以表示我決心抗共，歡迎與美合作之誠意，而免美政府中反對助我者之懷疑與阻梗。」[②]只是此時他心目中的人選已不是胡適，而是美國人多次向他提起的吳國楨了。此前，美國海軍西太平洋艦隊司令白吉爾（Oscar Badger）在 11 月上旬和 12 月上旬兩次向顧維鈞表示，台灣需要有一位致力於改革的文官出任省主席，而吳國楨是最合適的人選。[③]吳國楨也是一位留美學生，抗戰後期擔任過外交部副部長，抗戰勝利後擔任上海市市長，被認為是一位能幹的官員。

顧維鈞向台北提出建議時，蔣介石為了獲得美國的支持和援助，也正考慮接受美國的提議，於是在 12 月 15 日任命吳國楨出任「台灣省主席」。做

---

① 《顧維鈞回憶錄》第 7 分冊，第 496–497、502–508 頁。

② 《顧維鈞致王世傑》（1949 年 12 月 13 日），*Wellington Koo Papers*, box 145。

③ 《顧維鈞回憶錄》第 7 分冊，第 508、531 頁。

出這一安排後，蔣介石認為可以向美國提出增加援助的要求了。12 月 16 日，葉公超密電顧維鈞，內容是關於一份代號為「艾利斯」(Alice) 的備忘錄。這份備忘錄向美國開出了求援的清單，包括在軍事上幫助國民黨裝備 6 個陸軍師、16 艘巡邏艇，在技術上派遣陸海空軍顧問三四十人協助策劃訓練，在經濟上延長未用完的援華款項並幫助穩定台幣、發展工農業等。台灣當局表示：「如美國政府接受吾人之請求，給予吾人以次所列技術的物質的援助，中國政府決不因之而忽視其自己的責任或絲毫鬆懈其自己應有之努力。」葉公超要求顧維鈞將這份備忘錄譯成英文後親送國務卿或副國務卿，請他們盡快予以考慮並轉杜魯門總統，並告訴他此項要求在台灣只有三四個經手人知道，不要泄露給在美國的其他中國人。[①]

接到「艾利斯」備忘錄後，顧維鈞特地去拜訪白吉爾。白吉爾是美國軍方中主張加強援蔣的重要人物，「艾利斯」備忘錄就是根據他不久前向台灣提出的建議加以修改而成的。顧維鈞去見白吉爾是為了與他討論備忘錄中一些具體問題的表述，並了解國務院對援蔣問題的最新態度，以使備忘錄盡可能順利地被國務院接受。會見後，顧維鈞對「艾利斯」備忘錄做了修改補充，列出了原先缺少的軍事援助款項的分類數額。12 月 23 日，他將修改過的備忘錄英文稿送交助理國務卿巴特沃思，並向巴氏強調，台灣當局「認識到畢竟它必須自助，它所要求的任何援助只是為了幫助它更有效地履行自己的責任而不是把責任推給旁人」。[②]顧維鈞和台灣當局期待美國政府對「艾利斯」備忘錄做出積極的反應。

但就在顧維鈞向美方遞交備忘錄的當天，美國國務院向駐外使館發出

---

① 《葉公超致顧維鈞》(1949 年 12 月 16 日)，*Wellington Koo Papers*, box 145。

② 《顧維鈞回憶錄》第 7 分冊，第 536–544 頁。

一份有關台灣問題的內部文件。該文件開宗明義地指出，台灣可能為共產黨軍隊攻克，因此必須做好宣傳輿論準備，以盡量減少此事對美國威信的影響。宣傳的要點是台灣沒有特別的軍事意義和戰略價值，美國並未承擔「拯救」台灣的責任，而且這樣做對美國害處極大。[①] 這份被稱為「第 28 號特別命令」的文件表明，美國國務院急於要從與蔣介石和台灣當局的牽連中擺脫出來。

國務院的文件是內部文件，顧維鈞當時並不知曉。但他通過軍方的渠道獲悉，在 12 月 29 日舉行的美國國家安全委員會會議上，軍方不顧國務院的反對，主張向台灣當局提供援助。在向台北報告這一信息時，他稱，該「會議的氣氛相當良好，在新的一年開始時，出現這種有利的氣氛，顯示着會有一定的事態發展」。[②] 顧維鈞的語調相當樂觀，顯然認為這一發展是朝着有利於台灣當局的方向進行的。但是，這一次顧維鈞的判斷錯了。

1950 年 1 月 5 日上午，顧維鈞從新聞中知道了國務院「第 28 號特別命令」，覺得十分驚訝。下午，杜魯門總統就台灣問題發表正式聲明。在這份聲明中，杜魯門表示遵守《開羅宣言》和《波茨坦公告》關於台灣歸還中國的規定，尊重中國對台灣的主權，並稱：

> 美國對台灣或中國其他領土從無掠奪的野心，現在美國無意在台灣獲取特別權力或特權或建立軍事基地。美國亦不擬使用武裝部隊干預其現在的局勢。美國不擬遵循任何足以把美國捲入中國內爭中的途徑。同樣地美國政府也不擬對在台灣的中國軍隊供給軍事援助或提供意見。[③]

---

① 資中筠：《美國對華政策的緣起和發展（1945–1950）》，第 304–305 頁。

② 《顧維鈞回憶錄》第 7 分冊，第 553 頁。

③ 世界知識出版社編《中美關係資料彙編》第 2 輯，世界知識出版社，1960，第 10 頁。

美國政府這一完全從中國脫身的表態，對處於風雨飄搖之中的國民黨來說，是十分沉重的打擊。這也出乎此前對形勢估計較為樂觀的顧維鈞的預料。不過，顧維鈞明白，軍方與國務院之間、共和黨與民主黨之間在台灣問題上的不同意見仍然存在，而且即使是杜魯門的聲明也未將今後援助國民黨台灣當局的門完全關死，因為杜魯門強調的只是「現在美國無意」干預和捲入。在聲明發表當天給台北的電報中，顧維鈞提醒台灣當局高層，對在聲明發表前臨時插入的「現在」兩字，以及現場杜魯門不願答覆記者就此的提問，應「特為注意」。[1] 他主張對杜魯門聲明應做謹慎的反應，不宜即刻發表公開回應。

顧維鈞對杜魯門聲明的分析，顯示出他對美國國內政治和各派政治力量的了解。當台灣當局高層對杜魯門聲明一片驚慌之時，他看出了隱藏在公開聲明後美國決策層內存在的矛盾。在台灣問題上，美國政府內部有兩派不同的意見。軍方主張向台灣當局提供在美國監督之下的一定規模的軍事援助，盡可能長地維持國民黨對台灣的統治，因為這符合美國在遠東的安全利益。但國務院認為，過去幾年的經驗表明，向國民黨提供援助並不能挽救這個已經腐敗透頂的政權，它的失敗只會使美國喪失威信，付出更大的代價，而且台灣對美國的安全並非那麼重要。杜魯門的聲明表明在這兩派的爭執中，總統站到了國務院這一邊。但軍方並沒有因此放棄自己的主張。在國會中，共和黨中的親國民黨勢力則抓住聲明攻擊民主黨政府及其對華政策，掀起新一波的反對聲浪。這樣，杜魯門聲明發表後不久，美國國內對國民黨的態度反而向着相反的方向發展起來。

在美國的親國民黨勢力中，有一些人對蔣介石沒有好感，認為國民黨失

---

① 《顧維鈞致外交部》(1950 年 1 月 5 日)，*Wellington Koo Papers*, box 145。

敗的最大責任就在於蔣介石。他們主張繼續援助國民黨，但蔣介石必須離開，並就此與顧維鈞接觸。最早向顧維鈞提出此點的是從中國回來不久的駐華大使司徒雷登。1949 年 9 月 2 日，顧維鈞與司徒雷登會面。在顧維鈞提出自由主義者組閣一事後，司徒雷登表示，最好是請蔣介石交出政權，出洋考察。不過，司徒雷登沒有說這一主意是他個人的，還是代表政府提出的。[1]

司徒雷登還只是提出建議，並沒有具體的行動計劃。接着就有人帶着具體的方案來找顧維鈞了。擔任過美國駐蘇大使的戴維斯（Joseph Davies）帶了里基特（William Rickett）來與顧維鈞見面。顧維鈞知道後者是一位著名的特工，稱他為「阿拉伯的勞倫斯的追隨者」。里基特向顧維鈞提出，如果蔣介石願意離開中國，美國政府負責保證他的安全。蔣介石可以攜帶他的一切財物，美國為他裝備一艘完全由他支配的遊船，他可以隨心所欲地去任何國家。里基特表明這個主意是經過白宮研究的，並作為白宮的意見告訴顧維鈞，請他作為中間人轉告蔣介石。多半是認為蔣介石根本不可能接受這一方案，而且相信蔣介石還能夠掌控權力，顧維鈞沒有按美方的要求轉達這一消息。直到 1953 年 10 月蔣經國「訪問」美國，時過境遷，顧維鈞才將此事告訴了蔣經國。[2]

1950 年 3 月 16 日，一個與美國中央情報局有聯繫的挪威人布約爾塞特（Brynjolf Bjorset）來見顧維鈞，直截了當地提出美國政府和美國商界已不信任蔣介石了，他應該走開，把權力交給他人。此前的 3 月 1 日，蔣介石已經

---

[1] 《顧維鈞回憶錄》第 7 分冊，第 366 頁。

[2] 《顧維鈞回憶錄》第 7 分冊，第 367、562 頁；《蔣介石日記》，1953 年 10 月 23 日。顧蔣的記載稍有差異。顧維鈞沒有談到與里基特見面的具體日期。蔣經國在告訴蔣介石該事時說，顧維鈞稱 1950 年 2 月有一個英國人向他提出，但沒提此英國人的姓名。但兩人都談到了會送一艘船給蔣，應是同一件事。

在台北「復行視事」，重新走到前台。因此，顧維鈞明確回答布氏，這不是切實可行的建議，現實終歸是現實。①

在這之前，李宗仁以治病的名義已於 1949 年底到了美國。蔣介石「復行視事」，還有着「代總統」頭銜的李宗仁自然不滿。他的私人代表甘介侯在美國報刊上發表聲明，譴責此舉為「違憲」行為。對蔣李衝突，顧維鈞仍然傾向蔣介石一邊。他勸說李宗仁順從不可避免之事，即應該接受現實，並說如果公開發泄對蔣的憤怒，就會損害美國對台灣的繼續援助。②時局動盪之際，顧維鈞對國民黨高層政治看得十分清楚，相信只有蔣介石才能掌控局面。

這一時期，顧維鈞的外交活動集中於推動美國的政策朝着有利於台灣的方向轉變。3 月下旬，美國國務院發生人事變動，臘斯克（Dean Rusk）取代巴特沃思出任負責東亞事務的助理國務卿。與前任不同，臘斯克主張援助蔣介石。因此，他一上台，顧維鈞就認為「他對問題不抱偏見」，也就是不像巴特沃思那樣厭惡蔣介石和國民黨。4 月 20 日，顧維鈞與就任新職的臘斯克第一次會面，美援是他們會談的重點。顧維鈞首先提出，美國應重新考慮杜魯門聲明中所宣佈的不提供援助的政策，隨即建議如果目前還難於從根本上改變業已宣佈的政策，可先給台灣當局少量純粹用於防禦的援助作為政策修正的開始，並列舉了地面雷達站、沿海巡邏用的小型海軍艦艇等。這次會晤比原計劃延長了一個小時。臘斯克雖在會談中表示，杜魯門聲明所宣佈的政策仍是現行的政策，但在會談後幾天就向艾奇遜進言，建議向台灣當局提供援助。③

---

① 《顧維鈞回憶錄》第 7 分冊，第 565–566 頁。
② 《顧維鈞回憶錄》第 7 分冊，第 603 頁。
③ 《顧維鈞回憶錄》第 7 分冊，第 736–738 頁；*FRUS*, 1950, Vol. 6, pp. 333–335。

　　與臘斯克幾乎同時到國務院擔任顧問的杜勒斯，是國務院中正在上升的援台勢力的另一主要代表。顧維鈞與他保持着密切往來。在與臘斯克會談後次日，顧維鈞邀請杜勒斯到使館雙橡園午餐，討論美國的對台政策。席間，杜勒斯對顧維鈞關於敦促恢復軍援可先從防禦項目開始的主張表示贊同，並願意在國務院討論對台政策時施加影響，儘管他不能肯定這影響究竟有多大。[1] 顧維鈞向臘斯克和杜勒斯提出的先提供防禦援助的建議，並非來自台灣當局的指示，而是他自己為了推動美國逐步改變政策而向美方提供的一個方案。

　　對積極主張援台的軍方，顧維鈞更是往來密切，特別是與助理國防部長格里菲斯經常會面，討論恢復軍事援助的問題。

　　6月初，顧維鈞從與美國官員的交談和新聞報道中已經感覺到，美國政府的對台政策有可能發生變化。6月12日，杜勒斯告訴他，國務院對台灣當局的態度近來有所好轉，存在重新考慮對台提供軍援的可能性。這一切使顧維鈞認為，「美國要改變遠東政策已初見端倪」，只是尚須等待合適的時機。[2] 這一時機出乎意料地很快就出現了。

二　朝鮮戰爭的衝擊

　　1950年6月25日，朝鮮戰爭爆發。消息傳到美國，還是24日星期六的晚上，顧維鈞正在新澤西州的鄉間度週末消夏。儘管是朝鮮半島上發生的事情，他馬上想到的是美國將做出怎樣的反應：「不知美國將如何應對？它不可

---

① 《顧維鈞回憶錄》第7分冊，第741-742頁。

② 《顧維鈞回憶錄》第7分冊，第765、778頁。

能對此置之不理，因為這是對美國威望的直接挑戰。」[1]

6月27日，美國總統杜魯門就朝鮮戰爭發表聲明，除命令美國軍隊支援韓國軍隊外，還命令美國海軍進駐台灣海峽，稱：「共產黨部隊的佔領台灣，將直接威脅太平洋地區的安全，及在該地區執行合法而必要職務的美國部隊。因此，我已命令第七艦隊阻止對台灣的任何進攻。作為這一行動的應有結果，我已要求台灣的中國政府停止對大陸的一切空海攻擊。第七艦隊將監督此事的實行。台灣未來地位的決定必須等待太平洋安全的恢復、對日和約的簽訂或經由聯合國的考慮。」[2] 兩天後，美國第七艦隊駛入台灣海峽。這樣，在捲入朝鮮戰爭的同時，美國入侵了中國的領海。

杜魯門的聲明改變了他1月5日聲明中尊重《開羅宣言》和《波茨坦公告》將台灣歸還中國的立場，提出了美國決策層內醞釀已久的「台灣地位未定」論。但與此同時，第七艦隊進入台灣海峽，又為台灣當局提供了它所期望的武裝保護。顧維鈞在杜魯門正式發表聲明前獲得了聲明文本，讀了之後心情十分複雜。一方面，由於美國向台灣提供了武裝保護傘，他認為美國的對台政策「是往好的方面變化」；另一方面，對聲明中有關「台灣地位未定」的內容，他認為「措辭是粗暴的，簡直很蠻橫。官方聲明中使用如此措辭以對待友好國家，實屬罕見」。當天向台北報告時，他特別提醒台灣當局注意杜魯門聲明中有關「台灣地位未定」的內容：

> 細察宣言措詞不無深意，其明言台灣將來地位須待諸日後決定，一面因現既改變態度，與元月間宣言不得不有自圓之說，一面亦欲對各種

① 《顧維鈞回憶錄》第8分冊，第1頁。
② 《中美關係資料彙編》第2輯，第89–90頁。

可能解決留一迴旋餘地，不先自作拘束。如所列屬確，是未必均與我有利……綜此情形，我對美宣言不宜輕先表示態度，似須慎重考慮，既不宜予美以刺激，亦不必過為頌揚。[1]

同一天，顧維鈞還向正出席聯合國安理會會議的蔣廷黻建議，不要評論杜魯門聲明中有關台灣地位的那段話，因那段話有不利於台灣當局的可疑含義；如果一定要表示意見的話，可以就美國政府承擔阻止大陸對台灣武力進攻一事表示讚賞。[2]

杜魯門聲明傳到台灣，島內輿論在肯定其「協防」台灣的同時，對其中「台灣地位未定」的論調也有指責。這一情況反饋到美國，引起美國的不滿。於是，顧維鈞電告台北，對杜魯門聲明不要做考慮欠周的新聞報道，或感情衝動的評論，以免激怒美國政府和公眾，「不利於我，盼今後避免此類有損合作之表示」。葉公超回覆稱，顧的意見已引起重視，並已指示各報館不要發任何帶刺激性的評論。[3]

儘管對美國的「台灣地位未定」論不滿，台灣當局還是將朝鮮戰爭看作改變自身不利處境的戰略機遇。杜魯門聲明發表當天，葉公超從台北給顧維鈞打來電話，就根據聯合國決議擬派軍隊去朝鮮半島一事徵求其意見。顧維鈞表示，不要具體說明將提供何種援助，只需表明在保衛台灣安全的前提下，願意貢獻最大的力量。並建議派軍隊之事，在正式向聯合國提出前，應

---

[1] 《顧維鈞致葉公超》（1950 年 6 月 27 日），*Wellington Koo Papers*, box 145；《顧維鈞回憶錄》第 8 分冊，第 7 頁。

[2] 《顧維鈞回憶錄》第 8 分冊，第 8 頁。

[3] 《顧維鈞致葉公超》（1950 年 7 月 8 日），*Wellington Koo Papers*, box 145；《顧維鈞回憶錄》第 8 分冊，第 39–42 頁。

先與美國政府磋商，並嚴守秘密，不使美國為難。在同美國達成某種默契之前，連聯合國也不通知。[1]

然而，台灣當局對派軍隊一事很是急切，而且想當然地認為美國會接受這一提議。6 月 29 日清晨，葉公超再次給顧維鈞打來電話，告訴他台灣已決定派一支 33000 人的陸軍部隊赴朝鮮半島，並說已將該決定的備忘錄用電報發來，請其送交國務院。當天下午，顧維鈞將該備忘錄交給了臘斯克。[2]

但台灣方面沒有接受顧維鈞有關此事須秘密進行的提醒，未待美方對備忘錄做出回覆就將派兵一事在媒體上予以披露。7 月 1 日，美國國務院回覆「使館」，對台灣當局派兵一事婉言拒絕，稱在做出最後決定之前，應由麥克阿瑟和台灣軍事當局雙方派出的代表進行討論，以確保台灣防務之需要。顧維鈞對美國的回覆很失望，更對台灣當局在美國未答覆前就公佈此事頗為不滿，認為在處理微妙的外交問題上缺乏協調，是一個失策，但想挽救已為時太晚了。[3]

當然，美國拒絕台灣當局派兵的原因要比台灣提前公佈消息複雜得多。着眼於朝鮮戰場本身，美國需要有他國軍隊的參與和支持。但從整個遠東局勢看，美國生怕台灣當局藉此拖美國下水，使朝鮮戰爭擴大化，最後演變為第三次世界大戰。而對第三次世界大戰的期盼，確是此時國民黨內許多人的普遍心理。

7 月 18 日，葉公超來電，傳達蔣介石指示，要顧維鈞回台灣討論局勢。7 月 31 日，顧維鈞抵達台北。抵台後，他與許多國民黨高層人士見面，交流對局勢的看法。他們中大多數人都認為第三次世界大戰如果不是迫在眉睫，

---

[1] 《顧維鈞回憶錄》第 8 分冊，第 8–9 頁。

[2] 《顧維鈞回憶錄》第 8 分冊，第 11–12 頁。

[3] 《顧維鈞回憶錄》第 8 分冊，第 24 頁。

也是不可避免的，認為這會給國民黨起死回生提供最好的機會。他們都想聽聽顧維鈞對此的意見。顧維鈞完全不贊同這一看法。他告訴這些高官，世界大戰就是美蘇之間的衝突，這在目前是不可能的。因為美國不打算打一場大規模的戰爭，除非是被動應戰。而蘇聯儘管擺出一副躊躇滿志甚至妄自尊大的姿態，但也不願意發生世界大戰。因此，在可預見的將來，根本不會發生第三次世界大戰。在國民黨秘書長張其昀召集的圓桌討論會上，當顧維鈞以十分肯定的口吻直率地說出自己的看法時，他看到失望的表情出現在與會者的臉上。[①]

在台期間，顧維鈞與蔣介石有四次面對面的談話。他向蔣介石詳細介紹了美國對台政策的最新發展，以及從總統到國務卿、國防部長和國會領袖對台灣當局和國民黨的態度。蔣介石最為關心的是能夠獲得美國多少援助。顧維鈞告訴他，國民黨與美國的關係已經面臨非常困難的境地，因此雙方必須相互了解，共同致力於坦率而又友好的政策，以便保持最密切的合作。他還婉轉地向蔣介石表示，美國國內包括有些首腦人物並不喜歡他，因此在目前的特殊情況下，應該把聲譽和自豪的問題放在一邊，謀求建立一種堅定、實際和可靠的合作基礎，要比美國人還更實際些。[②]

這是顧維鈞第一次來到台灣。自幼就為中國地大物博而自豪的他，目睹自己所服務的國民黨就局限於這樣一小塊地方，深感惶惑不安。在與「行政院長」陳誠談話時，他直稱台灣為一個小島。更讓他驚訝的是，因為經費拮据，陳誠要裁減駐海外的「使館」和代表團。這讓一直致力於提升中國國際地位的顧維鈞，確實感受到了國民黨的沒落。[③]

---

① 《顧維鈞回憶錄》第 8 分冊，第 86–87 頁。
② 《顧維鈞回憶錄》第 8 分冊，第 85–86 頁。
③ 《顧維鈞回憶錄》第 8 分冊，第 88–90 頁。

　　顧維鈞此次回台，前後停留 17 天，行程排得滿滿的。其間，他有 130 起約會、13 場演講，包括在蔣介石主持的國民黨中央評議會上報告國際局勢。

　　8 月 17 日，顧維鈞離開台灣當天，蔣介石特地召見他，要他返美途中在東京停留一下去見麥克阿瑟，轉達「組織東亞反共同盟軍」並歸美國指揮的口信，探詢麥氏的反應。[①] 此前麥克阿瑟剛「訪問」過台灣。麥氏「訪台」時，蔣介石提出派軍隊赴朝鮮戰場事未被接受。但蔣介石並不死心，希望以顧維鈞在外交界的人脈再去勸說。同時，蔣介石也希望顧維鈞此行可代他表達對麥氏支持的感謝，因為麥克阿瑟「訪台」後在美國國內遭到強烈批評。

　　8 月 18 日，顧維鈞在東京盟軍最高司令部拜會了麥克阿瑟。在表達蔣介石對麥克阿瑟「訪問」台灣的感謝之後，顧維鈞轉告了蔣介石希望派兵參加朝鮮戰爭的願望，稱蔣介石從與麥克阿瑟的私交出發，願意派 15000 人的軍隊赴朝鮮半島，以「志願軍」而不是官方的名義在麥克阿瑟指揮下作戰，並說蔣介石儘管沒有打贏共產黨，但他與共產黨作戰的經驗在朝鮮戰場上是絕對必要的。但是，麥克阿瑟拒絕了顧維鈞帶來的蔣介石的提議，認為台灣當局首先要考慮自身的安全和防務。顧維鈞明白，麥氏這樣回覆是因為華盛頓對此問題已做出決定。[②]

　　顧維鈞剛回到華盛頓，8 月 24 日，中華人民共和國外交部長周恩來致電聯合國安理會輪值主席、蘇聯代表馬立克（Yakov Malik）和聯合國秘書長賴伊（Trygve Lie），控訴美國武裝侵略台灣，要求安理會制裁美國政府，並「立即採取措施，使美國政府自台灣及其他屬於中國的領土完全撤出它的武裝侵略部隊」。[③] 第二天，美國政府就迅速做出回應。美國代表奧斯汀

---

① 《蔣介石日記》，1950 年 8 月 17 日。

② 《顧維鈞回憶錄》第 8 分冊，第 93–95 頁。

③ 中共中央文獻研究室編《周恩來年譜（1949–1976）》上卷，中央文獻出版社，1997，第 68 頁。

(Warren Austin) 在安理會發表聲明，拒絕關於侵略的指控，稱美國對台灣並無領土野心，並建議安理會指派調查團赴台灣調查。稍後，安理會投票表決，通過將控美侵台案列入議程。美國為使台灣問題進入安理會，也投了贊成票。

顧維鈞認為美國政府的做法「簡直有點出乎意料」。但是，他又明白，朝鮮戰爭爆發後美國在台灣海峽採取的政策是單方面行動，還沒有國際上的支持，因此想藉此機會在國際講壇上闡明美國的立場，並爭取他國對美國的支持。[1]

美國的做法在台灣引起強烈反響。此前一年，國民黨在大陸敗局已定的情況下，向聯合國控訴蘇聯違反中蘇條約，但美國沒有全力配合，致使控蘇案提出年餘，仍無實質進展。而對中國大陸提出的控訴，美國則立即回應，並提出派調查團，使台灣當局處在十分尷尬的境地。國民黨高層反對派遣調查團到台灣，視之為損害國際地位和尊嚴的舉動，準備就此問題在安理會上行使否決權。「外交部長」葉公超對此有不同看法，但孤掌難鳴，於是給顧維鈞打越洋電話求援，請他將自己的意見發個電報給台北，以做他的後盾。[2]

9月5日，顧維鈞按葉公超的吩咐給他發了一封長電。電報開頭指出，「美擬要求查明真相實屬不得已之應付政策」，並非自願。但此事對我方前途關係重大，採取何種對策，必須慎重研究。顧維鈞稱，根據他的了解，聯合國其他成員國都會同意美國派遣調查團的建議，如果我方單獨反對，恐難如願，而如果行使否決權，則會影響美國與我方的合作，並引起美國的反感，

---

[1] 《顧維鈞回憶錄》第 8 分冊，第 99 頁。

[2] 《顧維鈞回憶錄》第 8 分冊，第 103 頁。

這樣就掉進了蘇聯設置的陷阱。顧維鈞在電報中強調，最複雜的地方在於台灣的地位問題，因此首先要確定在該問題上的立場。他接着說，自杜魯門聲明以來美國一再宣稱台灣的地位應留待將來確定，之所以如此，部分地是看到問題的複雜性和重要性，部分地也是一種權宜之計。但美國也承認台灣現在由國民黨控制着，是政府所在地，這是非常重要的。因此，他認為「美之看法未必於我損多益少」，最後決策時一定要慎重考慮。[1] 顧維鈞此電的主旨就是接受現實，不要與美國發生矛盾，影響其對台灣當局的支持。

此前蔣介石已下決心對聯合國派遣調查團在安理會行使否決權，對葉公超擔心此舉會得罪美國毫不在意，認定「我為自衛，如其不諒，自所不恤也」。收到顧維鈞以及蔣廷黻不贊同行使否決權的電報後，蔣介石非常不滿，「蔣廷黻、顧維鈞來電皆不敢贊同余對調查台灣案投否決票。明是理直氣壯之事，而若彼偏解為不對」。但這兩位在第一線的資深外交官的意見還是產生了影響。9 月 9 日，蔣介石召集會議，與會者大多認為「以使用否決權得罪美為大不可」，蔣最終只得「勉從眾意」，但心中頗為不快。[2]

9 月 19 日，顧維鈞應約與臘斯克見面。臘斯克告訴他，美國已決定要將台灣問題提交聯合國全體大會，目的是希望聯合國分擔在台灣海峽維持現狀的責任，以及保證將來以和平方式解決台灣問題。此前控美侵台案已列入安理會議程，聯合國大會由全體會員國組成，美國此舉是希望更多國家參與進來。在詢問美國提交大會的着眼點是甚麼後，顧維鈞抱怨美國的政策撲朔迷離，並追問臘斯克主要目的是否在於拖延時間，以待事態發展再做決定。顧維鈞的話直截了當，但暗藏機鋒，他注意到臘斯克一下子臉都紅了。臘斯

---

① 《顧維鈞致葉公超》（1950 年 9 月 5 日），*Wellington Koo Papers*, box 145。

② 《蔣介石日記》，1950 年 9 月 5 日、7 日、9 日。

克以不要向台北報告為條件坦率相告，這樣做是因為無法確定蘇聯是否會挑起更大的衝突，所以為了保證美國的防務不受危害，台灣的安全必須有所保障，也因此，美國樂於看到台灣能維持現狀。[①] 兩天後，美國向聯合國秘書長正式提出大會應研究台灣問題。

對於美國提出將台灣問題列入聯合國大會，台北方面十分焦慮，擔心引起在聯合國的代表權問題，有損其國際地位。台北與駐華盛頓的「使館」和駐紐約的聯合國「代表團」之間，函電交馳。顧維鈞與蔣廷黻等在美官員也保持密切往來，交流彼此看法。

10 月 20 日，顧維鈞與杜勒斯會面。杜勒斯此時不僅是國務院的顧問，也是出席聯合國大會的美國代表。顧維鈞對杜勒斯說，根據美國政府承認的《開羅宣言》等文件，台灣是中國的領土，這是頭等重要的問題，而台灣的地位問題本身也不在聯合國的職權範圍之內。杜勒斯解釋道，美國政策的目的是防止台灣地區發生麻煩，凍結台灣現狀的政策對台北不無好處，因此希望台北不要過分反對美國的立場，使美國政府為難。並請顧維鈞向台北轉達美方的這一立場。[②]

顧維鈞接受了杜勒斯的解釋。當天傍晚，他與蔣廷黻見面時轉述了杜勒斯的看法，並表示贊同。因為知道蔣廷黻在此問題上有不同看法，顧維鈞力陳接受美國立場的必要，指出因為在聯合國的「代表權」危如纍卵，最好還是現實一些，按美國的建議應對。蔣廷黻表示可以重新考慮自己的立場。[③]

但台北接到顧維鈞報告後，並不接受美國的立場。蔣介石與陳誠、王世傑討論時，明確指出反對聯合國組團來台。11 月 1 日，葉公超據此給蔣廷

---

① 《顧維鈞回憶錄》第 8 分冊，第 136–139 頁。

② 《顧維鈞回憶錄》第 8 分冊，第 147–148 頁。

③ 《顧維鈞回憶錄》第 8 分冊，第 149 頁。

戴、顧維鈞來電，指示如安理會打算派調查團應提異議，甚至行使否決權也在所不惜。[①]

11 月 4 日，顧維鈞到紐約與蔣廷黻就此問題交換看法，商討對策。隨後，他將商談情況和自己的建議致電葉公超。顧維鈞建議的主要內容是，應向聯合國建議推遲辯論台灣問題，但由於大會已做出決定，應要求將辯論限制在台灣與太平洋和平與安全的問題而不是台灣的地位問題，派調查團赴現場確無必要。[②]

但此時中國人民志願軍已入朝作戰，美國關注的重點轉向朝鮮戰場，不再急於在聯合國大會辯論台灣問題了。11 月 15 日，杜勒斯約見蔣廷黻，提出推遲辯論台灣問題，希望台灣予以支持。[③] 這與顧維鈞此前提出的建議相同。隨後，聯合國大會通過決議，將此問題推遲討論。

朝鮮戰爭爆發初期，顧維鈞處於台灣當局對美交涉的第一線。戰爭導致的東亞國際格局劇變，使敗退台灣的國民黨當局面臨難以應對的外部環境。顧維鈞對台灣危如纍卵的現實有較為準確的評估，並據此提出順應美國政策的建議。這種以維持國民黨當局生存為首要目標的現實考慮，是他作為一個弱國外交官的習慣應對，也延續了在外交事務上對美國的依賴。但他的建議並不為最高決策層所認可，蔣介石對其不敢「理直氣壯」也很不滿。就外交來說，顧維鈞這一時期並無建樹，沒有甚麼成績可言。這並非他江郎才盡，而是時代使然。他縱有高明的外交才幹，但猶如在滾滾洪流中一葉扁舟上的艄公，根本無法逆流而上。

---

① 《蔣介石日記》，1950 年 11 月 1 日；《顧維鈞回憶錄》第 8 分冊，第 152 頁。

② 《顧維鈞回憶錄》第 8 分冊，第 153–154 頁。

③ 《顧維鈞回憶錄》第 8 分冊，第 161 頁。

三　一波三折的「共同防禦條約」

1953 年 1 月 20 日，艾森豪威爾（Dwight Eisenhower）出任美國第 34 任總統，這是二十年來的第一位共和黨總統。艾森豪威爾雖是軍人出身，但在 1948 年退出現役後擔任哥倫比亞大學的校長。1949 年哥倫比亞大學校友會表彰傑出校友顧維鈞，授予其漢密爾頓獎章，主持授獎儀式的就是艾森豪威爾。

2 月 2 日，上任不到半個月，艾森豪威爾就在第一個國情咨文中宣佈，新政府將改變杜魯門聲明中規定的第七艦隊既阻止大陸對台灣進攻，又要求台灣停止對大陸進攻的「雙重任務」，將不再使用第七艦隊屏障中國大陸。艾森豪威爾的這一新政策意味着仍要阻止大陸解放台灣，但國民黨卻有了進攻大陸的可能。這一政策改變被稱為「放蔣出籠」，受到台灣當局的歡迎。

在改變對台灣海峽政策的同時，在朝鮮戰爭問題上，艾森豪威爾希望盡快結束這場耗費巨資卻仍沒能打贏的戰爭。然而，當艾森豪威爾將朝鮮停戰提上議事日程後，台灣當局有了新的不安全感。杜魯門命令第七艦隊進駐台灣海峽時，公開的理由是美軍在朝作戰的需要。一旦朝鮮停戰，第七艦隊在台灣海峽便無停留的理由，台灣當局有失去美國保護之憂。此外，台灣當局對杜魯門政府有條件的有限援助一直不滿。在艾森豪威爾就職前，葉公超當面向艾氏轉達蔣介石的兩項意見：「以往美國對台灣在政治軍事上均採取敷衍態度，可謂使其不死不活。」「倘將軍就職後確將採取更積極之政策，則對台灣之軍援似應作通盤之重新考慮。」[①] 所謂通盤考慮就是希望美國能與台灣當局簽訂一個「共同防禦條約」，以條約的形式保證美國對台灣當局的支持。

---

① 《葉公超與艾森豪威爾會談記錄》（1953 年 1 月 2 日），*Wellington Koo Papers*, box 187。

　　3 月 19 日，顧維鈞根據台北的指示，向國務卿杜勒斯正式提出締結「共同防禦條約」的要求。顧維鈞指出，這樣一個條約在軍事上可能與美國已給台灣當局的援助差別不大，但在外交上卻象徵着美國對國民黨國際地位的支持，在心理上也將起到鼓舞人心的作用。杜勒斯開始以外交辭令表示很欣賞這一建議，但隨即提出了條約的適用範圍，即除了台灣和澎湖列島外，對其他仍在國民黨控制下的沿海島嶼應如何處置。杜勒斯認為，如果將沿海島嶼包括在條約範圍之內，一旦大陸進攻這些島嶼，美國將被迫承擔它目前並不準備承擔的責任；而如果不包括沿海島嶼，又將對國民黨造成損害，使人們認為這些島嶼不在國民黨控制之下。杜勒斯的這番表白顯示了美國在沿海島嶼問題上的矛盾處境。從美國在遠東的戰略利益出發，它希望台灣在國民黨手中，作為其在遠東推行遏制政策的重要支點。但它不希望由此捲入中國的內戰之中，因此不願承擔對沿海島嶼的防禦責任。被杜勒斯稱為善於將複雜問題加以澄清的顧維鈞當即提出，可採用台灣與日本簽訂「和約」的形式，其措辭是條約將應用於目前和今後在國民黨統治下之地區，這就可滿足條約所需解決的問題了。[1]

　　會談結束時，杜勒斯雖表示對台灣當局的建議將予以研究，但此後並無下文。因為美國政府為保持外交上的靈活性，不想公開表明它對沿海島嶼的立場。顧維鈞在與國務院官員和國會議員的私下交談中雖仍提到此事，但也沒有再向美方正式提出締約。他明白，美國改變政策的時機尚未成熟。在給蔣介石的一封信中，他認為，艾森豪威爾上台後，「對我台灣戰略上自不能放棄，且因民眾注視，仍主多方支持。但積極援助我達成收復大陸則時機尚

---

[1] 《顧維鈞與杜勒斯會談記錄》(1953 年 3 月 19 日)，*Wellington Koo Papers*, box 187。

遠，軍援經援在可能範圍內或可增加，但數量不能多」。①

1953 年秋，台灣當局的「外交」重點一度轉向希望與韓國、泰國等國一起通過條約的形式獲得美國的援助。當這一目標無法實現時，台灣當局再次向美國提出締約問題。

1954 年 2 月初，顧維鈞收到葉公超的電報，告訴他去年 11 月尼克松副總統「訪台」時，台灣當局非正式提出條約問題，此後草擬了條約方案交給美方，但迄今沒有進展，指示顧維鈞密切關注該事的發展。2 月 23 日，葉公超又給顧維鈞發來一電。該電稱，在締結條約不可強求的情況下，「我國目前之政策應置重點於中美安全條約之締結，以全力促其早日觀成」，「請吾兄在美繼續接洽，盡力推動」。葉公超要顧維鈞與美國國務院官員先行商談，並密請與國民黨友好的國會議員策動此事。②此後，葉公超又幾次來電催促，要顧維鈞向美國務院施加壓力，加速事情的進展，最好在 4 月下旬有關印度支那的日內瓦會議開幕前能使美國做出肯定的決定，以抵消日內瓦會議對台灣當局的不利影響。

接到葉公超的電報後，顧維鈞馬上準備了相關的備忘錄遞交美國務院，並與國務院官員進行接觸。但從杜勒斯到國務院的其他官員都在忙着為日內瓦會議做準備。負責遠東事務的助理國務卿饒伯森（Walter Robertson）告訴顧維鈞，此事在日內瓦會議前不可能有結果。在此情況下，顧維鈞向美國國務院提出，如果有關條約的談判不能很快開始，美國應先發表一聲明，表明它願就這一條約進行談判，這將有助於消除台灣當局的疑慮。國務院對此建議仍採取敷衍推諉的態度。③

---

① 《顧維鈞致蔣介石》（1953 年 4 月 14 日），*Wellington Koo Papers*, box 167。

② 《葉公超致顧維鈞》（1954 年 2 月 23 日），*Wellington Koo Papers*, box 148。

③ 《顧維鈞回憶錄》第 11 分冊，第 198–199 頁。

美國政府對「共同防禦條約」的冷漠態度，使顧維鈞對繼續全力推動此事產生了疑慮，認為締結這樣一個條約對台灣來說利弊參半。5月13日，他致電葉公超談了自己的看法：

> 棠案（台灣對「共同防禦條約」的代號，英文代號為Clara——引者註）即使克日成立，於一般心理上固不無裨益，然實際於我保衛台灣及爭取軍經援助，難期驟獲進步。而於我軍事上之主要舉動自由反攻，加上一契約上之拘束權，權衡得失，似乎利弊參半。如棠案於現在國際局勢動盪變幻之時，仍為政府堅定政策，鈞自當於見杜卿時力催，否則，擬輕描提詢，以視其反響，暫觀局勢之演變。

但葉公超不贊同這一意見，回覆顧維鈞說：「棠案主要的目的在將雙方現行互助防衛關係置於立法基礎之上，並備參加擴大區域安全組織之地步。就作用言，政治實重於軍事。……故仍請兄早日約晤杜卿，積極推動。」[1]

於是，5月19日，顧維鈞到國務院拜見杜勒斯。杜勒斯的態度並沒有甚麼變化。儘管顧維鈞強調條約的防禦性質，但他發現，杜氏在回答時非常謹慎，遣詞用句十分小心，時常做沉思狀注視窗外，不願對締約做出任何承諾。此後因為人民解放軍向國民黨控制下的沿海島嶼發起進攻，7月1日顧維鈞見杜勒斯時，請求美國政府宣佈對沿海島嶼的安全表示關注，並聲明這些島嶼處於第七艦隊的巡邏範圍之內。但杜勒斯明確回答，美國政府不願發表任何正式的聲明，因為這會引起過多的關注，但美國海軍正關注着局勢的

---

[1] 《顧維鈞致葉公超》(1954年5月13日)、《葉公超致顧維鈞》(1954年5月15日)，*Wellington Koo Papers*, box 152。

發展。[1] 在國務院屢屢碰壁後，顧維鈞又頻頻約見國會議員和其他政府官員，只是這些活動未能發生作用。

9月3日，中國人民解放軍炮擊金門，台灣海峽的局勢頓時緊張起來。顧維鈞認為，這為美台之間締結「共同防禦條約」提供了機會。在接受美國媒體採訪時，他表示炮擊金門表明大陸有可能再進攻其他沿海島嶼，而這些島嶼對台灣和澎湖列島的防衛至關重要，因此美國應給予同情、資助和支持。[2]

美國對金門炮擊引發的台灣海峽危機馬上做出反應。9月12日，美國國家安全會議根據杜勒斯的建議決定將沿海島嶼問題提交聯合國安理會。隨後，美國請新西蘭充當提案國。10月上旬，美國務院決定由助理國務卿饒伯森「訪問」台北，直接向蔣介石提出新西蘭提案。

美國國務院沒有按慣例將饒伯森赴台之事通知顧維鈞和正在美國出席聯合國會議的葉公超，也未事先告知台北。顧維鈞是從合眾社的新聞稿中獲悉這一消息的，這使他十分費解和驚訝，也很尷尬。他立即前往國務院探詢，但與他見面的官員對饒伯森赴台目的諱莫如深。直到10月15日，饒伯森返回美國的當天，顧維鈞才從台北來電中知道，饒伯森與蔣介石會談就是為了提出新西蘭提案。當天，顧維鈞還收到台灣方面請饒伯森帶來的蔣饒會談紀要和蔣介石給葉公超、顧維鈞的手書密信。蔣的密信曰：

> 公超部長、少川大使二兄大鑒：此次勞君（即饒伯森——引者註）突如其來，誠出於意想之外，其所說的不外重蹈馬歇爾已經鑄成大錯的覆轍，但對勞君的關係與此事的方針不能不作一決定……
>
> 第一，鈕西蘭（即新西蘭——引者註）提案對中美皆無一利而有

---

[1] 《顧維鈞回憶錄》第11分冊，第202、209–210頁。

[2] 《顧維鈞回憶錄》第11分冊，第302頁。

百害，最好請美竭力勸阻不提，根本打銷。此為第一希望。

第二，如不勸止上項提案，則鈕提案中最好說明現在戰爭中之各島嶼皆為中華民國之領土，而且為其政府所控制保衛者。應由聯合國阻止共黨侵略，停止雙方戰爭行動。此為第二希望。

第三，如鈕案不能照上之意詳述，則美國對此提案態度之說明，應由其代表詳細說明上項我方之意、美在此項原則下支撐鈕案之理由，則我方代表可暫不發言。否則，我代表必須由自己說明上項戰爭起因，以表明立場。此點甚關重要，余對勞君不啻重複申述矣。

第四，鈕案提出之同時，美國發表正式聲明，中美兩國現正積極進行互助協定之中，其原則已獲同意，或雙方對原則已大體同意之意。

……

第七，今日所談多為原則問題，余現特指定葉、顧二君為余全權代表在美商討一切具體辦法、手續與文字，以及正式商討雙邊協定之代表，而協定應以我方所提之草約為根據。

……

中正手啟

十月十四日九時[1]

此信是在饒伯森離台登機前剛寫完交其帶來的，台北來不及留底，蔣介石在信末還寫有「本函閱後請寄還存案」的附言。這使顧維鈞感到，饒伯森訪台提出新西蘭提案對台灣當局確是很大的衝擊，一切都是在極其匆忙之中辦理的。

---

① 《蔣介石致葉公超、顧維鈞》(1954 年 10 月 14 日)，*Wellington Koo Papers*, box 145。

　　所謂新西蘭提案，就是由聯合國出面處理大陸與台灣之間的軍事衝突，使美國不用捲入沿海島嶼問題。但將屬於中國內政的國共對峙交由處理國際爭端的聯合國，也就認可了「台灣地位未定」，也有可能帶來「兩個中國」的問題。因此，蔣介石認為此提案「無一利而有百害」。

　　顧維鈞一收到蔣介石的手書，就趕往紐約，要去見正在參加聯合國大會的葉公超。蔣介石的信函顧維鈞是上了火車才拆開看的。當天正值颶風來臨，火車因電線被颳倒而停運，顧維鈞第二天上午才到達紐約。從中午到傍晚，顧維鈞與葉公超和蔣廷黻邊閱讀信函，邊討論，持續了6個多小時。在討論中，顧維鈞認為，應首先弄清美國這一行動的動機和目的，它是否想通過聯合國造成「兩個中國」的局面，因為美國一直想把台灣這一棘手的問題，尤其是沿海島嶼問題推給聯合國，所以首先要駁倒新西蘭的提案。出於這一考慮，10月20日，顧維鈞和葉公超一起與饒伯森會談時，主要強調了新西蘭提案問題，指出在「兩個中國」的說法甚囂塵上之際，該提案的後果特別嚴重，而並未談及美台間的條約。[1] 會談後，顧維鈞起草了一份備忘錄，闡述了台灣當局對新西蘭提案的看法，於10月23日遞交給國務院。

　　由於台灣方面對新西蘭提案反應強烈，為安撫台灣當局，美國政府決定根據蔣介石在與饒伯森會談中提出的要求（即蔣介石致葉顧密信第四條），開始「共同防禦條約」的談判。

　　11月2日，美台談判在華盛頓開始，前後共進行了9輪，歷時3個星期。台灣方面葉公超參加了7輪，顧維鈞參加了全部9輪。美國方面國務卿杜勒斯出席了第一輪和最後一輪，主要談判者是助理國務卿饒伯森。談判

---

① 《顧維鈞回憶錄》第11分冊，第349–350、364–366頁。

中，美台雙方的爭執和分歧主要集中在三點：一是新西蘭提案，台灣當局希望美國阻止新西蘭向聯合國提出；二是條約的適用範圍，美國政府要將其限制在台灣和澎湖列島；三是美國要求台灣當局保證，在徵得美國同意之前不對大陸採取任何進攻性軍事行動。

關於第一點，由於在談判過程中台灣當局意識到美國根本不會放棄新西蘭提案，因此不得不改為請美國在新西蘭提案提出前先締結「共同防禦條約」。關於第二點，顧維鈞在 1953 年第一次向杜勒斯提出締約要求時，提到可用「目前和今後」在國民黨控制下的領土這樣的措辭。經過多輪磋商，最後在條約的正式文本中寫道：「所有『領土』等辭，就中華民國而言，應指台灣與澎湖……並將適用於經共同協議所決定之其他領土。」[①] 在秘密換文中，美國只明確其條約義務限於台灣與澎湖，給「經共同協議所決定之其他領土」留下了模糊的空間。關於第三點，在台灣當局的要求下，美國同意不列入條約正文，由台灣當局在秘密換文中做出保證。由於談判期間，中國人民解放軍正對國民黨控制下的浙江沿海島嶼發起海空進攻，形勢對台灣當局非常不利，因此它做了很大讓步，基本接受了美國的要求。只是出於面子上的考慮，台灣當局請美國將對其不利的限制寫入秘密換文。美國也算給了台灣當局這一點點「面子」。

「美台條約」談判至 11 月 23 日結束，雙方商定在 12 月 2 日正式簽約。12 月 1 日，台灣當局授予葉公超和顧維鈞簽約全權，授權的電報是分別發給兩人的。但是，葉公超與顧維鈞見面時隻字不提授權簽約事，想由他本人獨自簽訂條約。顧維鈞認為這是葉公超被委派簽署的第一個條約，而且又是蔣介石極為看重的條約，所以他想在外交史上留下一個印跡，這是很自然的，

---

① 《顧維鈞回憶錄》第 11 分冊，第 595–596 頁。

是人之常情。[①] 12 月 2 日，葉公超與杜勒斯在華盛頓簽署了美台「共同防禦條約」。

「美台條約」簽署後尚待各自立法機構審核批准，條約中涉及的美國所承擔的防禦區域及責任等敏感問題成為條約審批過程中的焦點。12 月 8 日，顧維鈞就台北詢問有關美方審批條約的情況報告自己的看法。他認為，根據美國政府的慣例和運作程序，總統將在 1955 年 1 月將條約遞交國會，而參議院外交委員會最早將在 1 月底或 2 月初才能完成對條約的審議並交參議院全體表決。對於作為條約附件的換文，台灣當局希望美方不予公佈。但顧維鈞認為，美國國內行政與立法之間的關係不允許政府方面向國會隱瞞任何與條約相關的信息，所以換文的內容最終難免會泄露。[②]

「美台條約」簽署後，中華人民共和國政府做出強烈反應。12 月 8 日，外交部長周恩來發表聲明，譴責美國同台灣當局蔣介石簽訂的條約，指出該條約「在任何意義上都不是一個防禦性的條約」，而「是一個徹頭徹尾的侵略性的條約」，是美國「對中國人民的一個嚴重的戰爭挑釁行為」。[③]《人民日報》在 1955 年元旦社論中表示，要粉碎由美帝國主義和蔣介石賣國集團簽訂的這個戰爭條約。1 月 10 日，中國人民解放軍向在國民黨軍隊控制下的大陳島、一江山島等浙江沿海島嶼實施大規模空襲。新的軍事形勢使美國在條約談判過程中刻意迴避的沿海島嶼問題凸顯出來。

1 月 12 日，顧維鈞為大陳諸島形勢緊急約見助理國務卿饒伯森。顧維鈞首先表示，儘管對大陳諸島在軍事上的戰略價值存在不同看法，但如果台灣當局失去這些島嶼，心理上的打擊將十分深遠。因此他呼籲美國採取對策，

---

① 《顧維鈞回憶錄》第 11 分冊，第 478 頁。

② 《顧維鈞回憶錄》第 12 分冊，第 12–13 頁。

③ 《周恩來年譜 (1949–1976)》上卷，第 430 頁。

以制止事態的惡化,並提出五點具體請求:(1)美國政府盡快發表正式聲明,確認它在沿海島嶼有利害關係和對目前局勢的關注;(2)美國應派一名高級軍官作為總統特使赴台北,與台灣當局共商局勢;(3)美國明確保證為沿海島嶼防衛提供補給支持;(4)第七艦隊應派分隊至大陳島周圍,在安全距離內執行巡邏任務;(5)迅速向台灣交付軍援計劃中規定的急需項目,如飛機、驅逐艦和登陸艇。[①]

在沿海島嶼軍事形勢發生變化的情況下,美國國內一些原就反對與台灣簽訂「防禦條約」以免被拖入中國內戰的人,更是反對批准這一條約,主張通過聯合國在台灣海峽實現停火,使台灣與大陸分開。顧維鈞對這一將導致「兩個中國」的主張憂心忡忡,及時向台北報告各種相關言論。而隨着1月中旬人民解放軍對大陳島和一江山島攻勢日趨猛烈,台灣方面更急切地希望美國表明它對沿海島嶼的立場。1月18日,蔣介石致電葉公超,對第七艦隊近日不敢進入大陳島附近,表示「此為最令人不解者」,要求立即與美國國務院和國防部聯絡,請美方就大陳諸島的形勢給予明確而充分的答覆,「其對大陳究竟主張我軍固守或放棄,從速明確詳告」,並保證第七艦隊在大陳島區域經常巡邏,以給台灣當局在精神和道義上的支持。[②]

但就在蔣介石發電報當天,人民解放軍陸海空三軍首次協同作戰,一舉攻克大陳島外圍的一江山島。1月19日中午,艾森豪威爾、杜勒斯和參謀長聯席會議主席雷德福(Arthur Radford)討論大陳島區域新的局勢,做出鼓勵國民黨軍隊從大陳島撤出的決定。[③]於是,圍繞着國民黨軍隊從大陳島撤出的問題,台美之間展開了一輪新的交涉。

---

① 《顧維鈞與饒伯森會談記錄》(1955年1月12日),*Wellington Koo Papers*, box 195。

② 《蔣介石致葉公超》(1955年1月18日),*Wellington Koo Papers*, box 145。

③ *FRUS*, 1955–1957, Vol. 2, p. 43.

　　1月19日下午，顧維鈞與葉公超同往國務院與杜勒斯會談。這已是兩人當天第二次與杜勒斯見面了，這次是在美國做出鼓勵國民黨軍隊從大陳島撤出的決定之後。會談一開始，杜勒斯就宣佈美國政府向台灣當局提出的建議：第一，國民黨軍隊自大陳諸島自動撤退，美可提供海、空軍掩護；第二，美國願與台灣當局「協同採取確保金門區域安全之緊急措施」；第三，在從大陳撤軍後，美國或其他第三國將在聯合國安理會提出停火建議。美國政府的這一決定與其在條約談判期間在沿海島嶼問題上的立場相比發生了一個重要的變化，即將美台「共同防禦」的區域擴大至原先被排除在外的金門區域。由於此舉可能使美國在介入金門的過程中與大陸發生軍事衝突，而「美台條約」此時還未生效，因此杜勒斯告訴葉、顧兩人，艾森豪威爾將會請求國會授予他必要時採取行動的權力。面對美方從大陳島撤軍的要求，葉公超表示國民黨軍隊仍有堅守的決心和士氣，但因事關重大須報告台北做最後決定。在接下來的談話中，葉公超詢問美國對位於大陳與金門之間的馬祖列島持何態度，顧維鈞則強調靠近台灣北部基隆的馬祖與靠近台灣南部高雄的金門對防禦台灣具有同樣重要的意義，希望美國承擔更多的防禦責任。但杜勒斯表示美國只負責幫助維護金門地區的安全，馬祖如何處置由台灣當局自己決定。[1]

　　顧維鈞對美國的這一決定十分失望，認為這表明美國無意幫助台灣當局「反攻大陸」，而只想致力於維持現狀。[2] 與杜勒斯會談後，顧維鈞與葉公超聯名致電蔣介石和「行政院長」俞鴻鈞，在報告會談內容並強調杜勒斯態

---

[1] 《葉公超致蔣介石、俞鴻鈞》(1955年1月20日)，*Wellington Koo Papers*, box 145；《顧維鈞回憶錄》第12分冊，第68–72頁；*FRUS, 1955–1957*, Vol. 2, pp. 46–50。杜勒斯在當天與艾森豪威爾的討論中也提到了馬祖，但未拿定主意。見 *FRUS, 1955–1957*, Vol. 2, p. 42。

[2] 《顧維鈞回憶錄》第12分冊，第67頁。

度甚為堅決後,就台灣方面如何應對提出了看法。他們認為,是否從大陳、馬祖等島撤軍,台灣方面應有一妥善計劃,以不使沿海島嶼在撤軍後落入大陸之手。而如果接受美國建議,有關撤軍的技術問題也須與美方詳細會商。對於美方提出協防金門,該電表示當然「無可反對」,並指出美國在此用了協同確保金門「安全」的字樣,這比「防禦」的範圍要廣,意味着允許台灣當局對阻止中共以進攻金門或以台灣為目的的軍事集結可採取先發制人的行動。對於美國關於停火的建議,他們明確表示反對,認為應向美國講明,「此項建議將導致『兩個中國』之局勢,美國朝野之主張『兩個中國』者將因此而變本加屬」。[1] 整個電報的基調是贊同美國建議中的前兩點,而反對第三點。

蔣介石收到此電後,「甚費躊躇」,「鬱悒非常」,1 月 21 日覆電指示應對方針。蔣介石表示由於美國拒絕協防大陳,因此不得已接受美國提議從大陳撤軍,同時接受美國協防金門區域。 但蔣介石要求必須告訴美方,「放棄大陳在戰略上實屬錯誤,中美雙方在軍事上,將來必受嚴重影響」,且使台灣「民心士氣大為沮喪」。因此在撤出大陳前,要求美方必須做到:第一,全力協助所需之運輸工具;第二,第七艦隊必須立即加強在大陳區域的活動,以阻止大陸軍隊突襲,並與台灣當局詳定撤退計劃;第三,美國協防金門區域與台灣當局撤出大陳的聲明同時發表。由於對美國政府的意圖存在疑慮,擔心其以行政命令的方式承擔對金門的防禦責任後,會以此替代「共同防禦條約」,使條約的正式批准無限期拖延下去,蔣介石同時要求催促美方迅速通過條約。而對美方提出的向聯合國建議停火的方案,蔣介石表示堅決反對。在電報的結尾,蔣介石特別強調,從大陳撤退是為減少美方困難而做出的重大

---

[1] 《葉公超、顧維鈞致蔣介石、俞鴻鈞》(1955 年 1 月 20 日),*Wellington Koo Papers*, box 145。

犧牲，因此上述要求美方做到的三點「可視為我同意撤出大陳之先決條件」。①

1月22日，顧維鈞與葉公超一起去見助理國務卿饒伯森，根據蔣介石來電指示，強調了國民黨軍隊從大陳撤退的三個先決條件，催促美國盡快批准「共同防禦條約」，反對向聯合國提出停火建議，以免導致「兩個中國」。由於此前一天杜勒斯已對美方協防馬祖做出承諾，顧維鈞特別提到，美國應在台灣宣佈撤退計劃的同時發表協防金門和馬祖的聲明。饒伯森表示艾森豪威爾的咨文不會具體提到金門和馬祖。葉公超指出，台灣關心的不是總統咨文，而是美國決定協防金門、馬祖的聲明，這個聲明必須與台灣從大陳島撤退的聲明同時發表。顧維鈞接着強調這是蔣介石的看法。根據顧維鈞會談後的記錄，「饒伯森對這種解釋表示感謝，沒有提出進一步的反對意見」。因此在會談後顧維鈞起草的致蔣介石的電報中，葉、顧報告「雙方同意當在美國會授權之後，彼此商定日期同時發表」。②

1月24日，艾森豪威爾向國會遞交咨文，請求授予他在台海地區採取緊急行動的權力。次日，眾議院以410票對3票的壓倒性多數通過艾森豪威爾的請求，隨後提交參議院。由於預計參議院將很快通過此案，顧維鈞與葉公超於1月27日走訪饒伯森，再提美方應發表協防金門、馬祖的聲明。但饒伯森表示，杜勒斯已將總統協防金門、馬祖的決定通知台灣方面，美國政府不會再公開聲明協防金門、馬祖。顧維鈞雖強調公開聲明效果不同，但並沒有繼續討論這一問題。③

---

① 《蔣介石致葉公超》(1955年1月21日)，*Wellington Koo Papers*, box 145；呂芳上主編《蔣中正先生年譜長編》第10冊，台北：「國史館」，2015，第411頁。

② 《葉公超、顧維鈞致蔣介石》(1955年1月22日)，*Wellington Koo Papers*, box 145；《顧維鈞回憶錄》第12分冊，第85–92頁。

③ 《顧維鈞回憶錄》第12分冊，第109–112頁。

　　1月28日上午，葉公超和顧維鈞就雙方發表聲明之事約見杜勒斯。顧維鈞提出，決議案通過後，台灣「甚盼美方能作一聲明」，表明正與台灣「磋商採取鞏固外島防禦之措施，以增強台澎之安定」，以與台灣方面的聲明相呼應。杜勒斯表示贊同，並當即指示一同參加會談的饒伯森「擬稿備核」，並稱參議院可在一兩日內通過，艾森豪威爾可在1月31日簽署決議案並印發聲明。會談結束後，葉公超和顧維鈞即致電蔣介石報告會談情況，並送上他們根據杜勒斯意見修改的台灣方面的聲明草案。[①] 在他們看來，美台同時發表聲明一事已安排妥當。然而，接下來事情的發展卻連外交經驗豐富的顧維鈞也深感意外。

　　1月28日下午，美國參議院通過關於台海地區的決議案。次日上午，艾森豪威爾簽署決議案，並隨即發表聲明。由於決議案早於預期的時間通過，也由於美國方面對聲明一事不如台灣當局那樣看重，因此杜勒斯忘了將國務院已擬好的聲明稿交給艾森豪威爾，所以發表的聲明稿中並無原先商定的與台灣當局「磋商」和為從大陳撤退「提供幫助和支援」等詞句，更未提及金門與馬祖。這與台灣當局預期的美國聲明大相徑庭，而美國方面根本沒意識到此事有何不妥，饒伯森還對顧維鈞說，他認為聲明很不錯。聲明發表後，艾森豪威爾與杜勒斯均離開華盛頓外出休假，一個去打高爾夫球，一個去釣魚了。[②]

　　這一狀況使顧維鈞與葉公超陷入困境之中。1月29日下午蔣介石對1月27日葉、顧與饒伯森會談後所做報告的覆電到達使館。與顧維鈞當天交涉時的感受不同，蔣介石對饒伯森堅持美方不會公開聲明協防金門、馬祖的

---

① 《葉公超、顧維鈞致蔣介石、俞鴻鈞》（1955年1月28日），*Wellington Koo Papers*, box 145；《顧維鈞回憶錄》第12分冊，第121–125頁。

② 《顧維鈞回憶錄》第12分冊，第127頁。

表態感到「不勝震駭」。因為根據葉公超和顧維鈞在 1 月 22 日與饒伯森會談後的報告，蔣介石認為雙方已「商定美方協防金馬聲明與我撤出大陳聲明同時發表，此二者為中美間相互約束之諾言」，所以美方「忽翻前議，殊屬不堪想像，我方對此絕對不能考慮」。[①] 稍後獲悉艾森豪威爾的聲明後，蔣介石反應更為激烈，認為美國欺騙了他，並對葉公超、顧維鈞對美交涉十分不滿，在日記中發泄道：「我國之所謂外交家，其凡到最後重要成敗關頭，其腦筋昏沉卑劣，幾乎似無智覺之孩稚，殊為痛心。如此外交，焉能不受人輕侮欺詐耶？」「葉、顧乃為中國有名之外交家，而其無識、無力如此，誠不知國家如何能生存於此世界之上矣。」[②]

對於艾森豪威爾聲明一事，台北主要是蔣介石看得遠比在華盛頓的顧維鈞和葉公超嚴重。由於台北與華盛頓之間的時差及譯電需費時間，這一時期台美之間的交涉和電報往來多次出現交叉現象，顧維鈞在 1 月 30 日的日記中寫道：「雙方都非常混亂。」[③] 蔣介石的強硬立場使顧維鈞和葉公超缺少了之前談判中的主動性和靈活性，由於知道原先草擬的聲明稿已被蔣介石否定，他們在致台北的電報中提出此後聲明稿的修改可在台北進行。[④] 實際上是在建議將台美談判的重心轉至台北，顯露出對在華盛頓繼續進行交涉力不從心的心態。

1 月 31 日，艾森豪威爾致電蔣介石，表示其根據國會授權決定幫助防衛金門和馬祖以對付武裝攻擊，但雙方公開聲明的詞句不應超出國會決議案的

① 《蔣介石致葉公超、顧維鈞》(1955 年 1 月 29 日)，*Wellington Koo Papers*, box 145；《顧維鈞回憶錄》第 12 分冊，129–130 頁。

② 呂芳上主編《蔣中正先生年譜長編》第 10 冊，第 418 頁。

③ 《顧維鈞回憶錄》第 12 分冊，第 144 頁。

④ 《葉公超、顧維鈞致沈昌煥》(1955 年 2 月 2 日)，*Wellington Koo Papers*, box 145。

範圍，即不應出現金門、馬祖字樣。這是美國政府旨在安撫蔣介石強烈不滿的舉動。艾森豪威爾的電報 2 月 1 日到達台北，因為明確表示協防金門、馬祖，消除了蔣介石原先的疑慮，隨即調整關於發表聲明的立場，改為只要求美國同意台灣方面在自己的聲明中提到協防金門、馬祖。①

此後，經過幾輪磋商，最後台灣當局基本按照美國的意願改定了聲明稿，於 2 月 7 日發表：「為適應抵抗國際共產集團權力之新形勢，決定重行部署外島軍事，將大陳島嶼之駐軍轉移使用於金門、馬祖等重要島嶼，以集中兵力，增強台灣、澎湖及其外圍島嶼之防務。」②這樣一來，國民黨軍隊從大陳島的撤走，似乎就不是敗退，也不是聽從於美國的安排，而是主動的戰略調整了。

台灣當局聲明發表的當天，美國開始幫助國民黨軍隊從大陳地區撤退。2 月 9 日，美國參議院批准了「共同防禦條約」。

聽到美國國會最終批准「共同防禦條約」的消息，顧維鈞有一種如釋重負的感覺。在交涉從大陳島撤退的最後關頭，連續不斷地與美國官員會談使他累出了咽喉炎，醫生建議他停止社交活動和談話，讓聲帶得到休息，但他沒法做到這一點。在整個談判過程中，顧維鈞少了往日交涉過程中的自信和從容。在葉公超與杜勒斯簽署條約的當天，他在日記中寫下的感受不是鬆了一口氣，而是「夜長夢多」。③

這一時期美台之間的交涉以華盛頓為主要舞台，由葉公超、顧維鈞根據蔣介石的指示全權代表台灣當局。葉、顧兩人對蔣介石的指示當然是全盤照

---

① 《沈昌煥致葉公超》（1955 年 2 月 2 日），*Wellington Koo Papers*, box 145；《顧維鈞回憶錄》第 12 分冊，第 154 頁。

② 《顧維鈞回憶錄》第 12 分冊，第 185 頁。

③ 《顧維鈞日記》（1954 年 12 月 2 日），*Wellington Koo Papers*, box 218。

辦的，但他們是按照自己的理解將之付諸實施的，在一些關鍵問題上不如蔣介石強硬。例如葉、顧兩人在 1 月 27 日與饒伯森會談後向台灣方面報告時沒感覺有何嚴重問題，而蔣介石接讀電報後卻「不勝震駭」。華盛頓與台北之間的時空距離進一步放大了這一差異。

就顧維鈞而言，在整個台美交涉中，他主要是作為葉公超的副手出現的。但由於其資深的經歷和對美國的了解，其作用非一般副手可比。從與美方會談的過程看，葉公超較為直接，常正面表達台灣方面的立場，而顧維鈞則相對靈活，多對台灣的立場進行解釋說明。在會談陷入僵持時，總是由顧維鈞出面轉圜或另提辦法。

圍繞「共同防禦條約」的談判是顧維鈞外交生涯最後階段最重要的活動。這一條約鎖定了美台之間此後 20 多年的關係。由於完全站在台灣當局的立場上，顧維鈞為這一條約做出的努力，實際上對中美關係的全局產生了負面影響。但整個談判過程中，在防範由沿海島嶼問題導致「兩個中國」這一點上，無論是顧維鈞還是葉公超，都與蔣介石一樣十分警覺，始終堅持一個中國的立場，這就為美台之間最後達成的協議設定了一個底線。

四　心力交瘁別壇坫

人的活動總是受制於他所處的時代和環境。國民黨在大陸的失敗，使顧維鈞的外交活動面臨着前所未有的困境。當他仍繼續為已經敗退的國民黨四處求援時，這位往日在國際外交舞台上「長袖善舞」的外交家，已無法從容不迫地應對各種棘手的外交難題，由此萌發了退出外交界的念頭。

顧維鈞最早是在 1948 年夏向金問泗談起退休想法的。金問泗在巴黎和會和華盛頓會議時是顧維鈞的助手，在外交界長期追隨顧維鈞，顧與他的關

係亦師亦友。金問泗此時任中國駐比利時大使。當時顧維鈞為爭取美國政府
援助國民黨，在美國國會議員和國防部等官員中積極遊說，對國務院對華政
策有含蓄的批評，引起對國民黨已有厭惡之感的國務院的反感，美國駐華大
使司徒雷登曾向南京表示，中國駐美大使最合適的人選莫過於胡適了，間接
地表達了對顧維鈞的不歡迎。因此，顧維鈞對即將從美國去南京的金問泗說
想卸任大使，並請他轉告政府高層，萬一美國提出要中國更換駐美大使時不
致感到太突然。面對中美關係的困局，顧維鈞想到了退休，想「從中國的政
治旋渦和中美關係的迷宮中引退」，讓其他比他更合適的人來接替他處理中
美關係。[1] 顧維鈞與在美國的宋美齡和其他人談話中也幾次流露出退休之意。
但是，蔣介石仍要顧維鈞擔任駐美大使這一重要職務，以應對困難重重的中
美關係。顧維鈞自己也明白，此時掛職而去會使人感到臨難苟免，急於離開
國民黨這條下沉的船，而且有可能美國政府不會再接受新委派的大使，使館
只能由留守的代辦來維持，這將給國民黨造成很大的衝擊。[2] 因此，他只得
繼續留在華盛頓支撐局面，等待合適的時機。

　　1949 年 10 月 1 日，中華人民共和國宣告成立。顧維鈞是在第二天早晨
獲悉這一消息的，他立即意識到，這「很自然地給我這個國民黨政府的正式
代表，造成了一個極端嚴重的局面」。1950 年 1 月 6 日，英國宣佈承認中華
人民共和國。當時國民黨駐英「大使」稱英國的承認是來自以前的同盟者的
沉重打擊，是「活埋」國民黨的行為。[3] 在這前後，一些亞洲和歐洲的非社會
主義國家也相繼承認中華人民共和國。顧維鈞深感一下子處於極不尋常的

---

① 《顧維鈞回憶錄》第 6 分冊，第 399–403 頁。
② 《顧維鈞回憶錄》第 7 分冊，第 102 頁。
③ 《顧維鈞回憶錄》第 7 分冊，第 408、469 頁。

尷尬境地。因為駐節美國多年，顧維鈞在華盛頓與各國的外交代表建立了廣泛的聯繫，但其中不少國家承認了北京，它們的代表就不能再與顧維鈞來往了。當顧維鈞出現在一個社交場合，他們就把頭扭過去，好像他根本不存在。顧維鈞在日記中寫道：「我覺得在向外交使團人員致意時，現在不得不小心一點了。這麼多國家已經承認中共政權，在社交或公共集會上不論我問候他們的大使還是他們向我致意都是不恰當的。」①對於不到 30 歲就在華盛頓外交界嶄露頭角的顧維鈞來說，這種滋味又豈是尷尬兩字所能道盡的！

外交困境之外，國民黨內部的矛盾也在美國引發不少棘手的麻煩事，讓顧維鈞叫苦不迭。除了前面提到的蔣介石與李宗仁的明爭暗鬥，讓顧維鈞有「一國何啻三公」之歎，蔣介石的親信和親戚、代表國民黨空軍長期駐美的毛邦初公開倒戈，與台灣當局對簿公堂，擔任過台灣「省主席」的吳國楨叫板蔣介石，批評國民黨一黨專政，所有這些事讓國民黨在美國公眾面前出醜丟臉，也讓使館工作更為艱難。正是這樣的內外交困使顧維鈞感到自己像一匹精疲力竭的老馬，需要退下來休息了。

朝鮮戰爭爆發後，美國恢復了對台灣當局的軍事援助，雙方關係度過了最動盪不定的時期。顧維鈞認為此時可以提出退休了。1951 年 11 月，他與來訪的董顯光見面，談了退休的打算。董顯光此時擔任《中央日報》董事長，是深得蔣介石信任的人，顧維鈞希望他的意願可以通過董顯光轉達給蔣介石。顧維鈞告訴董顯光，他打算來年提請辭職，原因與政治無關，只是為了個人考慮。他說了兩個理由：第一，多年來無假日無休息連續工作已十分疲憊，常感力不從心，由年輕些的人來擔任此職更為合適；第二，需要考慮老年的生計問題。如果退休早些，還可以寫作為生，否則再拖幾年，體衰力竭，

---

① 《顧維鈞回憶錄》第 7 分冊，第 469 頁。

就無法這樣工作了，而自己幾十年積蓄的私產已化為烏有，要為退休後的生活着想。董顯光答應會將他的話原原本本向蔣介石報告，不過他認為至少在最近兩年內台北不會讓他離開華盛頓的。[①]

1952 年 10 月，葉公超來美國參加聯合國大會，顧維鈞向他正式提出了辭職的請求。除了重申向董顯光表達的兩個理由外，顧維鈞還強調，目前對美關係已有改善，此時退休適逢其會，並說稍後會將辭職書交給他，請他回台北轉交蔣介石。但葉公超反對顧維鈞此時退休，並且認為蔣介石也不會同意他辭職，所以不願收下他的辭職書帶回台北。由於顧維鈞在 1949 年極力勸說葉公超接受「外交部長」一職，並允諾全力支持，葉公超的反對，使他只得表示暫緩求去，以免讓葉為難。[②]

顧維鈞在華盛頓的職位上一待又是近兩年。1954 年 6 月 4 日，葉公超給顧維鈞發來一封密電，告訴他蔣介石要請他去台北擔任「考試院長」。這一消息來得非常突然，使顧維鈞大感意外。第二天，葉公超專門打來長途電話與他談此事。葉公超說他也感到意外，並且不知道這一決定的幕後內情，但判斷蔣介石的用意是好的，是希望顧維鈞在他身邊就「外交」事務提供諮詢，因為原來擔任此角色的王世傑已經被解職了。葉公超告訴他，可以觀望一段時間，不必急於回覆。[③]

但顧維鈞認為對蔣介石的要求不能拖延答覆。考試院是根據孫中山五權制構想設立的五院之一，名義上是與行政、立法等院平行的重要機構，但實際上在政府運作中並不起甚麼重要作用。它的職責是選拔人才，但並無任命之權，考試院長是一個位尊而權輕的閒職。顧維鈞認為，如果蔣介石要酬答

---

① 《顧維鈞回憶錄》第 9 分冊，第 481–483 頁。

② 《顧維鈞回憶錄》第 9 分冊，第 608–610、652 頁。

③ 《顧維鈞回憶錄》第 11 分冊，第 155–157 頁。

他多年的勞績讓他升遷，這是最合適的職位了。因為是一個閒職，接近顧維鈞所嚮往的退休生活，反覆權衡後，顧維鈞於6月9日請葉公超轉呈蔣介石，表示感謝並願意接受蔣介石的美意，但又謙稱對「考試院」缺少知識和經驗。顧維鈞的這一答覆考慮周全，表達了對蔣介石的尊重和順從，但又以缺少經驗為自己留下了退路，因為他對這一任命能否最終實現，還是有些疑慮的。[①]

答覆蔣介石後，顧維鈞仍就「考試院長」一事徵求幾位在美國的重要人物的意見。宋子文建議他堅決辭謝這一職位。胡適認為他最好接受「外交部長」而不是「考試院長」的職位，並說這是蔣介石用升遷的方式讓他退休。7月11日，顧維鈞去見宋美齡。宋美齡對「考試院長」一事不以為然，認為華盛頓的職位更為重要，不能中途換馬，對他說即使已經接受，也應該繼續留在華盛頓工作，並說已將這一看法告訴蔣介石。[②]

見宋美齡一週後，顧維鈞遵蔣介石指示赴台灣，「考試院長」是他此行的一個心結。抵達台北的當天下午，蔣介石就召見顧維鈞。寒暄過後，蔣介石問顧維鈞打算甚麼時候回華盛頓，顧維鈞立即聽出了話外之音，對「考試院長」一事心中也有了答案。於是，他主動提起此事，感謝蔣介石請他出任「考試院長」，但表示自己一直從事外交，不熟悉「考試院」的職責，無法勝任這一工作。蔣介石聽後笑着說，這只是醞釀「考試院長」人選時提出來的，華盛頓的工作更重要，更需要有經驗的人。後來，張群告訴顧維鈞，請他任「考試院長」確是討論人選時的一個考慮，是他建議蔣介石讓葉公超先告知他，以便他坦率表明自己的想法。但顧維鈞對蔣介石最初讓葉公超來電，隨後又當面一笑置之，還是覺得非常奇怪。[③] 此次回台，蔣介石對顧維鈞仍是禮遇

---

① 《顧維鈞回憶錄》第11分冊，第159頁。

② 《顧維鈞回憶錄》第11分冊，第164、166–169頁。

③ 《顧維鈞回憶錄》第11分冊，第236、277–278頁；第12分冊，第713頁。

有加。7月24日，國民黨中央評議會舉行每月一次的午餐會，「五院院長」和國民黨元老都出席。蔣介石讓顧維鈞坐在他的右邊，左邊是「監察院長」于右任，並讓顧維鈞簡要報告國際局勢和美國遠東政策。[①]「考試院長」一事是顧維鈞退休前的一個插曲。

雖然蔣介石對顧維鈞說華盛頓需要有經驗的人，但隨着美台關係的改進和美國對台灣當局援助的增加，蔣介石轉而希望有一個自己更親信的人在華盛頓處理對美關係。1956年1月初，蔣介石讓葉公超致電顧維鈞，要他近期回台北議事。顧維鈞是個聰明人，能從官樣文章中讀出隱含的意思。接到電報，他馬上想起國民黨在紐約辦的一份中文報紙說過的話：「顧維鈞老矣。」這種有意無意在報紙上出現的話並不是沒有目的的。他又聯想起一年多前的「考試院長」之事，明白此行與他的職位有關。由於早有退休之意，他決定大大方方地提出辭職。[②]

1月22日，顧維鈞抵達台北。一下飛機，就問來接機的葉公超召他回台灣的目的。葉公超告訴他，蔣介石對華盛頓的職位已另有人選。葉公超的話證實了顧維鈞的預判。當晚顧維鈞拜見蔣介石，報告對美「外交」的情況。可能是因為時間倉促，也可能因為蔣介石並未有所暗示，顧維鈞沒有提及辭職一事。但蔣介石認為顧維鈞應該明白此行的目的，對他不主動提出辭職大為不滿，當天在日記中寫道：「顧甚想繼續連任駐美大使，似無自動辭職之意，人不自知，奈何。」[③]

1月26日，顧維鈞第二次見蔣介石，主動提出辭職，表示年歲已大，

① 《顧維鈞回憶錄》第11分冊，第235頁。

② 《顧維鈞回憶錄》第12分冊，第713頁。

③ 《顧維鈞回憶錄》第12分冊，第713-715頁；呂芳上主編《蔣中正先生年譜長編》第10冊，第539頁。

華盛頓的職位需要一位更年輕的人。蔣介石沒有直接回答，只是請他與「副總統」陳誠商談。第二天，顧維鈞去見陳誠。陳誠對他說，他可以辭去華盛頓的職位，但必須擔任「特命巡迴大使」，對南美和歐洲的國家進行「親善訪問」。顧維鈞認為這是一個吃力不討好的使命，堅辭不就。1月28日，顧維鈞離開台北臨上飛機時蔣介石再次約見他。蔣介石也提出了「巡迴大使」，並具體提到顧維鈞可利用與英國首相艾登及其他內閣部長的關係，說服英國的對華政策朝着有利於台灣方面的方向變化。顧維鈞表示，這是一個無法接受的任務，因為過去出使英國受到崇高的禮遇，而現在英國不承認台灣當局發的護照，他甚至無法獲得赴英的簽證。最終，蔣介石認可了顧維鈞辭職的請求。

當顧維鈞離開蔣介石官邸時，蔣介石起身送他到起居室門口，而沒有像以往那樣陪他出來，送他上車。十多年後口述回憶錄時，顧維鈞仍清楚地記得這個細節，可以想見當時對蔣介石在他即將結束外交生涯之際的這一舉動是如何感慨繫之的。蔣介石自己可能也認為這樣對待一位資深外交家有些不合適，隨即讓副官叫住送顧維鈞出門的「總統府秘書長」張群，說是另有吩咐。待張群再出來送顧維鈞時，轉告了蔣介石的話，要請顧維鈞擔任「總統府資政」。顧維鈞推辭一番後，接受了這一榮譽性的虛職。[1]

返回華盛頓後，近一個月台北沒有進一步的消息，顧維鈞遂於2月28日正式遞交了書面辭呈。3月8日，蔣介石致電顧維鈞，同意他辭職，並將派董顯光繼任他的職位。[2] 5月8日，顧維鈞離開雙橡園，結束了10年駐美的使命，也結束了在中國外交界漫長的服務生涯。此時，距他首次赴華盛頓

---

[1] 《顧維鈞回憶錄》第12分冊，第717–719頁。

[2] 《顧維鈞回憶錄》第12分冊，第730頁；呂芳上主編《蔣中正先生年譜長編》第10冊，第554頁。

擔任中國駐美公使已過了整整 40 年。

顧維鈞提出辭職時，希望台灣方面能派年輕人繼任，但台灣當局任命接替顧維鈞職位的董顯光竟比顧維鈞還大 9 個月。只因為董顯光擔任過蔣介石的英文老師，是蔣介石的親信。當年台灣的《聯合日報》就此專門發了一篇社論，對台北換人之本意有所揭示和評論：

> 　　國府駐美大使顧維鈞退休，由駐日大使董顯光繼任，這消息傳聞已久，至昨日（4月5日）行政院例會正式通過任命董顯光為駐美大使，始完全證實。董與顧年齡相若，都有退休資格，此次一進一退，年齡顯然不是一個基本因素。據說更重要者，是台北嫌顧對美宣傳工作做得不夠，顧亦自知朝裡無人難做官，故毅然提出辭職，決定從事著述，急流勇退，顧畢竟是聰明的。
>
> 　　顧係一職業外交家，為國宣勞已逾四十年，現雖老邁，其經驗學識與聲譽仍值得政府借重，當此國家危急存亡之秋，他自己亦未必忍心偷閒。然而，在台灣政治環境下，以一個缺乏特殊關係的外交能手，榮膺大使的重任，八面玲瓏，不遭猜忌，已煞費苦心，欲轟轟烈烈，表現成績，更談何容易。……
>
> 　　……大使難做，固有非局外人所能想像者。平心而論，顧氏顯與董氏不可同年而語。董係蔣經國的「太老師」，素又為宋美齡所深信，歷史深長，關係密切，出任駐美大使諸多方便。顧則缺乏此種特殊關係，位高招忌，出任駐美大使徒見其活受罪而已。
>
> 　　顧氏退休矣，為其個人着想，確是非常聰明，吾人願慶賀其從此無官一身輕，不必再受罪。為國家着想，則顯然是一種莫大的損失。一代外交家從此歸隱，吾人於惜別之餘，深望國府念其當年曾在國際上為

國家放過異彩，立過不朽之功，授予文官最高勳章，以資表彰，而勵來者。……①

此篇社論所述並不完全準確。顧維鈞在口述回憶錄時沒有細述從外交界退休的感受，但他將這篇社論從報紙上認真地剪下來，保存在自己的日記本中，從中不難揣度他別有一番滋味在心頭的心境。

---

① 台灣《聯合日報》1956 年 4 月 7 日。

第十二章

人間重晚晴

一　國際法院法官

　　1956 年 5 月從駐華盛頓的職位上退休時，顧維鈞已經過了 68 歲生日，是年近古稀的老人了。早在考慮退休時，他就盼望着擺脫繁忙的公務，享受生活的樂趣，做一些自己喜歡做而不是不得不做的事。他希望做的事有三件：第一，休息或度假以消除長期緊張工作帶來的疲勞；第二，寫一些東西和做一些研究，並開始準備回憶錄的寫作；第三，依靠在國際事務和國際法方面的經驗和學識以及人脈，為大公司或國際法律諮詢機構工作，或自己開一家法律事務所，以解決退休後的經濟來源。[①]

　　離開華盛頓後，顧維鈞搬到紐約市郊外住了下來。但不久，他就接到台北的電報，希望他接受提名，參加在聯合國進行的國際法院法官的競選，以遞補由於徐謨在 6 月底去世所留下的國際法院空缺。顧維鈞對徐謨十分了解。他是在中國駐美公使館作為顧維鈞的隨員開始外交生涯的。九一八事變後顧維鈞出任外交部長，他是次長。1946 年聯合國選舉首批國際法院法官時，顧維鈞代表中國將他介紹給出席聯合國大會的各國代表團，為他順利當選助力頗多。徐謨在國際法院法官任上去世時，尚有一年多的任期。

　　對於台北的要求，顧維鈞表示樂於從命。他在哥倫比亞大學學習時的專業就是國際法，當然希望有機會運用當年所學，何況國際法院法官還有着優厚的薪俸，正好解決晚年生活的後顧之憂。但顧維鈞要當選國際法院的法官

---

① 《顧維鈞回憶錄》第 12 分冊，第 720 頁。

並非易事，這當然不是他個人的資歷和聲望不夠，而是因為隨着朝鮮戰爭的結束和日內瓦會議的召開，以及由此帶來的新中國國際聲望的提高，台灣當局在國際社會中的處境發生了變化。

1956 年 12 月，聯合國舉行國際法院法官空缺的選舉。根據聯合國章程，法官選舉由安理會和大會分別進行投票，在兩處都獲得高票者當選。但選舉中出現了複雜的結果。在安理會的三次投票中，顧維鈞均獲得絕對多數，而在聯合國大會的十多次投票中，顧維鈞都未能超過日本提名的候選人。僵持之下，美國出面了。國務卿杜勒斯說服日本首相吉田放棄競選國際法院法官，作為補償，美國答應在第二年的安理會選舉中支持日本獲得非常任理事國的席位。這樣，1957 年 1 月，顧維鈞在安理會和聯合國大會同時獲得多數，當選「國際法院法官」。與徐謨輕而易舉當選首任法官相比，這次選舉困難重重，顧維鈞對此感慨萬千。[①]

1957 年 4 月，顧維鈞到國際法院赴任。由於徐謨所留任期到 1958 年 2 月終止，顧維鈞剛到任就面臨着又一次競選。由於已在任上，這次選舉波瀾不驚。1957 年 10 月，顧維鈞再次當選為「國際法院法官」，這次是完整的 9 年任期。

國際法院是第二次世界大戰後作為聯合國的司法機構而設立的，聯合國的所有會員國都是法院規約的當然參加者。國際法院的職責是根據國際法解決國際爭端，並向聯合國有關機構提供法律方面的諮詢意見。國際法院由 15 名法官組成，法官雖然通常由他自己的國家提名參加競選，但當選後並非意味着代表本國，而被認為是代表整個國際社會，他們的工作是國際性的。

國際法院設在荷蘭的海牙。這是一座靠近北海的美麗城市。自 1899 年、

---

① 《顧維鈞回憶錄》第 13 分冊，中華書局，1994，第 9–12 頁。

1907 年在此舉行兩次國際和平會議後，海牙就成為永久性的國際法中心。國際聯盟的國際常設法院也曾設在海牙。顧維鈞來到海牙後，在離國際法院不遠的地方租了一幢兩層樓的房子，每年的大部分時間都住在海牙，只在短暫的休庭期間才回到紐約。

離開服務了近半個世紀的外交界，來到國際法學界，顧維鈞對早年學習的國際法並無荒疏之感。根據國際法院的傳統，對案件的審議各位法官可以各抒己見，討論中也時常出現意見分歧，但審議和討論的內容不對外公開，而是在法官投票表決後當庭宣佈最終結論。雖已過古稀之年，顧維鈞在國際法院的工作仍像在外交界那樣一絲不苟。10 年任職期間，國際法院一共召開了 200 多次會議，他從未缺席過一次。這期間，國際法院共研究和判決了 17 個案件，他參加了所有這些案件的秘密審議和公開審理，擔任了其中 3 個案件的起草委員會委員，還對其中的 8 個案件發表了書面意見。有的意見書刊登在法國和德國的國際法學會專刊上，受到國際法學界的重視。①

在這 17 個案件中，有西南非洲案，該案被認為是「國際法史上，歷時最久、案情最為複雜之案件」。②西南非洲（今納米比亞）原是德國殖民地，第一次世界大戰後德國戰敗，其根據國聯盟約有關委任統治的規定被交由南非管理。第二次世界大戰後，國聯終止，委任統治地或獨立，或改為聯合國託管地。南非趁機提出管理西南非洲已有多年，要求將該地併入南非。此舉遭到聯合國大會否決，並通過決議將西南非洲置於託管制度之下，南非應定期向聯合國託管理事會遞交西南非洲報告書。但南非反對遞交報告書。1960 年非洲國家埃塞俄比亞和利比里亞將南非告上國際法院，要求判其在西南非

---

① 《顧維鈞回憶錄》第 13 分冊，第 30 頁；黃武智：《國際法院法官顧維鈞之個別意見與反對意見（1957–1967）》，台北：私立東吳大學中國學術著作獎助委員會，1974，第 5–6 頁。

② 黃武智：《國際法院法官顧維鈞之個別意見與反對意見（1957–1967）》，第 212 頁。

洲行為違反國聯盟約和《聯合國憲章》。但南非申辯稱埃、利兩國並無法律權益可以提起訴訟。國際法院對此案進行了長達數年的審議。1966 年投票時，參加投票的 14 名法官以 7 比 7 持平，最後法院院長投出決定票，以 8 比 7 贊同南非，否決了埃、利兩國的訴訟權。[1]

顧維鈞不贊同這一判決，投了反對票。根據國際法院規約，法官對法院之判決可以表示個別意見。顧維鈞對此案發表了反對意見。在參加投票的國際法院法官中，只有顧維鈞既參加了國聯盟約的制定，又參加了《聯合國憲章》的起草，對委任統治制和託管制的宗旨和實質都有深刻的理解。舊金山會議上，他還就託管制度與美、英等國爭辯，最終將「獨立」寫進了《聯合國憲章》關於託管制度目的的條文中。因此，顧維鈞的反對意見，旁徵博引，立論嚴謹，從威爾遜在巴黎和會提出委任統治制講起，梳理歷史發展脈絡，引證國聯盟約和聯合國相關決議，剖析原告被告各自的訴求，最後得出結論：埃、利兩國有對本案之實質法律權益，南非有對聯合國負責之義務。[2]

顧維鈞的反對意見基於他對西南非洲案的深入研究，幾年間他為此案寫下了十多本筆記。顧維鈞的女兒顧菊珍在聯合國託管事務部工作，負責非洲事務。她看見父親在西南非洲問題上傾注了那麼多精力，有些不解，就問他為甚麼對此問題這麼感興趣。顧維鈞回答說，以往在外交界服務，所說所做的一切都是代表政府的，自己有不同想法必須保留，如今在國際法院是第一次能夠真正表達個人的意見。[3]顧維鈞的反對意見建立在嚴密的法理基礎上，

① 黃武智：《國際法院法官顧維鈞之個別意見與反對意見 (1957–1967)》，第 217 頁。

② 黃武智：《國際法院法官顧維鈞之個別意見與反對意見 (1957–1967)》，第 198–209 頁。

③ 作者對顧菊珍訪談，1997 年 8 月 27 日。顧維鈞關於西南非洲的十多本筆記藏於哥倫比亞大學珍本與手稿圖書館。

但他站在西南非洲一邊，內心不會不想到自己代表中國與列強爭辯的經歷，不會不想到自己「以公理爭強權」的抱負。

1964 年，國際法院正副院長任期將滿，顧維鈞的同事中有人建議他出來任院長。但當顧維鈞知道來自澳大利亞的法官希望獲得院長的職位，就表示絕不與他人競爭。這樣，在 3 月國際法院法官的投票中，他當選為「國際法院副院長」。這主要是一個榮譽性職務，除非院長因病或因故不能出席時才會代行院長職務，但顧維鈞 3 年「副院長」任期內並沒有獲得這樣的機會。

1965 年 10 月，在顧維鈞任期結束前一年，台灣方面來函，請他競選連任「國際法院法官」。顧維鈞覆函稱，自己已決定退出國內外一切公職，並推薦了幾名有資格接替他的人選。但台灣當局擔心其他替代人選聲望不如顧維鈞，落選可能性很大，不接受顧維鈞的推辭。在台灣方面的反覆懇求下，顧維鈞勉強同意出來競選連任，並表示應首先與美國接觸獲得其支持。但這次美國的態度與上次完全不同，非但不予支持，反而建議顧維鈞以年邁為由退出候選人行列，因為美國政府已承諾支持菲律賓人競選國際法院法官。於是，1966 年 10 月 26 日，顧維鈞致函聯合國秘書長，正式表示出於健康原因放棄「國際法院法官」的候選資格。[1]

對在國際法院任職十年的經歷，顧維鈞自己有一總結：

這是我的一生公職中，我最歡喜及適意的職位。原因有三。（一）我在哥倫比亞大學領的是國際公法學博士。因此，我供職於海牙法庭，可謂用其所學。（二）國家間有爭執無法解決時，便把爭端提交國際法庭請求依法解決。雙方的律師都是國際聞名的法學家。我對他們的辯論

---

[1] 《顧維鈞回憶錄》第 13 分冊，第 64 頁。

極感興趣。（三）法庭有法官十五人，都是著名人物。有些曾當過總統……我們相處甚篤，住同一旅館，有時一同步行到法庭辦公。此外，我講句老實話，國際法庭的法官地位是很高超的，既不受其本國政府的控制，也不受聯合國的干預。全世界均尊重他們的獨立和自由。不像充任本國政府的官吏，即至高至上有若總統總理，時常會有麻煩事情攪擾精神，令人寢食難安。同仁都是君子人士，彼此毫無權力的衝突。時常相見如賓。國際爭端是不常見的。[①]

二　婚姻與家庭

顧維鈞從國際法院退休後，從荷蘭回到美國，在紐約曼哈頓最繁華的地段公園大道租了一套公寓，真正開始了退休生活。這時，他已經過了 78 歲。

在這之前，顧維鈞已經與結婚 30 多年的黃蕙蘭離婚了。離婚前，他們兩人已經貌合神離地生活很多年了。

顧維鈞與黃蕙蘭，郎才女貌，黃蕙蘭還會說多種歐洲語言，兩人的婚姻在一般人看來天造地設，十分般配。但實際上兩人的生活習性相差甚遠。黃蕙蘭的父親是印尼「糖王」、華僑首富，她是含着金湯匙出生的，自幼長住歐洲，過慣了奢華的生活，耽迷於上流社會的社交活動。顧維鈞任職北京政府時期，黃蕙蘭與外交使團尤其是公使夫人們交往應酬，歡快融洽，這是她喜歡的生活。顧維鈞當時已是有國際聲譽的外交家了，但在黃蕙蘭眼裡，他與西方人在一起還不能像她那樣愉快自如。而兩人的感情在經過一見鍾情的熱烈初戀後，在北京生活時已經冷淡下來了。黃蕙蘭認為，他們的生活在物質

---

① 袁道豐：《顧維鈞其人其事》，台北：商務印書館，1988，第 241 頁。

上是滿意的，但她與顧維鈞並不相愛。[1]

顧維鈞任駐法公使期間，他與黃蕙蘭的婚姻出現了問題。1934 年回國述職時，顧維鈞與他後來的太太嚴幼韻有了密切來往。張學良是這一段來往的直接見證人。1990 年，張學良對幫助顧維鈞整理過回憶錄的唐德剛說，西安事變前，也就是顧維鈞回國述職那段時間，他與顧維鈞打麻將，同桌的還有嚴幼韻。黃蕙蘭怒氣沖沖地來了，拽着顧維鈞走，顧坐在那裡就是不走。黃蕙蘭拿着茶水從顧維鈞的頭上澆下去，顧端坐着還是不走。黃蕙蘭指着嚴幼韻當面開罵，嚴也是端坐不動。[2]

有一張顧維鈞留下的照片可以為張學良的口述提供一個註腳。1936 年初，顧維鈞回法國前，在上海與送行的朋友聚會時拍了一張合影。60 多位朋友中有銀行家周作民、京劇名角梅蘭芳等各界名人。顧維鈞與黃蕙蘭作為主人坐在前排正中的位置，嚴幼韻緊站在顧維鈞的背後，而嚴幼韻的丈夫楊光泩遠遠地站在第五排即最後一排的邊上。[3]

顧維鈞返任後不久，楊光泩被派往巴黎，負責在歐洲為抗戰做宣傳，嚴幼韻也隨之來到了巴黎。這一期間，顧維鈞參加外交活動的照片上，有幾張可看到嚴幼韻在場。黃蕙蘭有一天在日記中不無怨恨地寫道：「這位風流大使又像個夜行人一樣溜出去會他的女相好了。」1938 年，難以忍受的黃蕙蘭直接給孔祥熙寫信求助，要求將楊光泩調離巴黎。楊光泩原有可能出任駐捷克公使，但最終孔祥熙將他調離開歐洲，去了亞洲的菲律賓。[4]

① 黃蕙蘭：《沒有不散的筵席 —— 顧維鈞夫人回憶錄》，第 144 頁。
② 張學良口述，唐德剛撰寫《張學良口述歷史》，中國檔案出版社，2007，第 43–44 頁。
③ 金光耀、趙勝士編著《一代外交家顧維鈞》，上海辭書出版社，2020，第 116 頁。
④ 黃蕙蘭：《沒有不散的筵席 —— 顧維鈞夫人回憶錄》，第 195–196 頁；顧嚴幼韻口述，楊蕾孟編著《一百零九個春天：我的故事》，魏平譯，新世界出版社，2015，第 73–74 頁。

　　1946 年顧維鈞重返華盛頓，嚴幼韻在抗戰結束、丈夫楊光泩在戰爭中為國捐軀後來到紐約，兩人重續前緣。黃蕙蘭在她的回憶錄中抱怨說：「維鈞每個星期要到紐約去度週末，從星期五一直待到下個星期二，與他那位在聯合國工作的女相好相會。」她與顧維鈞的關係也越來越糟糕，「維鈞似乎變得日益高大。他為所欲為，不與我商量。他對待我，就是忍讓，供吃供住，人前客客氣氣，私下拋在一旁」，「如果沒有客人，維鈞和我從不同桌進餐」。[1]

　　不過除了親近者，華盛頓外交界看到的仍然是雍容華貴、殷勤待客的大使夫人。顧維鈞保存下來的這一時期照片中，許多拍攝於社交場合，照片上黃蕙蘭的笑容要比在場的顧維鈞更自然更燦爛。在這些場合，她如魚得水，十分享受大使夫人的榮耀。場面應酬之外，黃蕙蘭對顧維鈞的外交活動也有實際的幫助。如 1950 年底的一個週末，顧維鈞正在紐約，塔夫脫參議員有急事要約見他。黃蕙蘭與顧維鈞通話後，就代表他去與塔夫脫見面會談，將事情辦妥。[2]

　　與顧維鈞和黃蕙蘭都熟識且自己有過外交官經歷的袁道豐對黃蕙蘭有這樣的評論：「顧大使得此良伴，周旋於外國政要與使團之間，也可以說天助自助。雖說他只管太太的賬，但直接或間接的得到的便利大約不會少的。」「老實說，在我國駐外大使夫人如林的當中，最出色的中國大使夫人要以黃蕙蘭為首屈一指了。中外人士都對她表示尊敬，就是多年貌合神離的顧公維鈞，對她肆應外交的功績也不能忘懷。」宋美齡在人們交口稱讚顧維鈞的外交貢獻時，就特別提醒說：「別忘了大使夫人也起了重要作用呀。」[3]

---

① 黃蕙蘭：《沒有不散的筵席 —— 顧維鈞夫人回憶錄》，第 240–241 頁。

② 《顧維鈞回憶錄》第 8 分冊，第 174、177 頁。

③ 袁道豐：《顧維鈞其人其事》，第 11、19 頁；黃蕙蘭：《沒有不散的筵席 —— 顧維鈞夫人回憶錄》，第 213 頁。

　　1956 年 1 月底，顧維鈞從台北返回華盛頓當晚，告訴黃蕙蘭他已辭職。次日一早，黃蕙蘭不辭而別，離顧維鈞而去。[1] 沒有了大使夫人的頭銜，她不願再與顧維鈞維持有名無實的婚姻了。此後，黃蕙蘭一直住在紐約。1993 年 12 月，百歲生日那一天，她無疾而終。

　　顧維鈞晚年與其相伴的夫人就是嚴幼韻。嚴幼韻出生在一個典型的近代商人家庭。她的祖父嚴信厚 17 歲時離開浙江寧波附近的農村，來到上海在銀樓學生意。後入李鴻章幕府，得到署長蘆鹽務幫辦的官職，開始以鹽務起家，並投資工商業，成為東南地區有影響的大商人。20 世紀初，上海各界商人組織總商會，他出任上海商務總會首任總理。嚴幼韻出生於 1905 年，兩歲時嚴信厚去世了，但留下一份豐厚的家產，可以說她也是含着金湯匙來到人世的，從小就過着無憂無慮的富家生活。

　　1925 年，嚴幼韻進滬江大學讀書。滬江是一所教會學校，有嚴格的校紀校規，學生被要求住校，每月只能回家一次。嚴幼韻感到校規太過嚴厲，讀了兩年後，正好復旦大學開始招收女生，就轉校來到校園氛圍寬鬆得多的復旦讀商科三年級。

　　因為是第一屆女生，復旦的女生宿舍尚未建好，這正合嚴幼韻不願住校的心意，因此就坐自備轎車從地處靜安寺的家中來校上課。轎車配有司機，車牌號是 84 號。一些男生就將英語 Eighty Four 念成滬語「愛的花」。嚴幼韻長得漂亮，父親在南京路上開着「老九章綢布莊」，各種衣料隨她挑，因此每天更換的服裝總是最時髦的，令人眼花繚亂。「愛的花」這一外號也就不脛而走，更傳出復旦校園，出現在上海的報章上。與嚴幼韻同屆的商科男同學章宗鈺回憶道：

---

[1] 黃蕙蘭：《沒有不散的筵席 —— 顧維鈞夫人回憶錄》，第 257 頁。

　　那時校花 Eighty Four 譯名「愛的花」，不僅在復旦而且在全上海是知名度很高的人物，打扮入時，無法形容她的美在何處，至少她上下午服裝不同。徐文台學長說她是一「衣服架子」，因為她家是開綢布莊的；好有一比，蕭子雄女同學和她寸步不離，一高一矮，一美一醜。例如邱正倫教授的公司理財課，她倆每次必遲到，門聲響處，皮鞋答答，大家一定「向右看」，弄得邱教授講 "Issue Bond, Issue Bond"，接着說不下去，足證其魔力之一般。

　　「愛的花」做功課大有一套，遇到要交習題或報告，她會電話某位男同學，說要借他的習作一看，聞者無不欣然聽命，歸還時灑上一些香水示意，甚至一位周同學正本報告被她拿去交卷，認為是「受寵若驚」！[1]

　　1929 年夏天，復旦大學第一批入校的女生中有 4 人可以畢業了，嚴幼韻名列其中。但臨近畢業，學校註冊部公佈「缺課逾四分之一不能參與大考」名單，嚴幼韻也榜上有名，且名列第一，註明是戲劇學缺課逾四分之一，按例不能參與大考，於是畢業就成了問題。因為是校園名人，一時議論紛紛，連《申報》都刊登消息。復旦大學實行學分制，如果缺幾個學分，可以通過暑期課程補足。但據說嚴幼韻不願在酷暑中來學校上課，而是另想辦法。復旦還有一規定，學生在課外閱讀中有心得寫成論文，經相關科目的教授審閱後如獲肯定，亦可得到相應的學分。嚴幼韻最終交了一篇論文補齊學分，終於畢業。[2]

---

[1]　章宗鈺：《最憶是復旦》，載彭裕文、許有成主編《台灣校友憶母校》，復旦大學出版社，2003，第 488 頁。

[2]　《復旦大學的畢業女生》，《申報》1929 年 6 月 19 日，第 27 版；獨聲：《嚴幼韻姑娘的畢業問題》，《申報》1929 年 8 月 26 日，第 26 版。

　　畢業前夕，嚴幼韻遇見了楊光泩。楊光泩第一次看見嚴幼韻時，她正自己開着那輛「愛的花」轎車。他一見鍾情，馬上請朋友介紹認識，以後就不斷地送花、約會、看電影、跳舞。楊光泩不到而立之年，但已是國民政府外交部情報司幫辦和條約委員會成員。楊光泩出生在湖州絲商家庭，其祖父在19世紀末來上海開絲行。1920年，楊光泩從清華學校畢業後獲庚款資助赴美留學，四年後獲普林斯頓大學國際法博士學位。留學期間，楊光泩擔任過華盛頓會議中國代表團的學生隨員，還擔任過《中國留美學生月刊》主編，只是比顧維鈞晚了十多年。1927年，楊光泩受聘於母校清華，擔任政治學和國際法教授，並兼北京政府外交部顧問。1928年初，北京政府大勢已去，楊光泩受邀南下，加入國民政府。[1]

　　面對這樣一位前程似錦的外交官的追求，嚴幼韻當然無法拒絕。1929年9月8日，嚴幼韻與楊光泩結婚了。婚禮在他們經常去跳舞的大華飯店舉行，這也是9個月前蔣介石與宋美齡舉行婚禮的地方。出席婚禮的有千餘人，證婚人是外交部長王正廷。新郎是年輕有為的外交官，新娘是復旦校花、名門閨秀，這樣的婚姻，自然成為媒體追捧的對象。[2]

　　1930年，新婚不久的楊光泩出使海外，嚴幼韻隨夫出洋，開始了外交官夫人的生活。楊光泩先在倫敦任總領事，隨後作為中國代表團成員，出席在日內瓦舉行的國聯會議。他與嚴幼韻的第一個孩子就出生在日內瓦。在嚴幼韻的記憶中，那段日子裡，他們就是不斷地整理行李、搬家，由於每次調動，楊光泩必須馬上熟悉新的工作，搬家的雜事必須由她自己來做。顧維鈞是中國駐國聯代表，常從巴黎來日內瓦。那時中國外交界的年輕人，只要有機會

---

[1]　《楊立林（楊光泩之妹）致楊蕾孟、楊雪蘭、楊茜恩》（1989年11月），徐景燦提供。

[2]　《楊光泩今日結婚》，《申報》1929年9月8日，第16版。

都想結識顧維鈞並向他請教，楊光泩也不例外。嚴幼韻與顧維鈞也因此相識。1933 年夏天，楊光泩夫婦還與顧維鈞夫婦一起去蒙特卡洛度假。[①]

1934 年，楊光泩奉召回國，出任在上海出版的《大陸報》總經理和總編輯。《大陸報》是一份有國際影響的英文報紙，該報的社評大多由楊光泩執筆。國民政府挑選他擔任此職，就是要借重他的專業素養加強對外宣傳，爭取國際輿論對中國的支持。顧維鈞回國述職期間，與楊光泩多有來往，楊光泩就《大陸報》股權事宜多次請教顧維鈞。[②] 公務之外，兩人私交也很親近，有一次一同去杭州滿覺隴觀賞桂花，不過被記者發現同行的不是黃蕙蘭和嚴幼韻，而是兩位「妙齡女友」。[③]

1937 年，楊光泩再度被派往歐洲，常駐巴黎做對外宣傳，嚴幼韻隨即從國內趕來與丈夫團聚。如前所述，第二年，楊光泩被派往菲律賓出任中國駐馬尼拉總領事。當時菲律賓尚未獨立，中菲間沒有設使館，駐馬尼拉總領事就是中國在菲律賓的最高外交代表。1939 年初，嚴幼韻帶着他們的三個女兒也來到了馬尼拉。

1941 年 12 月 7 日，珍珠港事變爆發，日軍同時向駐菲律賓的美國軍隊發起攻擊。面臨戰爭的炮火，楊光泩沉着鎮定，一面與僑界領袖聯絡，會商應變辦法，協助華僑疏散；一面開始燒毀華僑抗戰捐款存據和其他重要文件，並奉國民政府命令，銷毀在美國印製、運往中國途中擱置在馬尼拉的大宗法幣。美軍司令麥克阿瑟從馬尼拉撤走時，要楊光泩一同走，但他表示因未接國民政府撤退命令，所以必須恪盡職守，堅守崗位。

1942 年 1 月 2 日，日軍攻佔馬尼拉。兩天後，楊光泩與留守總領事館的

---

① 顧嚴幼韻口述，楊蕾孟編著《一百零九個春天：我的故事》，第 47 頁。

② Kuangson Young to Wellington Koo, 23 July, 1935，徐景燦提供。

③ 《顧維鈞之閨情逸致》，《申報》1934 年 10 月 1 日，第 13 版。

另七名外交官遭日軍拘禁。當日軍士兵來到楊光泩在戰爭爆發後居住的馬尼拉飯店時，他十分鎮靜地拿起早就準備好的一包衣服告別妻女。被日軍拘禁期間，楊光泩嚴詞拒絕日軍要其向華僑募款的要求。4 月 17 日，楊光泩和七名外交官慘遭日軍殺害，為國捐軀。抗戰勝利後，1947 年 7 月 7 日，盧溝橋事變十周年的日子，國民政府派專機將楊光泩等烈士的忠骸運返祖國，在南京舉行莊重的公祭和公葬儀式。中華人民共和國對楊光泩這位抗日外交烈士也充滿敬意。1987 年 11 月 17 日，江蘇省和南京市政府舉行紀念楊光泩等烈士公葬 40 周年儀式。

喪失丈夫的巨大打擊沒有擊垮嚴幼韻。作為母親，她要照養三個女兒，最小的女兒才剛過三歲。作為總領事夫人，她感到有責任照料好其他七位外交官的妻子兒女。於是，她剛到馬尼拉時租下的三個臥室的屋子，就成了這些外交官家屬共同的家園。除了每個臥室要住兩戶人家外，客廳裡也還得住人，整個屋子一共住了近 20 個人。

生活雖然艱辛，但嚴幼韻始終保持着樂觀的心態。屋子裡留有一架舊鋼琴，空閒的時候她會去彈奏挪威作曲家辛丁（Christian Sinding）的曲子《春之聲》。嚴幼韻的大女兒楊蕾孟此時已過十歲，她清楚地記得母親在整個戰爭期間從未顯現出任何憂慮的神態。因此這段艱難的日子，在嚴幼韻女兒的記憶中卻留有一些兒時的童趣。[1]

1945 年 3 月，美軍攻佔馬尼拉後，嚴幼韻和她的三個女兒在美軍司令麥克阿瑟的安排下，搭乘第一艘攜帶美國平民回國的輪船前往美國。隨後，她在聯合國禮賓司開始了自己第一份正式的工作，擔任禮賓官。此時，顧維鈞與嚴幼韻，一在華盛頓，一在紐約，週末就是兩人見面的日子。1953 年，嚴

---

[1] 顧嚴幼韻口述，楊蕾孟編著《一百零九個春天：我的故事》，第 101 頁。

幼韻護照到期，顧維鈞專門寫信給葉公超，請求給她辦外交護照，而不是按常規辦公務護照。[1] 1959 年 9 月，兩人在墨西哥城終於正式辦了結婚儀式。此時，顧維鈞 71 歲，嚴幼韻 54 歲。

雖然相愛多年，並已步入老年，顧維鈞對嚴幼韻仍是情意綿綿。剛到海牙一人獨居時，他給遠在紐約的嚴幼韻寫詩寄託相思之情：

> 夜夜深情思愛人，
> 朝朝無緘獨自悶。
> 千種緣由莫能解，
> 萬里郵航一日程。[2]

嚴幼韻對顧維鈞的愛，更多地體現在對他無微不至的照顧上。每天凌晨，顧維鈞熟睡一段時間醒來後，她已準備好一杯熱牛奶和幾塊餅乾，放在床頭櫃上，讓他喝下後繼續睡覺，唯恐他從晚餐到早餐空腹時間過長，於身體不利。顧維鈞退休後生活安逸，健康長壽，得之於嚴幼韻者良多。

如果不算父親定下的與張氏的婚事，顧維鈞一生有過三位夫人。有人稱之為顧維鈞的婚事三部曲：一主貴，與唐寶玥結婚，藉以發展政治地位；二主富，與黃蕙蘭結婚，得以多財善舞；三主愛，與嚴幼韻結婚，相親相愛，白頭偕老。能從婚姻中得到的，顧維鈞都得到了。顧維鈞自己說，三位夫人中，他最喜歡嚴幼韻，因為她最了解他、照顧他。[3]

因為顧維鈞的聲望，他的婚事和情史是公眾矚目的。但他本人卻不願多

---

① 《顧維鈞致葉公超》（1953 年 12 月 9 日），*Wellington Koo Papers*, box 169。

② 顧嚴幼韻口述，楊蕾孟編著《一百零九個春天：我的故事》，第 182 頁。

③ 袁道豐：《顧維鈞其人其事》，第 6、17 頁。

講，在幾百萬字的口述回憶錄中一語帶過。唐德剛幫他做口述回憶時，已熟讀了黃蕙蘭那本有趣的自傳，但因為與顧維鈞之間始終是敬而遠之的關係，不敢就此向他提問一句。女兒顧菊珍對父親的浪漫史也有好奇心。有一次看到一本英語暢銷書上寫顧維鈞一共有過 28 個女人，就在家中餐後閒聊時問父親這敘述是否真實，顧維鈞脫口而出回了一句："Only twenty-eight?"（只有 28 個嗎？）既不否定，也不肯定。顧菊珍對父親滴水不漏的外交官回答只有敬佩。[①]

顧維鈞的晚年生活過得非常有規律。他上午 9 時許起床，稍做活動後，開始早餐。早餐十分豐盛，持續時間要一個半小時，一面飲食，一面讀報紙。顧維鈞每天看的英文報紙是《紐約時報》，中文報紙是台灣出版的《中央日報》和美國出版的《世界日報》。

每天下午，顧維鈞都要拄着拐杖，外出散步，這是他的健身之道。雖住在紐約這個大都市的中心，但公園大道離中央公園僅一步之遙。公園裡樹木繁茂，綠草如茵，湖面如鏡，是鬧中取靜放鬆身心的絕佳去處。只是那時紐約的治安狀況太差，顧維鈞在散步時曾被搶劫三次。遇到這種情況，他也不失幽默感，每次散步總要帶些現金，說是不能讓搶劫者空手而歸。散步之外，他還喜歡游泳。90 多歲時，還從跳板上跳入游泳池。

顧維鈞晚年最經常的消遣是打麻將。嚴幼韻操心最多的也是為他安排牌局。顧維鈞打麻將，出牌極快。有人問他牌運如何，他答曰：「十九必輸。這不是我的技術不如人，實因這是一種『統戰』，花樣繁多，有時我的精力不能顧到全局，因此牌運對我不甚客氣。」對於輸贏，他認為，「這原來是消遣，

---

① 唐德剛：〈編撰〈顧維鈞回憶錄〉及民國外交史雜記〉，載金光耀主編《顧維鈞與中國外交》，第 8 頁；顧菊珍口述，1998 年 4 月，紐約東城顧菊珍家中。

定率低而出入微，輸贏可不在乎」。[①] 他還自訂了幾條玩牌守則，其中有：受人歡迎，首重牌品，旨在消遣，大小勿論。準時赴約，不得遲到，圈數決定，不增不減。[②]

顧維鈞的另一消遣是畫畫。退休後，他專程赴香港拜師學習作國畫，並認真研讀畫譜。他的畫題材固定，大多是梅、蘭、竹、菊，有傳統文人畫的神韻，也是他處世立身之道的一種寫照。他也畫過工筆牡丹，是專為嚴幼韻畫的，題詞「春長在」。嚴幼韻一直掛在自己臥室的床頭上，直到 2017 年她 112 歲去世。

顧維鈞晚年的另一樂事，是看到兒女孫輩歡聚一堂。顧維鈞有三子一女。

長子顧德昌和女兒顧菊珍是唐寶玥所生。顧德昌在第二次世界大戰時期擔任過中國駐美使館空軍武官，從空軍退役後在台灣經商，晚年移居美國，1998 年去世。

顧菊珍 1917 年出生在華盛頓。在英國倫敦大學學的是物理，但受父親的影響對國際事務有興趣，從 1947 年開始進聯合國工作，一直在託管事務部，憑自己的才幹升至「非洲事務司司長」。1971 年中華人民共和國恢復在聯合國的席位後，她給予擔任聯合國副秘書長的唐明照及中國代表團很大的幫助。退休後，她與丈夫錢家騏遍訪歐美許多城市，搜集顧維鈞照片，並為《顧維鈞回憶錄》的中譯本出版做出很大貢獻。2015 年，顧菊珍 98 歲時去世。

顧維鈞與黃蕙蘭生有二子。顧裕昌也在聯合國任過職，因不滿法律部太官僚化而辭職經商，任職期間寫過一份討論安理會投票程序的文件，離開後許多年仍被使用。顧福昌從哥倫比亞大學畢業後就去經商。裕昌和福昌都先

---

① 袁道豐：《顧維鈞其人其事》，第 13-14 頁。

② 《九九壽星顧維鈞博士所述玩牌守則》，徐景燦提供。

於父親在 1970 年代末去世，顧維鈞為之傷感不已。

嚴幼韻與楊光泩有三個女兒，因此顧維鈞還有三個繼女。由於早年喪父，她們視顧維鈞如同親生父親，相互間十分親熱。長女楊蕾孟一生從事編輯，在美國多家著名出版社如哈珀與羅出版社、利特爾與布朗出版社擔任過編輯或總編輯，許多有影響的書包括基辛格擔任國務卿期間的回憶錄《動亂年代》三卷本都出自她的手下。她編著的最後一本書就是母親嚴幼韻口述的《一百零九個春天：我的故事》。2020 年，楊蕾孟去世。幼女楊茜恩擔任過房產公司的總裁、中式烹飪教師，後來在家相夫教子，因病於 1992 年去世。

三個繼女中次女楊雪蘭與顧維鈞最親近。楊雪蘭 1935 年出生於上海，與姐姐一樣畢業於韋爾斯利學院。她是一位成功的企業家，早年在廣告公司工作，獲得過業界最高榮譽。後來至通用汽車公司擔任副總裁，這是以往女性沒有擔任過的職位。美國通用在中國投資 20 億美元的項目 —— 在上海生產別克轎車，她起了關鍵作用。她也是熱心中美文化交流的社會活動家。2014 年，由她出面牽線，召集相關各方，最終由中國社會科學院近代史研究所完成顧維鈞文件的電子化，使這套總共有 17 萬頁的珍貴資料回歸故里。2020 年，楊雪蘭因病去世。

有愛妻相伴，有兒孫繞膝，有健康的身體，有安逸的生活，顧維鈞的晚年是幸福的。

三　月是故鄉明

由於長年擔任駐外使節，顧維鈞一生的大部分時間是在國外度過的。但是，他對祖國、對故鄉一往情深，始終懷着一顆中國心。

　　顧維鈞的英文說寫均十分出色，即使在英、美社會中，也堪稱一流。他出使英國時，有一次與丘吉爾單獨商討中英外交問題，結束時已是晚上 9 點。丘吉爾說，會談內容重要，但無人記錄，我日理萬機記不了那麼多，能否請你寫一份備忘錄午夜送來。顧維鈞答，午夜太匆忙，請改為明天中午。第二天，顧維鈞送去備忘錄，丘吉爾不僅稱他記憶力好，更誇他英文流暢清晰。[①] 而丘吉爾本人是公認的駕馭英文的大師。但退休後，脫離繁忙的公務，顧維鈞還是鍾情於自己的母語。有人問他，在中英文兩種書中，以讀何者較為稱心愉快。他答：「是中國書，我們的『根』究竟是中國啊！」[②]

　　晚年可以自由支配時間後，他能夠如願閱讀自己喜歡的書，大多是中國的典籍。他有一套清光緒己亥年（1899）刻本「四書」，陪伴他周遊了歐洲和美洲。古色古香的線裝書外包着西式的硬封面，顯示了主人對古書的愛護，也是主人眷戀故土的內心寫照。讀書之餘，他喜歡抄錄唐詩中的名句和中文格言。有朋友知道他有這一喜好，告訴他唐紹儀去世前留下的一句話：「事能知足心常愜，人到無求品自高。」他特地標註：「中山縣唐紹儀於民國廿七年秋遇害前一日所作之對。」[③]

　　外交舞台上的顧維鈞總是西裝革履，即使退休後出現在公眾場合，他仍然是一身西裝，給人們留下從思想到外表都很西化的印象。但平時在家中沒有客人的話，他卻喜歡穿中式服裝。他百看不厭的電視節目是台灣拍攝的連續劇《香妃》，對美國電影卻沒有一點興趣。他也喜歡京劇，抄寫了《武家坡》《空城計》《碧玉簪》等京劇唱詞。

　　1946 年顧維鈞去華盛頓任駐美大使時，沒有想到此去一別再也無法回到

① 《顧維鈞回憶錄》第 5 分冊，第 26–27 頁。

② 袁道豐：《顧維鈞其人其事》，第 2、234 頁。

③ 顧維鈞留下的紙條，徐景燦提供。

大陸。但當時國共內戰一觸即發，離開故土時心中不免感慨繫之。他寫過一首七絕，起首兩行是：「白雲底下望山河，祖國將離感慨多。」表達的就是這一心情。[1]

1954 年夏顧維鈞回台灣時，蔣經國安排他去金門島參觀，這是他 1946 年離開大陸後離大陸距離最近的一次。站在島上，望着清晰可見的大陸海岸和後邊的層巒疊嶂，聞得到大陸吹拂過來的和風氣味，顧維鈞十分激動，期盼着能夠回到故土。[2]

當內戰的硝煙散盡，中國共產黨沒有忘記顧維鈞為近代中國外交所做出的貢獻。1972 年，毛澤東指示赴紐約參加聯合國大會的章含之去看望顧維鈞。這件事當時無人知曉。章含之對此事是這樣記敘的：

> 1972年9月我正準備中國代表團前往紐約出席第二十七屆聯合國大會，主席在一次臨行前的指示談話時給了我一項特殊任務，要我去看望國民黨前外交部長、駐美大使顧維鈞先生。主席說他很敬佩顧維鈞的外交才華和為人。當時顧老先生已八旬高齡，退休後在美國當寓公。毛主席囑咐我說不要用官方名義去看望他，也不必提是毛主席要我去的。因為顧老先生與我父親也可稱是世交，我可以用晚輩名義去看望他。顧老先生的女兒是當時在聯合國工作的一位局長，可以請她安排。毛主席說要我向顧維鈞先生介紹大陸的情況並且邀請他回大陸看一看。毛主席還要我告訴他統一祖國是海峽兩岸愛國人士的共同意願。
>
> 根據主席的指示，我於這年10月5日在紐約顧老先生女兒住所拜訪了他並共進晚餐。那時老人雖已高齡，但精神極好，並步履矯健。他極

---

[1] 這首七絕用鋼筆寫在一張紙上，現藏上海市嘉定博物館。
[2] 《顧維鈞回憶錄》第 11 分冊，第 253、265 頁。

有興趣地問了大陸許多情況，但卻迴避了訪問大陸的邀請。一年前我們剛剛取代台灣恢復了在聯合國的合法席位，在此時計劃訪問大陸的確時機尚不成熟。可惜的是，一直到顧老先生逝世，他都未曾有機會回到故土親眼看一看家鄉的變化。

10月9日，我從紐約剛到北京，馬上接到通知，要我第二天晚上去主席那裡彙報與顧維鈞會面的情況。這是我到外交部工作後唯一一次與毛主席單獨在一起談話。主席對會見問得非常仔細，也很諒解顧維鈞暫時不便回大陸訪問。①

顧菊珍後來說，安排在位於曼哈頓東城的她家裡見面，是為了避人眼目，生怕被人看見，引起不必要的麻煩。不過顧維鈞並不知道章含之是奉毛澤東之命，只將她看作故人章士釗的女兒。②

1978年12月16日，中華人民共和國與美國發表建交公報，宣佈自1979年1月1日起互相承認並建立外交關係。這是中美關係史上的一個里程碑，對台灣當局產生了巨大衝擊。1979年1月5日，蔣經國親筆致函顧維鈞，稱其「洞察美國國會與國務院心態最深」，請對當前局勢提供「寶貴之啟迪指引」。蔣經國這封手書由台灣「外交部次長」楊西昆於1月17日送到顧維鈞家中。顧維鈞閱後，親筆回覆蔣經國，稱美國此舉「雖與國際道義相悖」，「但不得不勉予接受其已成事實」，與美國維持邦交以外之實質關係實為接下來的「努力目標」，並強調繼續保持台灣與美貿易額遠超大陸與美貿易額的優勢是當務之急，「俾以貿易實績爭取支持，並作後圖」。③ 這是顧維鈞

---

① 章含之：《風雨情》，上海文藝出版社，1994，第111–112頁。

② 顧菊珍口述，1998年4月，紐約東城顧菊珍家中。

③ 《蔣經國致顧維鈞》(1979年1月5日)、《顧維鈞致蔣經國》(1979年1月23日)，由徐景燦提供。

最後一次向台灣當局就對美「外交」提供意見，此時他已 91 歲了。

　　中華人民共和國與美國建交後，向美國派遣正式的外交代表。中國駐美使館有好幾位外交官來拜訪過顧維鈞，向這位外交界老前輩表示敬意，也向他請教，顧維鈞都予以接待。[1] 擔任過上海市副市長和統戰部部長的張承宗退休後訪問美國，於 1985 年 6 月到公園大道的顧府拜訪。在這之前，他已通過到上海訪問的顧菊珍向顧維鈞贈送過《嘉定風光》畫冊和《上海經濟》雜誌。此次張承宗帶了一幅壽星圖贈送給顧維鈞夫婦，他們非常高興。交談中顧維鈞詢問並讚揚「改革開放」的政策，問候鄧小平，關心葉劍英的健康。張承宗感到，顧維鈞雖旅居海外，但他的心緊緊地和祖國聯繫着。[2]

　　儘管海峽兩岸仍然對立，但顧維鈞始終以一個中國人自居。按顧維鈞在國際法院任職的經歷，他可以獲得聯合國護照，但他堅持持有中國護照。有一年全家要去歐洲度假滑雪，他的護照因過期正在更換新的，家人要他去領一本聯合國護照以便同行，他拒絕了，結果這次已安排好的全家度假只能取消。[3]

　　雖 1946 年赴華盛頓任職後未能再回大陸，但是顧維鈞始終牽掛着故土，尤其是家鄉嘉定。顧維鈞最後一次回嘉定是 1946 年離國前。那年 5 月 4 日，他從上海市區赴嘉定掃墓，先後至城裡的顧家祠堂、祖母鄒氏墓地和在馬陸的顧溶夫婦墓地及唐寶玥墓地。[4] 此後，嘉定就成了他永遠的鄉愁。

　　晚年，只要遇到上海來的人，他都要問是否去過嘉定，並老是惦念着要

① 唐德剛：《廣陵散從此絕矣——敬悼顧維鈞先生》，《傳記文學》（台北）第 283 期，1985 年 12 月。

② 張承宗：《紅豔千般》，學林出版社，1990，第 424 頁。

③ 楊雪蘭口述，2018 年 12 月 8 日，上海嘉定。

④ 《顧維鈞日記》，1946 年 5 月 4 日，*Wellington Koo Papers*, box 216。

吃家鄉的塌棵菜和羅漢菜。97歲時，他興致勃勃地畫了一張嘉定縣城的示意圖，圖中央赫然聳立着城中的古塔。也是在這一年，他用毛筆為家鄉書寫了「露從今夜白，月是故鄉明」的詩句。濃濃的思鄉之情躍然紙上。①

四　民國外交的見證人

晚年顧維鈞還進行着一項巨大的工程，那就是將自己一生的外交經歷口述記錄下來。

顧維鈞的外交生涯幾近半個世紀，親歷了從第一次世界大戰爆發到冷戰初期眾多的外交大事，這樣的經歷不僅在中國是絕無僅有的，在國際上也是罕見的。因此，他剛退出中國外交界，美國著名的出版社麥克米蘭公司、哥倫比亞大學出版社和道布爾戴出版社就找上門來，約請他寫回憶錄，並允以優厚的稿酬。顧維鈞斟酌再三，都謝絕了。他雖然下決心要寫自己的回憶錄，但認為公開發表回憶錄的時機尚未成熟。因為寫回憶錄就必須拋開私人情誼如實寫出，而他要敘述的人大多還健在，涉及他們的功過是非，他們不會無動於衷。②

但顧維鈞到海牙國際法院任職不久，母校哥倫比亞大學來信了。該校著名的中國近代史專家韋慕庭（Martin Wilbur）正主持一項中國口述史計劃，請寓居在美國的昔日民國顯要做口述，先後應邀參加這一計劃的有李宗仁、胡適、陳立夫等人。像顧維鈞這樣的民國外交元老，韋慕庭當然不會錯過。在由自己決定公開發表時機的條件下，顧維鈞同意參加母校的口述歷史計劃。

---

① 顧維鈞畫的嘉定城示意圖和書寫的詩句均藏於上海市嘉定博物館。
② 《顧維鈞回憶錄》第13分冊，第6頁。

　　1959年起，顧維鈞開始接受訪談，每年從國際法院休假回紐約三個月，就是口述訪談進行的時間。哥大中國口述史計劃聘請了兩個全職研究員夏連蔭和唐德剛，兩人一起負責對顧維鈞的口述訪談，由夏連蔭主問。但完成顧維鈞的童年部分後，她嫌工作量過於浩大，就退出了。唐德剛手頭雖還有李宗仁和胡適的口述歷史要做，但還是抵擋不住顧維鈞這個名字對他的誘惑，就全盤接過手來。

　　顧維鈞是個歷史方面的有心人，在幾十年的外交生涯中保留了幾乎所有的往來電稿信函和各種文件，每天又有寫日記的習慣，而且記得很詳盡。但1931年前的電稿文件大多留在天津舊宅中散失了，這也是後來成稿的口述回憶錄在這之前的部分相對簡要，在這之後詳盡的原因所在。

　　對口述回憶錄，顧維鈞像對待外交交涉一樣，認真、仔細，事先做好充分的準備。每次口述之前，他先查閱相關部分的文件和日記，思考再三形成腹稿後開始口述。口述以英語進行，他字斟句酌，語速緩慢，通常先對主題做一概述，然後向訪談者指出文件及日記中可用的材料，一些重要的文件則照錄全文。每次訪談均用錄音機記錄，事後由專人聽寫謄錄成英文初稿。顧維鈞對初稿做增刪補充後，交訪談者修訂，此後再由顧維鈞審核，最後兩人當面商討後定稿。[①]

　　訪談者唐德剛認為顧維鈞是他所做的口述訪談中最容易進行的前輩。他還做過另兩位民國名人的口述，其中胡適太忙，沒時間事先充分準備，而李宗仁只粗通文墨，又沒有任何文件可資參考，常信口開河。顧維鈞講一口極標準、極清晰、極有條理的美式英語，在唐德剛聽來，「簡直是高山流水，清響怡人」，女秘書聽音打字，可以通順流暢。唐德剛說，他在美數十年，中

[①]　袁道豐：《外交叢談》上冊，台北：商務印書館，1982，第150–151頁。

西政要學要，閱人多多，像顧維鈞這樣清晰有條理地回憶自己的經歷，「實無第二人也」。[1]

有時顧維鈞的記憶也會發生誤差，尤其是對北洋時期的事情。一次，他把金法郎案中一段事張冠李戴了，唐德剛更正他的錯誤，顧維鈞不服，說是「事如昨日」。直到唐德剛拿出他當年自己簽署的文件，顧維鈞才服輸，說：「唐博士，這一章錯了。下禮拜，我倆重行寫過。」[2]

因為顧維鈞在海牙任職，口述每年只能進行三個月。唐德剛做完「駐英大使」這一段後，離開口述史計劃，去做大學教授了。後續的口述訪談由另兩位博士接手，到最後結束整個口述，錄音時間總共有 500 多個小時。顧維鈞從海牙退休回到紐約後，發現因為管理和經費等方面的問題，錄音並沒有被完全整理出來。於是他以辦外交的韌勁，與哥大方面鍥而不捨地交涉，終使主持者另外籌得專款，重新雇請秘書聽音打字，整理出英文稿 11000 頁。唐德剛經歷了這一過程，從旁相助力爭，事後心有餘悸地說若不是顧維鈞在哥大旦夕坐索，幾十盤錄音帶可能會不知所蹤。差不多同時在哥大參加中國口述史計劃的陳立夫，完成口述後返回台灣，只能函催，結果一無進展，口述稿無疾而終。不過由於新籌的經費還是有限，要縮短聽音打字的工時，整理時將顧維鈞與唐德剛兩人間極有史料價值的精彩對話略去不少。唐德剛大歎可惜，稱這些被略去的內容是顧維鈞在中國權力核心翻滾數十年的精華所在。[3]

[1] 唐德剛：《編撰〈顧維鈞回憶錄〉及民國外交史雜記》，載金光耀主編《顧維鈞與中國外交》，第 10 頁。
[2] 唐德剛：《廣陵散從此絕矣 —— 敬悼顧維鈞先生》，《傳記文學》（台北）第 283 期，1985 年 12 月。
[3] 唐德剛：《編撰〈顧維鈞回憶錄〉及民國外交史雜記》，載金光耀主編《顧維鈞與中國外交》，第 13、15 頁。

　　顧維鈞漫長的外交經歷使他的口述回憶錄實際上等同於一部民國外交史，是北京政府和國民政府對外交涉的實錄。大量第一手資料的引用，又使這套回憶錄具有很高的史料價值。口述回憶錄英文稿 11000 頁，後來譯成中文有 13 冊 600 多萬字，這樣規模的個人回憶錄在中國前所未有。顧維鈞曾對人說：「回憶錄完全根據事實，絕不虛構捏造，更不誹謗他人。完全是歷史性的客觀的忠實敘述。」[1] 開始口述回憶錄時，顧維鈞已經 71 歲了，最終完成時則是 88 歲的老翁了。他是以一種較平靜的心態，以民國外交見證人的身份敘述往事的。他的回憶錄稱得上是一部信史。當然，由於顧維鈞經歷的事情實在太多，留下的文件電稿又十分龐雜，以及其他一些原因，他對自己經歷的事情不可能沒有記憶缺漏。如九一八事變後對中蘇關係的推動就遺忘了，而對 1940 年代末的遊說活動則閃爍其詞，沒有全盤道出。

　　1976 年 5 月 28 日，顧維鈞將回憶錄英文原稿贈送給母校哥倫比亞大學。在捐贈儀式上，他以詼諧的語調說：「我的唯一遺憾是嫌我自傳太長——約 11000 頁！但是我卻有一藉口，如果這藉口是有點合理的話，就是我服務公職太早，超過了半個世紀，由 1912 年至 1966 年。……因此，我只得尊重空間，而犧牲簡略。我希望將來學者參考這稿本時，會原諒我的苦衷的。」

　　口述回憶錄完成後，不少出版商對之發生興趣。紐約有一家出版社計劃將原稿打字稿縮印成書，分 20 冊分期出版，5 年出齊，但終因投資過大、銷路不確定而作罷。稍後，在顧維鈞要求下，哥大請《紐約時報》屬下的美國縮微公司將回憶錄製成縮微膠捲。

　　口述回憶錄由哥倫比亞大學發起主持，因此以英文完成，對顧維鈞來說這不能不是一個遺憾。他在交給哥大作為回憶錄最後附加頁的附言中對此做

---

[1]　袁道豐：《外交叢談》，第 153 頁。

了說明，並說：「由於我畢生致力於中國的對外關係，如果我的回憶錄能被譯成中文，我將不勝欣慰和感激。」基於這一原因，顧維鈞要求哥大將口述回憶錄縮微膠捲複製一套送台北中研院近代史研究所。

顧維鈞口述回憶錄的完成，在海峽兩岸引起關注。台灣傳記文學社此前刊登過顧維鈞回憶巴黎和會的文章，也刊登過其他人寫顧維鈞的文章。該社社長劉紹唐與顧維鈞早有通信往來，向他約過稿。1977 年 4 月 5 日，劉紹唐給顧維鈞寫信，表示對將英文回憶錄譯成中文極感興趣，並提出具體辦法，「逐段翻譯，逐期發表，不久即可分冊出版，本社願負擔翻譯中文之稿費，至版權與版稅當歸先生所有」。劉紹唐還提出了兩個翻譯人選 —— 與顧維鈞熟識並寫過他許多故事的退休外交官袁道豐、翻譯過顏惠慶回憶錄的姚崧齡。劉紹唐此時已組織翻譯了顏惠慶、蔣廷黻等人以英文完成的回憶錄，自認對此事完全有把握。但顧維鈞回憶錄規模大，篇幅與顏、蔣回憶錄不可同日而語。顧維鈞對回憶錄翻譯成中文的困難有充分的估計，因此在劉紹唐來信上批註：「該社能否擔任翻譯？」對劉紹唐的提議表示疑慮。[1] 後來確如顧維鈞所料，傳記文學社因版權、經費、人員等因素而無法推進譯事。

1980 年春，顧菊珍找到在聯合國總部工作的中國外交官陳魯直，希望國內有研究機構對顧維鈞的回憶錄有興趣。5 月初，陳魯直聯繫中國社會科學院近代史研究所，通報此事。主持近代史研究所的劉大年立即決定：「申請外匯，購買縮微膠捲，組織力量翻譯，全文出版，一字不刪，一字不改。」這年 9 月顧菊珍回上海探親訪問，劉大年專門請她來北京，當面商討翻譯出版事宜。10 月，顧菊珍與丈夫錢家騏來到北京。因為是第一次與大陸學術研究機構接觸，顧菊珍說話十分謹慎，提出顧維鈞的回憶錄「作為歷史資料，可以

---

[1] 《劉紹唐致顧維鈞》(1977 年 4 月 5 日)，徐景燦提供。

供內部參考，有些內容不宜於在國內公開出版」，還表示回憶錄「沒有必要全部出版。是否出選本，是內部出，還是公開出，一切由國內決定」。但劉大年明確表示一字不刪、一字不改的翻譯出版原則，顧菊珍聽後既高興又震驚。①

此後，近代史研究所委託天津市政協編譯委員會組織翻譯。1982 年初，顧菊珍在紐約宴請外交部條約法律司法律顧問賀其治和陳魯直，代表顧維鈞就譯事提出三點建議：第一，回憶錄的版權屬哥倫比亞大學，希望國內有關部門就出版回憶錄問題通知哥大；第二，希望由學術機關如近代史所編譯，最好不用政協的名義；第三，回憶錄中 1947 年以後的部分有些話今天不宜在國內出版，應做刪節。②

近代史所獲悉並與有關各方商量後，劉大年於 7 月 30 日致信顧菊珍，表示對三點建議完全贊同，「回憶錄決定由中國社會科學院近代史研究研究所署名編譯，歸學術界著有信譽的中華書局出版。完全尊重老先生的意見，對某些稿頁將作適當刪節。關於出版此書，知會哥倫比亞大學一節，目前已致函哥大校長」。劉大年還告訴顧菊珍，譯稿第一冊已經完成，順利的話第二年 7、8 月間可以見書，希望顧維鈞能為中文版寫個前言，「或者對回憶錄本身作些說明，或者撫今思昔，發一點感想，或者對祖國的統一，對海峽兩岸的中國人說些話都是有意義的」。顧菊珍接信後即向顧維鈞報告。關於前言，顧菊珍回覆說，可用顧維鈞送交哥大的回憶錄附言，「此文雖屬後言性質，亦可當作 Author's note（作者謹言 —— 引者註）附在中文版代替作者前言」。③

---

① 王玉璞：《〈顧維鈞回憶錄〉再版感言》，王玉璞給筆者的打印稿；趙慶雲：《〈顧維鈞回憶錄〉的出版風波》，《讀書》2016 年第 1 期。

② 趙慶雲：《〈顧維鈞回憶錄〉的出版風波》，《讀書》2016 年第 1 期。

③ 《劉大年致顧菊珍》(1982 年 7 月 30 日)；《顧菊珍致劉大年》(1982 年 10 月 11 日)，徐景燦提供。

　　1983 年 5 月，《顧維鈞回憶錄》中文版第 1 分冊出版。劉大年立即在給顧維鈞送去的書上題詞「顧老先生為壽」。落款是後學劉大年。顧維鈞收到書後十分高興，尤喜歡劉大年題寫的「為壽」兩字。他立即簽名回贈劉大年一本回憶錄。[1]

　　《顧維鈞回憶錄》中文版的出版，使一直有心翻譯卻無力做成的台灣《傳記文學》劉紹唐十分不高興。他於 1984 年 1 月致函顧維鈞，盯住譯者的出版說明中所寫中文版承顧維鈞本人「欣然同意」，追問究竟情形如何。顧維鈞接信後回覆一函，答道：「弟年邁記憶力衰退，念此事已不甚清楚，但似曾通信一次，當為此事也。」[2] 回憶錄中文版翻譯出版事宜皆由顧菊珍代表顧維鈞出面處理，顧維鈞從未寫過一信，但他回覆「似曾通信」實際上認可了「欣然同意」，也肯定了與近代史所的合作。此事的處理也可見顧維鈞外交手腕運用之自如。

　　顧維鈞有生之年看到了回憶錄中文版前三卷的出版，這是他晚年最高興的事。他希望回憶錄不僅對研究外交史的中國學者「有所補益」，而且能為眾多的讀者「提供一面反映過去的鏡子」，使他們知道「今天的歷史來源於昨天」。[3]

　　晚年，還有一件使顧維鈞高興、激動的事。1984 年 9 月 18 日，中國與英國兩國代表團就香港問題的聯合聲明達成協議。根據最後發表的聯合聲明，中國政府將於 1997 年 7 月 1 日對香港恢復行使主權。9 月 20 日，《紐約時報》對中英兩國達成協議做了報道。當天吃早餐時，顧維鈞讀到這條消

---

① 王玉璞：《〈顧維鈞回憶錄〉再版感言》。

② 《顧維鈞致劉紹唐》(1984 年 1 月 22 日)，徐景燦提供。

③ 《顧維鈞回憶錄》第 1 分冊，附言。

息，高興地從報上剪下來，小心地珍藏起來。[1] 1942 年中英談判新約廢除領事裁判權時，他就表示要等待香港問題的解決。40 多年後，正向百歲邁進的他終於等到了這一天。

讓人遺憾的是，顧維鈞沒能看到香港正式回歸祖國，也沒能看到他的回憶錄中文版全部出齊。

1985 年 11 月 14 日晚上，顧維鈞臨睡前像往常一樣進浴室洗澡，一邊還與浴室外的嚴幼韻說第二天打麻將請哪些客人來，洗完澡後就倒下了。嚴幼韻走進浴室，看見他蜷縮在浴墊上，就像睡熟了。[2] 幾小時前，他剛剛寫完一生中最後一天的日記。這天的日記十分簡短，只有一句話：「這是安靜的一天。」

---

[1] 筆者在顧維鈞的遺物中發現這張夾在筆記本中的剪報。

[2] 顧嚴幼韻口述，楊蕾孟編著《一百零九個春天：我的故事》，第 271 頁。

結語　「以公理爭強權」的外交家

　　唐德剛多次強調過一個觀點：近代中國百餘年來，只出過「兩個半外交家」——李鴻章、周恩來和顧維鈞，而顧維鈞就是那「半個」。他這樣說的依據是，顧維鈞雖做了一輩子外交官，從北洋軍閥的北京政府到國民黨的國民政府，但都是為人作嫁衣，奉命工作，自己一輩子也未享受過決策權。因此與李鴻章、周恩來比，只能算半個外交家。但資中筠不贊同這一看法，以為此說不公，以顧維鈞的外交表現，無論如何當得起一個外交家，而且是傑出的外交家。[①] 唐德剛是以政治家的標準來衡量外交家，資中筠則從外交家本人的作為來評判，後一種評判標準更能揭示外交家在外交史上的地位。

　　唐德剛說的「兩個半外交家」對應的是近代中國的三個時期：晚清、中華民國和中華人民共和國。一個外交家的作為離不開他所處的時代。處於晚清的李鴻章在對外交涉中，清醒地認識到面對的是數千年未有之大變局。他順應變局，從傳統夷務向洋務然後向近代外交轉變，對國際法也有所了解，確實是晚清最善於與列強打交道的外交家。但他在外交決策上仍受清廷制約，且處於大變局的開端，無法擺脫傳統體制和觀念的束縛。顧維鈞在哥倫比亞大學攻讀博士學位時，以所學國際法審視晚清外交，對之有嚴厲的批

---

① 唐德剛：《編撰〈顧維鈞回憶錄〉及民國外交史雜記》，金光耀主編《顧維鈞與中國外交》，第 1 頁；資中筠：《外交家的幸與不幸——重讀〈顧維鈞回憶錄〉有感》，財新網，2017 年 8 月 19 日。

評，稱國門被迫打開後中國所喪失之國權，「為吾袞袞諸公之所甘心放棄者，亦何可勝道哉」。在晚清主持外交者中，顧維鈞視李鴻章為「我國膽識俱到之外交家」，但也有批評，指出其於庚子年從上海提軍北上，欲道出租界，為工部局所阻，在中國自己的土地上竟「噤口無聲，而出他途」，李鴻章尚如此，其他「碌碌諸公更何論乎」。[①]

顧維鈞寫該文是辛亥革命前夕，距李鴻章主持外交已經過去了十年。在美國學習多年後，他對世界大勢有了自己的判斷：「當今日之世雖曰有強權無公理，然國際交涉之時誠能以公理爭強權，則強權者亦不能以一手掩天下之目，而抹殺公理也。」[②]顧維鈞的這一看法準確地預判了20世紀國際關係發展的趨勢，也成為他此後從事外交所信奉的原則。顧維鈞寫該文時強權政治仍主宰着世界，但幾年後美國總統威爾遜提出「十四點計劃」，倡導公開外交、民族自決和集體安全。在顧維鈞看來，這提出了「對人類至關重要的問題」，[③]即他所期望的能與強權抗爭的公理。1919年巴黎和會上，顧維鈞代表中國的發言和最後拒簽和約，就是身體力行地以公理爭強權。然而，公理爭強權並不一帆風順。威爾遜在巴黎和會上違背自己的承諾，被中國輿論痛斥他口中的「公理」是「一文不值的空話」。強權雖一時佔據上風，但顧維鈞的言行挑戰強權，彰顯公理，贏得國內各界和國際社會的尊重，並由此奠定他在近代中國外交史上的地位。他堅信強權不能一手遮天。確實，即使在美國國內，威爾遜的決定也遭反對，美國代表團內藍辛等人對中國拒簽巴黎和約亦表示

---

① 顧維鈞：《中國外交私議》，《留美學生年報》1911年。顧維鈞這裡的敘述並不準確。李鴻章於該年7月被清廷任命為直隸總督後從廣東抵上海，因率衛隊200人，英領事不允登岸，解除武裝後允20人進租界。見竇宗儀編著《李鴻章年(日)譜》，國家圖書館出版社，2011，第418頁。

② 顧維鈞：《中國外交私議》，《留美學生年報》1911年。

③ 《收駐美顧公使電》[1918年1月11日(8日發)]，外交部檔案，檔號：03-37-002-01-007。

支持，表明公理不會被完全抹殺，在與強權抗爭中會逐漸得到彰顯。九一八事變後，顧維鈞在國聯講壇上譴責日本侵略，進一步彰顯公理。第二次世界大戰後期，他參與籌建聯合國，終使公理壓倒強權，中國也獲得聯合國安理會常任理事國的席位。顧維鈞在世紀初就看準了 20 世紀上半葉國際關係變化的大勢，投身外交後代表中國在國際舞台上堅持以公理爭強權，是順應時代潮流並站在潮頭的中國外交家。至於說顧維鈞一輩子未享受過決策權，並不完全準確。巴黎和會拒簽是在未經授權的情況下做出的一次決策。北京政府時期，終止中比條約和罷免安格聯都是顧維鈞主持內閣時做出的重要外交決策。正因為如此，資中筠認為顧維鈞在外交上有比李鴻章更大的自主裁量權。①

　　顧維鈞進入外交界，正是中國外交從傳統向現代轉型的重要時期。清末民初逐漸走向專業化的外交需要受過專門訓練的人才，顧維鈞適逢其時，脫穎而出。民國初立，首任外交總長陸徵祥提出：「凡是辦政治，尤其是辦外交，決不可用外行。」於是，剛取得博士學位的 24 歲的顧維鈞在擔任袁世凱英文秘書的同時進入外交部。此後，他在 27 歲時出任中國駐美公使，31 歲代表中國在巴黎和會發言，34 歲擔任外交總長。這是轉型時代的年輕人才會有的機遇，但能否抓住機遇還得看個人才幹和稟賦。最明顯的事例就是巴黎和會上代表中國發言，按代表團成員資歷，輪不到最年輕的顧維鈞，但其他人都無準備，又臨陣退縮，結果對中日問題早有研究的他當仁不讓地挺身而出，為國家爭公理，也為個人贏得聲譽。

　　巴黎和會及此後的華盛頓會議不僅使顧維鈞在國際舞台上嶄露頭角，也得到國內各界廣泛認可，被蔡元培稱為「此青年外交大家，實我國大學學生

---

① 資中筠先生與作者的微信通話，2020 年 9 月 5 日。

之模範人物也」。顧維鈞出任北京政府的外交總長時，外交部已成為專業化
程度相當高的部門。軍閥混戰的年代，內閣更替頻繁。但不管哪一派勢力組
閣，外交總長都不得不依靠顧維鈞這樣的職業外交官，由他們出面去與列強
打交道，以求得列強的承認，曹錕總統任內在外交方面更是放手於顧維鈞。
由此，顧維鈞得以在修約外交中有所表現，進一步提升了外交聲譽。

國民政府取代北京政府後，國民黨以黨治國，外交決策權歸於國民黨中
央和蔣介石個人。顧維鈞對此看得十分清楚，因此在短暫擔任外長時要求國
民黨中央將有關外交的決議事先告知。但他仍對外交政策積極建言，如 1933
年初與顏惠慶和郭泰祺一起建議對日絕交，1942 年底中英新約談判最後關
頭提出簽約與九龍租借地問題分開處理。顧維鈞敢於提出與決策層明顯不同
的意見，憑藉的是在北京政府時期積累起的經驗和聲譽，這是他在以黨治國
的體制內得以發揮外交才幹的資本。而國民黨政府與軍閥時期的北京政府一
樣，也需要職業外交官的專業知識和技能。

作為職業外交官，顧維鈞對中國的國力有清醒的認識，在他從事外交的
絕大部分時間中，是以弱國來定位中國的外交並採取相應策略的。對弱國
外交，他在一次公共演講中說：「國人對外交見解，有兩見解，一謂弱國無
外交，一謂正惟弱國始須外交。此兩說皆可謂確，而亦皆可謂不全確。國無
強弱，皆有賴外交，惟其方法則不同。而弱國之外交，尤關重要。因強國外
交可較為大意，以稍有所失，尚有其他方法補救。弱國則不能一毫鬆懈，其
獲得結果也固不易，而獲得結果後，常不能充分利用之。」因此，每逢重大
交涉，顧維鈞如履薄冰，準備充分。他認為，弱國外交最有用也是經常要使

① 《北京大學日刊》1922 年 6 月 6 日。
② 《市商會等十四團體昨晚宴顧維鈞》，《申報》1934 年 9 月 24 日，第 8 版。

用的策略就是「拖延時間」。對弱國來說，「寧為玉碎，不為瓦全」不能用於外交，因為國家是不能玉碎的。在外交上也不能指望百分之百的成功，因為對方也這樣要求的話，就不可能有成功的外交。所以他強調，在談判中「當你已達到百分之五十的地步，而正接近百分之五十一、五十二時，應當小心不要有任何可能引起談判破裂的言談和行動，而失去你那百分之五十一、五十二。因此如果你的目標是要達到百分之七十，就應特別小心，以便在可能的情況下實現那百分之七十的目標，取得談判成功」。但同時代的外交官並不都能有這樣的認識，所以他指出，中國外交的一個大毛病就是亂要價錢，「不願意吃明虧，結果吃暗虧，不願意吃小虧，結果吃大虧」。[①]

顧維鈞深知弱國外交之不易，但也深知弱國外交並非沒有施展的空間。早在留學期間他就特別看重塔列朗，稱讚其「操縱英俄普奧四雄於維也納會議」，頗有仿效其在國際舞台代表中國縱橫捭闔的志向。[②] 塔列朗被歌德譽為「19 世紀第一外交家」，外交生涯持續 40 多年。就外交才幹而言，顧維鈞可與塔列朗一比，但就兩人所經歷的相隔百年的兩個國際會議 —— 維也納會議和巴黎和會來說，塔列朗操縱四雄獲得了成功，顧維鈞卻飲恨塞納河畔。[③] 這讓人不得不感歎，個人的外交才幹無法超越國運。

儘管身處弱國，但顧維鈞投身外交時內心深處卻有讓中國躋身大國之列的願望，只是在他漫長的外交生涯中，只有在第二次世界大戰結束前的很短一段時間內，才有將這一願望付諸實施的機會。敦巴頓橡樹園會議前，他向

① 《顧維鈞回憶錄》第 5 分冊，第 564 頁；第 1 分冊，第 396–397 頁；楊玉清：《我所知道的顧維鈞》，《文史資料選輯》第 17 輯。

② 顧維鈞：《中國外交私議》，《留美學生年報》1911 年。

③ 有關顧維鈞與塔列朗的比較，見金重遠《顧維鈞與塔列朗：一個比較研究》，金光耀主編《顧維鈞與中國外交》，第 443–454 頁。

蔣介石建議的參會方針是保證中國的「四強」地位，以獲得與美、英、蘇平起平坐的大國資格。舊金山會議上，他在託管地問題上與美、英代表正面衝突，堅持以公理爭強權的立場，稍顯大國氣概。可惜的是，這樣的時刻在顧維鈞的外交生涯中稍縱即逝。中國的國力及所處的時代，使顧維鈞基本上是以一個弱國外交家的身份出現在國際舞台上的，他也習慣了這樣的角色。

在外交戰略上，自中日「二十一條」交涉起，顧維鈞就主張「聯美制日」。至日本全面侵略中國，顧維鈞屢屢向政府呼籲確立以美國為重心的外交戰略，強調「我國外交運用，宜特別注重美國」。[1] 中國傳統外交向主張「以夷制夷」，但並不確定固定的聯合對象，而是隨機應變。顧維鈞的「聯美制日」主張將美國作為長久的聯合對象，在近代中國轉型期倡導新的外交戰略。「聯美制日」的主張是基於顧維鈞對遠東國際局勢的認識。20 世紀上半葉，日本是對中國威脅最大的國家，而美國在遠東的影響力與日俱增，因此「遠交美尚足以制近逼之日本」，確是中國外交上最為可行的選擇。重點對美外交也是顧維鈞留學美國潛移默化中形成的對美國的認同與親和感在外交事務上的反映，因為在他看來美國與其他列強不同，「對於我無陰謀，待我以至誠」，「在本質上並不是帝國主義」，這是重點對美外交的思想基礎。[2] 這也是民國時期許多像他一樣的留美學生如同樣畢業於哥倫比亞大學的宋子文和胡適具有的看法，因此他們被稱為民國外交的「親美派」。不過，「親美」並非是沒有限度的。在有關台灣地位的問題上，他對美國政策有可能導致海峽兩岸分離的狀態高度警覺，對一個統一的中國的認同設定了「親美」的限度。

---

[1] 《顧維鈞回憶錄》第 4 分冊，第 128–129 頁。

[2] 《顧維鈞 1917 年 4 月 9 日電》，《近代史資料》總 38 號，第 185 頁；《顧維鈞回憶錄》第 7 分冊，第 506 頁。

　　20 世紀上半葉，中國國內政局動盪，政府更替頻繁。如何應對紛亂的內爭，是每一個外交官無法迴避的問題。顧維鈞的外交生涯經歷了從袁世凱到蔣介石敗退台灣後的各個時期，這在同輩外交官中是絕無僅有的。北京政府後期，他一度較深地捲入到政治旋渦中，品嘗過派系政治傾軋的苦澀滋味，對國內政治及其與外交的關係有切身的體認。在思想理念上，顧維鈞信奉美式自由主義，但在國內政治中，他並不像胡適、蔣廷黻那樣或不懈鼓吹，或執着推行。在大多數時候，他總是力圖與國內政治保持距離，專注於外交事務。晚年口述回憶錄時，他說：「當辦理重要交涉時，唯一影響你的應當是民族利益，而不是黨派和政治利益，更不應考慮個人政治上的得失，否則，要末是犧牲民族利益實現政治野心，要末使談判完全破裂。如果一個外交家有了政治考慮，他的外交就很危險了。」[①] 這是他的經驗之談。

　　但到顧維鈞最後一次出使華盛頓時，他面臨的是與以往完全不同的國內外形勢。國共之爭是 20 世紀中國最大的兩股政治力量的決鬥，並且牽涉到美國與蘇聯兩個大國，而美蘇之間的冷戰此時已經拉開帷幕。顧維鈞是從巴黎和會走上國際舞台的外交官，他所熟悉的是第一次世界大戰後形成的國際秩序，擅長在與列強的交涉中縱橫捭闔，維護和提升作為弱國的中國的主權和利益。第二次世界大戰後出現的有着強烈意識形態特徵的冷戰格局，對他來說，超出了以往的知識和經驗範圍。顧維鈞曾批評民國初年不同的軍事和政治派系依附某一個外國勢力，或日本，或俄國，來鞏固支撐其政治前程，指出「這是一個錯誤，因為他們不自覺地使自己成為某個外國的外交政策的工具，這永遠是一個難以向人民大眾交代的問題」。[②] 而他外交生涯最後階段

---

① 《顧維鈞回憶錄》第 1 分冊，第 397 頁。

② 《顧維鈞回憶錄》第 1 分冊，第 397–398 頁。

的對美外交，正是他自己所批評的有了黨派和政治利益的考慮，在很大程度
上成為美國外交政策的工具。

　　顧維鈞將外交看成由外交官從事的專業工作，反對民族主義興起後出現
的「人民外交」（這是《顧維鈞回憶錄》中的用法，當時人和學界通常用「國
民外交」一詞）。他說，「在中國，自從五四運動，『人民外交』的口號已經成
為非常時髦的口號，群眾組織起來大遊行或組成代表團對中國的代表施加壓
力，常常造成災難性的後果」，因為「『人民外交』總是以百分之百成功為口
號，是永遠成功不了的」。①

　　因為強調專業性，顧維鈞特別看重外交官的專業素質。國民黨主政後以
黨治國，將不少黨內人員安排進外交部，顧維鈞私下批評道，這些人缺少「外
交經驗」，「非合於外交生活與工作」。② 他認為外交官必須具備四種素質：
(1) 適當的基礎知識；(2) 精通一門或更多的外語；(3) 實際的談判經驗；
(4) 國際會議的經驗。專業素質之外，他還特別強調必須有從事外交的氣質，
他說見過不少人受過良好的訓練和教育，但氣質上卻不適合擔任談判工作。③
這可看作顧維鈞的夫子自道，對此他是頗為自信甚至自負的。顧維鈞外表俊
美，這拜先天所賜。而他柔中帶剛的發言風格，從在外白渡橋上斥責鞭打黃
包車夫的英國人「Are you gentleman」的少年時期就已形成。此後長年的外交
工作，使外交家氣質融入他的一言一行，乃至血液之中。女兒顧菊珍問他一
生有過幾個女人，這是在家中餐桌上的閒聊，但顧維鈞十分自然地隨口反問
「只有 28 個嗎？」完全是外交場合的條件反射，所以顧菊珍說外交官習性已
經成為他日常生活不可分割的部分。幫顧維鈞做口述並與他交往了 20 多年

① 《顧維鈞回憶錄》第 1 分冊，第 397–398 頁。
② 《顧維鈞日記》，1946 年 5 月 3 日。
③ 《顧維鈞回憶錄》第 5 分冊，第 697 頁。

的唐德剛也說，顧維鈞「一輩子生活中，無時無刻不在辦外交」，「永遠披上了一件鮮明的外交家的大禮服」。[①]

顧維鈞是在近代民族主義興起的環境下成長起來的，有着強烈的中國情懷。在同輩人中，他為中國外交服務時間最長。在外交舞台上，他有為中國以公理爭強權的高光時刻，也有不少委曲求全的苦澀記憶。在結束口述回憶錄時，顧維鈞談到在外交生涯中遇到的各種不尋常的困難，稱「也許是1911年推翻滿清之後，一個要享有在世界各國大家庭中合法地位並在世界中發揮應有作用的新中國在它的孕育和誕生之時就已經繼承下來了」。[②]顧維鈞的這句話很有歷史感。他的個人經歷是近代中國外交的一個縮影，他所面臨的困難和經歷的失敗在他所處的時代是難以避免的。在今天，回望顧維鈞漫長的外交生涯，巴黎和會上的發言和拒簽和約以及舊金山會議上代表中國第一個簽署《聯合國憲章》，是他在中國外交史上留下的永遠印記。

---

① 唐德剛：《編撰〈顧維鈞回憶錄〉及民國外交史雜記》，金光耀主編《顧維鈞與中國外交》，第7頁。

② 《顧維鈞回憶錄》第12分冊，第745頁。

主要徵引文獻

中文文獻

未刊檔案

北京政府外交部檔案，中研院近史所檔案館藏。

樊增祥：《清榮祿大夫從一品封二品銜直隸候補道嘉定顧公墓誌銘》，嘉定博物館藏。

顧維鈞文件（*Wellington Koo Papers*），美國哥倫比亞大學圖書館藏。

顧維鈞與徐景燦的聊天錄音（1980–1985 年），紐約，徐景燦提供。

蔣介石日記，美國斯坦福大學胡佛檔案館。

台灣廣播公司記者阮次山採訪顧維鈞特別報道（錄音），1977 年 2 月 19 日。

中國第二歷史檔案館相關檔案。

已刊史料、回憶錄、日記

保羅‧S. 芮恩施：《一個美國外交官使華記 —— 1913–1919 年美國駐華公使回憶錄》，
　　商務印書館，1982。

曹伯言整理《胡適日記全編》，安徽教育出版社，2001。

曹汝霖：《一生之回憶》，傳記文學出版社，1970。

杜春和、耿來金整理《白堅武日記》，江蘇古籍出版社，1992。

復旦大學歷史系中國近代史教研組編《中國近代對外關係史資料選輯（1840–1949）》，
　　上海人民出版社，1977。

顧嚴幼韻口述、楊蕾孟編著《一百零九個春天：我的故事》，新世界出版社，2015。

《顧維鈞回憶錄》，中國社會科學院近代史研究所譯，中華書局，1983–1993。

郭卿友主編《中華民國時期軍政職官志》，甘肅人民出版社，1990。

胡震亞選輯《吳佩孚與顧維鈞往來函電》，《民國檔案》，2009 年第 4 期。

黃蕙蘭：《沒有不散的筵席 —— 顧維鈞夫人回憶錄》，中國文史出版社，2018。

《蔣中正「總統」檔案事略稿本》，台北「國史館」，2004。

金光耀、馬建標選編《顧維鈞外交演講集》，上海辭書出版社，2006。

金問泗：《從巴黎和會到國聯》，傳記文學出版社，1967。

金問泗編《顧維鈞外交文牘選存》，上海，1931。

《金問泗日記（1931–1952）》，張力編輯、校訂，中研院中國文哲研究所，2016。

《李頓赴華調查中國事件期間日記》，王啟華譯，《民國檔案》2002 年第 4 期。

《李頓赴華調查中國事件期間致其妻子信件》，朱利譯，《民國檔案》2002 年第 2、3 期。

李景銘：《太平洋會議日記》，《近代史資料》總 75 號。

李景銘：《一個北洋政府官員的生活實錄》，《近代史資料》總 67 號。

李毓澍主編《中日關係史料 —— 歐戰與山東問題》，中研院近代史研究所，1974。

李毓澍、林明德主編《中日關係史料 —— 二十一條交涉》，中研院近代史研究所，
　　1985。

李宗仁口述，唐德剛撰寫《李宗仁回憶錄》，廣西人民出版社，1988。

駱惠敏編《清末民初政情內幕 ——〈泰晤士報〉駐北京記者袁世凱政治顧問喬·厄·
　　莫理循書信集》，劉桂梁等譯，知識出版社，1986。

呂芳上主編《蔣中正先生年譜長編》，台北「國史館」，2015。

秦孝儀主編《中華民國重要史料初編 —— 對日抗戰時期》，中國國民黨黨史委員會，
　　1981。

世界知識出版社編《中美關係資料彙編》第 1 輯，編者印行，1957；第 2 輯，編者印行，1960。

天津市歷史博物館編《秘笈錄存》，中國社會科學出版社，1984。

王建朗主編《中華民國時期外交文獻彙編 1911–1949》，中華書局，2016。

王鐵崖編《中外舊約章彙編》第二冊，三聯書店，1959；第三冊，三聯書店，1962。

《王世傑日記》，林美莉編輯、校訂，中研院近代史研究所，2012。

陳旭麓、顧廷龍、汪熙主編《輪船招商局 —— 盛宣懷檔案資料選輯之八》，上海人民出版社，2002。

王芸生編著《六十年來中國與日本》，三聯書店，1980。

薛銜天等編《中蘇國家關係史資料彙編（1917–1924）》，中國社會科學出版社，1993。

《顏惠慶日記》，上海市檔案館譯，檔案出版社，1996。

《顏惠慶自傳》，吳建雍等譯，商務印書館，2003。

楊玉清：《我所知道的顧維鈞》，《文史資料選輯》第 17 輯。

葉惠芬編《中華民國與聯合國史料彙編：籌設篇》，台北「國史館」，2001。

葉景莘：《巴黎和會期間我國拒簽和約運動的見聞》，《文史資料選輯》第 2 輯。

章伯鋒、李宗一主編《北洋軍閥（1912–1928）》，武漢出版社，1990。

張學良口述，唐德剛撰寫《張學良口述歷史》，中國檔案出版社，2007。

張一志編《山東問題彙刊》，文海出版社，1986。

中共中央文獻研究室編《毛澤東年譜（1893–1949）》，人民出版社、中央文獻出版社，1993。

中共中央文獻研究室編《周恩來年譜（1898–1949）》修訂本，中央文獻出版社，1998。

中共中央文獻研究室編《周恩來年譜（1949–1976）》，中央文獻出版社，1997。

中國第二歷史檔案館編《九一八事變後顧維鈞等致張學良密電選》,《民國檔案》1985
　　年第 1、2 期。

中國國民黨黨史委員會編《革命文獻》第 34、35 輯,台北,1984。

中國社科院近代史研究所中華民國史組編《胡適任駐美大使期間往來電稿》,中華書
　　局,1978。

中華民國外交部編《外交文牘——華盛頓會議案》,編者印行,1923。

中央檔案館等編《日本帝國主義侵華檔案資料選編:九‧一八事變》,中華書局,
　　1988。

中研院近代史研究所編《中日關係史料——巴黎和會與山東問題》,編者印行,2000。

報刊

《大公報》《東方雜誌》《留美學生年報》《民國日報》《努力週報》《申報》《順天時報》《益
世報》《中央日報》

著作

陳立文:《宋子文與戰時外交》,台北「國史館」,1991。

陳謙平:《民國對外關係史論(1927–1949)》,三聯書店,2013。

鄧野:《巴黎和會與北京政府的內外博弈》,社會科學文獻出版社,2014。

黃武智:《國際法院法官顧維鈞之個別意見與反對意見(1957–1967)》,東吳大學中國
　　學術著作獎助委員會,1974。

金光耀主編《顧維鈞與中國外交》,上海古籍出版社,2001。

金光耀、王建朗主編《北洋時期的中國外交》,復旦大學出版社,2006。

李嘉谷:《中蘇關係(1917–1926)》,社會科學文獻出版社,1996。

李文傑:《中國近代外交官群體的形成(1861–1911)》,三聯書店,2017。

李毓澍：《中日二十一條交涉》，中研院近代史研究所，1982。

羅光：《陸徵祥傳》，台灣商務印書館，1967。

羅伊・沃森・柯里：《伍德羅・威爾遜與遠東政策（1913–1921）》，張偉瑛、曾學白譯，
　　社會科學文獻出版社，1994。

沈雲龍：《黃膺白先生年譜長編》，聯經出版事業公司，1976。

唐啟華：《巴黎和會與中國外交》，社會科學文獻出版社，2014。

唐啟華：《北京政府與國際聯盟（1919–1928）》，東大圖書公司，1998。

唐啟華：《被「廢除不平等條約」遮蔽的北洋修約史（1912–1928）》，社會科學文獻出
　　版社，2010。

王綱領：《歐戰時期的美國對華政策》，台灣學生書局，1988。

王建朗：《中國廢除不平等條約的歷程》，江西人民出版社，2000。

王立誠：《中國近代外交制度史》，甘肅人民出版社，1991。

王奇生：《中國留學生的歷史軌跡》，湖北教育出版社，1992。

王正廷：《中國近代外交概要》，外交研究社，1928。

吳翎君：《美國大企業與近代中國的國際化》，社會科學文獻出版社，2014。

熊月之、周武主編《聖約翰大學史》，上海人民出版社，2007。

楊天石、侯中軍編《戰時國際關係》，社會科學文獻出版社，2011。

葉維麗：《為中國尋找現代之路：中國留學生在美國（1900–1927）》，周子平譯，北京
　　大學出版社，2017。

應俊豪：《「丘八爺」與「洋大人」── 國門內的北洋外交研究（1920–1925）》，台灣
　　政治大學歷史系，2009。

袁道豐：《顧維鈞其人其事》，台灣商務印書館，1988。

袁道豐：《外交叢談》，台灣商務印書館，1982。

章含之：《風雨情》，上海文藝出版社，1994。

資中筠：《美國對華政策的緣起和發展（1945–1950）》，重慶出版社，1987。

論文

陳紅民：《蔣廷黻與夭折的「中國自由黨」（1947–1951）》，《江蘇師範大學學報》2013年第 1 期。

承紅磊：《帝制運動期間顧維鈞在美外交活動》，《復旦學報》2017 年第 2 期。

侯中軍：《英國與中日「二十一條」交涉》，《歷史研究》2016 年第 6 期。

胡有瑞、盧申芳：《「王正廷先生百年誕辰」口述歷史座談會紀實》，《近代中國》第 29期，1982 年。

皇甫秋實、賈欽涵：《顧維鈞與中國西北石油開發》，《復旦學報》2017 年第 1 期。

蔣永敬：《顧維鈞訴諸國聯的外交活動》，《抗日戰爭研究》1992 年第 4 期。

李永勝：《顧維鈞與中國留美學生會》，《史學集刊》2020 年第 3 期。

羅毅：《外交系與北京政治：1922–1927》，博士學位論文，復旦大學，2013。

羅毅、金光耀：《北京政府籌備參加歐戰和會考析》，《歷史研究》2015 年第 6 期。

劉衛東：《印支通道的戰時功能述論》，《近代史研究》1999 年第 2 期。

馬建標：《「進步主義」在中國：芮恩施與歐美同學會的共享經歷》，《復旦學報》2017年第 2 期。

尚小明：《「二十一條」交涉的另一條管道 —— 總統府相關活動透視》，《安徽史學》2017 年第 2 期。

唐德剛：《廣陵散從此絕矣 —— 敬悼顧維鈞先生》，台北《傳記文學》第 283 期，1985年 12 月。

王玉璞：《〈顧維鈞回憶錄〉再版感言》，王玉璞給筆者的打印稿。

王聿均：《舒爾曼在華外交活動初探（1921−1925）》，《中央研究院近代史研究所集刊》第 1 期，1969 年。

習五一：《論顧維鈞內閣徵收海關附加稅和罷免安格聯事件》，《民國檔案》1987 年第 1 期。

肖如平：《蔣介石與抗戰時期英國議會代表團訪華》，《社會科學戰線》2018 年第 3 期。

許詳：《民初中英涉藏事務交涉之補證 —— 基於「顧維鈞檔案」的研究》，《民國檔案》2020 年第 2 期。

楊天宏：《軍閥形象與軍閥政治癥結 —— 基於北洋時期民意調查的分析與思考》，《近代史研究》2018 年第 5 期。

楊天宏：《中蘇建交談判中的「顧王之爭」(1923−1924)》，《歷史研究》2019 年第 4 期。

張麗：《安格聯的平衡之策及其破產》，《蘭州學刊》2017 年第 9 期。

趙慶雲：《〈顧維鈞回憶錄〉的出版風波》，《讀書》2016 年第 1 期。

資中筠：《外交家的幸與不幸 —— 重讀〈顧維鈞回憶錄〉有感》，財新網，2017 年 8 月 19 日。

英文文獻

未刊檔案

Public Record Office, London.

Tsiang (Tingfu) Diaries, Harvard-Yenching Library, Harvard University.

Wellington Koo Papers, Rare book and Manuscript Library , Columbia University.

Wellington Koo, Topics for Memoirs, June 26, 1958, manuscript.

已刊史料

Documents on British Foreign Policy, 1919−1939, First Series, Second Series, London.

Lansing, Robert, *The Peace Negotiations, A Personal Narrative*, New York, 1921.

Lansing, Robert, *War Memoirs of Robert Lansing*, New York, 1935.

Link, Arthur ed., *Papers of Woodrow Wilson*, Princeton University Press, 1966−1986.

United Nations Information Organization, *Document of the United Nations Conference on International Organization*, London and New York, 1945.

U. S. Department of State, *Conference on the Limitation of Armament*, Washington, 1922.

U. S. Department of State, *Foreign Relations of the United States: Lansing Papers, 1914−1920*, Washington, 1939.

U. S. Department of State, *Foreign Relations of the United States: Paris Peace Conference*, Washington, 1942−1946.

U. S. Department of State, *Foreign Relations of the United States*, years-related.

Young, Kuangson ed., *The Sino-Japanese Conflict and the League of Nations*, Press Bureau of the Chinese Delegation, 1937.

報刊

Chinese Students' Monthly

Columbia Spectator

專著

Bieler, Stacey, *"Patriots" or "Traitors"?: A History of American-Educated Chinese Students*, M. E. Sharpe, Inc., 2004.

Chi, Medeleine, *China Diplomacy 1914−1918*, Harvard University Press, 1970.

Chu, Pao-chin, *V. K. Wellington Koo*, Hong Kong: The Chinese University Press, 1981.

Hussey, Harry, *My Pleasure and Palaces: An Informal Memoir of Fourty Years in Modern China*, New York: Doubleday, 1968.

Koo, Vi Kyuin Wellington, *The Status of Aliens in China*, New York: Columbia University, 1912.

Pugache, Noel, *Open Door Diplomat in Action*, New York, 1979.

Shotwell, J. T., *At the Paris Peace Conference*, New York, 1937.

論文

Chen, Li, "The Making of China's Foremost Diplomat and International Judge," *Jus Gentium*, Vol. 4, No. 2, 2019.

Chen, Li, "Shattering the Glass Ceiling: The World's First Chinese Ph. D. Graduate," *The Law Teacher*, published online: 1 November, 2018.

Craft, Stephen, "John Bassett Moore, Robert Lansing, and the Shandong Question," *Pacific Historical Review*, Vol. 66, No. 2, 1997.

後　記

　　我於 1999 年初完成《顧維鈞傳》，列入石源華主編的「民國外交官傳記叢書」，於該年底由河北人民出版社出版。因為該套叢書對篇幅有統一要求，而且當時我剛結束在哥倫比亞大學閱讀顧維鈞檔案，還來不及消化所有史料，所以《顧維鈞傳》只是我對顧維鈞研究的一個初步成果。在限期交稿後，我就一直想重寫一本更詳盡的顧維鈞傳。但完成那本傳記後不久，我的研究興趣轉向新的領域，重寫之事就拖了下來。此後有出版社再版「民國外交官傳記叢書」時，希望重印《顧維鈞傳》，但我不想原封不動地再版，而重寫或修改又抽不出時間，只能婉言謝絕了。但此事一直掛在心頭。

　　2020 年暑假，我終於下決心了卻這樁心事，最主要的原因，當然是新冠疫情肆虐而只能宅在家中，反而可以心無旁騖地從事研究和寫作。此外，在新研究領域中的探索有些艱辛，面臨困難，進展不順，就想到回老本行吸收一些新能量，將原先拖下來的事情先完成。

　　儘管一直關注着民國外交史領域，但差不多 20 年後重新全力投入對顧維鈞的研究時，我最為感歎的是如今可供利用的民國史料已今非昔比了。當年到台北花一個月時間只能查閱數個卷宗的北洋時期外交檔案，如今坐在書桌前按着鼠標就可輕易獲得。顧維鈞擔任過總編輯的哥倫比亞大學校報《哥大旁觀者》，之前在哥大圖書館也不易查得，現在不僅全套上網，還提供檢索功能。這些年出版的多種大型成套資料集以及蔣介石日記等史料，都極大

地豐富了史料來源。近年來民國外交史以及其他領域如留學生史的新進展，提供了許多可資借鑒的成果，使我可以在一個更寬廣的視野下敘述和審視顧維鈞的外交生涯。以往語焉不詳或沒有弄清的問題，如顧維鈞父親顧溶的身世、顧維鈞與袁世凱稱帝的關係，在史料來源開拓後得以澄清；原來沒有充分展開的問題，如顧維鈞與北洋政治以及參與聯合國的籌建，因為自己做了專題研究，則新列章節予以論述；即使舊版中已有敘述的，也都依據新史料或新研究改寫，以更充分全面地展現顧維鈞的外交活動。因此，現在完成的這本顧維鈞傳是在舊版基礎上重寫的一本新傳，篇幅從之前的 20 萬字出頭擴展到 40 萬字，差不多翻了一番。

本書最基本的史料當然還是顧維鈞文件集（*Wellington Koo Papers*）。顧維鈞是一個歷史的有心人，他不僅口述了 600 多萬字的回憶錄，還保存下外交生涯中經手的幾乎所有文件（除北洋時期的大量文件留在北京和天津的住宅散失外），這是他那一代外交官中絕無僅有的。1997 年 8 月到 1998 年 7 月，我獲得國家留學基金委資助，在哥倫比亞大學珍本和手稿圖書館系統地查閱了顧維鈞捐贈給母校的 225 盒文件。在此之前，還沒有學者能夠這樣系統地查閱顧維鈞文件。因為那時中國學者還很少有機會那麼長時間待在美國，而美國學者無法細讀顧維鈞文件中許多中文手稿。那一年中我差不多每天都會去珍本和手稿圖書館，用到紐約後剛買的第一台手提電腦錄入感興趣的文件，有時也會直接抄錄在卡片上。午間休息時，坐在圖書館對面行政主樓前的台階上，吃着早上出門前自己準備的三明治，身邊總有幾隻萌態可掬的松鼠和停下來覓食的鴿子陪伴，春日或秋陽下會閉眼小憩片刻。這是我從事歷史研究中難忘的一段經歷。2019 年 4 月，我重訪哥大珍本和手稿圖書館，查閱顧維鈞家屬新捐贈的 57 盒文件。午餐後特地到行政主樓前的台階上小坐，仍有松鼠和鴿子來到身邊，用新奇的眼光瞅着我，顯然已非當年階

上物。如今顧維鈞捐贈的 225 盒文件，在楊雪蘭女士和金以林研究員的推動和主持下，已由中國社會科學院近代史研究所與哥倫比亞大學圖書館合作完成了數字化，國內學者不到哥大也能方便地使用這批珍貴史料了。

我對顧維鈞的研究開始於跟隨汪熙先生攻讀博士學位期間。完成博士學位論文後，汪先生要求我完成一部顧維鈞與中美關係的專著，列入他主編的「中美關係研究叢書」。因為忙於其他事務，汪先生交辦的這件事拖了下來。好些年，每次去拜見汪先生，心中都很忐忑，也很愧疚。如今這本書，是向汪先生在天之靈補交的一份作業。我也很高興能藉此機會致敬我的碩士導師余子道先生。余先生今年已九十高齡，仍筆耕不輟，是我終生學習的榜樣。

在研究顧維鈞的這些年間，我有幸得到顧維鈞親屬的關心和支持。1997年 8 月，我剛開始在哥倫比亞大學圖書館閱讀顧維鈞文件，就在那裡遇到了也來查閱檔案的顧維鈞女兒顧菊珍女士。此後，她邀請我去在曼哈頓東城的家中，並告訴我，我們談話的客廳就是當年顧維鈞與章含之見面的地方。我從哥大回國後不久，與已經到上海擔任美國通用汽車公司中國發展和亞太地區顧問的顧維鈞繼女楊雪蘭女士相識，在她的全力支持下，於 2000 年 9 月在復旦大學舉辦了「顧維鈞與中國外交」國際學術討論會。年逾八十的顧菊珍也專程從紐約趕來參會。會後不久，我正好到紐約參加學術會議，楊雪蘭安排我去見顧維鈞夫人嚴幼韻女士。見面的地方就是顧維鈞晚年居住的公寓。那年嚴幼韻已是 95 歲高齡，但精神矍鑠，談笑自若，給人感覺就是一位 80 歲左右的老太太。當時我正着手編顧維鈞的畫傳，顧菊珍和楊雪蘭提供了許多照片，但有些照片的時間或其中的人物難以確定，就去問嚴幼韻。她的記憶十分清楚，對我的問題一一作答。2006 年初，我有幸再次在紐約拜訪已過百歲的嚴幼韻，她以親手調製的龍蝦沙拉熱情待客。對一個研究者來說，能與研究對象的親屬這樣貼近地來往，是可遇而不可求的緣分，有助於加深

對研究對象的理解。值得一提的是，她們對我的研究十分關心，並盡力給予各種幫助，但從不過問我在研究中對顧維鈞功過得失的評判。如今，她們三人都已先後去世，本書的完成是對她們以往支持的最好回報和紀念。嚴幼韻和顧維鈞的外甥女徐景燦女士提供了許多留在顧維鈞家中的珍貴資料，顧菊珍的女兒袁英英女士提供了顧菊珍與顧維鈞的通信，她們對我的研究一直給予支持，在此予以特別感謝！

在撰寫本書過程中，我受益於以前指導過的學生的最新研究成果。承紅磊、羅毅諸君對北洋時期外交的研究，使我對相關史事的敘述更為全面豐富，也使我得以修正過去研究中的某些判斷。這樣的收穫是寫作過程中最為愉快的經歷。羅毅還仔細通讀初稿，幫助訂正行文敘述中的一些錯誤，並提出修改意見。我以前指導過的學生龔志偉博士幫助釋讀顧溶墓誌銘，黃飛博士和還在讀的博士生許浩、李蔚暄、盧宇揚幫助查閱資料，在此一併致謝。本書簡體版先由社會科學文獻出版社出版，特向該社徐思彥女史、楊群先生、宋榮欣女史和陳肖寒博士表示感謝。本書中的顧維鈞照片經樊琳女士精心修整，也在此表示感謝。

從 1999 年完成《顧維鈞傳》到現在，倏忽之間，已過了 22 年。完成本書後，我對顧維鈞及民國外交的研究就會告一段落，接下來將轉回這些年從事的研究課題，只問耕耘，不問收穫，慢慢前行。

金光耀
辛丑歲末於上海新江灣

責任編輯　　梅　林
書籍設計　　彭若東
排　　版　　周　榮
責任校對　　江蓉甬
印　　務　　馮政光

書　　名　　以公理爭強權：顧維鈞傳

叢書名　　20世紀中國

作　　者　　金光耀

出　　版　　香港中和出版有限公司
　　　　　　Hong Kong Open Page Publishing Co., Ltd.
　　　　　　香港北角英皇道499號北角工業大廈18樓
　　　　　　http://www.hkopenpage.com
　　　　　　http://www.facebook.com/hkopenpage
　　　　　　http://weibo.com/hkopenpage
　　　　　　Email: info@hkopenpage.com

香港發行　　香港聯合書刊物流有限公司
　　　　　　香港新界荃灣德士古道220−248號荃灣工業中心16樓

印　　刷　　美雅印刷製本有限公司
　　　　　　香港九龍官塘榮業街6號海濱工業大廈4字樓

版　　次　　2023年6月香港第1版第1次印刷

規　　格　　16開 (168mm×230mm) 612面

國際書號　　ISBN 978-988-8812-43-1

© 2023 Hong Kong Open Page Publishing Co., Ltd.
Published in Hong Kong

本書經由社會科學文獻出版社授權出版。